以科技视角审视未来战争形态

路建功　涂国勇　等　编著

中国宇航出版社
·北京·

图书在版编目（ＣＩＰ）数据

以科技视角审视未来战争形态 / 路建功等编著 . -- 北京 : 中国宇航出版社, 2022.5（2023.5重印）

ISBN 978 - 7 - 5159 - 2058 - 0

Ⅰ.①以… Ⅱ.①路… Ⅲ. ①未来战争－研究 Ⅳ. ①E81

中国版本图书馆 CIP 数据核字(2022)第 060727 号

责任编辑　侯丽平　　　**封面设计**　宇星文化

出　版
发　行　中国宇航出版社

社　址　北京市阜成路 8 号　**邮　编**　100830
(010)68768548

网　址　www.caphbook.com

经　销　新华书店

发行部　(010)68767386　(010)68371900
(010)68767382　(010)88100613 (传真)

零售店　读者服务部　(010)68371105

承　印　北京厚诚则铭印刷科技有限公司

版　次　2022 年 5 月第 1 版
2023 年 5 月第 3 次印刷

规　格　787 × 1092

开　本　1/16

印　张　22.75

字　数　554 千字

书　号　ISBN 978 - 7 - 5159 - 2058 - 0

定　价　98.00 元

本书如有印装质量问题，可与发行部联系调换

前　言

习主席强调："历史和现实都告诉我们，一支军队如果落后于时代，落后于战争形态和作战方式发展，就可能丧失战略和战争主动权。"① 战争形态是关于战争的整体性认识，是人类战争发展客观规律的具体表现，也是人们认识战争的科学方法和重要手段。历史上，军事强国未能利用意义重大的技术革命，丧失了战略主动权的例子屡见不鲜：蒙古人错过了黑火药革命；土耳其人和印度人错过了工业革命；法国人和英国人错过了第二次工业革命的主要部分；苏联人错过了信息革命。而掌握了最新技术并研发新型武器，同时进行军事理论创新的国家则成为国际体系中的军事强国②。

荷兰海牙战略研究中心研究员蒂姆·斯维斯，组织了来自美国、中国、荷兰、乌克兰、黎巴嫩等国的研究人员，进行了未来战争形态的跨语境研究课题，提出了15个影响未来战争的主要因素，然后在此基础上给出各种影响因素在各语种文献中重要性的相对排名。以军事技术性质为例，美、英国家认为军事技术性质是影响未来战争形态的最重要因素（排名第一）；俄罗斯认为其重要性排名第三（在俄语文献中，全球化和战略资源分布比军事技术性质更能影响未来战争形态）；相比之下，中国认为军事技术性质的重要性排名第六。排名能说明一定问题，但不是绝对的，如果说过去"中国最不认可军事技术性质的重要性"，但现在绝对不是，我们已经深刻认识到科学技术的高低或者国家实力的强弱会决定性地影响未来安全环境和战争形态。

① 王春富．战争形态划分是啥标准？[N]．解放军报，2017-10-17.

② 孙志强．工业革命以来战争形态的演变 [J]．未来与发展，2016 (4)：22.

必须承认，过去我们有这样或那样的问题，尤其是忧患意识还没有达到“战争迫在眉睫、可能战败亡国”的深刻程度，还没有达到对未来战争变幻莫测、难以度量的认知高度。战争准备如果没有方向、没有路径，那么“越过山丘，将发现无人等候”，不会打赢未来战争；如果思维停留在过去，枪口瞄准的还是半机械化、机械化的靶标，那么军事斗争准备永远搭不上信息化战争、智能化战争的“客船”。只有站在时代巅峰思考未来战争，才能使军事斗争准备的坐标更加清晰，才能预先研判“与谁打仗”“打什么仗”“在哪里打”“怎样打仗”等问题。一个国家、军队要适应未来战争，往往要准备几十年，稍有疏忽怠慢，就要落后挨打，甚至万劫不复，这是亘古不变的道理。

当今世界，新一轮科技革命风起云涌，世界大国军事竞争日益激烈，战争空间不断拓展，战争制胜机理深度变化，新型作战样式不断涌现，战争形态加速演变。苏联军事家奥尔加科夫曾说：“战争史和军事学术史证明，对军事产生决定性影响的首先是当时所达到的生产力水平。同时，技术和武器装备的变化对军事的发展具有重要意义。常规武器在质量上的大幅度提升，以及武装斗争方法的不断改进，将促使发生深刻的、真正革命性的军事变化。”无论从物理学意义，还是社会学意义来讲，认识任何事物都需要视角，不同的视角会得出不同的认识；以丰富的视角去观察复杂事物，才会形成更为全面、更符合实际的认识。战争形态是科学技术、武器装备、作战方式等因素综合作用的结果，具有鲜明的时代特征。战争因其某些方面的特征呈现出不同形态，如组织形态、技术形态、空间形态和时间形态等，这些形态分别是战争的不同侧面，共同构成战争的完整形态。对战争形态的正确认识需要多视角，以科技视角透视战争形态演变，可增强战争准备的预见性和前瞻性，增加国防与军队建设的科学性。

本书是集体智慧的体现。由路建功负责结构设计，并组织全书纲目编写，路建功、刘巧玲、赵征宇、邓海琴、彭辉琼、刘嘉负责上篇的撰写工作；路建功、涂国勇、熊杨、刘兴威、朱明明、刘巧玲、徐强、吴威负责下篇的撰写工作。上篇主要从与战争形态有关的概念入手，旨在弄清楚以科学技术为本源的相关活动与战争形态之间的紧密关系，总结提炼了战争形态的构成要素和影响因素，研究了科学技术影响战争形态的作用机理，以及科学技术与物化理论、认知理论和能量理论之间的关系。以科学技术及物化了的武器装备为划分标准，把人类战争历史划分为五次战争形态，并简要回顾了已经发生了的四次战争形态；尝试性地把信息化战争划分为前信息化战争和后信息化战争，这一观点正确与否可以“仁者见仁、智者见智”。下篇主要对当前和今后一个时期的新颠覆性技术，以及在其影响下战争形态如何变化进行研究。可以判断，这些新技术或概念一定会对未来战争形态有重要的、革命性的影响。最后在国内专家提出的有关第六次科技革命的基础上，对未来战争、战争形态的有关问题进行了研究和判断，并就新一轮军事革命有关问题提出了建议对策。书中有些观点仅代表一家之言，因此重申对未来战争形态的描述和判断不是结论性的，主要目的是激发思考、集思广益。

前人的肩膀宽阔厚实。“站在前人的肩膀上，踮起脚尖，才能摸到上帝的脚。”以科技的视角研究战争形态并非新鲜话题，但又是一个严肃深刻的题目。国内外研究战争形态的学者算不上如云，但也不是少数，既有学富五车的“泰斗式”前者，也有初生牛犊的“学语式”后者，既有资深院士，也有莘莘学子。作者以“大无畏”的精神，借鉴了大量中外关于科学技术、战争、战争形态等方面的研究成果，有些研究成果在书中进行了原始引用，在此对引用和参考文献涉及的诸多专家学者表示诚挚的感谢。

集众家之长方能知行。战争形态理论性极强，理论功底较弱者如临深渊。研究它并不是寻找“灵丹妙药”，也不是试图解决战争所有“疑难杂症”，但它是值得进行系统性梳理的事情。本着“保留最后一颗花生米，不至于使自己喝迷糊”的心态，“马后炮”的言论多，建设性的观点少；引用已有观点的言论多，原创性的成果少；泛泛而谈的套话多，鞭辟入里的灼见少，着实有“小巫见大巫”之嫌。在本书成稿过程中，谌廷政博士提出了许多宝贵意见，在此表示衷心的感谢，同时感谢中国酒泉卫星发射中心总体部给予的大力支持。

由于水平有限，书中难免有不当及错误之处，以诚惶诚恐的心情恳请前辈及同行批评指正。

编著者

2022 年 2 月

目 录

上 篇

第1章 基本概念 3

1.1 科学技术与科技革命 …… 3

1.1.1 科学技术 …… 3

1.1.2 科技革命 …… 6

1.1.3 产业革命 …… 9

1.2 军事技术与军事变革 …… 10

1.2.1 军事技术 …… 10

1.2.2 军事革命 …… 11

1.2.3 军事变革 …… 15

1.3 战争本质及战争属性 …… 16

1.3.1 战争性质 …… 17

1.3.2 战争属性 …… 18

1.3.3 诱发因素 …… 20

1.3.4 决定因素 …… 22

第2章 战争形态构成要素及影响因素 31

2.1 战争形态的研究情况 …… 31

2.1.1 战争形态概念内涵 …… 31

2.1.2 国内外研究的情况 …… 33

2.2 战争形态的构成要素 …… 35

2.2.1 武器装备 …… 36

2.2.2 军事理论 …… 37

2.2.3 组织形态 …… 38

2.3 战争形态的基本划分 …… 39
2.3.1 斯里普琴科的观点 …… 40
2.3.2 钱学森的主要观点 …… 41
2.3.3 战争形态几点认识 …… 41
2.4 战争形态的影响因素 …… 45
2.4.1 科学技术 …… 45
2.4.2 政治因素 …… 47
2.4.3 社会经济 …… 48
2.4.4 军事理论 …… 49
2.4.5 组织形态 …… 49
2.5 战争形态演变的特点 …… 51
第3章 科学技术对战争形态作用的基本理论 53
3.1 物化理论 …… 53
3.1.1 庄子的物化论 …… 54
3.1.2 卢卡奇物化论 …… 56
3.1.3 科技物化机理 …… 58
3.2 认知理论 …… 60
3.2.1 认知域的概念特征 …… 61
3.2.2 认知域的形成过程 …… 61
3.2.3 认知域与其他领域 …… 62
3.2.4 认知域与战争形态 …… 65
3.3 能量理论 …… 69
3.3.1 技术赋能 …… 69
3.3.2 网络聚能 …… 74
3.3.3 能量释放 …… 79
第4章 科学技术对战争形态演变的主导作用 83
4.1 科学技术对军队人员的作用 …… 83
4.2 科学技术对武器装备的作用 …… 84
4.2.1 对武器装备的物化作用 …… 84
4.2.2 对主体功能的拓展作用 …… 87

4.2.3 对武器装备研制的作用 …… 88
4.3 科学技术对时空条件的作用 …… 89
4.3.1 推动战场空间的扩展 …… 89
4.3.2 推动战场时间的延伸 …… 89
4.3.3 设计与控制人为战场 …… 90
4.4 科学技术对组织形态的作用 …… 90
4.5 科学技术对军事理论的作用 …… 92
4.5.1 提供物质基础 …… 92
4.5.2 速度明显加快 …… 92

第5章 战争形态演变的其他影响因素 94

5.1 政治目的的牵制作用 …… 94
5.1.1 战略决定战争规模形态 …… 95
5.1.2 战争目的决定战争手段 …… 96
5.1.3 战争手段服从战争目的 …… 96
5.2 社会经济的支撑作用 …… 97
5.2.1 人类社会生活反映战争方式 …… 97
5.2.2 经济基础是战争的重要基石 …… 99
5.3 军事理论的导引作用 …… 101
5.3.1 伴随战争形态发展而发展 …… 102
5.3.2 对战争形态有力牵引作用 …… 102
5.3.3 能够促进新军兵种的产生 …… 103
5.4 作战力量的促进作用 …… 104
5.4.1 陆军力量带来的变化 …… 104
5.4.2 空中力量带来的变化 …… 105
5.4.3 海军航母带来的变化 …… 106
5.4.4 太空力量带来的变化 …… 107

第6章 冶炼技术与冷兵器战争形态 109

6.1 冶炼技术 …… 109
6.1.1 我国古代青铜冶炼技术 …… 109
6.1.2 我国古代钢铁冶炼技术 …… 111

6.1.3 世界其他国家冶炼技术 …… 112
6.2 重要转型 …… 113
6.3 主要特征 …… 114
6.3.1 武器装备 …… 115
6.3.2 军事理论 …… 116
6.3.3 组织形态 …… 117

第 7 章 火药技术与热兵器战争形态 119

7.1 火药技术 …… 119
7.2 重要转型 …… 120
7.3 主要特征 …… 120
7.3.1 武器装备 …… 121
7.3.2 军事理论 …… 122
7.3.3 组织形态 …… 123

第 8 章 蒸汽机和内燃机技术与机械化战争形态 126

8.1 主要技术 …… 126
8.1.1 蒸汽机和内燃机技术 …… 126
8.1.2 电子信息技术 …… 127
8.2 重要转型 …… 128
8.3 主要特征 …… 129
8.3.1 武器装备 …… 131
8.3.2 军事理论 …… 133
8.3.3 组织形态 …… 134

第 9 章 信息化技术与前信息化战争形态 136

9.1 信息技术 …… 136
9.2 重要转型 …… 138
9.3 主要特征 …… 141
9.3.1 武器装备 …… 143
9.3.2 军事理论 …… 145
9.3.3 组织形态 …… 148

第 10 章 战争形态演变的总体发展趋势 151

10.1 总体趋势基本向前 …… 151
10.2 演变速度更加快捷 …… 153
10.3 整体形态更加高级 …… 154
10.4 影响因素明显增多 …… 155
10.5 军事理论价值凸显 …… 156

下 篇

第 11 章 新一代颠覆性技术与后信息化战争形态 161

11.1 新一代颠覆性技术及影响 …… 161
11.1.1 颠覆性技术 …… 163
11.1.2 主要影响 …… 174
11.2 重要转型 …… 175
11.3 主要特征 …… 177
11.3.1 武器装备 …… 181
11.3.2 军事理论 …… 183
11.3.3 组织形态 …… 185

第 12 章 现代生物科技与未来战争形态 188

12.1 现代生物科技发展 …… 188
12.1.1 取代社会主导技术之势 …… 188
12.1.2 超越社会主导产业之势 …… 189
12.1.3 顺应社会进步发展之势 …… 189
12.2 现代生物科技对作战效能的影响 …… 189
12.2.1 拓展作战能力提升途径 …… 190
12.2.2 倍增武器装备作战效能 …… 191
12.2.3 增强指挥信息系统效率 …… 192
12.3 生物科技对未来战争形态的影响 …… 193
12.3.1 生物科技增加战争要素 …… 193
12.3.2 信息对抗将会更加激烈 …… 194
12.3.3 可能降低战争暴力程度 …… 194

12.3.4 争夺新的“生物微边疆” …… 194
12.3.5 信息安全将会更加复杂 …… 195

第13章 人工智能技术与未来战争形态 196

13.1 人工智能技术发展背景 …… 196
13.2 人工智能技术支撑体系 …… 198
13.2.1 自主学习技术 …… 199
13.2.2 互信决策技术 …… 199
13.2.3 人机协同技术 …… 199
13.2.4 认知增强技术 …… 199
13.2.5 跨域对抗技术 …… 200
13.3 美军人工智能军事发展应用 …… 200
13.3.1 美军的主要举措 …… 201
13.3.2 美军面临的挑战 …… 204
13.4 未来人工智能军事应用展望 …… 206
13.4.1 在物理域的应用 …… 208
13.4.2 在信息域的应用 …… 208
13.4.3 在认知域的应用 …… 208
13.4.4 在社会域的应用 …… 208
13.5 人工智能对未来战争形态的影响 …… 209
13.5.1 组织编成模式创新 …… 210
13.5.2 作战时空条件拓展 …… 210
13.5.3 作战力量定制生成 …… 210
13.5.4 作战样式混合新颖 …… 211
13.5.5 指挥决策快捷高效 …… 212

第14章 航天技术与未来战争形态 214

14.1 航天技术及其发展 …… 214
14.1.1 进入太空 …… 215
14.1.2 利用太空 …… 217
14.1.3 控制太空 …… 221
14.2 太空作战域的形成和影响 …… 223

14.2.1 太空作战域形成过程 …… 223
14.2.2 太空作战域的重要性 …… 224
14.2.3 太空作战域重要影响 …… 226
14.3 太空军事力量的地位作用 …… 228
14.3.1 国家安全的战略力量 …… 228
14.3.2 战略威慑的重要力量 …… 228
14.3.3 争夺制权的关键力量 …… 229
14.3.4 联合作战的支撑力量 …… 229
14.4 太空安全形势的基本判断 …… 230
14.4.1 太空利益争夺日趋激烈 …… 231
14.4.2 太空军事力量逐步转型 …… 232
14.4.3 太空实力对比极不平衡 …… 233
14.5 太空作战对未来战争形态的影响 …… 234
14.5.1 可能改变战争目的 …… 234
14.5.2 有利于“全域作战” …… 234
14.5.3 具备慑战并举运用 …… 235
14.5.4 改变未来战争形态 …… 236

第15章 军事区块链技术与未来战争形态 237

15.1 区块链技术基本概念和原理 …… 237
15.1.1 区块链与传统分布式数据库 …… 239
15.1.2 区块链与人工智能等新技术 …… 239
15.1.3 区块链技术的独到创新之处 …… 239
15.2 军事区块链技术及现实应用实践 …… 240
15.2.1 军事区块链技术概念 …… 240
15.2.2 军事区块链技术应用实践 …… 241
15.3 区块链技术对未来战争形态的影响 …… 242
15.3.1 改变指挥信息系统的建设模式 …… 242
15.3.2 改变作战指挥效能及指挥模式 …… 243
15.3.3 为推动军事智能化提供新支撑 …… 243
15.3.4 对信息数据的安全性提供保障 …… 244

第 16 章　赛博空间作战与未来战争形态 245

16.1　赛博空间概念及内涵 …… 245

16.1.1　赛博空间的概念 …… 246

16.1.2　赛博空间的内涵 …… 247

16.2　赛博空间作战的基本概念 …… 248

16.2.1　赛博空间作战的起源 …… 248

16.2.2　赛博空间作战的概念 …… 249

16.2.3　赛博空间作战的内涵 …… 250

16.3　美军赛博空间作战概述 …… 251

16.3.1　赛博空间作战战略 …… 251

16.3.2　赛博空间作战发展 …… 253

16.3.3　赛博空间作战体系 …… 255

16.4　赛博空间作战对未来战争形态的影响 …… 257

16.4.1　开辟虚拟空间的时空条件 …… 258

16.4.2　开创平战一体的战争功能 …… 258

16.4.3　与其他隐形作战相互渗透 …… 259

16.4.4　与人工智能结合相得益彰 …… 260

第 17 章　“多域/全域作战”与未来战争形态 262

17.1　“多域作战”概念及核心要素 …… 262

17.1.1　“多域作战”概念的形成 …… 263

17.1.2　“多域作战”的实质内涵 …… 264

17.1.3　“多域作战”的核心要素 …… 265

17.1.4　“多域作战”的重要影响 …… 267

17.2　“全域作战”的概念和特征 …… 268

17.2.1　“全域作战”的概念 …… 269

17.2.2　“全域作战”的内涵 …… 271

17.2.3　“全域作战”的特征 …… 272

17.3　“多域/全域作战”体系构建 …… 273

17.3.1　作战体系的概念及其特征 …… 275

17.3.2　未来作战体系的构建要求 …… 277

17.3.3 基于“云计算”作战体系 …… 279
17.4 未来可能的体系失能作战形态 …… 281
17.4.1 体系失能作战发生的必然 …… 281
17.4.2 体系失能作战的技术支撑 …… 283
17.4.3 体系失能作战的作战样式 …… 284

第 18 章 “马赛克战”与未来战争形态 285

18.1 “马赛克战”概念形成 …… 285
18.1.1 “马赛克战”提出背景 …… 285
18.1.2 “马赛克战”概念实质 …… 286
18.1.3 “马赛克战”主要特点 …… 287
18.2 “马赛克战”技术体系 …… 288
18.3 “马赛克战”制胜机理 …… 291
18.4 “马赛克战”对未来战争形态的影响 …… 292

第 19 章 未来战争形态需要重点关注的问题 294

19.1 关于第六次科技革命的预测 …… 294
19.1.1 国外有关研究 …… 295
19.1.2 国内有关研究 …… 295
19.2 关于未来战争的思维与认知 …… 296
19.2.1 认知与迷惑 …… 297
19.2.2 宏观与微观 …… 299
19.2.3 有形与无形 …… 301
19.2.4 无人与有人 …… 302
19.2.5 平时与战时 …… 305
19.2.6 外在与内在 …… 307
19.2.7 显性与隐性 …… 308
19.2.8 硬性与软性 …… 310
19.2.9 无限与有限 …… 312
19.2.10 威慑与实战 …… 313
19.2.11 民心与士气 …… 315
19.2.12 和平与发展 …… 316

19.3 关于未来战争形态重点问题 …… 318

19.3.1 关于科学技术问题 …… 320

19.3.2 关于战争概念问题 …… 320

19.3.3 关于战争时空问题 …… 321

19.3.4 关于战争功能问题 …… 322

19.3.5 关于战争迷雾问题 …… 323

19.3.6 关于作战体系问题 …… 324

19.3.7 关于组织形态问题 …… 325

19.3.8 关于武器装备问题 …… 327

19.3.9 关于人与战场问题 …… 329

19.3.10 关于作战样式问题 …… 330

19.3.11 关于战争设计问题 …… 330

19.3.12 关于制胜机理问题 …… 331

19.4 应对未来战争形态基本方略 …… 333

19.4.1 突出积极防御的军事战略 …… 334

19.4.2 突出初战决胜的军事方针 …… 335

19.4.3 突出融合创新的基本模式 …… 336

19.4.4 突出武器装备智能化走向 …… 337

19.4.5 突出“三化”融合式训练 …… 338

19.4.6 突出新型作战力量重要性 …… 339

参考文献 341

上　篇

第 1 章

基本概念

克劳塞维茨在《战争论》中有这样一段话："任何理论必须首先澄清杂乱的、可以说是混淆不清的概念和观念。只有对名称和概念有了共同的理解，才可能清楚并顺利地研究问题，才能同读者经常站在同一立足点。如果不精确地确定它们的概念，就不可能透彻地理解它们内在的规律和相互关系。"为此，需要先对战争形态及与之相关的概念进行梳理和界定。战争形态是一种复杂的演变过程，科学技术在战争形态的演变过程中起着至关重要的作用，科学技术与战争、战争形态、军事变革有着千丝万缕的必然联系。历史已经表明，任何时期的军队，都力求以最新科学技术成果来武装自己；任何时代的战争，都是该时代最新科学技术成果的全面试验和集中展示。失去了科学技术这个动力，军事实践运用将成为无源之水。古代战争，武器装备的支撑性技术是冶炼技术，战争形态是冷兵器；近代初期的战争，武器装备的支撑性技术是火药火器，战争形态是热兵器；近代后期至现代的战争，武器装备的支撑性技术是机械动力、电信技术，战争形态是机械化；当前，武器装备的支撑性技术是信息化技术，战争形态是信息化战争；未来，随着人工智能、现代生物、增材制造等颠覆性技术的应用，战争形态必然与其保持着密切的联系。

1.1 科学技术与科技革命

古今中外，人类文明的每一次进步，都伴随着科学技术的进步。尤其是现代科技的突飞猛进，为社会生产力发展和人类文明开辟了更为广阔的空间，有力地推动了经济和社会的发展。计算机、通信、生物医药、新材料等高科技企业的迅速增长，极大地提高了产业技术水平，促进了农业、工业和第三产业劳动生产率大幅度提高，有力地带动了整个国民经济的发展。实践证明，高新技术产业已经成为当代经济发展的龙头产业。科学技术的进步和普及，为人类提供了广播、电视、电影、录像、网络等传播思想文化的新手段，使精神文明建设有了新的载体。同时，它对于丰富人们的精神生活，更新人们的思想观念，破除迷信等具有重要意义。

1.1.1 科学技术

传统认为，科学是人类所积累的关于自然、社会、思维的知识体系。我们所说的"科学”是指研究自然现象及其规律的自然科学；“技术”泛指根据自然科学原理和生产实践经验，为某一实际目的而协同组成的各种工具、设备、技术和工艺体系，但不包括与社会科学相应的技术内容。通常习惯于把“科学”和“技术”连在一起，统称为科学技术，简称科技。实际上二者既有密切联系，又有重要区别。科学解决理论问题，技术解决实际问题。科学要解决的问题，是发现自然界中确凿的事实与现象之间的关系，并建立理论把事实与现象联系起来；技术的任务则是把科学的成果应用到实际问题中去。科学主要是和未知的领域打交道，其进展尤其是重大的突破是难以预料的；技术是在相对成熟的领域内工作，可以做比较准确的规划。

（1）科学

《辞海》中对于科学的定义是：“科学是运用范畴、定理定律等思维形式反映现实世界各种现象的本质规律的知识体系。”由此可见，科学是认识规律、了解规律、运用规律的过程。在这个过程中，人们不断运用科学使之为人们的生活服务。

早在1888年，达尔文就把科学定义为：“科学就是在整理事实的过程中发现规律，做出决定。”达尔文的这个定义明确地表明了科学概念的内涵——事实与规律。科学就是要发现人类所未知的事实，并以此为基础，实事求是。至于规律，则是指客观事物之间内在的、本质的、必然的联系。因此，科学是以实践为基础，并经过实践检验和严密的逻辑论证，关于客观世界各种事物的本质以及运动规律的知识体系。

科学革命带来了科技革命，比如，系统科学于计算机技术、遗传学于基因工程技术、系统生物学于合成生物技术。科技革命是对科学技术进行全面的、根本性变革，从而引发工业革命。工业革命又称为产业革命，建立在经济与产业结构变革的基础上，又主要决定于科技革命是否达到导致一系列产品在技术与设计等方面广泛的创新，从而诞生一系列发明与新产品乃至新的行业，比如，第二次工业革命，电气化能源、照明、电动机、家用电器、计算机等的出现。21世纪的系统生物学与系统生物工程兴起，将导致计算机技术、纳米技术、生物技术、医药技术等学科的高度交叉与整合，从而带来在材料、能源、信息领域的全面产业化，可能带来新一轮产业革命。

（2）技术

按法国狄德罗给出的定义，“技术是为某一目的的共同协作组成的各种工具和规则体系”。技术是劳动工具的规则体系，即利用一种方式针对劳动工具的制作和使用的持久性做出改变，目的是提高工作效率。技术是劳动工具的扩展和延伸，是人类改变自然创造财富的工具，是人类对自然的控制、改造和利用。技术具有很强的目的性和持久性。在人类社会早期，科学与技术是分开发展的，这种现象在第一次科学技术革命之后有所改观，科学与技术开始互相联系，科学家开始注重技术工人的生产经验，并将技术经验运用到新的科学研究中去，从而产生了完全脱离宗教神学、区别于哲学的近代科学。

荷兰技术哲学家彼得·克洛斯和安东尼·梅耶斯提出了技术具有两重性的概念，其一是物质属性，即技术要利用一定的自然规律；其二是功能属性，技术要能够满足人们的需要。物质属性是功能属性的基础和前提，而功能属性代表了物质属性的价值和意义，对于技术而言，这两方面缺一不可。通常而言，技术的物质构成与功能属性相对应，复杂的物质构成对应于强大的功能，技术的演变趋势就是越来越复杂，功能也越来越强大。到了21世纪，技术似乎已经无所不能，几乎能够满足人们各种各样的需求，具体的功能也是各式各样。复杂具体的功能体现了一些基本的规律。卡普就认为技术是人体器官的投影，是按照人体器官模仿制造出来的，技术功能无非是人体器官功能的拓展和延伸。根据这种观点，复杂的技术功能可以简化为一些人类的基本功能，比如运动、感觉、智能等。复杂的军事技术也可以根据战争活动特点划分出一些基本的功能要素。

技术一直以惊人的速度在发展，曾经推动计算机技术、网络技术、导航技术、隐身技术和精确制导武器等发展的信息革命仍方兴未艾。而今自主技术、网络武器、大数据、人工智能、太空技术、合成生物等技术的发展接踵而来，虽然速度有快有慢，但方式令人惊奇，有些技术数十年才会有成熟技术的回报，而形成作战能力的武器平台，则需要更长的时间。20世纪，我们见证了战争形态的诸多重大变化，两次世界大战皆是如此，冷战时期核武器的出现，海湾战争时期的信息时代第一代武器（如隐身武器、天基信息系统、精确打击武器）的出现更是如此。因此，在未来并不确定的情况下，必须尽其所能去了解将会出现的技术变化。

（3）科学技术

科学与技术是辩证统一体，技术提出课题，科学完成课题，科学是发现，是技术的理论指导；技术是发明，是科学的实际运用。在现实生活中，在使用“科学”这一概念时，人们常常约定俗成地使用狭义的概念，即只指自然科学。与科学密切相关的技术，是指人的技能的延伸，是为完成特定任务所需要的方法与工具的总和。科学与技术的关系密切，由于其共进和融合，常常难以分清，以致造成现代语境、尤其是中文语境里的“科技”概念。在社会学意义上“科技”几不可分，人们在许多场合将其作为一个整体看待。但就其实质，在功用与属性上，科学和技术是不同的。在人类文明的发展进程里，科学和技术以自己不同的特点与样式，发挥着各自不同的作用。一般说来，科学作为理论先见，出现在技术创造之前，对技术的发展起引领作用。科学呈现无目的性、非功利性，由兴趣与好奇心驱动；“科学无国界”之说由此而来。而技术有鲜明的目的性、指向性、功利性，技术成为生产力诸要素中最活跃的要素之一。“科技是第一生产力”之说，本质上是强调技术的作用①。

科学与技术之间的关系因历史时期而不同，从技术领先到科学领先，从科学与技术分离到科学与技术“一体化”。随着科学的基础研究与技术的应用开发之间的时间缩短，科学和技术已经共同构成了当今社会生产力的第一要素。比如，系统科学的诞生，导致了自动化、计算机、通信技术从科技到产业化的迅速转化，而系统科学应用于生物医学又导致了系统生物学与合成生物学之间的耦合，将迅速导致系统医学与系统生物工程的应用，从而导致个体化医学、转化医学与医疗工程化系统的生物医学与生物工业革命，使科学技术

① 张聚恩．认识科技的六个基本视角［R］．微信公众号：战略前沿技术，2021－1－14．

越来越凸显为社会经济发展的生产力。

现代自然科学的巨大成就，促成了以电子计算机技术、激光技术、原子能技术、太空技术等为主要标志的技术革命的迅速展开，“生产—技术—科学”——科学与技术在近代阶段发生联系的这一基本模式，在现阶段已经被颠覆为“科学—技术—生产”的全新模式。现代技术的发展越来越依赖于科学的进步与指引，基础理论的突破和新的科学的发现已经成为现代新技术发明的主要源泉。当今世界，科学已经成为技术发明的理论基础，技术已经成为科学的自觉延伸和应用，二者紧密结合在一起，共同构成了人类认识世界和改造世界的锐利武器，在促进现代社会进步以及生产力发展的诸多因素中，科学与技术已经全面融合、成为一个密不可分的“科学技术”有机整体①。

1.1.2 科技革命

科技革命对军事领域的影响是全方位的，对人类赖以生活的自然与社会环境产生根本性的改造作用，进而塑造新的战争背景和军事斗争环境；科技革命极大地改变人类的战争观，改变开战、交战和终战方式，改变战争胜负标准和战争伦理等。关于什么是科技革命，从古到今发生了几次科技革命，学界存在着各种见解，这里引用两种有代表性的观点，这两种观点都认为“科技革命是科学革命和技术革命的统称”，但第一种观点认为在过去的500年里，世界上先后大约发生了五次科技革命，包括两次科学革命和三次技术革命，两次科学革命是指近代物理学的诞生、相对论和量子力学革命；三次技术革命分别是蒸汽机和机械革命、电气和运输革命、电子和信息科技革命②。与这种观点有所不同的是被中学教材广泛采用，可在科学出版社2012年出版的《第六次科技革命的战略机遇》中查到的观点：“严格来说，目前只有蒸汽机、电气、计算机三大科技革命。”③ 本书将以上两种观点分别称为“五次科技革命论”与“三次科技革命论”。

应该说，科技革命迄今没有统一的定义和标准，国内认为“科技革命是科学革命和技术革命的统称”这个定义显然不够明确和充分，至于欧美日等国家学者，一般倾向于提科学革命、技术革命或产业革命，而少用或不用科技革命的提法，对科技革命提得最多的基本是中国和苏联的学者。尽管国内外学者对科学革命和技术革命定义的表述不尽相同，但基本上可以说科学革命是指人类对客观世界规律的认识发生了具有划时代意义的飞跃，从而引起科学观念、科学模式以及科学研究活动方式的根本变革，它是人类认识领域的革命，是对科学理论体系的根本改造和科学思维方式的深刻变革，从而把人类对客观世界的认识提高到一个新水平。技术革命指的是人们改造世界方式的根本性变革，是引起社会生产力巨大发展并推动生产关系变革的世界性的技术突破。这意味着科学革命与技术革命具有相对独立性和各自内在的发展逻辑。

既然存在着科学革命和技术革命，有没有两者结合而成的科技革命呢？应该说是有

① 陈新文，贺少华．科技发展与战争形态演进透视［M］．长沙：中南大学出版社，2016：4.

② 科学猜想：第六次科技革命来了［N］．中国青年报，2011－8－15.

③ 何传启．第六次科技革命的战略机遇［M］．北京：科学出版社，2012：5－6.

的，现在很多国内学者常常使用“科技”这个概念，而在人们使用科技这个表述的时候，实际上存在着两种理解。其一是在 16—18 世纪，科学与技术的关系并不紧密，将科学与技术视作两个分离的、按照各自的逻辑和途径向前发展的领域，将科技看作“科学＋技术”，是两个领域的简单相加；其二是在一定的历史条件下，特别是在 19 世纪后半期以来，科学与技术的联系日益密切，科学向技术转化的速度日益加快，科学与技术逐渐趋于“一体化”，日益融合成一个有机整体——“科技”。20 世纪，科学、技术与产业的联系进一步强化，相互关系也多样化。许多新技术建立在科学突破的基础之上，新技术推动了科学发展，推动了产业进步。从新科学、新技术到新产品（新产业）之间的时间跨度大大缩短。21 世纪，科学革命、技术革命和产业革命可能融合，尽管它们发生的时间会有一定的相位差（时间差）①。

对科学与技术的关系的两种理解，引出对“科技革命”的两种理解：其一是将科技革命视作科学革命与技术革命各自进行的两个不同过程，至多是将科技革命视作科学革命与技术革命的简单相加，即“科学革命＋技术革命”；其二是将科技革命视为科学与技术作为一个相互融合与转化的“有机整体”所发生的革命②。尽管西方国家学者很少使用或基本不用科技革命这个提法，但本书作者认为国内学者经常使用的科技革命这个提法本身应是有道理的。由于两种理解不影响本书的描述，则按照第二种理解进行论述。

概括地说，第一次科技革命促进了火枪和火炮等武器的发展，战争形态从冷兵器战争转变为热兵器战争（火枪炮战争）；第二次科技革命促进了铁甲战舰和机枪等武器的发展，战争形态从火枪炮战争转变为半机械化战争；第三次科技革命促进了飞机、坦克和航空母舰等武器的发展，战争形态从半机械化战争转变为机械化战争；第四次科技革命促进了导弹和核武器的发展，出现了核战威胁和冷战对抗；第五次科技革命促进了电子武器和精确制导武器等装备的发展，战争形态从机械化战争转变为半信息化和信息化战争③。

（1）第一次科技革命（18 世纪 60 年代—19 世纪 60 年代）

第一次科技革命又称工业革命，资产阶级统治在英国确立，通过海外贸易、奴隶贸易和殖民掠夺积累了大量资本，圈地运动的进一步推行造成了大批雇佣劳动力，手工业的发展积累了一定的生产技术。18 世纪中叶英国成为世界上最大的资本主义殖民国家，国外市场急剧扩大。1840 年前后，大机器生产成为工业生产的主要方式。工业革命创造的巨大生产力，使社会面貌发生了翻天覆地的变化。工业革命以后，资本主义最终战胜了封建主义，率先完成工业革命的西方资本主义国家逐步确立起对世界的统治，世界形成了西方先进、东方落后的局面。当然，有人认为第一次科技革命（或第一次技术革命）在严格意义上只是一次准科技革命，但丝毫没有贬低第一次科技革命在人类文明发展史上的重大意义。

① 何传启．第六次科技革命的三维透视 [J]. 世界科技研究与发展，2012，34 (1)：2.

② 冯昭奎．科技革命发生了几次 [J]. 世界经济与政治，2017 (2)：6－7.

③ 何传启．科技革命与战争形态演变探纲 [J]. 战略研究，2015，(1)：83.

（2）第二次科技革命（19世纪60年代—20世纪40年代）

即19世纪60年代开始至20世纪40年代基本完成的以电气为标志的“第二次产业革命”。在这次科技革命中，电力、电子、化学、汽车、造船、航空等一大批技术密集型产业兴起，人类从机械化时代进入了电气化时代，而消费品的大量生产成为可能，又使人类进入了“大量生产、大量消费”时代。

（3）第三次科技革命（20世纪40年代—20世纪70/80年代）

从20世纪40年代末起，在原子能、电子计算机、微电子技术、航天技术、分子生物学和遗传工程等领域取得重大突破，标志着又一次新科技革命的到来。这场科技革命更加鲜明地显示出科学革命与技术革命的相互融合、相互促进，加快了从科学到技术转化和科技转化为生产力的速度。它催生了又一批新兴工业，如高分子合成工业、核工业、电子工业、半导体工业、航天工业、激光工业以及支持这个工业群体的核电等新能源、新材料及自动化生产技术等，航天技术的发展则开始了人类向宇宙空间进军的征途。

（4）第四次科技革命（20世纪70/80年代—21世纪10/20年代）

20世纪70/80年代，在信息通信技术领域出现了具有划时代意义的“三大产品”，一是个人电脑；二是互联网；三是手机。这三项技术相互融合和促进，掀起了规模空前的互联网革命。以系统科学的兴起到系统生物科学的形成为标志，系统科学、计算机科学、纳米科学与生命科学的理论与技术整合，形成系统生物科学与技术体系，包括系统生物学与合成生物学、系统遗传学与系统生物工程、系统医学与系统生物技术等学科体系，将导致的是转化医学、生物工业的产业革命。

（5）第五次科技革命（21世纪10/20年代—预计到21世纪40/50年代）

人类文明在不断进步，科学技术在不断发展，科技革命在一轮接一轮地发生。关于“新一轮科技革命”——第五次科技革命，人们深刻认识第五次科技革命的关键词有：科技创新、大数据、云计算、智慧化、信息化、智能化、物联网、现代生物、生命科学、交叉融合等。系统生物学与系统生物工程兴起，将导致计算机技术、纳米技术、生物技术、医药技术等学科的高度交叉与整合，从而带来材料、能源、信息领域的全面产业化，可能带来新一轮的产业革命。

马克思说：“从前各种生产方式的技术基础在本质上是保守的，近代工业的技术基础却是革命的。”[①] 事实证明：一个国家在科技革命中扮演的角色与其在国际格局中的地位有明显的因果关系，主导或抓住了科技革命机遇的国家，其综合国力将会迅速崛起，进而引发世界政治经济格局的变化，并成为新格局的引领者甚至决定者，在军事斗争格局上也更容易占据支配地位。

（6）第六次科技革命（21世纪40/50年代后）

关于第六次科技革命只是一种预测。中国科学院院长白春礼预期第六次科技革命很可能是在生命科学、物质科学以及它们交叉的领域出现。人的生命和健康中未知的东西非常

---

① 马克思．资本论（第1卷）[M]．郭大力，王亚南，译．北京：人民出版社，1953：595.

多，有很多问题需要探索，有很多新的理论需要建立。建立了新的理论并得到应用，会使人们的生活质量有很大改善，甚至会带动新产业的发生。从科学角度看，可能是一次“新生物学革命”；从技术角度看，可能是一次“创生和再生革命”；从产业角度看，可能是一次“仿生和再生革命”；从文明角度看，可能是一次“再生和永生革命。”①

白春礼在发表的《卡位第六次科技革命》一文中表示，中国错失了前四次科技革命的机遇。第五次科技革命中，中国也只是一个跟踪者，而且是一个没有取得优良成绩的跟踪者，即将到来的第六次新科技革命涉及科学和技术的深刻变革，为中国科技发展提供了难得机遇。中国再不能与其失之交臂，中国必须要抢抓机遇，前瞻布局，以期在新一轮科技革命中赢得主动。而在生命科学领域，中国与国外先进水平还有较大差距，但最近几年随着国家对科技投入的快速增长、对杰出人才培养力度的不断加大，获得了一些非常好的成果。相信经过不懈努力，中国会为实现该领域的新突破奠定更好的知识基础和人才基础。

1.1.3　产业革命

产业是指一种经济形态，是有效运用资金与劳力，从事物质产品生产或提供劳务活动的集合体的泛称。在特定的社会环境里，众多劳动者面向需求，通过运用技术和有序协作生产出各种产品，并将这一过程里形成的生产力连同生产关系一起，构建成一个又一个产业，而众多产业的集合，则形成恢弘壮美的人类物质文明。大规模的产业发展与产业划分始于工业革命，尤其是在第二次工业革命中，产生了以规模化批量生产为特点的工厂，取代以往家庭式、作坊式生产，工厂成为国家生产和劳动力就业的重要部门。随着诸多科技突破和进展，新兴产业不断出现并得到发展②。科技革命及随之而来的产业革命（也称工业革命）是引发综合国力消长、影响国家兴衰和改变国际战略格局的重要因素。

（1）第一次产业革命

第一次科技革命引发了第一次产业革命，以蒸汽机大规模使用为标志，机械化取代了手工劳动，人类社会从农业社会步入工业化时代。英国是第一、二次科技革命和随后产业革命的引领者，这两次科技革命奠定了其世界头号强国地位，并于 19 世纪初达到鼎盛。法国紧随其后开展了产业革命，也成长为世界强国之一。

（2）第二次产业革命

第二次产业革命以电力技术和内燃机为标志，其引发了生产动力的变革，极大地超越了人的体能边界，满足了人类工作、生活的多样化需求，人类社会步入电气化时代。第二次产业革命使得德国一度成为世界上最强盛的国家，使美国开启了步入世界头号强国的旅程，使日本实力快速发展。而英、法两国，由于丧失了科技革命和产业革命的引领地位，实力下降。主要帝国主义国家力量的消长引发国际格局的变动与重组，并于第一次世界大战前产生了“协约国”和“同盟国”两大军事集团。第三次科技革命期间的海军装备发展以蒸汽机为使用动力，用螺旋桨代替了明轮，钢铁取代了木材，铸造炮得到改进，新式炮

① 何传启．第六次科技革命的三维透视［J］．世界科技研究与发展，2012，34（1）：2．
② 张聚恩．认识科技的六个基本视角［R］．微信公众号：战略前沿技术，2021－1－14．

弹得到使用，改变了舰艇整体技术水平长期停滞的局面，产生了战列舰、巡洋舰、驱逐舰、鱼雷艇、护卫舰等庞大的水面舰艇家族，加之后来出现的航空母舰，使海战面貌发生了根本性的变革。

（3）第三次产业革命

第三次产业革命以电子计算机和互联网为标志，极大地提高了信息处理能力，实现了对简单脑力劳动的替代，推动人类社会进入信息化时代，极大拓展了发展空间。美国在第四次科技革命中独领风骚，奠定了其在航空、航天、核、舰船等领域的领先地位。随后，美国又独家引领了以电子、计算机和信息网络为主要标志的“信息产业革命”，其实力急剧膨胀，长期称霸世界。日本也抓住了机遇，一跃成为屈指可数的科技与经济大国。微电子、光电子、计算机、精密机械等关键技术的突破，使以导弹为代表的远程精确制导武器呈爆发式增长，成为现代战争的重要打击手段，也使“非线式、非接触、非对称”作战成为主导性的作战方式；电子战和网络战技术的发展为人类提供了可以绕过实体杀伤而直接达成作战目的的新手段；信息技术及其建构的网络空间，引领着人类从工业文明走向信息文明，同时重塑着战争的形态。

1.2 军事技术与军事变革

历次军事革命的发生和发展，具有一些呈规律性的共同点，即：战争领域的革命总是需要技术革命来牵引；人类文明的发展是军事革命的社会基础；敌对双方之间的对抗是军事革命的内在动力；提高军事效能是军事革命追求的目标；战争形态的质变是军事革命完成的标志；军事革命是由一系列军事要素的根本变革或根本质变构成的。

1.2.1 军事技术

军事技术是指以战争为目的，以武器装备为核心的技术系统。2011 年版《中国人民解放军军语》中对军事技术的定义为：“①直接用于军事领域的科学技术和应用技术的统称。包括武器装备研制、生产、使用、维修过程中所涉及的基础理论、基础技术、应用技术，以及军事工程技术、军事系统工程技术等。②操纵使用武器装备的技能。如射击技术、驾驶技术、飞行技术、电子设备操作技术等。”

显然，这种定义包含了广义的军事技术和狭义的军事技术，广义军事技术包括物化技术和观念技术两部分，而狭义军事技术则仅仅指用于军事实战的物化技术。表现为操作手段、方法的观念技术必须以物化技术为基础，体现于具体技术体的应用过程中。本书的军事技术主要是指狭义层面的实体技术。

如果从军事技术本身来看，军事技术具有多样性、体系庞大、内容繁杂等特点，不同种类的军事技术相互分离、单独存在。军事技术是一个类的概念，即直接应用于军事领域的所有技术的集合体。因此，有著作从功能角度定义军事技术：“军事技术是指直接应用于军事领域或在军事领域研究、开发、应用的技术，在军事上有极其重要的作用，是发展军事装备、建设武装力量、巩固国防、进行战争和遏制战争的关键因素，是促使军事领域不断发生变革甚至革命的重要条件。”① 各种军事技术被应用于战场之上，构成了人类从事战争活动的武器系统，也可以说以主战兵器为核心，各种军事技术形成结构严密、具有特定功能的整体。

技术形态的变化仅仅是军事技术变革的第一步，变革的深入还需要体现于军事技术应用层面，因为技术只有在具体应用中才体现出技术的本质，应用是技术与社会关系最为本质的属性，技术的应用过程把技术创造者和使用者关联起来，技术也在应用中影响社会并受社会影响。军事技术变革过程中，新型军事技术的发明仅仅是第一步，人们还需要将其融入已有的作战体系之中，实现与现有的指挥体制、武器装备和作战人员的有机结合，事实上，军事技术变革的发生与作战理念和方法、军队编制结构等因素紧密相关，虽然技术因素是发生变革的原动力，但是技术变革本身也受其他因素的牵引或推动，尤其是在技术创新阶段，各种社会因素对技术的推广应用影响甚大。现代军事技术变革大潮中出现了各种高精尖的信息化武器装备，仅有这些装备是远远不够的，还需要一系列全面深入的军事改革。

1.2.2 军事革命

军事革命与战争形态有着重要的关系。斯里普琴科在《第六代战争》中写道：“军事革命是在科技进步的影响下发生在军事领域的根本性质变，它使武装力量的建设与训练以及军事行动和整个战争方式发生根本性变化。”“如果在现代战争中战略没有改变，仅仅是战役和战术上的变化。那么就不能认为发生了根本性的变化或是完成了军事革命。最多只能说是科学技术进步或者军事技术革命的结果。”“在战争形态更新换代的时期，军事革命更应彻底进行。军事革命是国家和社会综合改革的组成部分，是一种极其复杂的社会现象。它涉及经济、社会、法律以及军事本身。军事革命还应从世界发展客观现实和自身的实际出发，在严格确定的时间内进行。这是对外部及内部形势发展变化的客观反映。”

中国“两弹一星”科学家、“两院”资深院士朱光亚在《工程技术发展与新军事革命》一文中提出“军事革命三要素”，结合国外军事专家的观点，他认为军事革命的内涵是：“先进的技术和武器系统与创新的军事学说及编制构成正确、及时地结合在一起，使军事效能得到极大的（数量级）提高，这就是军事革命。军事革命包含三个要素：先进的技术和武器系统，创新的军事学说，科学的编制。每个要素都是军事革命的必要条件，但只有当它们结合在一起，军事革命才能发生。”② 先进的技术和武器系统不必多说，“创新的军事学说”应当是我们平常认为的军事理论，“科学的编制”是规模结构和力量编成。

于杰在《战争形态演变发展的哲学思考》中写道：“军事科技发展可分为两种：一是军事科技进步，二是军事科技革命，其中前者是量变，后者是质变。军事科技发展史告诉

---

① 中国人民解放军总装备部军事训练教材编辑工作委员会．军事技术概论［M］．北京：国防工业出版社，2006：1.

② 朱光亚．工程技术发展与新军事革命［J］．中国图像图形学报，1997，2（1）：55－57.

我们，人类历史上出现过两次军事科技质变，一是冷兵器向热兵器的转化，二是热兵器向热核兵器的转化。社会革命和科技革命这两种质变形式总是引起战争升级，呈现洲际战争或世界大战，而社会政治渐进和军事科技进步即两种量变形式则仅仅引起有限战等。”

（1）定义

《中国军事百科全书》对军事革命的定义：“军事革命是指先进的技术和武器系统，与创新的军事学说和部队编成及时、正确地结合在一起，从而使军队的作战效能得以极大的（成数量级的）提高。”军事革命，并非一般性的军事改革，不仅表现在军事技术的变革上，其本质特征和主要标志是在军事领域内发生的根本性的变化，即在武器装备、军队结构、作战理论、军事训练等方面都产生重大变革。只有当军队的体制编制与新技术的发展相一致时，才有可能为军事革命的到来创造根本条件。如果没有把军队结构与潜在的新技术效用结合，纵然有再好再多的技术，也不可能促使军事革命的发生。

（2）历史上的军事革命

在人类军事史上曾发生过多次军事革命，任何一次军事革命都有其特定的内部原因和外部条件，其中社会经济发展、科学技术进步和军事实践需求是最基本、最直接的因素。军事实践是不断发展的，旧的军事技术和军事理论往往落后于军事实践发展的需求，新的军事技术和武器装备只有运用于军事实践，才能产生出新的军事理论和作战方式方法，军事实践需求是催化军事革命的内在动力和必要条件。当军事发展由渐变转变为突变、由局部转变为全局、由部分转变为整体时，军事革命必将随之产生。但由于各国军事理论家对“军事革命”概念理解不同，对于军事革命历史阶段的划分也不尽相同。综合起来看，截至目前已发生过四次军事革命。

①第一次军事革命

人类经历了漫长的原始社会，原始社会末期的木石器，既作生产工具又作战争工具。约在公元前 4000 年—公元前 3000 年间，人类开始炼铜，青铜器打开了人类文明的大门。随后以青铜作原料的刀、矛、剑等兵器应运而生，拉开了第一次军事革命的序幕。由于金属冶炼技术的出现和发展，先是青铜兵器取代了木石兵器，继而由铁制兵器取代了青铜兵器，军队装备了大量铁制攻防兵器和装具，战车、战船上的重要部件多由金属加固。随着金属兵器的大量使用，出现了车兵、骑兵、弓箭兵、水兵等常备军的新军种和兵种。尤其是骑兵的出现，使战场上的机动与冲击作战发生了重大变化，战争规模、战斗队形、攻防手段和作战样式呈现出前所未有的改变。以《孙子》为代表的中国春秋战国时期的诸多兵法典籍和西方国家的《远征记》《高卢战记》等军事著述，反映了这个时期军事领域的深刻变化和军事革命的理论成果。在这个相当长的历史时期内，武器本身多次发生变化，但是，多数战争没有质的改变，继续采用第一代短兵相接的方法作战。

②第二次军事革命

第二次军事革命出现在 12—13 世纪，是欧洲资产阶级革命、特别是产业革命时期的火药化军事革命，大约持续了 800 年左右。这场革命发生的技术背景，是近代枪炮的发展逐渐使火力成为战场的主宰力量。这次军事革命的主要标志，是火药兵器逐渐成为主战兵器，出现了火枪兵、炮兵、工程兵等新兵种，采用了军、师、旅、团、营、连的正规编制，出现了庞大正规的陆军和海军。拿破仑战争、美国内战等成为以使用火器为主的战争，线式与散兵作战先后成为主要作战方式。出现了《战争论》《战争艺术概论》等反映近代战争形态的资产阶级军事理论著作。具有划时代意义的是，这一时期形成了以马克思恩格斯军事理论为代表的无产阶级军事思想，使被压迫人民在军事上获得了自己的理论武器。

③第三次军事革命

第三次军事革命是发生于 19 世纪后期到 20 世纪前期的机械化军事革命，以 1870 年普法战争为分水岭，到第二次世界大战达到巅峰。以火力、动力机械与电子技术等为基础和以蒸汽机广泛应用为主要标志的第一次产业革命，是以坦克、飞机、潜艇等自动化机械化武器装备为支撑。军队和战争步入火力和机器相结合的时代，出现了装甲兵、航空兵、通信兵等新兵种，军队由陆、海、空部队构成，出现了海权论、空中战争论和机械化战争论等新的军事理论，社会、政治、经济综合大变革把军事革命推向高潮，形成了机械化战争形态。

④第四次军事革命

第四次军事革命始于 20 世纪下半叶的信息化军事革命，预计要持续 80 年左右。这场新军事革命的技术背景是以信息技术为龙头的新技术群的出现及军事应用，主要内容是军事技术革命、武器装备革命、体制编制革命、军事理论革命及军队形态、战争形态和作战样式的改变等各个方面，以前所未有的广度和深度影响着整个军事领域。

⑤第五次军事革命（正在进行）

可以预料，随着武装斗争手段的持续发展、太空的军事化开发，与第五次军事革命密切相关的技术包括：计算机技术、网络技术、人工智能、生物科技、定向能技术等颠覆性技术。利用先进的工艺技术研制无与伦比的新型武器，这种武器将使整个战争的性质发生变化，信息化、智能化武器系统主宰战场，一体化联合作战成为主要作战样式，战争形态由机械化、信息化战争变为完全信息化战争。随着对太空进行军事开发的国家不断增多，在太空取得霸主地位的某些国家会提出限制措施。很可能许多国家要在太空采取军事行动，夺取制太空权。建立全球性太空设施用于反导防御，确保非接触战争的顺利进行。

军事革命需要根本性的转变，从一种状态到另一种状态要有质的飞跃。即便是最新式的武器和军事技术装备的出现，也很少导致战争的样式和方法发生根本性变化。但有些时候新式武器可以导致战术的改变，在个别情况下还可导致战役法的变化。比如，在朝鲜战争中，首次使用喷气式飞机导致了争夺制空权的变化，但是这没有改变总体的战争战略，军事革命没有出现。在越南战争中，首次大量使用战斗直升机导致了合成作战的变化，使战斗具有“空-地”联合特点，但这场战争的性质仍然没有变化。这两场战争都未超出第四代战争的范围。在第一次中东战争中，试验性地发射了高精度武器，然而战争的性质仍然没有改变。

（3）军事革命的主要特点

①周期性

军事革命是整个军事领域发展变化的阶段性产物，是整个军事领域的变化发展到一定阶段必然发生的社会现象，继而在高一阶段上推动军事领域的深刻变革。军事领域里各种事物的发生和发展，都是一个由量变到质变的过程，当军事领域中起主导作用的事物带动其他事物发生全局性的质变时，就会引起整个军事领域的根本性质变，从而使军事革命呈现出周期性。历史上每一次军事革命，从其初始形态到完成形态，都要经历一个相当长的过程，并与社会变革和科学技术发展的进程相一致。近代以来，军事革命的过程与上次军事革命之间的时间跨度不断减小，表现出周期渐趋缩短的特征。

②整体性

军事革命是一个各部分有机结合的统一整体。军事革命与军事改革相区别，是军事领域的变化发展在量变及部分质变基础上所发生的全局性和根本性的质变；而军事改革则是对原有军事事物的补充和完善，是量的积累和渐变过程。军事改革是军事领域或军事事物量的变化积累达到一定程度时所发生的部分质变。军事领域中某些事物的质变，或军事领域某些局部的质变，在尚未引起整个军事领域的根本质变时还不是军事革命。只有在军事领域内作战方式的改革与其他方面的改革有机结合在一起，从整体上改变原有的战争形态，从而引起整个军事领域的整体性的根本质变时，才能成为严格意义上的军事革命。

③相关性

历史上所发生的军事技术变革，通常是某种或几种功能构成要素发生了重大变化，进而对人类的战争活动产生了根本性的影响。军事技术变革意味着旧技术体系的解体和新技术体系的产生，旧技术规范的扬弃和新技术规范的确立。军事革命的发生和发展是一个渐进的过程，往往经过酝酿阶段、初始阶段、展开阶段和完成阶段。各个阶段是一个前后衔接的统一过程。军事革命首先依赖于军事领域内关键环节的变革，特别是军事技术的变革，由此带动军事领域其他各个方面、各个环节的变革，最终引起整个军事领域的一系列根本性的变革。正如杜普伊所指出的："历代战例显示了一个共同的特征：无论武器和技术怎样变化，无论怎样使用或玩弄，历史上重复出现的人类冲突基本一致。"① 关于这一点，马克思曾形象地指出："历史不外是各个时代的依次交替。每一代都利用以前各代遗留下来的材料、资金和生产力；由于这个缘故，每一时代一方面在完全改变了的条件下继续从事先辈的活动，另一方面又通过完全改变了的活动来改变旧的条件。"②

④不平衡性

由于各个国家或地区在经济、政治、科技、军事等方面的差别，军事革命既不会在不同国家或地区同时发生，也不会同步发展，社会条件较好的会较早发生、较快发展。但条件不好的如能抓住机遇，科学筹划，充分发挥人的自觉能动性，利用和创造有利条件，也会有所作为。20 世纪末兴起的以信息化为核心的世界新军事革命，在军事技术、武器装

① T. N. 杜普伊．武器和战争的演变［M］．严瑞池，李志兴，译．北京：军事科学出版社，1985：348.

② 马克思，恩格斯．马克思恩格斯文集（第 1 卷）［M］．北京：人民出版社，2009：540.

备、体制编制、战争形态、作战方式、军事理论等方面，已经且必将继续产生广泛而深刻的影响，正在发展成为一场完全意义上的军事革命。利用以信息技术为核心的高新技术，不断提高武器装备的信息化、智能化水平，研究适应信息化战争的理论和方式方法，建设适应未来信息化战争的信息化军队，将成为这场新军事革命的发展趋势。

1.2.3　军事变革

军事革命是军事变革的基础，军事革命是先导，它通过物化到武器中，使军事手段产生革命，从而带来作战样式、作战部署等一系列内容的改变。《中国军事百科全书》对军事变革的定义："军事变革是由政治的、经济的、军事的、科技的多种因素相互作用而展开的。"军事变革要顺利进行，诸多要素要有机结合、协调发展，其中科技因素起着关键性作用。

从科学技术与军事活动相互联系的视角来看，军事变革是在科学技术有突破性进展的基础上，大量具有断代性质的武器装备被发明创造出来并投入到军事活动中，引发军事系统内诸要素及相互关系的根本性变化，从而导致整个军事系统发生质变的特殊社会活动。军事与科技就像孪生兄弟，军事斗争和战争牵引着科技发展，科技进步又支撑、推动着军事发展，二者相互融合、相互作用，不断催生新的军事变革。准确地说，应该是某个科学技术群，反映到军事上引起军事技术革命，军事手段革命，作战理论更新，作战样式及作战部署与部队编制改变，条令条例和部队训练变革等，从而使军事能力产生革命性的飞跃，最终引起军事变革，导致战争形态演变。科学技术影响战争形态的基本脉络是"科学技术—科技革命—军事革命—军事变革—战争形态"。

先进的技术和武器系统是军事变革的物质基础，是"硬件"。没有坦克、飞机、无线电，当年德国法西斯分子搞不了"闪击战"；没有核武器和导弹、核潜艇，就没有美国和苏联的核威慑战略。创新的军事学说——军事理论是军事变革的灵魂，是"软件"。它不但决定了硬件如何执行具体功能，而且决定了硬件如何相互作用，发挥最大效能。编制体制则应当是先进的技术和武器装备，以及军事学说的具体体现。

1）军事技术的变革。军事技术的重大进步，必将导致武器装备的更新和发展，引起军队体制编制、作战方式和军事理论的深刻变革，改变战争形态和作战样式，军事技术是军事革命赖以生存和发展的直接物质基础。

2）武器装备的变革。武器装备是军事技术的物化形态，军事技术是武器装备的直接物质基础，武器装备的更新直接取决于军事技术的发展，军事技术的重大进步必然引起武器装备的更新换代。军事变革总是与各种新式武器的出现有关。但是，实际上并不是每一种新式武器的出现都可以引发军事变革。在有些情况下，新武器可能导致战术的变化，偶尔也会导致战法的改变。

3）体制编制的变革。军队的体制编制从根本上说取决于武器装备，新的武器装备的发明，必然引起军队组织形式发生相应的变化或改变，体制编制的变革是武器装备更新发展的必然结果。

4）作战方式的变革。作战方式的变革是军事革命的关键性环节和重要体现。技术决定战术，作战方式的变革依赖于军事技术的发展。“一旦技术上的进步可以用于军事目的，并且已经用于军事目的，它们便立刻几乎强制地，而且往往是违反指挥官的意志而引起作战方式上的改变甚至变革。”

5）军事理论的变革。创新的军事理论是军事革命的灵魂和核心。军事技术的变革从根本上推动着军事理论的发展，军事理论的创新归根到底取决于军事技术的发展，又反映着军事技术及其他要素变革的要求，并对其他要素的变革具有先导作用。

1.3 战争本质及战争属性

自人类进入阶级社会后，战争便成为社会发展的伴生物。可以认为，在人类历史发展进步的整个过程中。战争其实也是人类活动的一项重要内容。战争对国家和民族的形成与发展具有巨大的影响和十分重要的意义，在很多关键的时刻，成为国家和民族命运的决定性要素①。为了揭示战争的规律以更好地驾驭战争，人们开始不断地探究与战争相关的根本问题，如战争的根源、本质、性质、样式等。

关于战争，《辞海》对战争的解释是：“为了一定的政治目的而进行的武装斗争。”《辞源》的解释是：“国家或集团之间的武装斗争。”《汉语大词典》的解释是：“①民族、国家、阶级、集团之间的武装斗争。②泛指争斗，斗争。”百度网的解释是：“战争是一种集体和有组织地互相使用暴力的行为，是敌对双方为了达到一定的政治、经济、领土的完整性等目的而进行的武装战斗。”

克劳塞维茨给出了经典定义。他说：“战争是迫使敌人服从我们意志的一种暴力行为。”从中可以看出，战争是通过暴力这种方式达到令敌方服从己方意志的行动，战争几乎等于暴力。毛主席继承和发展了这一论断，并根据中国的革命战争，创造性提出了：“战争是流血的政治”，强调了战争是以流血方式强迫敌人屈从的暴力对抗形式，是暴力对抗的最高形式。这就充分体现了战争的特殊性在于其暴力性，暴力性是战争的最本质的特征。

《俄罗斯军事百科全书》具有权威性，它所表述的对战争本质的认识代表了俄罗斯官方和学者的共识。该书认为：“战争作为一种复杂的社会现象，是交战双方的对内对外政策通过武装暴力手段的继续。”这一表述显然是克劳塞维茨“战争无非是政治通过另一种手段的继续”的“翻版”。

2011年版《中国人民解放军军语》中对战争的解释：“敌对双方为了一定的政治、经济目的，有组织有计划地使用武力所进行的激烈的军事对抗活动；是用来解决阶级、民族、政治集团、国家之间矛盾冲突的最高斗争形式；是政治通过暴力手段的继续。”

这些解释，除《汉语大词典》第二释义外，差别并不大，并且都无一例外地强调了战争的“武装斗争”特性。这些可以看做是人们对“战争”这一军事学术范畴的传统理解。

① 易正红．电磁空间——新世纪的关键作战域［J］．信息对抗技术，2017（4）：4.

不过，人类自从告别了原始形态的战争之后，战争就从来不是一种单纯的独立于其他各种事物之外的社会现象。应从更为广阔的视野和背景加以界定，或者说将上述传统解释视为其狭义定义，而另外赋予它一个广义的解释——将民族、国家、阶级、集团之间一切出于打击、削弱乃至最终瓦解和消灭对方的目的，而在各个领域中运用任何手段所进行的斗争，均视为战争。这种“战争”，有别于纯军事意义上的传统战争，似可称之为“新型战争”。但本书以下所论，更多的是在传统意义上使用“战争”这一军事学术范畴。

1.3.1　战争性质

马克思、恩格斯提出：“要确定某一战争的性质，首先要看这一战争是促进了社会进步还是阻碍了社会进步，舍此，没有其他的标准。”革命导师从战争的社会历史作用出发，运用辩证唯物主义和历史唯物主义的方法，进一步将战争区分为进步的、革命的、解放的、防御性的和反动的、掠夺性的、侵略性的、进攻性的两种战争性质。列宁和毛泽东根据这一理论，进一步将战争的性质区分为正义战争和非正义战争。

毛泽东指出：“历史上的战争分为两类，一类是正义的，一类是非正义的。一切进步的战争都是正义的，一切阻碍进步的战争都是非正义的。我们共产党人反对一切阻碍进步的非正义的战争，但是不反对进步的正义的战争。”马克思主义者依据对战争性质的判断，决定对战争采取支持还是反对的态度。因此，如何判断战争的正义性和非正义性是马克思主义战争观的重大问题。正义战争和非正义战争，分属不同的战争形态。阶级压迫战争和阶级解放战争、殖民主义战争和民族解放战争，其形态是截然不同的。一般说来，正义战争可以采用人民战争的形态，而非正义战争的掠夺性、侵略性、反人民、反革命性质就不可能采用人民战争的形态。

“战争是流血的政治”，其本质是政治目的性与手段暴力性的统一，是解决“阶级、民族、政治集团、国家之间矛盾冲突的最高斗争形式”，是“敌对双方为了一定的政治、经济目的，有组织有计划地使用武力进行的激烈的军事对抗活动”。任何战争或军事冲突无不反映着一个民族、一个政治集团、一个国家的政治利益和政治诉求。作为最高斗争形式的战争，不论是“正义的”或“非正义的”，暴力性是其突出的特征，绝对不能混淆战争与其他非暴力活动的界线，这一问题对制定明确的军事战略，进行有效的战争准备极其重要，若忽略“以暴止暴”的能力建设，对从思想上、心理上、意志上认识战争和进行军事斗争准备是极其有害的。

任何战争都是一种迫使对方屈服的暴力行动，战争的暴力性不仅没有变，而且更加残酷。伊拉克战争中，美军将伊拉克共和国卫队和其他伊拉克地面部队作为美、英联军突袭和使用精确武器打击的主要目标。美国中央司令部空军司令迈克尔·莫斯科表示，在伊拉克战争中，1 800 多架飞机发动了约 2 万次袭击，其中 1.58 万次是直接针对伊拉克地面部队的，1 800 次针对伊拉克政府设施，1 400 次针对伊拉克空军和防空司令部目标，800 次针对可能藏有导弹的地点及阵地和设施，造成近 5 万官兵和民众死亡，300 万难民逃往境外。北约对南联盟的轰炸中，投下了 50 万枚含有 30 万吨核废料的贫铀弹，致使南联盟境内的放射性污染程度超过正常指标的3 000倍。从对物质文明的破坏程度上看，在几天时间内包括萨达姆等高官的住所、政府机关大楼、通信枢纽、新闻机构等25个伊拉克重要目标就被夷为平地，其毁灭性后果远远超过了以往任何一次战争。伊拉克仅恢复石油工业就需要投资500亿美元，而国家重建需要数千亿美元，战争丝毫没有因为打击的精确化而变得“软”起来、“慈”起来。

1.3.2 战争属性

虽然时代特色发生了根本性变化，但战争的政治属性并没有发生根本性改变，它依然是和平手段无法解决问题情况下的一种终极选择——“战争是政治的继续”。政治的不可消亡性，决定了战争存在的必然性。但也必须看到，战争所“承接”的“政治”却发生了一些变化，战争的性质也是稳定性与可变性的统一，每个时代的战争除了具有这种基本性质外，又有其时代所赋予的特征。技术的进步推动社会文明的同时，也在改变人类创造、使用暴力的观念与方式。

（1）战争的存在性

战争与和平作为两种最基本的社会现象贯穿人类的全部文明史。据统计，在有文字记载的5000多年间，人类共经历过大小战争14 500多次，平均每年2.6次，仅有294年没有战事。公元前5世纪，修昔底德在《伯罗奔尼撒战争史》中曾讲过：“发生过的事件……会在未来某个时候以几乎相同的形式重复出现，这是人类的本性使然。”战争作为一种社会现象，在人类历史上几乎是反复地“重复出现”，虽然人类文明不断进步，国际规制限制增多，战争耗费持续增大，战争工具已经发展到足以毁灭人类的地步，聪明的政治家都保持着理智的头脑，但是战争绝不会因此而消失。这是因为，战争不仅是政治的继续，而且也是改变历史进程的重要推动力，没有战争就丧失了解决一切问题的终极手段，没有战争也就失去了历史进步的重要推力。

马克思早在1846年与恩格斯合著的《德意志意识形态》一书中就提出，奴隶社会、封建社会、资本主义社会的生产方式和压迫制度决定了战争的必然性。他们认为，在奴隶社会，随着原始公社制解体及对抗阶级的出现，战争便成了经常的营生。奴隶社会进行战争的目的是争夺奴隶、家畜、财宝，扩大在国内外的剥削和掠夺。军队出现以后，武装暴力越来越成为加强经济和政治统治以及奴役人民的有效手段。而作为对暴力和剥削的反抗，受压迫和被奴役的人民大众会与统治阶级进行民族解放战争。在封建社会和资本主义社会中，剥削关系得到进一步发展，从而导致阶级矛盾、民族矛盾和其他矛盾激化，而这些矛盾正是爆发战争的客观条件。资本主义发展到帝国主义时代，战争最深刻的根源变为资本主义生产力和生产关系之间日益尖锐的冲突。“即使在现代条件下也要承认，不仅原有的战争根源和原因没有消失，而且不同国家和地区之间新的十分尖锐的社会、政治、经济、领土和民族矛盾还在不断出现。”①

① 默·艾·加列耶夫．假如明天战争来临［M］．军事科学院外国军事研究部，译．北京：军事科学出版社，2001：12.

世界历史上的 14 个帝国、中国历史上春秋战国至清王朝的五大盛世、美国的崛起等，大体上有四种形式：一是通过战争掠夺实现崛起，比如亚历山大帝国、蒙古帝国、日本帝国等；二是通过自给自足、自卫反击实现崛起，比如中国历史上的西汉文景盛世、唐朝开元盛世、明朝永宣盛世、清朝康乾盛世等；三是通过殖民扩张实现崛起，比如大英帝国、拿破仑帝国等；四是通过坐山观虎斗、得渔翁之利、吃战争“红利”实现崛起，美国就是通过两次世界大战最终实现崛起。

孔子曾讲，“要文事必有武备”。古罗马战略家曾大声疾呼，“想要和平，那就去准备战争”。20 世纪 70 年代中期，毛泽东曾强调指出，“越讲缓和越要备战”，因为只有真备战才有真缓和。新中国成立后的二三十年，正是由于我们确立了“早打、大打、打核战争”的战略基点，才最终避免了大战、核战的爆发。除了人类文明进步的因素之外，一方面，非战争军事行动在一定程度上替代了战争的作用，在许多问题上可以不必“大打出手”；另一方面，世界各国依然在进行着新的战争准备，无论是“以备防战”的需要，还是“以战止战”的考虑，都表明战争的客观存在，况且，战争的硝烟压根就没有灭绝。历史反复证明，单纯的和平手段是无法实现崛起的，战争在可以预见的时间内不会消失，依然以人类固有的活动形式存在下去。虽然有些战争并非政党、国家、跨国联盟所为，而是源于一些恐怖组织、海盗集团、绑架集团等非政府组织，但它依然保持着鲜明的政治色彩。因此，战争作为政治的继续的价值丝毫没有改变。

（2）战争的政治性

历史上，每当技术革命与国际战略格局调整相重叠时，战争形态往往加速演变。国际战略格局动荡所产生的危机与机遇，会迫使各国采用新技术来增强军事实力，或图谋战略优势地位，或图谋立于不败之地。20 世纪 90 年代初，在信息技术革命方兴未艾之际，第二次世界大战后形成的“两极”体制迅速走向崩溃，世界进入了一个国家关系与利益大调整的关键时期。各大国、特别是超级大国为夺取战略主动权和抢占 21 世纪的优势地位，竞相推进新军事变革和实施战略调整，力争及早实现自身军事体系的信息化转型，形成全面的军事优势，其他有条件的国家为避免与强国产生新的军事技术时代差也纷纷跟进。战争形态的演变历来与军事变革的进程相一致，新军事变革的逻辑结果就是旧战争形态的退化和新战争形态的崛起。

当世界形成了“国际安全链”后，每一环节都可能成为影响世界安全的节点，除传统的领土、民族、宗教争端外，资源攫取、市场争夺、资本控制、贸易制裁、金融危机、环境破坏、能源分割、计算机病毒……也成了新战争领域。如今的战争、亚战争、类战争、准战争，已遍及全世界政治、外交、经济、军事、文化、民族、宗教、金融、航空、航天、资源、环境、通信、网络等领域。各国之间呈现“乘风破浪，万里比邻，往来如梭，举全球为一大市场”的大格局①。在此大背景下，政治家、战略家如果做出了错误的政治决策，或者如果应当采取的政策没有被实行，那么这种情况会让相关的民族、国家乃至世

① 王韬．弢园文录外编（卷十）[M]．中州古籍出版社，1998：284.

界付出昂贵的代价。如果国家政府的战略决策与全球化浪潮的大背景背道而驰，就会像传说中的卡纽特国王命令“正在涨潮的潮水退下”一样毫无希望。因此，在全球化的时代，政治的责任和政治的重要性在同步增长。

一个时期以来，“空海一体战”成为美国学界、军界的热门话题。应当说，“空海一体战”在技术上不存在难题，关于各军种进一步融合的想法也没有错，对于推动美军建设具有相当的积极意义。这些都是可以肯定的。问题的关键是，它在作战对象选择上与美国的根本利益是大相径庭的。“空海一体战”的提出与当年“空地一体战”的提出一样，都是着眼为美国政治意图服务的，这就决定了“跟谁打”“怎么打”的问题必须服从服务于美国的利益和政治意图。如果按照“空海一体战”理论提出者的设想，中美之间在西太平洋地区打一仗的话，那么，这场战争必然是全球性的、毁灭性的。虽然战争双方的损耗有大有小，但真正的胜利者绝不会是战争双方中的任何一方，尤其是美国失去的会更多。因此，负责任的、聪明的美国政治家、战略家绝不会用这种作战方式来破坏中美关系大局。战争形态的发展变化必然使“空海一体战”成为一种重要的作战方式，但针对中国的“空海一体战”很难成为一种现实。这是战争的政治属性所决定的，是美国根本利益的客观要求[①]。

美国著名学者阿尔奎[②]提出了一种论点，即针对阿富汗战争、伊拉克战争所面对的实际情况，美军应当确立“战争新规则”。他认为，阿富汗战争是“历史上首次国家与非国家行为体进行的非正规战争”。在这样一场战争中，美军用打传统战争的理论来指导战争的思想是错误的和落伍的。美军历来笃信大量使用巨舰、大炮、重型武器，即所谓的“铁锤越大效果越好”的作战准则。但“过去 10 年的经验清楚地告诉我们，大规模用兵除了滥杀无辜和激怒他们的亲友之外收效甚微”。阿尔奎因情而变的思想没有错，但问题的关键是把阿富汗战争、伊拉克战争的特殊性视为一种普遍性，并据此修改战争的基本规则，那就错了。如果换一个作战对象、换一种战场环境，针对阿富汗战争、伊拉克战争所确立的“战争新规则”不一定管用。

有美国媒体报道，美国对特种作战部队的依赖不断增强。美军特种作战司令部发言人肯·麦格劳也曾表示：“目前美国的特种作战部队正在 75 个国家展开行动。奥巴马政府像布什政府一样严重依赖这些部队，还一直想扩大它们的力量。”一名高级军官曾说：“同布什政府时期相比，特种作战部队的司令在白宫露面的频率也大大提高了。”有人借此提出，今后的美军将更多地打特种战，而少有传统的正规战、正面战。不能说这种想法没有一点道理，但必须看到，特种作战毕竟是战争中的“偏锋”，有时能发挥巨大的甚至决定性的作用，但它还不可能成为战争的主流、达成战争的根本目的[③]。

1.3.3 诱发因素

战争是“生死之地”“国之大事”。因此，列宁曾强调指出：“战争必须认真地进行，

① 张世平．世界重大军事事件战略透析［M］．北京：军事科学出版社，2011：350－360.

② 美国海军研究生院教授、美国国防部顾问，曾在兰德公司任职。

③ 张世平．世界重大军事事件战略透析［M］．北京：军事科学出版社，2011：350－360.

否则，干脆不进行。这里不可能有中间道路。”不放弃战争手段、要进行战争，就必须弄清楚在新形势新情况下，导致战争发生的因素究竟有哪些新的变化，从而把握其特点规律，调动一切积极因素去准备和实施战争。

历史上，导致战争的因素多是阶级矛盾问题、政治权力问题、生存空间拓展问题、领土主权问题、国家统一问题、资源问题、宗教问题等。曾发生影响极其重大的两次世界大战，但时间不过 10 余年，而局部战争连绵不断，在战争史上占据了绝对主导地位，主要是因为世界范围的生产社会化、市场全球化程度加深，国际经济联系不断扩大，各个国家、各个地区之间相互渗透，相互依存。局部战争主要发生在不发达地区，矛盾的焦点集中在发展中国家。导致局部战争的原因往往是一些特殊的、偶然的、与世界政治经济格局无密切关系的突发性因素。绝大多数发达国家采取中立观望态度，极力避免介入冲突，即使超级大国卷入，也要选好战争的“代理人”以避免直接较量。

冷战结束以来，战争规模逐渐缩小、战争数量正在减少，“大战基本可以排除”已成一种共识。促成这种情况出现的原因是多方面的，有人类文明进步的因素，有战争耗费太大无法承受的因素，有国际规制限制战争的因素，也有各大国都拥有大规模杀伤性武器而“都不敢下手”的因素。从发生战争的动因来看，发生了一些重要变化。20 世纪 90 年代以来，随着苏联解体和东欧剧变，标志着冷战“两极”战略格局的终结，世界向着政治多极化和经济全球化发展。美国等西方国家在经济全球化过程攫取了巨额的经济利益，依据其强大的经济实力和科技实力，向全球推行霸权主义和强权政治，不断以各种理由挑起战争和冲突。纵观近年来世界发生的几场现代战争可以看出，战争动因是纷繁复杂和扑朔迷离的。

1999 年发生的科索沃战争，动因颇为复杂。2003 年，美国发动的伊拉克战争也是令世界不知其中味。美国先是以萨达姆政权拥有大规模杀伤性武器为由，暗中支持恐怖分子，绕开联合国安理会，单方面对伊拉克实施了军事打击；到了战争中后期，在没有找到伊拉克拥有大规模杀伤性武器的证据时，转而又以推进民主、自由为由，声称萨达姆独裁政权践踏人权，要“帮助”伊拉克人民建立一个自由、民主的政权，以为伊拉克人民提供人道主义援助为由继续战争。直至 2010 年美国作战部队撤出伊拉克，历时 7 年的战争也没能在伊拉克找到任何大规模杀伤性武器。据报道，2011 年 2 月 15 日，当年向美国及德国透露伊拉克藏有大规模杀伤性武器的伊拉克变节者首次承认一切均为谎言。有军事专家分析得出，美国发动伊拉克战争的主要动因就是通过控制伊拉克及中东地区的石油来主导国际油价，从而打击欧洲经济对手，提振国内经济发展。

2015 年 11 月 13 日，8 名恐怖分子以原始的突击步枪和手榴弹血洗法国首都，造成近 500 人伤亡，举世震惊。三年前的这一天，法国总统奥朗德曾公开宣布叙利亚反对派联盟是叙利亚人民“唯一合法代表”，成为第一个承认叙利亚反对派联盟的西方国家。当时现场，法国民众听到袭击者喊出“为了叙利亚”的口号。奥朗德在袭击发生后发表声明说，这是“战争行为”；法国总理瓦尔斯说：“我们现在处于战争中”“我们将赢得这场战争”。法国媒体充斥着“战争开始了”“赢得战争”“如何赢得这场战争”等报道。《查理周刊》

推出漫画说："今晚的遇难者……他们不知道有人已经向他们宣战了。"几乎在一瞬间，"战争"一词就从体育场、酒吧和霓虹灯下弥漫了法兰西。直接挑起这场"战争"的敌人还不到一个"班"，传统军事概念中的一场战术行动，引发了一个国家战略反击的回应。第二天，安理会呼吁所有具备能力的成员国都应该加入打击"伊斯兰国"组织的战斗，安理会的决议说，"伊斯兰国组织使国际和平面临前所未有的全球性威胁"。

如今，以美国为首的西方大国联合起来，他们遵循这样的强盗逻辑：凡是能掠夺、奴役可以获得利益的就可以用战争解决它，凡是违背他们利益的国家政权就找借口用战争手段来推翻它，或者支持该国反政府力量推翻现政权。总之，是什么原因打、打的对还是错似乎都没人问津，明显的非正义战争也没有遭到有实质意义的道义谴责和制裁，似乎现代战争道义的力量对赢得战争胜利发挥作用甚微。2010 年版《俄联邦军事学说》对战争根源的描述："在可预见的未来，争夺原料资源（能源）和生存空间，将成为世界上最为尖锐的社会、政治、经济和种族矛盾的主要根源。"人类共同安全只能是一个美好的愿景，传统的政治、经济、领土等矛盾以及被"两极"体制掩盖的民族、种族、宗教等矛盾依然是国际国内冲突和地区战争的现实动因。

战争任何时候都不是由某一种因素引起的，而是由错综复杂的各种社会、政治、经济、民族和宗教矛盾引发的。总体上看，当前及今后一个时期，虽然没有大规模战争威胁了，但世界面临的各种威胁还比较多，有些威胁处理不好所产生的后果，不亚于一场世界性全面战争。从未来情况看，对许多主权国家来说，主要的军事危险和威胁仍是国家内部冲突和边界冲突。经济危机、复杂的社会经济成分、相互的领土要求、民族、种族和宗教问题都有可能成为威胁国家安全的潜在根源。消除核化生等大规模杀伤性武器威胁可能导致战争，推行"民主与自由"理念可能导致战争，对现实严重不满、抵触先进国家，甚至一种扭曲的、报复的心态等，都有可能成为引发战争的政治诉求。这种变化的直接后果，很有可能导致战争的数量、战争的规模发生新的变化。传统的地缘政治冲突，地区大国的历史恩怨和世界大国的战略搏弈，新兴势力的突兀崛起，以及古老组织的不甘沉寂……让今天的世界动荡、翻腾、光怪陆离①。

1.3.4 决定因素

马克思主义观强调了人在战争中的决定性作用，同时也强调武器对取得战争胜利的重要作用。按照马克思主义的观点，人是生产力要素中的"活物"，任何物质的要素只有被人的要素——劳动者——所掌握并进入生产过程，才能成为一种现实的生产力。如果没有人的作用，任何生产资料都不过是一种死物而根本不可能成为现实的生产力。古往今来，"人"与"武器"是构成军队作战能力、影响战争结局的两大主要因素。无论战争机器、战争形态发生了什么变化，只要战争还是政治的继续，还是政治集团之间的暴力冲突，人就依然是战争的主体，是战争胜负的决定性因素，尤其是人心的向背依然是决定战争胜负

① 张世平. 世界重大军事事件战略透析 [M]. 北京：军事科学出版社，2011：351-352.

的最终因素，但“政治”的具体情况增多了，“人”的因素更多地物化了，战争的时空条件更加复杂了。这些新情况都要求我们必须具体地分析战争问题，有针对性地回答和解决战争问题。

（1）人的因素

马克思主义经典作家们对战争制胜机理都作出过精辟论述，形成了马克思主义战争制胜机理观。恩格斯指出：“赢得战斗胜利的是人而不是枪。”他还同时指出：“暴力不是单纯的意志行为，它要求具备各种实现暴力的非常现实的前提，特别是工具，其中，较完善的战胜较不完善的。”毛泽东丰富完善了战争制胜机理理论，在《论持久战》一文中，指出：“所谓‘唯武器论’，是战争问题中的机械论，是主观地和片面地看问题的意见。我们的意见与此相反，不但看到武器，而且看到人力。武器是战争的重要因素，但不是决定的因素，决定的因素是人不是物。”

①人仍然处于主导地位，但对武器装备的依赖性更加增强

信息化、智能化战争与人类各历史时代战争最大的区别，就是智能因素跃升为战斗力的核心要素。这种智能要素体现的是一种系统的智能，即在人与武器构成的“人机系统”中，不仅武器装备的科技含量与日俱增，智能化趋势日趋明显，而且人的科学素养和知识水准上升为战斗力的增长点和主导因素。打现代化战争，人还是决定因素，但是武器装备的作用也决不可低估。“人是战争胜负的决定性因素”这一普遍性论断今天依然有效，但正如所有真理都具有相对性一样，随着高新技术的发展及其在军事领域的广泛应用，战争对“人的因素”的具体要求赋予了新的涵义。

毛泽东曾经指出，战争指挥员活动的平台，必须建筑在客观条件的许可上。这里所指的客观条件，主要是指物质条件中的武器装备水平。战争期间，人的能动作用发挥得好，可以在一定程度上弥补武器装备的不足，甚至可以做到“以劣胜优”。解放战争时期，我军以“小米加步枪”打败了装备有“飞机加大炮”的国民党军队，那时我军的物质基础是“小米加步枪”。试想，如果我军只有“大刀加长矛”甚至“赤手空拳”的条件，战争的进程或结局将可能是另一番景象。科索沃战争中，南联盟军民万众一心、同仇敌忾，与北约军队斗智斗勇，充分发挥了“人的因素”的作用。但由于缺乏有力对付敌空袭的防空系统，结果不得不始终处于被动挨炸的境地，最终落得“有心杀贼，无力回天”的局面。

高技术武器装备的研制是“人的因素”不断物化的结果，体现了科学家、工人们的科学文化素质和高超的工艺水平，不仅成千上万倍地增强了人的四肢、五官及大脑的功能，而且也包含了军事需求者的诸多战略战术思想。如隐身飞机的隐身功能体现了“出其不意，攻其不备”的战术思想；精确制导武器体现了“节约兵力”和“集中兵力”的战术思想；先进的 C^3I 系统体现了“知彼知己”“兵贵神速”“协调一致”等多种战术思想等。现代战场上，只有通过高新武器装备才能更好地发挥“人的因素”的作用。同样，没有能熟练驾驭武器装备的指战员，再先进的武器装备也只能是军队“华丽的坟墓”。因此，必须研究适应高新武器装备的军事理论，研究新的作战原则、作战样式、指挥方式，以及作战

保障等问题，以便最大限度地发挥武器装备的效能①。

②人的因素越来越多地物化为武器装备的功能，但对人的要求更高了

机械化及以前的战争中武器装备的发展，都是对人的感觉器官的延长，而高技术兵器装备增加了人的思维功能。如计算机技术、传感技术、通信技术、微电子技术、多媒体技术、虚拟现实技术等，都极大地辅助人们的运筹决策能力，“信息能”和“知识能”在战争中的作用越来越大。因而人们在谈论信息化战争时，不时地说到知识战争。近年几场局部战争充分表明，在高技术特别是信息技术条件下作战，人在作战体系中的作用不是降低而是升高了，美国一个研究机构在总结伊拉克战争的经验教训时写道：“没有什么优势比人才优势更重要。”

在以往的战争行为中，人与武器结合等于战斗力的结论完全符合逻辑，也符合实际。士兵拿起枪配上炮就能战斗，开飞机、驾坦克的孤胆英雄也不胜枚举。而在信息时代，人仅与武器结合，可能就不一定能生成战斗力了。例如，给你一架飞机你可能不知道飞向哪里，给你一枚战斧导弹，你可能根本没有办法打向敌人。这里面的关键是缺了一个条件，就是相应的“信息”。正是观察到这种情况，人们意识到，在信息化条件下作战，如果没有信息的支持，武器和人将难以形成战斗力并发挥作战效能。因此，信息亦成为战斗力的重要因素。在信息、武器加上人等于战斗力“三元论”定式中，一方面，人仍然是关键性因素，信息化武器装备和对信息的作用，仍是人的能力的延伸和体现，决定战争胜负的仍是掌握了科技知识和战斗规律的人。同时，武器装备的重要地位也依然保持，仍将是形成战斗力的重要的不可替代的手段。但另一方面，信息全面介入人和武器之间，且并不以人的意志为转移地在战斗力的形成过程中发挥着至关重要的作用。人和武器与信息间的相互依存度提高，战斗力的发挥不仅将依赖于人和武器的密切结合，更依赖于人、武器和信息的交融程度②。

③人在战争中作用的展示形式和具备的特质也在发生着深刻的变化

历史上，人在战争中的作用主要是通过人的数量多少、智慧优劣、精神意志强弱、协调行动好坏等来体现。而今，人的肢体功能、感觉功能越来越多地被武器装备所拓展和放大，甚至一部分智能也可以体现在武器装备的功能上。武器装备的“精度”“速度”“（毁伤）强度”越来越成为战争主动权的重要支撑，“精兵制胜”的可能性越来越大，拥有先进武器装备、具有良好素质的几十名战斗员甚至几个战斗员就可能打败成百上千武器装备处于“不对称”状态的对手。这种变化的直接后果，一方面对武器装备的发展提出了更高的要求，另一方面对人的素质也提出了更高的要求③。可以想象，一个国家的军队，即使武器装备接近或达到了世界先进水平，而人仍然是农耕社会状态下的传统人，其组织编制、教育训练、军事理论、思想观念等仍停留于传统社会水平上，那么，它就仍然没有与先进军队站在一个时代平台上，在与敌方较量中注定会彻底失败，决不能用旧战争的定式

① 蔡世川．“人是战争胜负的决定性因素”新解 [J]. 国防，2001 (9)：37.

② 叶征．信息化战场仅仅人与武器结合是不够的 [N]. 中国青年报，2007-5-17.

③ 张世平．对战争形态、属性、决定因素及时空条件的再认识 [J]. 军事学术，2013 (1)：14.

思维考虑新战争问题。

“人的因素”仍然包含着数量与质量、军队与民众、个体与整体等多对要素，但高技术局部战争中人口质量在交战双方“人的因素”的对比中起着越来越重要的作用。相对于“数量”而言，“质量”的权重越来越大。人的质量包括政治、军事、科学文化等要素，最终还要落实到研制开发或驾驭运用高新武器装备的能力上。与传统的战争相比，现代社会知识以前所未有的广度和深度向军事及其他战争要素渗透，从而极大地改变了现代战争的物质基础和战争力量的技术构成，使战争能量迅速膨胀。知识化战争真正来临时，知识所产生出的暴力会将体能、机械能产生出的暴力，从人类斗争的力量使用中驱至最后一道门槛而自居于支配地位。这样，战争在一定意义上就成为知识暴力战争[①]。特别是在高新技术群飞速发展的时代，如何在战争准备期间培养人、在战场上充分发挥人的主观能动作用，越来越成为十分严峻的课题。

美国国防部长切尼说过：一个拿刀的武士，在给了他一支 AK47 步枪后，把 AK47 步枪当作刀挥舞，他还是一个武士，只有他趴在壕沟里，拿着 AK47 步枪向两百米外目标瞄准开枪，他才转变为战士。这是战争对人的思维提出的要求。新型军队不管采取什么样的编制体制，都不能没有自己的“神”和“魂”，失魂必落魄。可以想象，一只羊，纵使有再强的体魄，再粗壮的利角，即使给它带上钢盔，挎上冲锋枪，配上再多的羊，它见了狼照样哆嗦。这是对人的“神”和“魄”的要求。未来战争可能在磁场、太空和网络，已经不能依靠人的感觉器官就能观察和把握，这需要专门的装备和技能，网络战是知识与知识、技术与技术、能力与能力的直接较量，克劳塞维茨“知识必将成为能力”的预言，托夫勒“知识能够打赢或者防止战争”的信念，必将成为现实。

（2）武器装备

武器装备是军队现代化的重要标志，是军事斗争准备的重要基础，是国家安全和民族复兴的重要支撑，是国际战略博弈的重要砝码。现代武器装备体系的研制是一项极其复杂的系统工程，是人们为作战需求而加工制造的一种为战争服务的特定产品[②]。在其他条件相同的情况下，军队作战能力的强弱，将更加取决于武器装备的先进程度。不同的武器装备，由于技术性能不同，其作战功能各有差异，从而造成了军队作战能力的高低。一般说来，武器装备的技术、战术性能好，其作战能力就高，拥有先进武器装备的一方将具有较强的作战能力。武器装备发展史表明，从冷兵器时代到热兵器时代，再到机械化时代乃至信息化时代，武器装备的每一次重大发展，都带来了作战能力的巨大飞跃。特别是现代化条件下，武器装备所具有的射程远、精度高、威力大、速度快、智能化、隐形化等特点，使军队作战能力达到了前所未有的新水平。同时，武器装备对构成作战能力的其他要素，如军人素质、体制编制等，具有重要的影响和制约作用。武器装备的发展，需要能够熟练操作和使用的军事人员以及与之相适应的体制编制，否则，其将会成为作战能力生成和发展的桎梏。古今中外任何一支军队，无不把发展武器装备作为加强军队建设、提高作战能

① 蔡世川．“人是战争胜负的决定性因素”新解 [J]．国防，2001（9）：38.

② 吴忠望，卢昱．基于信息系统的战斗力整体涌现 [J]．军事运筹与系统工程，2013，27（2）：76－80.

力的重要手段，作为生成和提高军队作战能力的重要途径[①]。

武器装备拥有优势的一方把握战争主动的可能性极大增强，处于劣势的一方需要更多地按照“功能决定结构”的原理寻找不败的途径和出路。传统的武器装备，拓展和放大了的主要是人体某一个方面的功能，或打击功能、或机动功能、或感觉功能。随着科学技术的发展，一方面武器装备系统化地拓展和放大了人的打击、机动和感觉功能；另一方面在智能化、类人化方面也有极大进展，使武器装备发展到一个新的顶点。从而，不仅改变着战争形态，也改变着战争的方式方法。无人技术将使一线搏杀的主要是机器人，无声技术将使包括作战行为在内的军事行动无声无息，无形技术将使战争主体和战争工具无影无踪。信息技术将使攻击行为、防御行动甚至支援保障举措都具有了很强的精确性，瞬时发现、即时攻击、全球一两个小时内到达，使战争行动的速度空前提高，火力的毁伤力和破坏力在达到物理极限的同时也达到了人类无法忍受的程度。上述变化交织在一起，使拥有优势的一方可以进行“体系作战”，从一开始就占据着战争的主动地位，并将这种主动始终保持在整个战争过程中。

而处于劣势的一方，则呈现出多种情况，有的是处于一般劣势，有的则处于极度劣势。前者，必须瞄准“体系作战”进行建设、实施作战，但又不能“与龙王比宝”、打“堂堂之阵”；后者则只能基于“小米加步枪”，如果再丧失战争意志，则必然出现有战无“争”的情况。同时，“有什么武器打什么仗”的战争原理再次显现出它的强制规定性，一方面要求武器装备占据优势的一方，按照“结构决定功能”的原理创新发展自己新的军事思想、新的体制编制、新的领导指挥机制和新的教育训练内容方法；另一方面则迫使武器装备处于劣势的一方，按照“功能决定结构”的原理寻找应对招数、确定作战编组、运用合适的指挥方式、进行针对性训练[②]。

科学的、富有创造性的思维可使处于落后被动地位国家的武器装备发展争得主动，取得事半功倍的效果。创新，尤其是自主创新，既是推进国防科技和武器装备建设发展的关键，也是摆脱武器装备发展受制于人的重要基础。要把增强自主创新、原始创新摆在突出位置加紧推进，加强基础科学和前沿技术研究，加大武器装备新概念探索性研究，力求提出武器装备发展的新思想、新概念和新途径，在关键领域与若干科技发展前沿掌握核心技术和自主知识产权，摆脱受制于人的局面。为从根本上摆脱武器装备“跟跑”发展模式，要以“探索一代”创新概念、“预研一代”突破技术、“研制一代”物化装备、“生产一代”形成能力的理念，形成可持续发展的良性循环。在日趋激烈的全球综合国力竞争中，必须正视现实、承认差距、密切跟踪、迎头赶上，国防科技和武器装备发展必须加快从要素驱动发展为主向创新驱动发展转变，要突破“瓶颈”技术、自主可控，强化基础研究，搞好成果转化。要紧跟世界新军事革命特别是军事科技发展方向，努力缩小关键领域差距，形成比较优势。要按照主动跟进、精心选择、有所为有所不为的方针，提高技术认知力，加

① 谭东风，等．武器装备系统概论［M］．北京：科学出版社，2015：21－22.

② 张世平．世界重大军事事件战略透析［M］．北京：军事科学出版社，2011：355－358.

强独创性设计，发展独有的“杀手锏”，在谋求装备整体适度发展的同时，争取局部大幅跃升①。

（3）时空条件

战争时空与战争规模形态、技术形态、时间形态等，都是从战争的某一特征出发对战争进行区分，它们之间既相互区别，又紧密联系。规模形态战争，相对世界范围而言，有世界大战与局部战争；相对国家范围而言，有国家全面战争与国家局部战争。规模形态战争在概念上容量很大，是其他形态战争的总概念。也就是说，无论是哪一种规模形态的战争，在概念外延上都可相应包含各种空间形态战争和技术形态、时间形态战争。比如，局部战争可包含平面局部战争、立体局部战争、信息空间局部战争、机械化（现代技术）局部战争、信息化（高技术）局部战争、持久性局部战争、速决性局部战争等；技术形态战争，有冷兵器战争、热兵器战争、机械化（现代技术）战争、信息化（高技术）战争等。目前的战争，其技术形态处于特殊的发展阶段，既非机械化、也非信息化，而是二者的结合，可以说是前信息化条件下或后机械化条件下的战争。

战争空间形态的实质，是科学技术决定的战争中各种武器装备作战空间的综合表现形式。它揭示了战争空间形态与科学技术、武器装备、作战空间之间的内在联系。因此，一定时期的空间形态战争必然与同期的技术形态战争相对应。例如，平面战争与冷兵器战争、热兵器战争，立体战争与机械化战争（现代技术），信息空间战争与信息化（高技术）条件下战争等，都分别对应。时间形态战争，有持久性战争、速决性战争。它是战争时间特征的体现。同空间形态一样，也受科学技术制约，并与技术形态相对应。战争实践表明，冷兵器战争、热兵器战争、机械化战争、信息化（高技术）条件下战争的进程依次明显加快，未来信息化（高技术）战争的进程将更快。冷兵器战争、热兵器战争更多地表现为持久性战争，机械化战争特别是当代和未来的战争更多地表现为速决性战争。由于在哲学意义上，空间和时间同为战争存在与发展的客观形式，二者不可分离，因而空间形态战争与时间形态战争互相依存，共同构成了战争的时空特征。未来战争的时间过程越来越长，但交战的时间却越来越短；战争的空间舞台越来越大，但交战的空间却越来越小。

就战争时间而言，近期几场战争中，一次交火甚至一次攻击往往就是一场作战，但战争时间却并没有因此而减少。第一次世界大战、第二次世界大战、朝鲜战争不过都只打了3～6年，美、英联军的“伊拉克自由”行动虽然只用了几十天的时间，但整个伊拉克战争却耗费了7年多。美军与北约部队在阿富汗战争中，也经历了类似伊拉克战争的情况，自2001年10月7日爆发阿富汗战争，持续了9年多。2010年9、10月间进行的“坎大哈行动”，真正用在作战上的时间并不多，大多数时间都是用在做“群众工作”上。这一情况从一个侧面表明，拥有优势的一方如果在民心上不占优势，战争往往是持久的，赢得战争的关键不在交战而在争取民心。

就战争空间而言，一支小分队的特种行动往往都有陆地、海上、空中甚至太空支援保

① 孙晓文．围绕强军目标加强武器装备发展战略指导［J］．国防，2016（1）：45.

障力量的支持与协作，支撑战争的“舞台”已经扩大到全球乃至太空。第一次世界大战时的战场，不过是数百至数千平方千米的陆、海平面战场，第二次世界大战也只是数万至数十万平方千米的陆、海、空立体战场，即便是决定战争胜负的柏林战役、诺曼底战役，战场范围也不过数万或数十万平方千米；到海湾战争，尽管直接交战空间限制在数十万平方千米之内，但相关空间已遍及包括外层空间在内的全球，战场空间东起波斯湾，西至地中海，南到红海，北达土耳其，总面积达 1 400 万平方千米；阿富汗战争，战争的主战场限制在 65 万平方千米的阿境内，但战争相关空间延伸到美国本土，遍及全球。美军从距阿富汗 5 000 km 外的印度洋上的迪戈加西亚基地，使用 B－52 和 B－18 轰炸机进行远程奔袭；在空中部署有各种侦察预警飞机，全方位、全时段监视对方的所有行动；在外层空间利用多颗卫星组成太空侦测网，全面监视、搜寻塔利班和本·拉登的动向及位置。

海湾战争时，施瓦科普夫的指挥所还在海湾前线，而“沙漠之狐”和科索沃战争中，美军不仅能在本土实施指挥，而且操纵控制卫星及进行战场所需数据处理的大部分机构设施也都在本土，首次实现了在美国本土指挥大规模的海外作战。除了指挥机构和大量信息基础设施远离战场之外，美军的大量作战平台也是远离战场的，但是打击的目标却非常集中，远程的作战能量全部释放在南联盟和科索沃这么小的一个地区。从一定意义上讲，“不对称”的实质是对空间利用的程度有大小之别。无论陆、海、空哪一空间的作战，成师军建制、大编队、大批次的大兵团交战基本上不存在了。拥有优势的一方，在空、天、网支持下的特种部队作战——围剿式攻击——成为陆战中的常见现象，小批次远程空中对地打击、小编队远海对陆攻击成为空、海作战的主要行动样式，交战往往成了拥有优势一方的“单向打击”。这一情况表明，战争的时空概念正在发生着一定的变化，战争与交战的时空因素不成正比的情况越来越明显。自人类社会产生战争以来，在科学技术的推动下，随着武器装备和作战方式的不断变革，战争空间先后出现了四大形态（五次飞跃），即平面空间形态、立体空间形态、信息空间形态和融合空间形态①。

①平面空间形态（第一、二次飞跃）

平面空间形态，是指战争在陆地、海上及其复合的平面空间进行。平面空间形态发生了以下两次飞跃。第一次飞跃，发生在约 5000 年前的陆上战争。那时人类社会正处于原始社会末期，人类活动空间主要在陆地，因而原始战争是部落或部落联盟之间进行的“以石为兵”的陆上战争。陆上战争时间最长，其技术形态经历了冷兵器战争、热兵器战争和机械化战争，曾长期是战争的主要形态。第二次飞跃，发生在约 2500 年前的陆海两栖战争和海上战争。人类社会进入奴隶社会后，随着城市国家的兴起和商业的发展，人类活动的空间由陆地扩展到海上。于是，战争也进入了海上这一新的空间领域。地中海地区是海上作战和海上战争的发源地。当时，该地区是世界上海洋事业最发达的地区。古希腊、迦太基、波斯、古罗马等奴隶制国家先后兴起，围绕争夺地中海霸权的斗争愈演愈烈。最初，海战是与陆战紧密结合的，因而战争的空间形态由陆上战争演变为陆海两栖战争。历

① 陈鸿猷．论战争的空间形态［J］．军事学术，2003（5）：3－5.

史上发生较早的此类著名战争是希波战争（公元前492—前449年），并于公元前480年发生了人类历史上规模空前的第一次大海战——萨拉米斯海战。后来，由于海上扩张日益激烈，各国竞相发展海军，海战的地位作用不断增强，甚至有时单独运用海战就可达成战争目的，海上战争遂成为独立的战争样式。此后，从漫长的中世纪至19世纪，随着生产力特别是科学技术的发展，铁制兵器、火枪炮、风帆舰船等装备发生了时代性变革，陆上战争、陆海两栖战争和海上战争都有了重大发展，使战争范围不断扩大，战争的技术形态由冷兵器战争演变为热兵器战争；作战样式是陆战、海战或陆海两栖作战并存；在作战方式上，陆战经历了方阵战、线式战、散兵战的演变，海战经历了接舷战、舷炮战的演变。

②立体空间形态（第三次飞跃）

第一次世界大战，不仅开辟了以坦克为代表的机械化战争时代，而且更具时代意义的是，飞机用于战争，使得战争空间形态发生了第三次飞跃，从陆地、海上扩大到空中，呈现出立体形态，立体战争由此产生。但当时空战主要以战斗规模为主，并表现为两军的近距离格斗，在战争中仅起辅助作用。在第二次世界大战中，空战则一改旧貌，空中战役取代了空中短兵相接的近距离格斗，对战争进程和结局有了重大影响，不仅可支援陆海战，而且可直接摧毁和破坏敌纵深后方的战略要地和目标，具有不可替代的战略作用。于是，立体战争这一形态更加成熟。作为立体战争强化的标志是，空中作战在第二次世界大战后局部战争中的地位不断上升，并发展成为相对独立的战争形态甚至单独使用的战略作战方式，在越南战争、以色列空军轰炸伊拉克核反应堆、美军远程奔袭利比亚的所谓“外科手术式”打击、科索沃战争等作战中得到了充分显示。这一时期另一个引人瞩目的新变化是，战争的空间形态不仅有陆、海、空的地理空间，还开辟了具有新概念空间意义的物理空间，即电磁空间。从20世纪60年代末开始，在越南战争，第三、四次中东战争和英阿马岛战争中，电子对抗已从一种作战保障行动发展为一种作战样式——电子战，不仅可进行电子干扰的“软杀伤”，还可进行反辐射攻击的“硬杀伤”。于是，就形成了充满电子侦察与反侦察、电子干扰与反干扰、电子摧毁与反摧毁激烈对抗的电磁空间。

③信息空间形态（第四次飞跃）

自20世纪70/80年代以来，在以信息技术为核心的高技术推动下，一些主要发达国家开始谋取信息优势和太空优势，出现了机械化武器向信息化武器、电子战武器向信息战武器、空中作战平台向太空作战平台、常规概念武器向新概念武器发展的强劲势头。1991年发生的海湾战争是谋取信息优势和太空优势的首次尝试。在这场战争中，以美国为首的多国部队实施的是以巡航导弹、隐身飞机、轰炸机、战斗机等机械化和信息化武器装备为主的海空联合空袭，辅以地面进攻的作战方式。而且，以使用远程空中突击弹药为主的攻击方式，导致了非接触、非线性作战等新战法的产生。非接触、非线性空袭之所以成功，除了空中力量自身的原因外，还依赖于首次出现的两种新的作战样式：一是太空信息支援战，即使用各种卫星进行监视侦察、指挥控制、定位导航等，为非接触、非线性作战提供了必需的目标信息、定位导航信息和战场信息等；二是信息战，即不仅进行电子战，还首次使用计算机病毒攻击进行网络战，破坏敌方的指挥控制系统。海湾战争向世人宣示了一个重要信息：在太空信息支援战和信息战密切配合下的空中作战或者说是空、天、电一体战，主宰着战争的命运，标志着信息空间形态已开始产生。而在1999年的科索沃战争中，信息化程度比海湾战争有了新的提高，网络战也有了新发展，不仅进行了计算机病毒攻击，而且战争双方都实施了“黑客入侵”。科索沃战争既可以说是高技术条件下的空中战争，又可以说是空、天、电一体化战争的雏形。这表明，继太空被纳入战争空间后，以争夺制信息权为主的战争空间扩大到网电和外太空。于是，战争的空间形态发生了第四次飞跃，由立体战争的陆、海、空、电四维空间变成陆、海、空、天、网、电六维空间。

④融合空间形态（第五次飞跃）

当前，信息化战争处于强势发展阶段，陆、海、空、天在一定时期内仍然是主战空间。但在信息化、智能化发展道路上，有三个值得重视的发展趋向。一是太空域作战。目前的太空战是运用军用卫星的信息支援战。在不久的将来，还将出现太空攻击战，即使用以空间站、航天飞机等为作战平台的动能武器、激光武器、微波武器等，对陆、海、空、天目标进行攻击。那时，太空将成为战争的主战空间。目前，这些新概念武器虽正处于研制试验阶段，但已取得许多重要突破。二是无人作战。使用无人机、无人潜水器、军用机器人等无人作战平台，担负陆、海、空、天作战中艰难险重的作战任务。据预测，至2030年无人武器将主宰战场。三是赛博空间战。太空战、无人化作战更需有信息化指挥控制系统的支持，否则将无法进行。于是，围绕破坏与保护信息化指挥控制系统的指挥控制战，将是十分重要的信息作战，网电空间也将成为主战空间。这样，战争的信息空间形态，将由目前以陆、海、空为主战空间转变为以太空、网电和认知空间为主战空间，这将是战争空间形态的第五次飞跃，广域物理空间、虚拟网络空间、社会认知空间将会深度融合。

第2章

战争形态构成要素及影响因素

克劳塞维茨认为："政治家和统帅应该首先做出的最重大和最有深远意义的判断，是确定他们正在进行的战争形式……这是对他们的考验。"拿破仑有一句用血与火浇铸的格言："永远别以为对手是比你蠢笨的。"战争是死生之地，存亡之道，必须把未来的对手看成高人，把最困难最复杂的问题想够、想透、想到家。这样的政治家、战略家才能够久立胜利的点将台。由于科技水平、历史文化、社会环境等方面的差异，各国对未来战争形态的认知存在明显的不同，但19世纪发生在田纳西河谷、波西米亚平原、克里米亚半岛或洛林原野的战争，无一例外地说明了一个事实：战败国是那些没有进行军事革命，没有取得新武器，没有动员和装备庞大的军队，没有使用铁路、轮船和电报提供的先进的交通和通信，没有供养武装部队的生产性工业基础的国家①。研究战争形态，必须把战争形态由哪些构成要素、这些构成之间有什么必然的或然的关系搞清楚，同时也要把影响战争形态的因素搞清楚，以及这些影响因素是如何对战争形态演变发生作用的机理搞明白。唯有如此，才能对未来战争形态如何演变有所把握。

2.1 战争形态的研究情况

2.1.1 战争形态概念内涵

1）2011年版《中国人民解放军军语》中对战争形态的定义为："战争形态指的是以主战兵器技术属性为主要标志的战争历史阶段性的表现形式和状态，如冷兵器战争、热兵器战争、机械化战争和信息化战争等。"②

2）姚有志在论著《战争战略论》对战争形态的描述："战争形态是指由武器装备（特别是主战武器）、作战思想、军队编成、作战方式等战争诸要素构成的内在的、稳定的、结构性联系方式，是标志战争在其历史演变不同发展阶段上的整体区别的军事范畴。"③

3）王普丰在《论战争形态的转变》一文中认为："战争形态是战争动因、性质、规模

① 保罗·肯尼迪．大国的兴衰［M］．陈景彪，等，译．北京：国际文化出版社，2006：186.

② 全军军事术语管理委员会．中国人民解放军军语［M］．北京：军事科学出版社，2011：28.

③ 姚有志．战争战略论［M］．北京：解放军出版社，2005：175.

等整体的表现形态，是战争形势、军事力量状态和使用主导兵器的技术形态等综合性内容决定的。例如：从规模可分为大规模战争（两次世界大战，战争的结局对整个世界体系产生了极重大的影响），中规模战争（局部战争，对整个世界体系和战略格局的发展不会产生决定作用和影响），小规模战争；从技术形态可分为核战争、常规战争、高技术战争等。作战形式是在战争形态基础上的作战行动的表现形态，例如从战线形式可分为运动战、阵地战，游击战等；从使用主导兵器可分为坦克战、导弹战、电子战等。”①

4）于杰在《战争形态演变发展的哲学思考》一文中对战争形态的描述：“战争形态指在一定的历史时期战争的表现形式，是社会政治和军事科技的具体的历史的统一”。② 在此基础上，他把战争区分为“硬性”和“软性”两种形态：前者包括从冷兵器到热兵器直至出现核武器后的各种流血的战争，后者则包括经贸战、科技战和人才战等各种不流血的战争。

还有学者认为，“所谓战争形态，是指武器装备、体制编制、作战方式、作战思想等战争诸要素之间的内在的、稳定的、结构性的联系方式，是标志战争在其历史演变不同发展阶段上整体特征的范畴。”③ 综合上述专家学者观点，本书对战争形态概念总结概括为：战争形态是指以主战兵器技术属性为标志的战争的历史阶段性表现形式和状态，是社会政治和军事科技的具体的、历史的统一，是构成战争形态关键特征要素以一种新的形式的组合状态，具体涵义如下表述：

1）主战兵器的发展决定着军队的编成、作战思想和作战方式的变化，并由此产生了不尽相同的战争形态，是战争形态最显著和最重要的标志。颠覆性技术与科技革命形影相随，每次颠覆性技术涌现之时，都是科技革命产生之机，催生出大批新型武器装备走向战争舞台，军事理论和作战方式紧随其变，决定军队的编成、作战思想和作战方式，导致战争形态随之变革④。

2）具体的、历史的统一是指战争形态具有时代特征，战争形态与社会形态有密切的联系，是该时代的政治、经济、科技、军事和文化发展到一定阶段的产物。对战争形态的主观认识要同一定条件下的客观实践相符合，要同特定历史发展阶段的客观实践相适应。从主观与客观看战争发展是否符合客观实践，理论与实际有多大差距；从时间纵向上看战争发展是否符合客观规律，研究成果能否在历史长河中站得住脚，即使站得住脚，又有多高的历史定位。当战争形态的具体过程已经向前推移，转变到另一个具体过程的时候，对战争形态的主观认识就应当随之而转变，如果主观认识仍然停留在原来的阶段上，这就脱离了客观实践的具体的、历史的特点。当前一战争形态的具体过程尚未结束，原有的矛盾尚未得到充分的暴露和展开，向后一战争形态具体过程推移转变的条件还不具备的时候，还不能犯冒进的错误，只能进行研究、预测和判读。

---

① 王普丰．论战争形态的转变［J］．中国军事科学，2003，6（5）：79－86．

② 于杰．战争形态演变发展的哲学思考［J］．未来与发展，1988（2）：32．

③ 覃相貌．信息技术的发展引发战争形态的变革［J］．数字国防，2009（2）：28．

④ 沈雪石，刘书雷．新一代颠覆性技术变革未来战争形态［J］．军事文摘，2019（2）：54．

3）所谓表现形式和状态是指战争形态与科学技术、武器装备、作战能力（即战斗力）、作战形式四者密不可分。科学技术的水平直接决定了武器装备体系建设的方式和水平。不同时期、不同阶段的装备体系，直接决定了作战能力不同。武器装备体系建设整体推进作战能力的形成，从而导致了战争形态的各异。战争形态在表现形式上还包括军队在战争实践中主要利用的作战方式，如：阵地战、运动战等作战形式，不同的战争形态中的作战形式在内容上有很大的区别，如冷兵器时代的运动战是徒步、骑马运动；热兵器时代的运动战是摩托化、机械化运动，而且新的战争形态中还可增加新的作战形式，如高技术兵器时代的计算机病毒战、电子战等。

4）所谓组合状态是战争的整体形态，是指战争形态由多个要素组成的、开放的、复杂的概念范畴，涉及社会、经济、政治、军事、技术、环境等多个方面。各个要素不是简单的叠加，而是各要素之间具有紧密的、复杂的逻辑关系，多个要素组成系统，多个系统构成完整的作战体系，并且与外界有着频繁的物质、能量和信息交互。也就是说，战争形态是由作战力量、武器装备和军事理论等多种要素结合起来的组合形态。当军事技术的发展积累到武器装备、军队编制和作战方式发生全面质的变革时，战争形态也就随之发生历史阶段性的变化。

2.1.2　国内外研究的情况

从世界范围看，冷战结束之后的几年内，各国对未来战争的研究兴趣较为缺乏。一些西方学者的“历史终结论”反映了这一时期部分国家对于未来世界局势的乐观认知。到了20 世纪 90 年代中后期，人们对于新兴军事技术对未来战场环境和战争形态的重要影响开始逐步重视，相关研究日益增多。“9·11”事件之后迅速变化的国际安全形势进一步加强了各国研究未来战争形态的兴趣，相关文献的数量持续大幅增长。最近几年，各国对未来战争和安全环境的研究仍然保持着较高的兴趣和较大的投入，相关文献数量多年来保持着较高水平。

（1）美国

在战略性安全问题的前瞻性研究领域，以美国和英国为主的国家在全球范围内处于明显的主导地位。从研究成果上看，他们每年发表的相关文献数量最多，形式多样，质量也广受认可。从研究方法上看，其已形成一套较为严谨的科学研究方法。以同行评议为代表的学术规范机制得到广泛确立。从国际影响上看，他们的研究者广泛参与国际交流，研究成果往往被国际社会所重视和采纳。从研究队伍上看，他们有规模庞大的较为专业化的研究力量，这成为他们走在国际前列的重要因素。

对研究队伍的培养方面，显然美国政府非常重视对战略性安全问题研究的资助。美国每年庞大的军事预算中就有相当一部分通过各种渠道流入各种军事学院、研究机构、智库、高等院校等，用以资助学者和研究人员对重要的安全问题进行深入研究，这其中就包括了对未来战争发展趋势的预测和探讨。尤其是很多研究直接得到军事部门的支持和资助，这在其他国家并不多见。由于长期得到政府和军事部门的资助，美国国内形成了一支规模庞大的专业化研究力量。从研究深度、广度、科学性等角度来衡量，他们的研究成果能够在国际上一直保持主导地位就不足为奇了。当然，受到军事部门资助的研究也往往较多地体现军事部门的理念和诉求。因此，资助相关研究也成为美国军事部门增强自己在安全决策中影响力和话语权的重要途径之一。

（2）俄罗斯

21世纪初以来俄罗斯相关研究迅速增加，从一个侧面反映了俄罗斯对全球战略性安全问题的重新重视，寻求大国复兴的心态。冷战结束之前，苏联的国防研究体系中有一支强大的关注战争演变的研究力量。这部分得益于马克思列宁思想体系对“斗争”重要性的强调。苏联的军事和安全学者曾多次在未来战争形态领域做出突破性的发现和预言。20世纪30年代，苏联的军事理论家首先指出了将装甲与纵深突击力量（空中力量）相结合而产生“纵深作战”的重要性。这早于德国人对此战术的应用，更走在了其他西方国家之前。70年代初，苏联战略理论家尼古拉·瓦西里耶维奇·奥加尔科夫提出电子科技革命，前瞻性地预言了信息化电子战和精确制导战在现代战争中的重要地位。

然而，伴随着苏联的解体，俄罗斯的战略安全学界陷入了长达10年的低谷。在整个90年代，以俄语为主的国家几乎没有发表任何对未来战争做前瞻性思考的文献。直到2000年相关研究才开始在俄罗斯重新出现。在随后几年里，研究成果数量增多，质量迅速提高，大有重现其原有强大影响之势。也许与之相关的是，2000年普京开始执政，此后俄罗斯的总体国力逐年恢复，国防工业和军事力量建设开始重新受到重视。最近几年，俄罗斯甚至出现了一门专门的“冲突学”，重点研究不同层面冲突的起源、发展、演化和终止。有必要指出的是，与俄罗斯的情况不同，苏联的其他加盟共和国在独立后至今尚未建立起独立的战略安全研究力量，从20世纪90年代至今，这些国家基本没有相关的研究文献出现。

复苏后的俄罗斯战略安全学界在对未来战争的研究上呈现出了全面多元的格局。相关的学术和政策性争论打破了原有意识形态的限制，涵盖了从传统思维到自由主义的各种理论流派。近年来，随着民间研究机构在俄罗斯的兴起，各种智库也逐渐加入对未来战争和安全环境的讨论，并对俄罗斯的安全政策产生一定影响。从总体上看，俄罗斯的学者和决策者在战略性安全问题上依然受到传统安全观念的重要影响，但在战术层面和军事科技发展方面则采取了非常灵活和包容的开放态度。

（3）国内情况

从20世纪80年代至今，中国的安全环境经历了持续的变化。为此，国内一直比较重视对未来战争形态和安全环境的研究和讨论。总体来看，古代思想家、军事学家和近现代的军事领导人所确立的军事思想和战略原则对当代中国战略学者具有深刻影响，在战术和军事科技发展层面，我国具有非常灵活和开放的态度，非常强调对国外先进军事技术和战术的跟踪学习，并在其基础上融入中国自身的国情因素，进行进一步的改良和创新，选择性吸收和创造性应用是研究者有效借鉴西方研究成果的重要体现。

在未来战争及形态研究方面，于杰在《战争形态演变发展的哲学思考》一文中从哲学角度出发，分析战争形态，找到其发展规律，为人类的发展提供方向。

军事科学院王保存在《战争形态正在演变》一文中概述了工业时代，机械化战争是战争的主要形式。信息化时代，战争的主要形式则是信息化战争。新军事变革的过程就是机械化战争向信息化战争的转变，而研究这一转变过程有着重要的意义。

陈舟著有《现代局部战争理论研究》等著作，从军事、国防领域向人们展示了一个新的战争形态。邓晓宝在《战争形态演变趋向》中论述了高技术对战争形态的影响，信息化战争形态在经历初级阶段之后，随着信息对战争的影响不断加大，战争形态将会发生一系列更为显著的变化。

另外，董子峰在《信息化战争形态论》一书中对战争形态进行了分析，阐释了战争形态的基本要素及当代战争形态转型的标志。全面论述了信息化战争形态要素的内在结构和性质。李荫华著有《战争形态转换——直面信息战争》一书。张召忠在《怎样才能打赢信息化战争》一书中，总结历史规律，从战争形态的历史变革着手，对信息化战争的发展和未来做了全方位的描绘，进一步揭示了信息化战争的特点和规律。

2.2　战争形态的构成要素

历史上冷兵器战争、热兵器战争、机械化战争和信息化战争的演变，大多按照“更新武器装备→采用新作战方式→创新作战理论→改革军队体制编制”的顺序次第展开，后一道次序往往是前一道次序的被动适应。如此顺序推进、循环往复，决定了一种战争形态从萌芽到成熟必然经历漫长的过程。随着科学技术的发展，使人类在战争领域正由被动适应的自在状态向主动创新的自为状态过渡。海湾战争以后，西方大国在推进军事转型的实践中，在武器装备、作战方式、作战理论、组织形态等四个方面实际上是同步并举、平行发展，其战略思维由“有什么样的武器就建什么样的军、打什么样的仗”转为“打什么样的仗就建什么样的军、造什么样的武器”。在武器装备发展的同时，作战理论纷至沓来，建军模式层出不穷，促使战争形态加速演变。

战争形态不仅仅是一个抽象的、笼统的、高度概括的概念，在其背后隐藏着支撑战争形态演变的三个主要要素：适用于指挥家多变的军事理论、使用的武器装备和作战力量编成所蕴含使用的科学技术，这三个要素才是战争形态研究的本质。这些动态的组成要素使战争形态不再是模糊概念，而是具有丰富内容的、具体生动的重要活动，是诸要素相互联系、相互作用构成的复杂体系，各要素既层次分明、梯次推进，又相互关联、协调发展。战争形态构成要素及演变如图 2 - 1 所示。

战争形态所呈现的相对稳定的形式和状态是武器装备、作战方式和组织形态基本要素之间矛盾的统一，科学技术是重要基石，武器装备是物质载体，军事理论是应用形式，组织形态是表现形式。金属冶炼技术、机械电子技术及信息技术各自在推动农业时代、工业时代和信息时代形成过程中，也孕育了冷兵器、机械化和信息化战争形态。研究战争形态必须考察科学技术奠定的作战能力能否优于旧时代、开创新时代。因为追求更好的作战效

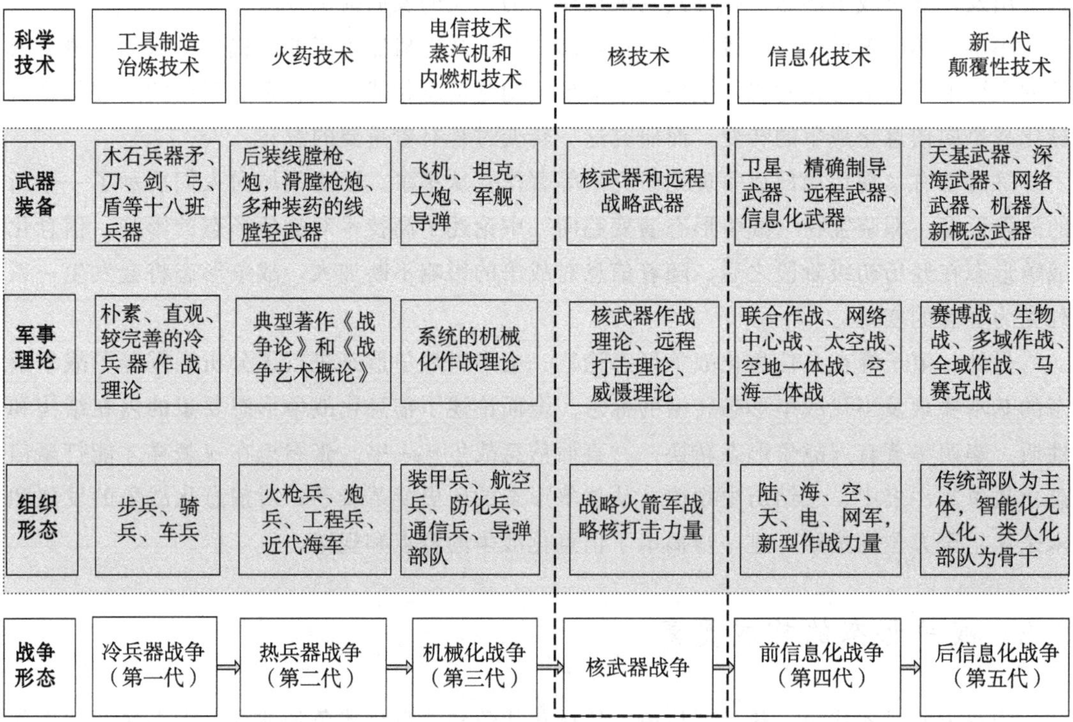

图 2-1　战争形态演变及构成要素示意图

能是战争指挥者的不懈追求，也代表着作战能力变革的发展方向；也必须研究科学技术能否催生新的军事思维，因为武器装备与军事理论的关系好比是物质和意识的辩证关系一样需要协调一致，实践产生理论，理论指导实践，又被实践检验和校正。组织形态的演变，就是为提升军队战斗力，运用现代科技成果，不断对军队组织形态进行调整优化，使其适应时代发展要求和战争形态变化的活动和过程。

因此，科学技术、主战武器装备、军事理论和组织形态之间的关系是相互耦合的。战争形态主要是以组织形态体现的，是以军事理论指导的，由新的武器装备实现的，而这些新型武器是因为新技术的研发，或颠覆性技术的突破而催生。由此可见，战争形态由科学技术物化的主战武器装备、军事理论和组织形态三方面组成，战争形态的内容和特点是这三部分内容和特点的综合，未来战争形态的产生也必将因为这三部分的重大突破和彻底变革而产生。

2.2.1　武器装备

从世界军事革命历史上来看，根据所用技术大致按照“金属冶炼技术、火药和燃烧爆炸技术、内燃机技术和机械制造技术、电子和信息技术、太空和网络技术、大数据和云计算技术、生物科技和新材料技术、人工智能技术、量子计算等一系列高科技技术”的顺序发展，所用装备也在按“石器/金属兵器、火枪/火炮、大炮、坦克、飞机、导弹、新概念武器”的顺序发展，所采取的作战样式也在按“体能对抗、火力规模对抗、机械装备对抗、信息对抗、体系对抗、全域对抗”的顺序发展，所利用的空间向“宏观与微观、现实与虚拟、有形与无形”交融空间发展，战争形态相应按照“冷兵器、热兵器、机械化、信息化、智能化/无人化”的顺序发展。所有发展的背后隐藏着一个巨大的推手——科学技术。

自史前人类第一次把石块当作拳头的“力量倍增器”以来，战争发展重要表现形式是科学技术的竞争和较量。科学技术是以能量或力量技术为基础的理论。科学技术是最高意义上的革命力量，是第一生产力，当然也是核心战斗力。科学技术尤其是对社会生产力和社会形态有着巨大变革作用的颠覆性技术，始终是军事革命进程的出发点，颠覆性技术的产生和发展，引领了科技发展，应用于军事工程领域，催生了新的武器装备。进入 20 世纪，内燃机与空气动力相结合，火炮与金属装甲技术相结合诞生了飞机和坦克；21 世纪，计算机技术、微电子技术、通信技术、人工智能技术等一系列高技术已经在武器装备中广泛应用，武器装备更加成为战争的载体和物质基础，是重要的物质要素，也是核心要素。

回顾人类文明进步的各个历史阶段不难发现，任何新武器的出现都导致了作战样式和方法的根本性变化，这已成为军事革命的象征，新武器装备标志着战争形态向新一代过渡。从新一代武器的诞生到一些国家准备进行新一代战争，总是要经过一定的、有时是长时间的过渡期，但每次都是经济发达的国家将当时最新式的武器以充足的数量列装其军队，然后开始准备新的战争。而那些根本没有这种新式武器或新式武器拥有量不足的国家，则被动地应付日新月异的作战样式和方法。

武器装备的变革，促进了作战思想的不断变化。根据马克思主义哲学原理中物质和意识的关系来看，物质第一性、意识第二性，物质决定意识，意识对物质具有反作用。武器装备作为一种物质，每当一种新型的武器出现在战场后，随之就会有与之相适应的编制体制、作战力量的出现。武器装备不但决定军队编成，也影响作战思想。科学技术在形成武器装备这个物质基础的同时，也对传统的军事思维产生冲击，从而一定程度上决定了战争形态，形成每个战争形态独有的军事理论体系。

2.2.2　军事理论

用马克思主义历史观、辩证法的观点看，所有军事理论都是战争形态发展在人们思想领域的映射。从一定程度上讲，战争形态向前迈进的前提和灵魂是理论创新，而军事理论体系构建及其基本架构形成的缘起，是军事科技革命以及由此引发的武器装备、作战样式、作战方法和制胜机理的不断深刻变化，这是军队建设和战争实践充分证明的客观规律。军事理论既是新军事变革实践推动的结果，属于新军事变革的题中之义，同时又对军事变革实践起着先导和牵引作用，引导着武器装备、军队编成、作战方式等发生一系列深刻变革。开启新技术与作战行动融合的新征程，就是带动编制体制、作战训练、作战概念和作战条令的创新发展。以信息技术为例，信息技术推动社会经济进入信息时代，为战争形态的演变提供了社会基础；信息技术促进作战效能大幅度提升，且优于机械化武器装备，促使主战武器装备信息化，为战争形态的演变提供了物质基础；信息技术改变了战争的方式方法，催生出新的军事思想，顺应了战争的需求，为战争形态的演变提供了理论基础，正是由于信息技术对推动战争形态演变的“三重”作用，使得信息化战争形态顺势而现。

作战方式是战争形态的重要表现形式，是战争中主体和客体之间必然的有机联系，其变革是对作战系统或体系结构的调整，因而作战方式是战争形态中军事理论的细分要素。从根本上说，有什么样的武器装备就有什么样的作战方式，一定形式的作战方式及其作战理论只能依据一定的武器装备状况才能建立起来。战争形态发展过程中，武器装备由于科学技术的发展而首先发生变化，当它发展到一定程度时，原有的作战方式难以适应新武器装备性能的发展和要求，作战方式的改变必然会到来。古代人类阵式作战就是武器装备最早的组合样式，也就是早期协同作战；火器的出现使布阵形式发生了新的变化，莫里斯横队、古斯塔夫横队相继出现；机械化武器出现后，阵地攻防渐趋主导，而后合同作战迅速发展。第一次世界大战期间，随着机械化装备的不断更新、新的军兵种不断出现，加上无线电通信技术进入战术层面，合同作战由此诞生；第二次世界大战期间，随着合同作战的范围不断扩大，诸军兵种协同动作更加密切，军种和兵种迅速增加，尤其是长距离、多领域无线电通信技术的快速发展，合同作战逐步发展到联合作战，成为机械战争形态一个重要标志；20 世纪末，由于网络技术的出现和成熟，海湾战争中实施多国诸军种联合作战，开启了一体化联合作战新纪元。作战方式的变革往往不是自发的，也不是即刻响应的。并不是武器装备的任何变化都能引起作战方式的变化，作战方式的变化需要通过战争主体——人的自觉活动并找到变革的现实途径。

2.2.3 组织形态

从系统科学的角度看，军队组织形态是指军队系统诸要素及其结构、功能的整体状态，是各子系统按照一定规律有机结合形成的一种相对稳定的架构，是一支武装力量所具有的战略方针、军事思想、作战理论、武器装备、政策制度、人员素质等要素及其关系的外在表现，受国家安全威胁、政治体制、地理环境、历史传统、科技水平、人文思想等多种因素的影响和制约，并与一定的战争形态、作战方式相对应①。人员永远是一支军队所向披靡的刀锋。就连以技术见长的美军也认为，战争是靠人而不是靠机器或技术打赢的，人员是作战力量和编制体制的重要组成部分。组织形态是军队力量编成结构，是作战人员、武器平台、保障装备等物质要素与军事理论认知等要素进行编组配置所采取的组织架构，是战争形态的功能要素。军事理论一旦渗透到战争，组织形态立刻鲜活起来，就由相对静态变为动态。

人类战争诞生以来，当一种新型武器装备发明并初步投入使用后，人们首先花较长时间完善和改进武器装备的实战化性能。一旦武器装备性能进入一个相对成熟稳定期，人们开始关注和探索武器装备与人、武器装备相互之间的优化组合技术或方法。尽管此时物质

① 李志刚．积极推进我军组织形态现代化［J］．军队政工理论研究，2016（1）：28.

形态即武器装备没有什么变化，但结合和融合作用便大大改变了作战系统的功能形态和组织形态，“结构决定功能，局部主宰整体”，新型武器装备的杀伤力出现“倍增”直至最大化。正如杜普伊所言：“实践证明，无论兵器的杀伤力有多大提高，新兵器跟军事战术和编制的兼容统一，要比新兵器的发明和采用重要得多。”① 由此可见，新型主战武器装备的优势只有融入科学的组织形态，才能创造出最佳战斗力。

总体上看，军队组织形态与人类社会生产生活形态相适应，基本呈现出冷兵器、热兵器、机械化、核力量和信息化形态。组织形态变革一般不是自发的，而是姗姗来迟。不仅需要人的自觉活动并找到变革的现实途径，而且需要具备一定政治、经济和社会条件，缺一不可，否则变革难以实现。科技革命是军事变革的起点，以实现人与武器的最佳结合，引起结构上的演变才是军事变革的归宿。从第二次世界大战结束到 20 世纪末，美军进行了 5 次、法军进行了 6 次、英军进行了 7 次较大的军队组织形态调整，平均 8～10 年调整一次；从 20 世纪 80 年代初开始，世界一些主要国家，为了适应战争的突发性和不确定性，加速组建快速反应部队。近年来，美俄还加快了天军、网军、数字部队的建设步伐。同时，各国在兵种内部进行的结构调整就更加频繁，进一步完善联合作战指挥体制，其组织形态正向信息化程度更高阶段迈进。俄军未来适应新的战略需要，围绕建设“职业化、常备化、精干化”军队，深入推进“新面貌”改革，大幅调整军兵种结构，成立四大联合战略司令部，其军队组织形态现代化建设迈上了新的台阶，英法德日等国也都竭力打造新形态军队。

2.3　战争形态的基本划分

与世间的所有事物都处在不断变化的过程中一样，人类从第一次战争发生的那一天起，战争的形态就随着人类历史的发展而开始不断地发生变化，这种变化，同样遵循从量变到质变的规律，开始是非常缓慢的，其后则不断加速度渐进，有时甚至是跳跃性的。在人类战争史上，先后经历过木石兵器战争、冷兵器战争、热兵器战争、机械化战争、信息化战争等军事变革，人们耳熟能详的冷兵器战争、热兵器战争、机械化战争、信息化战争等，就是对战争形态的一种概括和描述。

21 世纪初，国际军事研究领域最引人注目的人物当属俄罗斯著名地缘政治和军事理论家弗拉基米尔·伊万诺维奇·斯里普琴科，系俄罗斯军事未来学、军事政策、军事谋略、新军事变革、军队建设以及科学方法论等领域的权威。他于 1999 年撰写的《第六代战争》和 2001 年撰写的《非接触战争》两本书中提出了第六代战争理论，被人们誉为俄罗斯的克劳塞维茨。斯里普琴科博士，曾担任俄罗斯防空军导弹太空防御兵所属的导弹袭击预警系统参谋长，这为他日后研究第六代战争，特别是空天一体的非接触战争奠定了理论与实践基础。调到俄总参军事学院防空战役法教研室任教后，其研究领域进一步拓宽。

---

① T. N. 杜普伊．武器和战争的演变［M］．严瑞池，李志兴，译．军事科学出版社，1985：8.

在军旅生涯的最后岁月，斯里普琴科担任了总参军事学院科研部副部长，使他的军事科学研究能力在俄罗斯军事学术界处于领先水平。1994 年退役后，斯里普琴科开始专心研究 21 世纪的战争，他提出的一系列创新性的观点，在国际军事领域独树一帜，成为各国军事理论研究人员竞相研究的对象。

2.3.1 斯里普琴科的观点

斯里普琴科认为，崭新的毁伤兵器必然导致崭新的战争样式和方法的出现，其中核武器是影响人类军事活动最重要的武器。因此，他把地球上发生和尚未发生的战争划分为核前时代的战争与核时代的战争两大类。核前时代的战争划分为四代战争，每一代战争相互交替的时间界限基本上与军事上的革命相吻合。

（1）第一代战争

冷兵器的出现导致第一次军事革命的开始，也因此形成了人类历史上的第一代战争，第一代战争主要是以冷兵器为主进行的战术级作战，它持续了约 3 500 年。

（2）第二代战争

12—13 世纪火药和滑膛枪炮出现后，导致了第二次军事革命的开始，因而产生了持续 600 余年的第二代战争。

（3）第三代战争

18—19 世纪出现了多种装药的线膛轻武器和射程远、射速快、精度高的线膛火炮，导致了第三次军事革命，第三代战争因此而形成，它持续了约 200 年。

（4）第四代战争

19 世纪末—20 世纪初，各种自动武器、装甲车辆、作战飞机和作战舰艇，以及雷达和无线电通信器材的大量使用，促使军事上的第四次革命发生，也导致第四代战争的形成。第四代战争一直持续到现在。斯里普琴科认为，前四代战争都是接触战争。

（5）第五代战争

在第四代战争期间出现了核武器，标志着第五次军事革命即核时代的战争的开端，第五代战争是非接触战争。

（6）第六代战争

20 世纪最后 10 年由于高精度武器的大量出现，导致第六次军事革命的开始，第六代战争的雏形也随之形成，这就是海湾战争和科索沃战争。他认为真正的第六代战争于 21 世纪头 15 年后逐步形成。斯里普琴科特别强调，美国于 2007—2010 年间率先进入第六代战争。第六代战争与前五代战争相比是一种全新的战争。在第六代战争中，起决定性作用的不是数量庞大的陆军，也不是导弹核武器，而是高精度武器、根据新的物理原理研制的武器和电子信息武器。其作战样式和方法将是非接触式的。通过对战争时代的划分，斯里普琴科揭示了军事革命与战争时代变化的关系，提出只有军事革命的发生，战争时代才可能改变。

2.3.2　钱学森的主要观点

享誉世界的著名科学家、我国导弹航天事业的奠基人钱学森在 1995 年国防科工委第一次科学技术大会上，谈到了自己对历史上战争形态变化的看法："从人类历史的过程来看，最初出现的战争是徒手战争，然后有了冶炼技术，才出现了冷兵器战争。继之，由于火药的发明，才出现热兵器战争，科学技术进一步发展，又导致内燃机制造和其他机械兵器的制造，于是战争又进一步演化为机械战争，到了 20 世纪 50 年代，更因核技术和火箭技术的发展，出现了远程核武器，远程核武器的巨大破坏力，再加上现在高度发展的信息技术和电子计算机技术，就形成现阶段和即将到来的 21 世纪战争形势在核威胁下的信息化战争。"

2.3.3　战争形态几点认识

对历史演变过程中的战争形态进行分类，从不同的角度可以有不同的区分法。从研究文献来看，显然都有其合理性，例如：从社会学角度，分为原始社会的战争，奴隶社会的战争，封建社会的战争；根据战争的规模，可分为世界大战，全面战争，局部战争，小型战争，军事冲突；从使用兵器的不同，分为冷兵器时代，冷兵器和火器并用时代，火器和机器结合时代；依据战争强度，分为高强度战争，低强度战争。对战争形态的分类，有异同而无是非，根本原因在于战争是一种世界性的、复杂的社会现象。但是，对战争形态分类也应当遵循某些共同的标准和原则，要符合历史上发生的战争实际。从国内外的研究成果看，最常见的是以科学技术物化了的武器装备的发展变化为标志进行划分，是目前最权威也最广泛的认知，斯里普琴科和钱学森也是这样的观点，例如石器时代、冶炼技术物化的冷兵器时代、火药技术物化了的热兵器时代、蒸汽机和内燃机物化了的机械化时代等，这是因为科学技术物化了的武器装备的水平是决定战争理论、组织形态和作战方式的最大客观因素。在国内专家学者和斯里普琴科的基础上，作者对战争形态的认识还有以下几点理解：

1）战争形态的演变既是一种客观物质运动，又是人们按照战争发展规律对其所作的一种主观认识，是"人为的"对战争类型的一种重要划分方法。即战争形态的划分遵循一定的规律和标准，但不是绝对的。比如，有专家学者将机械化战争和信息化战争分为单平台机械化、信息系统支持下机械化和信息系统支持下信息化战争形态，也是对战争形态划法再细分的结果。正如国内学者于杰在《战争形态演变发展的哲学思考》一文中所说的，"我们看到，矛盾的发展在对立统一规律的指导下由量变达到质变，完成了转化，新的形式又在矛盾的肯定形态中走向否定，继而走向新的肯定"这一"内在的规律性"。

2）当一种战争形态臻于成熟之时，一种新的战争形态即在孕育之中，或已经悄然发生。每个战争形态的出现不是一蹴而就的，都要经历孕育期、成长期、成熟期和衰退期，而且新旧战争形态的交替不是严格首尾相接的，而是交叉重叠、逐渐取代的，有一个缓慢的"量变"过程。从热兵器战争时代开始，战争形态就不是单一存在的。同机械化战争时代并存着冷兵器战争和热兵器战争一样，信息化战争虽然是 21 世纪前期主要的战争形态，但是这种战争形态并不排斥与其他战争形态并存。由于世界各国社会经济和科学技术发展不平衡，军事技术水平和军队编制差距很大，对战争形态历史发展的描述和历史阶段的区分，只能是把握其主流和大趋势，对具有代表性的典型的战争形态作理论的而非纪实的描述。比如，信息化战争存在的同时也会有机械化战争的存在，当发达国家可以运用高技术战争形态时，广大发展中国家所进行的战争仍然停留在热兵器战争形态上，有的国家还只能进行一般的火力战争，还没有成熟的条件打机械化战争，更谈不上打信息化条件下的高技术战争，在今后的武装对抗中，将出现能够进行不同代次战争的对手，现代化武器装备不一定派上用场，以木石、棍棒为武器，在边境区域展开斗争也能奏效，往往取得意想不到的效果。但是毫无疑问，赢得胜利的一方将是已准备好以新的战争形态进行斗争的一方，对局部战争和一般性军事冲突来说也是如此。

3）虽然对战争形态的认识是一个主观过程，但战争形态的演变是一个客观过程，是不以人的意志为转移的。每一种新的战争形态刚刚诞生时，往往并不为人们所认识。比较社会形态和战争形态发展史，不难发现两者之间不是完全同步的，推动社会形态变迁的科学技术或科技群的发明创造，并不能立即推动战争形态的演进，相比社会形态的转变与成熟，战争形态依然表现出了明显的滞后性。公元 904 年，中国唐哀帝时郑璠攻打豫昌就使用了火药。以后几百年，火药一直在使用，人们很早就使用火药制作烟花爆竹，并曾使用过火铳、鸟铳之类的火器，但这些火器没有主导战争的进程。而当火药一经阿拉伯传入欧洲，与欧洲发生的蒸汽革命相结合后，就显示了威力。枪械、火炮等热兵器在战争中的使用逐渐普遍，并在战场上占据主宰地位。欧洲使用火药比中国晚四五百年，但由于工业革命早于中国，它们进入热兵器战争形态却比中国早了 100 多年。当欧美战场上硝烟弥漫之际，中国军队大多还是刀光剑影，以至八国联军入侵中国时，中国军队大多还是使用冷兵器。

4）从更宏观的层面看，历史上发生过的军事革命浪潮可以概括为“矢之革命”和“知之革命”。金属化、火器化、机械化是“矢之革命”，信息化则是“知之革命”①。信息化、智能化技术来临之后，军事革命将涌起什么形态的浪潮是需要认真思考的时代命题。搞清楚战争形态发展变化的特点规律，其主要目的和意义在于把握未来战争形态的基本趋势，有利于增强战略筹划和国防建设的前瞻性。研究战争形态，既是研究历史，也是预测未来的过程，谁首先认识，率先行动，谁就会占据军事变革的制高点，掌握战争的主动权。

5）“三无战争”有可能成为未来的战争形态。“三无战争”（无形、无人、无声）概念的提出，不仅客观地、预见性地描述出未来可能的战争形态，更主要的是揭示了战争作为“政治的继续”的可能出路。按照武器装备发展的一般周期，支撑“三无战争”的武器装备形成一定规模大体还需要二三十年左右，虽然目前“三无战争”作为一种新的战争形态

---

① 刘继贤．为《生物科技引领下一轮军事革命》丛书出版作序［J］．国防参考，2016（2）：97．

尚处于萌芽阶段，但作为一种全新的战争形态的出现已经具有不可逆转性。

6）智能化战争也有可能成为新的战争形态。当智能化技术成为经济发展和社会生活的主导技术，社会形态开始向智能化演变的时候，战争形态必将随之向智能化演变。与此同时，生产方式决定作战方式，当智能化无人化生产成为社会生产的主导方式之时，智能化无人化作战随即成为基本的作战形式。方兴未艾的智能化技术革命如何改变战争形态，虽然完全不能讲清楚其具体的军事用途，但可以了解智能化技术军事运用的大致趋势，可以预见，“智能化+类人化”也有可能成为军事变革的主潮流。

7）生物科技很可能提前占领下一场军事变革的制高点。现代生物科技是一个特殊的科学技术群，它揭示生命现象的本质特征和运动规律，能够实现具有预期性能的发明、创造与服务，具备了在微观领域认识生物、改造生物、控制生物的能力，呈现出引领一系列变革的新趋势，虽然现代生物科技还不是当今社会发展的技术主角，对当前军事领域的现实影响也是有限的，与战争形态的关系论断仍建立在趋势判断的基础上，带有一定的预测性，但是要看到其引领社会时代变迁、促进军事打击方式变革、顺应军事斗争需求的发展趋势，将引起军事理论创新研究发挥牵引作用和科学预判功能。

无可否认，斯里普琴科是国际军事理论研究的“泰斗”，但他对战争时代的划分，尤其是对未来战争形态的预测毕竟已过去 20 多年，有些预判从目前看有不太准确的情况。考虑战争形态过去、现在和未来，结合斯里普琴科“每一代战争形态相互交替的时间界限基本上与军事革命相吻合”“只有军事革命的发生，战争时代才可能改变”等观点，从科学技术物化了的武器装备的角度进行战争形态划分，本书作者认为战争形态发展的基本脉络是：

第一代战争：冷兵器战争（公元前 3500 年前后）。以冶铁技术的大发展为基础，以大刀、长矛、利剑、弓箭等为标志，持续约 4 000 年。军队主要由步兵和骑兵组成，以方阵对抗为主要作战方式方法。

第二代战争：热兵器战争（公元 10 世纪前后）。以火药技术为基础，以火枪、滑膛枪、线膛枪、大炮技术为标志，持续 800 多年。军队组织出现了装备滑膛炮的新兵种和使用罗盘与火炮的海军，以线式队形和战术为主要作战方式方法。

第三代战争：机械化战争（18 世纪 50 年代）。以蒸汽机、内燃机技术和电力技术为基础，以使用自动化武器、坦克、飞机、汽车和电信装备为标志，包括核武器战争，持续约 200 年。以纵队和密集散兵线队形和战术为主要作战方式方法。军队成为陆军、海军、空军、防空军、空降兵、防化兵等多军兵种的复杂组织系统，空炮协同、步炮协同，快速突击为主要作战方式方法。

第四代战争：前信息化战争（或不完全信息化战争，20 世纪 70 年代）。以电子、信息技术为核心的高新技术为基础，以信息武器、精导武器和信息化作战平台为标志（包括天基信息系统作战支援）。海湾战争和科索沃战争标志着前信息化战争已经形成，现在还在持续发酵。

第五代战争：后信息化战争（或完全信息化战争，21 世纪 30 年代）。以新生物科学、材料、信息、人工智能新一代颠覆性技术应用为基础，运用新物理原理主战兵器和以超级数据处理能力支持作战体系，以生物战、人工智能战、太空战为主要特征，完全意义上的信息化战争真正形成。

第六代战争：未来战争（以智能化战争为核心，21 世纪下半叶）。以生物科技、人工智能、类人技术等颠覆性技术为基础，以神经武器、网络武器、仿生武器、太空武器为标志。神经控制战是一种神经战争，“制脑权”将是一个制高点；太空战是基于太空战场的战争，“制天权”是一个制高点。第六代战争只是一种猜想。主要基于以下考虑：

1）如果以科学技术物化武器装备为主要标志来划分战争形态，斯里普琴科所谓的第二代战争、第三代战争应当属于第二代，即热兵器时代。其主要理由是：滑膛枪炮、多种装药的线膛轻武器和射程远、射速快、精度高的线膛火炮属于热兵器时代的武器装备，其中有机械化技术，但主要还是火药技术对武器装备的物化作用，是火药技术影响战争形态的阶段性表现。

2）斯里普琴科提出的第五代战争与其他战争形态相比有特殊性。一些军事专家认为，人类的第五代战争基本停留在理论上，是未大规模实施的一代战争；也有人认为，第五代战争只是由美国开了个头（美国第二次世界大战期间在广岛、长崎投放原子弹），未真正形成战争形态，这一看法得到许多专家学者的认同。但也应当看到，核技术引发的核武器重要威慑作用不能低估，如果没有核威慑，局部战争就有了升级为世界大战的可能性，核威慑成为冷战格局形成的重要原因。因此，钱学森曾经将 21 世纪初的战争形式概括为“在核威慑下以使用高技术精确制导武器为标志的战争”，1991 年爆发的海湾战争和 2003 年爆发的伊拉克战争即属于这种类型。

3）关于前、后信息化战争形态的划分问题。20 世纪 40 年代，雷达、计算机等相继问世，越南战争后期的“灵巧炸弹”和 70 年代末美军的第一套 C^3I（Communication，Command，Control and Intelligence ）系统出现，是信息化军事的萌芽，以后又发展到 C^4ISR（Command，Control，Communications，Computers，Intelligence，Surveillance，and Reconnaissance）系统。20 世纪 80 年代以来，随着信息技术广泛应用于军事领域，各种信息化装备系统更加配套完善。英阿马岛之战，电子对抗已从过去的作战保障手段上升为重要作战手段。在美军空袭利比亚的“黄金海岸”行动中，信息化装备的作用开始凸显。上述战争可以看作信息化战争的孕育期，海湾战争才真正拉开了信息化战争的序幕。

从海湾战争到伊拉克战争，标志着一种新的战争形态——信息化战争真正登上了历史舞台。海湾战争中，由精确武器、天基信息支援系统和电子战系统结合的信息作战系统，大大改变了机械化战争的面貌。使战争呈现出战场空间更为广阔透明、作战节奏明显加快、围绕制信息权的斗争空前激烈，软杀伤、硬摧毁同时并举，全纵深、非线式、非接触式作战成为基本作战样式，打击精度成为战争能量重要的释放方式。不仅仅是精确制导武器本身，作战平台的信息化程度高了许多，呈现出信息化战争的重要特征。但总体上看，从 20 世纪 70 年代到 21 世纪初，战争形态是“在核威慑下以使用高技术精确制导武器为标志的战争”，是信息化的初级阶段。

2000 年 7 月，西方七国及俄罗斯国家元首在日本冲绳召开信息化首脑会议，颁布了《全球信息社会冲绳宪章》，将人类社会正式称为“信息社会”，昭示着全球信息化时代的到来。从 2000 年到现在，甚至到 21 世纪 30/40 年代，这期间科学技术将会迅猛发展，颠覆性技术将会层出不穷，新型武器装备更加日新月异，作战理论也会五花八门。纯粹的信息战，制造出遏制以至于迫使对方屈服的作战形态还未真正形成，战争形态又一次出现了时代性与阶段性的突出特点。正是处在这样纷繁芜杂的社会、经济、科技和国际大背景环境下，需要对当前和今后的战争形态进行阶段性细分，以便于分析和研究，因此，本书作者将信息化战争分前信息化战争和后信息化战争。

4）智能化战争也已经被广泛认为是战争的未来，并将持续很长时间，也可以将智能化战争定义为后信息化战争的延续。正如由木石到金属，乃至由青铜到铁钢，都可以视作在冷兵器战争形态中的阶段性转变，冷兵器时代由集群人的格斗到驰车交阵，由步兵到骑兵，都对战争形态的发展有很大影响，也是战争形态的阶段性转变。

2.4　战争形态的影响因素

荷兰海牙战略研究中心研究员蒂姆·斯维斯等在《对未来战争形态的跨语境研究》中得出结论：“在各语种文献中，军事技术性质、全球化和战略倾向被普遍认为对未来战争形态具有重要影响作用。”[①] 军事性质是指“主流军事技术的进攻/防御主导特性”，归根结底还是科学技术最核心、最根本的作用。全球化是现代战争所面临的国际环境、国内社会经济形态的大背景，是影响国家战略走向的政治因素，也是影响战争形态的因素，本书将其归结为影响战争形态的政治因素范围内。战略倾向也属于政治因素之内。除此之外，军事理论和组织形态既是战争形态的构成要素，也是影响战争形态的重要因素，还应当包括社会、经济因素等。

2.4.1　科学技术

战争最基本最显著的特征是利用当时最先进的科学技术成果制造最先进的战争工具来装备自己去对付暴力[②]。战争形态所反映的最实质的内容是战争所处时代科学技术发展水平，尤其是对武器装备起支撑性作用的科技水平。武器装备随着科技的发展而不断升级，速度和精度日益提高，杀伤力越来越大，构成了战争形态发展的基本趋势。纵观战争形态演变史，科学技术一直是推动战争形态演变的第一驱动力和变革主力，战争形态也以某一科学技术群的技术特点来命名。这也是马克思主义所揭示的“技术决定战术”的原理，恩格斯也曾经说过：“一旦技术上的进步可以用于军事目的并且已经用于军事目的，它们便

① 蒂姆·斯维斯，赵通．对未来战争形态的跨语境研究 [J]．国际资料信息，2012（1）：8-14.

② 覃相貌．信息技术的发展引发战争形态的变革 [J]．数字国防，2009（2）：28.

立刻几乎强制地、而且往往是违反指挥官的意志而引起作战方式的改变甚至变革。”[①] 原子弹作为典型的高技术武器，突破了属于物质武器的特性，具有了思想的特质。没有思想的炮弹，本质上与石头没有两样，而安装了芯片的导弹，则是物化的思想。

斯里普琴科的“第六代战争”所信奉的理念是“处在先进战争代次的国家军队将打败处于落后战争代次的国家军队”。尤为突出的是，在“第六代战争”理论中，技术因素受到了格外的强调。无论是在武器装备发展中，还是在战略战役战术的演绎中，技术因素起着决定性的作用。“第六代战争”所使用的高精度制导武器、新物理原理武器，以及所使用的太空和信息领域都是当前和今后科学技术所重点发展和关注的方面。“第六代战争”理论展示了战争演进的另一侧面，使得战争研究更加全面。更为重要的是，“第六代战争”所坚持的出发点，符合世界上较多国家的实情，对使用新技术物化的成果而进行的新型战争威胁是不可忽视的。

科学技术首先运用到军事中，必然对战争形势和战争方式产生重要影响，从而改变战争的形态。科学技术在战争中的大规模使用可以说是战争形态发生改变的一个先决条件，也是战争形态演变的重要推动力。科学技术发展史也可以称之为一部战争史，历史上曾出现多种战争形态，从冷兵器战争形态，到机械化战争形态，再到今天的信息化战争形态，无不彰显着科学技术在其演变过程中的巨大推动作用。早在 20 世纪 80 年代，新技术革命的浪潮就以前所未有的广度和深度席卷全球并快速发展，对人类生活的各个领域产生了深刻的影响，这种影响力在军事、政治、文化、经济、领域显得尤为突出。从海湾战争、科索沃战争、利比亚战争到叙利亚战争反复证明，科学技术的飞速发展已经深刻影响和改变着战争的进程和方式。

在冷战期间及冷战结束后的 20 年间，核力量一直是核武器国家的军事力量核心和战略基石。由于核武器的大规模杀伤特性，只要一个国家具备了最低级的核报复能力，别的国家就不敢对其轻易发动袭击。因此，核武器具备明显的防御主导特性，是一种有利于防御的武器。由于核武器的这种防御特性，核大国之间在第二次世界大战结束后的几十年内避免了大规模战争的爆发，国际和平得到了基本维护。然而，随着军事技术的发展，常规战略武器作为一种更具实战能力的武器，在一个国家总体军事力量中的地位和重要性逐渐上升。常规战略武器与核武器具有截然不同的性质，它是一种有利于进攻而难于防御的武器，因此具有明显的进攻主导特性。由于常规战略武器的进攻特性，它将影响现存的攻防平衡，鼓励国家在国际冲突中首先发动进攻，从而有可能增加战争爆发的频率，并对未来国际安全格局产生重要影响。此外，信息技术、现代生物技术、人工智能等科技快速发展，为新的战争爆发在做准备。和常规战略武器一样，网络战武器、生物战武器、智能化武器具有显著的进攻主导特性，而且易攻难守。这些新型战法的重要性的上升也会促使总体攻防平衡向着有利于进攻的方向转变，从而深刻改变了未来战争的形态。

另一方面，战争是生与死的较量，为了赢得战争的胜利，交战双方无不竭尽所能地延

---

① 马克思，恩格斯．马克思恩格斯全集 [M]. 中共中央马克思恩格斯列宁斯大林著作编译局，译. 北京：人民出版社，1972 (4)：505.

长（增强）己方参战人员自然器官的功能。这样，战争实践就在十分自然的状态下，既为科学技术的发展客观地指明了领域和方向，同时也为科学技术的研究活动提供具体课题和“订单”。比如：在现实军事科研活动中，正是为了使己方人员能看得更远一些而又尽可能地不被对方发现，才导致了光学望远镜技术、电子侦察技术、卫星侦察技术、夜视技术、伪装技术、隐身技术、反卫星技术等的产生。站在考察科学技术发展与战争形态演进二者之间关系的角度上来思考，不难发现：杜普伊上校所讲的人类从事战争方式的本质，就是在任何时候都要采取与当时科学技术水平相当的战争行为；人们所看到的“战争形态在不断的演进”的现象背后所掩盖的实质是“人类一直在按照杜普伊上校所讲的方式进行战争”。

2.4.2　政治因素

政治因素从来就是战争爆发、进展、结束的主要因素，政治也是经济基础的集中反映。以 1991 年美国参与并主导的海湾战争来说，美国出兵基于两大原因：一是推动独霸全球、领导世界的新秩序；二是在盛产石油的海湾获得立足的战略基地。美国以反对伊拉克入侵科威特之名，行立足海湾之实。其政治和战略企图是显而易见的。2003 年的伊拉克战争，美国出兵推翻萨达姆政权的政治企图也十分明显，当然，能够挥动“古巴比伦的石油鞭子”也是美国动武的根本原因。另外，国家间的主权利益、领土争端、民族宗教矛盾、意识形态分歧、恐怖活动等，通常首先通过政治的形式来解决，当政治手段无法解决矛盾时，就可能诉诸战争。

全球化对未来战争形态的影响比较复杂。一方面，全球化进程大大增强了国家之间的相互依存度。国际贸易、投资、环境保护、应对跨国境犯罪等领域的国际合作使得国家之间建立起错综复杂的联系和纽带，客观上抑制了国家之间进行军事对抗的意愿。另一方面，全球化也带来了新的安全问题，大规模杀伤性武器及其技术的扩散使得全球安全面临日益严峻的挑战。恐怖主义组织也有能力在世界范围内发动袭击，恶化地区安全环境，甚至影响国家间的正常关系。

蒂姆·斯维斯认为，战略倾向是指一个国家基本安全战略的性质。比如，有些国家以有效威慑作为其基本安全战略。这些国家寻求有效反击和报复敌对国的军事能力，从而防止敌对国进行军事挑衅。相比之下，另外一些国家以实现绝对安全为其基本战略，不愿意与其他国家维持基于相互确保摧毁的相对稳定关系。这些国家寻求绝对的防御能力，从而容易使别国担心其具有谋求绝对军事优势的意图。冷战期间，主要大国基本采取有效威慑的安全战略，各国之间彼此制衡，维持了基本的战略稳定。

冷战结束后，军事科技快速发展，国际安全格局发生根本性变化，对传统的有效威慑战略带来冲击。一些国家的军事和战略学者开始认为军事强国可以摆脱相互威慑的相对安全模式，寻求更有吸引力的绝对安全。然而，从国际社会总体来看，国家的绝对安全无法普遍实现，一国的绝对安全必定意味着别国的绝对不安全。国家安全战略从有效威慑到绝对安全的转变将加剧国家间的不安全感并引发军备竞赛，国际社会数十年来构建的稳定格局也可能随之打破，各国战略倾向将直接影响未来国际安全环境和战争形态。

2.4.3 社会经济

国家利益有各种各样的表现形式，但所有利益形式的本质内容，都是经济利益。战争的政治目的是各种具体利益的高度哲学抽象。马克思主义认为，战争是政治的继续，而政治是经济的集中体现。“人们奋斗所争取的一切，都同他们的利益有关”。因此，战争就其根本功能来说，无非是暴力手段维护或谋取经济利益，暴力手段是否使用以及如何使用，根本的制约因素在于国家利益的权衡，其他各种政治、民族、意识形态、宗教及历史原因等考虑，都不过是经济利益权衡的折射而已。

在人类文明发展历史上，随着社会分工、农业、畜牧业、手工业和商品的发展，出现了私有财产，萌芽了私有制和阶级。原始状态的战争蜕变为抢劫、掠夺财富和奴隶的战争。这种数倍或数十倍于劳动收益的经济收益行为，使得人们在战争中不惜抛头颅洒热血。战争主体“因利益而滋生的效益渴望”使战争具有天然的效益性，战争主体与一般的企业、个人、经济组织没有根本差别，都是自我逐利的“经济人”。无论是第一次世界大战还是第二次世界大战，战争行动背后都有利益的“影子”。经济利益对于作战双方都是至关重要的，甚至关乎一个国家、民族、政治利益集团的命运，作战双方都会在战争中“竭尽全力”。在第二次世界大战中，参战国 61 个，卷入的国家和地区 80 多个，人口达 20 多亿，占当时世界总人口的 80%以上，蔓及欧亚非三大洲和大西洋、北冰洋、太平洋、印度洋的广阔水域，使用了包括核武器在内的一切现代兵器，死亡人数 7 000 余万人，战争损失 4 万多亿美元，人类经受了前所未有的浩劫。1945 年 8 月，英国首相丘吉尔面对满目疮痍的欧洲感慨万千：不计代价的投入虽然使我们赢得了战争，但却失去了和平与繁荣。机械化战争时代的高投入与综合收益相比，战争成为一桩小划算的“买卖”。

经济从来是一切军事活动的本源，当代国际经济关系和经济形式都发生了巨大变化，这些变化必然反映到战争形态上来。信息化战争正是反映国际经济发展新变化的产物。首先，信息化战争反映了信息时代的经济关系。在当今经济全球化迅速发展的信息时代，复杂的国际经济关系和利益联系，既在一定程度上抑制了大战的爆发，也在相当程度上增大了利益冲突的领域和范围，要求利益冲突一旦激化而不得不用军事手段解决时，必须适应国际经济关系错综复杂的形势，照顾到各国间经济相互联合、融合的特点和要求，严格限制冲突的规模和范围。在这种条件下，使用精确的信息化武器装备，在有限的时间内，对精心选择的目标实施打击、迅速达成有限的政治经济目的，以避免两败俱伤或矛盾冲突国际化而使自己处于不利地位，就成为一种必然的选择和主要的样式。其次，信息化战争与信息时代的经济形式相适应。信息时代的经济是全球化经济，信息技术在经济全球化的过程中起着驱动力的作用，信息技术的发展不仅使其本身成为一个重要的新兴产业，而且更重要的是它使全球联成一体形成网络经济，并成为信息时代经济的重要组成部分，在矛盾不可调和时借助于太空、网络、赛博空间进行战争就成为必然，作战力量也许是一支小分队，具体的交战可能只发生在一条路边、一个村庄甚至一幢住宅楼内。

2.4.4 军事理论

科学技术导致的作战手段的巨大变化，通常都会同时或在稍后激发出一些军事理论的重大创新。战争理论作为人类用鲜血和生命等最沉重代价换来的思想结晶，不仅是历史的记录，同时也是人类文明进程中的宝贵精神财富。敌对双方为了在军事斗争实践的主观指导上高于对手，总是竞相抢占军事理论的制高点。战略理论正是在激烈、尖锐的对抗中不断发展的。产生于 2500 年前春秋末期的《孙子兵法》，是冷兵器时代最具代表性、影响最大的一部战争理论专著，不仅对中国历史战争实践和战争理论的发展起着重大作用，在世界军事史上也享有盛名，被誉为“世界古代第一兵书”。克劳塞维茨的《战争论》和约米尼的《战争艺术概论》，是 19 世纪热兵器时代最著名、最有代表性的军事理论经典著作，对后来的战争和战争指导者产生了很大影响。

空权论的鼻祖朱利奥·杜黑曾指出：“胜利只对那些能预见战争变化特点的人微笑，而不是那些等变化发生后才去适应变化的人”。他及早地认识到，飞机“由于不受地面障碍约束并具有极大的速度，是一种出色的进攻性武器”这一特点，并以此为出发点写就了《制空权》一书，建构了他的制空权理论体系，对后世的空中军事力量发展做出了不可磨灭的贡献。再如，海权理论的创立者，艾尔弗雷德·塞耶·马汉充分认识到战列舰的威力，认为随着“武器装备的变化，必然引起作战方式的不断变化”，提出了建设由战列舰组成主力舰队、进行远洋作战、获得对海洋控制权的思想，促使美国放弃孤立主义和军事上的软弱主义，对世界海军建设和海军战略都产生重大影响。

21 世纪，人类社会正面临着又一次历史性的大转型，即由工业文明向信息文明的转变，战争形态以及相应的军事思想与战略理论也必然随之发生变革。传统的“科学技术—武器装备—作战理论”的线式递次创新过程将逐步地被“科学技术—作战理论—武器装备”所替代。先进的作战概念和军事理论俨然已超过了一般的军事技术而成为未来军事优势的新高地。正如约翰·柯林斯所说：“几乎每一个具有革新思想的战略家都是既有好奇心又善于接受新事物的”。在科技革命的大背景下进行军事理论创新，军事家们必须以开放和前瞻的眼光看待各个科技领域的最新发展，从中汲取养料，获得启发。

因此，有关 21 世纪战争形态与军事理论的问题，必须放在社会信息化、经济全球化、军事高技术化以及国际战略格局多极化的时代大背景下来研究与思考。在新的颠覆性技术迅猛发展以及科技创新周期的日益缩短的情况下，军事理论创新的条件更加充分，触角更加前瞻，先进的战争和军事理论完全可以早于相应的作战手段出现而出现。完全可以循着科学技术发展的线索及趋势预测战争未来发展的最大可能，从更宽的视角、更高的站位和更远的时间跨度作前瞻性思考，设计出符合军事发展趋势的作战概念，运用预实践的办法超前探索战法，主动设计未来之战，并以此引领和催化相应军事技术和武器装备的发展。

2.4.5 组织形态

恩格斯指出，“随着新的作战工具即射击火器的发明，军队的整个内部组织就必然改变了，各个人借以组成军队并能作为军队行动的那些关系就改变了，各个军队相互间的关系也发生了变化”。事实上，这一论述的指代要远超“射击火器”，具有更普遍的意义。科技革命产生全新的作战手段和新型的军事人才，也必然将影响人与武器装备的结合方式，引发军队组织形态的变革。因此组织形态既是战争形态的构成要素，也是战争形态演变的影响因素之一。

冷兵器与火器并用时代后期，火枪、火炮等大量装备使能战争形态，促使近代编制体制产生。16 世纪中期，步兵编制中出现了由连组成的团和旅的建制；17 世纪出现了步兵营的编制；18 世纪出现了步兵师和步兵兵团的建制。到第一次世界大战末期，步兵部队开始实行排、连、营、团、旅、师、军七级编制。机械化战争时期，火炮、坦克、飞机、无线电通信、工程机械、舰艇、核武器、导弹武器等的出现，催生了相应的军兵种，军队总体规模也越来越庞大。为进行诸兵种合同作战，军队的混合编组程度大大提高。陆军由步兵、炮兵为主的二三个兵种合成编组发展为多个兵种合成编组，合成规模也发展至军、集团军及方面军。海军、空军等各军种均采取了合成编成，并逐渐由师以下的战术单位发展形成军以上的军种战役军团。各个军兵种建制单位间纵向形成完善的层次体系、横向却互不通气，整个军队像一架精密的机器，作战时通过单独能量的层层叠加达成最终的作战效果。进入信息化战争时期，军队由“数量规模型”向“质量效能型”转变，传统的军队组织结构越发变得呆板，缩减组织层级、增加各层节点数量以建立“扁平化”的组织形态成为重要的趋势。“小而精”且具有互联、互通、互操作能力，能够根据任务进行快速重组的军兵种模块将构成未来作战的主体，信息主导、精打要害、体系破坏的一体化联合作战成为基本作战形式。军队组织形态的上述变化，将引发战斗力的结构性改变，也将极大地改变战争和军队的面貌。

除上述五个方面的主要影响因素外，战争形态的演变既是现代社会物质经济和政治形势发展的结果，也是人类文明进步与思想文化观念进化的结果，人类文化道德的进步起到潜移默化的作用，思想文化的发展是战争演变的必要条件。在人类社会历史的长河中，从冷兵器战争到热兵器战争，再到机械化战争，战争形态的演变都是朝着破坏力越来越大的方向发展的，特别是核武器的出现，使战争的目的与手段发生了严重矛盾，人类文明面临着毁灭的危险。制止战争，减轻战争损害，成为当代国际社会的普遍共识；肆意滥杀无辜，无所顾忌地扩大毁损面，不可避免地受到道义的谴责。这种约束战争暴力的道义力量，对于运用现代高技术提高打击手段的效能和精度，提高对整个战争系统的控制能力起到了不可忽视的推动作用。当然，信息化战争手段并不“仁慈”，同样会造成人类生命、财产的巨大损害，但信息化战争手段对于减轻战争的附带毁损、降低战争的破坏程度所起到的积极作用还是显而易见的，在一定程度上体现了道义力量对战争暴力的约束作用[①]。

---

① 覃相貌．信息技术的发展引发战争形态的变革 [J]. 数字国防，2009 (2)：29.

2.5 战争形态演变的特点

总体来讲，战争形态转变的发展过程有时代性转变和阶段性转变两种。战争形态时代性转变与历史大时代如农业时代、工业时代等的大转变相适应，它标志着一种跨代的新型武器装备登上战争舞台。它经历的时间一般都较长，比如需要几千年或几百年时间。战争形态阶段性转变是在时代性转变范畴内的某些方面的转变。比如某些武器装备有新的发展并对军事学术的发展产生重大影响，但这种发展不是跨代的，没有超越时代性战争形态的总的范畴。一般说来，战争形态的时代性转变包含了若干阶段性转变。在时代性与阶段性总的特点基础上，战争形态演变又表现出一些细分特点。

（1）渐进性

即战争形态的演变绝非一朝一夕的事情，而是一个漫长、渐进的过程。在人类社会的早期，就更是如此。比如，由冷兵器战争形态到热兵器战争形态是时代性转变，它的前提是人类的农业社会向工业社会转变。从冷兵器条件下的战争到热兵器条件下的战争，就经过了二三千年甚至更长的时间。热兵器战争形态的形成和发展，与整个工业时代的形成与发展基本是同步的，热兵器战争形态的发展也经过了若干阶段。在前后两个战争形态历史发展阶段之间，有一个相当长的过渡性的转型期。在转型期，武器装备和战争形态是相互重复交织的，上一时代的武器装备将与新的武器装备并用，新时代的战争形态中也有旧时代战争形态的影子。

（2）飞跃性

人类对事物的认识总是有一个由少到多、由浅入深逐渐积累的过程，当达到了一定的程度之后，便会产生飞跃，于是新的武器出现了，或新的理念出现了，从而导致战争形态发生巨大变化。比如，在“马镫”发明之后，骑兵这一兵种，由于同时具备了“力量”和“机动”两个冷兵器时代决定战争胜负的关键要素，因此，先进的“骑兵冲击”这一作战方式，以及更为先进的“骑射”作战方式，不仅立刻淘汰了战车这一兵种，同时，也使得重装步兵以及步兵方阵，成为较为落后的作战方式①。“兵者诡道”的理念出现了，于是“出奇设伏，变诈之兵并作”的战争方式也就盛行了。这是一个从量变到质变的过程，在此之前表现的是渐进性，此时表现的则是飞跃性。

（3）加速性

即战争演变的时期越来越短，呈现加速度的特点。比如，有文字记载的冷兵器条件下的战争经历了数千年的时间，热兵器出现至今不过七八百年至一千年的时间，而第一次世界大战至今不过百年的时间，战争形态正以越来越快的速度演变着，大有让人目不暇接、穷于应付的架势。战争形态演变的这一特点，同样与人类的知识积累有关；人类认识客观事物所积累的知识，并不是达到一次“质的飞跃”就无用了，它会与后面连续不断的积

① 戚嵩．马克思社会形态理论研究［M］．武汉：华中师范大学出版社，2013：2－18．

累、不断“发酵”并产生新的认知“飞跃”相适应，从而使得战争形态的演变有如物体坠落一样，具有加速度的特点。

（4）复合性

新的战争形态出现之后，并不意味着旧的战争形态被淘汰，有时甚至不仅未被淘汰，而且还会被发扬光大。比如，骑兵出现之后并未淘汰步兵，热兵器出现之后并未淘汰冷兵器，海军、空军出现之后并未淘汰陆军，导弹出现之后并未淘汰步枪……游击战在春秋战国时期就被孙武和伍子胥用在了疲楚、误楚、伐楚的战争中，但在两千多年之后的抗日战争中却被毛主席升华为对付日军的一种战略策略，并且由抗日军民创造性地发展出了地雷战、地道战、麻雀战、破袭战等新的作战样式。未来，机械化、信息化和智能化战争将会融合式前进，跨越式发展也可能存在，只是哪个占主导的问题。

（5）未知性

由于保密的原因，某一方能够导致交战方式发生变化的新式武器和新的作战理念很难被对方所掌握，所以战争形式的变化往往难以预测，难以事前知晓，从而难以防范。例如，第一次世界大战初期，德国较早将潜艇用于作战，曾让协约国大吃苦头；而第二次世界大战末期，美国的核武器则让日本在遭受残酷打击后尚未搞清楚真相的情况下即宣布投降。

第 3 章

科学技术对战争形态作用的基本理论

物质、能量、信息从来都是构成战斗力的基本要素。钱伯海在文章《科技生产力与劳动价值论》中提出："科技是生产力，而且是第一生产力，但科技作为知识形态存在于人们脑子里，或者写成报告文章发表在刊物上，并不能形成现实生产力，提高劳动生产率。要使科技转化为现实生产力，就是要把科学技术的研究成果，凝聚在劳动手段、劳动对象上，体现为先进的设备、材料和工艺。设备、材料和工艺统称为物化劳动，先进的物化劳动。"① 钱伯海劳动价值论是对马克思劳动价值论的重大发展，也是对卢卡奇技术物化理论的再认识。科学技术的价值是促使其发挥实际效益，把军事技术物化为武器装备，成为战斗力的有效构成要素。将科学技术的相关原理与设计转化为有效实体，是科学技术发展的关键环节和最终目标。战争形态的演变还可以从能量的质的不同中找到答案，在时间轴线上体现在主导技术的变迁，如金属冶炼技术对应冷兵器战争、火药技术对应热兵器战争、动力技术对应机械化战争、信息技术对应信息化战争。战争过程是战争行为主体为了打垮对方，围绕实现战争政治目的，通过技术提升作战体系的作战效能来确保自己在暴力对抗中的优势，双方不断地聚集能量，然后不断地释放能量，可以认为战争过程是作战体系能量聚合与释放的交替过程。

3.1 物化理论

马克思指出，"劳动资料是劳动者置于自己和劳动对象之间、用来把自己的活动传导到劳动对象上去的物或物的综合体。劳动者利用物的机械的、物理的和化学的属性，以便把这些物当作发挥力量的手段，依照自己的目的作用于其他的物。"② 这一针对劳动的论断实际上也完全适用于军事领域。军事手段资源要"利用物的机械的、物理的和化学的手段"，对这些属性的认识要依赖科学，对这些属性的利用要依赖技术。

---

① 钱伯海．科技生产力与劳动价值论［J］．经济学家，1998（2）：19－24．

② 马克思，恩格斯．马克思恩格斯全集（第 23 卷）［M］．中共中央马克思恩格斯列宁斯大林著作编译局，译．北京：人民出版社，1972：203．

3.1.1 庄子的物化论

物化是中国古代文论中的一个重要概念。物化观从先秦一直到清末经历了漫长的发展演变过程，可以说，几乎每个历史阶段的美学思想中都能够窥见物化的影子。物化论是庄子哲学中极为重要而又颇富特色的思想理论。关于物化，最为典型的说法便是庄子在《齐物论》结尾所讲述的“庄周梦蝶”之寓言故事。从文献上来说，在《庄子》文本中，除了在谈生死观时讲到物化之外，还在其他场合大量谈到物化现象，比如“庖丁解牛”（《养生主》）、“津人操舟”（《达生》）、“大马捶钩”（同上）、“列子学射”（《阴子方》）等寓言，都是讲某一项技艺在达到炉火纯青的地步时所出现的主客合一的境界。而实际上，庄子更多的是在这一方面谈物化现象的。

在庄子的物化理论研究的基础上，陈鼓应老先生提出了“主客合一”说，陈先生的注解为：“物我界限消解，万物融化为一”[①]。此解既能与《庄子》书中大部分寓言所指相互一致，又能与《齐物论》的主旨相符合。而按照这一思路，只有物非我、我非物，即物我之间本有界限存在，才能去消解这一界限；同样，只有此物非彼物、彼物非此物，即此物与彼物本不为同一事物，才能去融化这些万物。因此，“物我界限、万物不一”是物化的起点和条件，“化”是其途径和过程，物化自身又是其目的与结果。这种“人化为物、物我同一、物我两忘”的状态即是物化。在物化状态中，主客体的界限已然消失，两者合而为一，达到了不分彼此的交融状态，也即陈先生所说的“物我界限消解，万物融化为一”之状态[②]。这些物化思想在本质上是艺术的、审美的，符合美学与艺术的规律，所以其在后世的最大影响仅体现在美学和艺术领域。

与把“战争”区分为“狭义的战争”和“广义的战争”相一致，克劳塞维茨把运筹、指导战争的方法，也就是所谓的“战争艺术”也区分为“狭义的战争艺术”和“广义的战争艺术”两个部分。他认为，“狭义的战争艺术”就是已经征募好、装备好、训练好的军队，在战争时期战场上怎样作战，也就是“作战方法”；有时，他把“作战方法”还形象地称为“击剑术”。而“广义的战争艺术”，则不仅包括“作战方法”，还包括一个国家的政府和军事统帅在战争发生以前的和平时期里，怎样征募兵员、装备军队和训练军队，也就是我们今天所说的怎样建设起一支能征善战的军队。于是，他便把战争时期战场上的“作战方法”（“狭义的战争艺术”）和一个国家在和平时期怎样建设起一支军队的方法，合并起来，称为“广义的战争艺术”；有时，他还形象地把“广义的战争艺术”称为“击剑术”和“铸剑术”的总和[③]。

关于战争准备，即克劳塞维茨的“广义的战争艺术”的内容之一，涉及编制体制、武器装备、军事理论、作战训练等方方面面。科技兴军无疑是建设现代化、信息化军队的必由之路。拥有引领未来的武器装备是建设世界一流军队的重要支撑。全面建成世界一流军

---

① 陈鼓应．庄子今注今译 [M]. 北京：中华书局，1983.

② 刁生虎．庄子物化论及其影响 [J]. 番禺职业技术学院学报，2003 (2)：17.

③ 吴琼．统帅的艺术：战略 [M]. 北京：清华大学出版社，2014：37.

队，要深度挖掘现代科学技术，瞄准对战斗力提升有重大贡献的重点领域，坚定不移地开展战略性、引领性、颠覆性技术研究攻关，并尽早物化成武器装备，加快形成具有新原理、新机理的新质战斗力，在一些战略必争领域占有一席之地，力争主导战争、设计战争。

当技术水平不如人时，或面临一个新的领域时，就要充分研究发挥作战活动中的艺术性特点，在发挥人的主观能动性上下功夫，在创新作战方式方面有所突破。在信息化智能化变革中更加合理地利用信息技术，指挥官需要认真研究信息作战方式，着力提高自身在信息时代战争中的组织技巧和指挥能力，有效利用军事信息技术减少战争中的“迷雾”和“摩擦”。信息在使用之前必须经过筛选，必须能够在海量信息中找到有价值的信息，必须能够判断这些信息的准确率和可信度。无独有偶，2020 年 8 月，美太空军发布《太空力量》作战条令，其中明确写道：“太空作战，对其应用效果是不可知的，其效果是有限的。这是因为太空战的艺术性与科学性相同。艺术性和科学性二者结合，教我们如何去作战和获取胜利。战争不是一个确定性的系统，一个思维严谨、能力强大和致命的对手很容易能阻止可预测的行动。面对这样的对手，我们需要在每一级别的战争中注入我们的计划，包括领导、作战艺术、独创性、狡猾和大胆。”“军事太空部队必须将太空战的科学和艺术内化，我们必须了解开普勒、克劳塞维茨、麦克斯韦、孙子、戈达德、科贝特、马汉、牛顿和利德尔哈特。作为一个固有的技术领域，军事太空专业人士必须接受军事太空力量的科学和艺术，将两者升华并融入无缝的战争文化之中。”

他们也许没想到，物化理论的最早奠基人应是庄子。如果像克劳塞维茨一样，把战争看成“艺术”的话，庄子的物化论恐怕不能停留在美学与艺术范畴，即我们平常所说的“琴棋书画”和“吹拉弹唱”等纯粹的艺术和美学层面，而要把科学技术对战争形态的重要作用放在事关战争和国家安全的大事上来看，充分认识到科学技术对军队人员、武器装备、组织形态、军事理论和战场环境的巨大影响作用。在军队建设和战争准备过程中，牢牢把握科学技术的主导性作用，达到科学技术与人、科学技术与武器装备、科学技术与组织形态等“物我同一、物我两忘”的完美结合。人和武器是作战能力重要的构成要素，各种要素采用特定的结合方式，就是作战能力生成模式。转变作战能力生成模式无非就是通过改变作战能力构成要素或者其结合方式，从而实现提升战斗力的效果。正如杜普伊所言：“无论兵器的杀伤力有多大提高，新兵器跟军事战术和编制的兼容统一，要比新兵器的发明和采用重要得多。”钱学森在 1984 年就指出，军事科学和军事技术在变革中，“军事技术也在变革，这个变革的一个重要部分就是军事系统工程。军事系统工程就是把系统工程用到军事问题上来，包括军事的各个部分，作战、指挥、后勤都在用它。所以，今天的军事技术就不能忽略这么重要的一个部分。再有一点，就是在武器装备这个技术里，又出现了一个非常重要的部分——人机工程。就是研究解决人和机器如何更好地配合，如何更充分地发挥人的作用。在武器设计里，人机配合的好，这个武器使用起来威力可能增加。通俗的讲，一个武器不好使就别扭，好使唤威力就大。所以，人机工程是很重要的。”

科学技术应用于作战方式，往往体现为规范化、程序化、逻辑化的特点，但是作战方式并不仅仅体现为规律性，指挥员紧密结合战争实际，用富有创造性的作战方式完成作战任务时，还体现出艺术性特点。科技与艺术在具体的作战方式之中实现了有机统一。2011年12月15日，伊朗通过电子干扰和电子欺骗等手段成功诱捕一架美军先进的无人侦察机。具体方式较为简单，首先通过电子干扰完全切断无人侦察机与美军设在阿富汗基地之间的联系，然后发射相关的信号，并模拟设置美方基地的电子环境，使得无人侦察机误以为已经成功返回基地，从而将其诱捕。这一事件再次向人们表明，信息时代的战争并非是尖端技术的一统天下，我们无须对西方高技术武器谈虎色变，当代战争仍然是科技与艺术的统一。在科学技术较为发达的今天，虽然战争的残酷性、暴力性依然存在，但是战争更加充满艺术性和智慧性，更加强调科学性与艺术性的完美统一，战争的艺术性能够使人们清醒认识现代战争的规律和特点，从而产生不畏战、不怕死的牺牲精神。

3.1.2 卢卡奇物化论

物化论是卢卡奇社会批判理论的核心范畴及其基本思想的集中体现。这一理论是对马克思异化学说的创造性发展，但却因最终倒向唯心史观而存在重大的理论失误。在卢卡奇的《历史与阶级意识》中，他对资本主义经济过程所特有的非主体性的物化现象进行了批判性的研究。他没有像马克思一样区分物化与特定的物役性[①]，只是在马克思物役性的意义上使用了物化这一范畴，并将这个在否定意义上确定的物化规定为整个资本主义经济生活和关系的本质。他的物化理论包括以下七个方面的内容：一是人类主体活动的“物化”；二是人类主体的“物化”；三是人与人关系的“物化”；四是人的意识的“物化”；五是法律与国家的“物化”；六是资本主义文化的“物化”；七是“物化”造成资本主义科学和哲学的片面性[②]。

由于科学技术影响力的加深和扩展，科学技术是当代哲学愈来愈绕不开的话题。伴随技术哲学的日益勃兴，技术问题成为哲学关照的一个重要的领域。在现代性批判的话语传统中，科学技术成为思想批判、解构与重构的中心。当韦伯将现代性的问题诊断为技术问题的时候，科学技术成为现当代哲学中的一个备受关注的议题。作为西方马克思主义开创者的卢卡奇的物化理论自然成为理解技术批判理论的一个契机[③]。

就卢卡奇的物化理论在发展现代性批判维度方面，以及卢卡奇作为西方马克思主义技术批判理论的开创者而言，卢卡奇的功绩是卓著的[④]，特别是对于科学技术的认识，卢卡奇的思想在现代也具有现实意义。卢卡奇眼中的资本主义国家，科技的力量成为控制人们的力量，工人是被支配的工具，成为机器的一个零部件。人类不但遵循着科学规律，同时也在配合着科学技术，科学技术在慢慢地取代着人的位置，但人类却不由自主地跟随科学

① “物役性”是马克思在后期经济研究中用以取代原来劳动异化理论的科学批判话语。
② 蒲济生，侯秋月．卢卡奇物化理论综述［J］．中国西部科技，2007（8）：57.
③ 宋凯旋．技术与物化［J］．理论与现代化，2019（3）：56.
④ 宋凯旋．技术与物化［J］．理论与现代化，2019（3）：65.

技术的脚步，网络占据了我们的大脑，交通工具成了我们的腿，商品填满了我们的双眼…… 但是，卢卡奇的物化理论缺失了对现代技术现象的“物化”本身的反思，忽略了技术与物化的关联性和技术对人类社会文明进步的巨大作用，构成了他们理论中的一道“硬伤”。

马克思在《1857—1858 年经济学手稿》中提到了两种物化，一种是从物质生产领域所规定的“个人在其自然规定性上的物化”，另一种是从社会关系领域所规定的“个人在一种社会规定（关系）上的物化。”① 卢卡奇将马克思的物化批判扩展到“生产—技术”的批判当中，这可以说是对马克思思想的一个推进，但实际上也构成了卢卡奇物化理论的一个内在的症结，这等于说卢卡奇又重新回到了“技术有罪论”的传统。不管是马克思，还是韦伯，“生产—技术”对于他们而言本身是无罪的。不止如此，马克思对于技术问题投入了较大的关注，他发现，“18 世纪的任何发明，很少是属于某一个人的。”② 然而，如此重要的历史事实在马克思的时代却没有引起重视，以至于当时连一本考证性的技术史的著作都没有。因而，马克思倡导建立一门批判性的技术史，认为这门新型的技术理论将揭示人对自然的能动性活动的缘起，以及进一步追溯至人的社会交往关系和由此产生的思想观念的发生过程③。

其实，马克思一直不断重申技术在人类历史尤其是近代史中所发挥的革命性作用：技术生产力的巨大发展不仅使地球上的多数人告别了物质贫困的状态，也使各种陈腐的观念或制度从此被淘汰，也正是生产力的发展打破了民族与区域的自给自足和闭关自守的状态，推动历史向世界历史的转变。技术本身是无罪的，但正是资本主义生产关系所导致的技术的资本主义应用，使得技术从表面上看仿佛是有罪的③。比如，马克思在论述机器的时候说：“同机器的资本主义应用不可分离的矛盾和对抗是不存在的，因为这些矛盾和对抗不是从机器本身中产生出来的，而是从机器的资本主义应用中产生的。因为机器就其本身来说是缩短劳动时间，而它的资本主义应用延长劳动日；因为机器本身减轻劳动，而它的资本主义应用提高劳动强度；因为机器本身是人对自然力的胜利，而它的资本主义应用使人受自然力的奴役；因为机器本身增加生产者的财富，而它的资本主义应用使生产者变成需要救济的贫民……”。因此，马克思的物化批判是从变革资本主义生产关系或者社会关系的进程中，将技术从资本主义应用中解放出来④。否则，也不会有“技术决定战术”“科学是一种在历史上起推动作用的革命的力量”的论断。

综上所述，明确提出物化论并承认技术的物化作用的确实是卢卡奇，从历史和现实我们也看到了科学技术的物化作用，即：“人类主体活动的物化、人类主体的物化、人与人

---

① 马克思，恩格斯．马克思恩格斯全集（第 46 卷上）[M]．中共中央马克思恩格斯列宁斯大林著作编译局，译．北京：人民出版社，1979：176.

② 马克思，恩格斯．马克思恩格斯全集（第 4 卷）[M]．中共中央马克思恩格斯列宁斯大林著作编译局，译．北京：人民出版社，2001：428 - 429.

③ 宋凯旋．技术与物化 [J]．理论与现代化，2019 (3)：63.

④ 马克思，恩格斯．马克思恩格斯全集（第 23 卷上）[M]．中共中央马克思恩格斯列宁斯大林著作编译局，译．北京：人民出版社，1972：483 - 484.

关系的物化、人的意识的物化、法律与国家的物化、资本主义文化的物化，造成了资本主义科学和哲学的片面性”等等。无疑，卢卡奇理论在“物化批判”的领域是有着重要贡献的，他们的“物化批判”也直接导致后来学者们对于现代性的审思和批判。但卢卡奇的物化批判指向生产力或者技术本身变成了物化结构，匆忙地对“物化”做出了“有罪论”的判定是错误的，反映了卢卡奇在对于“物化”背后技术之本质反思的缺失。

3.1.3 科技物化机理

科学技术凝聚在劳动手段、劳动对象上，通过先进的设备、材料和工艺，转变为现实生产力[①]。科学技术物化为有效实体，一方面是对已有军事技术成果的应用，然后对其进行再开发和制造的过程。科学技术在物化武器装备时，除了应用已有技术外，还要考虑武器装备用途的特殊性，并进一步解决再开发过程中的技术问题，如保密性、安全性、拓展性、标准性、武器装备应用的兼容性等。其中任何一环节的好坏都将直接影响最终物化的武器装备的效果。另一方面，科学技术物化为有效实体，也是无形技术（智能技术）与有形技术（物化技术）转化的过程，包括能量转换、材料的改进与运用、实体形态结构的形成，实现更好的战斗力、更高的效率和更少的能源消耗等的作战目的。信息时代衍生的技术都以平台化、模块化的形式存在，并且更多的以发明、论文、专利等智能形态存在，可以视其为看不见的、无形的、潜在的技术存在；而在物化过程中产生的物化技术，可以视其为看得见的、有形的、实在的技术。因此，只有实现转换过程，才能产生以实体存在的军事装备。

（1）技术物化为有效实体要受制于政治、经济、社会和科技等外部环境

军事技术的发展源于战争形态内在的矛盾运动，并在矛盾的推动下日益成熟完善，军事技术发展的根本动力是内因，但其也离不开外因的作用，不同的外因所创造的环境和产生的条件有着不同的重要影响。伴随着新军事变革浪潮，国家经济实力与日俱增，国际政治地位稳步提升，以现代数字化武器装备为需求前提、经济实力为需求基础、政治地位为需求保证的外因条件对军事技术从成型走向成熟提供了便利环境，主要体现在引导、先导、指导等方面。

新军事变革中的武器装备革新，不再是单一的材料改进、火力提升、作战半径扩大等。如何联合、发挥其协同作战的最大效能，如何科学实施作战方案，将是现今和未来作战需要解决的核心问题。国家经济实力的提升是打赢现代化战争的基础。自热兵器时代起，战争就不再是单一因素能够决定的，武器装备的发展速度、先进程度直接成为决胜因素。武器装备的先进程度直接反映出国家在各类行业中最先进的科技成就，国家政治地位从一个侧面反映了其对军事技术的需求。掌握技术才是真正对军事装备的掌握，强国可以卖给你先进的武器装备但是不会转让技术给你，因为技术是现代战争真正的生命线，良好的政治环境对于新生的军事技术成长非常重要。

---

① 钱伯海．科技生产力与劳动价值论［J］．经济学家，1998（2）：19－24．

（2）技术物化需要遵循技术先进性与武器装备可靠性矛盾的内在规律

从矛盾学说与辩证法基本法则来看，事物的普遍联系和运动发展的观点是唯物辩证法的总特征。而矛盾学说所阐明的对立统一规律则揭示了普遍联系中最本质的联系，即对立面之间的联系；揭示了运动发展的内在动力，即事物内部矛盾双方的对立统一。因此，要分析科学技术物化为有效实体的内部机理，就必须对科学技术物化为有效实体的内在矛盾运动加以分析。科学技术被称为“现代战场的操纵者”，具有先进性，如杜普伊所说的：“科学技术的进步，必然导致军事技术的发展。”但作为在战争中使用的技术，在其研发时和使用中对质量、可靠性、可用性、体系贡献有着近乎苛刻的要求，军事技术的先进性与可靠性既相互促进又相互制约。

科学技术物化武器装备，要把武器装备的质量放在首位，也要把对作战体系的贡献率放在重要位置。武器装备的设计、开发到最终列装，要对作战体系加以优化，发挥武器装备的最大、最优作战性能，随着现代战场的发展，决定成败的是一个多线条、全方位的作战区域，从陆地攻击、空中打击到水中袭击，无不从多个层面、多个角度覆盖整个战场，逐步建立作战体系，囊括所有作战要素。如果有一个环节断链，就可能导致全局溃败。作为技术物化了的作战体系、武器装备，应对其中的各个环节进行全面考虑。

科学技术物化武器装备，也要把可靠性突出出来。再好的军事技术，若可靠性不足就失去了实用价值。而可靠性的暴露和解决又会促进军事技术的不断完善，加速新军事技术的推广和应用。由此推动军事技术由初步形成到逐步成熟的进步过程，也是其由开发到应用必然要解决的矛盾关系。军事技术无论是开发还是应用，需求方和研究方主观上都希望结果最优，诸如技术评估最优、适用范围最优、实现效果最优等。但实际上要真正实现并达到最优化是很困难的，最终需要采取折中的办法。最优和折中的矛盾，在军事技术物化为有效实体中亦是很明显的。对于整体和局部的关系，军事技术在模型建立时必须从整体构架出发。而对于武器装备的特殊性，在局部看来可行，也有可能达到性能最优，但结合实际，从全局出发，由于相应的配套实体达不到最优的要求而不得不降低指标。

（3）技术物化为有效实体必须依靠融合创新这个根本途径

恩格斯曾指出：“在目前军事公开的情况下，只有多动脑筋，在军事领域和国家资源的利用方面不断地改进和发明创造，以及发展本民族特有的军事素质，才能在一个时期内使一个国家的军队在竞争者中间跃居首位。”[①] 国与国之间实力的比拼其实就是国家科学技术实力的比拼。最先进的科学技术往往使用在军事上，但最先进的科学技术却总孕育于民用系统。以美国为例，谷歌地图的研发方就是谷歌公司，其研发构想框架来自于民间，最早施行于美国军方，后逐步开放部分份额于民用。再以我国航空工业为例，只有加速民用大飞机的研发，掌握核心技术，打破欧美国家的技术垄断，才能切实推进我国军用大型运载机的最终产出。注重军民技术的互补性、依托型、共存性，虽然我国当今有些民用技术较之军用技术大有领先，先姑且不论其弊，技术掌握在自己手里拿来时不会是难事。

① 恩格斯．马克思恩格斯军事文集（第 1 卷）[M]．北京：战士出版社，1981：225－226．

美国著名未来学家托夫勒认为："各军种组织结构的变化同商业世界的发展相对应。"反过来，军队组织形态现代化也可以为社会深化改革提供需求和动力，如美国的"星球大战"计划就迅速推动了民用科技的发展，造就了美国新的高技术产业群。在当今国防和军队建设与经济社会发展之间的界限越来越模糊，资源配置与利用越来越一体化的形势下，更加需要军队建设现代化进程与社会现代化进程同步，将国防和军队建设植根于人民，形成新时期人民战争的伟大力量源泉。

(4) 技术物化作用的重要价值在于把握"技战融合"发展的重要规律

随着科学技术特别是信息技术的不断进步，可以承载人类记忆和思维的材料出现，以往活化在人脑中的战术得以物化在有形的物质之中，并转化为看得见、摸得着且模块化、程序化的思维表现形式，从而使观念形态的战术转化为物质形态，复杂多变的战术更具有操作性。在这种条件下，战术的艺术性终于以一种新的表现形式脱胎换骨，并且一跃成为信息化战争战术的主要表现形式。

技术物化战术，是利用各种高新技术将作战企图、战术行动、手段等战术信息植入作战力量这一物质实体之中，使战术谋略与武器装备融为一体，从而达成战术目的的一种战术运用手段。例如，促使美军非接触战法发展的精确制导技术就是集隐蔽突防、精确打击与超越攻击技术于一体，将以往只有通过复杂的兵力组织与协同才能实现的穿插迂回、纵深破袭、远程打击等战术行动植入精确制导炸弹或巡航导弹这一物质实体之中，最终达成战术目的。

武器装备的技术水平与战术理论相互融合、密不可分，共同作用于作战行动，并最终影响战争的胜负。正确把握和运用这一规律，既不能过分追求技术的先进性，陷入"技术决定论"和"唯武器论"的误区，也不能一味强调战术谋略，在技术上停滞不前。因此，在发展高技术装备的同时，要积极谋求与之相适应的战术理论，并主动对军事技术提出能动要求，为武器装备研发提供一种崭新的思路。

3.2 认知理论

"知己知彼，百战不殆"古今通用。战争中的游刃有余来自对战场的"知"，即洞察战场上的各要素及各要素之间的动态关联。通俗而言就是要知道：我在哪里、友邻在哪里、敌人在哪里，我的变动、友邻的变动、敌人的变动，我之强弱、友邻之强弱、敌人之强弱，地形如何、气象如何、民俗如何，等等。从海湾战争到伊拉克战争，战场空间已经被一个巨大的"信息伞"所笼罩，遍布陆海空天的传感器构成功能互补、位置互补、时差互补的全维感知系统，形成战略侦察与战术侦察相结合、动态监视与静态监视相结合的全天候、全天时战场态势感知能力。信息化为战争中的"知"创造了条件，使一些军事强国得以实现战场上的单向透明，获得战场上行动的高度自由。如海湾战争中多国部队发现了伊军防线右翼的空虚地带，以及位于幼发拉底河走廊纳西里耶地区连接伊军前后方的战略枢纽，从而将前者确定为全纵深攻击的切入点，将后者确定为全纵深攻击的目标区域，通过

100 小时的机动作战彻底击垮了伊军。

在千变万化的战争中，“透明”与“知”始终是相对的，“迷雾”与“不知”才是绝对的，最大限度地谋求透明与“知”是发展方向。前信息化战争战场感知系统的信息化程度还只能做到感知战争中的物化要素，而对战争中最重要最复杂的变量——人的思维与智慧还无法把握，军队依然可以靠主观能动和借助客观环境来制造战争“迷雾”。当今网络通信、太空技术、人工智能、新媒体等信息技术的不断发展极大地影响了人类认知能力，也引起了人类认知方式的深刻变革。因此，深入探究认知域（Cognitive Domain）及其特性并据此展开相关的研究，提出相应的对策和行动，是时代发展的必然要求。认知域，指的是人类认知活动涉及的范围和领域。认知活动即人脑对信息的接收、编码、储存、交换、摸索、提取和使用的过程，是认知主体对信息的主观构造①。与传统作战模式相比，针对人类认知进行的作战往往需要针对认知过程的某一或几个环节进行。

3.2.1　认知域的概念特征

作战空间就是作战行动所涉及的空间范围，也可以称作战域②。概括来说，认知域也是认知空间，是反映人的情感、知识、意志和信念的空间。介于人类的认知活动分为阈上认知（在主观感觉阈限之内进行）和阈下认知（在主观感觉阈限之外、客观感觉阈限之内进行），认知域也相应地划分为阈上认知域和阈下认知域，主要的区别在于影响认知域的方式是属于阈上的或阈下的。

从本质上看，认知域可视作物理空间向虚拟空间的延伸。由于人类对于自身认知的边界并不明确，而且其认知活动是伴随着时代的发展和新技术、新发明、新发现而不断延伸的，人类的认知域也是无限延展的。而就个体而言，认知域取决于认知主体的认知能力，不同的认知个体其相应的认知域也是不一样的。人类的认知能力在不断发展，那么认知域也就无限延伸③。而另一方面，认知域作为整体的功用大于作为部分的功用，不是某一个个体的意识或者几个人的意识，而是一个民族、一个国家的人所共有的认知，衡量它的作用时不能以某个人的认知为准。所以，认知域同时具有延伸性与整体性特点④。

3.2.2　认知域的形成过程

从古到今，人类对于自身认知能力的探索从未间断过，无论是在中国古代思想史上，还是在西方哲学史上，都不同程度地涉及过这一问题。但在历史上，人们并没有明确地提出过认知概念，而是用“思”“想”“悟”“知”和“认识”等一些模糊的概念来描述人的认知活动。直到 20 世纪中期，随着哲学研究的深入和认知科学的蓬勃兴起，“认知”才作为一个心理学的概念被揭示出来。特别是 20 世纪 90 年代以后，以微电子和计算机技术、

① 章士嵘．认知科学导论［M］．北京：人民出版社，1992：3－11．
② 全军军事术语管理委员会．中国人民解放军军语［M］．北京：军事科学出版社，2011：5－8．
③ 侯军．论认知域［J］．南京政治学院学报，2006，22（2）：28－32．
④ 罗语嫣，李璜，王瑞发，等．认知域的公域特性及其关键技术［J］．国防科技，2018，39（4）：58．

通信和网络技术、软件和系统集成技术为代表的信息技术的迅猛发展，从根本上动摇了传统哲学把世界划分为物质域和精神域的基本信条，信息域从物质域中脱离出来成为一个独立领域。在传统哲学看来，物质决定精神，精神反作用于物质，物质域中每一个存在都能在精神域找到它的对应物。既然信息域已经从物质域中独立出来，精神域中也将出现一个新的领域与之对应，这就是认知域。

在传统哲学中，世界被划分为物质和精神两个领域，认知域仅仅是精神域若干子集中的一个子集，它和其他子集一起构成精神域，共同反映和描述着物质活动。人类进入信息时代以来，信息以其独特的力量改变着这个世界，而认知域则是对信息进行加工的领域。因此，正如信息域从物质域中分离出来成为必然一样，认知域也将从精神域中分离出来成为一个相对独立的领域。信息域和认知域被独立出来，不仅为认识论提供了一种新的视角，更重要的是深化了我们对世界的看法，即传统哲学信守的物质与精神的二元领域正在被物质、信息、精神、认知四元领域所取代①。

千百年来，人们一直在思考：人类的认知界限到底在哪里？这几乎是一个没有答案的问题，因为人类的认知活动总是不断地延伸到新的领域。从总体上看，人类的认知域是无限扩展的。另外，对于不同主体而言，认知域也是无限开放的，它没有诸如围墙和界碑等实体的界限，而是以能力为界限的，主体认知能力有多大，认知域的范围就有多大。认知能力包括感知能力、记忆能力、控制能力和反应能力，其中感知能力对于认知域的拓展具有发现作用，记忆能力、控制能力和反应能力对于认知域的拓展具有占领作用。

显然，不论从人类总体上说，还是就不同主体而言，认知域的开发和利用都具有无限性。科学技术总会导致人类活动能力的极大提升，开辟出新的活动领域和利益空间，进而拓展军事斗争的范畴与维度。从某种意义上说，人类战争史其实是科学技术主导下的空间拓展史。史前人类在水里斗，后在山洞里为了猎物杀得你死我活，后来有了冷兵器，接着进入热兵器，现在，人类已经到外太空较量了。冷兵器、热兵器时代，蒸汽机半机械化战争是在陆、海二维平面空间进行，内燃机机械化立体战争开辟了陆、海、空三维立体空间；核武器、前信息化时代，洲际导弹、远程火箭开辟了太空第四维、电磁第五维人类空间，当前正在发生着的第六维信息网络、颠覆性科技革命，除覆盖前五大空间之外，还将开辟网络等六维空间、信息和认知第七维空间——认知空间。

3.2.3 认知域与其他领域

从哲学高度讲，整个军事机体仍可分为“认知域”和“行动域”两个方面②。自古以来，战争的构成就是多因素、多领域、全方位、立体的，不仅有“武装”斗争，而且还有“文装”斗争，不仅需要在军事领域角力，而且还需要在政治、外交、经济等其他领域斗法，当今所发生的那些往往令人意想不到的既非“武装”也无“暴力”的奇异战争更说明了这一道理。

① 侯军．论认知域［J］．南京政治学院学报，2006，22（2）：28.

② 李炳彦．世界新军事变革大势与未来战争形态［J］．军事文摘，2016（9）：47.

战争作为一种特殊的社会活动，是在一定的社会形态中和历史条件下进行的，与生产力的发展和生产方式的演变联系在一起。社会化和经济全球化程度越高，影响世界和人类安全的领域也就越多。战争是政治的继续，而政治又是经济的集中表现，可见经济是战争的基础，是战争进程和结局以及方式方法的决定性因素。战争要考虑的要素以及各要素之间的关系如图 3 - 1 所示。

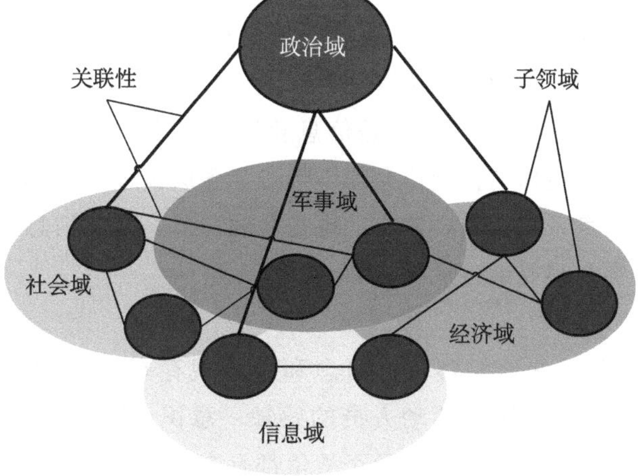

图 3 - 1 战争管理的考虑要素以及各要素之间的关系

在军事领域，一般来说可以将战争空间或军事机体划分为物理域、信息域、认知域和社会域四个交叠构成的具有跨域特性的作战域，军事领域四个子域之间的相互关系如图 3 - 2 所示。

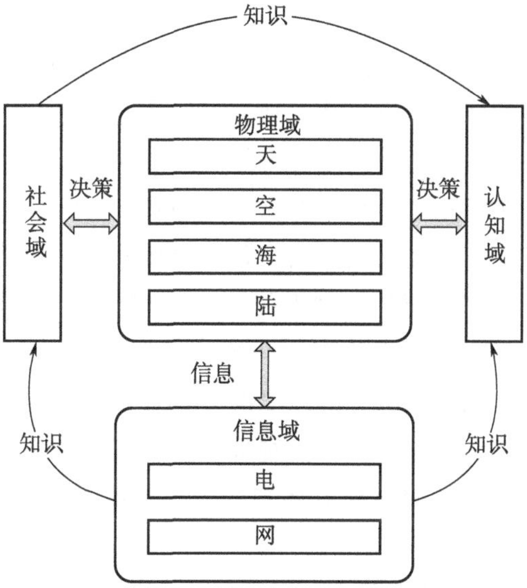

图 3 - 2 军事领域各子域及相互关系

（1）物理域

物理域主要是武器装备和现实作战行动空间，包括外在的物理环境、具体的物理平台以及将平台连接起来的通信网络，是战争开展的场所。在物理域各种军事力量进行火力打击、防护和机动。相对来说，物理域中所包含的各个元素是最容易掌握和检验的，因此，习惯上将作战力量放在物理域中进行检验。

（2）信息域

信息域是信息化战争对抗发生的主战场，是信息产生、处理、共享与对抗发生的领域，可以被认为是军事行动中的“数字空间”或虚拟空间，这个空间充满了各类传感器和进行共享和获取传感器数据的处理器，是信息获取、传输、处理、存储、分发的主要载体。通过信息域，部队的指挥与控制信息得以传送，各级指挥员的作战意图得以表达。因此，在信息作战中，信息系统是重要核心，也是薄弱环节，因此信息域必须具有很好的防护，保护其在军事冲突中很好地生成战斗力。

（3）认知域

“认知域”是指感觉、知晓、理解、信念和价值观存在的领域，并通过认知做出决策①。认知域包括了所有参与军事活动人员的感知、意识、理解、决策、信念和价值观。在现代信息化作战中很多的战斗、战役乃至战争都是在这个域中取得关键的胜利。那些无形的却又十分重要的指挥艺术、道德观、核心价值以及训练水平和作战经验都是认知域中的重要元素，同时，指挥员的作战意图、作战原则、战术技巧和方法也伴随其中。

（4）社会域

“社会域”是美军在新版的网络中心战（NCO）中提出的概念，是指社会的政治、经济、文化、宗教等，这些社会性因素会影响个体的心智、社会化的路径、个体的价值观和具体行动策略的选择②。在社会域中，军事实体不是孤立的个体，他们之间相互交联、传递信息、互相感知与理解，并做出协同决策，更重要的是，社会域是任何人类团体所不可或缺的因素。它与信息域和认知域有重叠的地方，但是却又与它们截然不同。认知活动从它们的本质特点来讲是一种个体活动，是在个体的思维中进行。而共享感知可以被认为是一种社会认知活动，在这种活动中，个体的认知行为直接受到社会本质的影响。

需要特别说明两个方面。一是网电空间不是传统作战空间的简单延展。网电空间依托电磁装备联网生成，目的是“人感”和“人控”，是一个建立在物理空间之上为认知服务的特殊空间。它不是陆、海、空、天物理空间的自然延伸，而是唯一“人造”且“人控”的虚拟空间，从其与物理空间以及认知空间之间的关系来看，网电空间主要功能是建立物理空间与认知空间联系的第二桥梁。其中，物理空间描述应该包括各类装备实体、环境实体等，是被感知的对象；认知空间主要对参与决策、论证或研究的人员的认知进行刻画；

① 大卫·阿尔伯特．网络中心行动的基本原理及其度量［M］．兰科研究中心，译．北京：国防工业出版社，2007：13.

② 爱德华·史密斯．复杂性、联网和基于效果的作战方法［M］．王志成，译．北京：国防工业出版社，2010：68－69.

网电空间应重点对虚拟实体和虚拟实体与物理实体的关联，以及对感知、判断、决策等认知行动的影响进行描述①；二是信息连接着物理域和信息域，知识连接着认知域、信息域和社会域，决策和行动贯穿于这四个领域。信息域的目标是实现不同主体间的信息共享，提升信息的可达度；认知域的目标是将信息转化为知识，并提高知识的共享化程度；物理域的目标是借助信息共享、知识共有的理念，实现行动效果的同步化和最大化。

科学技术本身并不能直接决定战争的胜负，但科学技术通过影响“物理域”“信息域”和“社会域”的信息流动，最终对“认知域”目标受众施加关键影响。20 世纪前期及以往的战争形态，都是新技术在“物理域”“行动域”（机动力、打击力、防护力等）的突破引发的；20 世纪后期兴起的信息化战争形态，是新技术在“认知域”的突破引发的。现在，这两个领域里的技术突破，越来越走向协调与平衡创新发展的阶段，智能化自主系统与定向能武器系统，在今后一二十年内将成为军事变革新浪潮的主潮流②。

未来，战场空间从传统物理域向泛在认知域、广谱社会域拓展，作战样式向无人作战、分布式作战和“多域作战”延伸，人机紧密耦合、灵活自主作战成为未来趋势，制智权演化为战场争夺的核心制权。相关域越来越走向“协调与平衡创新发展的阶段”，智能化自主系统与定向能武器系统便会应运而生。战争形态的形成顺应上述规律，其综合作战效能提升必然是对科学技术的优化和创新发展，是对“认知域”的延续、深入和创新。

3.2.4　认知域与战争形态

研究战争形态不仅要看到武器装备等物质形态的变化，体制编制等结构形态的变化，军事理论等学说形态的变化，作战样式等合成形态的变化，还要看到与这些变化密切相关并贯穿于这些变化之中的认识活动等信息形态的变化。可以说战争扩展到什么空间，认知也就要进入到什么空间，二者是不可分离的，要认清认知域争夺日益紧迫的国际形势及严峻挑战。

（1）科学技术对认知域的作用

认知域作为不由某一个体所支配而是由所有主体所共同拥有的认知领域，同样具有全球公域的各种特性③。对掌握了必要技术和能力的国家而言，通过自身的技术与力量优势对认知域加以利用，并以此实现政治、经济等目的是完全可行的，而这一使用过程无法被其他国家干涉。认知域类似太空域和电磁频域等全球公域，具有“谁先用算谁的”的特点，比如：发卫星很多国家都能发，以色列能发，日本也能发。现在问题是同步轨道空间基本分布完毕，轨道分配现在是一个很大问题。还有整个定位系统不是单颗卫星。GPS 有 24 颗卫星，现在都觉得落后，要升级发 30 颗卫星以上，伽利略系统也是 30 颗卫星以上。另外还有通信频率的问题，定位卫星所使用的频率范围，由国际电联分配，这和卫星技术本身没有太大关系。而且最好的频率已经被美国和俄罗斯占领了。现在只有次优的频率，

---

① 司光亚，胡晓峰，王艳正．新型作战空间建模仿真实践与体会［J］．军事运筹与系统工程，2014（4）：7.

② 李炳彦．世界新军事变革大势与未来战争形态［J］．军事文摘，2016（9）：47.

③ 罗语嫣，李璜，王瑞发，等．认知域的公域特性及其关键技术［J］．国防科技，2018，39（4）：59.

这个次优频率不抓紧都不行，不抓紧的话，次优频率要被伽利略系统占掉了。伽利略系统向国际电联申请的频率范围：有一个频段和北斗重叠，那么国际仲裁是什么？谁优先发射谁使用。

在漫长的农耕时代的绝大部分时间内，人类活动范围和利益空间仅限于陆地和近海附近。15世纪后，航海技术的进步和地理大发现使得人类认识到海洋的价值，海洋对国际航行和海外贸易的争夺成为新的斗争内容，海权逐步引起人们的重视，海上力量壮大发展。潜艇这一创新兵器出现后的百余年内，海平面以下300 m内的海域成为重要的战场。随着现代海洋科学和深海开发技术的快速发展，深海成为军事斗争的新兴领域。再如，航空技术的进步使人类的活动延伸到空中，也使军事斗争的触角由平面伸向三维空间，围绕空中优势和制空权的争夺愈演愈烈；航天技术的发展使得外层空间成为经济发展新的增长点、科技竞争的关注点和政治较量的角力点，进而也就成为军事斗争的战略制高点。近年来，临近空间（或称亚轨道空间）也成为军事领域新的关注焦点。

除了上述现实的微观立体空间之外，人类军事斗争的范畴与维度也随着人类科技与利益拓展的步伐向微小空间、虚拟空间和认知空间拓展。纳米科技的发展孕育了新的利益空间，也使微观攻防对抗成为未来军事斗争发展的重要方向；网络空间成为事关国家主权、安全与发展的新型空间，网络与电磁空间的争夺日趋白热化，制信息权已经成为现代战争战场综合控制权的核心；随着脑科学、认知科学、心理科学、人工智能以及现代生物技术的发展，认知领域也将成为未来争夺的全新领域。

总之，现代军事斗争的空间已涵盖了陆、海、空、天、电、网及认知等全维领域，各个战场空间互为条件、相互支撑，共同构成了一体化的战场体系。今后，随着重大科学与创新技术的突破，战场空间还将可能得到进一步的拓展，从以传感器为核心、以电磁空间为边界的电子、信息战，到以网络为核心、以心理空间开辟为特征的网络、心理战彻底颠覆了战争和反战争的认知体系。

（2）认知域与战争形态的关系

2006年，美军《联合信息作战》全面总结了现代战争经验，引入并详细介绍了信息作战的三重空间：物理域、信息域和认知域。认知域这一概念的正式提出，标志着其作为重要作战维度的战略地位。2013年欧盟、美国相继提出了“人脑工程”“人脑计划”等研究项目，2014年日本也随即提出“脑计划”项目。美国国防高级研究计划局（DARPA）每年都从事诸多相关脑科学领域的前沿研究，如脑刺激计划、“阿凡达”计划、不眠战士、读心部队等。美国俄亥俄州赖特帕特森空军基地空军研究实验室、美国海军海豹部队等，着眼于利用认知强化技术打造“超级战士”的实验实施。2016年11月11日，美国在新颁布的《陆军新版作战条令》中提出“多域作战”概念，强调在现有作战空间领域中实现全域机动联合，夺取物理域和认知域的优势。

（1）历史上对战争形态的认知

在从冷兵器战争、热兵器战争到机械化战争的军事变革过程中，表现为认知的空间趋于扩大，认知的速度趋于加快，认知的工具趋于强化，认知的结构趋于复杂，认知的程度趋于提高等总体趋向。这些趋向在信息化战争的军事认识变革中将表现得更为明显、典型和全面。信息化战争的军事认知变革表现为军事认知空间多维一体，军事认识活动综合集成，人工智能广泛应用于军事系统，军队组织结构及其信息模式扁平化，知识的较量成为制胜新观念。

①冷兵器战争的认知

冷兵器战争的战场空间从部落之间扩展为国家之间，军队的机动范围可达上千千米，这就使对军事斗争的认知范围超越了部落的狭隘性，从地域的固定性到地域的移动性。很多战争是在生疏的地形和不习惯的气候条件下进行的，因此，为将者就需知“地”知“天”。冷兵器战争的两军对阵、短兵相接，刺激了阵法、战术的发展，使智力在拼杀中得到运用和发展。战斗力已不仅仅是勇敢、力气加人数了，更须加上智慧的力量。战争涉及的各种因素增多，使指挥的复杂程度提高。仅凭主帅或将领“拍脑袋”决策已经不够了，于是，专职的谋士应运而生，出现了主帅加军师的决策模式。在缺乏技术侦察手段的条件下，自然条件如地形、植被和气象等对认知的限制很大，使得难于“知彼”。这种“知己”与“知彼”的信息的极大不对称性，为谋略智慧的发展提供了很大的空间，谋略智慧在冷兵器战争中得到充分发展，兵学取得独立地位，成为显学。兵学是军事认知的结晶，兵学的繁荣表明了军事认知的理论进步。

②热兵器战争的认知

火枪火炮是机械制造技术和力学、化学、光学发展的产物，表明了科学技术作为人类理性的标志，已经物化于武器之中，显示了科技与武器的有机结合。人的智力渗入并提高了武器的杀伤力，利用物理能和化学能来替代人的体能，驱动并加大了打击的距离。战场规模的扩大，兵力与火力的集中，步兵、骑兵与炮兵的协同，大量部队的调动，使得个人型的指挥模式在时间和能力上难以适应。军事认知的矛盾是和解决这种矛盾的手段共同生长的，于是就产生了作战指挥的专门机构——参谋和司令部制度，通过分工协作来提高指挥决策的效率。火器杀伤距离的延长和杀伤力的增强，使作战方式由密集阵型转为灵活的队形和散兵式，要求士兵尽可能地“保存自己，消灭敌人”，而不仅仅是在阵形中的步法一致和使用刀枪的一招一式，由此促进了士兵战术技能的提高和主动灵活性的发挥。

③机械化战争的认知

机械化战争是以武器装备机械化为标志的，属于工业强盛时期的军事变革。机械化战争的武器变革是，兵器机动由内燃机驱动得以快速运动，并且还能在空中运动。随着飞机的出现及其用于战场侦察，战场感知空间从二维到三维，侦察的视角从地面到空中，摆脱了从地面观察地面的局限，观察的视野跨越了战场的敌我边界。雷达的应用第一次实现了依靠电子技术手段的超视距观测，标志着军事侦察超越了人的感官限制，这样就可以在作战中用延伸视距的方式来争取时间。随着有线、无线通信技术应用于传递军事信息，电磁波作为传递信息的新媒介，用光速消除了信息传递的距离和时间。这就加强了各作战单元在远距离机动中的联系和配合，实现了指挥员在大范围战场上的及时指挥与有效控制。坦克成为陆战的主战兵器，提高了进攻的速度，更加显示了“时间就是军队”“时间就是胜利”。机械的发展推动了认知的速度，带动加快了认知的节奏，机动作战的快速多变性促进了指挥决策的应变能力，要求指挥决策的速度与之相适应。武器装备的更新换代，推动着作战样式的与时俱进，而以往战争形态的成功理论，又往往容易成为下一次军事变革的思想束缚。因此，创新作战思想，就成为机械化战争军事变革的思想先导。机械化武器装备的更新，促进了作战思想、军事理论的创新，海权论、空权论、闪击战等创新理论，在第一次世界大战和第二次世界大战中得到了充分的运用和检验。

(2) 信息化战争形态的认知

信息化战争形态演变深深植根于以电子计算机、网络和人工智能为代表的信息技术的发展。信息化战争的实质不仅是军事领域中物质利用方式或能量释放方式的变革，而且是军事领域信息获取、处理、传递、使用方式的变革，是一场真正意义上的认知的变革。战争的认知系统对行动系统发挥实时、精确的主宰和控制作用，从而引发了武器装备、体制编制、作战方式和作战思想等的深刻变化，使远程精确打击、陆海空天电一体化和体系化对抗成为当代战争的基本特征。知彼知己、知天知地，说到底就是知信息。世界信息化军事变革有四大发展趋势，这四大发展趋势在一定程度上说都是认知变革的表现和结果。

一是信息化武器装备成为军队作战能力的关键因素。信息化武器装备的显著特征就是认知的更多、更快和认知的更精，进而打得更准。战争高效、精确、实时的情报侦察，在很大程度上依赖现代航天技术。战争实时指挥、精确打击，就是基于小小的芯片或数字化技术，战争的信息化程度，更是取决于芯片技术或数字化技术的发展。

二是非接触、非线性、非对称作战成为重要作战方式。非接触只是部队人员的非接触，而侦察情报监视的“火眼金睛”始终没有脱离过接触。之所以能够实施远程攻击和全纵深打击，不仅是由于飞机的马力大且可以空中加油，也不仅是由于火箭的燃料高级、推动力大，关键是由于远程指挥、控制、情报等一体化系统的建立，可以对远方战场做到遥感和遥控。

三是体系对抗将成为战场对抗的基本形态。信息化的作战体系是依靠计算机网络和通信网络连接在一起的，实现了信息的无缝连接，也就是己方的共知和同知，并对敌方形成先知和反知。

四是太空将成为国际军事竞争新的战略制高点。制天权的一个重要功能，就是要争夺信息的战略制高点，争夺制信息权和信息优势，以便居高临下地知、无障碍地知、全球性地知。认知的工具趋于强化，观测工具的进步克服了人的感官的局限，放大了人的感知能力，“千里眼”“顺风耳”成为现实。美国编织的“千里眼”和“顺风耳”太空网络，实现了对目标的全方位侦察，现役“锁眼”光学成像侦察卫星的空间分辨率可达到 0.1 m，而“长曲棍球”雷达成像侦察卫星的空间分辨率为 0.3 m，能够识别各类固定的地面目标，并具有一定识别伪装目标的能力。

3.3　能量理论

战争形态的时代性转变是物质能量聚合、战争能量释放的质的改变，而战争形态阶段性的转变是同质能量释放的量的增加。要利用信息和信息技术提升作战能力，就必须依靠网络聚合作战能力，增加新型力量，优化结构，提高体系作战能力。从感知到决策、从指挥到行动、从协同到控制，离开了信息就无法实现，技术赋能、网络聚能、体系增能已经成为作战能量聚合释放的基本形式。新战争形态的出现无一不是作战效能大幅度提高的结果，在人类发展史的绝大部分时间内，人类对信息的开发与利用相对滞后于对物质、能量的开发与利用，所以信息时代之前的战争不管其外在形态如何演变，都属于物质、能量主导型战争。矛、刀、剑、弓、盾等兵器比单纯的身体搏击及借助木石搏击具备更强的杀伤效果，火药在军事上的运用超越了作战个体的短兵相接，从而达到远距离的杀伤和破坏；动力机械在战争中的运用，使杀伤维度从一维进入多维，打击效果和作战效能成倍提高。机械化战争可谓物质、能量主导型战争的最高形态。工业时代大规模的能源开发、机器生产和人口增长，使火力、机动力、兵力等物质性、能量性的战斗力要素张扬于机械化战场，战斗力的发挥主要围绕物质与能量的投送展开。装甲集群的闪电突击、航母舰队的远程奔袭、飞机群的战略轰炸等，无一不是把具有杀伤性的物质与能量尽可能多而猛烈地投向敌方。通过消耗对手的物质与能量来枯竭对手的战争潜力是机械化战争中通行的战略选择，敌方军队、能源系统、工业体系、交通设施、中心城市乃至自然人口等一系列与战争有直接或间接关系的物质与能量要素，成为打击的主体目标。

3.3.1　技术赋能

按照 2011 年版《中国人民解放军军语》中的定义，作战能力亦称战斗力，是武装力量遂行作战任务的能力。作战能力是检验军事斗争各项工作的唯一的根本标准。它是人与武器结合、与战场环境契合、与作战对手交合表现出来的实打实的打仗能力。战斗力是军队的核心军事能力，坚持战斗力标准，就是要用打胜仗的目标对标战斗力，用打仗的环境强化官兵当兵打仗、带兵打仗、练兵打胜仗思想，瞄准作战的要求搞建设、抓准备、育人才，用打仗的标准检验和衡量军队工作；就是要把战斗力生成模式转变到依靠科技进步上来，聚焦建设信息化军队、打赢信息化战争的战略目标，聚焦信息化条件下联合作战要求，聚焦基于网络信息体系的联合作战能力。

战争的演变以战斗力的演变为牵引，战斗力依其性质不同可划分为物质与能量性战斗力、结构性战斗力、认知性战斗力和精神性战斗力。在冷兵器战争时代，军队作战能力的生成和提高主要依靠将士的体能和与兵器技术的有效结合。在热兵器战争时代，火力武器的能量释放成为决定军队作战能力的主要因素。在机械化战争时代，军队作战能力主要通过武器装备所表现的火力和机动力以及各作战要素之间的协同能力来实现作战能力的生成和提升。在信息化战争时代，火力武器平台的“硬摧毁”普遍让位于信息化武器的“软杀伤”，制信息权成为争夺战场主动权的首要条件。所以，在信息化战争时代，作战能力的生成源自于信息主导下“信息力＋机动力＋火力”而形成的整体作战能力①。通过改进战斗力的某一单项要素来提升战斗力是战争发展史上的常态，就当前而言，是通过变革战斗力的全部要素来促使战斗力出现量的倍增和质的飞跃，主要通过三种相对独立又相互关联的途径来实现，即：武器装备的物化、指挥控制系统和作战体系的开发。自古以来，军事人员一直在努力探索提高军队作战能力的方法途径，寻求作战能力的最佳生成模式。

武器装备技术赋能，使暴力工具具备了人类感官和大脑的部分功能，能够自主进行简单的识别、分析、判断和决策，尤其是武器装备的信息化过程实质上是以思维控制暴力的过程，冰冷的武器开始学会思考，这不再是战斗力在物质和能量方面的简单扩张，而是本质的升华。

指挥控制系统是对各级作战部队实施指挥和对各类武器系统实施控制的天基、空基、海基、陆基信息系统构成的有机整体，它将各种作战要素、作战单元、作战系统综合集成为功能联动、结构敏捷、组织协同、行动控制、效能涌现的作战体系，因而成为提升体系作战能力的“孵化器”“黏合剂”或“倍增器”②。指挥信息系统的技术赋能功能之一是孵化认知性战斗力。指挥信息系统使侦察→分析→判断→决策这一认知流程具备了空前的准确性、可靠性和迅捷性，“运筹于帷幄之中，决胜于千里之外”从此不再是军事天才的特权，而成为信息化、智能化战场上的常态。指挥信息系统的赋能的另一项功能是优化结构性战斗力。在指挥信息系统的网络结构中，物质与能量资源在信息的调度下可以更灵活、协调、自如地配置与流动，各个作战单元可以在系统内通过共享战场态势信息进行协同性的自我组织。

一个便于内部因素运动的结构是一个能够产生更大能量的结构，指挥信息系统因此而赋予作战体系全新的结构性战斗力。随着作战体系的开发，攻防系统、指挥控制系统、战场环境和认知系统成为整个作战体系中的有机组成部分。认知领域的武器化使信息转化为直接的战斗力，为物质域、认知域（心理、精神、思维等）的战争提供了前所未有的无形的暴力工具，非物质性战斗力因此在战争中成为软杀伤的战略利器。

3.3.1.1 赋能理论与赋能技术

近年来，“赋能”，又称“使能”，“赋能”顾名思义，“赋予能力”；“使能”，为“使之能够”之意。如果把“赋能”与“使能”两个结合起来，可以解释为“赋予技术，使其能够”，应当是技术赋能在前，使其能够在后。本书所述不再严格区分这两个概念。

赋能作用离不开赋能技术，关于赋能技术的较为宽泛的定义是：一系列的、应用面广、具有多学科特性、对于完成既定任务与实现既定目标起到关键推动和（或）催化作用的技术。从技术与产品创新链的角度看，使能技术处于基础研究，属于应用研究的范畴，其任务是通过使能技术的创新，来推动创新链下游的产品开发、产业化等环节的实现。总

---

① 任连生．基于信息系统的体系作战能力概论［M］．北京：军事科学出版社，2009：38.

② 罗小明，朱延雷，何榕．装备指挥控制系统效能试验内容设计［J］．指挥控制与仿真，2015，37（3）：94－100.

体上看，使能技术有两个重要特点：其一，它是一系列技术的集合，各项技术的应用层次不同，应用领域往往交叉重叠；其二，应用行业众多，几乎涉及农业、工业、服务业和军事在内的所有经济部门[①]。

2009 年，欧盟委员会发布了第一份以使能技术为主题的政策通报“为我们的未来做准备：制定欧洲关键使能技术发展的共同战略”。该通报首次提出“关键使能技术”，并将其特点总结为“知识密集化、研发强度高、创新周期短、资本投入大、技能要求高；使得经济活动中的工艺、产品和服务创新能够实现，对于经济活动具有系统相关性；是跨学科、跨部门的技术，且日益呈现出联合应用趋势；能够协助技术领先者利用既有研究成果向其他领域拓展”。基于这一总结，同时依据技术应用的市场潜力、知识密集度、初期投资的资本密集度、对于解决欧盟社会问题的重要性等标准，欧盟认定了六大类关键使能技术，即纳米技术、微（纳米）电子技术与半导体技术、光电技术、先进材料、工业生物技术与融合上述技术的先进制造系统[②]。

从技术与产品创新链的角度看，使能技术处于基础研究，国内主要是企业组织为了提高核心竞争力，为了生存与发展，如何调动人员的积极性，如何依靠新技术在市场竞争中抢占机遇和市场，从两个方向对之进行界定。一是受到早期西方心理学和管理学领域普遍关注的“授权赋能”理论的影响，主要关注组织行为与人力资源赋能领域；二是从技术角度出发，更多聚焦以信息等新技术为依托的技术赋能领域。赋能的实质是科学技术的转化和应用，把“战斗力生成模式”转变到依靠科技进步上来，依靠科技赋能的目的是提高战斗力。赋能武器凭借网络优势增强单武器的作战能力，或借助单武器的态势感知能力和联网等技术增强整个体系作战能力[③]。比如：赋能武器能够在目标飞行过程中实时感知战场态势，依托网络运行将自身获取的情报传回指挥控制中心，为指挥官提供决策依据，实现对机动时敏目标的实时瞄准和有效打击，大大缩短武器杀伤链时间。

科学技术赋能战争形态要结合当前科学技术发展引起的全新军事变革特点，要适应战争形态演变跨域、跨界、跨代、联合、联动作战环境，以科学技术支撑作战体系各主体开展组织协同，以实现提升体系作战能力、打赢现代战争为主要目标，即通过跨军种、跨领域合作，整合作战体系自身和其他外部主体的资源，促进大规模技术创新，把作战主体和相关因素构建成完整的作战体系。基于边界的角度将技术赋能分为封闭式技术赋能和开放式技术赋能两类[④]。

军种内容封闭式技术赋能是以组织形态、装备研制和作战协同等为主要特征，重点关注装备建设、作战训练和作战方式的内部管理和协同效率的提升，以提高科学技术在装备研制、军事理论、军事训练、人装结合等方面的转化应用水平，实现装备与装备之间、人与装备之间或多主体内部能力的体系化、流程化、软件化、自动化，以局部能力提升增强

---

① 许端阳、徐峰．典型国际（地区）使能技术，发展战略的共性特征分析及对我国的启示 [J]．科技管理研究，2011 (14)：19－23.

② 孙彦红．欧盟关键使能技术发展战略及其启示 [J]．德国研究，2014 (3)：71－72.

③ 蒋盘林．网络使能武器与武器数据链发展综述 [J]．通信电子战，2010 (11)：11－16.

④ 孔海东，张培，刘兵．价值共创行为分析框架构建 [J]．技术经济，2019，38 (6)：100.

整个作战体系能力提升。比如：赋能通信是指在不改变现役 VHF/UHF 机载、舰载、单兵战术电台硬件形态的前提下，通过为其加载具有超视距传输能力的散射波形，旨在指挥所部署具备多部发射机、多面高增益天线的地面赋能站，由它赋予现役 VHF/UHF 机载、舰载、单兵战术电台一定的超视距通信能力。

基于科学技术的军（兵）种之间开放式赋能的实践探索已走在了理论建构之前①。根据技术成熟度理论，颠覆性技术将引起战争形态革命性和结构性变革，科学技术的不断创新和发展，推动军队组织和主体内部与外部的信息、知识流传递距离大幅缩短，连接、互动及战争效率显著提高，作战方式不断变化，其影响边界从战争形态内部诸要素逐步拓展到整个作战体系。科学技术本身（互联网、大数据和人工智能等新技术）作为推动战争形态演变的主要原因，体现了赋能中科学技术水平特征，现代战争形态的技术赋能带有明显的信息化技术“印迹”，成为战争形态演变过程中赋能的诱因。

3.3.1.2 美军的军事赋能措施

军队作为一个大的集团组织，同样讲效率、讲战斗力。孙悟空没有金箍棒，终将一事无成。一个现代军队人员，不经常进行知识充电，也会游离于组织，被组织淘汰。同样，对于现代军队，如果不尽力依靠科技进步赋能，就没有能力、动力来提升战斗力，赶不上新时代潮流，更谈不上朝着世界一流方向前进。

美军在赋能理论和技术方面，可谓种类众多，几乎是全方位的，总体目标都是提升部队的作战能力。美国国防部于 2006 年提出《国防语言转型路线图》，将美军外语能力建设提升到战略高度，在此基础上，美国陆军提出了“语言赋能士兵”计划，旨在通过对士兵进行语言文化、战场感知、媒体应对、危险鉴别等方面的培训，培养一批身兼战斗和情报双重职能的“语言赋能士兵”，发挥其传感器作用，提高部队反游击作战的整体能力。这一计划体现了美国陆军对外语能力及士兵战场角色的重新定位，也是美军推动情报转型的一个具体措施。

美军积极推进的联合转型，要求对现有的联合指挥控制系统进行网络赋能转型。从而使联合部队达到敌方难以具有的决策、指挥与作战节奏。美国国防部于 2006 年启动了联合指挥控制（JC^2）系统建设，计划用联合指挥控制系统逐步取代现役的全球指挥控制系统。同年 3 月，将“联合指挥控制”更名为“网络赋能指挥能力”（NECC），认为它更能体现网络中心环境下“联合”的概念。经过整体方案优化、系统开发、演示验证和“增值 1”计划等阶段的工作，NECC 已具备“增值 1”初始作战能力。但迫于军事战略调整的需要和全球经济危机的压力，美国防部于 2009 年年底开始对大型转型计划进行重新审查，于 2010 年正式宣布终止 NECC 计划。美军终止了 NECC 计划，并不意味着美军放弃了联合指挥控制能力的转型，美军已将重点放在对联合全球指挥控制系统的改造升级上。由此可见，对具体的信息系统建设而言，不能一味地把投资重点放在新建系统上，而更应注重对现有系统的改造。

① 曾鸣．智能商业［M］．北京：中信出版集团，2018：22-28．

2008 年 10 月 1 日，美军组建联合赋能司令部，并将联合通信保障分队和联合公共事务保障分队编入其中，负责提供计划、通信和公共事务等方面的专业保障和技术支援，并协助联合特遣部队快速设立司令部，同时协调特遣部队与美国政府机构和非政府组织间的行动。联合赋能司令部下辖的计划、通信和公共事务保障分队，实质上是一种模块化保障力量，可根据任务需要，迅速派遣到战区司令部或联合特遣部队。这有效地提高了美军的快速反应能力、指挥控制能力和联合作战能力。联合赋能司令部的建立，从机制上解决了应对危机时快速组建联合特遣部队的问题，在多次危机处理和灾难救援中，联合赋能司令部发挥了重要作用，展现出其特有的功能，使联合特遣部队能快速高效地遂行作战或民事行动。

2012 年 3 月美国国防高级研究计划局战术技术办公室提出“军事作战空间赋能效果”（SeeMe）战术侦察卫星项目，并先后举办了 SeeMe 项目的研讨会和跨部门意见征询书，向工业界全面介绍了该项目的发展目标、实施路线、关键技术领域、工程实现的技术挑战等信息，并开始向包括移动电话、工业机械、CMOS 固态器件、赛车和医疗器械等工业领域机构征询关键技术的创新方案。SeeMe 项目通过研制短寿命、低成本的小型卫星并利用空射火箭将其发射到非常低的轨道构成星座，使其与战场通信系统和“智能”手持设备组网，为战场基层人员（如以班为单位）提供可靠连续的信息。

2012 年 9 月美国防信息系统局发布《国防信息系统局 2013—2018 战略规划》，明确提出第一个战略目标就是构建一个统一、协作、安全的联合信息环境（JIE），以实现国防部范围内的端到端信息共享和相互依赖的企业服务，使这些服务无缝、可互操作、高效、及时响应，以满足联合或联盟作战人员的需求。而发展信息系统统一能力（UC），则是构建国防部联合信息环境的重要一步。统一能力被称为美国防部向基于 IP 的网络迁移的一大举措，对打造 IP 赋能的未来战场至关重要。同时，统一能力也是对美国防部长办公室整合国防部信息技术基础设施、实现更高经济效益倡议的支持。

2014 年美国陆军协会署名的“火炬手”系列报告之一《陆战网现代化进程：为美国陆军赋能》发布。报告阐述了美国陆军如何推进美国陆战网的现代化进程，文章详细分析了端到端陆战网现代化战略需要实现的五个高层目标，并从网络规划、标准制定、装备测试、设备采购、人才培养等方面对陆战网现代化工作进行了深入探讨，文章认为只有美国陆军、国防部、国会以及工业部门通力合作，才能推动陆战网的现代化进程的快速、高效发展。

美国国防高级研究计划局 2017 年下半年宣布了启动一个名为“冲刺”的多阶段项目，研发进攻性集群赋能战术。集群“冲刺”活动旨在帮助陆军更快地了解集群在城市环境中的作用，通过定期开展集群“冲刺”，美国确保紧跟最新的技术发展，更好地适应进攻性集群使能战术项目的需求，同时帮助这些技术不断成熟。

美军还把眼光敏锐地投向具有“人脑”功能的网络赋能弹药。包括地面网络化弹药、网络赋能制导弹药和具有组网功能的侦察/攻击一体化巡飞弹三大类，其核心是利用双向数据传输能力，实现改变飞行弹道，更新目标数据或重新指定打击目标等功能。地面网络化弹药主要有美军的“蜘蛛”地雷系统、“智能弹药系统”和自修复雷场等。网络赋能制导弹药主要有欧洲“流星”空空导弹、美国“先进中程空空导弹”和“增程型防区外对地攻击导弹”等。侦察/攻击一体化巡飞弹是未来网络赋能弹药的主力军。美国“低成本自主攻击系统”（LOCAAS）是典型的侦察/攻击一体化巡飞弹。美国还在研制该弹的升级版“主宰者”，它能长时间在广阔区域内飞行寻的，待机下手，同时可联入“全球信息栅格”数据链，与激光雷达/视频图像一起实时进行战场毁伤评估，并具有很强的自主识别和多波次协同攻击能力。

3.3.1.3 技术赋能与战争形态

科学技术对战争形态的赋能，在每个战争阶段都有着鲜明的特征。技术决定了战争形态的技术环境和战争的决定因素。

在机械化战争初级阶段，作战基本单元是平台＋作战武器，根据特雷弗·迪普伊《把握战争：军事历史与作战理论》，作战单元作战能力可表示为单武器平台的实际杀伤力指数的总值（正比于速度、精度、杀伤规模等），军队整体作战能力则可表示为所有基本作战单元的单元作战能力之和，即战场能量等效传递，整个军队的整体作战能力取决于作战能力基本单元及其能量的叠加。作战能力形成是以单平台武器打击为基本形态的加和模式。

在机械化战争阶段的后期，作战能力基本单元经网络互联互通后，在信息系统支持下形成作战体系，实现信息共享和能量精确控制，极大增强了机械化平台基本能力的发挥，信息系统成为作战能力形成的倍增器。作战能力形成是为以信息系统支持下的武器打击链和电磁域控制为基本形态的倍增模式。

在信息化战争初级阶段，信息系统成为战斗力生成的重要物质基础，作战信息自始至终贯穿战斗力生成的全过程，是优化、整合和有效利用各类作战要素的主导性资源。夺取信息优势取决于战场态势透明化、指挥控制与火力打击一体化、作战体系能量释放精确化，“信息流”引导“物质流”和“能量流”，“信息链”支持“指挥链”、控制“打击链”。作战信息在体系中的有序流动和高效利用，成为基于网络信息体系的联合作战能力生成的主导因素。

在信息化战争趋于更加成熟阶段，作战能力基本单元是节点＋信息化武器/电磁武器，战场中的单个节点可依托信息系统，通过作战武器、电磁武器和信息武器打击链发挥出整个体系的作战效能，实现了信息认知共享和能量智能控制，信息系统成为作战能力形成的倍增器，作战能力形成为以电磁武器和信息化武器打击链一体打击为基本形态的指数增长模式。通过加强信息资源的采集、处理、共享和深度开发利用，推进信息基础设施建设、军事信息系统开发、作战信息高效支援保障和安全防护体系建设，通过作战信息在联合作战体系中的渗透和联通，将信息能赋予联合作战体系，形成新的结构，促进战斗力非线性“阶跃”。

3.3.2 网络聚能

从作战角度讲，随着科学技术的发展，未来战争的性质具有不确定性，作战环境更加具有不确定性，特别是在“应对多场战争威胁”的新的军事战略下，作战任务日趋多样，作战复杂性与日俱增，作战部队无法准确预测未来冲突的类型，军事理论专家也无法准确地预测用户的需求。这种不确定性迫使作战主体围绕灵活性、以网络为中心构建作战能力。“灵活性”要求打造一个鲁棒的、无所不在的网络中心环境，新技术能随时插入，新能力能可靠敏捷地提供，新系统能迅速适应多变的作战需求，进而使各类作战能力能应对未来可能发生的任何问题。军队组织形态现代化可以促进人与装备优化的组合，充分发挥力量体系的最大聚合效应，极大地弥补技术和武器装备落后的劣势，创造以劣胜优的奇迹。反之，没有组织形态的优势，即使技术和武器装备系统再先进，也会因无法实现人与装备的最佳结合，而无法形成强大的整体战斗力。

在信息化战争形态下，通过网络将作战部队联在一起，比增加武器平台数量或强化平台自身能力能产生更大的效能。因此，美军长期以来把网络聚能作为创新思维，确保军事工作的重心放在网络支持的应用上，而不是放在网络自身的建设上。网络聚能（NEC）又称网络使能，“网络支撑”已成为高频词，它可以与多个中心词搭配，除常见的网络聚能能力外，还有网络聚能的情报、网络聚能的指控、网络聚能的系统、网络聚能的军队、网络聚能的应用……如网络聚能的战争（NEW）就是网络中心战。与网络中心战相比，网络聚能更强调各种网络潜能的运用，以便将网络优势转化为信息优势、决策优势、行动优势。因为网络不仅仅是传送信息的管道，而且是信息存储、信息处理的平台，因此更准确地说，网络聚能是网络中的信息聚能、知识聚能，网络中如没有可共享的信息或知识，就不会有聚能的能力。网络聚能中的网络不仅是指鲁棒的、安全普适的信息基础设施，更是代表扁平的、敏捷高效的社会-技术网络。网络聚能不仅可提升技术层面上的互操作性，还可实现语义上的互操作，以及组织之间在行动和效果方面的合作。总之，网络聚能中的“网络”，不仅是通信网，更是信息网、交互网。

美军在“以网络为中心”的军事转型过程中，始终贯彻“基于能力，概念驱动”的指导思想，并强调前瞻性地、灵活地构建联合作战能力。美军在其 2009 年 1 月出版的《联合能力领域》中将联合作战能力划分为九大领域，即部队支持、战场感知、力量运用、后勤、指挥控制、网络中心、防护、构建伙伴关系，以及协作管理与支持，并由遍布全球的信息基础设施将指挥官、作战人员以及武器、系统联结在一起，实现其九大联合作战能力。其中，网络中心能力又细分为信息传输、网络服务、网络管理和信息保障能力，是所有能力的基础，可大大增强人机之间的互动性。

3.3.2.1　作战能力聚合

传统以“平台”或“系统”为中心进行的作战能力分析，忽略了体系内各组成分之间“多网联动”，以及在其支撑下的“多域铰链”所带来的“相互影响”和“级联效果”，已不再适用于体系作战能力聚合。多个“平台”或“系统”作战能力的线性累加无法体现体系作战能力的整体涌现性，作战能力聚合无法反映体系作战能力要素的非线性特性[①]。

体系作战能力是各作战要素的整体体现，首先要求武器装备具有体系作战能力。武器战备体系的作战能力是指武器装备体系为执行特定作战任务所需的“本领”或“潜力”，是武器装备体系的固有属性，由体系的质量特性、数量、作战运用方式等决定，与武器装备体系的具体运用过程无关。信息化条件下，武器装备体系作战能力，是以信息技术为纽带和支撑，各种作战要素、作战单元、作战系统相互融合，将实时感知、高效指控、精确扣击、快速机动、全维防护、综合保障集成为一体，所形成的具有倍增效应的体系化作战能力。利用信息技术实现各种武器系统的集成与融合，绝对不是武器系统的简单叠加和罗列，而是作战能力生成方式的质的转变[①]。

科学技术进步深刻影响着军队作战效能的变化，因此，战争形态演变是科学技术水平使能武器装备效能的发挥，最终体现在军队整体的作战能力上，从而使战争形态由低级到高级、由局部到全局、由量变到质变的渐进发展过程。传统作战系统构成要素较少、结构简单，只能实现组织结构的合成化和作战行动的协同化，战场上更多体现为同类要素之间的分散对抗。而基于网络信息体系则具有鲜明的信息时代特色，具有体系运动的一切本质规律。在信息系统的链接作用下，作战体系表现出结构网络化、功能涌现性等不同于传统作战体系的特性。

各作战力量之间的协同一致是有效发挥体系作战效能的重要条件，而协同一致的首要前提就是互联互通。要注重资源共享，实现多军种的信息共享与指挥共享，其中首先应当做的是情报资源共享，将各单元的感知能力聚合为体系的感知能力，以感知能力为抓手，牵引火力打击、战场防御等能力的聚合；实施一体化指挥，首先实现作战指挥系统硬件的一体化，改变以往各军兵种自己确立标准、自己组织建设、自己内部使用的状态，为实现一体战的实施创造前提。各单元互联互通的意义不仅仅在于方便通信与指挥，其实质是将各单元的能力通过信息化手段联通在一起，实现能量的集聚。

信息化战争与信息战都是以大量使用信息技术和信息化的武器装备为其物质基础和技术基础，都是以信息与能量相结合为其基本的能量释放形态，都是以信息网络化战场为其活动舞台，因而它们之间又有密切联系。信息与能量相结合形成信息武器系统，提高了远程精确打击能力和快速投送能力，形成新型的作战能力，采用新的作战方法，缩短了战争的进程。进入大数据等颠覆性技术迅猛发展的新时代，信息优势更加成为交战双方较量的核心因素。

信息主导制胜的机理就是利用信息及其技术以提升作战能力，依靠信息网络系统“聚能”，以增强新型作战力量，提升指挥效率与速率。据报道，近年来美国国防信息网络系统作战指挥中心的数据交换能力提高了100倍以上。美国学者布鲁斯认为，美国在过去20年中取得的所有军事上的胜利都有一个共同点，即达成了对敌人的信息优势。对于信息优势一方，山那边、海对面的战场迷雾被驱散，指挥员能实时地了解整个战场情况，实施高

① 王琼，何新华，郭齐胜，等．武器装备体系作战能力聚合的类元胞机模型研究［J］．系统仿真学报，2014，26（11）：2564－2565.

效指挥和精确打击①。

基于网络信息体系的联合作战能力聚合机理是指通过信息系统的粘连、聚合作用，将作战体系内的各种作战要素在结构、信息及功能上整合为一个完整的有机体系，从而实现体系作战能力的整体提升。对于一个作战体系而言，单项作战能力再强，也不一定会提升整体的作战能力，例如，武器的射程很远，但引导雷达的作用距离却有限，武器的精确度很高，但杀伤能力有限等。通过信息系统的聚合作用，有利于促进作战体系中各要素的高效互连、信息的实时共享以及功能的高度集成，从而使体系作战能力产生质的飞跃②。

3.3.2.2　作战体系增能

作战体系能力的强弱可以应用“反木桶原理”来分析：以对空防御能力为例，体系的对空防御能力并不取决于体系中防御能力最弱的兵力，而是取决于体系中对空防御能力最强的兵力，只需要通过合理部署此兵力使其覆盖整个区域即可。得到的启示是，要想体系发挥出 1＋1＞2 的效果，则要在作战平台的针对性上下功夫，不能过度追求单一种类平台的综合能力。拿海军作战平台为例，要增加基于同一舰艇作战平台的不同舰种，同一种类型的舰艇可以根据武器装备侧重点的不同研发出多种型号，有的注重对陆打击、有的注重反舰、有的注重防空或者反潜。在未来“全域作战”这样一个体系中，只有各自有所侧重，才能实现能力聚合与放大。

基于网络信息体系的联合作战能力倍增机理主要是指各种信息系统的功能对单个作战要素能力的非线性放大效应。任何作战体系都是由基本的作战要素构成的。这些作战要素是构成作战体系的基本单元，也是形成体系作战能力的基础，所以，每个作战要素的性能及其能力对于最终形成的体系作战能力都具有重要的影响。因此，通过强化信息系统的功能来提升每个作战要素的作战能力将是提升体系作战能力的重要途径③。

基于网络信息体系的联合作战能力是将不同的作战体系彼此联合，实现作战信息的实时共享和作战能力的优势互补。在机械化战争时代以前，由于信息交流方式落后，作战要素之间都是靠人工方式进行组织协调，直接影响着体系作战能力的发挥，所以，在机械化条件下，作战体系的构建原则是尽量降低作战体系之间的耦合程度，在任务规划、人员分配等方面尽量减少要素之间的协作。而在信息化作战条件下，作战体系之间的耦合原则是尽量将作战要素之间的耦合关系通过信息系统实现，即作战要素之间的信息交流、作战协同等原则上由信息系统完成，尽量减少人为因素的干扰。所以，在信息化条件下，通过各种信息系统在作战中的运用，大大提高了作战要素之间的耦合程度和协同能力，从而实现了体系作战能力的提升④。

未来基于联合融合的“多域”体系破击战，要创新广域联动、多级融合的体系作战力量运用方法，围绕各要素功能的发挥，根据担负的作战任务，编成若干个战斗、支援、保

① 高东广．新兴领域高新技术助推战争形态新变化［J］．军民两用技术与产品，2018（8）：18.

② 姜志平，刘勇，姚轶，等．基于信息系统的体系作战能力生成模式研究［J］．国防科技，2012（5）：37.

③ 姜志平，刘勇，姚轶，等．基于信息系统的体系作战能力生成模式研究［J］．国防科技，2012（5）：35.

④ 姜志平，刘勇，姚轶，等．基于信息系统的体系作战能力生成模式研究［J］．国防科技，2012（5）：38.

障等功能模块，在战场空间疏散配置，依托网络形成各作战要素空间广域分布、编组虚拟集中、利于动态组合的网点模块式力量部署。创新“聚能精打、目标牵引”的体系破击与防护战法，针对敌方作战体系的要害部位采用大纵深、近战打击手段难以发挥作用，难以在作战中巧妙伪装并不间断交换位置的实际，依托网络快速反应，动态聚合战场监视力量、火力打击力量和机降突击力量，融“侦察引导”与“精确突击”行动为一体，针对不同目标，采取与之相适应的“火力精确拔点、多点并行瘫痪和兵力精确夺控”等战法，达成体系破击的目的。创新“打评一体、动态调控”的体系作战实施方法，在实现“综合感知、实时指控、精确打击、全维防护、聚焦保障”为一体的整体作战的基础上，嵌入各种火力目标毁伤评估系统和综合态势评估系统，利用多种侦察手段，同步进行打击目标毁伤程度和夺控行动的信息获取，人机结合分析评估作战态势，反馈作战效果。

3.3.2.3　量变累积效应

作战能力的改变，随之引起作战原则的改变，这是战争发展的重要逻辑。集中兵力原则为历史上东西方的军事家共同奉为战争指导艺术的不二法门。工业时代，集中兵力的内涵在很大程度上等同于集中火力。这是因为武器杀伤力的不断增强在客观上迫使战场兵力密度必须相应降低；同时，武器作用距离的增大、机动能力的提高，以及大范围指挥、控制、通信手段的发展，使兵力在适度分散配置的前提下依然能够实现火力的集中。降低战场兵力密度与集中兵力原则由此而并行不悖，集中兵力的原则通过集中火力的形式仍然通行于工业时代的战场。集中兵力原则既符合传统战争充满概然性的实际，又与传统战争的致胜理念相一致。兵力之集中，可以应付战场上的种种不确定性因素，由此增大己方的安全系数和取胜把握。传统战争中集中兵力的本质是集中具有杀伤性的物质与能量，从而给予敌方最大的杀伤与破坏。通过杀伤敌人的有生力量与破坏敌人的物质基础来迫使敌人屈服，一直是传统战争领域通行的致胜理念，工业时代尤甚。对此，托夫勒指出，“正如大规模生产是工业经济体系的核心原则一样，大规模毁灭也成为工业时代战争的核心原则。”

海湾战争中鲍威尔还在坚持集中使用优势兵力，而伊拉克战争中拉姆斯菲尔德则强调作战的效能。巨大的转变不是因两人的战略风格不同所致，而是意味着作战效能原则已经在信息化条件下成为基本的战争指导艺术。信息化战争所要求的作战效能原则，不是传统战争中节约原则在信息化条件下的简单放大。传统战争中的节约原则与集中兵力原则实质上为一个铜板的两面，此一地此一时的节约是为了彼一地彼一时的集中，而作战效能原则要求以最少的投入赢得最大的战斗收益。信息化是作战效能原则在战争中凸显的根本动因。信息化使战争主体开始具备多维度侦察监视能力、自动化指挥控制能力、全时空信息攻防能力、中远程精确打击能力、远距离高速机动能力、高灵敏防护能力和可视性伴随保障能力，这些能力相融合形成高效的整体作战能力。高效能战斗力的出现必然要求与之相适应的军队组织结构和作战方式。战争信息化内在的引力，驱动军队结构开始朝高效能的一体化方向发展，作战方式开始向高效能的一体化联合作战迈进。在这样的前提下，不必集中大量兵力就能达成预期的作战效果。

随着作战效能原则的降临，效能不再是战争行为的逻辑结果，而是战争行为的出发点和着眼点；作战效能原则不仅是作战的方法论，还是战略思维的哲学基础。作战效能原则推动战争的致胜理念发生了根本性改变。战争中使敌方无力抵抗是通向胜利彼岸的必由之路。而如何使敌方无力抵抗？在传统战争中，消耗敌方的有生力量与物质基础成为剥夺敌人抵抗能力的基本途径。海湾战争以来的战争实践表明，通过控制和瘫痪敌人的体系结构来使敌人丧失整体抵抗能力正在成为新的致胜理念。与消耗敌人、摧毁敌人的致胜理念相比，控制敌人、瘫痪敌人的理念是通过巧战而屈人之兵。理念的更新，带来目标选择和作战方式的更新：敌方的领导机构、指挥控制中心、信息枢纽和战争意志等体系的重心成为打击的首要目标，而一般性的物质与能量目标不再成为打击的主体对象；战略、战役、战术行动逐渐融为一体，而不再主要通过战役、战术作战效果的累积来实现战略意图；广泛实施非线式、非接触作战，超越时空屏障直接对全纵深目标进行攻击，而不再像传统战争那样逐次突破推进；打破时间顺序和空间顺序，对敌人的全部重心和关键节点实施同时同步的平行打击，不再留给敌人调整、适应的时间余地与空间余地；实体打击与心理震慑相结合，以实体打击增强心理震慑的力度，以心理震慑扩大实体打击的效果。由于信息系统支持下的导弹武器形成了传感器到射手的闭环打击链，使得杀伤时间由小时级缩短到了分钟级，从而使作战综合效能得到了百倍的提升。相对于导弹武器打击链，电磁武器打击链由于整个打击过程都在电磁场内以光速完成，闭环链中省去了跟踪、评估等环节，最大速度和杀伤时效得到了极大提高。

同时，完成一次攻击的成本以消耗的电能为主，因此设其约为 1 美元的量级，这样电磁武器打击链的综合效能提升到约为单平台武器打击的 $10^{14}\sim10^{15}$ 倍。另一方面，根据法国数学家雷内托姆的“突变论”思想，高度优化的设计具有结构敏感性，当出现不可避免的缺陷时，会出现突然而全面的塌陷，因此，网络信息体系难以避开“一毁俱焚”的脆弱关键节点，使得信息武器打击链在杀伤规模方面具备体系级的杀伤效果，其综合作战效能达到单平台机械化战争的 $10^{15}\sim10^{16}$ 倍。可见，对于同一阶段的战争，作战效能具有量变累积效应，作战能力基本单元的增加会以“加和”或“倍增”的形式不同程度地增加战争优势。而对于不同阶段的战争，其作战效能具有质变效应，这种质变是无法通过基本作战能力单元的数量增加来弥补的①。

3.3.3　能量释放

人类认识自然和改造自然的历史，也是人类利用能量的历史。一部人类战争史可以说就是一部能量发展史。战争形态的演进历程，某种程度上是在科学技术支撑下，作战体系中各作战力量能量的巨大释放差异，从而使得人们不断通过发展技术，使武器装备形态和作战能力发生根本性变革，进而保持战争中绝对优势的过程。能量作为科学技术推动战争发展的平台和载体，决定了人类军事活动中基本能量结构。人类战争至今，其武器装备的基础能量发生了五次革命，五次革命的历程使人类战争武器装备的杀伤力发生了翻天覆地

① 陆军，杨云祥．战争形态演进及信息系统发展趋势［J］．中国电子科学研究院学报，2016（4）：333－334．

的变化，能量成为人类战争发展的标志，且贯穿了人类战争的始末，如图 3-3 所示。

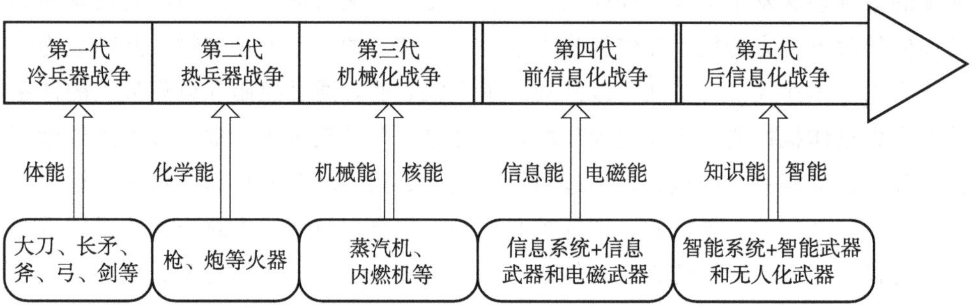

图 3-3 战争形态与能量释放示意图

战争形态的演变历程，实际上就是由于跨代不对称条件下作战体系效能的巨大差异，从而使人们不断通过发展军事技术，促进武器形态和作战能力发生根本性变革，进而保持战争中的决定优势的过程①。尤其是通信技术、电子技术、精确制导技术、隐形技术等信息技术为核心的军事变革，为武器装备的更新和发展注入了“信息能”，武器装备的结构和作战效能发生质的变化，作战体系的侦察监视、态势感知、指挥决策、指挥控制能力显著提升，作战形式由传统条件下的机械化战争转变为信息化条件下的联合作战，这就为基于网络信息体系的联合作战体系的形成奠定了物质基础。

未来后信息化战争，只有战争能量有重点的释放，才能发挥出体系大于个体的优势。在火力打击能力方面，注重多种打击能力的协同，实现“面对点”“体对点”的杀伤，缩短打击时间、提高打击密度，促进协同方式由“各平台间协同”向“不同平台发射的武器能够实现武器间协同”的革命性转变；防御能力方面，通过分布式杀伤的外沿兵力极大地扩展防御纵深和立体防御能力，使各单位防御的空间和能力互为重叠和补充，无论敌人从哪个方向和领域袭击，都有一定规模的兵力实施防御，能够迅速针对受威胁方向实施有力的积极防御，实现“面对点”“体对点”的防御，使敌人无法在不消灭己方外围兵力的情况直击核心。

3.3.3.1 冷兵器战争

从早期原始战争原始人使用木石等兵器主要依靠人的体能，到金属时代战车、战马出现后主要依靠人畜的动物体能。战争主要以使用刀、矛、斧、剑、棒、戈等冷兵器为武器装备，军队战斗力主要依靠士兵“体能”和一些简单的战法生成。冷兵器战争形态的能量释放是体能，是依靠人的体能来发挥冷兵器作用的。人的体质强，力量大，技术娴熟，其发挥的能量就大。所谓“以一当十”“万夫之勇”，就是说人的体能大。在这样的情况下，武器的作用较为有限，成为战争中基本不变的常量，人力的多寡则成为战争的变量，虽然冷兵器的改进，可以加大这种能量释放，比如金属兵刃比木棍石块要锋利灵巧得多，释放的能量也大，但这种依靠人的体能的释放只是量的增加而不是质的突变。

---

① 陆军．战争形态演进及战斗力生成模式思考［J］．中国电子科学研究院学报，2014（6）：586-587.

3.3.3.2　热兵器战争

公元 12 世纪火器的出现，使武器装备的基础能量由人或动物的体能转变成了火药爆炸的化学能，包括火药爆炸的热能和核裂变、核聚变的物理热能。当“市民的子弹射穿了骑士的盔甲”的时候，战争必然是“机械化观念”与“骑兵心灵”之间的思维对抗，武器装备已经成了战争的变量，其作用也显得比冷兵器时代重要得多，相应地，在军事思想方面，新兴资产阶级军事理论大行其道。火药技术在工业化浪潮的推动下，枪、炮成为战场主角，火力在一定程度上取代将士体能成为战争决定性因素。火力杀伤范围的增加极大拓展了战争的空间，军队作战能力的形成较之前更为复杂，推动战争形态进入热兵器战争。热能与体能是不同质的能量，比如身强力壮的大力士手持大刀，威风凛凛，在冷兵器时代可以力战群雄而面不改色，可在热兵器时代，即使对手是个体弱力微的小个子，只要持有一支手枪，一扣扳机就可将大力士打死，剽悍的僧格林沁可以摔倒英军将领，但其勇猛的步骑兵抵不过英军的洋枪大炮。这就是热能胜过体能，也就是恩格斯所说的“手枪战胜利剑”。

3.3.3.3　机械化战争

18 世纪工业革命后，武器装备的基础能量转变为机械能量，19 世纪末，电磁武器走上了战争舞台，20 世纪 40 年代核能武器横空出世，标志着武器装备走进了核时代。在枪、炮的基础上，依托科学技术的进一步发展，火药与机械能、热能、电能、化学能等进一步结合，军事活动的基本能量结构出现了“断代性质变”。油料淘汰了草料、机械代替了骡马，化学能、机械能和物理能取代了体能，成为决定军队运转的基本能量，军事活动从几千年来以人力、畜力为核心转变为以机械力为核心。飞机、坦克等机械平台制造技术的出现，使快速机动力和强大火力成为战争主角，武器装备释放能量的方式不再是单一的、固定的、慢速的，武器装备的高速移动能力使战场从平面进一步向立体空间拓展，从二维演进至三维，参战要素进一步增多，协同作战难度进一步增大，推动战争形态跨入机械化战争。在机械化战争形态下，从枪炮到坦克、飞机、军舰、导弹、原子弹等所释放的都是热能，从能量释放形态讲，仍没有质的变化。核弹头释放的热能是物理热能，也可以把它说成核能。虽然它与火药释放的化学热能是不同的热能，但只是在同样热能释放形态下的阶段性变化，还不是能量释放形态的时代性变化。

3.3.3.4　信息化战争

20 世纪 80 年代以来信息技术突飞猛进，武器装备信息化不断提升，信息革命风起云涌，信息能被重视和大量运用。据资料统计，海湾战争中，多国部队参战的大型主战兵器只有 1 万多件，而参战的“附属保障兵器”——计算机却达到 4 万至 5 万台。参战的“附属保障兵器”超过主战兵器的 4 至 5 倍。这一方面说明多国部队的主战兵器信息化含量高，另一方面也说明了信息能已经成为决定战争成败的重要因素。

信息时代已经与农业时代、工业时代并列为历史的大时代。在信息化战争中主要使用的是信息化武器装备，这些武器装备的能量释放形态不同于冷兵器和热兵器，它们主要释放的是信息能。所谓信息能，指信息武器装备本身具备的能量及信息技术主导下的热能，如战场探测预警、情报侦察、精确制导、电子对抗、作战指挥与控制、通信联络等能量的释放。信息本身可用于软攻防作战，如病毒与防病毒、黑客与反黑客等。计算机技术、多媒体技术、虚拟现实技术等本身就蕴藏着一定的能量，可用于 C^4I 对抗、信息威慑和模拟作战等。信息作战是现代战争能量释放在制胜机理上的反映。信息化战争作为机械化战争的高级发展阶段，其战场能量的释放则不仅是机械能，更主要的是深刻体现人的智能活动的信息能，即各种信息化武器装备的“侦、控、打、评”等能力控制和引导的能量释放方式。在信息技术主导作用下迸发出来的热能有识别目标和自动寻的功能，这时热能的作用主要依靠信息制导来发挥，成为信息能的一部分。这种信息能不但讲究能量释放的精确性，而且更讲究能量释放的有效性。信息技术制约的能量释放追求的是越准越好，它使得能量有控制地释放，能量释放的时空扩大使之与战争的目的更加符合。信息能是能量释放形态质的跃升，信息能还便于与人工智能、知识能相结合，从而在组织指挥方面发挥效能。这种新的战场能量支配和主导着信息化战场上的全部作战活动，具有战争制胜的巨大作用。由此，信息化战争形态，也是一种与历史大时代转变相适应的新的战争形态，也会对未来战争形态产生重大影响。

一是呈现可控可限的能量释放形态。人类有史以来武器装备的发展都在促进战争中能量的释放，而信息武器装备在某些方面却在限制能量的释放，如精确制导与大面积毁伤武器截然不同，从而减少了能量的多余浪费。二是将会扩大新的空间的能量释放形态。除了陆海空外，信息化战争扩展了宇宙战场和电磁战场，还新开辟了网络战场。三是将会出现人机结合的智能的能量释放形态。这种人机结合不但反映在指挥决策过程中，而且还反映在武器装备上，这与历史上单纯靠人的谋略、运筹能力和操作技能相比，不能不说是重大的进步。四是将会呈现“软硬结合”的能量释放形态。信息作战不但可以采用恶意代码、系统入侵、芯片捣鬼、射频干扰等软杀伤手段，还可采用电磁脉冲、制导打击等硬摧手段。五是体系化的能量释放形态。由于已解决了控制信息的技术问题，使作战的组织结构和协调作战能力空前提高，军队整体力量得到充分发挥，基于网络信息系统的联合作战成为可能，这种信息能可以获得 1＋1＞2 的效果。

第 4 章

科学技术对战争形态演变的主导作用

习主席指出："筹划和指导战争，必须高度关注科学技术对战争的影响。科学技术是军事发展中最活跃、最具革命性的因素，每一次重大科技进步和创新都会引起战争形态和作战方式的深刻变革。"[①] 美陆军上校 T. N. 杜普伊在《武器和战争的演变》一书中写到："一般科学技术的进步，必然导致军事技术的发展；而军事技术的发展，又一定会引起军事战术编制的变化，这一点不管人们是否愿意。"科学技术与战争一直以来都有着密切的联系，科学学科的创始人、英国的著名学者贝尔纳，曾明确地提出"科学满足了战争的需要，战争的需求也同样帮助了科学事业。"他说："自古以来，改进战争技术一直比改善生活水平更需要科学。可并不是由于科学家具有好战的特性，而是因为战争的需要比其他的需要更为急迫。各国君主和政府不那么乐于向其他研究工作提供津贴，却很乐于向军事研究工作提供经费，因为军事研究能研制出新的装备，而这种装备由于十分新颖，在军事上极为重要。"历史规律反复证明：自从人类首次愤怒地捡起石头作为武器以来，军队就从未停止过利用技术来增加战场优势。当一种核心技术全面取代上一代技术，成为世界主宰时，国际格局就将发生巨变，直接表现就是世界范围的战争。科学技术的进步是一根贯穿于这些变化发生过程始终的主线，战争形态的每一次发展变化，都是以科学技术发展的最新成果被广泛地应用于作战领域为基本前提的。

4.1 科学技术对军队人员的作用

人是战争的主体，也是科学技术活动的主体，"人为科技"与"科技化人"是同一历史过程。对一支军队来讲，其成员科学技术素养的高低，直接决定着这支军队作战能力的强弱。比如，在 1991 年的海湾战争中，伊拉克空军的歼击机部队尽管拥有苏-27、幻影-2000 等当时一流的战斗机，但是其作战能力却不可能与装备上述同类战机的法军的歼击机部队同日而语，造成这种差距的最根本原因不是别的因素，就是伊拉克空军飞行员的科学素养水平要远低于法军飞行员的科学素养水平。科学技术的革命必然引发人内在素质的

① 习近平国防和军队建设重要论述选编 [M]. 北京：解放军出版社，2016：90.

跃变，体现在军事领域就是塑造新型的军事人才群体。科学革命的实质是思想的革命，它将促成世界观和方法论的变革，在军事领域将造就军事思想的解放，进而产生深刻的影响；科技革命也是社会的革命，将极大提升全社会的科技素质，为产生新型军事人才群体创造条件。

具体而言，新的科技革命会培养和造就大批知识结构有别于传统从业人员的科学家、工程师和产业工人，为新型武器装备科研生产奠定基础；新的科技革命背景下产生的军人，整体上具有更新的科学知识、更好的科技修养、更强的科技意识和更为先进的武器操作技能，体现出更为优越的战争适应能力。除此之外，科技革命还会在其他方面产生拓展性影响，使军人具有更坚定的政治素质和更好的心理素质，以及更强的洞察力、决断力、创造力、应变力等。军人的思想政治素质是建立在科学的认识基础之上的，科技革命赋予人们新的世界观和方法论，有利于形成科学的认识、坚定思想政治信念；军人的科技素质是心理素质的坚强后盾，出于对战争的科学认识和准确把握，以及对手中武器的充分信赖，参战者面对各种复杂局面，更容易做到处变不惊、沉着应对；科技素质是军事创新能力的重要基础，具有良好科技素质的军人谙熟自然科学规律，能够更加自觉地按照规律办事和从事战争，并对军事领域的新生事物异常敏感，通常能够做到超前发现、率先创新，体现出比一般军人更强的组织指挥和从事作战的能力。总之，人是最活跃和最具能动性的战斗力因素，也是军事系统的决定性内因。科技革命提升了人的素质，塑造了新型的军事人才，也将通过人这一环节影响战争和整个军事系统，这也是科学技术影响战争形态途径和机理中最具可塑性的一条。

4.2 科学技术对武器装备的作用

习主席指出，“武器装备是军队现代化的重要标志，是军事斗争准备的重要基础，是国家安全和民族复兴的重要支撑，是国际战略博弈的重要砝码。”① 先进的武器装备是打赢高技术战争的物质技术基础，而武器装备的科技含量是决定战争胜负的重要因素。实现由“数量规模型”向“质量效能型”，由“人力密集型”向“科技密集型”转变，实质就是把提高战斗力的重点转到依靠科技进步的轨道上来。在高技术战争条件下，如果不加强科技进步和创新，就难以应对日趋激烈的军事竞争，就不能形成并增强竞争实力和抗衡能力。

4.2.1 对武器装备的物化作用

武器装备是人们通过对自然物、自然力和自然规律的认识，利用技术为其作用发挥创造条件，由人类所创造出来的人工自然系统，它们是科学技术水平发展的时代标志。发达资本主义国家历来十分重视保持主战武器的绝对先进性，拼命研制先进的武器装备，特别是战场上的主战武器，企图以此作为战争取得先机的条件，与对手形成非对称作战，从而

① 习主席国防和军队建设重要论述读本［M］. 北京：解放军出版社 . 2016：87.

导致战争形态嬗变加速。美国研制的 21 世纪单兵的头盔和外衣，嵌有先进的电子计算机技术，这种武器已远远超出了军需用品的概念，从中人们不难看到信息作为物质力量的道理。

T. N. 杜普伊上校指出：在人类整个战争史上，始终按照“采用跟自身能力相适应的特定手段来发明、改进、选择和使用武器。”① 科学技术的进步，促使武器装备的不断发展完善。在冷兵器时代由于社会生产水平的极端低下，人们的主要武器是石块和木棒，这种直接来自于大自然的兵器，在部落和氏族之间偶尔发生的暴力冲突中起着主要的作用。春秋战国时期，人类掌握冶炼、锻造技术之后，铁质兵器应运而生。于是，国家与国家之间的战争产生了。伴随着火药和冶炼技术的融合与完善，杀伤力更强、威力更大的枪支、火炮被制造出来，并且不断地应用到战争中，热兵器逐渐取代冷兵器。到了近代，经过两次工业革命的洗礼，从蒸汽时代到机械时代，生产力大幅度提高，机器制造的规模也在逐渐地扩大。这种生产方式的变革对于武器的影响也是深远的，武器装备批量生产并被快速装备到部队，使战争进入到了机械兵器时代。

“技术决定战术”本身没有错，但如果认为技术自然而然就能“决定战术”那就错了。美国军事历史学家和军事分析家弗雷德里克・W. 卡根在《寻找目标——美国军事政策的转型》一书中，就反思了美国一些人对军事革命是由基础技术自然发生的变化所导致的认识。他强调说：“大量的证据表明这种观点是错误的。”卡根继续阐述到，火药发明几个世纪之后，才改变了其军队的作战方式，尽管当时东、西方很多国家都拥有类似的技术，但速射火炮和机枪在第一次世界大战中在西线战场改变了战争形态，却没有在东线战场和在日俄战争中从根本上改变战争形态，也没有改变随后发生的俄波战争或苏俄内战，甚至连“核革命”在多大程度上改变了战争形态也是值得怀疑的。冷战期间的常规战争即使在核阴影下也是沿着自己连续的清晰的发展道路向前发展的。“这种基于技术的军事革命模式还忽视了战争形态在法国大革命期间和拿破仑时代发生的转变，技术变革在其中实际上根本没有起到什么作用”，反倒是“决策者个人对于军事事务革命是否发生关系重大”。

马克思曾指出：“自然界没有制造出任何机器，没有制造出机车、铁路、电报、走锭精纺机等等。它们是人类劳动的产物，是变成了人类意志驾驭自然的器官或人类在自然界活动的器官的自然物质。它们是人类的手创造出来的人类头脑的器官；是物化的知识力量。”② 这说明军事活动手段是“人类在自然界活动的器官的自然物质”，“是人类的手创造出来的”，不管它们有多么神奇的功能，都是物化的科学技术知识的力量。

战争中时间与速度密切相关，速战速决是战争指挥员的愿望。但古往今来，真正能够速战速决的战争少之又少。由于受制于技术、战术能力和作战体系的内部结构，在以往战争中作战力量的投送、部署、行动和重新调整都不具有很高的时效性，往往是欲战而未备，欲速而不达，欲停而难止。麦克阿瑟曾经用“太迟矣”概括古往今来大多数的战争行

---

① T. N. 杜普伊．武器和战争的演变［M］．严瑞池、李志兴，译．北京：军事科学出版社，1985：4.

② 马克思，恩格斯．马克思恩格斯全集（第 46 卷下）［M］．中共中央马克思恩格斯列宁斯大林著作编译局，译．北京：人民出版社，1980：219.

动。从具体层面看，早期科学技术影响武器装备主要体现在速度、精度和距离方面。在武器装备速度的历史飞跃中，投送距离、杀伤半径、毁伤程度也随之提高，炮弹较之于子弹，杀伤半径和毁伤程度有明显的飞跃；导弹较之于炮弹，在精确程度、投送距离、毁伤程度上有明显飞跃；而战略核武器较之于导弹，则主要在杀伤半径和毁伤程度上，达到了人类社会空前水平。

关于武器装备速度演变，大致经历了四次。第一次是由人体力量速度的每秒 10 m 以内，演变为子弹速度的每秒 100～1 000 m 之间，其中，主要是因为人类发明的火药，从冷兵器迈向热兵器，从农业社会的战争转变为工业时代的战争。第二次是由子弹速度演变为炮弹速度，加农炮出速在 1 300～1 900 m/s 之间，榴弹炮出速在 900～1 500 m/s 之间。第三次突变是由炮弹到导弹速度的演变，反坦克导弹速度为 200 m/s，空空和地空导弹速度为 600～1 200 m/s，而战略导弹的速度可达至 7 000 m/s 以上。第四次突变是由导弹速度演变为束能速度（光电速度），从每秒数千米到 30 万千米，这是当今人类社会在经历的尚未完全完成的突变，而一旦完成这种突变，新的战争形态下的新式主战武器便成为主宰。

从海湾战争到伊拉克战争，实时作为一个全新的概念进入战争领域。实时本质是对反应速度的描绘，指在战争中针对敌情和战场环境的变化在第一时间内快速做出反应。它包括实时发现、实时指挥控制、实时行动、实时评估反馈。其中，实时发现是前提，实时指挥控制是关键，实时行动是结果，实时评估反馈是下一轮实时反应的基础。实时化的趋势给战争带来两方面的重大变化。一是使军队的感知→决策→行动循环周期大为缩短，导致作战行动的速度与节奏加快。战争中战争主体的所有理性活动都是感知→决策→行动的不断循环，胜负的关键在于交战双方谁更能够缩短这个循环周期，使己方的循环周期始终处于敌方的循环周期之内，从而牢牢把握时间主动权和节奏控制权。当敌方还在针对己方的前一轮行动进行调整时，己方的下一轮行动又接踵而至，使敌方应接不暇、无所适从，终因跟不上作战速度与节奏而全面溃败。二是使作战由以计划为中心向以计划与行动为中心发展。当战争从一种原始部落之间的简单搏杀发展成有组织的复杂的暴力冲突时，作战就围绕计划这个中心展开。以计划为中心尽管有利于部队的协同，但同时也付出了牺牲灵活性的代价。海湾战争以来的战争实践表明，在信息化条件下，一个良好的计划依然是取胜的重要保证，但随着作战各个环节朝实时化方向发展，尤其是指挥控制的实时化趋势，使伴随战场变化平行制定作战计划而非顺序制订作战计划、即时决策而非预先决策成为可能，在一定程度上实现了计划与行动的同步性。

关于精度，直到 50 多年前，人类对战争中能量释放控制的精确程度还远远滞后于武器杀伤力的发展。由于精确性的不足，在近代热兵器战争尤其是机械化战争中，战争双方用增加杀伤力数量与强度的方法来增大杀伤概率，结果导致火力从面积毁伤发展到立体泛滥，但杀伤效果却没有质的变化。1944 年太平洋战场，美国海军在一天内向面积仅 1.5 平方英里、且没有天然障碍物的夸贾林岛发射了 36 000 发炮弹，又出动 96 架飞机反复轰炸，却只歼灭了岛上地表日军 30%的有生力量。这样的历史在 20 世纪 70 年代被改写。1972

年，美军仅用 15 枚激光制导炸弹就炸塌了在此之前出动 700 架次飞机、投掷 125 000 吨常规炸弹也未能摧毁的越南清化大桥，这预示着一个精确战时代的来临。

从海湾战争到伊拉克战争，精确制导武器逐步由一种实验性的武器发展成为一支军队在战争中普遍采用的制式装备，精确打击已经作为一种主要的作战方式登上战争舞台。而精确打击作战方式的发展与成熟，除以武器的信息化、精确化为基本条件外，还需要以精确的感知、精确的指挥控制等条件为保障。随着信息化的加速，战争的精确内涵，正在由精确打击扩展为在整个战场空间范围内实施的精确作战，它不仅包括精确打击，还涵盖精确机动、精确防护和精确后勤。伊拉克战争中美军就在不同程度上实践了精确作战的四个方面，如针对伊拉克重要目标实施高强度的中远程精确打击，普遍配备 GPS 导航定位的地面部队在缺乏地标的沙漠中高速突进，用“爱国者”导弹防御系统拦截伊军袭扰科威特的零星导弹，尝试依靠可视系统进行不多不少、不早不晚的野战伴随补给。作战的精确化从三个方面给战争注入新的活力。一是成百倍上千倍地提高作战效能。据测算，今天 1 架 F－117A 战斗轰炸机出动 1 个架次投掷 1 颗联合直接攻击弹药的效果，就相当于第二次世界大战时期 1 架 B－17 轰炸机出动 4 500 架次投掷 9 000 颗炸弹的水平，相当于越战时期 1 架 B－17 轰炸机出动 95 架次投掷 190 颗炸弹的水平。二是减少战斗附带损伤。如海湾战争中，美军用“战斧”巡航导弹等精确制导弹药摧毁了巴格达 50 个战略目标，却没有对其他 50 万个建筑与设施造成大的损毁。三是实施高控制的作战。首先可控制打击目标，如只针对敌方重要目标实施有选择的点穴式打击；其次可控制打击行动，如根据要达成的战斗效果选用不同的弹药、不同的打击方式和不同的打击强度，甚至在武器飞行途中根据需要临时取消打击行动或改变打击行动。

万炮轰鸣的火力倾泻正在远离信息化的战场，取而代之是高控制的精确打击，精确作战的理念正在 21 世纪军人的头脑中滋长。但是，战争中的精确不是科学家实验室中的精确，战场环境不会满足精确作战需要的所有理想条件；武器的精确不能保证人脑思维的精确，不精确的人脑去驾驭精确的武器就有可能造成灾难性的后果。战争中作战的精确化无疑是一种理性的趋势，但苛求绝对精确却是一种非理性的幻想。

4.2.2　对主体功能的拓展作用

武器装备发展的基本规律是以对人体功能的放大和拓展为基本着眼点，主轴是科学技术通过武器装备发展放大和拓展人的“肢体功能”“感觉功能”“认知功能”等。冷兵器时代、火器时代放大和拓展的主要是人的肢体打击功能，解决“看得远”“打得狠”“打得死”的问题①。科技的力量不仅延长了射距，而且延长了视距。光学望远镜的发明使人看得更远、更清楚，由此提高了射击的精度，并且在人不移动的条件下增加了观察和指挥的范围。古代人利用木石兵器作为军事活动手段，此时军事活动就由从事军事活动的人、军事活动手段和军事活动对象等要素构成。此时的手段是简单兵器，人用自己的手直接使用

---

① 张世平．对战争形态、属性、决定因素及时空条件的再认识 [J]．军事学术，2013 (1)：12.

这些简单兵器作用于对象，人在这个过程中握持、操纵简单兵器，以肢体肌肉为兵器的运动提供动力和为“人—简单兵器”这个简单人机系统提供动力，以及控制活动过程。在冷兵器时代，这种借助外界条件拓展自身功能是很常见的，胜败也是显而易见的，比如农耕文明多次败在了游牧文明的脚下，几十万匹马队浩浩荡荡南下，在农田里面抓壮丁，抓来的那些士兵是很难抵抗的，典型的例子就是成吉思汗的部队，凭借雄壮的战马和锋利的蒙古刀把半个亚洲和半个欧洲占领了。

机械化时代放大和拓展的主要是人的肢体机动功能，解决“跑得快”“打得远”的问题①。随着动力机械技术、制造技术、无线电技术等的进步和广泛应用，汽车、摩托车、装甲运兵车、坦克、各种金属舰艇及飞机的发明，机械化装备在军事活动中广泛应用，它们与各种武器系统相结合，构成了较复杂的武器装备系统。这些机械化装备，既为“人—武器”系统的机动提供动力，又为其在空中、地（水）面、水下开展军事活动提供了平台。这样，人所发明创造的机械化设备代替了此前人为“人—武器”系统提供动力的职能，但控制军事活动过程的职能仍然由人来承担。

信息化时代的初期阶段，放大和拓展的主要是人的感官功能，解决“看得见”“瞄得准”的问题，以及作战体系能量聚合与释放的问题①。20 世纪以来，科学技术的一系列新成就不仅为解决现代军事活动中所提出的许多新问题，如通信问题、侦察监视问题、导航问题、控制问题（武器的火力控制、装备的控制、活动过程控制）等提供了强有力的技术保证，也为原有手段的升级换代提供了强有力的科技支撑。

随着智能技术、类人技术的发展，放大和拓展的主要是人的“智能、类人”功能。人们把自己创造和掌握的知识物化为军事活动手段。一方面，使这些手段具有了人的某些智能；另一方面，人的智能所物化的手段又代替了人的某些职能，这就使越来越多的人可以超脱直接作战过程，也就为更多的人发展新的科学技术创造了条件，而新的科学技术知识再物化出新的军事活动手段从而使其具有更高水平的智能。新手段的不断出现，军事活动手段体系越来越完备，智能化水平越来越高。基于这一规律，可以预见未来的战争将是“智能化+类人化”的战争，解决“打得巧”“赢得快”的问题，最大限度地减少自身伤亡而不必顾及损耗、最大限度地使用武力而无须承担重大风险、最大限度地达成政治目的而不受道义和舆论羁绊的问题①。

4.2.3 对武器装备研制的作用

科学技术变革装备研发模式，塑造新型国防与科技工业体系。科技革命与相应的产业革命极大地改变了武器装备研制和采办模式。在古代，工匠们凭借有限的知识、经验和直觉设计武器，主要在手工工厂制造武器，没有专门的研发机构。工业革命促进了近代国防科技工业的诞生。第一次工业革命后，由于刨床、铣床、镗床和蒸汽锤等机械加工设备以及专用量具的出现，使武器装备的标准化生产成为可能，武器装备的生产逐步完成了由手

① 张世平. 对战争形态、属性、决定因素及时空条件的再认识 [J]. 军事学术，2013 (1)：12.

工业向工厂机器生产的过渡。

而经过二次工业革命之后，武器装备生产的动力机械和工作效率取得长足进步，分别实现了生产过程的机械化、电气化和自动化。科技进步和劳动工具的变革，带动了生产管理的提高。例如，泰勒的科学管理理论就是在 19 世纪末 20 世纪初新的科技革命期间诞生的，它使企业管理向标准化、专业化、同步化、集中化、大型化和集权化这六个相互联系的方面发展。生产制造能力的提升，促进了相应武器装备生产垄断组织和军工集团的形成，奠定了主要国家各个时期的国防工业体系基础，为研制更加先进完善的武器装备提供了可能，也推动了武器装备研发方式的进步。

近代，人们开始自觉地运用科技原理设计武器，并产生了专门从事研究、设计、制造的科学家和工程师以及相应的机构；进入大科学时代，武器装备科研活动具有更广泛的社会性，研发主体拓展至政府、军方、高等院校、工业界甚至私人企业，研究结构涵盖了探索研究、发展研究、工程研制和试验研究等全部内容。而对于国家有战略意义的大型武器装备的研制，动辄要实施举国体制。

当前，新一轮科技革命引发的“第三次工业革命”将包括再生性能源革命、新型制造模式革命和互联网发展革命三个方向，将产生个性化定制生产，添加式制造，“分散生产、就地销售、社会统一配置”的生产组织模式和自给自足的生活方式。这也必将产生新型的国防工业体系，使武器装备的设计制造呈现出新的面貌。

4.3　科学技术对时空条件的作用

由于各种技术在军事领域的广泛运用，战场环境在悄无声息中发生了显著变化，作战空间已经由陆、海、空拓展到太空、临近空间和认知空间，电磁环境、网络环境甚至媒体环境已经成为不容忽视的重要环境因素。

4.3.1　推动战场空间的扩展

20 世纪以前，人类军事活动都是在平面范围内，即在地（水）面上活动。潜艇和飞机的发明，使军事活动从地（水）面扩展到水下、空中，由一维扩大到三维。第二次世界大战之后，空间科学和航天技术的进步为军事活动提供了大量军用卫星，各军事大国正在研究和部署天基武器，平静的太空也成了军事活动领域。太空是战场空间的最高处，太空武器的作战效能是现有武器装备无法比拟的。谁能率先掌握空间科学技术，谁就能占有更多的空间资源，就能使自己的军事力量和作战的方式方法进入更高层次。如同生产工具是生产要素一样，各军事大国都把太空视为重要的军事资源。再如，随着临近空间飞行原理和超燃发动机整体结构、耐热材料等技术的突破，高超声速和特超声速飞行器的研制取得进展，为实施全球即时打击提供了重要手段。

4.3.2　推动战场时间的延伸

战场时间扩展包括绝对和相对两方面。战场时间绝对扩展是指对自然时间有效利用的扩展。在科技不发达时代，军事活动受气象、夜幕等自然条件的限制，因而自然时间不能得到全部利用。随着科技的发展，雷达技术、红外技术等的出现，使过去不能充分利用的自然时间得以充分利用，为全天候、全时空军事活动提供了条件，取得了延长战场时间的效果。战场时间相对扩展是指战场时间利用效率的提高。在科技不发达的时代，军队的机动、军事信息的获取、传递、处理以及后勤保障等，主要依靠人力、畜力，由于受到这些主体生理条件的限制，造成活动进行的速度慢、耗时多；现代科技所提供的装备系统使上述活动的速度大大加快，所耗费时间大大减少，从而使自然时间的利用效率大大提高，达到相对延长战场时间的效果。

4.3.3 设计与控制人为战场

传统军事活动都是在自然战场内展开的，科技的发展催生了网络战这种全新的作战样式，不仅使网络成为军事活动资源，同时也出现了网络战场这种全新的作战空间。这里的网络不只局限于计算机网络，而是指整个战场网络。现代战场由陆、海、空、天、电、网、认知七维构成，通过信息系统的桥梁和纽带把它们连接成一个网络化的有机整体。这个网络不是自然界天然存在的，而是人所创造的，这是“人为战场”设计的第一层含义；其第二层含义是战场环境的设计，即不只是利用天然的自然环境，还要创造一种全新的人文环境。“人为战场”不仅扩展了战场资源，而且大大提高了人对军事活动过程的控制能力，减小了自然条件对军事活动的限制。科学技术越发达，人们对“人为战场”的设计与控制能力越强，军事活动受自然环境的限制越小。第三层含义是因为“人为战场”介入，使战场环境异常复杂，在电磁战场这个无形领域里的角逐更加紧张激烈，争夺电磁优势的斗争将在战争的各个阶段和全时空展开，各种高技术武器装备无不受到电磁场的影响与制约。复杂电磁环境是信息化战争的舞台，是信息化战场的基本特征。

4.4 科学技术对组织形态的作用

军事技术革命是先导，它通过物化到武器中，使军事手段产生革命，从而带来作战样式、作战力量和作战部署等一系列内容的改变。科学技术既是推动作战力量建设发展的强大动力，也是作战力量建设发展的技术基础和前提条件。正如马克思曾指出：“随着新作战工具即射击火器的发明，军队的整个内部组织就必然改变了，各个人借以组成军队并能作为军队行动的那些关系就改变了，各个军队相互间的关系也发生了变化。”① 一定时代的科学技术物化为武器装备，武器装备与人结合构成“人—机”系统，大量同类的“人—机”系统按一定方式组织起来产生了兵种，若干兵种按一定方式组织起来就构成了军种，若干军种、独立兵种按一定方式组织起来形成复杂的军事体系。当原有武器装备升级换代后分期分批纳入军事体系时，仿佛是“挤入”现行编制编成的“人—机”系统中，这种

① 马克思，恩格斯．马克思恩格斯全集（第1卷）[M]．中共中央马克思恩格斯列宁斯大林著作编译局，译．北京：人民出版社，1995：344.

“挤入”作用积累到一定程度必将引起组织形态的变化；而断代性武器装备纳入军事系统则会引起全新的分队、部队、兵团甚至新的兵种、军种的建立而形成新的组织形态。因此，科技进步在军事体系组织形态中的作用，主要表现在其物化的武器装备对组织形态演变的作用。

从历史上看，火药的发明和改进、金属冶炼加工技术的进步导致了断代性作战工具——射击火器的出现，令步兵中首先出现了位于密集纵队和其他战斗队形最前面的火枪射击手，而后又出现了炮兵。这既改变了军队组织编制（下级单位中出现了班、排、连、营，上级单位中出现了师和军），同时也改变了作战方式。射击火器刚出现时，火枪射击手是与手执冷兵器的士兵编在一起的，随着作战方式对射击火器的适应，线式与散兵作战方式相继出现，早期的代表是西班牙方阵，进而演化成荷兰的魔里斯方队、瑞典古斯塔夫横队、拿破仑时代的散兵＋纵队、美国战争时期的散兵战。

以电力技术、热机技术和化工技术为主导的第二次技术革命使新的断代性武器装备——坦克、飞机、潜艇等相继产生，军事活动进入机械化时代，新的兵种、军种不断出现，老的兵种得到革命性改造，军队合成程度不断提高。陆军中坦克的改进和大量装备使装甲兵成为陆军的主要突击力量，步兵部队广泛摩托化，步兵大量减少，骑兵逐渐消失。步兵、炮兵、坦克兵、工程兵、通讯兵、化学兵混合编组，技术兵比重增大，大大改变了组织结构，形成了由师到军到集团军、集团军群（方面军）的合成编制体系。海军组织结构变化也很大，发展为由海军航空兵、海军陆战队、水面舰艇部队、潜艇部队等构成，成为能在水下、水面、空中进行立体作战的合成军种。

20 世纪中叶发生的第三次技术革命，出现了新的断代性武器——核武器。核武器和火箭、远程轰炸机等投掷工具的发展与完善，对军队的组织编制产生了巨大影响。以美国和苏联为例，第二次世界大战后美军建立了战略空军洲际弹道导弹部队、海军弹道导弹潜艇部队，陆军构建了师、营、连的编制序列和师、旅、营的编制序列；苏联不仅组建了战略火箭军、国土防空军这样的“新”军种，而且各军种的合成化程度大大提高。

20 世纪 70 年代开始的新技术革命，促进了电子战武器、精确制导武器和监视、夜视、伪装、隐身等全新的设备与器材的出现，对武器装备、军事战略、作战方式方法、组织体制等都产生了深刻的影响。其中对军队编制体制的影响主要有四个方面：其一，世界上绝大多数国家都对军队总体规模做了较大幅度的压缩，走精兵之路；其二，诸军兵种的合成程度愈来愈高，合成的单位层次向下延伸；其三，为适应现代战争陆、海、空、天、电多维作战需要，军事大国纷纷组建新兵种性质的军事力量；其四，各国大力组建和加强快速反应部队建设。总之，新技术革命使军队的组织形态向精兵、合成、高效方向发展。

另外，科学技术对军队编制人数也有重要影响，尤其是现代战争耗资巨大，军事装备价格惊人，这就要求作战人员少而精，提高单兵作战能力，提高整个作战系统的战斗力，以求 1＋1＞2 甚至大于 20、200。信息化战争中的部队是趋向多功能化的，一个兵种同时完成多种任务，这将导致部队编制的精简。有远见的思想家认为：将来的战斗不是强大的武器装备武装的大规模部队对抗，而是一支数字化士兵组成的小部队之间的对抗，或者是无人化系统、智能化机器人之间的战争，这是有极大可能性的。

4.5 科学技术对军事理论的作用

作战理论的发展无一不是因为科学技术的飞跃式发展而产生的。如果说海权、空权的提出还只是由人的前瞻性而对战争形态的大胆预测，那么，信息权理论和天权理论则完全是基于现有科学技术以及科学技术的发展速度而做出的准确判断。未来还会有哪些军事理论是难以预测的，但能肯定的是，未来的军事理论必然以科学技术的高度发达和在战争领域的广泛应用为基础，与之相对应的战争形态，也必然以科学技术为基础。作战思想的变化根本原因是科学技术的发展速度加快，由于科学技术的发展，作战理论、作战思想才有条件在可预见的时间内对战争形态的演变产生迅速、广泛和深刻的影响。

4.5.1 提供物质基础

恩格斯指出："生产力的增长是拿破仑作战方法的前提；新的生产力同样是军事上每一种新的成就的前提。"① 列宁也指出："战术是由军事技术水平决定的。""随着军事技术的改进，巷战的方式方法也在发生变化，而且也应当发生变化。"② 军事活动的历史告诉我们，尤其是新型作战力量发展呈现出"军事理论创新—军事技术创新—武器装备创新—部队结构创新—作战手段创新"的显著特征。从技术条件的变化中把握未来军事发展基本走向，是新军事理论的生长点。例如，第一次技术革命和产业革命的发展，铁舰巨炮代替了帆船火炮，海军的地位与作用迅速提升，相应地出现了"制海权"理论；第二次技术革命和工业的发展，飞机、坦克、潜艇等新的机械化武器相继出现，相应地产生了"制空权"理论和"闪击战""机械化战争"等理论。新技术革命使高技术武器装备大量出现，相应地出现了信息战理论、联合作战理论、非对称作战理论、智能化军队理论，等等。

4.5.2 速度明显加快

历史表明，在科学技术不发达的古代，不仅军事理论内容相对简单，而且发展变化也比较缓慢。从 13 世纪火药传入西方开始的热兵器革命，经历了 200～300 年才告完成，在拿破仑战争期间达到高潮，这场革命比较系统化的军事理论是 19 世纪上半叶由克劳塞维茨和约米尼完成的；第二次技术革命引发的机械化军事体系取代热兵器军事体系的革命过程中，军事理论创新速度大大加快，相继出现了"制空权"理论、"机械化战争"理论、

① 马克思，恩格斯．马克思恩格斯全集（第 7 卷）[M]. 中共中央马克思恩格斯列宁斯大林著作编译局，译．北京：人民出版社，1959：562.

② 列宁．列宁全集（第 9 卷）[M]. 北京：人民出版社，1987：270.

“总体战”理论、“大纵深作战”理论等；第三次技术革命出现了“核战争”理论、“核威慑”理论、“核条件下的常规战”理论；20 世纪末期以来，科学技术飞速发展，新技术不断涌现，相继又出现了新的高技术战争理论，如信息战、“五环打击”、“网络中心战”、“赛博空间作战”、“生物战”、“非对称作战”、一体化联合作战、智能化联合作战、“多域作战”、“全域作战”理论，等等，在短短不到一百年的时间里，出现了这么多创新的军事理论，从一个侧面反映了军事理论对科学技术的依赖，或者说科学技术对军事理论的强大推动作用。

第 5 章

战争形态演变的其他影响因素

虽然科学技术物化了的主战兵器是推动战争形态演变的决定性因素，但任何事物的发生发展都是由多种因素共同作用的结果。有时我们惊讶，无论怎样提高火炮、飞机的质量，增加其弹药消耗量，其战争效果都不会达到预期的效果。因此，不能单纯地研究科学技术与武器装备的关系，而要以一种系统性视角综合推断，包括考察该技术能否引领形成新的经济时代，因为人们工作生活的方式，就是他们用于战争的方式。战争形态首先是一种特殊的社会形态，是一种极复杂、极特殊的社会政治现象。社会形态决定军事形态，军事实践形态决定军事思维形态。要把战争形态放在所处的国际国内大环境、社会政治大背景下来考虑，这符合马克思主义辩证的、历史的、普遍联系的科学论断。战争政治目的和作战手段的矛盾运动是战争形态演变的内在动力，决定着战争的发展方向，推动战争形态的演变。战争的社会经济和作用效益一定程度影响战争形态的演变。军事理论的发展对战争形态变化具有牵引作用。当前，新一轮的科技革命正在孕育兴起，必将对军事领域产生根本性影响，推进世界性军事革命深入发展。应当学会运用更加宽广的研究视角来系统分析对战争乃至整个军事领域影响的途径与机制，揭示其中具有普遍性的规律，从而全面准确地把握未来军事发展趋势，为科学预测未来战争及军事领域的发展提供稳妥的依据。

5.1 政治目的的牵制作用

王普丰在《论战争形态的转变》一文中认为："在各种战争形态中，可以归结为两类基本形态：战争的技术形态与战争的政治形态。战争形态的原始型、成熟型主要是从战争的典型意义或从战争的政治形态来谈的。而冷兵器、热兵器、机械化、信息化战争形态，都是从生产力发展、从军事技术和武器装备的发展角度谈的，也即主要是从战争的技术形态谈的。军事技术和武器装备的发展从来就是战争形态转变的动力和最活跃的因素，我们予以较多的关注是应该和必要的。但在着重研究战争技术形态发展的同时，绝不可忽视政治对战争形态转变的影响。"①

① 王普丰．论战争形态的转变 [J]. 中国军事科学，2003，6 (5)：79－86.

战争是政治的继续，政治反映了战争本质的内容，因而战争政治性质对战争形态有决定影响。战争作为“政治的继续”，对于政治家、战略家具有十分重要的作用。战争历来受到政治、经济和外交斗争的直接影响和制约，战争是继续还是结束，不仅要看军事上是否有利，更要看政治上是否需要，经济上能否承受，外交上可否回旋。战场上的两军交战与战场外的政治斡旋总是同时进行，在多数情况下，战场上的交战是服务于战场外的政治、外交斗争的，并常常随战场外的政治斗争和外交斡旋而发生变化。随着人类社会的进步，政治、经济、外交等非军事因素，不仅能通过影响军事因素而对战争进程发生作用，而且已开始越来越多地直接对战争的进程及其结局发生作用。

5.1.1　战略决定战争规模形态

第一次世界大战与垄断资本主义的发展和资本主义强国两大集团（互相反对的英国集团和德国集团）在战前几十年间的全部政治息息相关。世界战争产生于帝国主义，如果资本主义没有发展到帝国主义阶段，世界战争是不可能打起来的。这是在此前不可能出现世界战争这种形态的主要原因。第二次世界大战的爆发和开始，也是帝国主义集团之间争夺的产物，毛泽东曾将其说成是：“一群疯狗打架——这就是今天的帝国主义战争。”[①] 后来由于社会主义国家苏联的加入，包括不少国家的民族解放战争在内，才突出了反法西斯战争的正义性质。第二次世界大战结束以后，雅尔塔体制使战争规模又回到了局部战争形态。但在以美、苏为首的两大阵营对峙的情况下，世界战争的危险始终存在。到了 20 世纪 80 年代中期，和平与发展是当代世界的两大主题，虽然战争的危险还存在，但是制约战争的力量有了新的发展。于是在较长时间内没有发生大规模的世界战争。80 年代末 90 年代初，东欧社会主义国家纷纷倒塌，《华沙条约》自然消亡，苏联解体，美国成为世界唯一的超级大国。由于有资格打世界战争的苏联的解体和俄罗斯的衰落，世界战争又似乎远遁，局部战争成了这段时期内的主导形态。

霸权主义是帝国主义战争的政治母体，谋取高额经济利益是帝国主义战争的基本目标和根本动因。霸权主义在当代依然横行，但表现出了新的特征。冷战以后，美国把失去同等竞争对手作为构建单极世界霸权的最佳战略机遇，大力营造由它主宰的单极世界。在这一轮全球性战略扩张中，美国打的是建立“世界新秩序”的幌子，昭显规制霸权主义的色彩，即垄断世界政治经济规则的制定权，推行和维持有利于国际垄断资本实现全球性扩张、并汲取全球财富的不公正不合理的国际政治经济秩序。

规制霸权主义同传统霸权主义相比较，其暴力性表现得曲折而复杂，但它在本质上同样是征服和奴役，是恃强凌弱，因而同样离不开暴力。美国始终把战争作为构建全球霸权主义体系的必要手段，如果美国霸权受到威胁或者挑战，而政治手段又失效的情况下，它不惜运用军事手段，用战争维持其全球霸权。因此，美国保持甚至扩大它在利用最新科学技术上无人能够与之相比的武装力量，具备无可匹敌的军事能力。从海湾战争到伊拉克战

---

① 毛泽东军事文集（第 2 卷）[M]. 北京：军事科学出版社、中央文献出版社，1993：467.

争，其军事能力在每场战争中都有新的表现，战争形态也因此出现了变化。从美国谋求单极世界霸权的政治需求可以看出，正是政治斗争的需要牵引了战争形态的演变。

5.1.2 战争目的决定战争手段

对于战争双方来说，政治家有在一定的背景下寻求一种低暴力、相对“仁慈”的战争手段的愿望，这是由战争的政治属性决定的，也是人类文明发展进步的要求（其实并不仁慈，只是为了在新的国际形势下更加随心所欲地使用武力，插手地方事务）。军事科学院战争理论和战略研究部部长姚有志在《战争理论与战争形态》一文中指出：“21 世纪，人类社会正面临着又一次历史性的大转型，即由工业文明向信息文明转变，战争形态以及相应的军事思想与战略理论也必然随之发生变革。”因此，有关 21 世纪的国家战略与战争形态等问题，必须放在社会信息化、经济全球化、军事高技术化以及国际战略格局多极化的时代趋势下来研究与思考。

政治目的的有限性决定了战争的方式、规模和作战手段的有限性，战争的可控制性也增强了。因此，现代战争中战略、战役、战术之间的关系相对模糊了，有时战术范畴的行动可能直接达成战略目的。正因为如此，国家最高首脑和政府对一个小的军事行动往往都要慎重考虑。如果战争要靠血腥的杀戮和残酷的物质破坏获得利益，它就改变了战争的目的，也就失去了存在的价值和可能。战争的目的和实现战争目的手段之间的关系是辩证的关系。

伊拉克战争是在特定国际政治环境下，由于其战争合法性受到质疑，并面临复杂的全球反战和传统盟国反对的局面，因此，美、英“倒萨”等军事和政治目标的实现，并没有使用以往常规的大规模攻击手段。而人道灾难的危险则更体现了包括美国政治在内的国际政治对军事行动很大的制约。因此，美、英军从战役部署到战术运用，除受其军事手段的限制之外，政治考虑始终也是作战上制约的因素。

5.1.3 战争手段服从战争目的

战争形态也可以简单地理解成军队作战的形式，作战形式的变换都是由科学技术的发展、武器装备的变革促成的作战手段的变换，并且常变常新。作战手段的细微差别也可能导致结果的大相径庭，战场上一比，高下立现。传感器探测范围的大小、导弹射程的远近甚或矛的长短，可能意味着生与死的区别。如果导致战争形态出现重大颠覆性变化的作战手段得到创新，通常能够颠覆战争的游戏规则。骑兵再好，敌不过坦克；战舰再好，也奈何不了航空母舰。有了坦克，有了飞机，固然很好，但要开展闪电战，就离不开与之相关的新的训练、编制和理念。

战争目的也受战争手段的制约。战争的指导者，不能超越手段许可的范围去寻求战争的目的。战争的最高境界不是杀伤和破坏，而是“不战而屈人之兵”。科学技术的发展和军事运用恰恰顺应了政治目的对战争手段的部分需求，或者说政治目的需求激发了科学技术的发展，进而产生新的战争手段。以科学技术搭建的武器平台和在武器装备基础上研发的精确制导弹药使军事打击具备了“点”杀伤效果。从海湾战争的“点穴式”打击、科索沃战争中的定点轰炸、伊拉克战争中的“斩首行动”等，均表明信息技术正在为实现政治目的提供更加有效和可取的手段，避免了传统的“面”杀伤方式所必须付出的血腥代价。海湾战争中伊拉克议会大厦、指挥控制中心、空军基地夷为平地之时，附近的拉希德饭店、火车站等公共设施却未伤毫毛。信息化战争中，制信息权成为战场争夺的制高点，信息能成为战场释放的主要能量，信息战成为主要作战方式。信息技术带来了武器装备的新发展和作战手段的新突破，使战争政治目的和作战手段的矛盾关系得到相对缓和。

5.2　社会经济的支撑作用

从英国和西班牙的海上争霸，到两次世界大战，再到冷战，星球大战，无不既是军事斗争的角逐，也是经济实力的较量。核时代到来以后，世界大国间相互自杀式地战争已不太可能，取而代之以“经济战”为主，在国际贸易、国际金融、能源资源、区域组织、地缘政治等领域广泛开展角逐。一流国家在世界事务中的相对地位总是不断变化，这既是军事斗争的结果，更是经济发展竞争的结果，各国国力增长速度不同、技术突破和组织形式变革等因素均将带来世界大国间的兴衰变化[①]。战争是政治的继续，而政治又是经济的集中表现，可见经济是战争的基础，是战争进程和结局以及方式方法的决定性影响因素。战争形态是人类社会形态的一部分，战争形态能从社会形态中得到映射。随着科学技术的进步和武器性能的质的飞跃，社会经济形态的进化和生产力的发展，整个战争机器日益完善，致使战争的样式发生了一系列的变化，其规模“由小到大再到小”的波浪式的发展是社会政治形态进化的必然结果，是军事技术革命的必然反映，也是生产规模又趋小型化的客观折射。

5.2.1　人类社会生活反映战争方式

社会形态是战争形态的母体。人类生产活动是其他一切活动的前提和基础，生产实践决定着人类的其他一切形式的社会实践。在以自然经济为主体的社会里，生产规模狭小，分散劳动，自给自足。战争资源分散在以家庭为基本单位的广大散落区域，这就从根本上决定了战争力量集中的规模和程度，因而战争局限于个别的部落、国家之间和某些地区之内。资本主义社会是社会化大生产，生产高度集中，大型工矿企业、大都市集中了全国绝大部分的人力物力。在这种社会环境中，战争资源从家庭流入工厂、从乡村集中到城市，使战争规模迅速扩大，战争样式发生突变，世界大战紧跟着出现于现代文明社会中。两次世界大战都发生在欧洲，决非偶然，因为欧洲是资本主义的发祥地，现代大工业从这里起步发展，生产集中化的程度最高。

自人类首次捡起石头作为武器以来，战争就从未停止过利用技术来增加战场优势。科

① 任泽平，梁珣．新战略：大国兴衰的世纪性规律与战略思考［R］. 微信公众号：战略前沿技术，2021－2－5.

学技术代表的生产力本身具有强大生命力，以及对旧生产力的变革作用，且满足社会文明可持续发展的需要。因此，科学技术决定了社会经济时代的特征。先进生产力形成的生产工具使生产资料聚拢，逐渐形成具有生产力技术特征的社会基础，而社会生产工具在军事领域中的运用又促进了与社会基础特征相统一的武器装备的生产，最终形成了与武器装备特征相一致的战争形态。

（1）社会生产工具与武器装备之间相互联系、融合发展

马克思主义认为，社会发展的各个阶段，是由生产力决定的。生产力的基本要素包括生产者、生产工具和生产方式。人类发动战争的方式，也反映了他们的生产生活方式。农业社会人们生产的方式是铁制农具的农耕作业，人们战争的方式就是金属冷兵器；工业社会人们生产的方式是动力机器的工业化大生产，人们战争的方式就是机械化兵器；信息化时代人们生产的方式是信息资源的智能个性化运用，人们战争的方式就是信息化兵器。前者代表社会经济时代，后者代表战争形态，它们之间有着辩证的对应关系。

社会生产工具是社会形态物质基础中的关键，而军队的武器设备是战争形态中的物质基础。两者之间不仅能相互促进，还能互相交融地发展。在社会形态与战争形态的上层建筑中，都实现了较大的量变形式。无论在社会形态的生产力发展中，还是在战争形态的战斗力发展中，都完成了量变的积累，并冲破上层建筑实现积极发展，最终形成质的改变。在社会形态形式上，根据马克思主义理论，既有的生产关系如果不能保障生产力的进步与发展，那么在物质基础与上层建筑发展中就会产生较大矛盾。当第一性的物质基础将上层建筑打破，社会形态也发生了质的变化，从而形成新的社会形态。而且，科学技术不断进步，战争形态的战争武器装备在量变发展形式上，也有较大变化，在这种基础形态变化形式上，军事战斗力也会突破原有的军事思想、体制编制以及作战方式的制约，进而引起战斗力的发展和变化，最终实现了调和生产工具与武器装备两者矛盾的目的。因此，社会生产工具与武器装备之间相互促进、融合发展的辩证关系，是决定社会形态与战争形态辩证关系的物质基础①。

（2）社会生产方式决定作战方式的统一规律

马克思说："各种经济时代的区别，不在于生产什么，而在于怎样生产，用什么劳动资料生产。"怎样生产是劳动工具的使用问题，用什么劳动资料生产是劳动工具的作用对象问题，综合起来各社会经济时代的区别是社会生产方式的问题，而生产方式是由生产力决定的，科学技术又是第一生产力，社会形态的特征最后落脚于科学技术的技术特点上，农业社会和冷兵器战争是金属冶炼技术、工业社会和机械化战争是机械动力技术、信息社会和信息化战争是信息技术。

军队在作战方式上利用的主要方式并不仅仅是军事思想家以及理论家的思想支配，而是整个军队在物质基础变化形式上的重要体现。军队在物质基础上，主要依靠该军队的社会经济条件、生产方式以及社会机构。所以，如果在社会发展中实现强有力的军队变化，

① 郜付见．当代中国意识形态建设研究［M］．北京：中共中央党校出版社，2012：40-47.

就要根据不同的阶级变化、变迁形式以及历史时期进行比较研究，这样就能深刻认识社会生产方式与军队作战方式之间的联系与变化。未来学家阿尔文·托夫勒认为，社会主要生产方式制约并决定了该社会军队的主要作战方式，当人类社会进入工业时代之后，社会生产方式与军队作战方式的先进性不再“倒挂”，而是重新统一了。从后续的战争形态与社会形态发展规律来看，生产方式决定作战方式这一规律可以继续得到证明。例如，在前工业时代，航海技术、海外贸易与海军力量，成为决定一国国力和军力的决定性因素，“手工业—商业”社会迅速压倒了游牧社会和农耕社会；进入工业时代，机械化工业水平和机械化军队，开始主宰战场的胜负，新兴的、工业生产能力强大的国家（如德国、美国），又压倒了以“手工业—商业”为主要生产方式的国家（英国、西班牙）；后工业时代，信息化水平以及精确制导武器，成为决定机械化军队战斗力水平高低的要素。谁都不能否认，在当今世界，谁占据了信息制高点，谁就能取得社会生产和军队作战的优势①。

当前，以信息为核心的生产方式成为社会主要生产方式，推动人类社会从工业社会进入信息社会。人类攻破了“信息器官”最后阵地——大脑，信息的获取、储存、处理和传递实现了全“技术”化拓展，人的眼、耳、鼻信息获取功能被各类电子传感器拓展，人的记忆储存功能被电子、数字技术拓展，人脑的信息处理功能被电脑拓展，人的声音信息传递功能被电磁和网络拓展。信息技术不仅解决了工业社会商品生产效率不高的问题，而且使信息成为一种更重要的经济和军事战略资源，大量信息技术特征的物质产品与军事领域的武器装备研发制造之间互相交叉、相互促进、共同发展，最终形成了以信息化兵器为主导的信息化战争形态。

5.2.2 经济基础是战争的重要基石

战争以经济状况为基础，经济状况不仅给暴力提供物质基础，并且决定暴力的规模和样式。战争规模的演变与社会政治形态和军事科技的进步相统一。20 世纪伊始，在工业技术革命的推动下，坦克、大炮、飞机和潜艇等军事装备投入战场，在两次世界大战中，集中兵力的原则都曾发挥到了极致，使得大规模海战、空战和陆上大兵团作战，以空前惨烈的方式在人类面前展现。集中成百万部队、成千上万件飞机坦克等大型兵器在一个狭小的地域空间进行“绞肉机”式厮杀的战争，在两次世界大战以及战后的局部战争中都屡见不鲜。直到海湾战争，我们所看到的仍然是一场集中兵力的战争。在那场战争中，美国调集兵力 50 多万，加上多国部队总兵力达了 70 多万。集结这些部队花了 5 个多月时间。而在“沙漠之狐”和科索沃战争中，却没有看到大规模的兵力集中，美军利用分散在世界各地的网络化力量，实施远程的精确打击。

（1）经济基础是战争胜负的前提条件

战争随着生产力的发展而发展，战争形态则随着战争的发展而发展。随着生产力、科学和武装斗争手段的发展，战争的进程和结局对经济的依赖性与日剧增。恩格斯在《反杜

① 张天．试论社会形态与战争形态的辩证关系［J］．中国领导科学，2016（增刊）：183.

林论》中指出："暴力不是单纯的意志行为……暴力的胜利是以武器的生产为基础的，而武器的生产又是以整个生产为基础，因而是以'经济力量'，以'经济情况'，以暴力所拥有的物质资料为基础的。""经济情况供给暴力以配备和保持暴力工具的手段。"[①]《苏联对军事哲学的研究》一书中写到："由科学和经济成果促成的军事革命反过来又影响了经济，使战争进程和结果取决于交战国双方经济实力对比这一规律的表现发生了重大变化。"

战争规模的演变随社会、政治、经济的发展而升级，其中决定性的因素是社会政治制度下的经济力量，经济的发展引起了战争升级，同时也在战争中得以发展。恩格斯在研究决定战争命运的规律时得出结论，"军队的全部组织和作战方式以及与之有关的胜负，取决于物质的即经济的条件"。列宁也曾一再强调这种极端重要的依赖关系。他写道，"任何战争的成败都取决于经济"。从两次世界大战的资料中我们可以更清晰地看到这种关系，两次世界大战的胜利者，归根到底是由于经济实力占压倒优势。从另外一面看，数十年来，飞机和军舰的研制成本稳步上升，就连财大气粗的美军也不得不减少采购大型作战装备的数量。为弥补数量的不足，美军不断增强平台的能力，这推动了成本的进一步上升，恶化了局势。如果对方没有制导武器的情况下，美军飞机和军舰数量虽然比 20 年前少，但功能却更加强大，美军尚能接受这一安排；如果对方拥有打击美军的高精度武器，而美军先进系统的数量却越来越少，若对方集中火力攻击这些目标，那么美军的弱点就会显现出来。

2013 年 4 月，美国国防部长和高级研究计划局局长共同签发《推进技术突袭：高级研究计划局在变化世界中的使命》。文件规定，以创新方式控制成本；增加对手的成本，控制己方的成本，进而提升威慑力。第一次把研发颠覆性技术与成本战略结合起来，把节约化、经济可承受性提到战略高度在美军还是很少见。美军在一次激光武器拦击导弹成功的试验后评估，用精确制导武器拦击对方袭来的导弹，成本高达几十万甚至数千万美元，而用激光武器，成本不到一美元。美军甚至提出，在未来战争中，军队对光打击、光能源、光通信等光电技术的综合运用，不仅可以真正做到"发现即摧毁"，而且不会再有"弹尽粮绝"的时候[②]。

（2）科学技术进步总体上增加了战争经济消耗

战争形态的每一次演变都是在继承旧战争形态作战效能的基础上，以解决旧战争形态作战效能"痛点"为目标，所进行的新作战手段创新。随着科学技术的发展及其在军事领域的广泛运用，武器弹药与作战平台结合更加紧密，以及新概念武器的出现使战争指导者能够根据需要选择打击目标，做到精确损伤、定点打击和关键破坏等，防止战争超出预想的强度和规模而增加战争成本，"以长击短"，从火力圈外对敌全纵深重要目标实施精确打击，瘫痪敌方的作战体系，削弱其作战能力，同时减少己方的伤亡损失，提高作战效能。科学技术的进步确实可以实现更好的战争与经济的性价比，但后一战争形态是建立在前一

① 马克思，恩格斯．马克思恩格斯全集（第 3 卷）［M］．中共中央马克思恩格斯列宁斯大林著作编译局，译．北京：人民出版社，1972：206．

② 李炳彦．世界新军事变革大势与未来战争形态［J］．军事文摘，2016（9）：47－48．

战争形态的基础上，无论科学技术如何发展，武器装备建设和作战体系的造价也是惊人的，战争的经济损耗更加巨大。

随着现代战争消耗的巨大，经济实力对战争胜负的决定性更强。所以战争实际上打的是经济仗。对于信息化战争、高技术战争，战争消耗也比以往的战争形态所要消耗的资源要多很多。与以往战争形态不同的是，高技术战争中消耗的不再是大规模的军队，而主要是高技术背后大量的研发投入。现代战争科技含量大、破坏性大、消耗量大，战争对人民群众的依赖性不仅没有减少反而越来越大。美国维吉尼亚号核动力潜艇的研发时间长达 10 年，研发费用更是高达四五十亿美金，这比冷兵器时代制造刀、剑，或者第二次世界大战时期研发坦克时所花费的人力、物力、财力和研发周期都要长很多。在物质方面，高技术战争中所使用的高技术材料，也需要长时间的研发，由此进行的实验和投入都是巨大的。不仅如此，各种研发项目都存在着风险，这就需要国家具有强大的经济实力来支撑科研项目的进行。数字化装备、智能武器、太空武器造价更加高昂。武器装备费用上升，新一代的高技术武器装备其价格往往是传统武器的几倍甚至是几十倍。

战争消耗以海湾战争为例可以看出一些惊人的数字。以美国为首的多国部队弹药总投射量约 20 万吨，平均每天 4 000 多吨。人均弹药消耗量是朝鲜战争时期的 20 倍，是越南战争时的 4.6 倍。海湾战争总耗费 600 多亿美元，人均日耗费比第二次世界大战高 20 倍，比朝鲜战争高 10 倍。美军动用了军事空运司令部 90％的运输机，不仅从国内，而且还从韩国和德国等 30 多个国家租用了飞机。军事海运司令部出动了 135 艘运输船，后备役船队出动了 170 艘商船，还租用了 78 艘外籍船。除此之外，在美国本土动用了 7 个州的 2 400 节火车皮，还在沙特组织了 5 000 辆运输汽车。因此，在军事革命中，注意经济可承受能力，用系统分析方法研究确定停止采购哪些将被淘汰的武器系统，以便为研制新系统腾出资金，如何在满足当前战备需要和发展未来武器系统之间进行权衡，就显得十分重要。

5.3　军事理论的导引作用

军事理论与战争形态二者之间是内容与形式的关系，在科技创新浪潮的驱动下，战争形态、作战理念、作战平台都将发生深刻的变化，作战理念与战争形态的变化反过来也会促进颠覆性、前沿性技术不断应用。每一次的战争行动，都是在一定的作战理论指导下进行的。从苏联的侦攻复合体，以色列运用无人机蜂群以微弱损失打赢城市巷战，英军网络赋能作战，到美军的“五环”作战理论、“网络中心战”、“空海一体战”等等，战争连绵不断，军事理论应接不暇。有什么样的战争形态就会有与之相适应的作战理论。例如：美国在与伊拉克的战争中，用的就是全新的“快速决定性作战”理论。这种理论强调，作战行动必须充分利用信息化装备优势采取“远程精确打击加上小规模地面快速突击”的新战法，快速达成战略目的。

5.3.1 伴随战争形态发展而发展

主观能动性是人类区别于其他生物群的本质属性，它在战争实践活动中的表现形式，就是历代军人自觉地对作战经验进行梳理、归纳，进而形成系统的作战思想、原则、方法等理论成果。在军事实践中，先进的作战思想和方法通常能收到更佳的作战效果，并推进实践的发展，有时作战思想的变革甚至能够引领作战体系的转型。20 世纪 80 年代后，美俄等国军队的作战思想都逐渐从消耗战发展为机动战，作战目的由歼灭战转变为控制战，作战理论也由线式推进、近距离接触的平面作战理论，转变为“防区外打击、远距离攻击、节点瘫毁、体系破击”等信息化条件下作战理念，这就从理论上为战争对抗的主体由传统的作战系统转变为新型作战体系起到了牵引作用。

在一定的物质基础之上，作战理论是作战胜负的关键性因素，正确的作战指导来自于对作战规律的正确认识和准确把握，对作战样式和战法认识得越深，把握得越准，作战指导就越正确，弱可敌强，劣可胜优，否则就会导致作战指导失误，强不敌弱。所谓战争，实际是双方指挥员在一定物质基础上的智力竞赛和谋略对抗，正确的战略战术，不仅决定着军队正确的作战行动，而且决定着战争的胜负。战法是影响和决定战争胜负的魔力棒，是战争华彩乐章中最为活跃灵动的音符，是军事统帅们独具匠心和雄才大略的真实记录，在战争形态演进中同步发展变化，在英雄辈出时代不断推陈出新，在敌对双方较量中展现奇正变幻的无穷魅力。

19 世纪末，英国采用马克西姆枪（机关枪的早期版本）征服了非洲，没有该项技术的当地土著在与英国的战斗中完全处于下风。随着机关枪技术的迅速发展，英国的欧洲竞争者也掌握了它，战场环境随之发生了极大变化。第一次世界大战中，英军面对同样拥有机关枪的敌人，结果是灾难性的，索姆河之战，英军一天就死亡 20 000 余人。英军的惨败，是因为他们的作战理念没能与时俱进，落后于时代了。

海湾战争中，伊拉克军队武器装备不能说十分落后，但是由于其未能按照信息化作战规律办事，作战理论落后，在以美国为主导的多国部队先进作战理论面前，几乎无所作为，如同废铁。相反，在这方面美军始终处于领先地位，不仅高度重视发展信息化武器装备，改革部队编制体制，而且也高度重视信息化作战规律研究，发展信息化作战理论，几乎是打一仗进一步，其所发动的战争几乎每次都是新作战理论的实验和运用。在历次革命战争中，我军进行了大小 400 多次战役作战，尽管装备一直处于劣势，但却战胜了国内外强大的敌人，从胜利走向胜利，关键是我军具有高超的作战指导艺术和战法。

5.3.2 对战争形态有力牵引作用

军事理论的超前性对战争形态起着有力的牵引作用，军事理论促进新的作战样式的产生与发展。在冷兵器战争和热兵器战争阶段，阵地战对战争胜负起决定性作用，堡垒战、城市攻防战、堑壕战是当时的主要作战样式。海权理论出现后，以主力舰队决战为主要作战样式的海战登上了战争舞台。空权理论在发展中不断完善，并与地面的大规模机动作战和海面的舰队决战一起，构成了机械化战争的主要作战样式。信息化战争中，作战样式因为制信息权理论的发展而发生了实质性的变化。当前，战场遍布陆地、海上、空中和太空，也就使争夺制信息权的斗争更具有综合性，制权理论也正是因为战争中制权争夺的界线模糊而形成相互交融的局面。

不难发现，军事理论的每一次发展，都伴随着战争空间的一次扩张。战争经历了对陆地一维空间进行争夺到对陆、海、空、天、电、网等多维空间进行争夺的发展过程：制海权理论使战争空间在真正意义上从陆地扩展到海洋；制空权理论使战争空间从地面扩展到天空；制信息权理论又使战争突破了具体物理空间的限制，扩展到抽象的信息空间中去。早在 20 世纪 60 年代，美国总统肯尼迪就声称："谁控制了宇宙，谁就控制了空间，谁就控制了战争的主动权。"由于信息空间具有决定物理空间物质和能量流向的重要作用，战场空间出现相互交叉的趋势。信息空间的参与使物理空间的范围不断扩大，利用率也成几何指数增长，战场空间特征和内涵发生了深刻变化。可以预见，当前和今后一段时间内，对制天权的争夺将表现得尤为激烈，围绕制天权而进行的争夺与反争夺、限制与反限制、利用与反利用、开发与反开发、维护与反维护的斗争，将会有增无减，并成为 21 世纪军事对抗与较量的主线。因此，在谋划或进行制海权、制空权、制电磁权、制信息权争夺时，将会形成把取得制天权作为先决条件的统一认识和思路。

但是，历史上军事理论发展，其普遍规律就像黑格尔口中的"密涅瓦猫头鹰"，只有在实践的黄昏临近时，才会出现。由于技术发展水平和人类生理能力的限制，过去的军事理论研究大多是"向后看"，按照"军事实践—归纳总结—军事理论"的路径实现军事理论发展。随着大数据、云计算、智能模拟等技术的发展与成熟，军事理论正逐渐摆脱传统的跟进式、归纳推理式旧路子，走出"提出概念—分析需求—军事理论"的新路径，开启模拟构建战场、主动设计战争的军事理论发展新阶段。智能化战争时代，人与武器的关系将发生根本性变化：在物理上越来越远，在思维上越来越近。生物交叉、无人系统、平行训练等技术的快速进步，正在形成智能主导、云脑作战的军事智能化体系，迈向继机械化、信息化之后军事体系发展的全新阶段，为军事理论深刻变革提供源源不断的实践动力①。

5.3.3　能够促进新军兵种的产生

军事理论对新军兵种的建立和发展既具有理论上的准备作用，也具有实践上的指导作用。以军事理论参考进行军兵种建设，能够保证军兵种结构适应战争形态演变的需要，在战争中立于不败之地。海权理论促成了现代海军的建立和发展，空权理论开创了现代空军建设的新纪元，信息理论又为世界各国信息战部队作了理论先导，使信息战部队作为一支独立作战力量出现在战场上。

《孙子・形篇》中说："善守者，藏于九地之下；善攻者，动于九天之上，故能自保而

① 黄毓森．从多维视域透视军事智能化［R］．微信公众号：中国指挥与控制学会，2021-4-15．

全胜也。”在天基武器系统中，真正实现了“动于九天之上”。2019年12月20日，美国总统特朗普签署《2020财年国防授权法案》，正式授权成立太空军，英、法、日、印等国家也在调整本国军事力量，为组建天军做准备。随着信息化时代的到来，战场已由陆地、海洋、大气层向太空延伸，向网络空间构成的虚拟世界延伸，太空战、信息战、赛博空间作战将成为未来战争的重要样式。导弹防御系统离不开信息，离不开早期预警，离不开有效拦截。除了陆基、海基、空基的情报、监视、侦察和反导手段外，在太空部署天基高灵敏、高分辨的信息传感器和高效能的反导、反卫星武器系统至关重要。太空战已不可避免，争夺太空军事制高点已是美国的既定政策。美国认为，进入和利用太空的能力是一项极其重要的国家安全利益，确保进入太空的自由，保护美国在太空的安全利益，是国防部的首要任务之一，要确保美国不仅有利用太空为军事目的服务的能力，而且还要有阻止敌人利用太空的能力，于是提出了制太空权问题：既确保美国及其盟国在太空的活动自由权，又在必要时剥夺敌人在太空的自由活动能力。

5.4 作战力量的促进作用

军队体制机制变革具有沿袭性，相对于装备技术发展、作战理论创新和作战能力需求，往往表现出一定的滞后性。对于世界发达国家的武装力量的裁减是与其武器装备、军事技术装备以及军事学术方面发生的巨大变化同时进行的。但对许多国家来说，在研制和装备大量最新式高精度武器、新物理原理武器、信息设备、电子战设备、导航设备过程中所暴露的技术工艺的落后状态，是目前其国家安全的基本威胁所在。因此，首要任务则是放在了迅速装备大量最新式的高精武器上。在没有战争外力推动的情况下，必定会遇到传统观念、传统体制和利益调整的阻力，成为战争形态要素创新发展最难以推进的环节。一个国家、一支军队对编制体制改革的态度，直接决定了未来战争的胜负。第二次世界大战中，德国大力变革军队组织体制，建立了与闪击战相适应的新的体制机制，从而在战争初期确立了优势，而波兰军队固守旧的体制机制，悲壮地以骑兵冲击坦克，相对滞后的体制机制导致了作战能力的低效。

5.4.1 陆军力量带来的变化

格林纳达之战后，美军提出“三化”——陆军模块化、空军隐形化、海军两栖化。这“三化”的首要点是小型化。第一次海湾战争，我们看到伊拉克大规模的坦克、飞机被毁，共和国卫队狼奔豕突的场景，而在伊拉克战争中只能在战场上看到美国军队的神速推进，一天近200 km。美军新的条令规定：连长要具备司令意识。更深一层次的意思是，陆军的连长、F-16编队的机长、海军的舰长都要准备在战争的某一个阶段唱主角，这反证了它已经从很大程度上缩小了军队。缩小绝不仅仅是减人，而是优化组合。20世纪末，俄军也曾裁军，但只是裁人，为了吃饭。结果裁来裁去，吃饭的人虽然少了，饭量反而大了。因为肌肉都减没有了，脂肪却依然留着。普京上台后才开始“减脂肪”。过去，苏军是力量型军队，美军是技术型军队。今天，苏军不复有力量，美军则兼有技术和力量，再加上一定谋略。美军提出的全能型军队是：中国的士兵、德国的参谋、日本自卫队的少佐和美军的将军。中国士兵最能吃苦耐劳。德国参谋科学素质好，做事精确。日本基层军官最有责任心，遵守纪律。而前三者都必须由美军来指挥。

2003 年 9 月，斯里普琴科发表了一篇题为《俄罗斯需要新型军队》的文章，明确提出：俄军应当准备未来的战争，而不应准备过去的战争。他建议在今后的军事改革中，对俄军现有指挥体制和军兵种结构进行彻底的改组：加快研制常规高精度武器的进度，以彻底改变俄罗斯陆军为核心的现状。他认为未来战争是非接触战争，传统陆军将失去作用。“非接触战争条件下的军事革命不应准备对抗某一个具体的敌人、一个邻国或多个具体的敌人、敌人集团，而应准备以非接触方法同处于地球上任何位置上的潜在之敌进行作战。”他建议将陆军重新进行排列组合，将守卫边防、保持国内稳定的任务交给内务部队；撤销现有六个军区，成立一个中央军区，负责组织国家的空天防御和国家重要目标防御配系之间的协同。他认为未来的战争样式是“宇宙—空中—海上”突击防役和防御战役。陆、海、空三军不仅仅是联合作战问题，而是一体作战问题。在 2006 年俄罗斯实施的军改计划中，大部分吸纳了斯里普琴科的观点。所谓联合作战，就是要给陆军插上空军的翅膀，使陆军具备快速机动能力；在编制上打破军种界限，联合训练、联合保障；在指挥平台上实现指挥信息系统一体化，在统一的信息分发平台上实现三军联合指挥与控制。

5.4.2　空中力量带来的变化

1903 年人类首架飞机升空不久，意大利军事家杜黑就敏锐地认识到，空军的出现“将改变整个战争，也将改变陆战和海战的面貌”；未来“战争将从空中开始……甚至在宣战之前，就将进行大规模的空中行动”；而空中战争不仅利于“发挥突然性和先发制人这一优点”。并且“将是速决的”，能缩短战争的时间。“战场已扩大到交战国的整个国境”，“空军正在引起战争样式的革命”；“掌握制空权就是胜利，没有制空权就注定要失败”。这些在当时看来似乎有些片面的观点，而今却被战争诸多战例所印证。

在第二次世界大战的大多数战役和战争中，赢得胜利的都是获得空中优势的一方。这说明一个国家的军队要想保存自己并赢得战争，就必须控制天空。制空权在战争过程尤其在战争初期占有中心地位。直接关系到陆、海战场战略性战役的进程和结局。第二次世界大战后，飞机的发展由活塞式进入喷气式阶段。特别是 60 年代以后，飞机经高技术物化几次换代，其作战效能大幅度提高，空中力量建设运用的理论为之一新，从而把工业时代的立体战争推向了极限，相对独立的、成熟的空中战场初步形成，使制空权在现代战争中的决定性作用得到了深刻验证。

制空权已成为陆、海军行动自由和发挥强大威力的先决条件，其归属已不仅是影响着战争主动权的归属，而是在相当程度上决定着战争的胜负。特别是海湾战争和科索沃战争，把工业时代的立体战争推向了极限。空中力量的迅猛发展及其在战后局部战争中的决定性作用，使人们以全新的眼光重新总结战后局部战争的经验教训，研究发展新的作战理论和战法，并把如何发挥空中力量的作用，作为作战理论和战法变革的突破口。“空地一体作战”理论、大纵深立体作战理论都强调充分发挥空中力量纵深突击能力，以实现真正意义上的陆、海、空、天联合作战。美军“空地一体作战”理论认为。陆战场是由地面战场和空中战场结合而成的立体战场，实施陆、空力量一体作战是夺取战争胜利的基础。纵深作战是取胜的关键，空中力量是“空地一体作战”的支柱，强调首先使用和大规模使用空中力量。组织相对独立的空中进攻夺取战争的控制权，强调把空中力量作为主体力量使用，对战场全纵深进行同时打击，特别是对纵深战略目标进行重点打击，强调空中力量运用要贯穿于战争的全过程。

5.4.3 海军航母带来的变化

1588 年，英国打败西班牙无敌舰队以后，英国的战略家富勒就说，“赢得海洋要比赢得陆地更为有利。”英国就是从这个地方看到它在陆地上是没有什么作为的，因此把主要的国力集中在海上，依靠海外建立一个帝国，以海外帝国的输血维持本土母体的强大，很好地解决了陆地与海洋的关系。俄罗斯在总结苏联解体的教训时说：“没有海权，任何国家都不能长期成为强国。”

马汉曾毫不避讳地说，任何一个国家要想成为强国，必须首先控制海洋。控制海洋就控制了海外贸易，控制了世界的财富，进而能统治整个世界。现在美国拥有的技术与实力已完全不可同日而语。对于已经登上了月球并正在外太空的“光年”里行进的美国而言，地球已经变小了。纵观美军在全球的战略布势，重点掌控大洋上的战略通道：直布罗陀海峡、多佛尔海峡、马六甲海峡、霍尔木兹海峡、曼德海峡、巴拿马运河、苏伊士运河。美国海军宣布要控制的 16 条海上通道，囊括了世界上几乎所有重要的海峡和水道。美国要做全球霸主，军队必须能够打遍全球，所以，确立全球战场观是首先的步骤。美军从理论和潜意识上正在合并“局部”概念，把全球当做一个整体的战场看待，将太空和大气层空间连为一体，将大洲大洋连为一体，即全域的概念。2000 年前的罗马帝国，凭着战马和长矛，只能征服周边有限的陆地；200 年前的大英帝国，凭着蒸汽战舰和火炮，也只能在沿海扩张殖民地。

传统的海战，都是由水面军舰以舰炮互击，实质不过是地面大炮对射的海上翻版。但当飞机出现在海战场上，其居高临下、高机动、多波次、大威力、远距离、高准确性的攻击特性，使固定舰炮的战斗效益无法与之相比。第二次世界大战中两大海战场：大西洋是反潜机对潜艇的疯狂猎杀；太平洋是鱼雷机和轰炸机对水面舰艇的无情屠戮，其幕后英雄都是航空母舰。从 1939 年塔兰托海战航母唱主角以来，在凡是有航母一方参与的海战中，再没有出现过水面战舰之间的对决。1982 年英阿马岛之战被称为“明天的战争”，基本样式仍没有脱开航母唱主角的海战模式。没有空中攻防能力的传统海军，几乎没有生存能力；在战略点穴式的远程空中打击中，甚至会被对手直接超越，从而成为一条完整而无用的新版海上“马奇诺防线”。

航空母舰的诞生无疑是 20 世纪工业时代最伟大的军事奇迹。大西洋上航空母舰对潜艇的猎杀，太平洋战场航母对航母、航母对水面舰队和港口、陆地的颠覆性摧毁，不仅取代、淘汰了战列舰和水面交战时代，还深刻地影响了世界格局。借助各种现代化武器系统的支撑，航母已成为海上多军兵种联合作战的核心。由于现代战争趋向小型化、快速化、精确化，威慑成为一种经常的用兵方式。以动员、展开的速度和打击效力而言，现代陆海空力量体系，都显得过于庞大而复杂，而自成完备作战体系的航母集群，却显现出便捷而高效的特点，非常适合局部冲突和现代战争特点，相当程度上，可以直接作为国家军事集团的代表，迅速出现在战场和外交场合。有人总结美国历届总统的习惯性思维，一旦世界有突发事件出现，美国总统的第一反应就是：我们的航母在哪？

为适应信息化战争和复杂多变的安全形势，以及完成多样化军事任务的要求，当今世界已有航母的各国海军都在进行航母的更新换代，没有航母的国家则根据国家战略积极筹划拥有航母。可以说航空母舰是现代海军的核心和标志。第一梯队的美国，自制并拥有最现代化的重型航母集群 12 个（其中 9 艘航母为核动力）；最后梯队的印度、巴西各拥有 2 艘常规动力轻型航母，但都是购自外国的老旧退役物品，国力弱小的状态一目了然。其他还有泰国和阿根廷，情况大同小异。目前我们东海、南海面临的问题都和明代清代不重视海洋有关，明代是海禁的封闭时代，海洋被武装了，但是我们不知道；海被瓜分了，我们也不知道，结果就造成了 19 世纪的中华民族的悲剧：每一场仗都是海上来的，每场仗我们都失败了，输得一败涂地。开始败在远方的英、美手里，最后又败在日本的手里——甲午海战，这个教训今天的国人还在承受。明朝所有倭寇的最高头目是一个叫汪直的安徽人，他死的时候留下了遗言，“如果开放海禁的话，寇也成了商人；如果不开放的话，商人也成了寇。”意思很明白，就是开放海禁，鼓励贸易。2012 年 9 月 25 日，中国首艘航空母舰“辽宁舰”在国人的期盼和厚望中正式交接入列，使我国成为世界上第 12 个拥有航空母舰的国家。航母入列，对于提高中国海军综合作战力量现代化水平，增强防卫作战能力，发展远海合作与应对非传统安全威胁能力，有效维护国家主权、安全和发展利益，促进世界和平与共同发展，具有重要意义。中国拥有航母首先表明了我们建设强大海军的决心，表明了我们不看别人眼色行事的一种态度，更重要的意义在于我们冲破“中国威胁论”的压力，理直气壮地做好自己的事情。

5.4.4 太空力量带来的变化

自 20 世纪 50 年代第一颗人造卫星进入外层空间（简称太空）以来，外层空间已经成为了有实力、有技术国家的竞争场所。经过半个多世纪的发展，航天技术已进入了一个新的阶段。太空以其超广域性、高立体性、尖端技术性和非主权性的特点，证明了其在国家安全、经济科技发展中的重要地位和作用。太空这些特点，使得其相对于陆上安全、海上安全和空中安全具有天然的优势。今天的航天与数百年前的航海一样，是人类探索未知世界、拓展生存空间的历史必然，一定会深刻影响科技发展、文明进步的方向和进程。只有掌握制定规则的话语权、分配资源的主导权，才能引领大航天时代。

外层空间的军事存在和有效控制，不仅直接影响其他战场上争夺制地、制空、制海、制电磁、制信息权的军事行动，而且将最终影响战争全局和国家的安全利益。太空既是军事上的“制高点”，又是国家安全的“高边疆”，还是科技创新和经济发展的“新高地”。太空力量主战场位置高、使用技术手段先进、作用范围广、威力大。近期几场局部战争的实践表明，太空力量的强弱以及运用的效果在很多情况下对战争的进程和结局产生着重大影响，太空力量在未来战争中将发挥至关重要的作用。

2017 年，特朗普政府的上台，是美国太空战略的转折点。2018 年 3 月，特朗普政府公布《国家太空战略》，提出强化太空威慑与作战能力，从而达到和巩固其“太空领导地位”。强调太空领域必须坚持“美国优先”理念，重申美国在太空的核心利益是：“不受阻碍地进入太空，在太空中自由行动”。为了确保核心利益，必须“加强太空活动的安全性、稳定性和可持续性”。由于“太空已成为作战疆域”，美国将坚持在太空中的自卫反击权，在美国太空资产受到干扰或攻击时，以“慑止、反制和击退”等方式，“在美国选定的时间、地点，在美国选定的领域，以美国选定的方式进行回应”，维护其太空利益。2018 年 6 月，美国重组国家太空委员会。2018 年 10 月召开美国国家太空委员会第一次会议，提出美国将重返月球，以此作为载人火星及深空探索的基地，确保美国“再次领先”，强调通过“商业航天活动和国际合作”途径实现在 2030 年前执行载人登月目标，并为载人火星深空任务提供“垫脚石和训练场”。2019 年 8 月，特朗普宣布成立太空司令部，表示“太空在美国国家安全和国防中处于中心地位”，要确保美国“在太空的统治地位永不受质疑和威胁”。2019 年 12 月 20 日，特朗普签署了《2020 财年国防授权法案》，太空军正式成为美国第六大军种。把足迹留在更高更远的太空，是关乎每个民族生存空间的战略问题。冲出近地轨道，做星际航行的“领航者”，是实现强国梦想的题中之义。

第 6 章

冶炼技术与冷兵器战争形态

马克思主义唯物辩证法认为，任何事物都不是从来就有的，而是合乎规律不断发展起来的，如果不了解它的过去，就不能深刻地了解它的现在，也就不能准确地预见它的将来。详尽地了解事物的历史发展过程，探究其变化发展的原因与规律，是人们全面认识事物、深入把握其本质的有效途径。冷兵器军事变革萌生于公元前 3500 年前后，在人类纪元前后得到较大发展，至中国汉唐时期达到高峰。冷兵器主要是以体能释放为主体的作战形态，体能的大小决定了冷兵器作用力的大小。冷兵器的发展又经历了三个阶段：木石兵器时代，青铜器时代和铁器时代。研究历史的、已有的事情可以指导人们的行动，通过回顾过去来帮助我们预见或掌控未来是很普遍的做法。回溯人类发展史上的战争形态，可以基本认识未来战争，预测新世纪战争形态的发展，对实现国家安全与世界和平，加速推进国防和军队建设是十分有意义的。

6.1 冶炼技术

冶炼和铸造技术对于冷兵器战争来说至关重要，冶炼技术可以反映出这一历史时期的军事水平和社会发展水平的大致情况。经过漫长的历史积累，我国战国时期的冷兵器武器制造水平已经达到了一个较高的层次，而且，呈现武器装备的制造是由私人向集体转化的趋势，并且在工艺技术方面较前代都有较大的变革，为推动我国古代军队建设的发展发挥了重要作用。

6.1.1 我国古代青铜冶炼技术

青铜铸造是西周燕国最重要的手工业部门。殷商王朝创造了灿烂的青铜文明，特别是燕地出土了大量的商代铜器，说明商代燕地的青铜铸造业是较为发达的，而这为西周燕国青铜业的发展奠定了基础。相对于其他国家而言，中国进入青铜时代并不算太早，但青铜技术在春秋时代得到了飞速发展，并带动了我国整体冶金业的进步，使中国很快在世界上处于领先地位，并拉开了中国古代辉煌文化艺术的序幕。与当时其他国家仅重视炼制不同，中国古代冶金技术除了重视“冶炼”，也重视“铸造”，冶炼和铸造是作为一个不可分割的整体存在的。南方地区是我国古代著名的矿冶基地。早在先秦时期，吴越地区就已建立了良好的矿冶基础，在冶炼青铜方面享有盛誉，生产出诸如“干将”“莫邪”之类的著名青铜器[①]。

在中国，青铜器的铸造艺术随着时代的发展不断地进步和创新。在商周时期，典型的铸造法为“合范法”，其代表作为著名的司母方鼎和四羊方尊，该方法对工匠的技术要求很高，一旦出现一点失误便会破坏整体效果，所以一般用来制造大型工具和器物。到了春秋时期，出现了新的铸造法，名为“失蜡法”，该方法在“合范法”的基础上进行了改良，被大量用在精密仪器的制作中。到了战国时期，铸造法更上一层楼，除了考虑器皿的实用性，还开始重视器皿的外观，于是便出现了多种用于器皿装饰的艺术，如镶嵌、婆金、错金等。青铜文化贯穿于中国整个春秋战国时期，在历史文化长河中留下了浓墨重彩的一笔。青铜器有高超的铸造技术，有着磅礴大气或精致玲珑的外形，有内容丰富、造型美观的铭文，这些体现了古代中国人民的智慧和创造。

中国古代冷兵器，在世界兵器丛林中占有重要的一席之地。悠远的华夏历史文明星河中，曾经的铸剑技艺最为辉煌。东周（即春秋战国）时期出现犀利的战争武器和无上的艺术瑰宝，湛庐、纯钧、巨阙、鱼肠、龙渊、太阿……，这些东周青铜宝剑的美名深深地融入历史，成为两千多年来中国“剑文化”精神理念的发祥源头。

春秋时期是中国古代战争最多的时期之一，为了提高士兵的作战能力，各个国家对兵器的要求首先便是规范性和统一性，这也进一步提高了当时的铸剑水平。由于当时特殊的政治生态环境，使得铸剑师们有了一定的社会地位，有些时候和王侯将相们一起被记载到了史书中，如《越绝书》就提到过一位名为欧冶子的铸剑师。

根据我国考古研究显示，春秋时期青铜剑已经拥有了非常精美的外形和复杂的铸造工艺，体现了当时青铜冶炼技术的巅峰，在春秋各个诸侯国中，越国和吴国的铸剑技术处在时代的尖端，古籍中就曾明确提到过“吴越之金锡，此材之美者也”。而最能体现当年铸剑技术巅峰的莫过于闻名中外的越王勾践剑。

由于生产技术的局限性，在春秋时期，要铸成一把剑，要比铸成其他兵器付出更多的人力物力，而要铸成有特殊工艺的宝剑更是难上加难，因此，剑成了当时人们身份地位的象征，甚至皇家也将其当成显示天道威仪的符号。随着社会各阶层对剑的重视程度越来越高，在春秋晚期，铸剑的技术已有了相当高的造诣。众多学者对越王勾践剑的铸造工艺进行了深入研究，越王勾践剑出土之日与其铸成之期相比，足有 1 000 多年，如果是普通的宝剑，早已锈迹斑斑，但令人惊讶的是，勾践剑出土后，剑面光滑明亮，仿佛昨日才铸成一样，并且非常锋利，20 余层纸竟可一划而破。为解开这一谜团，20 世纪 70 年代，复旦大学、中国科学院以及众多国外专家共同合作对勾践剑进行了详细的检测和研究，检测结果不但分析得出了剑身的金属构成，更得到了各金属在剑身中所占的百分比。越王勾践剑由多种金属组合而成，主要为铜，其比重高达 80%，其次为金属锡，比重约为 16%～

① 《吴越春秋》卷 4《阖闾内传》.

17%，还包括多种其他金属如铝、铁、镍、硫等。剑刃的精磨技艺也令研究人员啧啧称奇，其锋利程度比起现代高精技术生产出的产品毫不逊色。在春秋时期，剑是重要的古代兵器之一，对剑的不同部位都有不同的要求，因此剑的不同部位所使用的铜、锡比例也不同。越王勾践剑不止有独特的铸造工艺，其艺术设计理念也体现了我国春秋时期青铜技艺的顶峰，在其剑身表面独特的黑色菱形花纹图案，光洁如玉，晶光煜煜，给观者带来非凡的艺术美感。

6.1.2　我国古代钢铁冶炼技术

铁质兵器的使用最早可追溯至商代，但是由于这一时期人们的认识和技术水平还处于仅仅利用天然陨铁的阶段，所以流传和使用的范围很小。春秋时期，我国古代先民逐步掌握了铸铁冶炼技术[①]，冶铁工业达到了一定的规模，出现了早期的鼓风技术和铸铁冶炼技术，但是铁兵器的铸造和使用尚处于发展期，武器制造的水平是非常有限的。相比之下，还是冶铜技术比较成熟，铜器的应用也较为广泛，因而此时青铜兵器仍然占据主导地位。

战国时期，铁矿的数量和规模不断扩大，《管子·地数篇》所谓“出铁之山三千六百九”，赵国的邯郸、齐国的临淄、楚国的宛、韩国的新郑等地，都是著名的冶铁中心，临淄考古发现的冶铁作坊最大的可达 40 多万平方米[②]。大量稳定的原料来源和完善的基础设施为铁兵器的推广提供了基础。

汉代以后，随着冶金工艺的进步，钢刀铁剑逐步取代青铜剑成为短兵器的主流。那些价值连城、锋可敌国的青铜利刃、王者之剑，在历史的烽烟里悄然隐没了。六朝时期，由于南北分裂，冶金业的发展极不平衡，这在钢铁冶炼方面表现的尤为显著。在北方，由于战乱频繁，钢铁冶炼技术发展水平徘徊不前。而在南方，社会相对比较安定，钢铁冶炼技术尽管发展缓慢，但是仍然取得了较为显著的成就。

青铜时代积累起来的生产技术知识为冶金业，尤其是其中的钢铁冶炼提供了必要的技术前提。迄今为止，我国已知最早的人工制造的铁器，就是在这一地区的湖南长沙楚墓和江苏六合程桥春秋晚期墓中出土的[③]。汉朝时期，由于这一统一的王朝政治经济中心均在黄河流域，南方地区尚未得到开发，因此在全国设置的 44 处铁官中，绝大多数在北方，南方仅有广陵、庐江 2 处[④]。三国时期，孙吴立国江南，境内矿产资源丰富。据史料记载：“丹杨地势险阻，与吴郡、会稽、新都、鄱阳四郡邻接，周旋数千里，山谷万重……出山铜铁，其民自铸甲兵。”[⑤] 孙吴时期主要开采铜铁矿铸造铠甲、兵器。东晋南朝时期，南方冶金业有了长足发展，在全国设有众多的冶炼作坊，其中以铜官大冶和都邑小冶地位较为重要[⑥]。六朝时期，辖境之内丰富的矿产资源和悠久发达的冶金业历史，为钢铁冶炼技术

---

① 杨宽．战国史［M］．上海：上海人民出版社，1981：85．

② 杨宽．战国史［M］．上海：上海人民出版社，1981：33．

③ 杨宽．中国古代冶铁炼钢技术发展简史［M］．上海：上海人民出版社，1960．

④《汉书》卷 26《百官志》．

⑤《三国志》卷 64《吴书·诸葛恪传》．

⑥《宋书》卷 42《王弘传》．

的发展提供了坚实的物质基础和技术前提。这一时期，铁的产量大增。青铜在社会生产、生活中已退居次要地位。铁的使用普及到社会生产、生活的各个层面。

(1) 传统的炼钢工艺——百炼法缓慢发展

六朝时期的炼钢工艺主要有“百炼法”和“合炼法”(即灌钢法)。钢的基本特点是其含碳量介于生铁和熟铁之间，低碳钢的含碳量为0.05%～0.25%，高碳钢的含碳量为0.6%～2.0%。钢的出现，是冶金技术水平发展的一项重要标志，更是人类长期实践的产物。“百炼法”的基本工艺就是千锤百炼。用百炼法制造的钢，均匀致密，刚柔相济，质量很高。“百炼法”工艺大约开始于东汉时期[①]。1974年，山东苍山县收集到一把东汉永初六年的铭文大刀，1978年，江苏徐州市铜山县收集到一把东汉建初二年的铭文长剑，这两件东汉的器物，经专家鉴定，均是采用百炼法工艺制作而成[②③]。从史料记载来看，魏晋南北朝时期，百炼法工艺多见于北方，而且在百炼钢制品的质量上，北方也较南方略胜一筹。曹操曾经造作百炼钢刀用以辟邪。

(2) 新型的炼钢工艺——合炼法独步一时

“合炼法”(即灌钢法)制钢工艺的产生不晚于公元5世纪[④]。这种生产工艺是把生铁、熟铁放在一起进行冶炼，从而获得更多的钢。“合炼法”也许是基于把生熟铁放在一起炼，以求得降低某种铁的脆性，而增加另一种铁的硬度的设想。正如《周礼·考工记》中所记载的把铜、锡的优越性结合在一起，生产出不同硬度和用途的器具的想法一样。“合炼法”制钢工艺是六朝冶金技术的一项辉煌成就，也是我国古代冶金技术史上最具创造性的重要发明之一。欧洲直到16世纪才采用这一方法[④]。因此，六朝钢铁冶炼技术在当时南北对峙的情况下，在汉代基础上有所发展，尤其是“合炼法”炼钢技术的发明在国内外独领风骚。因此，六朝钢铁冶炼技术不仅在中国冶金史上占有举足轻重的地位，而且在世界冶金史上也占有重要的一席之地。

6.1.3 世界其他国家冶炼技术

中国古代的冶铁技术有不少创新，而且在许多方面，比如铸铁、淬火等长时间内领先于西方。其他国家也有一些技术优势。以盔甲为例，欧洲式的胸甲、侧甲、护腕等铠甲一般以一块很薄的金属经延展加工后制成。这种铠甲制造技术早在公元前7世纪就已很完善。古代中国人使用的铠甲一般以牛皮制造，比较好的铠甲在牛皮上再镶嵌大小不一的金属片。中西两种铠甲重量大体相当，但防护性能差距极大。中式铠甲对锐器的防护性能远逊于西式铠甲，而对钝器几乎没有防御能力。

另一种西方人大量使用的是锁子软甲。这种铠甲结构简单，由成千上万小金属环连接而成，贴身防护性能极好，而且十分轻便。但制作锁子软甲成本很高，而且对金属的强度

---

① 何堂坤．百炼钢及其工艺［M］．科技史文集（第13辑）．上海：上海科技出版社，1985．
② 刘心健，等．山东苍山发现东汉永初纪年铁刀［J］．文物，1974：12．
③ 王恺．徐州发现东汉建初二年五十湅钢剑［J］．文物，1979：7．
④ 潘吉星．李约瑟文集［M］．沈阳：辽宁科技出版社，1986．

韧度有较高要求。古埃及人直到公元前 13 世纪才完全掌握此技术，之后这种软甲（俗称“波斯甲”）在亚欧大陆被广泛使用。到元代中国始能制造连环软甲，但只能用较大的金属环且做工粗糙，其性能也较差。西方的头盔制造工艺早在公元前 5 世纪就很完善，到了中古时期，更有长足进步。西方的头盔带有滑动护面，不仅防护功能完备，而且颈部、耳部等活动或通风部位以软甲代替钢板，使用起来十分轻便灵活。

日本人的优点是“长于模仿，精于改进”，日本人的这项长处早在古代就表现得淋漓尽致。欧洲火器刚传入日本就被日本人模仿改进，不久之后日本火器的性能就超过欧洲同类产品，日本火枪甚至返销欧洲。日本人在战国后期大量使用火枪作战，明代援朝统帅李如松就是被日本火枪击中以致身负重伤。日本人在冶金方面最骄人的成就是武士剑和日本铠甲，其实这两样东西都源自中国，武士剑即唐代中国骑兵普遍使用的陌刀（斩马剑），而日本铠甲从外形上看和唐朝军队的重甲几乎一模一样。这两种装备都因为自身缺陷在中国基本上绝迹。陌刀太长太窄，激烈碰击时容易折断；重甲则过于沉重，一般只有蛮族雇佣兵才使用，后来中国军队中不再有蛮族，重甲也随之消亡。

日本因为资源和技术缺陷，冶炼技术按理说比中国差得多。中国的冶炼炉的炉内温度早就达到炼钢所要求的 1 500 ℃，而日本冶炼炉却始终未能超过 1 200 ℃，但日本人通过其他方面的技术创新弥补了温度上的不足。日本人在数百年间对上述两种装备做了大量修改，终于使它们成为东亚冷兵器时代最优越的军事装备。日本铠甲的防护性能和中国重甲大体相当，但重量只有一半。日本人发明了独特的陶封淬火技术，使武士剑集锋利和柔韧于一身，日本剑大量销往世界其他地区。

古代西班牙的波里斯地区出产的钢从罗马时代起和大马士革钢齐名，用这种钢制造的剑称为波里斯剑。波里斯剑锋利异常，一直是欧洲贵族的宠儿。日本剑输入欧洲时，欧洲工匠曾拿波里斯剑和日本剑相比，结论是两者性能相当，但日本剑要便宜得多。相对来说，日本铠甲虽独步东亚，但其性能与当时享誉全欧的米兰白铠不可同日而语。

6.2　重要转型

原始社会的战争虽然还不能称为真正意义上的战争，但它是研究战争及战争形态的根基和逻辑起点。从原始社会末期到封建社会的整个农业时代，战争使用的都是冷兵器，可称之为冷兵器战争形态。战争形态从原始型向成熟型的转变，是就原始战争的孕育和成熟而言的，不是就技术发展而言的。也就是说，作为战争，它的社会背景、目的、使用的武器、军队的组成和作战方法等一系列问题发育在原始社会末期基本成熟了。在阶级社会中，战争形态的发展，从奴隶社会、封建社会一直到现在，都是在战争典型意义没有改变下的发展。

原始状态的战争起源于原始社会末期，由于部落之间抢夺生存资源而发生。原始社会早期生产力十分低下，没有剩余的产品，人类之间没有利益交往，原始人之间发生的暴力行为不能称其为战争。原始社会末期，生产力有了一定的发展，有了剩余的产品进行交换，促进了人类间的自然交往。部落间的组织逐渐严密起来，血缘关系成为部落没有脱掉自然发生的共同体的脐带，使有些没有明确和平条约的部落之间处于天然的对抗状态，甚至发展为暴力对抗。战争动因是单纯的，只是为了血亲复仇或维护以血缘关系为基础的部落的生存和发展，部落的利益是压倒一切的。“部落始终是人们的界限，无论对别的部落的人来说或者对他们自己来说都是如此；部落、氏族及其制度，都是神圣而不可侵犯的，都是自然所赋予的最高权力，个人在感情、思想和行动上始终是无条件服从的。”①

原始社会战争形态的特征是：没有专职军队和专用武器，整个部落参与战斗（有的部族有自愿的战斗群体），生产工具即武器，通常是集团的械斗厮杀，进行得很残酷，谈不上什么战术和军事理论，将对方消灭或赶走即结束。这种战争形态虽是原始的，还不具备阶级、国家出现以后的典型的战争意义，但确是后来较为完整的战争形态的基础。原始型战争形态的持续时间没有一本历史传记作过记述，如以中国的神农战斧到黄帝战蚩尤这段时间计算，约有 2 000 余年。

远古战争，是中国文明时代的催生婆，也是奴隶制社会前进的历史杠杆。战争自身的发展，产生并不断加强了以奴隶主贵族为骨干的军队，军事制度逐步形成。中国军事作为一个独立领域在远古三代战争中确立，成为尔后数千年发展的渊源。在奴隶制萌芽时代，战争中的俘虏不再被杀掉，而是成为奴隶，用来为其主人创造财富。禹伐三苗就以战俘为奴隶成为战争的目的之一。于是出现了阶级：奴隶主和奴隶。在奴隶制社会中，战争是掠夺财富的最有效手段，成为一种正常的营生，人们参加战争并从胜利中获得财富比劳动创造财富更容易，因而视参加战争为一种荣耀。周灭商的牧野之战，注重全局把握、审势而动、量力而行，采取军政结合、各个击破、乘隙奔袭的策略和战法，已包括战争准备、筹划、实施各阶段，标志着中国古代早期战略的形成。在这种观念指导下，战争进行得非常频繁，随着战争的发展，战争形态由原始型向成熟型转变。

6.3 主要特征

人类曾度过极为漫长的旧石器的“蒙昧时代”，到了新石器时代后期，金属开始出现，时间大约在公元前 4000 年前后。金属的问世及在军事上的运用，是人类军事史上的“童年时代”。它叩开了文明社会的大门，并使木石兵器逐渐淡出历史舞台。人类社会生产力的进步及对战争杀伤力的无穷追求，作为暴力对抗的战争，其政治性和经济本质也愈发突出。诸侯争霸、王朝争夺、制度更替等使血腥的战争此起彼伏，延绵不绝。马其顿方阵、罗马军团和秦朝的战阵盛极一时，孙武、亚历山大和成吉思汗把冷兵器时代战争和军事理论推向极致。军队主要是步兵和骑兵，士兵凭借体能使用棍棒、刀、矛、弓箭、盔甲、车、马、帆船等冷兵器装备，组成密集的多达数万人的方阵、长阵等各种阵形，运用谋略与敌交战，交战双方在陆地或海上面对面近距对阵，战斗在视距以内，以近体搏杀消灭敌

① 马克思，恩格斯．马克思恩格斯全集（第 4 卷）[M]．中共中央马克思恩格斯列宁斯大林著作编译局，译．北京：人民出版社，1972：94.

军肉体，杀伤距离不超过投掷范围，充满大规模的血腥杀戮。

由于武器的原始性以及战域的有限性，这时的战争无论是在性质、目的、规模上，还是在组织、实施和影响上，都称不上“现代意义上的战争”。其特征是：战争不单是为了血亲复仇，掠夺财富的经济利益和争夺统治地位的政治利益凸显出来了；战争不单是部落之间进行，而是扩大到部落联盟、国家之间进行，战争规模大了；出现了在国家内部的阶级斗争，即剥削阶级和被剥削阶级之间的战争；战争不单是部族人民参加，而是有了专门从事战争的军队和武器装备；军事的组织指挥机构健全了，有了最高军事首长和下级军事首长并赋予相应的权力；有了进攻和防御基本的作战类型，出现了设防的村落和城堡；战争不单是集团厮杀，而是注意战略战术的运用。从以上特征可以看出，随着阶级和国家的出现，战争具有了典型意义。即战争是“敌对双方为了一定的政治、经济目的，有组织有计划地使用武力进行的激烈的军事对抗活动。是解决阶级、民族、政治集团、国家之间矛盾冲突的最高斗争形式，是政治通过暴力手段的继续。”① 战争形态也由此反映了战争典型意义的全部内容，可以称之为成熟战争形态。

随着木石技术向冶炼技术发展，发生了社会生产工具与军队作战工具由木石工具向铜、铁等金属工具的转变，军队的主战兵器由金属兵器取代了木石兵器。战争资源呈现以铜、铁等原材料为主体的金属化物质形态。先进工具的使用必然促进思维的进步与手段的飞跃，从而使作战空间由单纯平面物理域，向平面物理域和理性认知域并存转换。反过来，先进的思维和智力又促进活体能量的有效释放，从而提高了作战效能。战争制胜由单纯取决于体力转变为依靠体力智力并举，理论指导的地位和作用突显，但以身强力壮、弓马娴熟为主要特征的“人力拼杀”作战仍居主导。

当时的武器科技含量低，交战双方的力量差异小，很多时候是双方处于对峙状态，又因为主要作战武器是冷兵器，它的能量主要是通过人的体能释放来完成的，因此参战人数往往是战争中至关重要的方面，多采用集团战术，方阵队形，小国打不赢大国。因此，为数不多的以少胜多的战役往往以经典战役载入史册，说明这种以少胜多的情况在冷兵器时代是很少见的。

6.3.1　武器装备

冷兵器时期，生产力不发达，人民群众的生产和生活主要是基于原始的生产技艺，大部分在战争中使用的武器都是平时的劳动工具。据史料记载，在母系社会时期人类最早使用的兵器多以石器为主，其次是陶器，到了母系社会后期，发明了冶金技术，并开始用金属来制作器皿和工具。随着生产力的不断进步，父系社会时期炼铜技术的发展，中国大约在公元前 17—18 世纪才开始使用青铜器，后来才有了青铜武器。埃及早在公元前 3500 年—公元前 3100 年间，已经开始以黄铜制造刀、斧、匕首等武器。在此之后，又用青铜制造剑、盔甲、盾。这一时期发生在人与人之间偶然形成的冲突并不具有战争的性质。直

① 中国人民解放军军事科学院. 中国人民解放军军语 [M]. 北京：军事科学出版社，1997：61.

到尧、舜、禹时期与三苗部落之间的战争，古希腊荷马史诗中描述的英雄时代的战争，才算得上是真正意义的战争。

在战争中使用冷兵器是主要标志。冷兵器是指只能依靠使用者的体力或外在机械力来杀伤敌人的武器，如剑、矛、弓、弩等。早在石器时代阶段，人们使用打磨出来的石制工具还不能算真正意义上的冷兵器时代的武器，把它看成自然兵器范畴比较准确，但这种石制兵器是冷兵器的始祖。火药运用到战争之前，战争中所使用的武器都属于冷兵器。直到今天，冷兵器时代的武器在现代战争中仍在使用。只不过样式更加精巧，材料更加先进。

在春秋和战国之交，生产工具的改进和铁器的应用，在经济上促进了农业生产的发展，而在社会制度上则导致了奴隶制的瓦解。根据现有的考古发现，中国在商代已有用陨铁锻制成的铁刃。但直到距今两千年前的东汉末年，才出现了钢制兵器。钢也是铁的一种，但是由于含碳量不同，钢比铁具有更高耐腐蚀性和耐磨性。就材料杀伤性能来讲，钢制兵器把古代冷兵器推向一个极限。

东汉至南北朝时期，炼钢技术进入稳步发展阶段，这为骑兵的装备发展提供了物质基础，再加上马镫的普遍使用，大幅度提高了骑兵的作战能力。到了隋唐时期，经济发达，进入了典型的农耕文明时代，并且有足够的金属制造铁质器具。再加上冶铁炼钢技术的不断发展，兵器的制作与生产也更加规范化，使弓箭和佩刀成为当时骑兵和步兵的主要作战武器，由此骑兵迅速发展，成为主要作战力量。

6.3.2 军事理论

（1）金属兵器的大规模使用为军事理论系统化探索奠定了物质基础

从奴隶社会到封建社会的前期，各种金属武器的产生，多种兵制的发展，促使了直观朴素的军事理论产生。在公元前10世纪，西周出现了萌芽形态的军事理论著作《军志》和《军政》。这一时期的军事思想著作主要内容，大致围绕军事制度和战争活动展开，其中也不乏一些战争经验和军事理论的总结。军事谋略思想也在这一时期开始萌芽。人们对战争的认识更加理性化、体系化，尤其是出现了朴素的唯物战争观。

（2）在战争实践需求的强烈驱使下军事学术研究异常活跃

古代中国是世界军事变革的中心，其军事理论独领风骚逾千年，成为雄踞地球东方的一颗璀璨奇葩。整个春秋时期的诸侯争霸，不仅仅是我国战术史上重要的一页而且还标志着谋略时代的来临。《孙子兵法》的产生成为人类军事史上最伟大的事件之一，代表着古代军事理论的最高成就。古代军事学术体系初步形成，古代兵学由此达到第一个巅峰。

（3）对军事理论的总结探索逐步向纵横两向扩展

随着车战地位下降，步、水、骑兵兴起，以及常设指挥机构出现，远程奔袭、乘胜穷追的机动战思想得以广泛运用。军队作战和保障理论开始产生并迅速发展。常备军出现和国防观念的强化，使治军建军和备战理论形成并逐渐成熟。施计制敌为兵家和统治者格外关注。这与原始社会作战的自由散漫性和群体自发性相比是一个历史的进步，军事思想开始由自发、自为向自觉转轨，军事理论实现了第一次历史性飞跃。

6.3.3 组织形态

冷兵器战争的军事力量是从步兵产生开始的，可以说有了战争就有了步兵的存在，只是在相当长的时间内并无这一兵种概念而已。步兵方阵是冷兵器对抗时代形成的一种最为有效发挥战斗人员与武器装备之间协同效果的方法和形式，这也是战斗力量的最初组合与运用形式，以至于在人们说到军队的组织形态时，在脑海中立刻显现“整整齐齐、四四方方、战旗猎猎、两军对峙”状态。冷兵器的近距离打击能力是作战对抗中取得胜利最为核心的作战能力。以现代军事眼光来看，集团式兵阵对抗实际上是人类战术史上最先形成的“基本战斗样式”，这种对抗形式乃至今天都能找到它的影子。

军队诞生以后，作战实践中更为严格意义上的战斗队形随之产生，战术便也由此形成。从现有资料来看，世界范围内最早出现的兵阵是在公元前 3000 年的两河流域由苏美尔人创造的长矛步兵方阵[①]；有关学者推断，马车方阵最早出现在公元前 2000 年初的两河流域[②]，使用牛车或驴车作战的时间还要更早些。需要指出的是，揭开古代中国战争序幕的是五帝时期的涿鹿大战，那时专门性兵器以及原始的战阵和战法已经开始出现，首次较大规模使用战车的战例是商末周初的牧野之战[③]。

公元前 307 年赵武灵王推行胡服骑射军事改革，可以说是一个划时代的重大历史事件。从直接效果而言，中国古代中原地区首支规模性骑兵部队的诞生，对当时其他诸侯国的作战力量建设产生了重要影响，对中原骑兵的兴起与发展起到了至关重要的催化刺激和引领示范作用。通过胡服骑射军事改革，骑兵从既有的步、车、骑混合编制中单独分离出来，改变了从属于车兵的附属地位，成为独立的兵种，“骑”的概念也产生了本质性变化。骑兵编制在组织形态结构上的变化实现了作战功能上的新突破，成为骑兵机动战术产生的基础性条件。

随着生产力的发展，生产率提高，产生了大量的剩余产品。而剩余产品的出现，又导致了私有制逐渐形成。因此，在父系社会后期便产生了以血缘为基础的氏族和部落。由此人类社会逐步由原始社会过渡到奴隶社会。夏启建立了夏朝，标志着中国由原始社会进入到了奴隶社会，是奴隶社会的开端。在奴隶制社会诞生初期，军队的成员主要来自于“氏族、胞族、部落和部落中自己保卫自己的真正的武装的人民。”军队开始时主要的构成部分就是步兵，其装备基本上是木器和石器，即所谓的木石之兵。西方奴隶制国家的确立过程与此大体相似，初期的军队也是由木石之兵所组成。这一点，在西方许多史书中都有记载。

清代的《古今图书集成——考工典》则称“黄帝有熊氏始见转篷而制车”。这表明，在原始社会晚期已经出现了车，由于车自身的特点，比徒步作战更具有优越性，因此，在春秋战国时期，战车是战场上重要的制胜武器，车兵更是这一时期独有的兵种。由于战车

---

① 军事科学院世界军事研究部．世界军事革命史（上卷）[M]．北京：军事科学出版社，2012：20.

② 金玉国．古代车战考究 [J]．军事历史研究，2007：2.

③ 黄朴民．名战史话 [M]．北京：社会科学文献出版社，2012：15.

由牲畜、车、兵、青铜制武器四部分组成，有很强的冲击力，对战争的成败有至关重要的作用。所以，车兵是军队的核心部分而步兵在这一阶段主要是为车兵提供掩护和保障。

春秋后期，冶铁技术的发明，提高了铁质兵器的产量，铁质兵器成为军队的常用武器装备。铁质兵器比青铜制兵器更适合战场的拼杀，随着技术的不断推广，铁质兵器的价格也十分低廉。因此，军队中很多步兵都配备了铁质兵器，无形中提高了步兵的战斗能力，使步兵逐渐脱离了车兵，不再处于辅助者的地位，独立作战能力增强。这也为日后步兵逐步取代车兵奠定了基础。

战国时期，战车弥补了步兵的冲击力小、杀伤力弱的缺陷，在战场上杀伤力更强，成为当时战场上主要的作战力量。此时的战争不仅是交战双方力量的对比，更为重要的是战术和战法，注重排兵布阵。随着车战的全面展开，战车的缺陷也充分暴露出来，对战场地形要求高，战车体积庞大，灵活性差，车兵的培训周期长。因此在春秋末期，战车逐渐退出战场，取而代之的是独立建制的步兵和骑兵。

春秋后期，晋国国卿魏舒向中行吴建议“毁车为行”，改车战为步战。即将战车士兵全部改为重甲步兵，以增强军队的灵活性。在赵武灵王所推行的胡服骑射政策“习胡服，求便利”引领了我国服饰变化的总体倾向，并逐渐演变为盔甲装备。这些改革直接导致了骑兵的正式产生。骑兵产生的理由十分简单，骑兵受地形影响较小，机动灵活，冲击力虽然小于车兵但大于步兵。而且可以在广阔的战场上进行大规模作战。尽管骑兵的战术仍然是方阵式，但是比起车兵仍然具有多样性的特点。因为其性能介于步兵和车兵之间，再加上马镫的发明和改进，所以骑兵逐步取代了车兵，成为战场上的主要兵种。骑兵作为独立新兴兵种出现代表着战斗力水平提升的新的增长点。规模化骑兵部队的出现与运用意味着新的骑兵机动战术开始萌生，机动作战能力开始成为核心作战能力，运动战逐渐发展成为新的作战样式，战法运用更加灵活多变，这些都代表着战术体系新的发展趋势。骑兵作为新的兵种，具有极为广阔的发展前景。

第 7 章

火药技术与热兵器战争形态

热兵器时代是指大约从 15 世纪中叶到 18 世纪发生的战争①。是以火药兵器使用为标志的，属于工业时代前期的军事变革。从原始社会末期到封建社会的整个农业时代，战争使用的都是冷兵器，可称之为冷兵器战争形态。在战争中由主要使用冷兵器到主要使用热兵器，是冷兵器战争形态转向热兵器战争形态的主要标志。封建社会向资本主义社会的深刻转型，社会生产力及科技水平的大幅进步，以及殖民扩张和争霸战争的如火如荼等诸多因素，共同推动了火药化军事变革的发生和发展。体能对于作战能力的影响减小，武器装备主要依靠热能的释放，这种能力的释放靠的是人与兵器的结合，人与武器的结合表现在射击技术精湛，作战能力就强，反之则弱。

7.1 火药技术

公元 10 世纪前后，火药在中国的问世及在军事领域内的运用，迅速开启了人类军事史的崭新局面。整个火药化军事革命从萌芽到 19 世纪后半叶达到顶峰，历时 800 余年。令人惊异的是：火药产生于中国，但最终把火药化军事变革推向极致的却是欧洲人。火药在战争中使用，标志着一种有生命力的新武器的诞生，从而揭开了新的战争形态的面纱。当然，它的重要意义还不止于此。火药点燃了中世纪昏暗的欧洲，也点燃了基于热能的新时代。马克思从社会发展的角度说，“火药把骑士阶层炸得粉碎，指南针打开了世界市场并建立了殖民地。” 恩格斯认为：“……火药和火器的采用绝不是一种暴力行为，而是一种工业的，也就是经济的进步。”② 从这个意义上讲，热兵器的使用和热兵器战争形态的形成，是农业社会转入工业社会、封建社会转入资本主义社会的一种反映。

中国使用火药较早，公元 10 世纪就有了记载。开始是抛发火球和火药箭，后来发展为火枪、铁火炮、突火枪、火铳。13 世纪中期中国创制的突火枪，是世界上最早自发运用射击原理的管形射击火器，堪称世界枪炮的鼻祖。中国发明的火药和火器，通过蒙古

---

① 热兵器战争与机械化战争交叉重叠的时间长，这一章和下一章的内容在描述上不能很好地严格区分，为了保持描述的连续性，有的属于机械化战争的内容在这一章做了描述，有些属于这一章的内容在下一章进行描述。

② 恩格斯．马克思恩格斯军事文集（第 1 卷）[M]．北京：战士出版社，1981：3.

(元) 人对外作战，使阿拉伯人获得了火器并学到制造和使用火器的技术和知识，又经阿拉伯人传入欧洲[①]。欧洲人有了火药和火器以后，对它的改进开始并不快。恩格斯描述说："火器的改善进行得非常缓慢。火炮仍然是笨重的，枪虽经多次部分的改进，还是很粗笨。经过三百多年，才出现了适合装备全体步兵的枪。"[②] 在欧洲发生产业革命以后，随着工业水平的发展，欧洲社会率先进入工业时代，并具备了较成熟的技术条件来发展和使用热兵器。17 世纪，手榴弹在战争中已得到广泛使用。18 世纪初，有刺刀的燧发枪装备了步兵，步兵习惯用的长矛大刀等冷兵器才被从装备中挤了出去。1701—1714 年的西班牙王位继承战争中，交战双方使用的主要武器就是装有刺刀的燧发枪、马枪和火炮。此时，几千年占据战争舞台的主要兵器发生了质变：热兵器替代了冷兵器，一种新的战争形态——热兵器战争形态随之出现了，此后日俄战争中使用了苦味酸炸药，第一次世界大战中使用了 TNT 炸药。

7.2 重要转型

人类战争史已反复证明，成功应用新技术、并首先进入新的作战形态的一方，在对保守、未能进入新作战形态的一方作战时，总是能获取压倒性作战优势。17 世纪以前的漫长岁月里，一般认为战争形态为冷兵器战争，人类战争使用的武器装备主要是棍棒、刀剑、弓箭、马匹、马拉战车等。18 世纪开始，火药技术成功应用于枪炮，战争进入热兵器时代，战争中使用的主要武器装备不再是刀剑，而是枪炮，武器的打击威力、打击距离等大大增强。

在 15 世纪后期，火炮战逐渐成为代表那个时代的新型作战形态。1495 年 2 月，法国查理八世采用当时的先进火炮攻击那不勒斯城，结果仅用 8 个小时就攻破了曾在使用传统方法的围城中坚持了 7 年的圣乔瓦尼城堡。这种 8 小时对 7 年的巨大优势，就是新技术、新装备和新战争形态的超预期获益。查理八世的火炮给作战带来了一场名副其实的革命，过去令攻城机和攀墙队无可奈何的高墙深垒的城堡，在火炮这种新的打击武器面前脆弱得不堪一击。

这一时期，人的本质力量和自我意识得到了凸显，人们对物的认识达到了一定的高度，生产力大幅提高，改造自然的能力明显增强，为清晰而精确地认识事物，科学发展进入到实验分析的阶段，将客观事物的各个方面细节从事物整体中抽取出来单独加以研究，由此也形成了统治科学发展史三四百年之久的静止、孤立地看问题的形而上学思维方式。

7.3 主要特征

火药技术变成科学复兴的手段，变成对精神发展创造必要前提的最强大杠杆。西方人

① 刘戟峰．武器与战争［M］．长沙：国防科技大学出版社，1992：140.

② 恩格斯．马克思恩格斯军事文集（第1卷）［M］．北京：战士出版社，1981：13.

利用火药开始了一连串的枪械发明；18世纪末到19世纪初，连续两次工业革命大大加速了人类科技和社会前进的步伐。封建社会的没落、资本主义的萌芽与社会产业革命的兴起，欧美连续爆发了广泛而深刻的资产阶级革命运动。新兴的资产阶级为了维护自身的利益，特别注重强化军事手段。

资产阶级新型工业革命的兴起，为社会技术变革和火药化军事革命的加速发展提供了强劲驱动。民族解放战争与殖民扩张争霸战争此起彼伏，日益频繁。生产力的进步、商品经济的发展、世界陆海通道的开辟以及国家间贸易往来的扩大，中央集权化的专制王朝开始把开疆拓土、扩张掠夺作为国家政治和军事的重心。随着机器大工业的发展，一方面无产阶级与资产阶级间的斗争日益尖锐；另一方面资本集团竞相扩充殖民势力范围。普遍征战的结果，不仅促使了火器技术的发展和军队结构的完善，同时也推动着军事理论的创新发展。

18世纪，法国的格里博瓦尔设计了野战炮的有关配件：前车、弹药车、马具、瞄准器等等。他还采用了一种准确地调整大炮射角的螺丝装置和带有十字线的瞄准器，并造出了实心弹、壳弹、榴霰弹等不同类型的炮弹，用于射击不同目标。同一时期，法国化学家安托万·拉弗伊赛尔提高了火药的纯度并改善了火药的颗粒度，还成功地利用硝酸和钾盐合成了火药的重要原料——硝酸钠。

19世纪50年代，瑞士人舍昂拜因发现了硝化纤维的爆炸性，瑞典人诺贝尔则研制了比较安全的硝化炸药。克里米亚战争后，英国发明家亨利·贝西默在从事大炮新设计的实验时发明了熔融矿石吹风炼钢法，对钢的化学成分和结构进行更为精确的控制，而德国埃森的阿尔弗雷德·克虏伯开始试验用钢铸炮。1849年，法国将军米尼埃取得了一种子弹专利。这种长形底部中空的子弹于1857年被定为标准枪弹。19世纪中期，燧发式射击装置首先被撞击式雷帽装置所取代，随后又被发射完全封闭的金属子弹的武器所取代。19世纪末，美国人海勒姆·马克西姆则发明了可以连续射击的机枪。

海军方面，18世纪后期，英国皇家海军实现了两项重大的技术改进——用铜覆盖船底以及使用炮筒短、口径大的卡隆炮（Carronades）。1822年，法国佩汉将军出版了著作《新海军》。书中认为，如果军舰有装甲保护，配备大口径大炮，发射爆炸性炮弹，就能摧毁木制战舰而自身不受损伤①。在此理论指导下，1858年，法国建造了“光荣号”战舰，装有厚达4.5英寸的铁板，当时任何级别大炮都无法打穿。

7.3.1　武器装备

战争“物质”与“能量”是作战制胜的主导性资源，主要是通过加大兵力、兵器数量规模，提高兵器射程、射速和精度以增强作战效果。这一时期的主战武器是火枪和火炮。13世纪末，火药经阿拉伯传入西班牙后传入欧洲。日本史学家薮内清也肯定地认为：“蒙古人建立了横跨东西的大帝国（即元朝），在把各民族置于其统治之下的同时，也起到了

---

① 威廉·H. 麦尼尔. 竞逐富强：公元1000年以来的技术、军事与社会［M］. 倪大昕，杨润殷，译. 上海：上海辞书出版社. 2013：197-207.

相互介绍东西文化的作用。例如，蒙古军的突出的军事实力，与中国的火枪有关系，而把中国的火枪传到欧洲就成了火炮之源。”

虽然制造火药技术早已传入欧洲，但是在工业革命以前，近代意义上的机械加工工业尚未完成，枪械的制造工艺水平低下。枪械基本上都是前装滑膛枪。工业革命之后，蒸汽机广泛使用，机械技术快速发展，各种机床应运而生，为制造技术含量更高的枪械提供了可能。

欧美主要资本主义国家总结生产经验，并注重经验与科学技术的结合，在黑火药的生产和制造方面比以往更加注重科学配比，加速了火枪的发展。15 世纪末德国人在火门枪的基础上发明了火绳枪，1615 年，法国军械工人勒布儒耶发明了燧发枪。1776 年英国人弗格森发明了来复枪，这种枪不仅增加了弹头的冲击力而且由于枪身上有用于瞄准的表尺，因此枪的精准性也比以往的枪支有很大的提高。由于来复枪自身结构的问题，需要在枪口装子弹。这种枪支不仅造价很贵而且单位时间内有效射击次数有限，所以，在 19 世纪后期，来复枪才在战场上大规模使用。但是，这种来复枪为近代击发枪的发展奠定了基础。

15 世纪后半叶到 17 世纪，欧洲出现了第一次工业革命。这次工业革命以机器时代代替工厂手工时代，使人类进入机器时代。这是人类历史上使用铁器后第一次技术革命。恩格斯指出：“自从蒸汽和新的工具把旧的工厂手工业变成大工业以后，在资产阶级领导下造成的生产力，就以前所未闻的速度和前所未闻的规模发展起来了。”这次工业革命导致资本主义制度的确立，也为军事上的武器发展提供了技术支持，并取得了很多突破性的成就。

直到 1778 年，英国发明了舰载火炮，1854 年，德国生产出克虏伯后装炮。1798 年，美国生产出可以换零件的滑膛枪，开创了大规模生产武器的先河。1846 年，意大利化学家研制出爆炸性的硝化甘油。正是在科学技术的帮助下，火器才逐步完善与发展，并渐渐取代了冷兵器，战争形态也由冷兵器时代过渡到了热兵器时代。

7.3.2 军事理论

（1）基于化学能的火药兵器广泛运用促进了军事理论的历史性跃迁

火器延伸了人类的臂膀，也给人类的作战能力注入了强大动力。激烈对决的“白热化”交火，使火力对抗上升为作战制胜的核心要素，逐渐改变了传统短兵相接、白刃格斗的作战形式，代之以火器远距离杀伤和大密度毁伤。作战指挥则增强了组织运用火力、组织枪炮与冷兵器协同和不同兵种之间的协同，热兵器军事理论应运而生，在此阶段，战争仍停留在物理域和认知域两个量度，作战仍处于单一平面和数量对决上。

（2）对战争的感知和认识更趋理性

作战样式以近距离（比冷兵器战争的空间要大，但与机械化战争相比还是近距离作战）线式作战及散兵作战为主，资产阶级军事理论逐步形成体系。欧洲产生了资产阶级军事科学理论，相继出现了一批理论著作。《战争论》和《战争艺术概论》是近代资产阶级军事理论的最高成就。18世纪末至19世纪初的拿破仑军事体系，将18世纪法国著名军事家提出的理论运用到军队的各项改革中，从义务兵役制、建立国家军队到灵活多变的快速机动战术，从军队师、军建制的确立到步、炮、骑合成部队的出现，从就地补给后勤制到集中运用大规模炮兵战术，拿破仑成功地将“优势兵力、火力、机动、速度、突然性”等要素结合在一起，创立了运动攻击战学说①。西方战争从以往消极而僵化的消耗战转向了机动灵活、丰富多变的运动战。但真正具有革命意义的理论盛事，乃是马克思主义新型军事理论的诞生，他一改人类数千年的理论旧貌，开始为人类提供崭新的、科学系统的理论形态。

(3) 丰富的战争实践成为军事理论深入发展的强大驱动

军事理论所关注的领域越来越广泛、越来越精细，同时对单个领域的研究越来越深入。国防观念和治军理念的变革还表现在兵学的繁荣发展与兵书撰著高潮的到来上。拿破仑将武器与军队体制、作战方式有机结合，创造出了先进的作战方法。在此期间，还出现了线式作战方式，如西班牙方阵、摩里斯方队、古斯塔夫横队等。另外，在海战方面还出现了纵队阵列方式和机动战战术。早在18世纪中叶法国的步兵师（由步、骑、炮兵组成的独立作战单位）已开始萌芽。法国革命战争和拿破仑战争的丰富实践，使19世纪上半叶的欧洲出现了一个军事理论空前繁荣的发展阶段。“运动”可以产生“奇袭”，而“奇袭”又可以增加“运动”的冲力。在此基础上，李德·哈特提出了“间接路线”战略，间接性在战略上是一种最有希望和最经济的形式。18世纪的战略家，每当遭遇形势上或数量上具有优势的强敌，一般很少采取直接攻击方式。必要时宁肯只使用一部分的兵力，越过山地、沙漠或沼泽等险地，甚至于暂时切断己方的交通线，军事家们宁肯面对一个不利的条件，也不愿接受“直接路线”所带来的潜在失败危机②。

(4) 中国军事理论的发展出现了巨大波折

冷兵器得到广泛运用的时段里，中国军事理论植根丰富的实践土壤，孕育出了辉煌的成就，为人类军事理论的创新发展做出了突出贡献。但宋明时期，由于中国长期忽视火药化技术在战争领域的自觉运用，致使中国军事理论在这次军事变革后期呈现出急骤衰败的悲剧，军事理论与逐渐沦为半殖民地半封建杜会的“沉寂衰败”相一致，出现低迷，为民族和国家尔后数百年的苦痛灾难埋下了深深的伏笔。正如我国著名历史学者徐焰教授一针见血地指出：“中国军事在这次军事变革中严重落后的根子在明代。”

7.3.3 组织形态

“资产阶级争得自己的阶级统治地位还不到100年，它所创造的生产力却比过去世世代代的总和还要大，还要多。”生产力的空前繁荣为武器装备的变革提供了坚实的物质基础。资本主义社会先进的经济制度，为热兵器的发展提供了世界市场和生产基地。战争资源呈现以火药资源为主的化学能状态。战场以较大范围的陆战场及局部的海战场为主。随

① 军事科学院世界军事研究部．世界军事革命史（上卷）[M]．北京：军事科学出版社，2012：27.

② 李德·哈特．战略论——间接路线 [M]．钮先钟，译．上海人民出版社，2010：128，278-324.

着火器的推广及作战方法的变革，军队传统的编制也悄然变化，军队日益成为富有高度组织纪律的武装集团。军队释放的是化学能量，军人素质由体能型转向技能型。军队构成中出现了火枪兵、炮兵、工程兵、近代海军等新型兵种。

1300—1600 年间地中海的商业化战争产生了“军事—商业复合体”的思想，并导致军事管理的官僚化。17 世纪荷兰人率先对军事管理做了重大改进，军队长官发现长时间的反复操练能增加军队战斗力，特别是能培养普通士兵的团结精神。17 世纪下半叶的军事管理模式，一般是由文职人员负责控制给养，用税收所得支付士兵的固定军饷，步兵、骑兵和炮兵互有区别又有战术协作①。

18 世纪末，具有军国主义传统的普鲁士开始进行大规模军事改革。1803—1809 年间成立了总参谋部。其领导者沙恩霍斯特（1755—1813 年）废除雇佣兵制，实行普遍义务兵役制，并放弃单一的正规军制，建立国民预备军制度。在军队内部，取消贵族垄断军官职位的特权，改为主要以文化水平和实际能力作为选拔军官的依据。1808 年的《军事条例》废除了鞭刑和穿列笞刑，保障了士兵“脊背的自由”。废除过时的线式战术，并依照法国将军队编成混合旅，配备各式武器和装备，进行散兵战术和协同作战的训练②。

伴随着各种枪械在战场上的普及和应用，骑兵的作战能力也随之下降，在战场上的作用远不如火枪步兵。步兵受到普遍重视，成为当时军中的主要军种，骑兵便逐渐退出战场。与此同时，一个新的兵种产生——炮兵。炮兵在战场上的作用越发的明显。1671 年法国建立的炮兵团，把炮兵编入了军队建制。伴随着科学技术的不断进步，枪支等武器的发展也在日臻完善，战争行为逐步由冷兵器时代过渡到了热兵器时代。在热兵器时代，产生了许多大规模的杀伤性武器，战场也开始由陆地扩展到了海洋，参战人员和战争规模比冷兵器时代都有大规模的提升。

欧洲的资本主义扩张，再加上蒸汽机的发明和使用，直接促进了造船业的蓬勃发展。在欧洲各国相继掌握蒸汽动力造船技术后，战船的设计和发展步入了一个新的阶段。美国海军理论家阿尔弗雷德·赛耶·马汉在总结近代以来海战史的基础上提出了“大炮巨舰主义”。在海战中，追求军舰船体的庞大、装甲厚，谁所载火炮多谁就能取得战争的胜利，这一大炮巨舰主义思想，在欧洲各国的海军发展过程中，始终具有统治地位。

荷兰莫里斯亲王在担任尼德兰军事统帅后，于 1589 年开始了长达 20 年的军事改革，主要改革举措到 1609 年基本完成。莫里斯横队就诞生于莫里斯军事改革期间，1594 年莫里斯横队创建，西方世界作战实践中率先出现以火器运用为核心原则的力量编组，火枪兵成为战斗力提升的核心力量。莫里斯横队作为世界上首个按照火器使用原则建立起来的战术编队，是近代线式战术的雏形③。莫里斯开创了 17 世纪以来军事组织体制和战术改革先

---

① 威廉·H. 麦尼尔. 竞逐富强：公元 1000 年以来的技术、军事与社会 [M]. 倪大昕，杨润殷，译. 上海：上海辞书出版社，2013：104 - 116.

② 郑寅达. 德国史 [M]. 北京：人民出版社，2014：175 - 178.

③ 柯春桥. 世界军事简史 [M]. 北京：解放军出版社，2015：107.

行者[①]，莫里斯由此也被公认为“近代欧洲职业化军队鼻祖”和线式战术创始人[②]。莫里斯正是凭借他所创立的线式横队队形，在 1600 年的纽波特之战中最终战胜西班牙步兵方阵取得胜利，这也是线式横队战斗队形首次运用于实战，而后古斯塔夫对莫里斯横队进行完善并创立古斯塔夫横队，线式作战在欧洲战场开始得到广泛性应用。

总之，莫里斯以创建火器横队作战为指向的改革措施，在近现代欧洲军事体系的构建与发展上具有奠基和开创性意义，它奠定了火药化时代军事革命和火器化战术发展的基本走向。英国著名学者迈克尔·罗伯茨称，莫里斯军事改革所推行的措施开启了一场真正意义上的持久革命。杜普伊认为，莫里斯军事改革标志着黑火药时期的早期作战方式开始向古斯塔夫军事体制过渡[③]。

① 吴广权、马骏．外国战争史和军事学术史［M］．北京：国防大学出版社，1992：146.
② 李志军．16 世纪以来西方国家军队组织形态演变史简图［M］．北京：军事科学出版社，2014：76－80.
③ T. N. 杜普伊．武器和战争的演变［M］．严瑞池，李志兴，译．北京：军事科学出版社，1985：169.

第 8 章

蒸汽机和内燃机技术与机械化战争形态

18 世纪末 20 世纪上半叶，欧美主要资本主义国家开始了第二次工业革命，人类由蒸汽时代进入蒸汽与电气并存的时代。资本主义由自由竞争向垄断过渡，并引发一系列政治经济矛盾。史无前例的两次世界大战将战争推向高峰，刺激着军事技术和军事理论的创新发展，机械化军事变革迅猛推进。与前两次军事变革相比，这次无论是在速度、广度还是深度上都有一个质的飞跃。机械化军事变革是社会变革的产物，有着特定的技术前提、军事基础和环境条件：资本主义经济的飞速增长及垄断资本的形成；资本主义世界体系的形成及列强争霸斗争的加剧；民族民主革命的兴起与社会主义革命的成功。机械化军事变革虽然经历了短短 200 年的时间，但其所产生的影响远非其他军事变革所能比拟，这一时期的军事理论，彰显出军事实践的飞跃进步和人类智慧的空前增长。

8.1 主要技术

机械化战争主要指使用坦克、飞机等机械化武器装备进行的战争。机械化时代，以 18 世纪 50 年代开始到 20 世纪 70/80 年代为基本段落。期间发生的两次技术革命和一次科学革命，为机械化制造技术的发展提供了坚实的技术和能源支撑，实现了装备机械化的重大转变，并引发了军事系统的广泛变革，产生了新的军种、兵种和机械化战争模式，促进了军事理论的重大发展。从 18 世纪 60 年代初开始至 19 世纪 40 年代末结束的以蒸汽机和机械革命为标志的第一次技术革命，为武器装备的研制和革新创造了技术基础，促进了铁甲战舰和机枪等的发展，使战争形态从热兵器战争转变为半机械化战争。从 19 世纪中期开始至 20 世纪初结束的以电力和运输革命为标志的第二次技术革命，促进了发电机、电动机、输变电技术、电报、电话、无线电通信和内燃机的发明与应用，使得机器大工业与电气化融为一体，从而推动坦克、飞机和航母等的迅速发展，使战争形态从半机械化战争转变为机械化战争。

8.1.1 蒸汽机和内燃机技术

恩格斯说，“工农业生产方式的革命，尤其使社会生产过程的一般条件即交通运输工具的革命成为必要。”第一次工业革命之后，蒸汽机的普遍运用，也使科学家们试图将蒸汽机应用到船舶建造中。1849 年法国建造了一艘螺旋桨式的战斗舰，由此开始，蒸汽舰逐步取代了木帆战舰。随着舰艇动力日益提高，指南针和火炮的使用，使西方海军具备了到达当时世界任何一个角落的能力。

内燃机技术的发展，出现了各种军用车辆和新型舰艇，军队机动能力呈现出质的飞跃。这些颠覆性技术和新型武器装备的出现，对军事领域产生巨大影响，使得作战方式由近距离格斗向平面火力对抗转变，作战空间得到极大的拓展，改变了战场作战方式。内燃机技术代表了机械化战争的最基本和最主要的技术特征。因此，第二次世界大战德军的强大能力来自于它掌握和有效应用了代表那个时代特征的内燃机等技术，而它的对手则在发展和大规模有效应用这种新技术方面处于落后状态。

在两次世界大战的巨大需求刺激和推动下，各国高度重视科学技术在战争中的巨大作用，积极探索和孕育颠覆性技术发展，使得新型武器装备的作战威力达到了新的高度，导致大量新型武器装备，如坦克、飞机、火炮、潜艇、航空母舰进入大规模使用，雷达、导弹、核武器和喷气式飞机等登上战争舞台，宣告了人类战争进入“导弹核武器时代”。这些武器装备对战争的颠覆性影响是根本性和划时代的，导致战争对抗向大兵团平台与平台对抗转变，作战空间由平面向立体转变，表明以机械化为中心的军事变革已进入巅峰时期①。

8.1.2　电子信息技术

第二次世界大战期间（1939—1945 年），恰巧是第三次技术革命兴起之时，以信息技术/电子技术、材料技术（半导体技术）、生物技术、自动化技术、计算机技术、原子能技术为主要内容的新技术革命一出现，就立即被战争双方最先用于军事目的，以寻求新的制胜手段。其中起主导作用的是电子技术、导弹技术、核技术，在战争开始向有利于反法西斯联盟转化的同时，新技术群的发展则在一定程度上促进和保障了反法西斯战争的胜利。

首先是电子技术群的发展。雷达、声纳及其他电子通信器材的改进与应用，不仅在抗击德军对英国本土的空中轰炸中发挥了重要作用，而且通过对指挥控制系统的改进，为美、英军空地协同、反空袭、空降和两栖登陆作战提供了必不可少的技术保障。其中电子压制的效果和导弹的精确命中率令世人刮目相看。因此，电子战与导弹战相结合使机械化战争向新的阶段跨近了一步。尤其是电子战，它在窃听、干扰为主的对抗中，增加了压制、破坏、摧毁的硬毁伤手段，使电子压制（摧毁）成为火力打击的前奏。

其二是导弹技术群的出现。大战期间火箭推进技术的发展，最终使德国的 V-1 火箭和 V-2 火箭问世并投入使用。1967 年和 1973 年，在第三和第四次中东战争中，舰对舰导弹、反坦克导弹、空空导弹、防空导弹等大显威力，在军事界引起了轰动效应。信息制导的弹体改变了以往的战争面貌，导弹成了战争中的“宠物”，使得一些作战方法、作战

---

① 沈雪石，刘书雷．新一代颠覆性技术变革未来战争形态 [J]. 军事文摘，2019 (2)：55.

理论以及武器发展计划都要重新考虑。1973年第四次中东战争中，使用的导弹在25种以上，导弹已成为武器的一个新的大家族，导弹战这一新的作战形式使人耳目一新。

接着，电子战与导弹战紧密配合，在20世纪80年代的几场战争中（如马岛战争、贝卡谷地的作战行动中）的出色表演，不能不使人们对信息化支持下的战争刮目相看。1982年马岛战争中，不少高技术武器在海战、空战和地面作战中大显神通。最引人注目的是，阿根廷用“飞鱼”导弹击沉了3艘英军舰船，尤其是5月4日，阿根廷出动“超级军旗式”战斗机，在48 km的距离上发射一枚“飞鱼”导弹，击沉了英军较为先进的“谢菲尔德”驱逐舰，再次显示了导弹的威力。同年，在以色列袭击黎巴嫩的贝卡谷地战斗中，电子压制与导弹袭击相结合，6 min就把叙军19个“萨姆”-6导弹基地全部摧毁。虽然这个时期导弹并没有改变战争的进程，但它表明了一种新的作战样式和作战空间的产生。

第三类是最有争议的核技术的诞生。1945年8月6日和9日，美国在广岛和长崎投放的两颗原子弹，不仅使第二次世界大战具有了非常规战争的性质，也由此将人类带入了核军事对抗的时代。原子弹在广岛和长崎的爆炸改变了战争的结局，在一定程度上起到了加快促使日本无条件投降的作用。

8.2 重要转型

以蒸汽机和内燃机技术为主要标志的颠覆性技术推动战争形态向机械化战争转变。18世纪中后期至19世纪末是两次技术革命相继发生时期。两次技术革命的完成，涌现出大量的颠覆性技术，催生了许多新型武器装备。火药技术和引信技术的发展，诞生了威力更大、火力更安全的新型弹药；电报、电话和无线电通信技术发展，改变了战争指挥、控制方式；内燃机技术的发展，出现了各种军用车辆和新型舰艇，军队机动能力呈现出质的飞跃。这些颠覆性技术和新型武器装备的出现，对军事领域产生巨大影响，改变了战场作战方式，促使人类战争步入机械化战争时代。特别是从第一次世界大战到第二次世界大战，随着坦克、铁甲军舰、飞机等大量装备投入运用，结合枪炮热兵器的广泛应用，大大增加了战争的攻防速度、作战距离、打击威力等，对作战人员的杀伤、对作战资源的毁伤等效果成指数级的增长。

第二次世界大战中，希特勒的法西斯德国军队横扫世界，第一次世界大战时的战胜国和对手，在希特勒的军队面前显得是那样不堪一击。今天来分析第二次世界大战及德军的强大能力，一般认为，其核心是德军提出并实施了代表那个时代先进性的“闪电战”理论及方法。支撑其“闪电战”作战的物质基础是大规模装甲集团军作战和空地联合作战。无论是大规模装甲集团军作战，还是大量作战飞机与坦克联合空地作战，其相对于热兵器战争形态的革命性技术，是以石油作为燃料的内燃机技术、制造坦克和飞机的复杂机械技术等。

以电力技术和核武器技术为主要标志的颠覆性技术推动机械化战争形态进入颠峰。进入20世纪，人类社会开始步入电气化时代，对能源、交通、制造等领域产生了颠覆性变革。而且以进化论、系统论、量子理论等为代表的科学突破引发的科技革命，在军事领域开辟了全新的技术领域，为新的颠覆性技术涌现奠定了坚实基础。特别是在两次世界大战的巨大需求刺激和推动下，各国高度重视科学技术在战争中的巨大作用，积极探索和孕育颠覆性技术发展，使得新型武器装备的作战威力达到了新的高度。

核时代是人类军事史上唯一仅仅凭借军事技术就使战争性质和战争目的发生变化的时代。在此之前战争形态的变化大多是以“技术—理论—编制”这样的模式发展，三者的有机结合最终导致战争形态的变化。但核武器一经出现颠覆了人们对战争目的和手段的重新认识。尽管冷兵器、热兵器战争形态的演变都有着自己独特的内容和表现形式，但是战争的本质及最终目的并没有发生根本性的变化，仍然是以占领敌方领土或消灭敌方军队、赢得战场胜利的形式，来达成国家的政治目的。但是，核武器的出现，改变了以往人们主要依赖军事技术和军事实力展开竞争的方式，尤其改变了战争是为政治目的而打的传统观念，核时代的战争观主张避免全面战争的爆发，运用和平手段或有限战争来达成某种政治目的①。尽管本书没有把核武器战争单独列为一种战争形态，但丝毫不影响核武器的巨大威力，也绝不是低估核武器的战略威慑作用，以及对世界格局的影响。

当克劳塞维茨的《战争论》和约米尼的《战争艺术概论》确定了基本的战略原则之后，马汉的《海权论》强调海上实力，杜黑的《制空权》重视空中制胜，富勒和古德里安重视“坦克制胜”，摩托化步兵、装甲兵等兵种在机械化战争中扮演着十分重要的角色，等等，这些都特别强调了物力，尤其是作为战斗工具的武器在军事实践领域的关键作用。由于武器威力得到大幅度放大，特别大规模杀伤性武器的出现，其破坏力以及由此带来的威慑力，使人在强大的武器面前显得无能为力。

8.3　主要特征

当欧洲拥有了先进的蒸汽机技术和机制工具以后，格林机枪、马克沁机枪、轻型野战炮带来一场新的“火力革命”。蒸汽炮舰意味着已经称霸公海的欧洲海上强国，能够通过尼日尔河、印度河和长江等大河道向全球扩张。本源性的变化，导致军队武器装备体系发生质的飞跃，随之带来军事理论、体制编制、战略战术、教育训练、作战方式和后勤保障等军事领域的巨大变革，从而推动了机械化战争形态的实现。机械化战争形态如果细分的话，可以看成单平台机械化和信息系统支持下机械化两种战争形态（以机械化为主，信息化为辅）。

（1）战争空间扩大化，作战力量集群化

战争总是被打上时代的烙印，大规模、超大集群作战，往往给对手以心理上的极大震慑。机械战争与古代的战争相比对空间的影响发生了质的变化。依靠工业革命武装起来的海军、陆军和空军扩大了战争范围，战场空间从陆地延伸到空中和茫茫大海，从而使战争

---

① 军事科学院世界军事研究部．世界军事革命史（下卷）[M]．北京：军事科学出版社，2012：1383-1385.

对环境的影响范围扩大。第二次世界大战中，交战双方上百万兵力交战的场面异常宏大。1939年9月1日至1945年8月15日，以法西斯轴心国德、意、日与反法西斯联盟美、苏、英、中为主，从欧洲到亚洲、大西洋到太平洋，先后有61个国家和地区卷入战争。作战区域达2 200万平方千米，战争共死伤9千万余人；仅德国1944年就生产作战飞机近4万架，坦克2万辆，火炮8.7万门全部用于作战；苏军7万门火炮被德军摧毁；解放战争期间，三大战役敌我双方数十万、上百万兵力在战场上进行了激烈较量，在人类战争史上留下了浓墨重彩的一笔。

（2）作战平台机械化，战场空间立体化

20世纪上半段时间是飞机、坦克、舰艇等平台武器大发展的阶段，直接促进了机械化军事革命，形成了以机械化平台为中心，以陆、海、空为立体战场，以机动力和火力优势的争夺为直接目标的战争模式。随着电子技术的发展，出现了以信号处理为主要特征的电子装备（雷达、通信电台、侦察、告警、干扰等），其依附于平台武器，主要提供信号服务，帮助单平台武器完成其相应任务。后期，单一功能的电子装备逐渐被综合集成在一起，形成以电子技术和信息技术为基础、信号处理和信息处理为主要特征的信息系统（功能系统），通过提供侦察预警、指挥控制、通信传输、综合保障等多种功能间接提供作战能力，如早期形成的以指挥自动化为核心的C^2、C^3、C^3I等。其不依附于平台武器，相对独立工作，主要提供信息服务，帮助单平台武器完成其相应任务，但是仍未将打击要素（Kill）纳入信息系统，此时，信息系统首要强调的是增强平台的作战能力，战争形态仍然服从机械化战争的客观规律。

该时期以美军为代表的各军事强国将航空母舰、潜艇、战斗机等平台以及导弹武器作为发展重心，平台之间的协同能力仍然较弱。随着信息技术的发展并应用于军事领域，作战要素的互联互通逐步深入和扩展，作战理论在强调独立平台的作战能力发挥的同时，亦开始注意到信息系统在发挥军队整体作战能力中的关键作用。1991年的海湾战争暴露出的“烟囱”问题，促使美军提出“勇士”计划，目的是通过统一C^4I、C^4ISR等信息系统的框架标准，构建全军共用的信息基础设施，最终实现跨军兵种信息装备的综合集成。因此，从第二次世界大战中的“闪电战”到海湾战争可以说是典型的单平台机械化战争。该阶段战争是在物理域展开的，以单平台武器打击为主要手段，以电子设备为辅助手段，通过最大发挥己方各作战平台的机动和火力能力来获得相对优势的战争形态。

（3）作战平台信息化，作战能力体系化

统一框架下的信息系统（功能系统）极大增强了军兵种之间的互联、互通、互操作能力和快速反应能力，但是仍未解决从发现到打击之间存在的信息壁垒、信息资源难以匹配等问题。根据系统科学的层次理论“复杂系统不可能一次完成从要素性质到系统整体性质的涌现，需要经过一系列中间等级的整合而逐步涌现出来”，可见，为形成体系作战能力，需要将信息系统（功能系统）与其他战场要素进一步整合形成信息体系（能力系统），即运用信息系统把各种作战力量、作战单元、作战要素融合集成为整体作战能力的装备（C^4KISR）。信息体系无法脱离于作战力量、作战单元和作战要素而独立存在，其本质特征更多体现在系统要素按照一定的关系和准则在整体中发挥的作用，因此更强调系统各松散要素的耦合与各运行环节的紧密衔接，更强调各资源的融合与集约化组织运用，更强调从传感器到射手的一体化运作，从而实现单位时间、单位空间能量的有序聚合与释放。因此，信息系统对作战能力形成模式的改变不是一蹴而就的，而是通过逐层整合，逐渐改变军事作战体系中各作战要素的性质、相互关系以及作用准则，最终“涌现”出一种“整体大于部分之和”的新的作战能力形态——体系作战能力。

信息系统支持下机械化战争是在物理域（经典力学）和电磁域谋求“看得远、反应快、打得准”，是以精确打击（导弹武器打击链）为主、电磁域控制（电子对抗）为辅，同时通过降低/剥夺敌方信息系统能力，来影响敌方机械能的发挥，实现“降维降代”攻击（将敌方降低至单平台机械化战争）的战争形态。此时，电磁域主要表现为支撑作用而非直接战场，服务于导弹在物理域（经典力学）的跟踪与打击。此时信息系统引起作战方式改变（但是量变），战争形态的本质内涵还是机械化战争，达到机械化战争最高形态，仍服从机械化战争的客观规律。

8.3.1　武器装备

美国内战（1861—1865 年）期间，引入了诸多发明，如摄影、电报、飞机、潜水艇、装甲船、后膛装弹大炮、连发步枪以及快射枪等，北方联邦军队的骑兵配备了诸如斯宾塞后膛枪、夏普斯后膛枪、卡宾枪等后膛装弹武器，以及新型的斯普林菲尔德来复步枪及格林特枪，而南方军队使用了恩菲尔德来复步枪、里士满夏普斯卡宾枪等。德国于 1911 年研制成功了追击炮，并于 1917 年制成了射程达 120 km 的“贝尔莎”大炮①。

更多的机械化武器产生，现代化的常规武器进入战场。以电力的广泛应用为主要标志，推动了生产技术由一般的机械化到电气化、自动化的转变。正是由于这一时代的出现，把人类的文明又向前推进了一大步。据不完全统计，1870—1900 年间，世界工业产值增长了 2.2 倍。这一时期产生了一系列重大的科技成果，电磁波的发现为后来的无线电技术发展奠定了基础。

1883 年德国科学家发明了可以装在汽车和摩托车上的发动机。1905 年，美国制造出了第一批装有内燃机的履带式拖拉机。1908 年，美国人福特创造出了 T 型汽车。此外，冶金技术的进步，钢铁的产量也大幅度地提高。以上这些技术的产生，为坦克的发展提供了可能。1916 年，英国制成了马克 I 型坦克，短短几个月之后 1916 年 9 月，英国已经拥有 48 辆马克 I 型坦克，成为世界上第一个拥有坦克的国家。在索姆河会战中，坦克初次投入使用，就显示出了惊人的威力，使得英军在很短的时间内、很小的伤亡人数就占领了德国的阵地。从此之后，坦克的研发工作被许多国家所重视，而坦克在战场上大显威力还是在康布雷战役中。当时的德军参谋长登堡将军对这次作战深有感触地评价：“英国在康布雷的进攻，第一次揭示了用坦克进行大规模奇袭的可能性……它们能够超越我们未遭破

---

① 查克·威尔斯. 武器的历史 [M]. 吴浩，译. 黑龙江：黑龙江科学技术出版社，2007：136-209.

坏的堑壕和障碍物，这不能不对我们部队有显著的影响……步兵感到他对坦克的装甲侧面实际上无能为力。机动车辆一突破我们的堑壕线，防守者就感到他后方受到威胁而离开了他的岗位。”①

1851 年，法国人制造出第一艘用蒸汽机带动螺旋桨驱动的载人飞艇，1900 年，德国人齐伯林成功研制了 LZ-1 型飞艇。第一次世界大战期间，空战中已经出现歼击机、轰炸机、强击机、运输机、侦查机等，第二次世界大战时，美国的“野马”、“B-29”、德国的“米塞斯米特”、英国的“飓风”和“喷火”、日本的“零”式、苏联的“雅克”等型号飞机都已具备良好的作战性能②。1903 年，莱特兄弟驾驶飞机试飞成功。1904 年法国航空家布莱里奥特驾驶小型单翼飞机，飞越了英吉利海峡。1908 年，莱特兄弟的飞机已经能以每小时 40 英里的速度飞行 100 英里。飞机的出现，引起了各国军事家的高度关注，起初飞机主要是为战场提供侦察和通信联络方面的服务，后来，人们又根据战争需要，设计出了轰炸机、歼击机和强击机。

大量的坦克、飞机、战列舰投入了战斗，战争规模进一步扩大，战争也不单单局限于陆地和海洋，海、陆、空多兵种联合作战，参与战争的人数增多，武器装备的打击范围也更大，随之带来的损失也更难以弥补。首次出现了铁甲舰、旋转炮塔、早期的鱼雷和水雷，以及劫掠商船的蒸汽快船。19 世纪末潜艇开始成为一种有效的水下攻击武器。1910 年德国人建成了较为先进的 U-9 型潜艇，并在 1914 年 9 月的北海南部海域战役中，使英国巡洋舰遭受了惨重损失。

美国从 1925 年开始利用无线电脉冲技术来探测目标的距离，于 1936 年 4 月研制成了第一台探测距离为 4 000 m 的雷达。英军 1940 年秋在本土东海岸设置了雷达对空警戒网后，雷达开始被用于预警和指挥战机起飞作战。“西方密码学之父”阿尔贝蒂在第二次世界大战期间发明了频次分析法，对文本进行测定和解析。1942 年，德国情报部门破译了美国、英国和加拿大用于与护航舰队联络的密码，这些情报帮助德国潜艇在这一年击沉了 1 600 多艘舰船。而英国情报人员随后成功破译了德国研制的恩尼格码密码，破解了大多数德国通信，同时推动了第一台计算机的开发。

在第二次世界大战后期，美国向日本投放了两颗原子弹，率先在战争中使用核武器。这是人类的战争史上第一次也是唯一的一次使用核武器。后冷战时期，美国和俄罗斯等国的洲际导弹可一次携带 10 个左右的核弹头，其中每个分弹头的 TNT 当量可达 $10^5 \sim 2\times 10^6$ t，飞行距离可达一万千米，其中惯性制导的洲际导弹飞行速度最高可达 22 倍声速，命中精度径向误差只有 200 m 左右。

除核武器外，导弹在第二次世界大战后的发展极为迅速，它依靠无线电指令信号接收器、陀螺仪、加速度计、声呐、雷达、红外线、激光器等装置与电子计算机结合，操纵一套自动控制机构使弹体飞向预定或选定目标。导弹技术凝结了控制论、信息论、电子技术、火箭技术、精密工程技术、新材料等学科的最新成果。冷战期间，美国和苏联在导弹

---

① 杰克·雷恩．第一次世界大战的重大战役［M］．寿进文，译．上海：上海译文出版社，1980：202．

② 王鸿生．科学技术史［M］．北京：中国人民大学出版社，2011：359-390．

技术领域展开激烈竞争。在德国 V－1 和 V－2 型导弹制导技术的基础上，两国大力发展导弹制导系统。1953 年，苏联研发 SS－3 中程导弹，并制定了运载核弹头的洲际导弹计划。同年，美国布劳恩主持研制的“红石”中程导弹发射成功，并首次采用晶体管控制火箭飞行。1957 年，苏联发射了一枚洲际弹道导弹，射程达 5 000 英里，并于同年 10 月 4 日把第一颗人造地球卫星“旅行者 1 号”送入轨道。同在 1957 年，美国博萨特支持设计的“宇宙神”洲际导弹试飞成功。1961 年 4 月 12 日，苏联发射世界上第一艘载人飞船“东方一号”。1969 年 7 月 16 日，载有航天员尼尔・阿姆斯特朗和奥尔德林的美国“阿波罗十一号”飞船成功实现了登月计划①。在机械化战争后期，出现了导弹武器为辅助作战手段，在信息系统支持下，通过跨军种、跨平台的互联、互通、互操作，实现传感器到射手的一体化体系作战，同时运用电子战降低/剥夺敌方电磁域控制能力，形成信息系统支持下机械化战争对单平台机械化战争的跨代优势。

8.3.2　军事理论

闪击战、破袭战、阵地战、运动战、游击战、空战等新的方式，展示着工业革命的巨大成果，刷新着冷兵器时代战争的历史；图哈切夫斯基、哈特、富勒、鲁登道夫、马汉、杜黑、克劳塞维茨等操纵机械化战争的巨手，导演出一幕幕机械化战争的历史话剧，构建了近现代军事理论的宏伟大厦。

（1）基于机械动能的军事理论开始登临人类历史舞台

内燃机、电子技术及制造工业的蓬勃发展，带来了武器装备上的深刻变革。作战平台由人力驱动发展为机械驱动。战争资源呈现出以动力为主的机械能形态。军事人员素质由体能型转变为技能型。坦克、飞机的运用，堑壕、铁丝网、自动化枪械设防所形成的坚固防御阵地，使人们开始探讨用新的军事理论范式指导全新的战争实践。在此阶段，作战对抗由平面物理域、感性认知域，向多维空间域拓展。战场变得日益复杂，作战变得日益残酷，火力与机动相结合成为交战的主要模式，战争制胜开始取决于更多因素，但基于兵力损毁的“硬”打击仍居主导地位。

（2）两次空前惨烈的世界大战促进了机械化军事理论的大幅发展

军队全面具备了机械化、摩托化的战争机动能力和远程控制指挥作战的能力，推动了总体战、大战略、机械化战争、大纵深战役、闪击战等崭新的战争样式和新型军事理论。德国军事家鲁登道夫在对第一次世界大战进行反思的基础上提出了总体战的概念。他认为，总体战要求发挥国家的全部物质力量和精神力量，除使用武装力量，还使用政治、经济和心理斗争手段。而所谓大战略，即政治集团、国家或国家联盟发展和运用综合国力以实现其政治目标的总体战略②。李德・哈特认为：“大战略的完美境界，就是要产生决定性的战果，而不要任何严重性的战斗——‘不战而屈人之兵’，善之善者也。”机械化战争论由英国军事理论家富勒提出，也称“坦克致胜论”。富勒主张以坦克为主体的机械化陆军

① 王鸿生．科学技术史［M］．北京：中国人民大学出版社．2011：369－392.

② 吴春秋．论大战略和世界战争史［M］．北京：解放军出版社，2002：3.

在航空兵配合下必将主宰战场并决定战争结局。大纵深战役则是苏联红军在20世纪20年代提出的军事理论，即军队进行纵深梯次配置，彼此间密切协同，其行动与炮兵和空军的对敌防御纵深目标的突击和空降兵的空降突击结合，以突然的、纵深的强大突击摧毁敌防御，并迅速突入战役纵深。“闪击战”则是第二次世界大战期间纳粹德国的战争指导方针，它形容装甲集群与航空兵联合进攻所产生的闪电般快速突击的作战效果。“闪击战”包含机动、协同、速度、突然性等一些基本要素①。随着机械化战争的深入发展，以美、苏为代表的两大阵营开始了长期对峙，两大军事集团出现。霸权争夺热点不断，局部战争此起彼伏，推动着机械化军事变革的加速发展。20世纪后期产生了核武器制胜论、星球大战理论、新技术革命理论、有限战争理论、低强度冲突理论、威慑战略理论，等等。

（3）无产阶级军事理论尤其是人民战争理论得到迅猛发展

在先进马克思主义军事理论的科学指引下，苏联取得了社会主义革命的伟大胜利，人类诞生了全新的社会制度。从此无产阶级在与资产阶级针锋相对的斗争中，不断开创出代表社会发展主流和趋势的先进军事理论。这种理论上的纷争、对抗与共存所产生的影响，一直延续至今。由于政治腐败、国力衰落，在西方纷纷利用机械化军事变革机遇实现军事理论创新发展的同时，中华民族的自由解放以及推翻“三座大山”的强烈需求，对军事理论的“中国化和现代化”提出了时代性课题。经过无数仁人志士和众多党派的不懈努力，直到中国共产党登上历史舞台、毛泽东军事思想诞生之后，才使我国的军事理论发生了革命性的、质的飞跃。

8.3.3 组织形态

第一次世界大战是世界军事革命由工业化时代转向机械化时代的重要时期。从作战样式发展革新角度来看，第一次世界大战的最主要贡献就在于在战争中孕育出了全新的作战形态——机械化合成突击作战形态，而康布雷战役则是其诞生的基本标志。在康布雷战役爆发后，英军首次大规模集中使用476辆坦克，步、炮、坦克以及航空兵等多兵种实施全面协同作战，成功突破10 km的德军防御正面，标志着实践意义上的机械化合成突击作战样式开始形成。自此，人类战争形态发展开始迎来由火器化时代走向机械化合成突击时代的历史拐点。

从作战实践角度分析，康布雷战役对整个第一次世界大战的发展进程并未形成实质性的影响。但从军事学术角度分析，康布雷战役中的合同作战实践对于后来整个世界军事体系发展的影响却是极为深远的。康布雷战役作战实践之于战术的发展，主要贡献在于成功运用坦克兵在航空兵和炮兵火力的支援引导下，实施快速机动突击作战从而突破对方绵亘线式防御阵地，打破阵地消耗战僵局，开启了机械化时代合成突击战术新境界，机动突击开始成为作战制胜的主导因素，立体机动战逐渐成为新的作战样式，“火力＋机动＋防护”复合能力开始成为制胜的核心作战能力。康布雷战役作为首次大规模集中运用坦克的典型

① 军事科学院世界军事研究部．世界军事革命史（中卷）[M]．北京：军事科学出版社，2012：718-866.

范例，凸显了进行作战组织协同的重大作用和坦克的巨大战术运用价值，为机械化合成突击战术发展起到了重要示范引领作用。第一次世界大战结束后，英、法等国富有见地的军事家纷纷著书立说，深刻阐述机械化作战思想及现代合同战术理论，其中英国富勒的《坦克战》最具代表性。同时也是战后德军的“闪击战”理论和苏军“大纵深进攻理论”形成与发展的重要实践基础。甚至 2003 年伊拉克战争中，美军第 3 机步师穿越 700 km 直入巴格达的行动，同样也继承展现了第二次世界大战中“闪击战”的战术思想精髓，这实际上也标志着机械化战术正向信息化战术时代迈进。

武器装备自动化、装甲化、机械化和机动化、化学武器的使用、有线无线通信器材的发明，带来了军队结构的变化，导致炮兵、装甲兵、摩托化步兵、航空兵、化学兵、通信兵、工程兵等新兵种的出现。这一切又最终带来编制、战术和战略上的变化。军队结构也出现由陆、海、空部队组合而成，并诞生了导弹部队、战略火箭军等新军种和战略核打击力量。

坦克的大量出现，导致了坦克兵的应运而生。坦克在第一次世界大战中所向披靡，其所带来的威慑力和杀伤力都是无以伦比的，从此奠定了坦克兵在战场上的地位。欧洲各个国家不但注重坦克的研发和建造，而且也建立了新的部队构成。德国将军古德里安在 1934 年建立了装甲兵部队，是世界上第一支机械化部队。军队作战以前沿作战为主。以战斗接触线逼近处和浅近纵深的敌军目标为主要打击对象，火力运用方式也主要是采取大面积密集突击。

20 世纪的机械化战争是陆、海、空三大军种界限分明的战争，作战力量主要依据武器装备的功能而不是依据作战功能来划分。战争力量的各个部分虽然强调联合与协同，但仅仅局限于战略层次上。机械化作战形式首先是兵种搭配与队形编排发生变化，以兵器打击距离为依据，遵循“由远及近、精兵在前”的布兵原则来进行各军兵种搭配与队形编排。战斗开始后，航空兵、炮兵首先实施火力准备，然后坦克兵引导步兵出击，第一梯队完成突破后，第二梯队或预备队即投入战斗①。机械化作战方面最显著的变革是坦克和其他机动车辆的引入，它们帮助重建战场机动性，装甲车辆通过无线电与空中支援紧密配合。海战方面，利用纵队行进、横向展开、用舰炮抵近射击。当有航母参战时，则以舰载机实施远距离航空突击。空降作战和两栖作战成为战争新元素，空降作战是指利用飞机、滑翔机和降落伞，向敌军纵深投送部队，如 1941 年德军的克里特岛空降战役。两栖作战的基础理论由美国海军陆战队 1934 年的《登陆作战暂定条令》所提出，这种作战形式在第二次世界大战太平洋战场上极其关键，海军陆战队在那里发动了一系列“跳岛”作战，而在欧洲战场上盟军先后在北非、西西里、意大利、诺曼底和法国南部发动登陆战②。

---

① 金王国．世界战术史［M］．北京：解放军出版社，2012：386．

② 马克斯布特．战争改变历史：1500 年以来的军事技术、战争及历史进程［M］．石祥，译．上海：上海科学技术文献出版社，2011：278－303．

第 9 章

信息化技术与前信息化战争形态

20 世纪末是人类在政治、经济、军事领域发生巨大变化的时代。冷战结束、苏联解体、华约消亡、两德统一、东欧巨变，使全球总的趋势趋向缓和。经过近代以来三百年的科学技术积淀，到 20 世纪中期人类进入一个技术迅猛发展的时代，微电子技术、光电技术、计算机技术、空间技术、新材料技术、新能源技术、生物工程技术等形成生机勃勃的技术群。到 20 世纪 70 年代，这些技术群的相互交叉和融合终于导致集大成的信息技术革命的到来。全球信息革命的兴起，不仅推动了社会形态的巨变，也使战争的内涵和外延得到扩展，过去军事学家所强调的战争最有效方法——“使用最残酷的手段”，变得不再绝对，造就了以信息为主导的信息化战争形态与以往的战争形态有着明显不同的特点。从 20 世纪 90 年代海湾战争开始，也称高技术局部战争，美军打的这些战争一场比一场新颖，一场比一场眼花缭乱。海湾战争只是信息化战争的雏形，但它是“加州蝴蝶扇动的翅膀”，带来了“信息化”和“新军事革命”的大风暴。美军不仅在表演，而且在授课，给全世界上了一堂精彩绝伦的信息化战争课。科索沃战争、阿富汗战争和伊拉克战争给世人留下的最深印象是，以美国为首的多国部队拥有高技术武器装备和信息化指挥体系，在战争中具有“非对称”的强大优势，使南联盟军队、塔利班武装和伊拉克军队既无招架之功更无还手之力，这些受到信息化装备打击的军队都避免不了失败的结局，他们的现实世界垮塌了，他们的人民成了难民。

9.1 信息技术

信息作为“战争之魂”，并不是信息时代所独有的。自从战争摆脱原始械斗痕迹，成为一种智力竞赛，信息就成为配置战争资源、实施正确决策的前提，只是在不同的战争发展阶段，它的地位与作用有所不同而已。在冷兵器时代，虽然由于人们获取战场信息的手段落后，信息的传播渠道不畅，影响了人们对战场信息的认知程度，然而却丝毫没有降低战争对信息的依赖性，也没有削弱人们对战场信息的重视程度。《孙子兵法》是人类第一部研究战略问题的理论巨著，其作者孙武也被尊为人类第一个形成战略思想的伟大人物，他用了将近十分之一的篇幅来论述信息问题。《用间篇》被当代战略学家誉为“现代情报官的座右铭”，并且同《计篇》首尾呼应，形成“率然之势”。

20 世纪中后期，以电子和信息技术革命为标志的第三次技术革命，促进了电子、通信和计算机等技术的大发展，特别是 70 年代以来，随着信息技术、微电子技术、生物工程技术、新材料技术和新能源技术等一系列崭新的高技术领域的开拓，在第二次世界大战结束前就已建立起来的无线电技术、航空技术、雷达技术、电子计算机技术、核技术、火箭导弹技术，以及卫星技术、洲际导弹技术、军用航天运载技术、电子战技术、人工智能技术、精确制导技术等军事高技术的茁壮成长，促使武器装备产生了质的飞跃，电子信息装备、精确制导武器和机器人武器等信息化武器装备得到迅速发展，从而导致战争形态进入核威慑条件下的信息化战争。

信息技术改变着人类的生存、生活、生产方式和创造财富的方法，信息及信息技术逐渐成为社会的主导，它必将促使人类社会产生根本性变革，导致战争形态向信息化转变。美军的一次小型战术作战行动，陆基、空基、天基等全方位侦察情报系统全天候运转一天就产生近 60 TB 的数据量。可见，不论什么规模的作战行动，都需要庞大的体系支撑，若不掌握大数据时代的信息化战场，指挥官与作战人员将会陷入完全被动的局面。同时反映出战争规模趋于变小，而信息的作用变得越来越大、越来越关键。

信息本身只是一种介质，但它物化于各种载体并为人们所利用后，便开始转化为无穷的生产力和强大的作战能力。从冷兵器时代的靠人力和刀枪剑戟较量，到热兵器时代的火力拼杀，再到机械化时代人与武器装备的殊死搏斗来看，机动与信息两要素在战场上变得异常关键，重塑了信息化战场。反映在信息维度上，即战场信息急剧攀升；反映在打击维度上，就是精准打击与利剑斩首。信息技术的发展和水平的提高，对武器装备的发明、生产、改造及军事思想的发展有着决定性的影响，并促使战争形态和作战样式发生根本性的变革。这种变革最直接的例子就是对机械化战争所形成的战争致胜要素继承的拓展，信息技术不仅对操纵战争的人和武器产生作用，而且作为一个独立要素对战争结局产生影响，尤其是在信息化战争中，信息的重要性、主导性更加突出。

高技术是一个相对的不确定的概念。每一时代都有其高技术，作为学术概念必须有确定性。现代高技术包括相互支撑、相互联系的六大高技术群体，即信息技术群、新材料技术群、新能源技术群、生物技术群、海洋技术群和航天技术群。”① 在这诸多高技术群中，核心是信息技术，因而高技术战争形态在一定意义上又表现为信息化战争形态。

美国国防高级研究计划局建立了世界上第一个计算机通信网 ARPANet，并逐步将其使用范围扩展至科技、学术界，原本专属于军事领域的前沿信息技术开始走向社会。以 1969 年 ARPANet 出现为起点，可以将整个信息技术在军事领域的扩散分为三个阶段。第一阶段的主题是“军事领域独立发展”。信息技术在军事领域的应用自成体系，推动战争形态演化。军队组织架构发生重大变革，战争形态由机械化战争向信息化战争方向演化。第二阶段的主题是“社会领域全面扩散”。网络空间成为最大的利益扩聚场、功能提供场

① 军事科学院科研指导部．高科技：现状与趋势［M］．北京：军事科学出版社，1993：80.

和作用发生场，“作战目标”由实化虚，超越地理国界的“作战行动”和非物质化的“武器装备”大量涌现。战争形态由具有时空限定、以能量打击为最终手段、以“破坏物理实体”为目的的传统形态向无时空限定、运用多种手段、达成多样化目的的新形态演化。第三阶段的主题是“社会军事融合颠覆”。在社会高水平信息化的基础上，网络空间进一步扩张，人类社会中的主要物质和能量纳入统一网络，生产方式发生颠覆性变革，网络空间对实体空间的“映射”向“全息”逼近。信息技术将军队和社会联成一个不可分割的整体，全新战争形态出现。信息等高技术应用于军事领域后，就发挥出了一种足以摧毁旧战争形态的特质，主要表现在以下几方面。

一是用信息技术改造原来的常规武器，使之安上高技术翅膀，性能上了一个台阶。如美国50年代的B-52轰炸机，装备了电子设备和巡航导弹，就成为具有远距离攻击能力的巡航导弹载机。用高技术改进弹药，增添了增程弹、子母弹、末制导弹、燃料空气弹、钻地弹等，使弹药的杀伤破坏面积、射程、精度、穿透力都有显著增加。还有电视侦察弹、战场监视弹等，大大提高了战场探察能力。

二是用高技术创造了新一代的武器装备，使战争面貌大为改观。如各种导弹、军用卫星，以及束能武器、智能武器、隐形材料、夜视器材等。这些高技术的使用，使战场的透明度和远距离精确打击能力空前提高。此时的战争形态与过去相比不可同日而语。尤其是微电脑成为军队中的主要武器装备，在各个作战领域和各个作战环节发挥重要作用。

三是高技术提高了对战争的指挥控制能力，C^4I系统在战争中发挥了“力量倍增器”作用，提高了整体作战能力，使天地一体化作战和虚拟现实作战成为可能。而且计算机网络空间作战成为一种新的形式，病毒、“黑客”等程序性数字化武器成为不用火力的新武器。当战争中大量使用计算机尤其是指挥控制领域大量使用计算机后，计算机战这种新的作战形式随之出现了。一种不同于一般热兵器杀伤机理的，以破坏计算机程序从而破坏对方的指挥控制系统的武器，即病毒、“黑客”等信息武器在实战中应用。在1991年进行的海湾战争中，第一次使用了计算机病毒武器，破坏了伊拉克的防空系统，使多国部队的空袭获得了成功。在科索沃战争中，北约部队和南联盟在信息网络方面的攻防较之海湾战争更为频繁和激烈。由于计算机在指挥控制领域的重大作用，以C^4I系统对抗为主要内容的指挥控制战（C^2W），成为高技术战争发展的又一个新阶段，即“电子战＋导弹战＋指挥控制战”阶段。当然信息化战争形态今后还会有阶段性的发展，这主要取决于科技的发展和信息化战争本身的发展。

9.2 重要转型

从战争形态的角度来看，开始于20世纪70年代的信息化军事革命的最主要贡献就在于在军事变革和局部战争实践中孕育出了新生的战争形态——信息化战争。信息技术革命使人类在靠扩张物质与能量来增强战斗力的战争发展方向之外，找到了通过信息控制来优化战斗力的新途径。而信息文明所缔造的社会结构、制度和理念，也为战争的信息化提供着新范式。人们普遍认为，20 世纪 90 年代的海湾战争是世界新军事变革的战争实践开端（主要指美军及多国部队），但是，在那场战争中，美军还远未实现信息化作战，而阿富汗战争，特别是伊拉克战争，则让人看到了信息化作战端倪。从阿富汗战争和伊拉克战争可以看出，机械化作战与信息化作战在组织结构、武器装备、作战空间、指挥方式、作战速度、指挥层次、作战效能等方面都有不同程度的差异，其中，有的存在质的差别。在作战手段、作战样式、作战思想和军队组织结构等方面发生巨大变化的情况下，最终引起军事能力的质的变化，引发新的军事革命，结果便是诞生了一个全新的信息化战争形态。

（1）在组织结构上由独立离散型向体系集成型转变

自古以来，军队的组织编成均是以一定规模和一定编制的部队为作战的基准单位，从一般意义上说，军队是一体的，然而在编制上，特别是在实际作战中，作为基本单元的下属部队，则往往表现了一定的独立性和离散性。当然，这种独立和离散是相对而言的。究其原因，主要是因为在信息技术主导以前，从总指挥部到部队的内在链接方式是脆弱的和有限的。冷兵器战争时代，军队组织间靠的是人际信息连接；无线电通信发明后，尽管靠的是电子信息连接，但这种连接并非不间断的和实时的。信息化战争部队与部队间、各级指挥部与部队之间紧密连接，成为一个真正的有机整体，“将在外，君命有所不受”成了历史古训，就是这个道理。随着信息技术的发展及其军事应用，特别是随着世界新军事变革的展开，以美国为首的西方发达国家军队迅速发展 C^4ISR 系统，作为作战单元的部队已失去了原来离散型的意义，整个作战部队变成了体系集成型的新型组织。各级指挥部与部队间、部队与部队间、战斗部队与保障部队间、横向间与纵向间均处于一个网络之中。

在立体战、合同战作战样式的变革下，陆海空三军中陆军比率下降，海空军兵力上升，技术保障兵力增加，轻型部队比例增加而重型部队比例减少。例如，美军考虑组建两种部队：一种是陆、空合成部队，即编有“飞行坦克”的“空中机械化部队”，另一种是陆、海、空“联合特遣部队”。后一种部队通常由一个陆军旅特遣队，一个空军战斗机中队，一支海军舰艇部队和一个陆战队远征分队编成，适用于海外对付低强度冲突和突发事件。

（2）在装备上由以金属机械为主导向以信息技术为主导转变

人类社会以电力和蒸汽机广泛应用为基础，军队陆续成为由陆军、海军、空军、防空兵、空降兵、防化兵等多军兵种组成的复杂系统。在这个系统中，部队的武器装备以金属机械为主导，强调集中兵力和集中火力。进入信息社会后，特别是世界范围内的新军事变革不断促使信息技术广泛而深入地应用于部队后，信息化主导了部队的武器装备，使得由主要集中人员变为集中火力和信息，由主要集中兵器的数量变为主要集中质量。也就是说，传统的以金属机械为主导的武器装备，具有了更高水平的自动化、智能化、快捷化，并不断显示了强大的生命力。在海湾战争中，美军就将信息化融入传统的机械化武器中，使用了一定数量的精确制导导弹，取得了出色的作战效果。伊拉克战争中，美军更是大量使用信息化的武器装备，所发射的精确制导弹药，占到全部弹药的 68%，摧毁了伊拉克的绝大部分目标。

（3）在作战空间上由三维空间向七维空间转变

信息技术的发展使人类社会的战争空间不断扩大。截至第二次世界大战，随着科技的发展，机械化作战的作战空间由原来的地面、海上，不断扩大到了空中和部分电磁空间。信息技术主导后，作战空间又由陆、海、空三维空间，变成了陆、海、空、天、电、网和认知等七维空间。天战和网络战、电磁战已成为新的作战样式。1991 年的海湾战争是信息化局部战争的首次经典战例，也是“天战”初步形成战斗力的标志性战例，以美国为首的多国部队建立了一个庞大的太空信息获取、传输、处理与分发系统，首次向世人展示了太空力量强大的信息支援能力，对战争进程产生了巨大影响。战后，美军在总结海湾战争经验时认为：在一定意义上来说，海湾战争是人类历史上的“第一场太空战争”。未来的太空武器成为发达国家重点研究和攻克的目标。据报道，美军于 2010 年左右研制出“太空炸弹”，以图将常规的洲际战略导弹变成先进的太空战术导弹。2020 年，美太空发展局在其预算申请文件中提议启动“天基拦截器评估”项目。借助于航天发射能力的快速提升和卫星研制、发射成本的大幅下降，部署数量庞大、全球覆盖的星基动能拦截器已经具备了一定的条件。星群卫星平台搭载的动能拦截器，具有在主动段、后关机段、飞行中段实现多阶段、多批次、不间断的拦截能力，可以对陆基、海基与空基发射的弹道导弹实施全球一体化防御，从而彻底打破核威慑战略的平衡。

（4）在指挥方式上由人工手动作业向计算机自动作业转变

在机械化战争中，从指挥方式上说，主要是依靠人工手动作业。而在信息化战争中，指挥方式几乎已全部变成了计算机作业。信息化战争需要天文数字般的各种作战信息。据统计，海湾战争中 90 天的信息交流量，超过了全欧洲 40 年信息交流量的总和，是第二次世界大战的五六十倍，作战高峰时一天的电话量就达 70 余万次。在机械化战争中，一天处理这么多信息是不可思议的。然而，高度自动化的计算机指挥系统却可迅速处理这些信息，充分体现了计算机作业的速度。在伊拉克战争中，美军的自动化指挥作业达到了一个空前的新水平，其自动化程度之高，处理速度之快，都已今非昔比。

（5）在作战速度上由时、日计算向以分、秒计算转变

坦克作为机械化战争的主战武器，其推进速度一般为每小时五六十千米，这使战争指导者的时间概念由过去以日计算变为以时计算。各种作战飞机出现以后，作战的时间概念再次被压缩，但总的来说，人们仍然习惯以时日作为计算单位。人们常说胜负决定于分秒，在机械化战争时代，这只不过是一种形象比喻，尽管失之分秒导致惨败的战例早已有之，但是，人们的时间刻度仍然习惯以小时计算，分秒几乎可以忽略不记。而在信息化作战中，已不是分秒争夺，而是秒秒必争、瞬间决胜。据美军披露，以前从作战目标选定、信息获取、传输反馈到火力攻击这一过程，美军一般为 48 h。伊拉克战争中，美军的武器装备信息化程度空前提高，使这一过程缩短为 10 s。为适应信息化作战的这种变化，美军在伊拉克战争后，提出部队将进一步小型化、机动化和快速化。未来的信息化战争，特别是信息化的首战将是“战争百米赛”，成功失败将像百米决赛那样，体现在毫秒之间。

(6) 在指挥层次上由多层树状向平面网状转变

在机械化战争中，作战部队的指挥层次基本是由独立作战的单元数量决定，也就是说，独立作战单元越多，指挥层次越多，作战辅助单元越多，指挥关系也就越复杂。这使得人们在指挥作战中，上级不得不层层向下级下达命令，下级不得不层层向上级报告作战情况。这种呈多层树状的指挥关系，使指挥节点多，信息流受阻，作战节奏缓慢，许多节点基本处于封闭和朦胧中，而节点与节点间则基本处于隔绝与断裂中。而在信息化作战中，尽管独立作战单元相对增多，但是由于指挥层次被大大压缩，因而上级的命令可直接在最短时间里向下级迅速下达，下级的作战情况也可以在最短的时间里向上级迅速反映，因此大大加快了作战指挥的速度。有人预见，在未来完全信息化（后信息化战争）的战争中，强大的指挥中心可以通过掌握足够的信息和情报，直接指挥由数个单兵组成的最小作战单元作战，甚至可以直接指挥单兵作战。这使得指挥部与节点、节点与节点均处于本系统的开放和透明中，前线可随时目睹全局，后方可随时“亲临”前线。

(7) 在作战效能上由概略型向精确型转变

从人类战争历史的进程看，近 200 年来战争和武器的破坏能力不断提高，到 20 世纪 50 年代，终于研制出核武器以及生化大规模杀伤武器。但杀伤力的极大提高，反而引起许多政治问题而限制了它们的应用。随着科学技术的进步，又转向追求高精度和最有效的杀伤。有专家计算过，信息技术的发展，使武器装备精度提高了 10～100 倍，作战效费比提高了 10～50 倍。由于武器装备的精度整整提高了一个数量级，其作战效能发生了质的飞跃。由此可以看出，在机械化战争时代，其作战为概略型，而在信息化时代，作战为精确型。人类社会战争形态进化的过程，也是作战精度和效能不断提高的过程。据统计，在第二次世界大战中，摧毁一座小的桥梁需要出动约 20～30 架飞机。现在，只要出动一架飞机，携带一两枚精确制导炸弹即可完成任务；在第二次世界大战中，摧毁一个坦克师的大部分装备，需出动 5 500 架飞机，投掷 3.3 万吨炸药和火箭，现在，最多只需要出动 50～60 架飞机就可完成任务，其精度提高了至少百倍以上。

应用信息技术就是避免大规模集结人力和装备，顺次进行战役行动的消耗战，转向有区别地精确运用力量。即用精确制导武器摧毁敌人重心，或者精确地、有区别地运用信息战武器、计算机病毒、欺骗信号和非致命武器使敌人丧失能力，而不是用火力消灭他们。有区别地精确运用力量，一方面减少伤亡和政治影响，使决策者可以灵活地、交叉地使用外交手段和武力，达到战略目标；另一方面又可大大减少摧毁敌方目标所需要的弹药数量，从而减轻后勤和国防工业的压力。

9.3　主要特征

信息化战争是以军事体系信息化为基本标志的，属于信息时代的新军事变革，是迄今人类历史上影响最深远、最深刻、最广泛的一场军事领域的变革，预计可能持续 70～80 年左右。机械化军事在 20 世纪末达到物理极限，随着以信息为核心的高新技术群的蓬勃发展，及其在军事领域的广泛运用，一种全新的战争形态——前信息化战争，开始闪亮登场。前信息化时代战争形态的演变，是以高新技术特别是信息技术的飞速发展为直接动力，以“信息”为基因，以“系统集成”和“网络化”为主要手段，把机械化军队改造成信息化军队，最终建成信息化战争形态的过程[①]。前信息化战争形态既有工业时代机械化战争的性质，又有信息时代信息化战争（本文所指的后信息化战争）的特点，是大量使用高技术武器的“混合型”战争形态。

20 世纪 70 年代以来，人类社会开始迈入信息时代的门槛。现代科技革命直接导致了一大批高技术群和高技术产业的崛起，引发了社会生产和生活诸多领域的深刻变革。战争的物质形态呈现众多、系统、综合的特点。战争中投入的武器装备种类多，物质消耗量和供应量大。战争将在陆、海、空、天、电、网等六维空间，同时或先后展开，部队高度分散活动，没有明确划定的作战线，战争的空间形态呈现大纵深、高立体、全方位的特点，利用空中和太空作战来对敌人进行综合打击。由于使用精确制导武器、电子战武器、航空兵、空降兵和特种部队，实施远程打击、超越作战，纵深袭击、电子打击，呈现出多方向、多样式的特征。与机械化战争相比，信息化战争呈现出一系列鲜明的新特征：陆、海、空、天、电多维战场融为一体，制信息权成为夺取战场综合控制权的核心；一体化联合作战成为作战基本形式；打击方式更加注重立体、远程、快速、精确和非线性[②]。

（1）作战空间网络化

前信息化战争作为一种新的战争形态，在战场较量方式上，改变了机械化战争的那种陆、海、空的单一战场、单一军兵种、单一作战领域的单元战场较量方式，而是以信息化战场为依托，在战场认知系统、网络系统、指挥控制系统、打击系统（包括兵力、火力）、支援保障系统等五大分系统构成的作战体系间进行的整体较量。其中，战场认知系统、战场网络系统、指挥控制系统这三大系统，则构成了信息化战场的“眼睛”“耳朵”“神经”和“大脑”，主导和支配着战场所有力量和打击行动。

（2）作战力量一体化

作战力量整体协调是通过信息化、网络化把软杀伤和硬打击融为一体，战争中利用信息技术把作战力量的各个部分、各个层次、各种要素快速、便捷、高效地连成一体，使作战力量成为一体化的整体对抗力量。在与敌作战的过程中，整体化程度的高低决定战争的胜负。以平台为中心向以网络为中心的转变是实现作战力量一体化的标志，使用天基信息把武器装备联系为一个整体，并且为实施精确打击的空袭作战提供直接的关于战场和进攻目标的全部信息和准确数据。海湾战争“沙漠之狐”行动进行首轮空袭后，根据侦察卫星获取的目标毁伤程度和机动目标转移情况的情报，进行了另外三轮打击。科索沃战争“盟军行动”中，为在情报保障方面适应南联盟地形和气候特点，投入军用、民用和气象卫星 50 颗，鹰眼式电子侦察机 44 架以及大量战场无人侦察机，投掷了大量无线电定位器和一次性干扰设备，设立了 50 多个地面电子侦察站，基本上实现了

① 张效祥，张夷人．现代科技与战争［M］．北京：清华大学出版社，2005：21－22．

② 李志刚．积极推进我军组织形态现代化［J］．军队政工理论研究，2016（1）：29．

对南联盟昼夜24小时全时空监控，享有主导性战场认知能力，战场在很大程度上对技术优势一方呈单向透明；从以往注重发挥舰船、飞机、坦克等作战平台的威力，转为重视运用传感器系统观察战场、运用传输系统传送战场信息、运用精确制导系统准确打击目标的系统集成作战能力。

（3）直接的军事对抗时间将变得越来越短，但整体时间跨度将增长

随着高新军事技术的发展，尤其是远程、高速、精确打击水平的不断提高，作战双方只需要快速的短兵相接，便能高下立分，决定战争胜负。近年来的几场局部战争就反映了这个趋势。在战争开始的几天甚至几个小时内，一方就能够对对方的制空能力和中枢指挥控制系统进行致命的打击，从而在战争开始后的很短时间内锁定战局。随着战争环境的愈加复杂、参与的行为体越来越多，战场上的胜利将不代表战争的胜利和终结。即使一方的军队被击溃，它们依然可以通过组织各种准军事力量甚至通过发动公众参与来使战争持续化和长期化。

（4）战争更加依赖于国家的经济实力

高技术战争中大量的高技术武器装备的使用，造成了战争的高投入和高消耗，给参战国家带来了巨大的经济负担。海湾战争，美军共消耗各类物资1.7万余种3 000多万吨；战争花费600多亿美元。科索沃战争，北约在50余颗卫星的支援下，先后动用了海军舰艇55艘，共投入各型飞机1 200架（其中美国投入940架），出动飞机3.8万余架次，发射、投掷各型导弹和炸弹2.3万余枚，对南联盟全境40多个城市的496个军事和民用目标及520个战术目标进行了连续、猛烈的空中打击。此次战争花费高达1 000亿美元。阿富汗战争，美军在阿富汗每月作战费用10多亿美元；3个月共投掷各类精确制导导弹、炸弹1.2万余枚。

（5）呈现出一些新的特征

一是局部的有限的战争。从朝鲜战争到海湾战争，这些战争的目的、作战行动的范围和运用兵力的规模，都是局部的、有限的。以至局部战争成为一种相对固定的作战样式。二是常规武器战争。使用不断改进的机械化战争的武器装备，因而仍然具有机械化战争的形态。三是代理人战争。两个超级大国不敢直接对抗，在背后支持代理人进行战争，解决某些地区冲突和矛盾。四是具有意识形态性质。社会制度对立与民族独立战争，是这一时期战争的主流。五是准战争手段增多。国际政治格局相对稳定，大规模的正规化的攻城略地的战争日益减少，低强度的战争、军事冲突、恐怖活动等准战争行动相对增多，核战略、局部战争理论是代表性的军事理论。

9.3.1 武器装备

信息化战争主要依赖于信息化技术，应用信息化技术研制的新武器和改造的现有武器，称为信息化武器装备。现代信息技术的飞速发展，加速了信息化武器装备的研发和制造，进而促使信息化战争的快速发展。包括：信息化弹体、信息化作战平台、单兵信息化武器装备、C^4I系统和战场信息基础设施、程序性数字化武器。此外，还有激光武器、微

波武器、动能武器、基因武器、地球物理武器等高技术武器。

在20世纪90年代初的海湾战争中，据不完全统计，使用的信息化高技术武器装备达80余种，其中信息压制武器装备、战场侦察监视装备、通信设施、精确打击武器、隐形器材、夜视器材、钻地弹头、战术反导武器、病毒武器，以及C^3I系统等都发挥了显著作用。高技术武器装备在这场战争中已经唱起了主角，信息化条件下的高技术局部战争形态基本形成。

信息化武器装备主要是由信息化弹药和信息化作战平台构成的。信息化弹药主要指各类精确制导武器，而信息化作战平台主要指利用信息技术使作战平台的控制、制导、打击等功能形成自动化、精确化和一体化水平的各种武器装备系统。它主要包括太空中的各种侦察、预警、通信卫星；空战场上各类先进的战斗机、轰炸机、预警机等；海战场上的各种高技术战舰；陆战场上各种先进的坦克、装甲战车等。从高技术特别是信息化战争特征的局部战争来看，信息化武器装备已经成为战场的“主力军”，在战场上发挥着机械化兵器所不能替代的主导作用。海湾战争中，多国部队使用的信息化弹药在其总弹药量中虽然只占8％，但却完成了80％至90％的战略战役目标打击任务。科索沃战争，北约部队投放的精确制导弹药占总投弹量的35％，阿富汗战争，美军投放的精确制导弹药占总投弹量的56％，伊拉克战争中，信息化弹药已经占到总弹药量的80％左右，充分反映了信息化武器装备的战场主导作用。

2003年爆发的伊拉克战争是一场高度信息化的高技术战争。这次战争比科索沃战争和阿富汗战争的科技含量都要高。在这次战争中，完成了海、陆、空、天一体作战，打破了海、陆、空军队传统的划分模式，体系化作战是这次战争的战争方式，这一战争方式体现了信息化战争的重要特点。美、英联军的战争目的是推翻萨达姆政权，为了快速攻占巴格达，推翻萨达姆政权，美军实施了“快速决定性作战”战略。采取了地面进攻与空中打击相结合的新战法，在很短的时间内完成了作战任务。在整个战争中，美、英联军的军事行动充分体现了两国军队在军事上的绝对优势，很快推翻了萨达姆政权。

军事无人系统也得到了发展。其又被称为“军用智能机器人”，最初是代替人执行侦察、探测、扫雷清障、压制敌人防空系统和战果评估等危险任务。发展无人系统武器的直接目的是为了减少人员的伤亡。无人驾驶飞机可以使用红外探测装置，为战区指挥官提供实时图像；地面无人系统包括各类机器人，能够减小士兵的风险，降低战斗车辆的重量和体积，减少对后勤的要求与压力；海上无人系统主要包括美军开发的无人潜航器，由骨架及浮体、推进系统、航行控制系统、探测系统、机械手等组成。

信息化武器成为军队作战能力的关键性因素，使作战方式由接触转变为非接触性作战，对抗方式由平台对抗转变为体系对抗。这些特点与以往的战争形态相比是一个根本性的变化。海湾战争是在核威慑下，以精确制导武器为标志的新战争形态。海湾战争后，美军把武器装备的信息化发展放在突出的位置，通过研发新型信息化武器装备，对现有装备进行信息化改造，武器装备的信息化水平不断提高，信息化武器装备在军队装备总量中所占的比重越来越大。美军在阿富汗战争中使用的大量精确制导弹药中，除750枚巡航导弹外，绝大部分是低成本的精确制导炸弹，如“联合直接攻击弹药”单价为 2.1 万美元，GBU－27 激光制导炸弹每颗为 5.5 万美元。这些低成本的精确制导炸弹为美军实施长时间、大规模空袭提供了重要物质保障。

信息战将成为一种新型作战样式。美国政治学教授乔治·斯坦毫不隐瞒地指出：“信息战是利用信息达成国家目标的行动……也可以把信息战视为部分地通过全球联网的信息与通信手段进行的国家间冲突。”新军事技术革命以微电子技术为基础，以信息技术在军事领域的广泛应用为特征，突出反映了信息时代的鲜明特点。信息战成为未来战场上的主要作战形式，开辟了新的作战领域，交战双方在陆、海、空、天、电、认知等多维空间，多兵种之间展开的一体化战争，对传统的战争理论、战场结构产生了巨大的影响。大规模的信息技术、航天技术、海洋技术、新能源技术等高技术的武器装备在战场上的运用，可确保战争打击目标更加精确化，杀伤力更强。

但是，在这几场信息化战争中也暴露出信息化战争的缺点。首先，地面打击和空中力量相结合，这种联合作战的方式虽然能很快打击既定军事目标，但是也存在着误伤的问题。在伊拉克战争中因为盟军的误伤，造成 12 人死亡，误伤率仍然居高不下。其次，在此次战争中使用的精确制导武器，成为打击伊拉克目标的最主要的手段，虽然精确制导武器提高了打击的有效性，但仍然存在着附带损伤问题——贫民的伤亡和对生态环境的污染依旧不能忽视。

9.3.2　军事理论

20 世纪 70 年代以来，现代科技革命直接导致了一大批高技术群和高技术产业的崛起，引发了社会生产和生活诸多领域的深刻变革。机械化军事在 20 世纪末达到物理极限，随着以信息为核心的高新技术群的蓬勃发展，及其在军事领域的广泛运用，人类社会开始迈入信息时代的门槛，信息化战争闪亮登场。在此阶段，军事理论的创新发展尤为活跃，军事理论转型尤为迅猛。信息化战争是在物理域、电磁域和信息域谋求“看得远、反应快、打得准”，是以信息武器打击链、电磁武器打击链以及导弹武器打击链形成的“三域一体”作战，从而谋求以“全域”为优势的战争形态初次显现。美国的两位军官哈兰·厄尔曼和詹姆斯·维德在 1996 年撰写了《震慑：达成快速主导》一文，首次提出了震慑论。通过震慑的手段达成战争目的，需要强大的技术支持，美军正是有了这种技术保障作为物质基础，才产生了这种军事理论。伊拉克战争中的“斩首行动”就是震慑理论的典型运用。

（1）信息化、智能化武器装备活跃战场，战争形态大为改观

与机械化时代战争模式大相径庭的是，战争由基于大规模兵力火力毁伤向基于信息优势、决策优势和认知优势转变，由基于平台向基于网络转变，由基于诸军兵种协同作战向基于一体化联合作战转变。信息资源成为战争的基础资源。军事人员的素质由复杂技能型发展为信息智能型。“体系对抗”成为交战的根本特征，作战潜能释放由依靠物质与能量要素的刚性扩张，向依靠信息的获取与智能的物化转换。“软杀伤”和结构破击成为时尚，“硬摧毁”和消耗作战逐渐退位。侦察监视、精确制导、自动化指挥、一体化行动、快速

机动、全维作战以及聚焦后勤等实现了质的飞跃，军事理论因之凸显出加速转型之势。

（2）信息化军事理论体系突破传统范式，开始呈现出典型的信息化特征

信息化军事理论正以其强劲推动力，驱使着军事实践向新的高度迈进。其中，较具影响力和代表性的理论有：信息化国家安全理论、信息战、电子战、空袭战、远程精确打击战、空地海天一体机动战、海空封锁战、特种作战、非对称作战、联合一体化作战、C^4KISR体系作战、“三非”作战（非线性、非接触、非对称）、网络中心战、制信息权理论、太空战理论、信息化军队建设理论、非传统战争理论、反恐怖主义战争理论、中国特色军事变革理论、信息化人民战争理论以及军队转型理论，等等。美军发展出“体系战争”的思想，其核心点是把对抗双方都视为一个系统，有效地组织和控制信息流，使己方系统运转始终处于优化状态，同时破坏敌方系统的正常运转。

体系战争思想衍生出“决策周期论”和“五环目标论”“空地一体战”等战略。“决策周期论”由美国军事理论家约翰·博伊德提出，又叫“OODA循环论”，分别表示观察（Observation）、判断（Orientation）、决策（Decision）、行动（Action）。这四个环节相互关联，相互循环构成了人类一切活动的基础，在战争中，谁能够更快地完成这一循环，并打乱敌方的循环，谁就能赢得主动和胜利。“五环目标论”由曾担任美空军飞行连队指挥官的约翰·沃登提出。他认为所有的战略实体都可以分解为五个组成部分：1）领导指挥环，国家、军队的指挥中枢；2）有机要素环，粮食、能源等设施；3）基础结构环，交通、通信、工业设施；4）单个群体环，民众、民族意志；5）保护机制环，野战部队等。由内向外，其重要性和脆弱性依次递减。领导指挥环是体系内最脆弱又具有决定意义的中心，打击敌人领导层是瘫痪敌人作战体系的途径。“空地一体战”理论由美国陆军发展而来。其观点认为，未来战争没有明确的战线，为达到统一的目标，军队指挥官应利用空中和地面的各种作战力量，综合运用各种作战手段，在扩大战场上、全纵深范围内侦察和打击敌人，要加强空中和陆军密切协同，发挥整体作战效能，基本原则是“主动、灵敏、纵深和协调”①。再后来诸如“电子战战略”“空海一体战”“陆、海、空、天一体化战略”“区域防卫战略”“高边疆战略”“全方位快速反应战略”等创新理论也应运而生。

（3）接触作战转变为更加灵活的“非接触”作战方式

从战争主体的接触形式和战争得以展开的时空关系来看，人类战争先后经历了完全接触、半接触战争，并正在向完全非接触战争转换。所谓完全接触战争是指战争中的人、武器、领土三者都是直接接触的战争；半接触战争是指战争中的人、武器、领土三者中，武器和领土是接触的，但人是非接触的战争；而完全非接触战争是指战争中的人、武器、领土三者中只有武器的接触，而没有人和领土接触的战争。

在农业社会，战争仅仅是一种残酷的平衡力量。机械化以前的战争，包括木石兵器时代的战争，都伴随着劳动力和土地的直接争夺。那时候战争双方的人与人、人与领土乃至领土与领土是成胶着状态的，充满着人与人面对面的厮杀和领土与领土之间的直接占有，

---

① 军事科学院世界军事研究部．世界军事革命史（下卷）．北京：军事科学出版社，2012：1411－1419.

是一种完全接触的战争。到了工业社会，随着飞机、坦克、潜艇、装甲车等的出现，人被武装起来，人的体能得到大幅度延伸。即由操作简单兵器的体能拼杀发展为驾驭武器系统的体系对抗，武器成为战争独立的中介系统，战争主体作为个体的主体开始分离，出现了空战等相对独立的作战样式。随着人类对动力控制技术、精确制导技术、信息技术等的掌握，战争形态发生了重大变化。出现了核威慑下的导弹战、电子战、空中精确打击等新的作战样式，战争主体在时空关系上越来越远，双方的战斗员可以互不照面，战争主体作为整体的主体开始分离，出现了相对于人而言的非接触战争。但是，此时战争主体的分离是不彻底的，这种非接触战争是一种不完全意义上的非接触战争。因为从宏观上看，尽管有要地防空等手段，但战争双方的领空仍然是开放的，一方仍可以通过弹道导弹等武器打击对方本土。另外，在必要时还会有地面进攻或局部占领，如海湾战争、科索沃战争等。1993 年爆发的科索沃战争是一场典型的非接触性、高技术战争，创造了以空袭致胜的战争历史。正是由于南联盟特殊的地理位置，北约插手科索沃危机。战争中，拥有高技术武器的北约军队向南斯拉夫联盟实施了长达 78 天的高精度、远损伤、非接触的空袭战。北约对南联盟实施了“联盟力量”空袭行动，在作战方式上体现了“航空航天一体化”的远战特征。

未来，随着太空技术、定向能技术、人工智能、量子计算、计算机等技术的发展及其在军事领域的广泛应用，完全非接触战争将会变为现实。即在这种战争形态下，战争双方的人和领土都是非接触的，接触的只有武器。这些武器可能是弹道导弹和反弹道导弹这样的硬武器，也可能是计算机病毒这样的软武器。相对于硬武器的对抗而言，软武器的较量是智力的对抗，完全可以看成是一种“零接触”战争。战场也会出现非领土化倾向，一方面战争是在领土以外进行的，另一方面战场向太空、网络世界延伸，太空战、信息战成为新的战争样式，“虚拟领土”将成为战争双方争夺战略利益的主要战场。战场信息也会出现不对称现象，拥有技术优势的一方将拥有信息优势，拥有更多的战争主动权。战争主体性、交互性因一方领土可以免遭攻击而发生变化，使战前的对话、协调机制受到破坏，战争的突然性增大，非对称性行动将导致战争门槛大大降低。

（4）对信息化军事形态和基本规律的认识还处于不断探索之中

海湾战争以来的几场信息化战争，作战指导思想发生很大变化，以斩杀政府首脑为核心，打击经济设施为重点，以摧毁敌国人民意志为根本的全新的战争模式，让整个世界为之震撼。海湾战争，美军打的是信息化，南联盟之战，美军打的是一体化联合作战，阿富汗战争，美军用的是立体化、透明化的作战方式，伊拉克之战，美军打的则是“全维作战”，连信息化战争开始时应首先对敌方进行电子压制这一手段也没怎么用。冷战的结束不仅使美国成为唯一的超级大国，而且强大的程度是史无前例的，军事上也没有强劲的对手。美军的作战理论追求“全维作战”“全球反应、全球打击、全球机动”，始终贯穿和渗透着主宰世界的霸主思维模式。

“精确作战”已成为美军未来作战新概念之一，以最低的风险和代价，达成最佳的作战效果。通过精确授时定位，为信息系统、作战平台和弹药提供精确的时空基准；通过精确侦察监视，为作战决策和行动提供精确的目标信息；通过精确指挥控制，使作战资源运用更加合理，作战协同更加密切；通过精确打击，在防区外对全纵深目标进行远程打击，极大提高毁伤效能；通过精确毁伤评估，确保更加科学地规划实施后续作战行动；通过精确投送，在全域范围实施机动作战，适时掌握战场主动权；通过精确综合保障，精准满足作战资源需求，提高持续作战能力。以美国为代表的西方发达国家军队已明确提出“主宰性作战空间感知能力”为标志的信息优势。随着信息技术的发展，战争形态演变的精确化趋势将更加明显。

由于信息技术自身的特点，信息速度传播快，突发情况多，信息稍纵即逝，从陆、海、空、天、电全方位覆盖战场，对战争的指挥官提出了更高的要求，要具有更强的应变能力和灵活的指挥能力。信息战不再拘泥于各个兵种的独立作战，而是更强调兵种间的联合取长补短、快速制敌。乔治·斯坦认为：“从本质上看，信息战与思想观念和认识论密切相关。信息战与人们的思维方式和决策方式有着千丝万缕的联系。尽管信息战主要是通过社会或军队的通信网络来实施的，但从根本上看，这种作战样式涉及的主要不是卫星、电缆和计算机，而是人，是人的决策行动……因此，信息战的攻击目标是人的思想，特别是那些在战争与和平问题上有决策权的人士的思想，在军界则是那些能够决定是否用兵、如何用兵和以什么方式用兵的人士的思想。”

在美俄等国的带动之下，信息化军事变革逐步走向成熟。但是，信息化军事理论的研究和探索已远远超出军事实践，信息化军事变革是一项宏大的系统工程，要经过几代人的努力，需要放在一个较长的历史跨度中去考虑，尽管还无法确定信息化战争完全成熟的准确时限，但肯定不会过于遥远。

9.3.3 组织形态

20 世纪 70 年代以来，信息化战争形态加速演变，诸军兵种联合展开作战行动已经成为局部战争中作战力量运用的最明显特征。战略级的战争目的，通过战役级的指挥，以战术级的行动来实现，战略、战役和战术行动逐渐趋于融合。

在传统的战争形态中，部队的军种按照作战领域分为陆军、海军、空军三个军种。随着信息技术的发展，以信息技术为核心的高技术武器装备的使用，使战争所涉及的战争领域由海、陆、空朝着海、陆、空、天、电等多维领域发展，在结构的组合中寻求战斗力新的增长途径。由作战力量构成上的变化引起作战样式上的变化，出现信息战、精确打击、瘫痪战、联合作战、隐形战、计算机病毒战、虚拟现实战等。以此为标志，人类战争形态发展开始由机械化时代转向信息化时代。

为了适应新的战争需求，除了传统的海、陆、空军种以外，还依靠卫星开展信息侦察、跟踪监视、导航定位等，产生了专门针对太空作战的部队——天军。伴随着新兵种产生，战争模式也发生变化，在战争中更多地强调各军种之间的配合，以期快速实现战争目的。由此产生了新的军事理论：一体化联合作战理论。一体化联合作战理论按照统一作战的要求，协调一致地组织海、陆、空、天、电、网一体化的多维作战行动，发挥军事力量的整体效能，实现精确打击、制敌机动的战争目的。

在传统战争形态下更多强调的是对称性的作战理论，陆军对陆军、海军对海军、空军对空军。在信息化战争时代则着重发展非对称性作战。美军在《2010 年联合构想》中明确提出，实施联合作战“必须能够在相同的环境中运用压倒优势的力量，并实施不同维度的攻击，如空海对地、地海对空的攻击，以夺取不对称的优势”。

联合作战是指两个以上的军兵种，按照总的企图和统一部署，在联合指挥机构的统一指挥下，共同实施的一体化协同作战。如“空地一体战”“海空一体战”“空地海天一体战”等。广义上的联合作战，早在机械化战争时代就已初具规模。随着坦克、飞机、舰艇和无线电装备的大量出现和广泛使用，陆、海、空三军间的合同作战成为机械化战争的主要作战方式。特别是在第二次世界大战及其后的几场局部战争如朝鲜战争、越南战争，几乎所有的重大战役都是由两个以上军兵种共同实施的合同作战。不过这种合同作战是以一个军兵种作战为主，其他军兵种则主要是予以配合，因此还不能与真正意义上的“联合作战”相提并论。

从陆、海、空协同作战向陆、海、空、天、电一体化联合作战发展，是第二次世界大战后作战方式发生重大变革的显著标志。随着各种新型作战平台、精确制导武器、C^4I 系统、军用卫星、电子战装备等高技术武器装备在战场上的广泛运用，一方面，现代作战力量的构成趋向多元化，从而使作战行动往往在空、地、海、天等多维领域同时展开，每一个空间都成为整个战场不可分割的组成部分；另一方面，任何单一的军兵种或武器装备系统都不具备在所有空间打击敌人的手段和能力，不可能单独实施战役级作战行动，作战的成败在很大程度上取决于各种作战力量之间的紧密配合与优势互补。

在这种情况下，传统的以单一军兵种为主的合同作战，已很难适应信息化条件下作战的要求，跨越军兵种界限、诸军兵种实施陆、海、空、天、电一体化联合作战逐渐成为一种基本的作战方式。信息化条件下强调各力量要素有机结合，协调一致，要与所依赖的物质和社会基础更为紧密地联系在一起，与国家的综合实力、全域保障体系，以及一些非军事手段联系在一起。这种“体系化”的力量构成，使得原有“一矛一盾”相互制约的状况被“多矛多盾”相互制约的新特点所代替。信息平台在人与人、人与武器、武器与武器、作战单元与作战单元乃至军队与军队之间嵌入了新的机构，形成一个独立的战争中介系统，并上升到主导地位，控制着一切武器的运行，统一整个军队的作战行动，并产生新结构力，使各个作战要素结合成一体、高度融合、无缝链接，共同发挥效能，使系统对系统、体系对体系的整体对抗成为可能。1993 年的科索沃战争，在作战力量布局上，形成了以空中力量为主，海上力量为辅的多兵种联合作战力量。在作战指挥上，运用了多种指挥手段，采取远程指挥与战区内机动指挥相结合的方式。

阿富汗战争中，美军的“海王星之矛”作战行动则是联合精打作战逐渐形成的重要标志。2011 年 5 月 1 日，美军海豹突击六队在巴基斯坦境内阿伯塔巴德地区将基地组织首领本·拉登击毙，这就是当时震惊世界的“海王星之矛”作战行动。美国总统奥巴马在白宫亲自指挥观看了持续将近 40 min 的惊心动魄的作战全过程。鉴于阿富汗极为复杂的战场环境和主要作战对手较为灵活分散的行动特点，美军主要以精确打击与特种行动相结合为作战行动的基本方式，特种部队成为地面作战行动的绝对主角。虽说如此，而对处于极其复杂地理环境中的特殊作战对手——基地组织首领本·拉登，美国五角大楼的军政首脑和战场上的美军特种部队十年磨一剑，最终经过锲而不舍的长期作战准备，依托世界上独一无二的信息化战争体系，以精干的战术力量实现了富有战略意义的击毙本·拉登的作战目的。自此，美军在阿富汗战争中开创的精确打击与特种行动相结合的战略战术模式“阿富汗模式”也开始真正地走向成熟①。可以肯定地说，美军发动的“海王星之矛”作战行动是信息时代联合精打战术出现的重要标志性事件。这一作战行动看似一个偶然事件，但偶然中却蕴含着历史的必然，那就是世界新军事革命数十年来的持续发展与纵深推进的必然结果，致使美国有人提出“第四代战争”——“混合战争”理论。混合着意识形态冲突，常规军事力量的“械斗”和各种网络攻击构成的混合战争，确实弥漫当代军事现实，已全面冲击和超越自海湾战争以来相对固化的“信息化”概念。

“海王星之矛”作战行动，则在侦察情报、组织筹划、作战指挥和行动调控与保障等方面做到了全过程精确释能。最为重要的是，美军通过作战力量的特种行动实现了远程精确打击武器所不能达到的最佳作战效果，即明确判定作战目的已经得以实现，真正打了场“明白仗”，同时最大限度地减少了附带伤亡和整体负面效应。这也是美军以往的作战行动所无法企及的新高度。可以说，“海王星之矛”作战行动体现了联合精打战术的基本特征。或者说，平台作战、体系支撑，战术行动、战略保障，已经成为现代战争的显著特点，美军击毙本·拉登就是一次典型的大体系支撑下的精兵作战行动。美军精兵猎杀行动背后的巨大支撑系统包括：若干颗侦察和通信卫星、1架担负实时传输和无线监听任务的隐形无人侦察机、多架空中待战掩护的F/A-18战斗机、1支担负战略支援的航母编队、2个中亚基地和5个指挥中心，以及近万名各类支援保障人员②。美军“海王星之矛”行动成功实践，预示着联合精打战争形态开始出现。

---

① 平志伟．中西方战术比较研究［M］．北京：国防大学出版社，2001：120-129.

② 阿彻·琼斯．西方战争艺术［M］．刘克俭，刘卫国，等，译．北京：中国青年出版社，2001.

第 10 章

战争形态演变的总体发展趋势

在人类社会演进过程中，科学技术不仅影响到社会生活的每一角落，而且在军事领域得到优先使用和质的突破。历史表明：任何时期的军队，都力求以最新科学技术成果来武装自己；任何时代的战争，都是该时代最新科学技术成果的全面试验和集中展示。失去了科学技术的支撑，军事革命转型的发生与发展将成为无源之水、无本之木。正是由于科学技术引发的武器装备断代性发展，最终成为军事变革实践中最基本、最活跃、最直接的因素，推动了战争模式由人力中心战、平台中心战向网络中心战的持续转型，推动战争形态由冷兵器、热兵器、机械化、信息化、智能化方向发展。科学技术是第一生产力，也是第一作战能力，即战争形态在科学技术的主导下，在各种因素的影响、推动、制约下，不断发生着变化，总体上看，战争形态的演变是向前的、加速的、由低向高的，战争的影响因素变多了，军事理论的重要性更加突显。谁要想在某次军事革命中领跑，谁就必须加倍关注和强力发展科学技术，就必须善于将最新科技成果自觉运用于军事实践，并不断研究战争、设计战争、预测战争。

10.1　总体趋势基本向前

帝国主义、霸权主义是战争的根源。科学技术进步的速度越来越快，作为资本主义国家在全球进行资本扩张的趋势基本不变，作为霸权主义国家在全球称霸的野心也是不可改变的。这就决定了战争不可灭亡，战争形态的嬗变不可能长期停留在原地，战争形态总体向前的趋势没有变，但发展的不平衡性是客观的。任何事物的发展变化都是一个由量变到质变的过程，从而使整个发展变化呈现出一定的阶段性。在不同的发展阶段，事物的特征显现的程度有所不同，其影响的程度也有所不同，战争形态亦是如此。“第四代战争”“混合战争”理论的提出，从一定意义上讲就是战争形态发展阶段性的一种表现，它不能代表战争形态发展的总趋势，但却是战争形态发展进程中客观存在、必须正视的一种现象。

20 世纪 90 年代初的海湾战争、1999 年的科索沃战争，展现在世人面前的都是信息技术支撑下的现代战争。这种战争在震撼性地创新了战场时空观的同时，也极大地推动了新军事革命的发展。然而，进入 21 世纪后，波澜壮阔的战争似乎瞬间消失，强大的战争机器好像一头冲进梦幻魔窟的斗牛，处处有敌情征兆，又处处不见对手的踪影，浑身是劲却无处使。无论是在阿富汗战场还是在伊拉克战场，自从塔利班政权和萨达姆政权被打散了之后，再打的就是一些历史上被称作游击战、麻雀战、骚扰战的仗，有的甚至就是路边炸弹、自杀式爆炸等恐怖袭击。正是面对这样一种情况，2007年美国军事专家弗兰克·霍夫曼首次提出“第四代战争”——“混合战争”理论，该理论切合了美军的实际需要，一提出就得到军方高度重视，美国2010年版的《四年防务评估报告》中已将“混合战争”理论正式作为应对多元化安全威胁的战略指导①。

“混合战争”理论的提出，没有完全否定“常规战争”“正规战争”。历史上，美军惯于与国家、国家集团的正规武装力量打常规的堂堂之阵，包括1991年的海湾战争、1999年的科索沃战争，美军面对的作战对象都是正规军，打的都是常规战。然而，在阿富汗战场和伊拉克战争后期，美军面对的作战对象主要是非政府组织的武装分子、“叛乱分子”，甚至是一些踪影皆无的散兵游勇。正是这样一种多元性的作战对象，导致了战争手段、威胁形式、战场环境的复杂化，让强大的美军及其盟军忙活了七八年，虽然赢得了战争，但也付出了巨大的代价。

实际上，按照美军对“混合战争”的界定——“常规威胁＋非常规威胁、大刀长矛＋步枪、自动步枪或其他轻便武器＋现代通信工具、正面战场＋敌后战场、广大民众意愿＋国际社会支持”，等等，这种战争在中国乃至世界历史上早已客观存在、司空见惯，而美军则缺乏这方面的实践，缺少这方面的历史知识。应当肯定地说，“混合战争”理论的提出有一定的实践基础，兼顾了常规战与非常规战、当前与未来两个方面。只要美国今后还发动类似阿富汗、伊拉克这样的战争，就很可能再次面对新的“混合战争”的情况。但也要看到，按照美国“永远不做老二”的目标，着眼确保军事上的绝对优势，发展新型武器装备，为应对未来的战争形态奠定胜利的基础，美国再次陷入类似伊拉克战争和阿富汗战争泥淖的情况，所谓“混合战争”得以实践的可能性有多大值得探讨。虽然人们可以说占有优势的一方“不胜就是失败”，处于劣势的一方“不败就是胜利”，但毕竟战争的胜负有一个客观标准，美军从伊拉克“体面”地撤军本身就表明伊拉克抵抗力量并没有赢得胜利。正是基于上述，可以预见，“第四代战争”理论的一些思想可能会对美国军事理论产生一定的甚至深刻的影响，但它又不会成为美国军事理论的主流。因此，它也不会改变目前美国塑造未来战争形态的总趋势。

总之，战争形态的发展有其内在的规律性，随着科学技术的不断进步而向前的趋势始终是主流，实战中因对手技术上的差距而出现的“不对称”甚至“复古”“倒退”的情况是存在的，是发展不平衡的必然结果。但是可以断言，“第四代战争”理论、“混合战争”理论，并不能从根本上代表未来战争形态发展变化的总趋势。作为资本主义国家，在全球进行资本扩张的趋势是不可改变的，作为霸权主义国家在全球称霸的野心也是不可改变的，这就决定战争形态的演变不可能长期停留在原地。混合战争理论也在实践中得到不断

① 张世平．世界重大军事事件战略透析［M］．北京：军事科学出版社，2011：346-347.

提升和完善，俄罗斯格拉西莫夫从实用主义的角度，用数篇文章阐明了俄式“混合战争”的内涵和要素，并付诸实施。乌克兰危机中，俄罗斯采取多种战略欺骗与威慑措施，灵活快速展开大规模的心理战、舆论战、法律战，最终闪电收回克里米亚；叙利亚战场上，俄罗斯自由切换军事、政治、外交、经济等多种手段，向世界成功演绎了如何综合运用高科技武器和网络战、舆论战、代理人战争等手段实施混合战争。透过纷繁的迷雾看其内核，可以发现混合战争和近年来炒得很热的美军“马赛克战”概念在制胜机理上异曲同工。二者均旨在快速灵活地组合运用各种“兵力”，通过增加对手的决策难度达到克敌制胜的目的。可以将混合战争视作是在战略级别进行的“马赛克战”[①]。

10.2　演变速度更加快捷

在社会生产以及劳动产品的交换内容发生改变的基础上，科学技术的发展必然改变作战武器，武器的改变不可避免地改变战争形态和作战方式。战争的争夺对象也在不断地发生变化，因此从冷兵器时代到现在，这些进步与发展强制地改变了战争形态。多年来，西方先进的资本主义国家越来越重视“武器时代差”的作用，不惜投入大量人力和财力，拼命研制先进的武器装备，特别是战场上的主战武器，从而导致了战争形态演变加速。反过来，由于战争形态演变的加速和“武器时代差”的出现，也使西方发达资本主义国家敢于频频发动局部战争，这种战争有时甚至表现出令人难以置信的疯狂性和破坏性。

从冷兵器时代到热兵器时代，再到后来的机械化战争、高技术局部战争（前信息化战争）和即将到来的后信息化战争时代。每一次战争形态的转化所需要的时间越来越短，科学技术的飞速发展，新的技术代替旧技术，科学技术发展得越快，这种替代的速度也就越快。距今越近，战争形态转型所经历时间越短。冷兵器战争阶段，如果从公元前 3500 年前后金属兵器开始萌芽起算，到纪元前后金属兵器在世界各主要国家大量使用，再到中国汉唐时期推至顶峰，历时约 4000 年。即使从其全面展开到最终完成，也不少于 2000 年。火药化军事革命虽有所缩短，但从公元 12 世纪初中国将火药首次用于战争到 19 世纪后半期火器成为主战兵器，也经历了约 800 年时间。可是萌发于 19 世纪后期的机械化军事革命，从 20 世纪初真正展开，到第二次世界大战结束时基本完成，却总共花了不到 200 年时间。据估计人类将用 80 年左右的时间，就可以完成由机械化向信息化的完全转变，进入信息化战争的成熟期，即后信息化战争时期。

摩尔定律揭示信息技术的更新具有历史上其他技术发展无法比拟的速度，信息技术的快速发展，加快了信息技术武器装备化和武器装备信息化的双向进程，从而赋予战争信息化内在的加速度。战争形态演变的速度越来越快，这种发展态势对于科学技术和军事技术相对落后的发展中国家来讲，国家安全与以往相比将会变得更加重要，安全因素更加复杂。正是因为这样，促使发达国家发动局部战争呈频繁和激烈的趋势，因此发展中国家在

① 张传良．混合战争的先行者：俄罗斯武装力量总参谋长格拉西莫夫将军［R］．微信公众号：军事文摘，2021－5－8．

国家安全形势方面变得比以前更加严峻。

事实证明，作为发展中国家，如果不加快改变落后现状，势必在武器装备上与先进的西方资本主义国家进一步拉大“武器时代差”，使自己在战略上长期处于被动地位。从北约打击南联盟的军事行动和结局上可以看出，第三世界国家如果不缩小与霸权主义国家的“武器时代差”，最好的结果只能避败，而难于谋胜。进入21世纪以来，对于我国来说在强大国力的保障下，随着科学技术和工业水平的快速发展，我军机械化建设的速度不断加快，形成了“中国制造”和“中国标准”，部分领域已经达到世界一流水平。我国在补完机械化这一课的基础上，正在进一步向信息化迈进，同时也面临着智能化的机遇和挑战。军队的现代化建设要完成机械化、信息化、智能化的多重任务，就要走跨越式的发展道路，正确处理机械化、信息化和智能化之间的关系就变得尤为重要。

党的十八大报告明确了要加快国防和军队的现代化建设进程，按照“三步走”战略构想完成机械化和信息化的双层建设任务，在2020年力争基本实现机械化，信息化建设取得重大进展。在国家发展由大向强的关键阶段，习主席提出了“实现强军目标、建设世界一流军队[①]”的伟大号召，体现了我们党在军队建设发展规律认识上的新高度，体现了我们党推进军队现代化建设加速发展的政治自觉、理论自信和战略设计。建设世界一流军队，是中国梦、强军梦的题中应有之义，是中国共产党在全国人民面前的庄严承诺。科学认识和有效推进这一战略目标，应站在政治和战略全局高度，以更为宽广的国际视野，在前所未有的中国与世界的关系变化中把握其战略意蕴；应自觉站在与世界顶级对象战略博弈的大舞台上，校正我军建设发展的参照坐标，以世界一流标准科学构建中国特色强军指标体系；应坚定中国特色军队建设发展的道路自信，培植特有优势，补足短板弱项，提升军队核心竞争力，在建设世界一流军队的进程中彰显中国智慧、中国风格[②]。

10.3 整体形态更加高级

“第四代战争”理论的提出是基于对越战以后美军所进行的一系列战争以及巴以几次冲突情况的分析。这一理论的提出者，看到了简单的军事优势无法迅速转换为政治胜利的客观性，看到了民心向背对战争进程和结果的深刻影响，是对美国传统军事理论、传统军事思维的一种反思、一种挑战，甚至可以说是对美军过于依赖科学技术倾向的一种矫正，这是应当肯定的。但也必须看到，这一理论存在着两个严重的错误。一个是逻辑错误，即战争形态的断代标准不一。第一代、第二代、第三代以科学技术及其物化了的武器装备作为断代的标准，而到了第四代则以社会力量的调动与运用为标准，这显然是不合适的。甚至认为毛泽东是“第四代战争”的创始人，把毛泽东的“人民战争”视为“第四代战争”的雏形，更显现出历史知识的匮乏和逻辑上的混乱。一个是常识错误，即把战争的胜负简

① 习近平．围绕实现强军目标推进军队院校改革创新　为实现中国梦强军梦提供人才和智力支持［N］．解放军报，2016-03-24（1）．

② 刘江桂，韩卫锋．关于建设世界一流军队的若干思考［J］．中国军事科学，2016，9（4）：24．

单地归结为战争形态，把战场上“不对称”的现象视为两种战争形态的“交锋”[1]。

与“混合战争”“第四代战争”不同，“第六代战争”则是俄罗斯的斯里普琴科提出的。同样出于对伊拉克战争、阿富汗战争等近几场高技术局部战争的思考，但“第六代战争”侧重于正规战争的研究，突出的是以国家为行为主体的战争。这种以现实战争为基点，以武器装备发展为主线而预测的战争理论，充分反映了军队在战争中拥有不可怀疑的主导作用，以及科学技术在战争形态演变中的决定性作用。造成战争研究方向的分化，源自美、俄两国不同的战略需求。对于美国而言，其拥有世界一流的武器装备和先进的作战理念，是其他国家所无法超越的。其当务之急，是如何赢得两场战争。这是“第四代战争”和“混合战争”出台的战略要求。对俄罗斯而言，对其构成的最大威胁，不是小股恐怖分子，而是可能以正规军队使用高技术兵器所带来的战争威胁[2]。

总体上看，人类战争形态由低级向高级形态演进，逐步达到“不战而屈人之兵”的境界。本质上讲，战争是迫使一方服从另一方意志的暴力行为，摧毁敌人的抵抗意志是战争的直接目的。而意志是人有意识、有目的、有计划地调节和支配自己行为的心理过程，是人意识能动性的集中体现，也是人类特有的心理现象。战争以人为对象，是意志屈服意志的过程。然而，历史上由于科学技术的限制，人对“人的内在”的不了解，战争从一开始只能通过杀伤人的肉体和毁坏人的生存条件这一武力中介来达成意志屈服的目的，按照意志→武力→意志过程进行。随着现代生物科技的发展，未来信息化、智能化战争的目标与以往战争目的大为不同，是通过影响“物理域”和“信息域”的信息流动，最终对“认识域”目标施加关键影响。信息技术、生物科技把战争引入认知空间和精神领域，将对认知空间的影响和作用通过“人的外在”影响“人的内在”，那么未来战争形态必然是在信息化战争的延续和发展的基础上，将从“人的外在”进入“人的内在”。

10.4　影响因素明显增多

任何事物的发生发展都是多种因素共同作用的结果，虽然其中有一种是起决定性作用的，但任何事物的发生发展又都不是某一因素作用的结果。战争形态的变化亦是如此。如果仅仅局限于从科学技术与战争形态演变的关系角度，就不能准确、全面地发现并认识其内在的辩证关系。在军事技术史上曾出现过众多的科学新技术，也曾出现过作战效能更好的武器装备，但能够推动战争形态演变的只有某个科学技术群。信息技术引发了信息化战争，而航天技术也对战争至关重要，但却未能形成相应的战争形态。

因此，从科学技术角度来推断战争形态的演变方向，不仅要看该技术是否为武器装备的发展提供了社会基础，还要看其是否顺应战争政治目的需要，以及是否具备更好的经济效益等。科学技术在军事领域中的运用奠定了与社会基础特征相统一的武器装备，最终形成了与武器装备特征相一致的战争形态。但科学技术及其物化了的武器装备发展水平越

---

① 张世平．世界重大军事事件战略透析［M］．北京：军事科学出版社，2011：346－347.

② 张世平．世界重大军事事件战略透析［M］．北京：军事科学出版社．2011：347－348.

高，可能带来的破坏性越大，政治、经济因素则成为牵制战争形态发展的影响因素。

就政治因素而言，“战争是政治的继续”，尽管在战争问题上可以“无所不用其极”、可以“不择手段”，但战争只是手段而不是目的。当战争变成一种杀戮的时候它就改变了自己的属性，也就失去了存在的可能。这就决定，武器装备的可用性越大，其发展前景越广阔；反之，武器装备发展到一定程度必然走向自身的终结。化学武器、生物武器、核武器等，虽然对战场上的敌人破坏力大、毁伤力强，但同时对生态环境的破坏、对人类文明的毁坏也是十分严重的，对生命的打击十分残酷。因此，有的已处于被禁止之列，有的处于被严格限制之列。

人类历史反复告诉我们：一场惨无人道的战争往往会使胜利变得暗淡无光，人类文明进步要求战争必须更加人性化。正如哲学大师康德 200 多年前所言：“世界最终达到普遍和平的结局，到底是通过道德上的顿悟，还是因为大规模的灾难让和平成为唯一的结果？我们正在接近也许不得不做出这种选择的时刻。”当代战争之所以强调“精确打击”，不仅仅是个效益问题、减少附带伤亡问题，更主要的是避免“战争罪”的羁绊，增大武力使用的可行性和可控性。在世界经济一体化的格局下，大规模战争对谁都不利。尤其是在信息传媒越来越发达，人们的反战情绪越来越高涨的现代文明社会，大国迫切需要一种兼顾软硬杀伤功能、毁伤效果高度可控的武器系统来执行“亚战争”任务，在传统战争面前多设几道门槛，为毁灭性战争多上几道保险，无疑是新军事革命要解决的问题。

就经济因素而言，军工集团在世界各国尤其是在一些发达国家占有相当大的比重，据资料介绍，美国涉及军工集团的人口将近 6 000 万，在欧盟、俄罗斯等军工企业规模较大的国家里，军工集团的人口数字都不会太小。战争数量减少了、战争规模缩小了，军工集团的饭碗就少了。一些为过去历代战争生产传统武器装备及军事技术装备的军工集团，将利用长期以来形成的垄断体制对新生事物进行强烈抵制。在落实未来战争的军事战略构想时，他们首先看到的是对他们个人利益的威胁，因此会想方设法地为贯彻新的战略构想设置障碍。具有远见卓识的军工集团领导将会意识到，采用新的可用性较强的武器装备、打造可用的战争手段，才是军工集团维护自身利益的必然选择。

总之，科学技术发展对于战争形态的发展变化具有决定性的影响，同时，政治、经济等其他因素也不同程度地对战争形态的发展变化，起着一定的有时甚至是强制性的牵引和制约作用。

10.5 军事理论价值凸显

我们都知道，理论指导实践，实践对理论有反作用力。关于军事理论与军事实践谁先谁后的问题，历史上军事家可能从实践中总结出理论更多一些，但未来信息化、智能化战争这种关系将会发生变化。21 世纪的世界军事领域将呈现超前设计、创新驱动、跨越发展的规律性现象，各种信息化军事理论层出不穷，各种作战实验日新月异，各种军事预实践的先导作用日益凸显，未来军事斗争制高点的较量已经在军事创新领域提前拉开序幕。

历史上，军事理论更多的是军事实践运动在人脑中的客观反映。丰富的军事实践为军事理论创新发展提供了丰腴的土壤和无尽的营养。正是春秋战国时期群雄蜂起、诸侯纷争的生动实践，孕育出了先秦诸子百家的军事哲理，造就了《孙子兵法》这一超越时空、异彩纷呈的兵学圣典。正是法国大革命以及 19 世纪一系列的战争实践，产生了西方兵学双璧《战争论》和《战争艺术概论》。正是法国巴黎公社革命以及 19 世纪下半叶到 20 世纪上半叶的一系列军事和战争实践，哺育出了迄今为止人类最为先进的马克思主义军事理论。多极化格局下的军事竞争与信息化条件下的局部战争实践，使人类对军事的认知越发理性，愈益深刻。任何时候都不能忽视军事实践，放松军事斗争准备活动无异于自取灭亡，任何时候都必须从军事实践尤其是战争实践（自己的或他国的）中汲取营养，任何时候都必须把军事理论与军事实践紧密结合起来，不断用实践检验理论、发展理论。

实践证明，对交战双方而言，不能最大程度地将武器装备（如坦克、飞机、大型战舰）与科学技术相结合，便无法赢得战争，但拥有了新型武器装备而不能产生相应的新作战理论、战略战术，同样也无法赢得战争。第二次世界大战作为机械化时代特有的典型战争形态，其军事上的成功与失败和战争的进程，很大程度上取决于以内燃机技术为核心的科学技术群与作战理论、战略战术的结合程度。这表明军事技术决定战术，军事技术与战略战术的统一对战争的胜负至关重要。

新技术在引发军事变革时，并不是自发的过程，而是军事思想选择新技术，使之成为一定时期的核心军事能力，并创新“游戏规则”的过程。历史上理论滞后带来的被动局面不胜枚举。第一次世界大战之后，英国人、法国人、德国人和俄罗斯人都开始制造坦克（实际上，除了俄国人之外，他们在战争期间便开始制造和使用坦克了）。英国人和法国人在两次世界大战之间的年代里准备使用坦克的方式远非革命性的，但是冯·泽克特、古德里安、图哈切夫斯基、特里安达菲洛夫等人的思想却在德国和苏联导致了军事转型。英国人发明了坦克，但是他们不仅没有制定出使用坦克的适当理论，而且甚至到第二次世界大战都未能制造出一辆适于作战的坦克，英国装甲部队在诺曼底等地驾驶的是美制“谢尔曼”坦克。雷达是德国人发明的，最先将其用在战场的却是英国人。更令人惊异的是火药产生于中国，但最终把火药军事化推向极致的却是欧洲人。

军事思想是军事理论的重要部分，是作战方法、作战样式的统称，是随着军事技术和武器装备发展而在作战行动中表现出来的基本形态，是战争形态的具体表现。就军事思想而言，它是武器装备正确运用、充分发挥应有作用的思想基础。历史反复证明，如果没有先进的军事思想、军事理论，即使拥有先进的武器装备，也不可能打赢战争。英国发明了坦克，却由德国的古德里安创造了“闪击战”，法国构建了固若金汤的“马其诺防线”，却在一夜之间被法西斯德国所击败，这些事例都充分地说明了这一点：军事思想的先进性往往与武器装备的先进性并不成正比。毛泽东军事思想就产生于以劣对优的战争背景下，指导“小米加步枪”的人民军队打败了“武装到牙齿”的强大敌人。美军最先进的武器装备在伊拉克战争尤其是在阿富汗战争中，就一度陷入面对“第四代战争”和“混合战争”而无计可施的窘境。因此，无论以劣对优，还是优劣相当，或以优对劣，都有一个保持军事思想尤其是作战思想先进性的问题。发生在20世纪最后10年的海湾战争和科索沃战争，从政治层面上击碎了人类对新世纪的和平期盼，同时从军事层面给人们展示了前所未有的全新战争图景，使我们依稀看到了新世纪战争信息化、立体化、远程化、精确化的特点与发展轨迹。而在与之相应的军事理论领域，人类在对以往的战争思想与军事传统进行总结、继承与反思的基础上，通过对战争形态以及相关的战争结构、战争手段、作战方法等发展规律的历史考察，结合时代背景与自身的特点与需求，提出了新的战争理论与作战原则。

以此为根据，21世纪战争与战略理论，则至少有以下几个方面值得关注：一是随着信息技术的飞速发展并广泛应用于军事领域，信息战理论将会更成熟更完善，但核威慑理论我们不能淡忘，因为能给人类生存以致命威胁的仍然是核武器。二是随着科技发展与军事变革的深入，新一代颠覆性技术战争理论在学术界必然将会占据主导地位，但我们必须避免陷入“唯武器论”与“技术决定论”的误区。三是随着社会文明的进步，关于战争道德问题的理论研究会逐步深化与拓展，但对战争文明论、“仁慈”论的欺骗性，必须有清醒的认识，因为“零伤亡”的概念是霸权主义单方面的专利。四是随着人类对战争与和平的认识更趋于理性，在如何控制战争的理论研究方面，会有较大的进展。但在战争根源依然存在、战争威胁依然非常严重的世界上，仍然应把理论研究的基点放在如何赢得战争上，而不能对战争控制或控制战争寄予更多的奢望。

下　篇

第 11 章

新一代颠覆性技术与后信息化战争形态

科学技术在军事变革中扮演了一个自相矛盾的角色，一方面，它们有助于解决战场上现存的挑战；另一方面，它们总是提出新的挑战。进入 21 世纪，世界新一轮科技革命、产业革命、军事革命交织推进，正重构全球创新版图、重塑全球经济结构、变革全球军事力量，科技领域呈现出多点、群发性突破的生动景象，导致新一代颠覆性技术集中涌现，必将对未来战争形态产生变革性影响。世界各国综合国力的竞争，已越来越表现为科技创新能力的竞争。今日霸权国家之所以能够称霸，依靠的其实就是科技创新能力；而后起国家要摆脱面临的各种威胁，最终也是要在科技创新方面加速追上。2012 年，美国国防部快速反应技术办公室启动旨在改变"游戏规则"的"下一代技术"项目。2013 年 9 月，美国一家知名智库给国防部提交了一份重要建言报告——《改变游戏规则：颠覆性技术与美国国防战略》。报告提出，美国国防部应当把下一代技术创新的重心放在颠覆性技术上，即"以快速打破与对手间军力平衡的方式，来解决问题的技术或技术群"。其主旨是引领战争形态向着作战效能更高、作战成本更低、作战风险更小、战争更加可控的方向前进。颠覆性技术作为能够改变战争规则、颠覆传统认知、推动社会变革的崭新领域，正以前所未有的强劲态势推动新一轮军事革命向更高层次、更大规模、更具影响的方向迅速发展。

11.1 新一代颠覆性技术及影响

颠覆性技术这一理论概念最早由美国哈佛商学院教授克莱顿·克里斯滕森提出，他在 1995 年出版的《颠覆性技术的机遇浪潮》一书中首次使用了颠覆性技术这一词汇。所谓颠覆性技术，是指一种另辟蹊径、会对已有传统或主流技术产生颠覆性效果的技术，既可能是完全创新的新技术，也可能是基于现有技术的跨学科、跨领域的创新型应用。颠覆性创新通常发端于非主流的低端市场或新市场，基于新概念或技术的新应用，以新产品或新服务替代传统产品或服务，并在相关领域产生革命性变革，带来新的领域性增长。在工程领域，颠覆性技术往往源于各项技术的融合创新；在军事领域，美国国防部将颠覆性技术定义为"以快速打破对手间军力平衡的方式解决问题的技术或技术群。"颠覆性技术概念可归纳为可以颠覆包括战争规则、产业模式、商业流程、应用领域、服务类型等各方面的创新性技术[①]。

目前，关于对颠覆性、破坏性、间断性或根本性技术创新的分类术语并不统一。欧洲采用“颠覆性技术”术语；英国开展了“地平线扫描”，发布了《科学技术“地平线扫描”》白皮书；美国流行“改变游戏规则的技术”这一术语，例如，美国智库发布《改变游戏规则：颠覆性技术与美国国防战略》报告，美国国防科学委员会发布《支撑2030年优势的技术与创新》报告，美国国防部开展“技术监视/水平扫描”（TW/HS）项目，监控全球潜在的颠覆性技术等，在材料和基础物理等基础领域更倾向于使用“突破性发现”等概念。

从冷兵器时代到当今信息化战争时代，出现了不同阶段的颠覆性技术，如冷兵器时代的铜铁冶炼技术、热兵器时代的火枪火炮技术、机械化战争时代的内燃机技术、无线电技术、电力能源技术等，尤其是核武器技术的突破及其颠覆性作用，显著改变了战争规则。人类已经进入到一个创造神话的时代，新技术更确切地说是新技术群，正以我们想象不到的速度向前发展。持续发生的科技革命必然持续推动军事领域里的革命。面对汹涌澎湃的新一轮革命浪潮，各个科技领域的专家都从各自的角度预见未来，分析判断军事变革走势。现阶段，新的颠覆性技术发展势头迅猛，这将不可避免地对未来战争形态产生深刻的影响。这是社会发展的深层规律，也是人类战争发展的规律。当我们站在高科技发展的舞台上，纵观20世纪以来的几场局部战争，就会发现战争形态正在发生前所未有的变化。

现代化的军队需要有大量资金投向新技术，但是要确定哪些技术前景远大，值得投资，这更像是一门艺术而非科学。它要求军队同时考虑多方面的问题：必须评估新技术的潜在效用、作战效能或战略价值；必须权衡技术的成熟度及其投资获得回报的可能性；必须对照替代投资方案和潜在对手的对抗措施，因为潜在对手的对抗措施可能会抵消或者削弱其作战优势。所有这些决定的做出，都面临极端的不确定性，并有可能遭遇敌人的故意欺骗。此外，一些新技术——无论是设想的，还是已经验证的——同新的作战概念、编制、训练及作战条令结合，能够导致战争发生颠覆性变化，从而改变军队的作战方式以及武器装备的运用方式。例如，在20世纪20年代，花钱改进骑兵的马镫，实际上是在浪费资源，因为对手当时正在研制坦克，它们将使地面战发生革命性变化。任何一种单一的技术甚至是技术群，都不可能是解决面临挑战的灵丹妙药。

综上，结合颠覆性技术的发展，国内学者对颠覆性技术定义如下：颠覆性技术是能够根本改变现有技术的状态，以更好满足用户需求的技术，它是一种全新的技术或对现有技术的创新应用以及创新技术（性能属性）的不同组合等。可以看出，颠覆性技术具有如下的内涵[②]：

1）能够根本改变现有技术的状态，即是颠覆性的，而不是渐进性的创新；

---

① 刘铭．国外激光武器技术的发展［J］．舰船电子工程，2011，31（4）：18-23.

② 孙静芬，袁建华，赵滟，蒲洪波．颠覆性航天技术的内涵、分类和显示方法浅析［J］．国际太空，2016（7）：35.

2）它以更好地满足用户需求为目标，包括国家安全、作战任务需求以及科学和工程应用等用户需求；

3）既可以是一种全新的技术，也可以是对现有技术的创新应用，还可以是创新技术的不同组合。

11.1.1　颠覆性技术

2018 年，习主席在两院院士大会上发表重要讲话，并深刻指出，“以关键共性技术、前沿引领技术、现代工程技术、颠覆性技术创新为突破口，敢于走前人没走过的路，努力实现关键核心技术自主可控。”贯彻落实习主席这一重要指示精神，必须深刻认识颠覆性技术发展对未来战争的深远影响，牢固树立科技是核心战斗力的思想，科学展望未来战争形态，构想和设计未来战争，遴选一批对打赢未来战争具有战略性和全局性意义的颠覆性技术，强化基础研究和交叉学科研究，始终掌握武器装备和国防科技创新发展的主动权。要充分认识科学技术已经成为新型战斗力的集中体现和重要标志，特别是颠覆性技术发展在未来战争中的关键作用。颠覆性技术已从军事竞争的幕后走向前台，其发展表现为打破传统技术思维和技术发展路线，另辟蹊径，以完全创新的技术替代现有传统或主流技术。

进入 21 世纪以来，以高超声速飞行器技术、空间飞行器技术、定向能技术、3D 打印技术、网络电磁空间对抗技术、量子技术、脑控技术等为代表的颠覆性技术，将改变作战“游戏规则”，催生出新的军事思想、战略理论、作战概念，将推动作战样式、战争形态的变革①。随着颠覆性技术的不断突破和军事应用，在一定时期内的后信息化战争将会是以核威慑为背景下的陆、海、空、天、电、网、认知等全维作战力量有机融合下的一体化联合作战。

美国在颠覆性技术发展方面走在世界最前列。2013 年 5 月，麦肯锡全球研究所发布了“2025 年前可能改变生活、企业与全球经济的 12 项颠覆性技术”，主要有作战云技术、先进机器人技术、基因技术、能源存储、3D 打印技术等。

2014 年下半年，美国《国家利益》杂志刊文指出“有望成为未来数十年内可改变战争形态的五大装备与技术”，主要有“超级隐身”或“量子隐身”材料、电磁轨道炮、高度自主化的无人系统等。

2014 年 11 月，美国《国家防务》杂志认为，在全球不稳定的新时代下，可为军用系统提供的新能源技术、高超声速武器、新生物医学技术等 10 项颠覆性技术将对未来军事作战产生重要影响。俄罗斯利用新兴防务技术，积极应对一系列不断变化的威胁。其武器研发重点方向为定向能武器、地球物理武器、基因武器、心理武器，等等②。

2015 年美国空军发布《技术前沿》报告称，未来 20 年，武器系统将从“有人走向无

---

① 李玉兰．传承红色基因向世界一流理大学迈进［N］．光明日报，2017－08－30（5）．

② 包为民，王凤伟，西隆，等．改变游戏规则、颠覆传统认知、推动变革发展［J］．智库理论与实践，2017，2（6）：31．

人、大型走向小型、人工控制走向自动化、精专走向兼容”，并明确了110项重点攻关的关键技术，如核遏制、全球机动、空中和太空优势、全球情报监视和侦察等。美海军称：“到2030年将以光速般的速度作战，全力支持定向能武器发展。”

2015年2月4日，美国海军研究署发布《海军科技战略》，强调加强基础技术投入，促进未来技术创新，提出海军科技发展三大目标是：减少对火药的依赖，研制“持久性更强”的无人水下航行器推进系统，高度重视网络安全。重点关注9个领域：确保海战场介入、自主和无人系统、电磁机动作战、非常规和不对称战争、制信息——赛博、平台设计及生命力、动力与能源、力量投送与综合防御、作战人员能力。结合美国和俄罗斯对颠覆性技术的预测与判断，本书总结以下12种影响未来战争形态的颠覆性技术。

（1）自主系统

党的十九大报告提出要加快军事智能化发展，给出了后信息化时代军队发展的新坐标，体现了对战争形态将由前信息化向后信息化发展的深刻认知。自主军事系统又叫智能军事系统，包括机器人特种兵等无人作战系统。当今，自主系统的关键支撑技术——机器人、人工智能、软件和无线网络等技术，在市场的牵动下迅猛发展，为研发体型小巧、造价低廉的自主系统开辟了广阔技术空间。

装备自主化是指以传统装备智能自主能力提升、新型全自主武器发展为主要特点，装备向多功能、智能化、一体化方向发展，作战应用将更加灵活，并可遂行多样化军事任务。此外，作战人员将不再位于作战前线，有助于降低人员伤亡；通过“机器换人”压缩作战人员数量，使作战队伍更加精干。自主式作战平台将成为未来作战行动的主体。在大数据技术需求牵引下，美军正在研发能够以作战平台为依托进行数据边缘高速处理的“近传感器计算（NSC）”产品。这一产品将使无人机不依赖成本高昂、功耗很大的通信系统，或者笨重、庞大的存储系统，就能够避免与潜在的其他飞行器迎面相撞这类事故。全世界最先进的无人侦察机“全球鹰”，能连续监视运动目标，准确识别地面的各种飞机、导弹和车辆的类型。目前，美国正使用新一代极高频的通信卫星作为大数据平台的支撑。未来，无人机甚至有可能摆脱人的控制实现完全的自主行动。美军试验型无人战斗机X-47B就是这一代表，它已经可以在完全无人干预的情况下，自动在航母上完成起降并执行作战任务。

美国空军研究实验室（AFRL）隶属于美国空军装备司令部，致力于领导美国航空航天技术的创新、开发和集成，负责规划和执行空军科学和技术方案，为美国空中、太空和赛博力量储备作战能力。目前，AFRL将自主技术、无人系统、高超声速和定向能技术作为“第三次抵消”战略的支撑技术，以增强和巩固美空军在速度、占领空间、灵活性和精确性方面的优势。AFRL对自主技术要实现的整体目标是“促成以计算速度形成决策”。AFRL目前侧重于作战安全与效率相关的自主技术，包括空中防撞系统以及以任务为中心的处理、利用与传播（PED）单元；2020年后，自主技术将大幅压缩杀伤时间，实现机器辅助的作战行动，届时，机载防御系统将自动识别威胁并向指挥员给出行动建议，地面情报分析系统在兼具各数据融合能力的基础上还具有向分析人员提示威胁的能力；2030年后，AFRL 的自主技术提供一体化侦察与武器能力，以确保在“反介入/区域拒止（A2/AD）”环境下持续开展作战任务。

AFRL 的自主技术几乎已经渗透到美空军任务中的每一个研究领域。在指挥控制领域，AFRL 通过忠诚僚机、可控对抗环境等项目开发“有人—无人”编队的自主算法，演示验证多系统协同的优势，借以减轻驾驶员负担；通过自主空间飞行器的控制、导航与制导等项目提升在轨目标执行交汇任务时的制导、导航与控制（GNC）能力。在情报、监视与侦察（ISR）领域，AFRL 通过弹性自主系统、多源分析等项目开发自主处理工具，加快 ISR 数据的采集、识别、提取、融合、分析和关联能力，提升情报产出效率。在通信与组网方面，AFRL 开展自主组网、中层航空通信等项目为自主系统寻求应用层、传输层和网络层的新型协议，实现通信拒止环境下正常工作，以满足未来机器与机器和有人与无人战术机载编队的网络要求。在指示与告警方面，AFRL 在地面防撞系统的基础上开发和演示空中防撞系统，并以此支撑自主编队飞行能力。在赛博领域，AFRL 通过开展敏捷赛博技术、赛博弹性能力等项目加强赛博态势感知、赛博指控、网络威胁规避与主动防御以及全频谱作战能力，最终实现美空军在赛博领域的绝对领先地位。

（2）无人系统

美军一直追求从传感器到平台的实时打击能力，追求零伤亡。由大数据支撑的拥有自主能力的无人作战平台，将使这些追求成为可能。现今，美空军的无人机数量已经超过了有人驾驶的飞机，或许不久的将来，美军将向以自主无人系统为主的、对网络依赖度逐渐降低的“数据中心战”迈进。基于实时、无人化作战，将彻底改变以有生力量为主的战争形态。

美俄在无人潜艇和无人潜艇杀手方面展开“角力”。正所谓“道高一尺，魔高一丈”，美俄之间的无人驾驶潜艇和潜艇杀手均爆出“猛料”。2015 年 9 月，《华盛顿时报》援引五角大楼工作人员的话称，俄罗斯正在建造一种无人潜艇，可以携带核武器，能对美国的港口和沿海城市构成威胁。与此同时，美国海军也高度重视并在积极研制无人潜艇。2015 年 6 月 30 日，日本外交学者网站发表题为《美国海军将部署无人驾驶艇跟踪中俄潜艇》的报道。其实，早在 2010 年，美国国防高级研究计划局（DARPA）就启动了一个开发反潜无人器的研究项目，它能够在浅水区跟踪敌方潜艇的无人驾驶船。俄军曾在叙利亚部署“天王星-6”无人战车执行扫雷、破障任务，预计未来还将在全军范围内逐步列装无人作战平台。

《国防》杂志 2014 年报道，美国正在大力研发能快速击败敌方的自主性武器系统，如能够自主担任护航任务的无人小船，带有“大脑”感知系统而不只是计算机芯片的无人机。美海军已经通过 13 艘无人驾驶小型护卫船在弗吉尼亚州詹姆士河上进行了试验。预计未来，自主式无人潜航器和无人机系统将获得快速发展。此外，美国在研发新型自主攻击远程反舰导弹，能在无人控制情况下自主避开雷达自行搜索目标实施攻击。英国研发的“硫磺石”导弹具有自行区别装甲车，以及交换数据“分工”攻击的能力。

2015 年美国国防高级研究计划局开展自主无人机系统研制，提出“拒止环境协同作战”(CODE) 项目，建立“分布式、高自主协同系统”自主发现和依据既定规则确定打击目标，并适应各种环境变化或突发威胁，提高军用无人机自主、协同作战能力。

2015年8月27日，美国海军演示了50架无人机同时自主飞行的场景，这些无人机由两名操作人员控制，进行了基本的“主—从”式协作飞行，并通过无线链路交换信息。

日本研究军用铁臂阿童木。日本动漫能够风靡世界，吸引众多粉丝，与其刻画的不少惩恶扬善的“战士”密切相关，铁臂阿童木、机动战士“高达”、铁甲万能侠就是其中的代表。而今，这些只在虚拟世界存在的机械战士正在走向现实。2015年11月23日，日本丰田公司宣布，于2016年在美国硅谷设立新公司，专门用于推进人工智能(AI)技术研究。显然，丰田成立的新公司不是研发什么能够应对老龄化社会的护理机器人等民用产品，而是研究军用机器人。就日本研发的铁臂阿童木来说，不但有包括核驱动力在内的7种奇特武器，还拥有超乎常人的冷酷思维，堪称最先进的战斗机器人。

(3) 网络能力

网络不仅将各种作战力量联为一体，而且将各个战场有机地联系起来。通过网络将分散在各个节点或终端的作战效能汇聚起来，在预定的时间，共同作用于预定的目标。在网络化的战场空间中，有各军兵种的部队、各类作战人员、各种武器平台、各个作战系统、各级作战指挥机构，在这个网络化的战场空间中，只要一方有情况，其他各方均能及时知晓。战场空间在网络化的同时，也促成了战场空间的多维一体化。在陆、海、空、天、电、网、认知领域构成的战场上，依靠电子计算机、网络和数据链，采用综合集成的方法，把所有武器装备和作战部队、作战行动和战场空间联结成一个有机的整体，形成了多维一体的战场空间。

网络空间的作战效果不能简单地理解为体系某一局部或某一领域的简单作用。网络空间在体系作战能力形成和发挥过程中起核心和基础作用，它是构成体系作战能力的核心关键要素。因此，网络空间作用的发挥决定着体系作战的整体能力，具有优势的网络空间将使体系作战能力及效能大幅提升，起“倍增器”作用；处于劣势的网络空间可使体系整体能力成倍衰减甚至造成体系坍塌，是体系的“脆弱点”和“崩溃点”。因此，不应该仅仅将网络空间看作是整个体系的某一类要素，应该强化网络空间的作用就是体系作用，将网络空间影响的关注点放在反映体系网络化结构基础、网络化交互过程以及网络化级联效应等体系作战能力的整体性问题上。

网络空间的作用表现在，网络支撑能力，主要指对战斗力设计、生产、检验与评估等生产过程整体运行的支持能力；互连互通能力，主要指信息系统间的耦合能力，也包括信息共享能力、协调合作能力等；体系灵敏适应能力，主要指生产体系的快速反应能力、任务重组能力等。网络能力的快速发展，把有关网络空间的战略制定、法规和组织建设提上日程。随着网络空间和现实社会日益密不可分，网络安全的概念正在被网际安全的概念所取代。对网络空间的战略管理以及网络国防建设，正在颠覆传统的国家安全观念。2015年4月，美国国防高级研究计划局(DARPA)公开了Memex项目。该项目致力于开发下一代网络搜索技术，捕捉暗网中成千上万通常被商业搜索引擎忽略的隐藏网站，并最终绘制出全景式因特网地图。DARPA 在 2014 年年底就已启动网络攻击自动化非常规传感器环境项目，旨在研发领先于网络攻击的预警系统及技术，以阻断未知威胁。2015 年年初，DARPA 就该项目举行了提案者日会议，同工业界探讨相关技术概念以及内涵，并发布了跨部门公告，进一步阐明了项目背景、研发目标以及技术挑战等。

DARPA 启动了防御超级分布式拒绝服务攻击（XD3）项目，旨在通过网络资产分散配置、隐藏防御手段、欺骗或迷惑对手、进行多层防御逐步减缓攻击效果等手段，提高网络系统弹性，以应对针对美国军事数据网络的分布式拒绝服务攻击。DARPA 于 2015 年 5 月 20 日发布了 XD3 项目征询书，以削弱分布式拒绝服务（DDoS）攻击对国防部网络的影响。

2015 年 7 月，部署在土耳其边境的德国爱国者防空导弹系统遭受不明网络攻击，短暂失控。据推测，攻击者可能是通过入侵指挥控制系统，或控制导弹轨控和姿控系统的计算机芯片实施网络攻击的。这一事件表明，网络攻击对象已从单个计算机信息系统、网络化的信息系统、大规模民用基础设施，蔓延到与互联网实施严格物理隔离的武器装备系统，其危害已不仅是数据被窃、服务被拒止，而是正在部署的武器系统被瘫痪或被接管，从而达到关键时刻左右战局的目标。

美陆军通信电子司令部正在建立用于网络安全训练的网络靶场。陆军方面称，该网络靶场最初由第 7 网络防护大队申请创建，已于 2015 年夏末投入使用，可节省从制定训练计划到实际操作所需的时间和成本。全面开放后，该网络靶场为陆军人员提供真实的作战环境，参与者可使用小规模测试实验室无法提供的企业级工具和服务。该网络靶场还可支持多种环境和配置，并将现实环境网络行为者，网络威胁的特征，动态威胁行为者/代理的网络攻击能力纳入训练中。

过去十多年内，美国国防信息系统局投入了大量资源，将国防部网络打造成一体化、安全的协作系统。该系统的核心是主机型安全系统（HBSS）。HBSS 是一个基于商业现成的应用程序，经过了严格的安全、功能及兼容性测试。但是，近年来，一系列事件表明，美国防部网络正面临日益增多的网络攻击，且攻击技术越来越成熟。为应对危机，美国防部当务之急是需要打造下一代网络安全系统。该系统必须能够应对不断变化的威胁，包括防止内部人员的恶意行为，提供全程（小到芯片，大到云服务）安全保障，提高防御的反应速度和有效性，同时有效降低成本。该系统的目标是提供无缝网络安全防御，提高端到端透明度，提高态势感知能力，提高信息共享的效率，快速检测并缓解网络威胁。

（4）3D 打印技术

3D 打印改变了物体的制造方式，被称为第三次工业革命。这一技术将显著改变装备制造流程，提高装备的战术适应性，从而为军事后勤保障带来巨大变革，从根本上影响国防工业基础。3D 打印的兴起，得益于电脑辅助设计、大数据、云计算、新材料的发展以及打印机成本的缩减。4D 打印是将实物编程，可在制造后改变其形式和功能。在 4D 打印尚未到来时，3D 打印技术已开始用于从打印人体器官、食物到飞机机翼的广泛领域，且成本更加低廉。美国国家航空航天局更将 3D 打印作为空间探索的关键技术。

3D打印技术是以数字模型文件为基础，运用粉末状金属或塑料等可黏合材料，通过逐层打印的方式构造物体的技术。3D打印高性能增材制造技术摆脱了模具制造这一显著延长研发时间的关键技术环节，兼顾高精度、高性能、高柔性，可以快速制造结构十分复杂的金属零件，为先进航空航天器的快速研发提供了有力的技术手段。在未来信息化战场上，装备技术保障人员可随时利用携带的3D打印机，直接把所需的部件打印出来，装配后就可以让武器装备重新投入战场。另外，3D打印还可以广泛应用于辅助军事技术研发。未来，不仅小型枪支、简单物资可实现打印，军舰、飞机、坦克等大型复杂的武器装备，甚至食物、军事基地等都可用3D打印机直接或间接“制造”出来。现在，3D打印技术已经应用于军事领域。

近年来，3D打印关键技术研究不断取得突破，性能不断提升，在军事领域的应用取得重要进展。2012年，美国Sciaky公司的新型电子束3D打印技术取得重要突破，具备大型金属部件加工能力。美国国防部和洛马公司准备将其用于生产F-35战斗机的钛、钽、铬、镍、铁合金等高价值材料的高品质零部件，检测证明其全部达到要求。2013年，美国固体概念公司成功制造了世界上首支3D打印金属手枪，能够连续发射50发子弹并保持完好。在维修方面，美国已开始部署基于3D打印技术的维修保障装备。美国陆军开发了一种轻质廉价的3D打印机，可以放到背包中，用于在战场上快速、低成本地制造替换零件。美国太空制造公司的太空3D打印技术的成熟度达到6级，甚至具备了在太空的样机演示能力，2014年就向国际空间站运送了首台3D打印机。

美军不断推进3D打印技术的发展，试图通过材料和制造领域的突破获取军事优势。2015年1月14日，美国著名的电子束、等离子弧及电阻焊接设备制造商Sciaky公司宣布，已经成功掌握了使用电子束进行钛合金3D打印的制造技术。这项技术将被用于生产美国第五代隐身战斗机F-35的多个零件。2015年4月21日，美国国家航空航天局（NASA）工程人员通过利用增材制造技术制造了首个全尺寸铜合金火箭发动机零件。这是航空航天领域3D打印技术应用的新里程碑。2015年6月，美国国防高级研究计划局启动开放制造项目，旨在增强对增材制造（3D打印）工艺和材料的理解，提高3D打印技术的可靠性，使其成为军用标准部件的主要制造技术。

从3D打印技术展现出的优势看，将其移植到太空可降低航天器研发成本，缩短研制周期，甚至创新系统结构。目前，太空3D打印的应用价值和发展思路仍不明确，且面临许多与地面打印不一样的材料、结构、工艺、质量、控制和标准化等方面问题。美国认为空军和NASA及早谋划发展战略，确定优先应用方向，梳理技术体系，制定相关标准，以保证该技术能够健康发展，并能尽早发挥作用，这将促进美国航天界对太空3D打印技术的关注与研究，并于2016年3月向国际空间站运送了一台升级版太空3D打印机，实现真正意义上的太空3D打印①。

① 程绍驰．太空3D打印技术的发展［J］．国防，2017（2）：73.

（5）人体机能改良技术

人体机能包括体能、认知和社会情感功能。人体机能改良技术，是指通过生物科学和遗传基因技术等，提高或降低人的机能。脑控武器能让士兵远程意念控制机器人等先进武器系统，实现人与武器装备的高度融合。DARPA 已实现意念控制 F－35 飞行模拟器。脑控武器通过影响人体重要生理机能，实现对人体可控可逆的致伤或控制，避免传统武器的大规模杀伤后果。美国国防高级研究计划局（DARPA）成立生物技术办公室，目标是整合生物学、工程学和计算机科学，发展基于生命科学的新一代装备和技术，标志着美军已将生物技术提升到新的战略高度。美国 IBM 公司研制了第二代仿脑计算机芯片——真北。该芯片神经元和突触总数分别达到 100 万个和 2.56 亿个，功耗仅 70 mW，是第一代芯片功耗的 1/100。该芯片是一种具备感知、识别、学习等多种认知能力的新兴计算芯片，未来将显著提升无人系统的自主化水平。

美军利用神经科学、分子生物学等技术激发士兵体力、耐力、智力与潜力，打造超级士兵。借助脑机接口技术提高士兵认知能力，士兵可在 3 s 内识别出视场内 100 个威胁目标。开展快速适应恶劣环境、快速缓解肌肉疲劳、7 天 7 夜不眠等研究，提高士兵对极端环境、超重负荷、严重脱水，甚至战场受伤等情况的适应能力，保证士兵在恶劣环境下长时处于巅峰作战状态。开发仿生装备，提高作战性能。大狗机器人、动力外骨骼、勇士织衣、壁虎皮攀爬工具、动力游泳装置等仿生装备可大幅提高士兵负重、奔跑、攀爬、水下作战等能力。美军已于 2014 年开发出第二代类脑芯片，模仿人脑的结构和信息处理方式，以极低的功耗对信息进行异步、并行、低速、分布式处理，具备感知、识别、学习等多种能力，数据处理和图像识别能力达到传统计算机的数百倍。利用合成生物学打造生物基制造平台，批量生产新材料。DARPA 从 2011 年开始就启动了生命铸造厂研究计划，利用生物体作为规模化的细胞工厂，快速合成生物燃料、高效半导体材料等新材料。目前，该计划已经进入第二阶段，于 2019 年前合成出 1 000 种新分子，制造出具备全新性能的新材料。开发新型救治技术及装备，大幅提高士兵战场生存力。重点研究失血幸存技术，基于声止血原理开发出新型止血材料和设备，将深度出血止血时间降低至 4 min 以内；通过人工促使伤员进入冬眠状态，将重度失血后的黄金抢救时间由 5 min 延长到 3h 以上。DARPA 开发出便携式手术机器人治疗设备，能够在战场环境下由后方医生远程遥控实施手术。

（6）低成本卫星

SpaceX 公司于 2015 年公布“星链”星座计划，致力于为个人用户提供低时延的低地球轨道卫星宽带互联网服务。整个星座建设思路为先实现美国本土全境覆盖、后完成全球覆盖，将分三个阶段构建。

第一阶段：初步覆盖。用部署于 24 个高度 550 km、倾角 53°的轨道面上的 1 584 颗 Ka/Ku 频段卫星完成初步覆盖，每个轨道面 66 颗卫星，星座容量约 30 Tbps、时延 15 ms、可为每个终端提供最高 1 Gbps 的数据传输速率，预计部署 400 颗卫星后可以实现初期信息互联服务，2020—2021 年部署完 800 颗后可满足美国、加拿大和波多黎各等国天基互联网需求。目前，从第 75 颗后的“星链”卫星已经重新设计，多数元件将采用铝等熔点较低的材料，以代替原先的铁、钢和钛等，使卫星重返大气层后完全烧尽，消除对地面的风险。根据卫星最初的设计，其铁制推力器、钢制反作用轮、碳化硅通信部件等大气再入时不能完全燃烧，将对人类或地面的物体产生威胁。由于前 75 颗卫星已经基本制造完成，所以这些卫星的部分元件可能会落回地球，后续的卫星将不会产生该问题。

第二阶段：全球组网。由部署于 1 110 km、1 130 km、1 275 km 和 1 325 km 等 4 种不同轨道高度的 2825 颗 Ka/Ku 频段卫星完成全球组网，其轨道面个数分别为 32、8、5 和 6，各轨道面部署 50～75 颗卫星不等，预计 2024 年左右完成部署。

第三阶段：能力增强。由部署在 335～345 km 轨道高度的 7518 颗 V 频段卫星组成，形成低轨星座，增加星座容量。V 频段的星座将利用目前卫星通信很少采用的 37～50 GHz 范围内的频谱，与前两个阶段的 Ka/Ku 频段星座共同为用户提供通信速率更快、时延更低的宽带卫星通信服务。2017—2018 年，“星链”星座的所有发展计划均已得到美国联邦通信委员会的批准，获得了在美国的落地权。此外，该星座还引起了美国军方的特别关注，已于 2018 年获得美国空军战略开发规划与实验办公室价值 2 870 万美元的合同，用于测试军方使用该星座服务的可行性与可能方式。

不论政府和大公司们如何挖掘其现有卫星的能力，都无法与商业卫星的低成本相比。立方星的每个模块边长仅约为 4 英寸，其成本低于 125 000 美元，已成为空间服务新产业的关键。Viasat 正在建立一个微小卫星网络，使客户能够近乎实时地查看不断增加的观测卫星网络的图像和视频。“廉价空间”意味着在一个破坏性技术和大国竞争的时代，所有军事规划者必须假设几乎任何敌人在移动时都能看到他们的部队。

按照 SpaceX 的设想，“星链”计划将发射 4.2 万颗卫星，形成一个超巨型星座，将是最大规模的星座项目，提供廉价和快速的互联网服务，抛开“星链”项目的民用功能，其暗藏的军事应用潜力才是值得关注和研究的重点。

当前用于军事通信领域的商业卫星星座不在少数，美国在这方面最有发言权。随着“星链”项目分批次发射覆盖全球的互联网卫星，能够实现多视角全天时的信息保证，如果将其用于军事斗争中，则会增强美军的通信能力，更加方便美国政府和军方实时掌控全世界。此外，“星链”星座体系庞大，备份余量很大，部分卫星平台可以用来搭载光学观测载荷，建立低轨侦察监视网，则可以实现对地观测监视。如果“星链”星座 4 万多颗卫星全部部署完毕和稳定运行，则几乎地面上任意地点均会持续有几颗星链卫星过顶，能够保证美军全天候不间断地监控分析地面重要目标，再利用预警监视识别计算体系的大数据分析和分布式并行计算等技术，处理分析和辨识目标，则可精确识别战略对手航天发射、导弹和舰船等大中型武器体系装备部署情况和活动征候。

按照 SpaceX 公司的技术水平，可以利用“星链”星座实现为全球用户提供 25ms 的低延迟传输能力，比当前最先进的卫星通信提升了一个数量级（目前世界最尖端卫星通信是 250ms 延迟传输标准）。美军可以借此提升末端导航控制平台的实时性，进一步增强远射程武器的突袭能力，有效拦截洲际导弹。

此外，大量的“星链”卫星部署运行在太空中，其本身也是一种威胁，可以对天基目标进行探测甚至打击。根据技术发展和应用情况分析，“星链”卫星体系具备发射自适应波束的能力，可对航天器进行遥测、跟踪甚至控制，而一旦被它控制了，偏离原本航迹的航天器就可能发生撞毁失效的事故。由“星链”卫星的搭载能力推算，可搭载电子干扰载荷、定向能武器、动能碰撞弹丸等，能够执行对中低轨航天器的杀伤、摧毁和干扰等。所以，“星链”卫星自身也已设计了自主避撞和防干扰装置等，若“星链”星座与其他的航天器集成一起，将成为具有较强的天基攻防作战能力的体系，需要时刻警惕“星链”项目的发展情况，持续跟踪剖析其星链组网、多元数据融合、平台任务规划和智能控制应用等核心技术，关注其对整个太空方位格局的发展变化趋势，其很可能是披着商业外衣的美军未来天基作战武器系统或作战支援节点/网络。

（7）定向能武器

美军《联合作战条例》对定向能的定义是：能够产生定向的电磁能和粒子能的一系列技术的统称。定向能作战指的是采用定向能武器、设施和对抗措施，去削弱、破坏或摧毁敌方装备、设备和（或）人员，或者防止敌方通过破坏、摧毁或干扰等方式，恶意使用电磁频谱的军事行动，也包括保护友方的装备、设施和人员，以及保护友方使用电磁频谱的行动。随着定向能技术的成熟，武器级定向能系统样式更为丰富、功能更加强大，已经成为电子战领域的重要分支。

定向能武器主要是通过毫米波、高功率微波、激光或电磁脉冲产生特殊作战效果。特别是激光武器，作为一种可隐身、“零用时”的高精度武器，可打击多个目标、拥有无限量“弹药”，还可以大大提高部队和设施的防护能力，尤其用于对抗精确制导武器，具有特殊的功效。美智库已经向军方建议：美军应当多发展定向能武器，特别是激光武器，以应对潜在对手的“导弹饱和式攻击”作战，维持美国的地区优势。

在众多可能改变“游戏规则”的新技术中，自主系统和定向能武器的结合，必然被排在发展前列，作为引领变革潮流，改变“游戏规则”的创新技术，以形成新的核心军事能力。有专家预测，未来战争将是基于自主系统的光战争。美国未来的导弹防御系统，很可能是激光武器对导弹的拦击，不再是导弹对导弹的拦击[①]。

（8）高超声速武器

高超声速武器，也称为超高速武器，其速度是声速的 5 到 25 倍。实现高超声速武器有三种不同的方法：助推-滑翔火箭、巡航导弹和炮弹。每种方法都在迅速成熟，并将极大地改变大国冲突的特征。高超声速技术在军事上具有很重要的意义，高超声速武器航程远、速度快、结构简单、性能超卓，能够快速打击远程目标，被军事专家称为是继螺旋桨、喷气推进器之后航空史上的第二次革命性成果。目前，美国、俄罗斯和印度等国都在开发高超声速导弹系统。

美国在高超声速技术方面仍是领先者，距离实战化也更近。美军秘密进行了一系列高

① 李炳彦．世界新军事变革大势与未来战争形态 [J]．军事文摘，2016（9）：48.

超声速飞行器试验，全方位开始了自己的 X－51A 乘波式高超声速飞行器、高超声速巡航导弹、HTV－2 高超声速滑翔飞行器和 X－43A 等计划，将开发飞行速度为马赫数 8 的导弹到马赫数 25 的高超声速飞机、空天飞机等各种高超声速飞行器。美国空军研究实验室也提出采用助推滑翔或超燃冲压方式的高超声速导弹研究，高超声速武器技术成熟度达到了 6 级。洛克希德·马丁公司、雷神公司和波音公司等军工巨头都与美国导弹防御局签订了设计高超声速导弹防御系统的合同，主要负责高超声速武器系统开发工作的洛克希德·马丁公司正在尽一切努力确保各种计划的零件和人员稳定流动，以建立起稳定的供应链。美国陆军的地面战车发射系统也在紧张开发中。这场高超声速装备的比拼，很快将会迎来三足鼎立的局面。

俄罗斯研制的高超声速巡航导弹新燃料可使飞行速度达 5 倍声速。俄罗斯国防部于 2015 年 3 月就声称，俄已经开发了一种可以将飞行器加速到马赫数 5 以上的新型燃料，一旦投入应用，将使俄罗斯在当前的高超声速军备竞赛中获得领先优势。另外，俄印已经成功联合开发了布拉莫斯超声速巡航导弹，该导弹巡航速度可达马赫数 3。俄印还将联合开发速度更快的布拉莫斯高超声速巡航导弹。同时，俄罗斯还在研发 P－900 导弹，有专家推测，该导弹也是一型高超声速巡航导弹。

（9）生物技术

生物技术将引领战争形态迈向更高阶段。近年来，军用生物技术在合成生物、脑机接口与脑控武器、生物材料与仿生机械、生物燃料、生物电子与生物计算、非致命性武器等领域不断取得突破，利用军用生物技术研发的微型飞行器、水下航行器不断出现。军用生物技术的发展，必将催生新的作战样式和作战理念，未来战争很有可能出现“生物化战争”的新形态。俄罗斯为了提高国防武器装备的竞争力以及未来战争的战斗实力，于 2012 年 10 月 16 日签署了第 174－FZ 号联邦法律，批准了 23 亿卢布（约 7 000 万美元）的科研预算来支持新概念武器和颠覆性技术的开发，其七个热门领域内就包含生物技术。

（10）大数据与云计算技术

大数据技术的开发应用，将成为获得军事优势的新的制高点，是继云计算之后又一次颇具“颠覆性”意义的技术革命，对争得战场情报与决策优势具有重大意义，堪称未来军队的“虚拟作战参谋部”。未来战争形态一定是比现阶段信息化战争更加先进的样式，但如同信息化战争使用了机械化战争中的机械制造技术，未来战争也一定会使用新一代信息网络技术，其中大数据和云计算技术最适应未来战争形态发展趋势。

在未来战争中，战场海量作战信息集成在一个作战云平台上，包含人员、计算机及赛博空间、武器装备、战场战况、敌我双方阵地等要素，这些要素对应的是大量数据，作战云平台统一解算这些数据并且向各作战单元发出作战指令，以凝聚并释放体系作战的最大潜能，与此过程对应的“云作战”是未来战争的必然发展趋势，而其中大数据与云计算技术也将成为发展“云作战”的关键步骤。早在 2012 年美军就宣布投资 2 亿美元拉动大数据相关产业的发展，将“大数据战略”上升为国家战略，将对数据的占有和控制作为陆、海、空制权之外的另一种国家核心能力。

目前，美军大数据项目主要聚焦于三大领域：一是从数据到决策，主要是开发分析海量数据的计算技术和软件工具；二是自主性工具，主要是研发无需人工干预，便能判断趋势、适应现实条件以及能在动态复杂环境中工作的智能化工具；三是人工系统，主要是推进人机结合，实现协同作战和训练。为了在这三大领域尽快取得突破，作为军方大数据研究的牵头部门，美国国防高级研究计划局与政府、企业界和学界展开密切合作。通过与地方企业合作，美军在大数据开发利用方面已取得重大进展。例如，美军的重要合伙人洛克希德·马丁公司研发的分布式公共地面系统（DCGS），能够保障美国各军种、国家机构和联盟伙伴访问系统中的实时情报、监视和侦察数据。

（11）先进材料技术

"一代材料、一代技术、一代装备"，工程研究经验表明一代新材料的产生会带动行业变革性发展。在新一轮科技与产业革命的推动和军事需求的牵引下，碳纳米材料、新型复合材料、隐身材料、新型绝热材料、软体材料、膏体材料、可变形材料、高能材料等多种前沿材料，将会变革性地改变和提升武器装备的性能和作用，从而引发新一轮武器装备的更新换代，也会对作战样式和作战理论产生巨大影响。2014 年 12 月，美国总统直属的科学技术委员会颁布《材料基因组战略规划》（MGI），阐述了美国未来先进材料开发的崭新模式，以确保美国在核心材料领域的领先地位。

新材料技术的创新发展，将引起发展模式的重大变革，从而引发武器装备发展模式的转变。太赫兹技术的重大突破，一旦用于军事，将对战场态势感知、信息传输、导弹防御等产生重大影响。脑机接口技术迅猛发展，将可能引发"意识战""大脑思维战"①。高功率微波技术显示出实战能力，纳米技术不仅会深刻影响到人类社会生活的各个层面，甚至会改变未来军事和战争形态，未来战场极可能将由数不清的各种纳米微型兵器为主角。未来战场将更加透明，从太空到空中、地面，层层严密高效的纳米级侦察监视网，使人难以察觉，防不胜防，使得国家军队将有密难保，未曾与敌交手，胜败几成定局。美国研制的超黑粉使透明的战场加上高超的隐身术，必将使战争更具突然性。

（12）量子技术

目前，美国各商业公司正在与重点大学研究团队合作，研究量子技术的潜力。量子技术一个最重要的应用例子就是量子计算。摩尔定律指出，计算机的处理能力每两年将翻一番。然而，根据物理学量子计算和量子信息标准教科书的作者迈克尔·尼尔森的说法，其处理能力的增长正在放缓，当时预计在 2020 年前后摩尔定律将结束。因此，迈克尔·尼尔森建议"解决摩尔定律最终失败所带来的问题的一个可能的解决方案是转向一个不同的计算模式"。量子计算理论提供了这样一个范例，它是基于使用量子力学而不是经典物理的思想。

虽然今天的量子计算机还不能与传统计算机竞争，但量子专家预计，量子计算机将在 2025 年至 2030 年之间超越"量子霸权"。第一个迹象是，量子计算机有潜力搜索大量数

① 李炳彦．世界新军事变革大势与未来战争形态［J］．军事文摘，2016（9）：46．

据，解决问题的速度比传统计算机快得多。此外，量子计算机还可以破解密码系统，促进人工智能（AI）和安全通信。

美国将在量子计算领域拥有早期优势。业界领先的公司，如谷歌、微软和IBM，至少在不久的将来应该会在美国继续发展这一概念。中国也在探索量子技术的应用，在量子通信领域有望超过美国。美国《2018年国防战略》确认了以低准入壁垒跟上新技术高速发展的重要性，“新的商业技术将改变社会，并最终改变战争的性质。”许多技术发展将来自商业部门，这意味着国家竞争者和非国家行为者也将获得这些技术，这一事实有可能侵蚀美国已经习以为常的传统优势。”因此，认识到量子技术及其应用的重要性，发展量子技术的整合，理解《2018年国防战略》的战略背景，在操作艺术的范式中考虑量子技术是必要的。量子技术是一种新兴技术，有可能重塑世界，引发新的军备竞赛。鉴于量子技术的早期阶段和这一技术优势对对手的潜在重要性，这一专著分析了量子技术并确认了其在未来战争的潜在重要性。

11.1.2 主要影响

以上这些颠覆性技术的崛起，将对各个作战领域——地面、海上、空中、太空、网络和电磁等作战域产生重大战术影响，更重要的是对跨领域作战产生影响。

（1）地面作战域

当将简单的无人机、增材制造（3D打印）、自主导航和目标识别结合起来时，地面部队可能需要处理数千甚至数万架无人驾驶飞机。但如果将他们都打包在商业集装箱或卡车中，并在战场上移动，就很难被识别或抢占。如果进而将其与地雷、GRAMM（制导火箭、大炮、迫击炮和导弹）火力和其他精确武器结合起来，那么“无人机家族”可以创造一个作战双方都无法撼动的纵深地带。目前，地面部队正处于新技术逐渐取代旧技术的阶段，未来发展空间巨大。

（2）海上作战域

俄罗斯、以色列等国家已经生产了集装箱式巡航导弹，可以为各种平台提供反舰武器。集装箱船可以通过增加40至50件集装箱化武器和一个简单的指挥和控制系统而变为军舰，价格约为1.25亿美元，只相当于一艘海军沿海战斗舰（LCS）购买价格的一小部分。这是一种生存能力更强、价格更低的船只，并且可以为舰队增加大量导弹。

除了能力越来越强的巡航导弹之外，像XQ-58A这样的垂直起落无人驾驶飞机意味着，几乎任何海船都可以看作是小型飞机。此外，许多战舰在顶部装有箱式发射器，这些为无人机提供了容易识别的目标点和被轰炸的潜在危险。水下无人潜航器对海军构成了更大的挑战，各种商用无人水下航行器甚至可以变身为潜艇部队。如果发展成武器系统，商用无人驾驶飞行器可能会极大地改变海军的编成。在新兴的大国竞争时代，大量相对廉价的自主无人机和巡航导弹的出现将彻底改变海上战争。

（3）空中作战域

对于传统的有人驾驶的空中力量来说，无人机和巡航导弹的结合一方面可以克服传统空中力量的许多弱点，但另一方面也提高了“反进入/区域封锁”和精确的远程打击能力。空中力量正面临巨大的变化，飞行员也将被无人机所替代，有人驾驶或载人飞机已经过时，成本低廉的无人机、巡航和弹道导弹、潜在的高超声速导弹才是未来。目前难有万全之策保护海军、空军基地免受这种新一代武器的攻击，航空母舰也面临着越来越大的威胁。当前已有或设想的武器系统还无法发现并攻击这些无人系统。

（4）太空作战域

在太空领域中，微型卫星和立方星的出现，加上商业发射平台的兴起，将大大增加太空攻击的可能。2020 年 4 月，诺斯罗普·格鲁曼公司的任务扩展飞行器成功地与 Intelsat 901 号对接，并在轨道上为其提供服务（该系统可用于卫星摧毁和修复）。太空资产是否会被用来攻击地球上的目标仍然是一个悬而未决的问题。此外，为了在太空的战斗中保护重要资产，需要发展卫星上使用动能和软杀伤的能力，同时修复能力也至关重要。

（5）信息作战域

网络战是持续性、全球性不断发展的、愈演愈烈的新的作战手段。随着第四次工业革命的继续，网络空间的持续冲突只会不断加速，不会减弱，可能对所有网络在现实世界中的节点，如卫星下行链路、计算机、服务器和光纤网络，以及基础设施网络，如电力系统、通信系统、交通系统和金融系统等展开攻击，无所不在的黑客、病毒比现实世界的火力攻击更容易操作，最让人头痛的是不知道对手在哪里、是自发还是有组织的行为，统统难以溯源。上述这些节点都很脆弱，对手一旦得手将会造成重大且可预测的损害。这是一个跨领域开发已经比较成熟的领域，将成为网络战、赛博空间作战和信息战的主战场。

（6）电磁作战

电磁频谱的使用对于在其他领域进行战争至关重要。如果一种力量可以主宰整个频谱，就可以严重限制甚至击败对手在陆、海、空、天、网和认知上的所有能力。此外，网络系统通常依赖电磁通信链路，这些链路可能会受到干扰、退化或欺骗。电子设备的小型化、计算机功率的大幅提高、电磁脉冲系统的创造以及传感器的改进，使得电磁频谱成为高科技竞争的一个关键领域，而这个领域很大程度上决定未来战争参与者的结果。

11.2　重要转型

21 世纪上叶，科学技术将有新的惊人的发展。超级性能的电脑、网络、信息技术、人工智能技术，以及生物工程、基因工程、纳米技术等高新技术群的发展，将产生惊人的成果，并应用到军事领域，影响战争形态转型。以信息化为代表的军事变革，主旨是向着作战效能更高、作战成本更低、作战风险更小、战争更加可控的方向前进。然而，任何事物都有成长的烦恼，在前信息化战争迅猛成长的同时，一系列的“成长之困”正逐渐显现出来，必须依靠新的颠覆性技术解决问题，并促使信息化战争向更高层次的战争形态迈进[①]。

（1）武器速度与决策速度问题

信息系统的飞速发展，使得战场各要素通过网络连为一体，指挥决策指令的传送速度和目标信息的传送速度达到“秒”级，但是承担攻击任务的火力发射速度仍局限于声速和超声速，二者不匹配问题日益凸显。另外，当今信息技术发展日新月异，武器装备本身电子信息系统的升级频率加快，效能越来越高，与此同时，软硬件不匹配问题也越发明显，突出表现为现有武器平台在机械结构和机动性能上没有大的突破，机械装置无法体现出先进信息系统的灵敏度要求。可见，要想让“大脑”和“躯干”更加有效地协调一致，使软硬件相匹配，大力发展新概念武器是必然选择[①]。

（2）进攻与防御问题

20 世纪末、21 世纪初的几场局部战争表明，信息化武器装备的一个重要特征是：进攻性武器比防御性武器的效费比高得多，信息化战争已呈现出攻守失衡的局面。首先，远程精确制导武器和防区外制导武器的广泛应用，往往超出传统防御性武器平台的拦截范围，使防御作战很容易陷入被动挨打的境地。其次，防御性武器拦截效率不高。如对付一枚导弹的攻击，通常需要 3～6 枚导弹进行集火拦击，加之受战场多种因素的影响，命中概率也不稳定。再次，随着冲压发动机技术的发展，高超声速（马赫数为 5～10）进攻性精确制导武器已开始步入战场，进攻与防御的速度差进一步加大，防御一方有时会面临追不上对方的尴尬，攻守两端更加失衡。由此必然会催生出防御功能更强的新型武器系统。武器装备的系统论告诉我们，有什么样的情报信息系统，就应该有什么样的火力攻击系统，“实时”的信息惟有与“零时”的火力相配合，才能取得“发现即摧毁”的作战效果[②]。

（3）战争的毁伤性问题

随着人类社会的发展进步，尤其是社会文明程度的提高，以往那种大规模毁灭式的战争样式愈来愈受到制约，然而信息化战争仍不能解决大国对抗的巨大风险。在信息化战争中，虽然作战效率较以往大幅提高，附带伤亡明显减少，但传统的火力毁伤仍不可避免，在世界经济一体化的格局下，大规模战争对谁都不利。尤其是在信息传媒越来越发达，人们的反战情绪越来越高涨的现代文明社会，大国迫切需要一种兼顾软硬杀伤功能、毁伤效果高度可控的武器系统来执行“亚战争”任务，在传统战争面前多设几道门槛，为毁灭性战争多上几道保险，无疑是新一轮军事革命要解决的问题[③]。

（4）作战体系的脆弱性问题

信息化战争是以网络为中心的一体化联合作战，然而信息化程度越发达，系统集成度越高，有时也会变得越脆弱。在一体化联合作战中，利用计算机系统把多维空间的战场感知系统、指挥控制系统、武器系统，以及各作战单元等集成为一个统一高效的作战体系，

---

① 李炳彦．世界新军事变革大势与未来战争形态 [J]．军事文摘，2016（9）：48.

② 李炳彦．世界新军事变革大势与未来战争形态 [J]．军事文摘，2016（9）：48 - 49.

③ 李炳彦．世界新军事变革大势与未来战争形态 [J]．军事文摘．2016（9）：49.

使各级各类作战人员能够利用该网络平台，共享战场信息，协调一致地打击敌人。然而，作战体系的信息化、网络化在大幅提高作战效率的同时，也给自身带来极大的隐患和风险。随着信息化战争的不断发展，电子信息装备在武器装备体系中的比重越来越大，所面临的电子攻击和干扰也越发严重。特别是随着微波武器的逐步实战化，将会使信息化武器系统承受巨大压力，严重影响其作战效能的发挥①。

（5）战争成本问题

信息化战争加快作战节奏，显著提高作战效率，然而信息化武器装备的生产使用成本不断加大，战争成本反而更高了。如第二代战斗机的单价只有几百万美元，第三代战斗机直线上升到几千万美元，第四代又比第三代提高了 3～5 倍。在使用维护成本方面，新一代信息化武器装备通常比上一代提高一倍以上，致使信息化精确制导武器，在作战持续性方面，难以满足未来战争的需要。如何寻求一种效能更高、成本更低廉的可持续作战武器，将成为新一轮军事变革普遍重视的问题②。

11.3　主要特征

当前，世界新一轮科技革命、产业革命、军事革命交织推进，全球科技创新进入空前密集活跃时期，以人工智能、量子信息、5G 通信、物联网为代表的新一代信息技术加速突破，以合成生物学、基因编辑、脑科学等为代表的生命科学领域孕育新的变革，以环境感知、智能控制、系统协同、测控通信等为代表的无人装备技术发展走向成熟与应用，当代科学技术呈现出多点、成面、群发性突破的生动景象，必将对现有技术体系产生颠覆性和换代性影响，为国防和军事领域发展提供更多创新源泉，必将催生大批新型武器装备，对军事理论创新、战场空间拓展、打击方式变革等产生巨大影响，推动信息化战争形态向更高阶形态演变。

作为军事理论学术问题，很难对整个 21 世纪的战争形态作准确的预测和具体描述，在前后两个信息化战争形态历史发展阶段之间有相当长的转型期。同时，由于经济科技发展水平不同，发达国家的军事技术、军队、作战方式进入信息化时代，多数国家的军事技术、军队、作战方式仍将停留在前信息化时代甚至机械化时代的水平，因而战争形态将呈现出多样化的发展趋势。据此可以认为未来 20 年间，即 2050 年前，战争处于由机械化时代、前信息化时代战争为辅，后信息化战争为主，兼有机械化战争形态的重要转型期。

后信息化战争形态是指以大数据技术、生物技术、新材料技术、定向能技术、网络技术、3D 打印技术、人工智能技术和类人化技术等高技术群为基础，以信息军队为主要作战力量，以信息化武器装备为主要作战工具，以信息战为主要作战形式，在陆、海、空、天、电、网及认知等“多域”或“全域”开展一体化联合作战和体系化对抗的战争形式和状态，是信息时代社会特征在战争领域的具体体现，是在机械化、前信息化战争之后的一

① 李炳彦．世界新军事变革大势与未来战争形态［J］．军事文摘．2016（9）：49．

② 李炳彦．世界新军事变革大势与未来战争形态［J］．军事文摘．2016（9）：48．

种全新的、彻底的信息化战争形态。战争形态必将大大改观，陆、海、空、天、电、网、认知等多维战场融为一体，综合制权成为核心，打击方式更加注重立体、远程、快速、精确和“三非”等特点。

（1）战场空间向太空、深海、网络空间全维化拓展①

进入21世纪，天基武器、深海武器、网络武器等具有颠覆性创新的新型武器装备，正从原理和概念逐渐走向成熟，使战争时空观发生深刻变革，作战空间或交战空间由陆、海、空、天、电、网向深海、深空、网空、认知等“公域”拓展，由物理空间向虚拟空间延伸。作战空间拓展，前后方界线、攻防界线变得越来越模糊。全域、多域、跨域作战成为新的作战形式，太空、深海和网络空间成为新装备竞赛的舞台，“制天权”“制网权”“制智权”成为军事竞争和战略博弈新高地。美军一直把联合作战作为未来作战的主要方式，并不断丰富其实质和内涵，提出“多域作战”“全域作战”“精准作战”等概念，其本质是及时发现作战空间内所有要害目标，而且使参战的所有部队“共享”对作战空间的情报信息，从而获得全面协调运用陆、海、空、天、电、网、认知等各种作战力量同时或不同时打击作战空间内所有目标的能力。这种协调运用各种作战力量打击所有目标的方式，才是真正意义上的联合作战。战争空间扩大，但战场范围将随着武器精确度提高而缩小，战争将主要围绕城市和要地要点进行，信息资源、枢纽城市将成为主要目标。战争节奏加快，战争进程缩短，短时间内精确打击即可瘫痪或摧毁敌方的战争能力，迫使对方放弃抵抗。

（2）战场信息支援保障能力将大幅提升②

信息技术是信息化战争制胜的关键技术，也是信息化武器装备建设的主要支撑。随着人工智能、大数据、量子计算等新一代军用信息技术的重大突破和广泛应用，将对当前信息技术产生颠覆性和换代性影响，可有效解决当前信息技术发展的瓶颈问题，加速从数字化、网络化向智能化跃进，一旦应用拓展到战场感知、军事推演、指挥决策、武器装备等领域，将使军队在信息获取、数据传输、情报支援、信息服务等方面的能力得到大幅提升，同时具有超强的感知能力、思维能力、学习能力、自适应能力和行为决策能力，实现指挥控制一体化和互连互通互操作，变革战场信息支援保障方式。

（3）火力打击方式将向定向能、高超声速、网络空间攻击等方向发展

后信息化战争，将使过去传统的地面坦克群胶着、空中机群航炮格斗、海上舰炮直瞄对射、空对地攻击的临空轰炸扫射等交战方式成为历史，远程精确武器的超视距对抗，将可能取代“短兵相接”对抗厮杀等而成为主导地位。近几场局部战争表明精确打击和高效毁伤已成为军队作战的核心能力，“发现即摧毁”已成为火力打击的新常态。尤为引人注目的是，以定向能武器为代表的新概念武器将带来全新的火力打击和目标毁伤理念。定向能武器通过毫米波、高功率微波、激光或电磁脉冲产生杀伤效果。信息战及电子战装备、精确制导导弹、各种性能的飞机和直升机、多用途车辆、隐形飞机和军舰等非核武器是主

① 沈雪石，刘书雷．新一代颠覆性技术变革未来战争形态［J］．军事文摘，2019（2）：55－56．

② 沈雪石，刘书雷．新一代颠覆性技术变革未来战争形态［J］．军事文摘，2019（2）：56．

要作战兵器。

在后信息化战争中，小型的精确制导武器将优于以核武器为代表的大型武器平台受到重视，取代传统武器成为火力战主角。精确制导导弹能“指哪打哪”，能打到世界任何地方，误差将以厘米计算。定向能武器、非致命性武器等一些新机理武器也将陆续问世。军队组织体制趋向小型化、多能化和数字化。单纯依据兵力和装备数量来衡量军事力量对比的传统方法将过时，军事力量对比更多地取决于无形的价值。军队由体能型向智能型转化，不单是传统的武装集团，也是高新技术知识集团，士兵要有很高的教育程度和专业技术水平，战斗力更加强大。

高超声速武器发展引人瞩目，由于其速度超过 5 倍声速，可以对敌方构成巨大战略优势，如果最大速度达到 20 倍声速即可实现“1 小时全球打击”，几乎不可防御。随着网络空间重要地位的凸显，网络空间攻防技术日益成为大国关注的焦点。由“0”和“1”组成的字符代码的网络武器效能大大超越传统武器装备。这些有别于传统弹药杀伤机理的新概念武器投入实战，必将从根本上确立作战精确化样式[①]。

（4）无人化战争成为后信息化作战的主要样式[①]

从技术发展现状和未来趋势来看，支撑无人装备发展的相关技术已经基本成熟，无人装备普及的技术难点正在不断被攻克解决，无人装备发展正处在技术转折点上，已成为军事大国的重点发展方向，除各类无人机以外，无人潜航器、无人车、各类军用机器人也如雨后春笋般涌现。未来作战，越来越多的士兵将从炮火硝烟的战场转移到安静的计算机终端前，“平台无人、系统有人”的无人化特征将成为下一阶段信息化战争的重要标志，无人作战将成为未来信息化战争的主要作战方式。

信息技术、精确武器、大量直升机的应用，使军队的指挥效率、打击能力、机动能力和保障能力大幅度提高。电子战提高到一个新质阶段，由过去的保障作用变为独立的作战样式。战争爆发将从信息压制与反压制的电子战开始，继之以精确制导导弹为主的远程空中火力，或以天对地打击武器为主要方式，对重要的信息系统、作战部队、军事设施和经济资源实施打击摧毁。机动与精确、有形与无形、虚拟与现实、宏观与微观，将成为作战行动的决定因素，影响因素更多，决策指挥难度更大。

（5）认知域将成为战争双方新的战场较量焦点

后信息化战争由传统的以攻城掠地向制智为主转变，呈现出脑机有效融合、抢占认知主动的特征。人类最早的作战空间主要在陆地，兵家们谈论最多的“陆权”观点是军事战略思想中影响最大的，传统作战歼敌与掠地是当时主要追求的目标。进入信息时代，占据信息优势一方，对作战力量布势形散神聚，通过直击敌方“心脏”的行动震慑瓦解其抵抗意志的方法，快速达到战争目的。英法联军在对利比亚的军事行动中，首先摧毁了利比亚作战指挥中心、交通枢纽等支撑战争体系的关键目标，使卡扎非军队失去抵抗意志，甚至丧失正常作战思维，最终将敌方全部歼灭。

---

① 沈雪石，刘书雷．新一代颠覆性技术变革未来战争形态［J］. 军事文摘，2019（2）：56.

当前，生物技术、认知技术、脑机接口等重大前沿技术将不断取得突破，将战场空间进一步拓展到认知空间。未来战场对抗将从重物质、重信息转向重心理、重认知，意识干预武器、脑控武器、“分子点穴”武器等基于生物学原理的新概念装备，将逐步形成独立于陆、海、空、天、电、网等领域的超强战略威慑能力，在未来战争中发挥撼人心魄、“不战而屈人之兵”的作用，形成新的非对称优势，必将催生新的作战理念，深刻影响新军事革命的方向①。

随着人类作战活动空间不断拓展，陆、海、空、天、电、网等领域相继成为争夺与较量的重点。而在未来作战中，制智权将成为全新的制权争夺点，其是指在人脑的智力空间内激烈较量。制智权不是现实物理空间，却对其他空间制权产生倍增效应，其核心是对认知优势的争夺，认知过程包括感知、理解、推理三个阶段。对制智权的争夺，首先在感知阶段展开，从传统隐蔽伪装、电磁静默到网络对抗，再到黑客攻击，以及量子通信等智能技术的军事应用，都是军事感知对抗的组成部分，其目的是让对手只能感知虚假信息，确保己方准确、快速地感知对手和战场的信息。在理解和推理阶段，制智权的争夺则主要是在智能化手段的辅助下通过战术与谋略运用，让己方科学高效地制定决策计划，使对手难以准确判断、理解我方行动意图，甚至可以通过对脑机能干扰和影响人员的思想意识、心理情绪等，以扰乱、破坏对手的认知。

(6) 战争形态将继续向智能化战争延伸与拓展

脑机有效融合体现的是人机分工合理、人机交互高效。人脑的优势在于创造性与主动性，劣势在于易受生理和心理的影响，使得工作速度变慢、精度降低；机器的优势在于不会疲劳、速度快、精度高，劣势在于程序化、被动性。因此，高层决策、总体规划等谋略性强的工作应由人脑来处理，把大量、精确、高速的数据信息记忆、计算、管理任务交给机器，充分发挥脑机两者优势以弥补短板。未来战争战场将会拓展到认知、社会等无形空间，脑机有效融合并以此确保把握指挥上的先机，军事行动上则通过多域配合、互为支撑，达成聚焦作战，从而牢牢把握战争主动权。

随着人工智能、自主决策与自主控制、大数据、脑科学与认知、先进材料与制造等技术正在经济社会发展和军事需求的双重驱动下快速发展和突破，自主军事系统的作战效能和自主能力将大大增强，未来可在没有作战人员干涉的情况下自主决策、自主选择并打击目标，将给情报、监视、侦察、体系对抗等带来革命性变化，大大提升作战效能，进而催生出自主战争的概念，对作战理论、作战方式、指挥体制等产生重大影响，推动未来信息化军队走向高级阶段——智能化军队②。在未来智能化战争中，需要对战场信息快速反应并对敌方单位进行精确打击，这就要求指挥信息系统等作战系统更加智能化、协同化。一方面借鉴“端计算”的概念，依托于分布式云的智能作战体系，根据通信、计算、指控、导航、定位等基础设施一体化，形成陆基、海基、空基、天基无人自主作战平台，为分布式智能作战体系提供更加强大、更加灵活的作战单元。另一方面借鉴“云端融合”的思

---

① 沈雪石，刘书雷．新一代颠覆性技术变革未来战争形态［J］．军事文摘，2019（2）：56.

② 沈雪石，刘书雷．新一代颠覆性技术变革未来战争形态［J］．军事文摘，2019（2）：56－57.

路，利用“战争云”提供的丰富资源，实现各领域的信息融合，以完成多平台的跨域联合作战，从而构建起基于云端融合模式的分布式协同作战模式，为建立具有复杂适应性的分布式智能作战体系提供支撑。

11.3.1　武器装备

新概念武器的特点是，概念新、原理新、能源新，在技术和效能上与传统武器有明显不同。以超材料、量子信息与控制技术、脑科学、石墨烯、微系统技术、军用生物技术，以及对人类行为的计算机建模等技术为代表的战略前沿技术，因其前所未有的颠覆性，可能打破战略平衡，多方位向军事领域渗透并应用，逐步成为改变作战“游戏规则”、影响作战进程、决定战争胜负的关键技术，也是当今世界主要军事大国战略角逐的重要领域。目前比较重要的新概念武器包括：网络攻防武器、反卫星武器、新能源火炮、超高速动能武器（动能武器）、激光武器、射频武器、粒子束武器（定向能武器）、脑控武器、太阳武器等。一些新概念武器具有能量集中传播、速度快、作用距离远、隐蔽性强等特点，使得作战领域和空间更加广阔，作战形态也随之发生深刻变化。

（1）新概念武器逐步问世

近年来，备受关注的空天战斗机、高超声速巡航导弹、激光武器、电磁炮等的一一问世，已经预示新一轮战争变革即将来临，国家领导集团、战略指挥中枢和中心、核武器基地、空天飞行器平台以及关系国计民生的重要经济设施等将成为重要的打击目标。今后主战武器的极限目标便是光电速度，即 3×10^5 km/s。正是从这点上说，未来人类主战武器的发展趋向，可能选择束能武器、激光武器、高能微波武器等。然而激光武器本身受到体积、气候、地球表面物理结构等因素限制，尚未彻底克服。激光武器要想在这些方面取得突破，成为未来进攻型的主战武器，特别是完全颠覆目前传统的陆海空战主战武器，不可能一蹴而就，可能需要一定的时间，预计至少在两年以上。

①束能武器

目前，束能技术发展很快，X 射线激光器、粒子束武器、高能微波武器等已走出实验室，准分子激光器、短波化学激光器、等离子体炮、“材料束”武器等在加速研制和推进中。束能武器中，微波射频武器被誉为“超级明星”，其强电磁干扰能使敌方雷达、通信迷茫混乱，能破坏敌方电子设备中的电路使之失效，其强热效应可造成人体皮肤烧灼和眼睛暂时性或永久失明，甚至将其烧伤致死。

激光武器属于束能武器的一种，束能武器突出特点是射速快，能在瞬间穿越数百千米。作为新概念武器，束能武器相对精确制导武器来说，有直接的破坏作用，因此被认为是战术防空、反装甲、光电对抗乃至战略反导、反卫星、反一切航天器的多功能理想武器。其实，作为主战武器的重要组成部分，激光武器装备早已广泛应用于侦察预警、指挥控制、通信传输、制导反导等领域。激光武器之所以未成为主战武器，主要原因是尚未成为进攻型的主战武器，目前，并未对以精确制导炸弹、坦克、战舰、飞机等陆地、海洋、空中的主战武器产生颠覆性效果。

电磁武器包括超高频微波武器、射频武器和微波武器等，利用高能量的电磁波辐射攻击和摧毁目标。次声波武器则通过次声振荡对人的感觉器官和内脏器官产生刺激和伤害作用①。

②空天飞行器

美国在继续巩固其军队机械化、信息化特别是网络化优势的同时，空天化高超声速打击武器相继面世，而这些先进武器完全是以能够实施“全球公域”机动自由和战场快速打击为主要特征。其中，美国先进的 X-37B 空天飞行器，利用火箭升空，进入临近空间和深太空，并可在现有机场着陆重复使用，可搭载远程空天攻击武器从临近空间对敌国领土、领海、领空各种目标实施精确快速打击，甚至可发展为航母舰搭载更多航天器实施规模作战，特别是多样化的太空战行动。

③高超声速打击武器

高超声速巡航导弹具有极快速的飞行速度和变轨性能，时速至少可达 5 倍声速以上，大多可达 8 倍声速左右，有的甚至可达 16 倍声速，可克服目前所有导弹飞行速度慢、易被跟踪、监视、拦截的弱点，大幅度削弱对方雷达的侦察监视能力，使其丧失预警和反应时间。

（2）精兵利器转向体系集成

后信息化战争的精兵利器向体系集成制胜转变，呈现人机同步、信息处处先行的特征。传统作战效能强调精兵与利器。在后信息化时代，信息技术使得作战诸要素形成一个有机整体，武器作战效能的发挥，主要依赖整个作战体系的支撑。即使武器平台再先进，一旦脱离体系，就很难发挥效能。分析科索沃战争与伊拉克战争可以看出，南斯拉夫本身经济并不落后，武器有国产的，也有苏联的；伊拉克依靠石油换回来多国武器装备，不能算落后。但两者由于没有体系支撑，很多装备成了“瞎子、聋子”。美军拥有强大的信息网络系统和预警系统的支持，能实时获取精准信息，始终掌握主动权。

近年来，美军在阿富汗、叙利亚等战场，多次运用智能无人机并屡战屡胜。可见，人机逐步实现同步，信息精准共享。后信息化战场上将会有大量无人机参与作战，人脑与机器对接、物理与心理融合将成为现实。当更具智慧的机器人走上战场之后，人机协同将开启新的作战模式。没有大数据支撑的一方，将无法掌握战场的主动权。此外，“云脑”控制数据攻防，战争将呈现信息先行的特点。未来智能化智慧化指挥信息网络体系、分布式作战单元都将通过“云脑”连接起来，其本质就是物理信息中心与心理信息中心，即作战指挥控制中心。这个中心能够有效地掌握数据源、数据链、数据网，处处体现的是智慧化的信息先行。通过对大数据的有效挖掘、处理及利用，施之于敌的是破坏与攻击，己方则占据智慧主导下的信息攻防优势，从而实现高敌一招、快敌一步。

（3）智能化武器、赛博空间战武器逐步显能

网络、大数据、智能、赛博等技术的发展，促进了物理域和信息域的战争内涵不断深

① 张效祥，张夷人．现代科技与战争［M］．北京：清华大学出版社，2005：24-46．

化和演变，电磁频谱和网络空间的运用和控制也远远超过了电子战范畴。参战方主要通过信息系统完成对态势信息的认知级共享和对导弹武器、电磁武器和信息武器的指挥控制，从而实现对敌干扰、毁伤、欺骗和控制。通过导弹武器、激光武器、微波武器等电磁武器，以及舒特、“震网”病毒、情报窃密、舆情控制等信息武器，实现对对手力量、装备、设施的“分钟杀”（毁伤）、“秒杀”（干扰/毁伤）、“比特杀”（欺骗/控制/毁伤）。电磁武器是通过控制电磁能量实现对目标的干扰、毁伤等打击目的的武器；信息武器是通过控制信息实现对目标的欺骗、控制和毁伤等打击目的的武器。它们将凭借其对战争场域、战争边界、作战目标、作战过程等各方面的颠覆性影响和决定性优势逐步成为该阶段战争形态的主战武器。

11.3.2　军事理论

信息战新样式已经产生，纳米技术的发展，可能引发“微型战争”；生物技术的发展，可能催生出“生物战”[①]；无人机的快速发展使无人化战争正姗姗走来，等等。总之，伴随着各类新技术、新技术群纷纷登场亮相，军事理论专家与科学技术专家，对军事革命的新趋势各有不同的判断，对后信息化战争新变化有各自的预测。

（1）新的信息攻防作战成为典型样式

海湾战争只是信息化战争的雏形，后信息化战争将向全面的深度信息化转变，以一种全新的方式爆发和进行。信息技术和信息资源，逐渐成为重要的战斗力。以电脑、网络、传感技术和数据处理技术、人工智能技术为核心的信息搜集、处理、评估及传输系统，将使武器系统更灵敏、精确，使侦察、指挥、控制、通信、预警等指挥系统更加自动化、一体化，改变拟定作战方案和实施作战行动的方式。指挥员可以通过网络系统的传感器扫瞄战场，提高战场识别能力，增加战场透明度，从而极大地提高作战效能。信息将成为决定战争胜负的关键，掌握信息优势成为掌握战争主动权的标志。压制、削弱、破坏、摧毁对方信息系统和信息资源，建立对敌信息优势，将成为作战的首要任务，其作用将超过以往对军队有生力量的消灭。

信息战是后信息化战争的主要作战形式和重要内容，离开了信息战的形式与内容，信息战争这种形态也就不存在。信息战作为敌对双方在信息领域的对抗活动，一个是决策对抗，就是作战双方都是竭尽全力地要遏制敌方决策者和指挥机关，使之在战场认识系统、决策系统辅助下难以下定正确的决心，从而使战争或战役失去正确的作战指导。因此，信息战又称为决策控制战；另一个则是指挥对抗，就是作战双方通过各种信息攻击行动，使敌方已经形成的决策难以实施，不能进行实时、有效的正确指挥，难以形成战场现实作战能力。因而，信息战称为指挥控制战。作战目标也发生很大变化，围绕信息源争夺的侦察与反侦察、伪装与反伪装；围绕信息通道争夺的干扰与反干扰、摧毁与反摧毁；围绕指挥而展开争夺的欺骗与反欺骗、威慑与反威慑、决策与反决策、指挥与反指挥等作战行动。

---

① 李炳彦．世界新军事变革大势与未来战争形态［J］．军事文摘，2016（9）：46.

(2) 夺取制信息权成为后信息化战场的焦点

后信息化战场已经打破了机械化战争那种陆战场、海战场、空战场等单一战场的构成格局，使作战成为陆、海、空、天、电、网及认知多维一体化战场的全维、全域的整体较量。在这种多维一体化战场的整体较量中，任何单一空间战场的主动权都不能完全左右整个战场局势，无论是陆战场、空战场还是海战场都必须依靠作战体系进行整体协调和运作。而深刻体现机械化战争特点的制空权、制陆权、制海权等战场主动权的单一争夺，将完全融入制信息权的整体争夺中，通过占领信息空间，进而占领物理空间和拥有物理性财富。

制信息权是指运用以信息技术为核心的战场认知系统、网络系统和指挥控制系统等，在能够有效地阻止敌方了解、掌握己方主要情况的同时，实时准确地掌握敌方情况，具有战场上信息的获取权、使用权和控制权。“制天权”与“制信息权”几乎融为一体，相互作用。能否夺取“制信息权”，在很大程度上依赖于夺取“制天权”；能否取得“制天权”，又在很大程度上受制于信息技术和能否取得“制信息权”。占领了太空的制高点，侦察卫星将小小寰球尽收眼底，全天候、全时域、无国界地侦察、监视和预警；卫星通信覆盖范围大、通信距离远、通信容量大、传输质量高、生存能力强；导航卫星，可以高精度、实时地为军队提供三维位置、三维速度和精确时间信息；测地卫星可以为陆基洲际导弹和潜艇发射的弹道导弹提供准确的目标位置数据和地球重力场数据。可以说，在未来后信息化战争中，天上与地面浑然一体，不知天，就不能知地；要在地上取胜，先要在天上取胜。

(3) 发现即摧毁的“秒杀”作战方式可能变成现实

从第二次世界大战到海湾战争、科索沃战争，由于主战武器的移动速度、杀伤距离和信息化程度不同，战争中的时间观念便有所不同。第二次世界大战是以年数计算的，此后，冷战时期发生的战争，至少是以月计算的。冷战结束后的战争，一般是在以天计算的。比如：海湾战争进行了 43 天，科索沃战争进行了 78 天，伊拉克正规作战只进行了 30 天。

美国前国防部长科恩曾说过一句引发广泛共鸣、引用率极高、极为精辟的话，“以往的哲学是大吃小，今天的哲学是快吃慢”。这句话可谓是一语中的、一针见血地揭示了快速反应能力对于军队的生存发展、取得优势、夺取胜利的极端重要性。现代战争已经进入发现即摧毁的“秒杀”时代。

在未来后信息化战争中，随着网络技术的进一步发展，冲突方将寻求在战争打响的最初阶段就通过网络对对方的指挥、控制、通信系统进行干扰和破坏，瘫痪对方的核心设施，从而有可能在战争刚刚开始的几小时甚至几分钟内就决出胜负。早在十多年前的伊拉克战争中就已经出现“秒杀”概念，将人类作战观念几乎推到了极限。据美军专家披露，过去，从作战目标选定、信息获取、传输反馈再到火力攻击的这一过程，一般为 48 小时。在伊拉克战争中，由于美军运用了足够的太空保障系统支持，因此美军的武器装备信息化程度空前提高，这一过程已经缩短为仅 10 s。随着以高超声速、束能武器等新概念和新一代主战武器日益走向成熟，特别是直接用于现代化战争中，“秒杀”可以说真正能够实现。束能武器、光电武器以 3×10^5 km/s 的速度移动，可以实现从发现到摧毁在 1 s 之内完成，从而真正实现了“发现即摧毁”。

(4)“赛博作战”和“电磁作战”可能成为新的作战手段

通过对“电磁”和“信息”的利用和控制，实现对物理系统的毁伤和操控，并影响人的认知和社会活动，典型特征是信息系统加电磁武器和信息武器。“赛博空间战”是美军空军拉尼卡斯于 2006 年 9 月 26 日提出，目前一般认为，赛博空间作战就是通过在赛博空间遂行赛博支持、赛博防御和赛博进攻等行动，获取赛博空间优势的作战样式。电磁频谱战是在 2015 年 12 月 2 日美国发布的《电波制胜：重拾美国在电磁频谱领域的主宰地位》研究报告中首次提出的作战样式，其极大扩展了传统电子战的范畴，将美军“低至零功率”的无源系统到高功率激光/微波等武器，在电磁频谱中执行的所有行动都视为电磁频谱战的一部分。另外，2015 年 3 月 13 日，美军时隔 8 年之后对美海上战略进行了首次修改，提出了《21 世纪海上力量合作战略》，首次提出了“全域介入”的概念，即确保美军在海、陆、空、天、网络空间和电磁频谱空间中的行动自由，并在其实施指导方针中明确指出通过使用电子干扰、黑客攻击、高功率微波、激光和武器等，在电磁域和信息域投放力量、创造作战优势，逐步减少对导弹的依赖，转而寻求传统火力打击与非传统打击相集成的综合打击优势。可见，美军旨在形成“导弹武器打击链＋电磁武器打击链＋信息武器打击链”的力量格局。

“精准定制杀伤”成为可能，并有望于未来 15～20 年内获得较大发展，并于 21 世纪中叶前后成为主导性杀伤方式。传统精确打击通常瞄准单个高价值目标实施整体杀伤；精准定制杀伤运用深度学习神经网络系统对遥感图像影像进行分析，可快速从背景中检出军事目标。要求以更小的粒度和分辨率，锁定目标的关键细部点位，精准“点穴”制敌。比如，打击一艘敌舰，要将其进一步“拆解”为舰体结构、雷达、通信、动力、推进、武器、载机、功能舱室等目标“点集”，根据其内部关联关系、体系作战能力贡献率和预期打击效果，确定杀伤权重和优先级，选择目标点位、确定攻击组合。锁定“七寸”发力，小当量战斗部即可制敌。

11.3.3　组织形态

后信息化军队是指用新一代颠覆性技术物化武器装备武装起来的后信息时代的军队。其一体化程度将空前提高，整体作战能力更强大，强调作战能力的优化组合，各军种都只是联合作战力量的一部分。同时，兵力规模将趋于小型化，编组形式更加灵活多样，指挥体制也将从垂直树状结构转变为扁平网络结构，即减少层级，实现信息共享，缩短信息流程，以满足实时化指挥决策的要求。

后信息化战争由传统的超大集群向精准快速制胜转变，呈现出战法灵活多变、信息极具智慧的特征。在颠覆性技术广泛运用的今天，网络化部队分散配置和态势感知共享的威力必将导致作战发生全新变化，其结果将使兵家历来想在作战中实现的精兵破敌、以快制胜的目标更易实现，这也是作战制胜的重要机理之一。据统计，美军凭借强大的指挥控制系统，完成一个“发现—定位—瞄准—攻击—评估”打击链所需时间，从海湾战争的

100 min，到伊拉克战争的 30 min 以内，几乎发现即被摧毁。正如拉姆斯菲尔德所言："一支小型、装备先进的地面部队，配合强大的空中打击和一流的情报，直插敌人心脏。"一方面，信息化战场变得透明起来，战争需要精心设计、精准筹划、精确指挥，这些都离不开大数据。数据承载着信息，信息再多，最终需要的是在大数据中挖掘出精确信息。也就是说，要从海量、繁杂的信息中，提炼出优质、高能的信息，并根据智慧信息进行科学决策。另一方面，在高新技术主导下的信息化战场，技术创新与战法创新要互为补充，大数据、云计算与人工智能等深度融合，就能够挖掘出隐藏在海量数据背后的作战规律，从而使作战运筹科学化、高效化，有效地回避经验化、盲动化。美军在新研发的无人机作战单元中就增加了其作战的自主性，使之在作战体系中能够灵活、能动地对作战环境做出有效反应[①]。

（1）领导指挥体制向"全域分布式、网络矩阵式"演进

军队领导指挥体制是否科学，关系到指挥效能、建设效益，决定着战争成败。机械化战争不仅造就了规模庞大的军队，也造就了从统帅部到末端单元的宝塔形领导指挥体制。未来战争时代，这种体制架构将成为战斗力生成的巨大障碍，将面临深刻调整和转变挑战。在作战指挥领域，未来战争要求最短"决策—反应"周期。当前，美军基于各种新型动力技术、网络跨域控制技术，按照"多域作战"构想调整改革作战指挥体制，升级改造作战条令，建立"多域作战"指挥工作模式，明确赋予各级指挥员灵活选择作战力量的指挥权，确保作战指挥跨域贯通、作战信息跨域共享、作战兵器跨域穿行、作战功能跨域互补，从而构建起全域分布式作战指挥体系，推动实现多域优势能力聚合、综合集成释能的目的。在领导管理领域，随着智能通信技术和智能处理技术的快速发展，大量参谋工作可由智能机器自动化处理，军队领导机关的管理幅度越来越宽、管理层次和组成部门越来越少，组织构架向外形扁平、横向联通、纵横一体的网状矩阵式结构发展，建设管理业务都将以网络为中心得以完成。

（2）规模结构向"传统部队为主体、智能部队为骨干"方向发展

后信息化战争，各种花样百出的武器装备在战争中的作用更加明显，军队数量和质量之间的关系将发生颠覆性逆转，质量占据主导地位，数量退居次要地位，军队规模更加倾向精干高效，以高质高效为特征的智能化、小型化部队将从根本上改变军队结构。其一，经济全球化、政治多极化的发展趋势，有利于维护和保持国际战略平衡和稳定，一定时期内爆发世界性大规模战争或大国之间大规模常规战争的可能性越来越小。各主要国家纷纷调整军事战略，将提高质量、减少数量、建设精干高效的传统常备军，作为基本的建军方针，总体保持军队规模适度够用。其二，智能技术将极大改变战争的物质基础和作战力量构成，军队综合作战能力将产生质的飞跃。同时，大数据技术、脑机接口技术、物联网等新技术群都可大幅减少作战指挥、建设管理、情报分析以及后勤保障等人员。美军新一代驱逐舰采用高智能"全舰计算环境"，编制员额比上一代驱逐舰减少约 60%。其三，智能

① 高东广. 新兴领域高新技术助推战争形态新变化 [J]. 军民两用技术与产品，2018 (8)：19.

程度高、可自主行动的空中、地面、水上和水下无人系统，可承担大部分原来必须由“人＋机”完成的任务。特别是，随着无人系统自主性和“蜂群战术”高速发展，一名操作手即可控制数个、数十个甚至成百上千个无人作战单元，担负原来由一支部队、机群或舰队完成的任务，作战人员规模将因此大幅下降。

（3）无人作战力量即将成为新型主战力量

随着智能时代的到来，传统新型作战力量发展方兴未艾，以无人系统为代表的智能化武器迅速发展。太空有太空机器人、空中有无人机、陆地有地面无人系统、水面有海上无人系统、水下有无人潜航器。这些智能化无人系统，作战持久、功能多样、价格较低、风险较小，逐渐成为“新型作战力量 2.0”，必将催生出未来战场的新兵种——智能化无人作战部队。2007 年，美空军组建了世界第一支无人机部队——第 432 无人机联队，作为独立战术单位进行运用。美国《未来》杂志预测，2020 年后无人作战系统数量将超过传统主战装备的数量。俄军也曾预测，2025 年前后，将有大量无人部队投入战场，无人装甲部队、无人舰队、无人机部队、机器人特种部队、太空机器人部队甚至无人特混部队终将成为战场主宰。

（4）编成模式向“自主适应”转变

在后信息化战争形态下，作战任务更加多样，要求部队编成模式更加灵活、富有弹性，必须具备自主适应能力方能有效应对千变万化的作战任务。模块化、积木式、“即插即用”是未来战争形态对部队力量编成的基本要求。一方面，传统军队对组织编制管理的权限“统得过死”，往往调整一个营级战术分队都要经过军种甚至统帅部批准，审批程序烦琐，审批时限长，限制了军种在灵活编组作战分队的积极性、创造性。未来战争时代，编制权将向任务部队下移，使得基本战术单位能够灵活调整“人—机”力量编成，充分提高编成结构的作战适应性；另一方面，无人作战部队不需加强就能实现“一编多能”，本身已具有一定自主适应性。比如，一支智能化部队，可拥有数百个作战单元，不同的作战单元可拥有“侦、控、打、评”等不种功能，还将拥有对天、对地、对空、对海、对电磁等多维作战能力，将这些智能作战单元进行差异化“机机编组”“人机编组”，就能根据不同作战需要，执行陆、海、空、天、电、网等“多域作战”任务，真正实现作战单元自主适应、弹性编组，产生传统部队所不具备的多样化作战能力。

（5）军种融合、军民一体化程度持续加深

机械化战争形态，军种分立、自我发展，军兵种界限、兵民界限分明。信息化战争形态，各军种打破原有界限，向其他战场延伸拓展，结束了陆军、海军、空军分别垄断陆战、海战和空战格局，军民界限逐渐被融合创新取代。后信息化战争形态的编成模式将告别按作战空间划分的“陆、海、空”军种结构，将向按作战主体划分的“有人、无人”军事力量结构发展，军种特性进一步弱化，军种一体化程度进一步加深；同时，泛在认知域作战将助推无界化战场趋势，传统战争主体外延明显加大，军民日渐趋同，越来越多“不穿军装的战士”执行军事任务，对传统编成模式带来根本性影响，军队编成结构向着跨界、跨域、跨代混合编组模式快速发展。

第 12 章

现代生物科技与未来战争形态

现代生物科技已成为武器装备变革的重要推动力量，不断催生新的作战样式和作战理念涌现，将深刻影响军事变革的方向。近年来，各国生物科技军事应用实践表明，生物科技在军事领域大有可为，军用生物材料、军用生物能源、军用生物计算、军用生物医药等生物交叉技术，正在为军队战斗力的巩固和提升发挥越来越大的作用。当人类微观结构与功能的奥秘被逐一揭示后，战争争夺进入生物微观空间将不可避免，生物化战争形态不是科学幻想而是科学预测。2014 年 4 月 1 日，DARPA 正式设立生物技术办公室，旨在“改变游戏规则、创造游戏规则”，从国家战略的高度强化生物科技与工程科技、信息科技的交叉融合及其统领和辐射作用，从而巩固其在国防科技领域的领先优势。美国这一战略动向预示，生物科技将成为未来军事革命和战略博弈的制高点。现代生物科技及其与信息、纳米、人工智能领域的交叉融合，将对武器装备、作战空间、战争形态等产生革命性的影响。人类面临的生物化军事革命，将是人类进入新千年后的第一次军事革命，也是近五千年来由生物科技发端的第一次军事革命①。

12.1 现代生物科技发展

经济时代是指，以某一科学技术成为社会经济发展的主体方式，并占据社会发展的主导地位而形成的人类社会发展的特定历史阶段。如果某一科学技术在旧经济时代中，能像“磁铁”一样吸引其他技术形成“簇”现象，并呈现出取代主导技术、超越主导产业经济、迎合社会发展需求等发展趋势，那么，它最终会发生“质变”引领新的经济时代。信息技术取代工业技术形成信息时代遵循这一发展过程和规律，同样，现代生物科技想要引领出生物时代，也要遵循这一客观规律。

12.1.1 取代社会主导技术之势

20 世纪 50 年代，沃森和克里克共同揭示了基因的双螺旋结构，使人类对生物的认知

---

① 刘继贤．为《生物科技引领下一轮军事革命》丛书出版作序［J］．国防参考，2016（2）：96.

能力进入到分子生物学视野，这一发现引起了现代生物科技研究领域和成果的大爆发。如今，现代生物科技已形成了诸如分子生物学、细胞生物学、合成生物学、计算生物学、化学生物学等新型学科，还辐射融入一些传统学科中，构建起了庞大的学科群，现代生物科技领域的新发现已经超越了其他任何学科。进入 21 世纪以来，全球生物科技研发支出几乎增加了一倍，越来越多的非生物学研究领域的青年科学家被吸引加入到生物科技研究行列中。以美国为例，近年统计 48 万博士学位获得者中从事生命科学研究的占 51%。就目前现代生物科技学科发展现状来看，现代生物科技正朝着成为未来经济时代主导技术的方向前进。苏联科技史专家凯德洛夫认为总有一门（或者一组）学科，带头主导科学的发展，并预测到分子生物学将成为新的带头学科。

12.1.2　超越社会主导产业之势

随着生命科学和生物技术的发展进步，尤其是人类基因组草图的破译，生物产业已成为一个新的经济增长点。生物产业的投资利润率可达 17.6%，超过了信息产业 8.1%的利润。马克思说：“人们奋斗所争取的一切，都同他们的利益有关。”亚当·斯密也认为资本具有追逐利润的天性。正是由于生物产业的高利润率，加上人和资本的逐利天性，人才、资金、技术、知识等生产要素将优先涌入生物产业，形成了经济发展中的“羊群效应”。这一效应使生物产业始终保持快于信息产业的高增长率，促使生物产业的 GDP 总值增长速率快于信息产业 GDP 总值增长速率。如全球生物经济总量每五年翻一番，增长率高达 25%～30%，是世界经济增长率的 10 倍左右。按照此发展规律，生物产业 GDP 赶超信息产业 GDP 只是时间问题。

12.1.3　顺应社会进步发展之势

人类研发技术的根本目的是求利，这种“利”主要表现在不以自然资源为核心的发展模式，是人类获得效果和效率的工具。现代生物科技恰迎合了人类“利”的需求，这是其具备成为取代主导技术和超越主导产业发展趋势的最终根源。现代生物科技带来了一系列全新工艺、效益和产能，如基因工程、发酵工程、细胞工程、蛋白质工程等，彻底改变了亿万年形成的自然演变关系，突破了传统技术手段的限制，带来了人类发展的新效益。如基因技术可治疗遗传疾病，人类从来没有像今天这样，能按照目的和需求，采用模块组合的方式，实现跨物种之间的基因筛选和转移，组合生产出新的产品。这无疑极大地促进了生产力的发展和人类社会的原有结构调整。这种不同于工业时代依赖于消耗自然资源的发展模式，又能以低消耗方式实现与传统工业生产相同的目标，恰恰是人类解决当前生态环境日益恶化、人口与健康威胁、粮食生产滞后、能源耗竭和资源短缺等危机的一剂“良药”。

12.2　现代生物科技对作战效能的影响

现代生物科技的军事运用不同于传统生物技术和生物武器，它不仅完全摒弃了大规模杀伤的劣迹，而且还是遏制传统生物武器及生物恐怖的重要手段和力量，其将改变战斗力生成模式，生成新的作战效能，可能成为未来战争的主要博弈手段。现代生物科技已在军事医学、后勤装备、士兵军事作业能力的维持和增强等多个军事领域进行广泛研究并出现应用态势，很可能进一步直接应用于军事攻防领域，促成新的战斗力生成模式转变。2013年4月2日，美国白宫正式公布一项被认为可与人类基因组计划相媲美的脑科学研究计划，即“脑活动图谱计划”，以探索人类大脑工作机制、绘制脑活动全图、针对目前无法治愈的大脑疾病开发新疗法。该计划从2016年起，总投资约45亿美元。在该“脑计划”投资名单里，又见到了DARPA的身影。随着“脑控”与“控脑”等潜在军事脑科学技术的发展，人脑这一自然界最复杂的系统，必将成为一个极其重要的军事空间，成为“兵家必争之地”。DARPA生物技术办公室启动一系列项目，包括“可靠神经接口技术”“血液透析治疗”以及“活体内纳米装置”等项目，美国陆军研究实验室重点研究神经科学技术，以提高士兵的理解能力及决策能力。

12.2.1 拓展作战能力提升途径

生物科技将使作战人员能力的提高不再依赖于传统手段，有其自己独有的提升方式。现代生物科技还不是当今社会发展的技术主角，对当前军事领域的现实影响也是有限的，与战争形态的关系判断仍建立在预测的基础上，带有一定的前瞻性。但是，要看到其引领社会时代变迁、促进军事打击方式变革、顺应军事斗争需求的发展趋势和科学预判，注重发挥其军事理论研究创新的牵引作用，提前占领下一场军事变革的制高点。

（1）私人定制

现代生物科技可精确分析出作战人员生理与心理两方面的特点，如神经影像技术可“检测人的想法”，有助于了解人的行为动机，并进行人员精神与思想状态的分析，这样就可针对作战人员体智的差异因人施训、私人定训，或及时发现军人作业中的身心问题，适时给予个性化的干预。武器装备的设计更符合人性特点和个人需求。武器装备不是根据工厂统一的标准制造的，而是根据战斗人员的生理、心理特点定制的。人与武器将真正融为一体，成为彼此不能分割的一部分。

（2）群体复制

现代生物科技可利用遗传学的新发现，借助生物信息技术、光学技术等，对人的大脑中的神经信号进行捕捉、编码和打包，就可将优秀作战人员的训练体会和作战经验无损复制到另一个体的脑中，攻克作战人员自身体能智能的缺陷，成为“全能战士”和“天才指挥员”。如美军正在进行的“士兵转型”（Warfighter Transformation）研究计划，目的是将征召入伍的新兵迅速转变为高认知能力、高适应能力、文化理解能力强、精通各种语言的职业军人，并希望把老兵的战场经验——“军人第六感觉”能快速传授给新兵。

（3）生物增强

现代生物科技已经渗透到研究人的本身，对人的能力提升不仅涉及人体的外部延伸，还纳入或同化到人体内部。一是人机结合。随着现代生物科技与人工智能的汇聚发展，

"人机平台、脑机结合"等新型作战武器相继出现，硅与人体的融合将使人变得更加强壮。如日本制造出新型辅助肢，可意念控制人体外骨骼。二是微观改造。运用现代生物科技可分析制约人的体力、智力的微观"缺陷"，并运用基因工程等技术进行剔除、转移或改造，使每个作战人员都能成为精英战士，或使其在战场上更加勇敢。三是药物增强。将增强能力或体力的新型药物植入作战人员体内，使其具有更加强健的能力。乙醇就是最古老的作战能力增强剂。这意味着人类将拥有超越自然规律选择的可能性，具备特殊的生理能力，如美军正使用莫达非尼（Modafini）和哌甲酯（利他林，Methylphenidate，Ritaline）以提高战士作战能力，这两种药物分别用来治疗嗜睡症和注意力缺陷障碍。

12.2.2　倍增武器装备作战效能

目前，武器装备正朝着一体化、精确化、智能化方向发展。但传统武器装备发展都是以杀伤人体、毁坏物质为目的，副作用就是高消耗、高成本、高代价。而利用现代生物科技改造或研发的武器装备的性能、毁伤打击、攻击手段、防护措施等都将发生颠覆性的改变。

（1）攻击手段变化

现代生物科技可揭示不同种族、不同群体、不同个体之间的生物微观奥秘，阐明记忆、情绪、决策、思考等生理心理功能的机制机理，弄清生理心理功能与生物、物理、化学等相关技术手段的确切关系。如 2014 年 10 月，老鼠的特定记忆被美国加州大学戴维斯分校的研究人员利用光加以消除。这样对作战人员就可在生物分子层面筛选特异性靶标，运用非弹药爆破的方法，形成攻击生物功能的武器系统，实现使其失去作战能力的目标。如俄罗斯脑控武器运用低频电磁波影响人脑细胞，传输心理暗示、控制目标行为，甚至驱使其自杀。

（2）装备性能提升

现代生物科技将促使武器装备的性能发生质的改变。美国国防高级研究计划局生物技术办公室大力开发新一代微系统技术，已经在微处理器、微机电系统和光子元器件等微电子产品研制以及宽带隙材料、相控阵雷达、高能激光器和红外成像等技术领域取得积极成果，将工作重心放到电子、光子、计算和微机电系统（MEMS）等微系统领域。

在装备功效方面，如使用生物工程技术和纳米生物材料等制造的"微型机器人"；使用能吞噬计算机芯片材料或者快速腐蚀铝合金等"特种生物弹"；使用只污染柴油、汽油、润滑剂或使它们凝固的"特殊生物质"，等等。这些特种武器装备能快速实现战场"点穴"功能和"巧妙"作战。

在制造材料方面，生物材料技术可研制出重量小、强度高、结构精细、性能特异、成本低廉、对环境破坏小的各种生物材料。如用合成蜘蛛丝的基因生产出的生物钢，其强度是普通钢材的 5 倍；用"变色蛋白纤维"做成的变色服或用其生产的生物颜料涂染军事设施、武器装备、指挥平台等，隐身效果大幅提升。据报道，美军已利用变色蛋白质纤维做成可随环境变化而自动变色的布料。

在装备能力方面，生物仿生技术使各种特殊功能的雷达、声纳的抗干扰能力得到大幅度的提高，模拟鱼雷波动式推进原理的水下航行器速度更快，运用动物导航能力原理的导航系统精度更高。生物识别技术将使武器装备带有独有的识别能力，这些武器装备若落入到恐怖分子或敌人手中将一无用处。一些生物黏合剂和用于舰船防腐、防污的生物涂料也将被广泛运用于装备维修领域。现代生物科技将成为武器装备研发新的技术“宠儿”，将推动武器装备的重大革新。

（3）新的作战样式

一方面生物技术装备可直接改变战争面貌。随着“人机”结合等作战系统的深入发展，人可远程操控机器进行战斗，类似电影“阿凡达”的战争方式将成为现实，战场不再是血肉横飞的血腥场面，战争中肉体损伤和生理功能残缺成为历史。如美国哈佛大学医学院等机构研究人员首次用猴实现了异体操控。另一方面，现代生物科技装备可间接影响战争态势。主要是利用现代生物科技对动植物加以改造，通过向自然环境、社会或者战场的释放，扰乱自然法则、社会稳定和战场秩序，达成攻击意愿。如将转基因生物投放到自然环境中，或者设计“杀人蝉”“食人蚁”“超级巨蛙”等动物士兵和动物杀手。

12.2.3 增强指挥信息系统效率

当前，用计算机技术和网络技术、预警侦察技术搭建起的新一代指挥平台，指挥效能得到了较大幅度的提高，但信息处理需求的无限性和电子元件结构的有限性之间必然出现不可调和的矛盾。而现代生物科技的加入将彻底改变这一困境，其搭建的未来新概念指挥控制平台，进一步揭开战场的“迷雾”，极大地提高指挥平台的效率。

（1）指挥平台的硬件设备将更加给力

硅计算机是现有指挥平台的核心硬件，但其饱受散热问题、硅本身物理特性等缺陷的困扰。生物计算机是现代生物科技与计算机技术相融合的产物，以 DNA 分子中的密码作为信息编码的载体，通过控制酶作用下的 DNA 反应，实现运算过程。生物计算机体积小、功耗低、运算速度快、存储容量大，可模仿人脑进行思考、推理，比硅计算机的运算速度和存储能力高出数亿倍。一旦它加入到指挥平台的硬件建设中，不仅解决硅的瓶颈问题，而且将带来新的能力。

（2）指挥平台的沟通交流将更加有效

生物计算机可使指挥中心、网络节点、各种武器、作战人员等战场要素紧密相连，实现信息采集、传递、处理、存储、使用一体化，形成一个“扁平状”的网络指挥或控制体系。各作战要素之间可以直接沟通联系，人员甚至无需开口便能沟通。如 2014 年 8 月，科学家们进行人际脑电波通信试验，成功将两个单词从一名印度志愿者的脑中传送到 8 000 km 外的法国实验人员的脑中。

（3）指挥平台的信息获取效率更加增强

信息技术搭建的信息渠道几乎深入到人类已知的每个领域，但仍有不少“盲点、盲区”。而现代生物科技加入研制的信息获取设备却有着无法比拟的功能和优势。如人类发现一些特殊的脑电图红外光谱设备不仅有利于作战人员提高长期记忆，还可使军队轻松获取可视地图和情报。生物传感器不仅可通过测定炸药、火箭推进剂的降解情况来发现敌人库存的地雷、炮弹、炸弹、导弹等的数量和位置，还可帮助人们快速识别生化战剂以及参与生化战剂研制人员。如美情报高级研究计划局开发了一种“生物智能芯片”（BIC），用于识别某人是否参与了化学或生物武器的相关活动。各种仿视觉、仿听觉、仿嗅觉等生物传感器以及 DNA 芯片等生物科技的军事运用，有效地拓宽了信息来源的渠道，大大减轻了人员的危险和劳动强度。生物微观结构功能大数据的建立，也将为军事指挥员提供新的生物信息。

12.3　生物科技对未来战争形态的影响

以新生物学为核心的科学技术的发展，将催生出干扰和精准控制人的意识的全新控脑武器，使“脑联网”成为继“互联网”“物联网”之后的全新网络，使战场的博弈和对抗从物理域、信息域向认知域发展。人脑将成为“巅峰战场”，神经控制战将成为一种新的战争形式。智能军事系统、机器人将成为战争的主要力量，对人脑思维意识的控制与反控制将成为战争制胜的关键因素。生物交叉技术将使未来作战平台迈向人机一体化、智能化。未来，仿人脑信息处理系统，将实现高性能低功耗运算、高智能自主决策、主动式学习等革命性突破，并催生高智能化自主作战力量问世。更为重要的是，全新“制生权”“制脑权”“制智权”的理论将应运而生，作战领域正在由物理域、信息域向认知域加快拓展，人脑或将成为继陆、海、空、天、电、网之后新的作战空间，未来军事革命其核心将是“智之革命”①。

12.3.1　生物科技增加战争要素

在现代科技的带动下，未来战争一边要向高处（太空）延伸，一边要向深处（大脑）拓展。事实上，读脑不是未来战争的专利，以往战争无不留有痕迹，也是历代军事家、军事思想家孜孜不倦、梦寐以求的东西。间谍、情报、侦察、参谋部等等无一不以解读对手战略意图、作战意图为目标。从美军陆续提出“感知操纵”“代理战士”等概念来看，认知域无疑已经成为未来军事斗争的重要关注点。近年来，美军已开始广泛进行心理战、生物战与信息战的整合性研究。此项研究囊括了心理学、生物学、药理学、信息科学及宗教、社会研究等多个学科、多个政府与非政府组织及大学的研究队。当前脑机技术研究的进展显示，未来的意识战与读解对手战略意图、作战意图的最大不同就在于不需要通过感官来进行，有望直接通过读脑术进行。换而言之，意识战时代的核心军事技术可能为“大脑意识解读技术”“大脑意识影响技术”及“大脑意识防护技术”，军事技术要素将在“打击力、防护力、机动力、信息力”的基础上增加“认知力”。

---

①　刘继贤. 为《生物科技引领下一轮军事革命》丛书出版作序 [J]. 国防参考，2016 (2)：97.

12.3.2 信息对抗将会更加激烈

未来战争中，参战人员的基因信息以及战争中作战人员大脑思维状况等将成为重要的军事信息资源，是实施战场指挥决策的重要依据。另一方面，现代生物科技能够大大提高现有信息系统的功能，可借助生物仿真、模拟或根据人脑微观信息工作原理，实现智能获取敌方机密信息，并具备快速、有效地识别和筛选海量军事信息，以及具备类人脑信息分析处理与决策的能力。军事信息需求范围的增加和信息生成、操控手段的拓宽，必然使未来的军事信息对抗将在更大领域、更深层次上展开，出现新一轮信息作战样式的对抗①。脑机技术可以广泛应用于反恐与情报搜集领域，并推动心理战、情报战的升级，例如，重要关卡或入境口岸（如机场）的恐怖嫌疑人甄别，对抓获的敌方人员的情报获取等。

12.3.3 可能降低战争暴力程度

现代生物科技融入未来军事攻防后，将颠覆传统武器以“人”为整体的机械性毁伤，转而进入“人以内”来探求毁伤效果的功能性毁伤，这种功能性毁伤能够在满足必要作战目的的前提下，最大限度地降低死伤的发生与不必要的附带毁伤，可有效地保护与战斗进程不相关或次相关的人员。不仅如此，未来生物技术攻击还能够精确地对人体局部功能形成毁伤，如能够减缓士兵行为能力，或使其出现嗜睡、记忆丧失、攻击性锐减等症状，而不是像传统武器那样使人致残或致死，可大大提高人员的生存率并减少对人员生活能力的永久性损坏，避免由于为了去除对方某几个人的部分功能，如指挥力、战斗力等，而要毁掉这些人的生命。另外，对战争毁伤效果的控制还体现在“可逆”的致伤效果上，即能够在作战目的完成后向对方提供“解药”或医疗康复信息，使致伤人员恢复健康。很显然，现代生物科技应用于未来军事攻防领域后将极大降低现行战争的暴力化程度，有望使战争进入以“控制和征服”为目的，而非大规模的杀戮和毁灭。

12.3.4 争夺新的“生物微边疆”

近年来，提出了“生物微边疆”的概念②，认为未来生物微观领域对抗将使传统地缘边疆的“国家保卫作用”明显减弱，对生态环境、食品以及工业产品等有目的的基因改造均可以对目标人群、特定人员进行攻击，人群迁徙、气候变迁、自然灾害等环境因素也能够被人为利用，并形成具有针对性的生物技术攻击，这些攻击在发挥作用的同时，本身就已经超越了传统的边疆界限，而直接形成人体内部的功能和结构损伤。很显然，传统的地缘边疆已远远不能对军事生物技术这一全新攻击要素进行有效防护，必须在生物微观领域形成新的生物技术防御与生物结构保护的边疆界定，将其称为“生物微边疆”。“生物微边疆”是继陆、海、空、天等边疆之后引入的又一边疆概念，是指国家针对“运用生物技术

---

① 张晓荣，郭继卫，杨学森，等．现代生物科技未来军事应用对军事安全的影响［J］．军事医学，2011，35（10）：725－727．

② 郭继卫．战争生物观与制生权预见［M］．北京：解放军出版社，2009：284．

攻击，通过破坏生物体微观结构从而有意识地形成生物体的功能性毁伤”这一全新特征，而在未来生物微观领域作战空间中划定的防御界限。这一防御界限在狭义上主要指国人的超微生物领域，如具有国家和民族特征性的基因、蛋白质、细胞等微观结构领域，广义上可理解为“涵盖具有国家（地域）特征的全部生命资源的微观生物领域。”[①]

12.3.5　信息安全将会更加复杂

现代生物科技应用于未来军事攻防领域，将对信息的需求从以往的情报信息、电子信息，如有关部队作战区域、作战规模、进攻方向、后勤补给等宏观信息领域，延伸拓展至军人的生物微观信息领域，参战人员的基因信息以及战争中人员大脑思维状况等将成为重要的军事信息资源，是实施战场指挥决策的重要依据。另一方面，现代生物科技能够大大提高现有信息系统的功能，可借助生物仿真、模拟或根据人脑微观信息工作原理，实现智能获取敌方机密信息，并具备快速、有效地识别和筛选海量军事信息，以及具备类人脑信息分析处理与决策的能力。2011 年《自然》杂志网站报道，英国已开发出一种新技术，可协助研究人员绘制出大脑神经网络“布线图”，这可为进一步弄清楚战斗人员大脑的认知、感觉及思想过程与机制提供帮助，使大脑模拟技术又进了一步。军事信息需求范围的增加和信息生成、操控手段的拓宽必然使未来的军事信息对抗将在更大领域、更深层次上展开，出现新一轮信息作战样式的对抗。

应用现代生物科技发挥未来军事攻防效能必然要求战场全知与个体全息，更需要依靠信息技术，特别是生物信息技术，准确把握个体微观信息才能取得主动，从而也就具备了利用现代生物科技实施“微观精确杀伤”的先决条件。此外，未来武器系统的高智能化和简便易施等特征，也更使得信息优势在决定战场胜负中的地位愈发重要。特别是生物微观信息因蕴含着重要的军事价值和广泛的社会影响，必然促使未来的信息战持续时间更久、对抗强度更突出，甚至前移至和平时期，出现全方位、全时空、全过程的信息对抗。未来信息对抗将呈现信息技术运用的绝对科技性与防御的相对脆弱性，应对多元信息干扰及信息对抗双方、多方的极其不确定性，围绕微观生物信息资源的争夺与反争夺，信息获取的社会性（如生物信息往往从民间采集）与应用的军事性并举的复杂局面。

---

① 张晓莹，郭继卫，杨学森，等．现代生物科技未来军事应用对军事安全的影响 [J]. 军事医学，2011，35(10)：727.

第 13 章

人工智能技术与未来战争形态

人工智能的迅速发展将深刻改变人类社会生活，改变世界。一个很有趣的说法，外国人来中国前要先了解三样东西；语言、文化和 APP（手机应用）。近年来，凭借移动互联网、人工智能、大数据等技术优势，中国“智”造席卷全球，国产品牌手机和 APP 海外圈粉无数。其中，“美图秀秀”手绘自拍在美国一夜爆红、“抖音”登上日本和泰国下载量榜首。这两个爆红的 APP 是基于人工智能（简称 AI 技术）开发的手机应用，除了识脸、语音识别技术，平昌“冬奥会闭幕式”北京 8 分钟的冰屏机器人，米兰时装周秋冬大秀开场的飞翔，巴塞罗那 2018 年世界移动通信大会上阿里云发布的“云小蜜”智能会话客服机器人，皆是人工智能带来的“黑科技”。2014 年，美国防部开始实施自冷战以来第三次“抵消战略”，将目光瞄准美军当前拥有的、对手短期内无法复制的技术优势，力图寻求新的军事技术制胜点，设计未来的作战体系，引领未来作战样式变革，让对手在某些方面所拥有的军事优势落伍于新的作战要求，在新的作战体系下失去原有价值，再次形成对战略对手的巨大不对称优势。美军推出的第三次“抵消战略”也认为，以智能化军队、自主化装备和无人化战争为标志的军事变革风暴正在来临。为此，美国将通过发展智能化作战平台、信息系统和决策支持系统，以及定向能、高超声、仿生、基因、纳米等新型武器，到 2035 年前初步建成智能化作战体系，对主要对手形成新的军事“代差”。到 2050 年前智能化作战体系将发展到高级阶段，作战平台、信息系统、指挥控制全面实现智能化甚至无人化，实现真正的“机器人战争”。虽然学术界普遍反对人工智能技术的军事化，然而这种趋势难以遏制，军事的智能化已经成为继机械化、信息化之后的重大变革。无论是武器装备的智能化发展还是作战筹划、规划的决策支持，必将深刻依赖人工智能技术。

13.1 人工智能技术发展背景

当今世界处于第四次工业革命与产业变革的前夜，以无人技术、人工智能技术、太空技术、互联网技术、低空探测技术、纳米技术和环境物理技术的突破为代表，集中产生了具有颠覆性作用的武器装备和作战手段。其中，无人化、智能化技术呈现出“井喷式”发展势头，已成为当今世界最具代表性的军事技术革命，将推动战争进入信息化、网络化、无人化的高级阶段。

应当看到，科技力量是左右大国兴衰和国际竞争的核心变量之一。国际关系史和历次工业革命史密不可分，每次工业革命之后都会有新兴国家崛起，并形成国际政治经济新格局。比如，蒸汽机革命后的英国、法国，电力革命后的德国和美国，电子革命后的韩国、新加坡等的崛起。在过去的三次工业革命中，中国只参与了第三次工业革命的后半程。2018 年，习主席在金砖国家工商论坛上发表讲话指出“人工智能、大数据、量子信息、生物技术等新一轮科技革命和产业变革正在积聚力量，催生大量新产业、新业态、新模式，给全球发展和人类生产生活带来翻天覆地的变化。我们要抓住这个重大机遇，推动新兴市场国家和发展中国家实现跨越式发展”。

这说明在已经到来的新一轮科技革命中，中国已经开始从历史和战略的高度认识人工智能的发展，并将其作为国家加速崛起的有力杠杆和实现中华民族伟大复兴的科技手段。人工智能的发展将会推动大国的实力平衡，并有可能推动人类整体身份的建构，这些新趋势将有助于缓和国际秩序中的现实主义回潮，全世界应努力构建人工智能的良性发展体系，并在国际竞争中抵制基于意识形态的人工智能军备竞赛。

人工智能由来已久，作为一个专业术语，人工智能可以追溯到 20 世纪 50 年代。美国计算机科学家约翰·麦卡锡及其同事在 1956 年的达特茅斯会议上提出，“让机器达到这样的行为，即与人类做同样的行为”可以被称为人工智能的萌芽。在随后的 60 年中，人工智能曾经历了“三起两落”。人工智能领域由于其长达 60 余年的历史和涉及范围的广泛，使其拥有比一般科技领域里更复杂、更丰富的概念。2016 年对于人工智能来说是一个特殊的年份，AlphaGO 大胜围棋九段李世石，让近十年来再一次兴起的人工智能技术走向台前，进入公众的视野。过去几年中，世界科技巨头已相继成立人工智能实验室，投入越来越多的资源抢占人工智能市场，甚至整体转型为人工智能驱动的公司，紧锣密鼓筹谋人工智能未来。早在 17 年前，产业界就认为人工智能对工业领域有画龙点睛的作用。智能化被业内视为第四次工业革命，最初的起步阶段，人工智能并未找到合适的载体，传感器、控制器技术不断提升，但系统性的应用实例并不多。智能产品碎片化，各产品、各品牌单兵作战。第二阶段是彩电和手机产品率先智能化。近年来智能电视成为竞争新亮点，被业内视为客厅经济的入口。第三阶段人工智能与全线家电、家居产品融合。家电厂商开始强调智慧家庭生态，海尔全场景的智慧家庭操作系统 UHomeOS，弥补了智慧家庭操作系统的空白，实现了物联网场景的互联互通。

在军事应用方面，发生于 20 世纪 90 年代的新军事变革，经历了几次局部战争的验证，正在催生作战手段和力量向无人化、智能化聚焦，并且逐渐形成全新的作战方法和制胜机理。首先是战场感知的泛在化，广谱传感技术与物联网技术，将外太空、临空、空中、陆地、海上、深海构成一体化战场感知体系。其次是武器装备的自主化，武器层级的无人化装备占比日益增大，不断改变作战力量的组成结构。再次是指挥决策的智能化，人工智能技术的深度运用将实现由经验决策向智能决策转变。作战运用的集群化，将在单元层级形成自主化的作战集群与编队。人机协同作战和自主对抗的智能化战争成为可能。作战体系的"云态化"，各类作战人员、装备、设施、环境要素在"云态化"的战场态势支撑下，形成巨型复杂自适应对抗体系，"云聚"融合"网聚"成为新的作战力量凝聚机理。

美国认为，近年来潜在对手正在以惊人的速度和力度发展海军和空军，大幅提升跨域和全球军事行动的能力，并正在研发一系列空间攻防技术手段，积极谋求太空优势。美国在"第二次抵消战略"中重点发展的C^4IRSK系统、隐身武器、导航定位系统、精确制导武器等军事技术装备所带来的军事优势，正在被对手的"反拒止"手段（如反舰和反卫星武器、远程打击武器）所抵消，以往可以自由进入的陆地、天空、海洋和网络空间正在面临着新的巨大的挑战，因此，必须通过实施"第三次抵消战略"来谋求新的军事技术优势。

13.2 人工智能技术支撑体系

人工智能是对人的智能理论、方法、技术进行研究、开发、延伸和模拟，是一门非常复杂的系统性科学。从智能化的层面进行分析，人工智能可分为运算智能、感知智能以及认知智能三种类型。

运算智能，简单来说，它是大规模数据的快速计算以及存储能力，可对海量的数据进行快速存储和处理，这也是认知智能和感知智能的基础。运算智能可以从科学运算、逻辑处理以及统计等方面实现形式化、规则化的运算。由此看来，计算机的智能水平早已超过了人类，但涉及数学证明、符号、逻辑推理等比较复杂的一类，还需要人类间接参与后才能由计算机完成。

感知智能，简单来说是视觉能力、触觉能力、听觉能力的感知能力。机器能够听懂和看懂，并在此基础上辅助人类工作，高质量完成相应的工作内容，其中以图形理解、语音识别以及翻译最具代表性。深度学习对于人工智能技术的应用来说是一个突破。感知智能技术在实际应用当中，已经与人类非常接近。

认知智能，简单来说是能够理解和思考。人工智能发展的最终阶段是机器学会主动思考，并采取相应正确的行动，对人类的工作进行系统辅助，或者完全代替人类的工作。其中以推理和决策最具代表性，它强调了决策的逻辑性。由于认知智能的不可控性，同时认知智能已与人类的智能比较接近，所以认知智能的相对研究具有很大的风险和困难，相关的进展也比较缓慢。

随着先进计算技术、大数据分析、自主技术、机器人、定向能、高超声速和生物等技术的研发，人工智能已成为确保美军打赢未来战争的关键。显然，人工智能技术已经成为各国推进新军事革命的发力点，同时也将使未来战争面貌发生全新变化。为了迎接即将到来的智能化战争时代，美军已经开始布局相关技术发展，人工智能的最终目的是生产出与人类做出相似反应的机器，其实质是机器的自主反应，即学习能力，而学习能力必须要有强大的终端处理器。

13.2.1　自主学习技术

战场大数据以支撑武器装备作战应用为核心，以自然环境、装备应用诱发环境、装备对抗干扰环境、装备实战瞬变场景为基础，具有其自身特点，主要集中在以下几个方面：一是数据短时的爆发性。战场大数据的产生，主要来自实战或战训环节，与装备及作战环境紧密关联，而在平时难以有效收集。二是不断增加的透明度。数据化，即大量数字化数据的生成，是信息革命的核心特征之一。计算机将信息的复制成本事实上降为零，使得信息流动更为自由，世界更加透明。一度只为超级大国独享的卫星图像，现在可上网免费浏览。当数据呈现非结构化和异质化的时候，数据的筛选已经成为重大挑战。三是数据种类的庞杂性。战场大数据主要涉及作战地域（山地、荒漠、城市、近岸、远海等）、作战环境特性（温度、雨雪）、目标及对抗手段等，数据种类尤为庞杂。四是数据关联的复杂性。复杂战争环境中的多种要素相互交织耦合，实际获取的战场数据是多种机理甚至是未知因素共同作用的结果，也增加了获取结果的不确定性，且存在数据采集偏好，在分析中往往发现关键数据缺失、有用数据交织、部分机理未知、可复现性不强等问题。五是数据样本的有限性。单次测量所获取的信息与作战地域、作战样式乃至实际的对抗过程密切相关，有限测量结果难以覆盖所有可能的作战环境甚至是非预期的作战环境。上述特点都需要从有限的样本数据中进行学习，结合认知及推理并结合实践反馈结果优化完善。

13.2.2　互信决策技术

未来智能化战争中，人与装备的联系将更为紧密，这将高度依赖于人与装备的互信以及相互之间的深度协同。在这种情况下，利用人工智能辅助决策所提供的不仅仅是一个结论，而必须给出得出该结论的先决条件、主要依据、适用范围、可取信度等附加的解释信息。同时，可根据作战任务属性、作战人员背景对辅助决策要素进行自适应调整，确保人机间的高效协同互补，更好地发挥人作为制胜决定性因素的主动性，提升决策的快速性和精准性。这就需要在深度学习技术的基础上，进一步发展决策过程深度解释、复杂模型灵活解析、人机互信表达与信赖进化等模型。

13.2.3　人机协同技术

随着人工智能技术发展，装备智能化程度不断提升，并最终向全自主化演进。全自主系统是未来无人战场的行动主体，不仅有助于减少战场人员伤亡，还有助于形成新的作战样式或颠覆式手段。在提升恶劣环境适应性、任务自主性、任务可靠性等方面具有极大优势。全自主系统的发展，不仅将加速无人化战争或军事行动从理论走向实战，还有助于推进有/无人协同作战流程、协同策略等战术战法的革命性变化。

13.2.4　认知增强技术

人体智力增强与认知能力增强主要包括可增强式装备以及交互式智能专家系统等。主要用于辅助作战人员快速把控作战态势、快速作出正确决策。如可用于增强目标检测识别能力的脑机系统、可用于提升复杂战场环境感知认知能力的混合现实技术、可用于刺激大脑活跃度的脑电控制装置等。

13.2.5 跨域对抗技术

未来智能化战争离不开信息的全面、精准化获取，以及对相关信息的按需组织、高效处理、及时分发等关键环节。同样，智能化装备的高效作战，也离不开信息网络的有效支撑，这些因素也随之增加了智能化战争在网电攻防方面的脆弱性。实际上，利用网电空间攻击无人装备的事例已经屡见不鲜，未来的智能化战争必将在物理域与网电域同时打响。

13.3 美军人工智能军事发展应用

美军作为人工智能领域的领头羊，在推进人工智能军事应用方面取得了丰硕的成果，美军加速推进人工智能军事应用的举动受到国内外学者的广泛关注。加速实现战场感知立体化布局，采用液氧动力推进装置的“鬼眼”无人机已实现首飞，该无人机可搭载200 kg载荷，在近2万米高空持续飞行4天。美国海军采购的MQ-4C“海神”无人侦察机侦察范围可达700万平方千米，显著提升美国海军的广域海上监视能力。DARPA正在研制“视频合成孔径雷达”，能够穿透云层和尘埃捕捉地面机动目标，提供高分辨率、全动态视频，可装备于多种空中平台。美在前沿海域及沿岸地区构建了信息环境持续监测网络，为联合部队提供水下战场空间态势，在对抗环境中确保联合部队指控通道顺畅。

进入21世纪以来，美国防部已经发布了七版无人系统路线图，对自主性技术的发展趋势、方向和途径做了明确阐述。其中，《2013—2038财年无人系统综合路线图》明确在2038年前达到全实时计划、团队内协作、自主态势感知和操作的建设目标。近年来，美军为进一步加强精确制导弹药在复杂战场环境下的突防和打击能力，不断加大新型制导弹药智能化研发力度。美军将大数据挖掘技术引入作战指挥决策支持系统，利用基于知识发现的专家系统，提高决策的效率和科学性。2015年，DARPA的“大机理”项目，开发基于大数据的智能自动化计算技术，包括信息提取和规范、智能推理引擎、知识综合运用等技术，实现根据任务自动制定作战方案，在任务层面快速、独立完成作战决策，使得指挥官能够以最快的方式向作战单元甚至是单兵发出指令，从而实现“任务式指挥”的目标。

在单装智能化方面，2014年4月，美军利用一架无人直升机自主完成了单兵补给任务的响应及实施。2014年8月，利用无人直升机向战地投放地面无人车辆，并使其自行机动至指定位置，实施区域监视，为作战人员提供信息保障。此外，伴随学习机器人和情感计算机的出现，能够通过学习模拟人类情感的机器人已开始出现。例如，美国雷神公司开发的“宙斯”机器蟑螂，拥有与蟑螂和章鱼类似的神经系统。尽管其一开始不知道如何运动，也不知道自身拥有哪些部件，但在5 min时间内学会了如何走路，在15 min内实现了向后移动。随着相关技术的发展，未来将会出现拥有全面思考、推理、智能的自主系统。

在集群智能化方面，美国海军以护卫高价值水面舰艇为典型应用场景，利用13艘携带防空机枪的无人水面巡逻艇（其中5艘为自动控制、8艘为远程遥控），进行了协同作战测试，对一架从其他舰船上起飞的直升机（模拟威胁）进行包围和阻拦。相关技术将用于舰艇、海湾或港口的伴随防护。DARPA在“拒止环境协同作战”项目中，也将开发具备感知自身和周边环境、自主搜索发现目标、实施自主打击或数据收集的无人机集群协同技术。北约也通过自组织海洋机器人系统“逻辑连接物理节点”（MORPH）等项目，验证了水下无人潜航器的自主编队能力。

在作战智能化方面，面对信息化战争和复杂体系对抗的海量数据，单纯依靠作战人员进行读取、分析，并快速做出决策已变得不再现实。利用人工智能技术开发作战辅助决策系统，一方面可根据实际作战任务快速抽取，组织形成支撑决策数据，并对关联态势进行综合展示；另一方面亦可根据交战规则，以及相关认知模型，在自学习进化基础上进行辅助决策，生成行动预案并进行预演。

另外，美军还提出了“分布式作战”“蜂群”“马赛克战”“多域作战”及“全域作战”等一系列与智能化技术相匹配的新型作战概念，以谋求新的不对称作战优势。例如，2020年美军在“多域作战”概念基础上提出“全域作战”，并探索人工智能技术在“全域作战”中早期预警、分析处理数据、自主生成行动序列和自主分配任务等方面的应用。

13.3.1　美军的主要举措

美军在利用人工智能解决关键任务方面有一系列的重要举措，在技术合作方面，美国防部致力于加强同私营部门和学术界在人工智能领域的合作，弥合非传统创新中心与国防任务之间的鸿沟，具体包括制定以全球挑战为重点的开放任务倡议，加强学术合作并培育新的人工智能创新共同体，加强与美国产业界的合作，强化与盟国、伙伴国以及开源社区之间的合作：在人才培养方面，美国防部会为人工智能优秀人才提供建功立业的机会，建立全面的人工智能培训机制，鼓励优秀人才进入国防领域，培育勇于创新的文化；伦理和安全方面，美国防部将制定人工智能的国防应用原则，大力支持研发安全、可靠而健壮的国防部人工智能系统，持续资助以理解和解释人工智能驱动的决策和行动的相关研究，提高人工智能研究的透明度，倡导建立全球军事人工智能准则，以及利用人工智能降低平民伤亡及其他附带损伤的风险。

（1）注重国家战略的顶层设计

美军深刻洞察到科技革命和军事变革的发展态势，注重国家战略层面的人工智能发展顶层设计，出台了一系列智能化发展战略规划。早在2012年奥巴马政府就提出《大数据研究与发展计划倡议》，将大数据研发上升到国家战略层面，成立了大数据研发管理机构，并投入2亿美元经费作为科研启动资金，用于军事大数据技术创新及应用工具开发。

2014年，美军制定“第三次抵消战略”，实现其在作战概念、技术创新、组织形态和国防管理等方面的创新突破，以恢复并保持传统遏制力。此次战略抵消重点发展的五大技术领域包括自主学习系统、人机协作系统、人类作战行动辅助系统、有人/无人作战编队和网络赋能自主武器系统等，均以人工智能为核心。

2016 年，美国先后发布了《为人工智能的未来做好准备》《国家人工智能研究与发展战略规划》两份报告，对人工智能的发展现状、应用领域以及人工智能技术引发的潜在公共政策问题进行了探讨，确定了美国人工智能研发的七大重点战略方向。

2018 年 8 月，美国防部公开新版的《无人系统综合路线图（2017—2042）》。该路线图聚焦未来“全域作战”所需的技术支撑，围绕互操作性、自主性、安全网络、人机协同等主题，指导军用无人机、无人潜航器、无人水面艇、无人地面车辆等的全面发展，加快颠覆性技术的发展和运用，为确保军种的无人系统发展目标与国防部规划保持一致提供顶层战略指南。美军的这些举措充分表明，美军对于人工智能在军事领域的应用已统筹规划、提前布局。

2019 年 2 月，特朗普政府再次出台了两份人工智能领域的战略文件。2 月 11 日，特朗普签署《维护美国在人工智能时代的领导地位》行政命令，启动“美国人工智能倡议”。12 日，美国防部发布《2018 国防部人工智能战略概要：利用人工智能促进安全与繁荣》，系统阐述了五角大楼对于人工智能的官方认知、战略部署及重点领域，旨在通过这一战略维持美军在人工智能时代的战略优势。这也标志着美军在继网络战略、太空战略后正式出台了人工智能这一新兴领域的军事战略文件，是美国推进人工智能军事化的里程碑式事件，将指引美军未来几年在人工智能领域的发展方向，值得高度关注。

（2）加速智能化技术深化应用

早在 20 世纪 50/60 年代，美军就通过部署各类军事智能化研究项目，开展大数据、智能算法研究，促进人工智能技术向情报处理、无人作战平台、指挥控制、武器装备系统、作战方式变革的渗透转化。20 世纪 70 年代，美军启动了语音识别研究项目，借助人工智能技术处理复杂的语音逻辑规则，提高词汇辨认率。该技术主要应用于对不同国家、地区以及组织搜集情报的处理。2001 年，为解决新型无人车的环境感知问题，美国国防高级研究计划局启动了 PerceptOR 项目，其目标是保证无人车能够在各种战场环境及恶劣的天气条件下执行任务。2007 年，美国陆军开发了“深绿”系统，期待能像“深蓝”系统那样穷尽敌军所有可能行动，为指挥员指挥与控制提供辅助决策。但该项目由于战场复杂态势的不确定性导致出现组合爆炸问题而被搁浅。

2009—2014 年，DARPA 先后启动了“洞察”“X 数据”“心灵之眼”“文本深度挖掘和过滤技术”等为代表的大数据技术研究项目，探索利用智能算法从文本、声音、图像、视频等多源数据中自主获取、处理及挖掘信息，以解决对抗条件下的态势认知、威胁判断和行动建议生成等问题。2017 年，美军成立“算法战”跨职能小组，开展代号为“MAVEN”的项目，将深度学习技术用于实战，挖掘分析无人机系统从中东地区收集的大量视频数据，加速作战数据与机器学习技术的有效融合。

此外，美军还将智能技术嵌入作战平台，提升武器装备的智能化水平。例如，2020 年年初，美陆军研究实验室推进越野自主技术研究，使未来无人作战平台能够在复杂对抗的动态环境下做出高效决策，能够按照陆军作战节奏有效执行多种任务。除此之外，美军还提出了“分布式作战”“蜂群战”“马赛克战”“多域作战”及“全域作战”等一系列与智能化技术相匹配的新型作战概念，以谋求新的不对称作战优势。例如，2020 年美军在“多域作战”概念基础上提出“全域作战”，并探索人工智能技术在“全域作战”中早期预警、分析处理数据、自主生成行动序列和自主分配任务等方面的应用①。

（3）人工智能与网络战的结合

据报道，美国国防高级研究计划局副局长彼得·海纳姆表示将与国防部联合人工智能中心开展合作，对日渐交叉融合的人工智能、网络安全以及网络作战进行研究。海纳姆表示，利用自主性对抗网络对手系统（HACCS）计划是美国国防高级研究计划局的重点项目之一，正迅速将人工智能技术应用到网络作战中，对人工智能将会怎样运用到网络作战中、人工智能与网络作战的“碰撞”又将会带来什么进行研究。

现代自动化工具在计算机上运行的速度比人脑快数十亿倍，但当面对极其复杂的问题时，人类拥有的知识和直觉超过了计算速度。利用人工智能化工具，计算机能够极大地模拟人脑的思考情况，发现比单纯利用软件或单纯依靠人工能检测数量更多的漏洞。人工智能拥有自我进化的能力，其通过融合从人类社会中学到的知识，不断自我完善，包括与人类的互动方式以及完成任务的能力。自主性对抗网络就是源于这一思维的产物。2017 年 6 月美国国防高级研究计划局启动利用自主性对抗网络对手系统计划。该计划将网络空间中脆弱的和已被恶意控制的节点集合统称为灰色地带，灰色地带的节点可能表现为僵尸程序、后门和跳板等形态，可能被多个攻击者利用。利用自主性对抗网络对手系统计划旨在通过技术和算法，测量识别僵尸网络感染的网络，识别驻留在网络中的设备类型以及潜在访问媒介的稳定性。本质上，利用自主性对抗网络对手系统计划的目的是准确识别僵尸网络，并对其进行指纹识别，以确定僵尸网络是否存在，并记录此类网络上设备的数量、类型以及在这些设备上运行的软件，通过技术集成到一个系统中。

随着人工智能与网络作战的迅猛发展，人工智能深入渗透到作战指挥各环节全过程。可以预见，以往完全由人来完成的指挥决策活动，在未来战争中将逐步转向由“人机混合智能体”借助网络的方式来完成。把人的一部分指挥决策交给人工智能在未来作战中是必要的也是可行的。战略战役决策和指挥控制方式的态势感知和仿真模拟等，对于提升指挥决策效能、克服人性的弱点具有重大的优势，将会改变传统的指挥决策模式。

（4）重视理论研究及人才培养

基础性研究对创新起主导作用。美军向来重视智能化技术的基础性研究，聚焦核心和关键技术的突破，夯实军事智能化发展的基础。美国政府在算法、芯片、传感器等基础领域进行了长期持续性的投资，研究水平遥遥领先，创新优势显著。为了维持美国人工智能的创新优势，DARPA、国家科学基金会等一些大型研究机构开展了一系列具有长远价值及战略眼光的基础研究项目。例如，DARPA 于 2018 年 9 月投资 20 亿美元启动“下一代

① 曾子林．美军推进人工智能军事应用的举措、挑战及启示［R］．微信公众号：军鹰资讯，2020-11-12.

人工智能”计划，提出发展第三代人工智能基础理论和技术，试图探索国防部关键业务流程自动化、提高人工智能系统的稳健性、增强人工智能技术的安全性和灵活性、避免数据和性能效率低下，以及开发下一代人工智能算法等方面的关键技术，使未来的智能机器具备与人类交流及逻辑推理能力。美军还重视与人工智能龙头企业及知名高校的合作，通过融合创新的方式促进人工智能关键技术攻关及智能武器研发工作。与此同时，美军在人工智能领域的基础性人才培养方面也出台了一些规划和措施。2019 年 2 月，美国发布《美国人工智能计划》，该计划包括五个关键领域，人才培养是其中之一。计划要求各机构通过培训、奖学金和理工科教育等方式，帮助美国工人获得开发和应用人工智能技术的技能。

13.3.2 美军面临的挑战

美军推进人工智能技术在军事领域的应用并非一帆风顺，面临来自技术、信任和伦理等多方面的挑战。新技术的诞生总是伴随着欣喜和担忧。将 AI 应用于战争也一直是争议的焦点，人工智能用于战争也受到一些科技权威的质疑。

不少专家担忧，先进的自动化武器可能会将人类视为威胁，从而危及人类生命安全。质疑的另一个理由，是人工智能技术用于战争可能产生战争伦理问题。国内学者石海明认为：“在无人化战争中，作战主体远离战场，无人化武器以一种‘非人性化’的方式杀人，没有承担战争危险的伦理性，也没有对战争苦难的情感体验，‘隔离因素’将战争的发动者与实施者区分开来。有关战争责任的伦理问题就出现了，到底参战的自主机器人是不是战斗员？又应当承担何种战争的责任？”

目前机器人还无法分辨平民和士兵，当然也无法为自己的行为负责。相关战争责任的追究也成为十分棘手的问题。因此，在重大问题上机器替代人做出反击决策，可能还有较长的路要走。2016 年 4 月，美国国防部副部长罗伯特·沃克在“无人驾驶”军舰“海上猎手”号（Sea Hunter）的命名仪式上发表讲述时曾专门介绍，未来可能会在“海上猎手”号上部署武器，但使用致命武器的任何操作决定必须来自于人类。

（1）面临稳健性与可解释性不强的瓶颈

相比传统的人工智能，以深度学习为代表的机器学习算法，在语音识别、机器翻译和人机博弈等方面取得了突破性进展，其水平可以接近甚至超越人类。但是，这不意味着人工智能程度已经达到或超过了人类。从已有的技术看，人工智能只能处理任务单一、需求明确以及应用边界清晰的特定任务，离具备概念抽象、自主推理、规划决策能力的通用人工智能仍有较大差距。目前，稳健性及可解释性是限制人工智能技术发展的主要瓶颈。

当前的人工智能技术普遍存在稳健性问题，主要表现在两方面：一是很大程度上依赖高质量的训练数据。例如，当训练数据有限时，大规模的深度神经网络易出现过拟合现象，泛化能力差。二是在特定数据集训练好的深度神经网络易受到“对抗”样本的干扰和欺骗。例如，在军事领域中，利用一张精心设计的打印图片便可轻易地躲避智能侦察设备的搜索。可解释性不强是当前以深度学习为代表的人工智能技术的另一个弊端。绝大部分算法属于“黑盒”系统，中间的分析与决策过程不得而知，也缺乏可交互性和操作性。对于大规模的深度学习网络，由于存在复杂的非线性变换及大量的神经元连接，少量扰动即可引起结果的剧烈变化，表现出的行为将会变得难以理解。具有可解释性的智能系统能够实现人机互操作，便于将人的经验融入决策中，做到决策可追溯、可引导、可纠正，从而提升系统的智能性。现代战场环境错综复杂，作战环境的微小改变都有可能让智能化算法不再“智能”。加强算法的稳健性和可解释性，是发展通用人工智能迫切需要解决的问题。美军已将发展稳健性与可解释的人工智能系统，作为下一代人工智能的重要研究课题提上日程。

（2）学习机制的本质差异导致人机信任危机

由于目前的算法可解释性不强，其行为和表现难以让人理解。这将影响人对智能系统的信任度。例如，利用深度学习对哈士奇和爱斯基摩犬进行分类，起初的分类效果非常好，但后来通过数据测试发现，智能系统更多是通过背景对二者进行分类，而并非狗本身的特征。这是因为，在训练样本中，爱斯基摩犬的照片背景几乎都是冰天雪地，而哈士奇则相反。这样的例子数不胜数，若将这样的理解应用于作战决策中，后果是不堪设想的。DARPA 战术技术办公室主任弗雷德·肯尼迪在 2018 年 4 月 10 日美国海军举办的“海空天联盟”小组会议上也对当前人工智能系统行为决策无法解释表示担忧，并提出依托 DARPA“可解释人工智能”项目推动研究人员理解人工智能行为决策背后的机理。

人工智能的机器学习方式与人类学习方式之间不同的学习机制也是造成人机信任危机的重要原因之一。机器学习通过大量数据来消除不确定性实现模式检测，而人类学习主要依靠归纳法和逻辑推理。例如，对于人类来说，识别一只猫可以在瞬间完成。人类根据某些猫科动物特征的外观和运动来识别一只猫，而计算机识别一只猫需基于大量关于猫的图像。这些图像被人工标记为猫或不是猫，然后通过提取图像的关键特征，构建一定的模型来学习图像特征与标记之间的关系。计算机学习完毕后，就具备了识别能力，这时给它图片，它就能判定这张图片到底是不是猫。机器得出结论的这种方式会让人工智能用户产生不信任感。如果这是一只机器从未见过的猫呢？如果是一只狗，打扮得特别像猫又如何？

这种信任的挑战在战场上显得尤为严峻，而信任是作战人员执行一切作战行动的重要前提条件。战场上缺乏信任，就不会有当机立断的决策、高效顺畅的指挥以及密切配合的协同。在未来的智能化战争中，指挥员可能不得不根据人工智能系统提供的信息做出生死抉择。此时，人机信任问题是难以逾越的一道屏障。事实上，美军的一次实验充分暴露了人工智能技术潜在的风险。该实验显示，在人工智能分析技术的帮助下，只需改变图像上的几个像素就可以把一辆校车变成坦克。这些漏洞若被敌方利用，后果将不堪设想。由此可见，即便是诸如当今商业领域最常用的图像识别等此类的简单人工智能应用，指挥员也可能不愿相信。

（3）人工智能武器的不易控制性引发伦理挑战

尽管人们对人工智能技术改善生活的前景普遍持乐观态度，但近年来人工智能科学家对为国家安全使用先进技术更多地持保守态度。正如化学家和生物学家没兴趣开发生化武器一样，大多数人工智能科学家也不希望开发智能武器用于邪恶的战争。以谷歌为代表的硅谷公司，就对与美国政府在国家安全问题上的合作持怀疑态度。谷歌在遭到 4 000 名员工的反对后，最后终止与国防部 Maven 项目的合作。在 2018 年国际人工智能联合会议上，来自全球 60 多个国家、超过 2 000 名人工智能科学家、企业家、研究者共同签署了《致命性自主武器宣言》，宣誓不参与致命性自主武器系统的开发、研制、交易及使用。

人工智能技术被认为是继火药和核武器之后的第三次武器革命。智能机器虽然可以替代人类士兵作战，有效减少伤亡人数，但也会降低发动战争的门槛。2017 年 11 月，日内瓦联合国特定常规武器公约会议上播放了一段“杀人蜂”自主执行杀人任务的视频。该“杀人蜂”只有蜜蜂体积大小，携带 3 g 炸药，集成了外部传感、面部识别等一系列智能技术，可以自主跟踪目标，躲避攻击，能瞬间穿透人的颅骨进行爆炸攻击。该视频还给出了一组数据，仅仅耗费 2 500 万美金购置的“杀人蜂”可以毁灭半个城市，而同等价格的战斧式巡航导弹仅能摧毁一座机场。恐怖分子一旦掌握这种廉价且极其高效的致命性自主武器，将轻易突破严密防御，对攻击目标进行外科手术式的精确袭击，造成人类世界的悲剧。美军的“小精灵”无人作战体系将对海上作战群以及“敌方”防空反导系统网络体系构成巨大威胁。

美国特斯拉公司 CEO 埃隆·马斯克就曾直言不讳地指出，人工智能可能比核弹头更危险。他警告称，机器学习的速度可能超过人类控制它们的能力。对智能武器的控制远比核军备控制复杂得多，核武器裂变材料的生产和运载系统可以远距离探测到，而智能武器不需要昂贵或稀有的原材料，监测自主武器的发展和使用将会困难得多。由于智能武器生产成本低，技术易于获取，很容易被各国大规模生产。届时，智能武器将成为刺杀、颠覆政权、灭亡某个种族的理想工具。从博弈的角度看，只要任意一支军事力量推动人工智能武器开发，那么全球智能武器军备竞赛将不可避免。

13.4 未来人工智能军事应用展望

人工智能武器的实用化和实际运用已在眼前。国防科技大学军事专家石海明说：“在大国角逐的重要空间，表面上看似风平浪静，但各种运用尖端科技的无人化、智能化作战武器与平台已越来越多。”军事人工智能与网络对全世界军队的普及只是时间问题，发达国家现在已经具备了大量生产和装备无人作战系统的能力。该系统不仅可在无人操作情况下自动攻击敌方目标，而且可大大缩短己方 OODA 循环周期，使己方能够先于敌方做出正确判断和行动。并且无人作战系统利用人工智能与网络作战的方式可对敌方作战系统进行学习和分析，并根据敌方系统特点弥补己方漏洞，或根据敌方系统弱点实施针对性打击。无人作战系统依托网络作战可 24 小时全天候不间断执行警戒、情报收集和军事打击等任务，有利于避免人为错误的发生。这些方式将会使未来战争形态产生革命性变化。

机械化战争的信息手段如望远镜、电报、雷达等，放大和增强了人的感知能力，可以使人看得更远、听得更清、知得更快，但还不能放大和增强人的思维能力，像情报分析、决策论证、计划协调这些智能活动，还只能依靠人脑加手工操作。人工智能在信息化战争的广泛应用，继续放大和增强了人的感知能力，但更重要的是提高和强化了人的思维能力。在信息储存和检索、数据计算和处理等方面，电脑甚至超过了人脑，这就为战争指导提供了新的有效决策工具，是军事思维的一次革命。人工智能在战争中的应用，不仅是军事认知的革命，而且也是武器装备的革命。人不仅把智力物化于武器装备，而且把智力赋予给武器装备，实现武器装备的智能化，这是信息化与机械化武器装备的根本区别。武器系统利用网络作战与人工智能等技术，可以从复杂环境下有效提取目标的航迹，还能进行多传感器的数据融合，综合处理多种传感器的数据。在得到的目标或数据不完整时，可通过计算和数据比对，得到合理的结果。这些因素使武器基本具备人类行为特性，出现仿真视觉、仿真听觉和仿真语言等，捕获目标本身发出的一切信息用于数据分析和判断。

将人工智能应用到作战上已有先例，层出不穷的武装机器人系统和应用广泛的无人机就是最明显的例子。在非战争军事行动中，人工智能和大数据技术早已广泛使用。尤其是反恐领域，利用大数据筛查识别可疑分子、降低恐袭风险已经是日常反恐的重要手段。2013 年波士顿马拉松爆炸案中，恐怖分子以高压锅和背包为作案工具展开袭击。事后有人在网上同时搜索上述两种工具，警方立即利用大数据技术捕捉相关信息，进而调查搜索者，对案件及时破获提供了极大的帮助。随着机器学习和人工智能的快速发展，以谷歌阿尔法狗（AlphaGo）、微软智能图像识别、IBM 沃森等为代表的人工智能技术必然会应用于战争空间的各作战域。

DARPA 作为美国先进科技的引领者，在人工智能领域正在和计划开展大量研究项目，表 13－1 列出了人工智能技术在各个作战域中的可能应用情况以及 DARPA 开展项目的情况①。

表 13－1　人工智能技术在 4 个作战域的应用展望

战争空间	作战活动	人工智能军事应用场景	发布时间
物理域	打击、防护、机动、保障（后勤、通信等）	无人平台和系统在作战行动中的应用：如无人驾驶汽车、无人船（艇）、无人机、智能机器人	X 战车技术项目（GXV－T）、反潜无人机械船、无人空天飞机计划、机器人卫星服务、机器人挑战赛、波士顿“大狗”机器人、蛇形侦察机器人项目等
信息域	产生、处理和共享信息（包括信息对抗等）	智能信息系统：如智能通信、智能语音识别和翻译处理、智能化自主网络作战等	语音识别、语言自动翻译项目、机器阅读和推理技术项目、“自适应雷达对抗”（ARC）项目、挖掘和理解软件飞地项目、“高可信赛博军用系统”（HACMS）项目、“认知电子战”计划等
认知域	个体观念、意识、信条和价值形成、感知、决策产生	智能态势感知与认知、智能辅助决策等	“心灵之眼”（Mind's Eye）项目、“深绿”计划、神经工程系统设计（NESD）、DEFT 项目
社会域	军事实体间及其内部的交互，群体相互作用	共享感知、协同决策等	认知计算信息共享与高级情报项目、“人机协作”（“半人马模式”）计划等、“脑机结合”神经植入技术（“阿凡达计划”）

① 陶九阳，吴琳，胡晓峰．AlphaGO 技术原理分析及人工智能军事应用展望［J］．指挥与控制学报，2016（2）：116－117.

13.4.1 在物理域的应用

人工智能技术在物理域的应用，必然导致大量智能化无人作战平台的出现，如智能作战机器人、无人驾驶汽车、无人船、无人机等，这些智能化的无人作战平台与当前的无人系统将具有本质性的区别，是一类具有思考决策能力的系统，而不是简单地应对大致有限的既定环境。这必然导致打击、机动和防护能力的全面提升，如DARPA正在研发的X战车（GXV－T），依赖先进的人工智能技术具备更快行驶速度、超强侦察外部环境躲避敌方侦察的能力。

13.4.2 在信息域的应用

长期以来，由于信息的处理共享等环节需要大量的人工操作，例如战场侦察卫星传回的图像、无人机侦察图像、各类人员语音信息等非结构化数据需要人工判读，这直接导致信息的处理速度和利用效率极低，甚至可能使指挥员淹没在“信息洪流”中。微软的ImageNet图像识别理解等人工智能技术，使智能化处理非结构化战场数据越来越接近实战要求，由此正在催生各类传感器、数据处理器以及信息网络的全面智能化，使得信息收集的范围更为广泛，信息处理的速度更快质量更好。另外，信息域中的网电对抗，借助于人工智能技术将能够实现自主敏捷反应，如DARPA资助的“认知电子战”计划使用最新的人工智能和机器学习方法，能够自主识别对手的信号频谱并快速作出反应。

13.4.3 在认知域的应用

智能态势感知理解和自主决策是目前人工智能亟待解决的领域，是通向真正意义的智能化战争的关键一环。由于战场环境具有高度的复杂性和不确定性，长期以来，态势理解及预测等认知活动，机器智能还无法胜任，主要依赖人工完成。现代化战争复杂程度越来越高，陆、海、空、天、电、网各维度态势相互铰链，单纯依赖人工对态势图判读理解和预测态势将会变得越来越困难。另外，由于战争内在的复杂性，对于行为的高度不确定性，长期以来，辅助决策功能一直饱受诟病。为了解决这一问题，DARPA从2008年开始支持“深绿”计划，试图研究一种能够嵌入美军C4ISR系统的先进辅助决策模块，“水晶球”和“闪电战”是两大核心模块，“水晶球”负责生成和更新未来作战可能的各个分支，即绘制和更新战争的博弈树，而“闪电战”模块用来对每个分支进行模拟并给出交战结果，即完成对博弈树的剪枝和搜索，这与AlphaGo采用的方法极为类似，因此，AlphaGo的成功极有可能带来这类智能军事决策的突破，这也是AlphaGo技术最有借鉴意义之所在。

13.4.4 在社会域的应用

在社会域上，共享感知和协同决策是实现联合作战行动的基础，是整合其他各作战域智能作战力量形成作战体系的关键所在，DARPA正在大力发展的“人机协作”（“半人马模式”）等计划，其目标就是实现人机深度融合功能的有机整体，让机器的精准和人类的可塑性完美结合，利用机器的速度让人类做出最佳判断，以协助人类提升认知速度和精度，快速做出决策并指挥无人系统协同行动。

13.5　人工智能对未来战争形态的影响

围绕智能化的世界军事竞争已拉开帷幕，但还没有到军备竞赛的程度，今天的竞争更像是一场实验竞赛，大量的人工智能系统正在测试和建立研究中心，但人工智能技术具有重大军事潜力，足以颠覆已有的战争形态。在其尚未发展成熟的时期即已逐步推向应用，形成先期能力优势，并随着其应用范畴的推广及技术能力的提升，逐步积聚引发变革的动能，进而推进信息化战争向智能化战争的整体转变。综合研究当前世界军事技术及应用的发展历程，结合外军武器装备与技术发展，可以预测，智能化战争的发展演进大致可分为以下三个阶段。

初级阶段（2021 年后），以装备智能化、指挥自动化、作战体系化为主要标志，人工智能技术主要应用于装备层面。即通过升级改造提升既有装备作战能力，同时部分新研装备（尤其是作战辅助决策系统等）也将大量采用人工智能技术。传统武器在提升精确制导能力的基础上，进一步向多任务智能化武器发展，大幅降低甚至摆脱对人的依赖，并提升综合打击效果和对抗效费比。

中级阶段（2030 年前），以装备自主化、战场无人化、力量融合化、人机协同化为主要标志，实现多类无人系统及无人装备间的高度自组织协同作战，以及有人系统与无人系统之间的互信协同作战。人工智能开始全面融入攻防体系各环节，战争形态逐步向智能化演进。

高级阶段（2045 年前），实现全政府资源要素的多层级智能化管控，形成陆、海、空、天、电、网和认知等全维领域多种作战力量及多类作战要素的快速联动组织、深度协同。

人工智能技术加载到各个作战要素之中后，最直观的价值就是增能和赋能，不仅使得各作战要素能够在原有状态下大大提高应用能效，更能藉此大大降低作战组织架构的繁杂度，实现精巧编组、灵活多能。随着人工智能技术在军事领域的应用，当前明显能见的就是大大提高情报侦察要素、指挥控制要素、火力打击要素、作战保障要素的组织效率，如智能化的情报侦察可以借助新质的智能侦察力量生成同步感知、智能识别、精确监视、智慧采集能力，对战场态势的感知是以往侦察效能可望不可及的，其更为优质之处则在于大大减小了侦察相关工作的组织量，并且与传统组织侦察行动相比大大减少编成内参与员额，使得小编组同样实现大效益。这一点在对数据处理工作上表现的尤为突出，一台高性能智能计算机一分钟完成的工作量将是人的成百上千倍，借助人工智能技术削减员额、精干编组将是未来智能化战争作战编组的主要趋势[①]。

13.5.1 组织编成模式创新

随着无人作战力量逐步走向战场，将不断产生有人系统为主、无人系统协同，无人系统为主、有人系统协同和无人系统独立编组等结构形式。在可以预见的未来，人类将在战争中由前台逐渐退居后台，形成由人类设计战争、控制战争，而由无人作战力量执行战斗任务、在战场上冲锋陷阵的局面。目前，美军正在谋求“不派自己的士兵去打任何一场‘公平’的战争”，以不“伤”不“亡”的结局取得战争胜利目的，战争制胜机理由多维体系对抗向全域智能博弈发展。

一再强调战争始终是人类社会的一个具体活动，因此人对战争的影响和主导角色不会消失，由此能给人以最大安全感的超大型武器装备不会完全消失，而是在一个经济效费比刚好合适的临界点保持存在。如此一来，有人操控的装备作为传统型力量必须与新型智能化的、无人化的主体装备力量进行效能匹配，如航母上搭载大量无人飞机、无人艇、无人潜航器等，使有人与无人力量最大限度地耦合出优质作战效能[①]。

13.5.2 作战时空条件拓展

目前，美军空军的无人作战力量已达上万架无人机和大量战场机器人，已组建133支网络战分队，太空作战、心理战、定向能作战等新型力量在组织形态构成中的比例日益上升，促使现有作战力量装备结构和作战编成产生深刻变化。无人化、智能化装备技术越来越多地出现于战场，运用于各个作战空间和作战领域，无人化作战、网电作战、太空对抗、全球监视与打击和一体化弹道导弹防御等新型力量体系均带有智能化作战力量的显著特征。

近年来，美军一直在寻求突破军种和军种跨界的能力。如美国空军发展高空长航时侦察与打击力量，支撑“全球到达、空海一体、空天一体”作战；海军发展舰载远程隐身无人作战力量，支撑大型海上平台采取分布式投送，实现由海向陆作战；陆军发展中高空侦察与打击力量，支撑全维作战。随着陆、海、空、天、电、网、认知等多领域紧密相连的统一作战空间的形成，以及无人化、智能化作战体系的融合发展，传统界限分明的军种体制已经发生动摇，基于任务和作战区域的一体化联合部队呼之欲出，将催生新型作战力量，促进军队组织形态重构。无人化、智能化装备技术能弥补有人作战系统的不足，无需考虑人的生理极限因素，实现长时间、高速度、大强度、全空间执行各种作战和勤务保障任务。在作战时域上能持久高效，从以小时计算到以天、月计算，甚至以年为单位；在空间域上，活动范围能覆盖从太空、深海、高原、极地、核生化污染等新边疆极限区域。

13.5.3 作战力量定制生成

战争自有史以来，由于受到作战人员自身生理条件的限制，以往的战场空间、环境总

① 黄永刚．人工智能如何重构军队组织形态［R］．微信公众号：光明军事，2021－1－8.

是在相对有限、能够实际进入的情况下被确定，对于那些深海、极低、临近空间、微小空间以及极深、极冷、极远、极险环境从未敢涉足。但随着人工智能技术与无人技术、网络信息技术、精密控制技术等复合发展后，无人潜航器、极地无人车、临近空间飞行器、小微机器人等各式各样的无人系统、平台将不再受到难以承受压力的限制，简直可以肆无忌惮地出入人类禁区，并完成各类作战任务，使得军队作战编成充盈了新的能力。

在“作战云”体系支撑下，各类力量单元形成网络矩阵运行机制，获得一致的作战态势图，实现数据资源共享、指令同步传输、武器平台互联互通互操作，有效提高了作战力量群的决策、指挥、协同效能。根据作战任务和功能需求，定制无人化、智能化作战单元，生成精干高效的模块化作战部队，将成为下一代战争的战争形态的重要特征。美军在 20 世纪 90 年代就开始试验模块化部队，有效提升了模块化旅灵活编组和独立战斗能力。目前，美军正在探索构建战场态势感知、航空火力支援、网络通信中继、兵力机动增强、持续后装保障等无人化、智能化作战单元。战时，可根据完成任务需要，为联合部队灵活定制相应的力量模块，向战场快速输送和部署作战力量。这说明军种模块已不仅是作战单元的简单集合，而是不同武器平台的有机集成。按此方向发展，联合任务部队形成合成化、多能化、定制化战斗能力已指日可待，将促进体制编制扁平化，提升作战指挥和行动效率。

13.5.4　作战样式混合新颖

智能化无人化作战即以智能化技术为依托，以智能化作战系统为中介，主要运用陆、海、空、天、电、网等无人作战平台所进行的，以夺取和保持决策优势为基础，以摧毁对方武器体系、作战体系，并夺控整个战场控制权为目标，从而夺取作战胜利的作战形式。在此，需要强调的是：一，无人化作战是一种作战形式；二，无人作战平台成为战场平台中的主体力量；三，战场空降涵盖陆、海、空、天、电、网等多维空间；四，战场对抗的中介系统是智能化作战系统；五，衡量是否取胜的标准是摧毁对方作战系统或完全掌控战场控制权①。

随着激光电磁高能射频、集群智能无人机和合成生物等决定性科技发展，武器装备无人化、智能化、自主化和组合化将取得突破性进展，智能作战平台将渗透并应用于战争与作战准备全过程，作战理念也将伴随装备发展向智能化靠拢，传统战争将发生革命性变化，战争面貌将会大为改观。无人作战集群、无人与有人作战单元协同编组与各类新型作战力量“混搭”等，将形成全新的作战样式，导致未来战争形态、作战方式和战争规则发生颠覆性改变。无人化、智能化装备技术则可有效支撑新型作战力量的前沿战、太空战、精确战、瘫痪战、集群战、网络战等新型混合战争样式。即以无人化、智能化装备力量的前沿部署，提高进攻作战的隐蔽突防效能，并在首战中发挥决定性作用；采用太空破袭、太空突击、太空封锁，夺取战场优势的制高点；通过无人化、智能化装备使未来作战目标

① 吴敏文．无人化作战是智能化战争的基本形式［R］．微信公众号：军事文摘，2021－3－16．

更加精确聚焦；使用“云团”“母舰”施放大量的“蜂群”式无人化集群攻击；采取后门植入、病毒攻击、远程操作、定时启动的方式，在情报网、指挥网、政务网、交通网、能源网、金融网、互联网等网络空间夺取制网权和制信息权。

无人化、智能化装备技术的发展运用，丰富了战争制胜的理论内涵，将人类对战争制胜机理的认识推向了新的高度。未来战争体系对抗将在战场全域展开，在战争的所有基本面进行博弈，要求战争的决策指挥者能够准确判断复杂形势，洞悉对手思维取向，先于对手、高于对手做出决定，实现决策博弈制胜。利用和控制传媒、网络等信息载体，主导舆情信息传播，达成信息对抗制胜。加强对主要对手科技创新潜能预测研究，根据战场新情况，快速创新作战体系，实现科技对抗制胜。动员国家作战资源储备和工业生产能力，形成力量对比优势，达成潜能动员制胜。

13.5.5 指挥决策快捷高效

随着科学技术的发展，人在战争中的作用的展示形式也在发生着深刻的变化，某些作用将由装备来代替，战争依靠人的认知和决策功能越来越多地被装备所替代，一部分智能体现在武器装备的功能上，如指挥决策功能。速度是战争的一个关键环节，掌握战场局势、先敌快速反应，有利于获得对敌的绝对优势，能迫使敌方在快速多变、情况不清的情况下仓促应对。许多新兴技术都有可能使作战速度进一步提升，如高超声速技术、定向能武器、网络武器、自主系统、智能决策技术等，“兵贵神速”的战争规律将会进一步诠释。武器装备本身的速度（飞行速度）很重要，但指挥决策速度更重要，料敌在前、制敌在先越来越成为战争主动权的重要选择。

美国军事理论家约翰·博伊德提出的“决策周期论”，又叫“OODA 循环论”，“OODA 循环论”认为作战过程是“观察、判断、决策、行动”的不断循环、往复过程，战争的作战双方是一种对抗行为，其各自的 OODA 循环过程都受对手的作战行动的影响，战争双方的 OODA 环就像两个耦合在一起的“齿轮”，人工智能在各个领域的应用能够显著影响交战双方的“OODA 循环”来改变战争的进程。战争规律告诉我们，掌握战争主动权往往能够赢得战争胜利，被动就会处于不利地位，所以战争可以看成是冲突双方较量谁能更快更好地完成“OODA 循环”的过程，是争夺“主动轮”位置的过程。在这个耦合的 OODA“齿轮”系统中，“主动轮”的位置通常由两个因素决定，一个是“齿轮”的转速，即 OODA 循环完成的速度，另一个是“齿轮”的转动力量，即 OODA 完成的质量，如打击效果等。

一方面，人工智能认知的进步和应用会大大提高感知和决策的质量和速度，如美军大力发展的“深绿”计划，使得“OODA 循环”的每一个环节都会加速，从而使“齿轮”转速提高而产生敏捷性优势；另一方面，无人作战力量（如机器人、无人机）等自身所具有的速度和力量，会提高打击行动的精度、力量和强度（如超高速智能无人机能够更快更精准地实施打击），无人和有人系统的有机融合也会大大提升作战效能，使得 OODA 的行动（A）环节更有力，能够克服更大的战争阻力，一旦一方“OODA 循环”的速度大大快于对手，就会使对方无法跟上战争节奏而导致系统崩溃。例如在交战过程中“OODA 循环”显著慢的一方，可能陷入反复的“观察（O）”、“判断（O）”或机械的跟随“行动（A）”过程中，而不能完成完整的“OODA 循环”，被对方牵着走，从而失去战争主动权，另外，一方打击力量远远弱于对手，即使“OODA 循环”的速度再快，也难以调动对手跟随，只有 OODA 环的力量足够强大才能带动整个战争系统按照自己的节奏运行，掌握战争主动权。从技术角度看，行动速度与决策速度之间的矛盾并不是最重要的，而技术的使用、部队的训练、交战规则、作战条令和组织编制则更为重要。在信息不完整和网络失灵的情况下开展实战化训练，有利于指挥官提前熟悉实战环境，以便在需要时采取分散行动也是非常重要的[①]。

① 陶九阳，吴琳，胡晓峰．AlphaGO 技术原理分析及人工智能军事应用展望［J］．指挥与控制学报，2016（2）：119．

第 14 章

航天技术与未来战争形态

太空领域已经发展成为科学发现最活跃、尖端技术最集中、工程实践最复杂、产业带动最强劲的领域之一，各航天强国正在极力加强战略性、前瞻性前沿新兴军事航天技术探索。2018 年 3 月，特朗普政府公布《国家太空战略》，提出强化太空威慑与作战能力，从而达到和巩固其“太空领导地位”。2019 年 8 月，特朗普宣布成立太空司令部，表示“太空在美国国家安全和国防中处于中心地位”，要确保美国“在太空的统治地位永不受质疑和威胁”。经过和国会近两年的激烈交锋，2019 年 12 月 20 日，特朗普签署了《2020 财年国防授权法案》，太空军正式成为美国第六大军种，与陆军、海军、空军、海军陆战队以及海岸警卫队并列。毋庸置疑，美国是当今世界首屈一指的航天强国，全世界都明白美国真正的目的是什么，不管有没有准备好，太空“高边疆”“远边疆”战略定位不可取代，太空军事化进程不可逆转。太空力量（Space Forces）正在并将会继续改变以往的战争观、时空观、力量观、战法观和作战效益观，加速推动军队组织形态、作战原则、作战方法乃至整个军事思想的变革。在上述这些方面美国比世界上任何国家认识得更长远、清楚和彻底，比任何国家贯彻得更大胆、扎实和如一，以逐步实现控制太空、独霸太空的战略意图，开展太空力量整合是其实现太空霸权的重大步骤。

14.1 航天技术及其发展

当今世界，任何一个称得上大国的国家都必须拥有较高的航天科技水平和太空活动能力，对太空的开发与控制能力显示一个国家的国际地位。不掌握先进航天技术的国家，不但在高技术战争中没有胜算，在平时也缺乏国际竞争力。苏联首先发射卫星使其国际地位空前提高，美国在承受巨大压力的同时迅速在 1958 年发射其首颗卫星。我国于 1970 年发射首颗卫星后，也跨入航天科技大国的行列，国际竞争力也随之提高。如今发射卫星已是司空见惯的事情，各大国都把目光投向载人航天、探月工程、深空探测、星际飞行、太空攻防等更尖端的领域。在 21 世纪的大国博弈中，控制太空能力强的国家毫无疑问更有可能掌握战略主动权。

军事航天技术是为军事目的服务的探索、开发、利用和控制太空的综合性技术，是军事技术的重要组成部分，用于遂行进入太空、利用太空和控制太空任务。军事航天技术是一种战略性高技术。应用军事航天技术研究、设计、制造、试验和发射各类军事航天系统，形成军事航天装备，对完善武器装备体系，增强军事活动能力，加速军事变革具有重要作用。军事航天技术是一个国家综合国力的重要标志，是维护国家安全的重要支撑，是国家战略威慑能力的重要体现，对国防和军队现代化建设至关重要，其发展和应用对新军事变革产生重要的推动作用，促使战争形态、作战理论、部队编制体制等发生深刻的变化。由军事航天技术物化而形成的军事航天装备，在信息化装备体系建设中发挥着主导作用，在信息化装备与其他武器装备建设的结合中发挥着龙头作用①。

按照作用的不同，军事航天技术包括进入太空装备技术、利用太空装备技术和控制太空装备技术。进入太空装备技术和利用太空装备技术已广泛应用于军事领域，且性能不断提升，控制太空装备技术不断取得突破，已具备一定的实战能力。

14.1.1　进入太空

（1）系列化、组合化成为火箭发展的重点方向，将有效提升其多任务适应能力

未来的运载火箭将通过不同发动机的组合，实现运载火箭的通用化，运载能力的系列化。美国提出的改进型一次性运载火箭（EELV）将形成包括小型、中型、重型在内的具有不同运载能力的一次性运载火箭系列，可执行近地轨道、地球同步转移轨道、太阳同步轨道和地球同步轨道发射任务。美国在 EELV 计划下研制的“宇宙神-5”运载火箭有 3 个系列，10 余种型号，可提供 4～13 t 的地球同步轨道运载能力。

（2）快速、机动发射成为进入太空的重要方向，将有效提升太空系统的快速重构与恢复能力

当前世界各国正在积极研发新一代快速、机动、廉价、可靠的小型运载工具，进一步缩短发射准备周期，降低发射成本。美国在“力量运用与从本土发射”计划中提出，快速响应火箭应能在 24 小时内将有效载荷送入低地球轨道。2011 年，DARPA 启动“空射辅助太空进出”（ALASA）快速响应空中发射运载火箭项目，目标是在接到卫星发射通知后一天内完成发射，并通过将整个发射流程转为自动化降低成本。受“快响”理念带动，美国陆军探索发展战术型光学成像侦察卫星取得初步成果，美国于 2017 年 8 月 14 日利用“猎鹰”-9 号（Falcon-9）运载火箭将“鹰眼-2M”光学成像侦察小卫星成功发射至“国际空间站”，10 月 24 日，该卫星通过释放方式成功部署。“鹰眼-2M”卫星由陆军运管，陆军拥有成像侦察卫星的愿景经过十余年的发展，终于初步实现。利用“鹰眼-2M”卫星，美军将通过数据中继网络直接向作战部队提供卫星图像，图像交付周期仅需 10 min 或更短时间。士兵通过手持设备可以对卫星进行任务编程。

2018 年 4 月，DARPA 启动“黑杰克”微小卫星大型星座项目，将构建 60～200 颗低“尺寸、重量、功耗及成本”的全球覆盖低轨卫星星座，形成全球军事高速骨干通信网络。

① 王兆耀．军事航天技术及其发展［J］．航天器工程，2008（1）：12-13．

12月，DARPA成功发射“军事作战太空使能效果”计划首颗卫星，该计划由24颗卫星组成，将验证对前线基层官兵提供及时战术图像支持。同月，DARPA“凤凰”计划支持研制的“细胞星集成技术试验”卫星成功入轨，以验证模块化可重构平台能力。该卫星平台由14颗外形相同的“细胞星”组合而成，可通过在轨增减或重组模块实现快速升级，或在轨组装成各种卫星，有望变革卫星设计、制造、部署和运用模式。

2020年6月13日，美国火箭实验室公司“电子”号火箭从位于新西兰的发射场起飞，成功执行美国国家侦察局任务，将3颗美国情报卫星送入预定轨道。这是国家侦察局在2018年启动的“小运载快速采购”计划下进行的第二次发射任务，首次秘密任务同样由火箭实验室于2020年1月执行。“小运载快速采购”计划旨在简化国家安全发射服务采办，充分利用商业发射满足国家侦察局的微小卫星发射需求，提高发射弹性和响应能力。

2020年7月15日，美“米诺陶”-4型运载火箭在位于弗吉尼亚州瓦洛普斯岛的发射基地点火升空，成功将4颗侦察卫星送至预定太空轨道。美国家侦察局表示，此次发射任务旨在为国防部和情报机构提供情报支援。资料显示，“米诺陶”-4型运载火箭依靠固体燃料推进，与依靠液体燃料推进的火箭相比，具有部件组装迅速、发射阵位灵活等特点，是美国防部发射军事侦察卫星的重要载体。此次发射也是该型运载火箭时隔三年再次承担侦察卫星发射任务。

（3）可重复使用运载器备受重视，将有效降低进入太空成本并提高快速响应能力

早在2010年4月，美国空军制定出下一代“可复用助推器系统”架构，提出发展两种构型的可复用助推器。可复用助推器的寿命可达100次，发动机寿命10次。2011年12月，美空军授出3份合同，在“可重复使用助推级系统飞行与地面试验”计划中进行系统设计、制造和试验，使完全可重复使用第一级推进系统技术成熟化。航天飞机退役之后，美国转向新型可重复使用运载工具的研制，主要包括两种：可重复使用运载火箭和升力体式可重复使用空天飞机。火箭复用是当前技术发展热点，SpaceX公司已成功实现对“猎鹰”-9号与“猎鹰重型”火箭的助推、一子级和整流罩回收，“火神”“新格伦”等火箭也都将采用可重复使用方案。

（4）火箭运载器的用途可能发生极大变化

2020年，美国太空司令部已经与SpaceX公司和创业（Xarc）公司分别签署了合作研究与发展协议（CRADA），支持两家公司研究如何将他们现有的技术和运载火箭用于地球城市间的运输，探索在不到一小时内将相当于C-17的有效载荷（70t）运送到地球上的任何地方。另外，SpaceX公司正在研制的“超重—星船”运载器，第5台样机2020年已成功实现低空起降飞行试验，最大飞行高度150 m，飞行持续时间40 s，进行了空中悬停、推力矢量控制、反推软着陆等主要操作。星船设计载人最多可达100人，载货最大可达100 t，载荷舱容积1 100 m^3，可装载各类卫星、大型太空设施及空间站货物，结合其陆/海发射与回收平台，后续可以发展为地球点对点超大型运输工具，在半小时内到达地球任意地点，一旦转化为军事应用，可实现全球作战力量快速投送和太空天地打击武器的快速部署。

14.1.2　利用太空

利用太空，是指发挥太空作战力量对陆、海、空联合作战的支援保障作用。这是进入太空的直接目的，也是太空作战力量当前最主要的作战任务。从海湾战争开始，卫星几乎在每一次美国的军事行动中都起到了至关重要的作用，在提高作战能力过程中发挥着“倍增器”作用，是信息化条件下联合作战中关键的、有价值的、不可或缺的因素，利用太空装备技术向高精度、高时效性、大容量、抗干扰方向发展。

（1）侦察卫星向高分辨率、全天候、全天时方向发展

成像侦察卫星在从静态成像向动目标探测拓展，从单纯执行侦察任务向侦察与监视任务兼顾过渡。提高空间分辨率、时间分辨率和光谱分辨率成为成像侦察卫星永恒的目标。此外，未来的侦察卫星还将加强各种遥感器的综合利用，或是在一颗卫星上搭载几种遥感器，或是将几种单一类型的遥感卫星组成卫星星座系统，增强卫星的综合侦察能力。

美军光学侦察卫星一直以“锁眼”命名。“锁眼”系列卫星最新成员是 2019 年 1 月发射的“锁眼”12 卫星，国际科学联合会空间研究委员会（COSPAR）编号为 2019 - 004A。该卫星可在轨补给，机动能力强，带有可见光和红外成像载荷，可见光分辨率达0.1 m，红外分辨率 0.6 m，是世界上分辨率最高、最先进的光学侦察卫星。“锁眼”12 卫星发射质量 18 t、干质量 10 t，即推进剂质量达 8 t，卫星直径 4 m，高 15 m。

在雷达侦察方面，美军正以 FIA 取代“长曲棍球”卫星。FIA 卫星是美国新一代雷达侦察卫星，远优于其他国家同类型卫星。与“长曲棍球”相比，FIA 卫星改用逆行轨道，轨道高度提升了约 400 km，雷达功率得到了大幅提高。2010—2018 年共发射了 5 颗 FIA 卫星，已实现满编组网工作。该卫星分辨率最高可达 0.15 m，能实现高分辨率成像。既能满足战略侦察需求，也能对重点目标进行跟踪监视，对武器装备进行检测识别，并对目标攻击进行毁伤评估。FIA 卫星轨道高度约 1 050 km、倾角约 106°。

美军电子侦察卫星呈现出多系列、多轨道并行发展的态势。其中 SB - WASS，亦称“入侵者”（Intruder），是美军第 4 代电子侦察卫星，也是最先进的现役电子侦察卫星，集成了海军海洋监视和空军战略防空的侦察需求，并集通信情报和电子侦察于一身，具有全天候的全球监视能力，可代替地球静止轨道和大椭圆轨道的电子侦察卫星。SB - WASS 采用双星协同方式工作，目前在轨 6 组 12 星。

（2）预警卫星向提高预警时效和加强探测、识别、跟踪能力方向发展

20 世纪 80 年代，美国总统里根提出“星球大战”计划。美国国防部制定了一个“天基红外”（SBIRS）系统计划。这是一个综合系统，旨在满足美国 21 世纪初的红外太空侦察和监视的需要。“天基红外”计划提供导弹预警、导弹防御和战场特性方面的关键能力。“天基红外”系统是一个综合导弹预警卫星系统，包括：“天基红外” - 1（SBIRS - 1）低轨道卫星、“天基红外” - G（SBIRS - G）地球静止轨道卫星、“天基红外- H”（SBIRS - H）高椭圆轨道卫星，以及地面数据处理和控制。“天基红外” - 1（SBIRS - 1）低轨道卫星 2002 年改称为“太空跟踪与监视系统”（STSS），由低轨（LEO）小卫星星座组成，用

于跟踪导弹飞行中段和再入段，同时还能执行技术情报侦察和战场描述等任务。美军计划发射20颗以上卫星组成导弹预警卫星星座，覆盖全球。整个星座将利用星座通道联网，允许每颗卫星与星座中的所有其他卫星通信。高轨系统由4颗高轨卫星（HEO）和2颗大椭圆轨道卫星（GEO）构成，2011年5月7日，GEO-1发射升空。大椭圆轨道共4个载荷，分别于2008年3月、2014年10月和2016年8月部署完毕，并入列服役。主要用于探测跟踪弹道导弹助推段飞行，有效载荷为一部高速扫描传感器和一部交互配对的凝视传感器，具有高于“国防支援计划”卫星10倍以上的扫描速度和灵敏度。

“天基红外”导弹预警卫星都装载了两种红外探测器：扫描型红外探测器和跟踪型红外探测器。扫描型探测器拥有广泛视野，利用短波技术，观察导弹上升阶段喷出的明亮尾流，进行初始探测，然后将探测信息提供给跟踪型探测器。随后跟踪型探测器，利用狭窄视场、高精度凝视，精确跟踪导弹、弹头和其他物体，如碎片和诱饵，直至完全确认和摧毁导弹。“天基红外”卫星执行四大任务：国家导弹防御、战区导弹防御、太空监视、导弹预警和作战空间表征。“天基红外”卫星提供全球和战区有关导弹发射、导弹飞行、攻击目标、导弹落点等高速红外数据和处理信息，以及其他国家和战区的导弹红外事件，指导战略和战区导弹防御。如果与陆基、海基导弹防御系统联合，威力就更大。

美国空军航天司令部已经明确了太空目标监视（SSA）的四大支柱：信息描述、数据综合与利用、威胁预警和攻击报告。2017年1月21日成功发射的“天基红外”-GEO-3导弹预警卫星，GEO-4卫星于2017年11月9日发射，此外还将在2022年发射1颗额外的卫星，即GEO-5和GEO-6卫星。“天基红外”不仅可以更早地探测到各类弹道导弹的发射，而且增加了对飞行中段弹道导弹的跟踪能力。为实现这四个支柱，美国空军航天司令部为太空目标监视规划了多个实体项目。

此外，美军还利用新研制的两颗低轨道“太空跟踪和监视系统”试验预警卫星，成功进行了弹道导弹飞行全程探测跟踪、指示引导标准-3拦截弹发射拦截等试验验证，实现了预警卫星从单纯导弹预警到为反导作战提供直接目标指示和目标引导的突破。2017年11月14日，美空军太空与导弹系统中心发布“天基红外-后继型”（SBIRS Follow-on）项目信息征询书，为研发新型导弹预警卫星和地面控制系统征询信息，以增强或取代当前的SBIRS星座。2018年1月，“天基红外”系统部署一颗卫星，实现组网运行，全程跟踪弹道导弹，可在导弹发射10 s后发出预警信息，具备对战术目标的全天候快速侦察能力，使其战场态势感知能力跃上了新台阶。

2018年，美国空军宣布取消发展第7、8颗“天基红外系统”地球静止轨道卫星项目，转而支持发展下一代导弹预警卫星“过顶持续红外（OPIRS）”，主要因为“天基红外系统”生存能力不高，应该用更简单、更灵活的系统代替。“过顶持续红外”卫星的优点是将搭载更强的传感器及其他功能载荷，从而不仅能探测跟踪大型弹道导弹的发射和尾焰，还可探测和跟踪小型的地空导弹甚至空空导弹的发射。即使对于导弹飞行中段的“冷”弹头也能进行跟踪，而且具备更高的生存能力，很可能具有机动性更强以及添加燃料的能力。

下一代“过顶持续红外”（Next - GenOPIR）系统是美国正在发展的新型导弹预警防御卫星系统，将基于美空军“太空作战架构”组建，以增强进而替代正在服役的“天基红外”系统（SBIRS)。“过顶持续红外”系统主要负责早期发现和告警及战场红外态势感知任务，构成美国未来天基导弹预警监视传感器体系。对于天基拦截器层，美国已经研究论证在外太空部署天基激光武器或 1 000 枚动能拦截器，重点拦截弹道导弹、临近空间飞行器和空间飞行器，拒止其他国家进入太空，企图主导太空秩序和主宰太空战场，改变太空作战游戏规则。

2019 年 9 月，下一代 OPIR 系统中由洛克希德·马丁公司建造的三颗地球同步轨道卫星已完成初步设计评审。此次评审是一个重大里程碑，为该项目于 2025 年前交付首颗卫星，以及美国天基导弹预警系统后续建造和升级换代打下了坚实的基础。作为新型天基导弹预警系统，“过顶持续红外”系统将提供敌方所有类型弹道导弹的发射助推段预警，可抵抗敌干扰、瘫痪或摧毁卫星和地面控制系统的行动，在高对抗环境下具有更强大的生存能力，尤其关注卫星抗毁性、弹性集成、“太空作战架构”的集成，以及导弹预警的核心需求。根据该信息征询书，“过顶持续红外”系统将分成两个模块交付：Block0 模块将包含 5 颗卫星，有望在 2025 年实现初始能力，2029 年前投入作战应用；Block1 模块将包含至少 2 颗地球同步轨道卫星，计划在 2020 年中期开始建造，2030 年实现初始能力。为提高对抗环境下的战略生存能力，Block1 模块还可能由 5 颗额外的地球同步轨道卫星和 2 颗额外的极地轨道卫星组成。

(3) 通信卫星向高数据率、大容量和抗干扰方向发展

美军已研究和建立了各种用途的全球卫星通信系统，并开始了转型通信卫星的建设。军事星是美国军事战略战术中继卫星通信系统，于 20 世纪 80 年代开始研制，至今已发展了两代：Milstar 1 和 Milstar 2。Milstar 1 主要用于战略通信；Milstar 2 主要用于战术通信。目前军事星座由 2 颗 Milstar 1 和 3 颗 Milstar 2 等 5 颗卫星组成。美国国防部从 2004 年开始采购最新的卫星通信系统——转型通信卫星系统（TSAT)。其具有更高的安全性、抗干扰能力和抗辐射能力。由 5 颗卫星组成，其中 4 颗为工作星，1 颗为备用星，2015 年已全部达到运行能力。美国于 2007 年开始启动先进极地系统。为北极地区提供下一代的极高频卫星通信能力，还支持需要抗干扰和低检测率的极高频通信用户。当前，美军的军事卫星通信体系结构主要由军方操控的 6 种系统组成：国防卫星通信系统（DSCS)、移动用户目标系统（MUOS)、宽带填隙系统（WGS）和先进宽带系统（AWS)、先进极高频系统（AEHF）和跟踪和数据中继卫星系统（TDRSS)。

宽带填隙系统（WGS）是美国国防卫星系统（DSCS 的后续系统），在卫星容量性能实现跨越的同时，积极打造了以“五眼联盟”为核心的利益同盟，从战略维度增强了其宽带系统的安全性。系统由 3 颗卫星组成，分别部署在太平洋、印度洋和大西洋上空的静止轨道。先进宽带系统（AWS）是宽带填隙系统（WGS）的后续系统，由 5 颗卫星组成。美军正全面更新原有通信卫星系统，一颗新卫星基本相当于原来一个卫星星座的能力。在宽带通信方面，其“宽带全球卫星通信”数传速率高达 2.4～3.6 Gbps，取代了国防卫星

通信系统卫星，通信容量提高了12～18倍。2007年10月、2009年4月、2009年12月发射的3颗属于第一代WGS，2012年1月、2013年5月、2013年8月、2015年7月、2016年2月发射的5颗是第二代WGS，2017年发射了WGS-9，2019年3月19日发射了第10颗WGS卫星。未来美军将依赖所开发的防护战术波形（PTW），配合地面段和用户终端的升级改造，分阶段完成“防护战术卫星”（PTS）通信能力的建设，首先改造WGS和商业通信卫星系统的地面终端，升级并拓展地面运管系统，提升抗干扰能力。

先进极高频系统（AEHF）项目启动于2001年，用6颗卫星来替换美国空军传统的军事战略和战术中继（Milstar）卫星星座。洛克希德·马丁公司是AEHF系统主承包商。先进极高频系统是军事星的后续系统，比军事星系统体积小，通信容量高10倍，速率高6倍，成本低，可为战区指挥官提供安全、抗干扰、反截获反探测的通信服务，由3颗同步轨道卫星组成。在窄带通信方面，“移动用户目标系统”卫星数据率也达到42 Mbps，每颗卫星可允许4 000余路用户同时接入，以取代特高频（UHF）卫星，数据率提高了10倍、可同时接入数量提高了16倍。在安全通信方面，“先进极高频”卫星数据率达到430 Mbps，取代了军事星卫星，数据率提高了10余倍，安全保密性有了大幅提升。2018年10月，美军第四颗“先进极高频”卫星发射成功，与在轨卫星实现全球覆盖，可确保全球范围内强对抗环境下安全、可靠、高速通信。未来美国将基于AEHF系统已经成熟的载荷技术，打造专用的防护战略通信卫星系统，作为美军构建战略保底能力的核心基础设施。该系统具体将建设4颗GEO+2颗大椭圆轨道（HEO）卫星的配置，值得注意的是，新卫星将配备防护态势感知载荷，可实现对太空目标的抵近感知和预警，增强了追溯和抵御反卫攻击的能力。在AEHF卫星完成在轨功能测试之后，美国盟国也首次与该系统实现了连接。加拿大成为使用AEHF卫星通信系统的第一个国际合作伙伴。美军支持下的加拿大也评估了多个海军多波段IP改型终端与AEHF网络之间的数据交换。此外，AEHF系统与其他国际合作伙伴（包括英国和荷兰）也已完成了首个终端连接。结果表明AEHF卫星满足任务需求，并保留了足够的空间为将来的战略和战术用户提供扩展能力。

2020年2月19日，美国太空军发布《卫星通信愿景》，正式提出建立一个军商集成的统一卫星通信体系架构。为竞争性、降级或受限通信环境下的作战人员提供卫星通信连接。太空军将这一未来架构设想称为“作战卫星通信”体系，在2021财年的预算申请中为其申请了研发资金，此外还将资助“演进战略卫星通信系统”（ESS）、“受保护战术卫星通信”（PTS）等项目，推动美国卫星通信体系向着具备更强鲁棒性、弹性、敏捷性以及作战能力的方向发展。ESS项目旨在提供新一代核指挥控制和通信任务能力，将替代“先进极高频”（AEHF）卫星的战略通信能力，并将抗毁通信能力扩展到北极地区。PTS项目旨在建造一种安全的全球通信网络，为美国国防部提供高度弹性的战术网络，将实现更强的卫星通信能力和抗干扰保护能力，并可提升卫星系统的经济性。

（4）导航卫星向高精度、抗干扰和长寿命的方向发展

未来，导航定位卫星的寿命将显著增强，具备较强的抗干扰、抗打击能力，军用定位、定时精度将达到米级和纳秒级，服务范围覆盖全球地面、空中以及部分太空区域。美

国正在发展的第三代 GPS 卫星是指 GPS Ⅲ卫星，第一颗 GPS Ⅲ卫星于 2016 年 12 月发射。其设计目标是进一步提高卫星的导航能力；保证其可用性、完善性，使系统的精度和生存力进一步提高并保持传统信号的延续性。第三代 GPS 卫星通过在“聚焦”区域提高信号功率，并采用经过现代化改进的信号结构，确保将军用部分和民用部分在空间和频谱上隔离开。

2018 年 2 月发布了 GPS Ⅲ卫星后继型号——GPS ⅢF 卫星的征询建议书，并于 2018 年 9 月将 22 颗 GPS ⅢF 卫星的研制合同授予了洛克希德·马丁公司，同时 GPS 新一代“运动控制系统”（OCX）完成 2 次赛博（Cyber）安全测试，拖延已久的 OCX 项目取得重大进展。2018 年 12 月 23 日，美国成功发射首颗第三代 GPS 卫星，GPS Ⅲ卫星定位和授时精度为现役 GPSⅡ卫星的 3 倍，分别达 1 m 和 1ns，军用信号功率提高 3 倍，抗干扰能力提高 8 倍。采用 Ka 频段代替 UHF 频段，星间链路信号播发方式由广播改为点对点传输，安全性大大提高。

按照最初的 GPS 现代化计划，GPS Ⅲ系列卫星分为三个型号，分别为 GPS ⅢA、GPS ⅢB 和 GPS ⅢC，计划研制数量为 8 颗 GPS ⅢA、8 颗 GPS ⅢB 和 16 颗 GPS ⅢC 卫星，以循序渐进的方式实现 GPS Ⅲ系列卫星功能与能力的增加，最终达到水平 0.5 m、垂直 1.2 m 的定位与导航精度，授时精度将达到 1.3 ns，具有灵活的信号功率分配能力，并提供高达 20 dB 的区域增强能力，星-星与星-地间通信能力达到 100 Mbps。2017 年年底，美国空军将 GPS Ⅲ卫星调整为 2 个型号，即 GPS Ⅲ和其后续型号 GPS ⅢF，之后每年发射两颗，2033 年左右构成全部由 GPS Ⅲ组成的空间星座。

14.1.3　控制太空

从本质上看，控制太空就是夺取并保持制天权，它是利用太空的重要保证。所谓制天权，就是在一定时间内对一定太空域的控制权。在信息化条件下，一旦掌握了制天权，就可赢得高维空间（信息和空间）制约低维空间（陆地、海洋和空中）的优势，就能有效保障己方参战兵力的行动自由，为陆域、海域、空域提供信息、火力和跨大气层运输支援，限制对方太空作战力量的支援保障作用，甚至可以直接对地球表面实施猛烈的火力打击，大幅削弱对方整体作用。控制太空装备技术向天地结合、软硬结合、综合化方向发展。美国自 20 世纪 80 年代战略防御倡议（SDI）开始，就大力发展旨在控制太空的反导和反卫星武器。2019 年 1 月，美国总统特朗普在五角大楼发布新版《导弹防御评估报告》，被称作“星球大战”2.0 版。美军控制太空的技术手段主要包括动能武器、定向能武器和太空操控技术。

（1）太空态势感知装备技术向天地结合、高精度、高时效方向发展

美军太空目标监视装备体系经历了 60 多年的发展，在体系完整性、技术成熟度、投资规模等方面具有明显优势，逐步具备了“天地一体、全球覆盖、高低轨兼顾”的太空目标监视能力，主要由分布于地面、太空的各种雷达、光学和电子干扰探测装备，以及联合太空作战中心任务系统组成。其中重点发展的系统包括天基太空监视系统（SBSS）、“太

空篱笆”系统、快速攻击识别探测报告系统（RAIDRS）以及联合太空作战任务系统等。美国的太空态势感知能力的形成是在其太空目标监视装备基础上发展起来的，太空目标监视的一个重要功能是建立和维护卫星状态的数据库，太空态势感知的成果是太空卫星状态信息产品，这些产品的形成过程就是将获取的太空目标、太空环境等信息，经过太空目标与太空环境信息处理，在特定太空环境背景下，通过对太空目标的相对位置、身份能力、属性状态与国际国内政治经济形势等的智能化处理，获得的太空目标个体及其个体与群体、局部与全局关系，满足不同层次的太空活动所需要的文档、图表、图形与图像等描述形式的产品。1957 年美国国防部建立了这个数据库，由全球分布的干涉仪雷达和光学跟踪系统组成的太空监视系统得到卫星状态数据，这些数据定期更新，目前编目的太空物体数目达到 20 000 多个。

（2）进攻性太空对抗装备技术向软硬结合方向发展

从美国发布的国家关于太空发展战略来看，当前美国的太空政策不再强调太空的支配权，而是更强调太空知情权和防御性。在国家整体战略指导下，美军正大力推进太空控制战略，加紧研制太空信息攻击的武器装备，在增强太空目标监视能力的基础上，加紧发展各种反卫星武器，以保持美国在太空的绝对优势。包括陆基动能武器、微小卫星武器、电子干扰武器、激光武器、高能微波武器、以航天飞机为平台搭载的武器等。出于经济、政治、军事、技术等多方面的考虑，美国在发展进攻性太空能力时，重在探索和开发各种关键技术能力而不轻易部署实战武器，这样的发展战略既避免了政治和外交压力，又切实地增强了美国的太空对抗能力。

美军天基动能武器名为“上帝之杖”，据报道，美军从 2012 年开始研制“上帝之杖”，计划在 2025 年之前完成部署，攻击效果堪比核武器。该系统由两颗低轨道卫星组成，其中一颗卫星搭载名为“上帝之杖”的金属棒，该金属棒由钨、钛或铀金属制成，直径 30 cm、长 6.1 m、质量达几吨。另一颗卫星用途是瞄准和通信平台。2018 年定向能武器峰会上，美军表示将加快定向能武器系统由实验室到战场的部署。2019 年 4 月 30 日，美国军工企业雷神公司宣布由该公司研发和制造的定向能武器系统在一次美国空军武器测试中击落了数架无人机，并认为其高级定向能武器系统将会很快投入战场，2019 年 5 月 6 日，美国媒体报道，美军测试了一款新的机载激光武器样机，在实验当中这款样机成功击落了数枚导弹。

（3）防御性太空对抗装备技术向综合化、主被动结合方向发展

根据美军 2013 年参联会《太空联合作战条令》的阐述，发展防御性太空对抗能力要比发展进攻性太空对抗能力的优先级更高、更重要、更迫切。防御性太空对抗的目的是在太空系统遭受攻击时能够实施有效保护，并尽快恢复太空系统的技能。美军把防御性太空对抗也称作太空信息系统防护，意指在各种威胁，尤其是敌对势力不断提高潜在威胁手段的前提下，为防止敌方削弱或破坏己方太空信息系统技能或防止敌方利用己方太空信息系统，而采取的一系列抵制威胁、降低敌方攻击效果的措施，包括抗干扰、抗截获、抗摧毁及防失密、防盗用、防入侵等措施。实现防御性太空对抗就是要发展太空系统的全面防护

能力，太空系统防护是一项复杂的系统工程，而且所有的防护措施都会增加太空系统的成本。为此，美军采取主、被动防护协调发展的策略，并根据任务的优先权、系统特性，以及已知或预计的威胁等因素确定太空系统采取的防护措施。

太空操控指利用太空机器人捕获、服务、移除太空目标，是一种可控对抗技术。美军通常以卫星在轨服务和太空碎片清除的名义开展相关技术研究。2016 年 5 月，美国国防高级研究计划局（DARPA）启动“地球同步轨道卫星机器人服务”（RSGS）项目，计划于 2021 年完成 RSGS 在轨演示任务。2016 年 12 月，DARPA 组建“交会与服务操作执行联盟”（CONFERS）。2019 年 2 月，CONFERS 发布首份无人在轨服务《设计与操作实践建议》，用于支持制定全球首套无人在轨交会与服务操作相关技术和安全标准。

14.2　太空作战域的形成和影响

近年来，特朗普政府组建太空军、出台《导弹防御评估报告》、退出《中导条约》、发布《天权》条令等一系列动作显示，其一，美国明确将太空当作战争新领域，其二，美国“坏起来比谁都坏”。美国组建太空军，退出《中导条约》，在太空具备领先别国的优势，可以发动太空战争，而美国“坏起来比谁都坏”则成为维护美国利益而不择手段、一意孤行地处理国际事务的原则，表现了美国的贪婪、邪恶、凶残、野蛮的本质。可以说，在太空军事化的进程中，美国是始作俑者，但一直鼓吹“威胁论”，为发展和部署太空武器扫清障碍，美国公然退出《反导条约》并公开宣布要在太空部署太空武器。实际上，国际上还没有任何一部属于契约范畴的“公约”或“协议”能真正约束人类，西方合同法中“情势变更原则”就是先于契约而存在的，甚至作为宗教领域中的《圣经》分为《旧约》和《新约》，从而证明再神圣的契约也有可变性。

14.2.1　太空作战域形成过程

美国《国防》杂志曾以“对太空中发生了什么一无所知，急坏了美空军官员”为标题，表达了美军对太空监视能力的担忧。随着太空安全形势的日益“拥挤、竞争、对抗”，美国已将太空态势感知能力视为“所有太空活动的基础、太空控制的关键前提和不可或缺的作战力量”，将太空攻防行动作为其维持太空霸权的支柱，以谋求美国的优势地位。美国真的能够如其所说，在 2030 年前夺取制天权，并在必要时实施所谓的太空“否决”？不管怎样，太空域作为未来战争的新“高度”，其竞争激烈程度自然可想而知，由此太空的军事化、武器化色彩越来越浓烈，发生在太空的力量摩擦和冲突在所难免，备战打仗进程在加快。太空争霸充满了波澜壮阔的色彩，但光鲜背后必然是太空安全威胁和国家利益角力的暗潮涌动。如今美国特朗普政府视太空为“作战域”，更加重视太空态势感知和太空力量体系架构建设，不断增强太空攻防作战能力。

2017 年第 33 届太空年会上，美空军航天司令部司令约翰·雷蒙德表示，太空是与陆、海、空、网并行的联合作战域。2017 年美军《太空作战架构》进一步明确太空已成为作战域。2018年美参联会最新版《太空作战条令》首次确立“太空联合作战区域”概念。作为制胜未来太空战的基础，美国强调优先发展太空态势感知能力。2019年12月，美国政府成立了第六军种——太空军，主要承担太空力量建设发展、太空作战和作战支援等攻防行动。

2020年6月美国防部发布的《国防太空战略》纲要明确将“维持太空优势、确保太空行动自由”列为首要目标。可见，当前美军的太空安全理论仍以“太空控制论”为主导，但其基调仍是太空作为作战域，承担太空攻防作战和作战支援任务，确保太空优势地位。

2020年8月，美太空军发布首部《太空力量》报告。这份被美太空司令部司令雷蒙德称为太空军“顶层条令”的文件，对“太空领域”“国家太空力量”“军事太空力量”“太空力量的使用”和“军事太空部队”等做出了界定，对美太空军建设和运用进行了总体规划，也集中体现出美军将太空视为战场、谋求太空霸权的危险动向。

2020年9月4日，美国正式发布第五号太空政策令（SPD-5），明确保护太空系统免受网络威胁和网络攻击的建议。美国国土安全部代理部长查德·沃尔夫更直接将此举称作：在捍卫国家领土安全，并认为伴随数字化发展，未来国土安全将直接取决于太空系统的安全。太空系统网络安全，再一次被这位超级霸主推上了风口浪尖，集中体现了太空与网络的高度融合性、相互支撑性，共同支援/实施陆、海、空、天、网、电等“多域作战”行动。

14.2.2 太空作战域的重要性

美国政府已把太空与美国的军事力量部署紧密捆绑，将太空作为其军事发展的重点领域，并试图通过发展太空能力，引领其他军事领域的全面进步，从而确保美国继续领跑国际军事竞赛。太空域是建立在太空技术高度发展基础上的一种新型作战域，特殊的战场环境、作战力量、作战方式以及特殊的作战目的，使太空作战与陆战、海战和空战相比具有十分鲜明的特色。

（1）作战应用价值明显

太空作战是谋取太空优势的作战行动，控制太空不仅可拓展战略边疆和领域，获得丰富的太空资源，而且对于维护国家安全具有重要的意义，决定了任何国家都要将太空作战视为国家高层次作战行动，并受国家政治的严格控制；太空作战以外层太空作为主战场，与陆上、海上和空中作战相比，太空作战的战场空间极其广阔，太空作战的主战场可以看作是距地球表面100 km以上整个浩瀚的外层空间，作战领域也是在几百、几千千米的高空，战场可达纵横几万千米；太空力量投射范围可在数小时内到达全球表面任意位置，并且难以遮蔽和拦截；根据国际空间法，太空作战行动可自由合法飞越别国上方，而不受国界、领海、领空的限制；运行在太空的飞行器可长久飞行而不需要消耗大量的燃料，并不受地形条件、气象条件的制约，在轨道机动能力允许的范围内可任意行动，作战自由度较大。

（2）战略支援价值高

在日益激烈的国际竞争格局中，太空力量是抢占太空战略制高点、夺取主动权的主要力量，是太空作战力量的重要组成部分，在未来信息化战争中，是联合作战体系的重要支撑。以天为基，太空力量是遂行军事行动任务的坚实基础。太空力量拥有位置高、距离远、速度大等独特优势，能够快速实现全域多维信息获取、传输、分发，实时掌握战场态势，精确提供时空基准和情报数据，为实施各类军事行动创造前提条件；以天促联，太空力量是倍增联合作战效能的核心支柱，天基信息系统是网络信息体系的重要组成部分，在天基信息系统支持下，能够把战场感知网、战场通信网和指挥控制网联通形成横亘广阔空间、贯穿多维领域的信息化作战网络，实现信息的全域覆盖和高速流转，把各种作战力量聚集形成联合作战体系，推动各类军事行动效率提升，实现作战能量的精准释放，大幅增强基于网络信息体系的联合作战能力；以天拓远，太空力量是维护全球战略利益的重要依托，太空力量因其天然的全球属性和无国界限制的特点，在支撑太空攻防行动、突破岛链封锁、海外军事行动、全球力量布势和深空利益拓展中具有支柱性地位和无可替代的作用；以天感知，太空力量是夺取联合作战胜利的重要前提，通过收集、获取、传输、处理、分发各种天基信息，提供时空基准、导航定位、侦察监视、预警探测、地理测绘、地球物理测量、气象水文、海洋环境等信息支援保障，掌握战场态势情报，为联合作战筹划、决策、控制提供支撑。

（3）作战指挥谋略性突出

太空作战指挥的决策层次较高，受联合作战全局、国家政治经济形势、国际政治格局等多种因素制约，在实施作战指挥时，应抓住主要矛盾，灵活运用威慑、软攻击、硬摧毁等多种对抗手段，灵活运用可见光、多光谱、雷达、无线电等多种信息获取手段，突出多约束条件下的筹划计划，突出指挥决策谋略运用；由于太空作战体系本身运行限制，作战行动一般按照相对固定的流程组织实施，对于实施指挥的流程性要求突出；并且由于作战窗口要求严格，对技术决策依赖性强，作战指挥计算工作量大、精准性要求高；由于太空作战态势变化快，作战行动的影响因素复杂，实施过程时间短，指挥周期缩短，对于作战控制指令的实时性和稳定性要求很高，应充分发挥指挥信息系统的作用，确保指挥控制指令简明、精确、高效、安全、反应迅速。

（4）作战决策政治性强

太空资源是全球的战略资源，具备极强的战略性，在太空的一举一动均会对太空态势及国际格局产生影响，太空作战与政治、经济、外交斗争联系紧密，作战行动受到诸多国际法律法规制约，必须慎重决策与实施，稍有不慎会引发国际舆论反弹和重大国际新闻事件，损及国家和军队形象，造成舆论被动，因此对于指挥员基本素质要求很高，在实施作战决策时应考虑国家政治、军事、经济、外交大局影响，牢固树立战略意识、全局意识、政策意识和服从意识，采用着眼政治全局的战略思维方法、着眼合心合力的联合思维方法、着眼励志攻心的人本思维方法、着眼道义高地的法理思维方法和着眼赋能增效的信息思维方法等，着重宣示我太空作战行动正义性、合法性、必要性，争取敌（他）方民心和国际国内广泛支持，搞好舆论宣传引导，加强新闻管控，组织舆情监测和处置，加强战场取证，搞好太空作战行动法律保障和服务，做好法理解释和法律补救工作，加强部队心理防护，做好反敌心战工作；参与压制敌（他）方舆论攻击、心理战行动。

（5）作战实施一体联动特征明显

太空作战以轨道上的航天器和地面的设备设施为主要依托，以大气层为重要的信息与装备传输通道，体现出天地一体的重要特征，具备全维一体的性质；太空作战需要地面指挥所、测控站、卫星地面站、发射场等系统和天上的航天器系统相互配合，天地一体、一体联动，才能完成作战任务；太空态势感知、航天侦察、卫星通信、发射测控等力量在平时也在遂行作战任务，为作战部队日常训练、情报积累、常规发射测控任务等提供保障，服务于国民经济建设和抢险救灾等危机处置，其任务类型、指挥控制、参与系统和人员等与战时并无分别，具备典型的平战一体特征；太空系统是联合作战的重要支撑，在一般情况下，太空系统是敌侦察监视和重点打击的目标，因此在对敌方太空系统实施打击作战、破袭敌太空作战体系的同时，应通过隐蔽伪装、分散部署、机动规避、防撞加固等措施，对我方的在轨航天器、地面设施和星间/星地链路等易遭敌人破坏的系统实施严密防护和冗余备份，确保己方太空力量的安全；太空作战以太空作战部队为主体，但绝离不开陆海空部队、民商太空力量甚至国际联盟的太空力量的参与和配合，这种多元化力量参战、多类型力量配合实施的特点，使得太空作战具备军民联合、国际协作的特点。

（6）是夺取综合制权的首要

美国前总统肯尼迪说“谁控制了宇宙，谁就控制了地球；谁控制了太空，谁就控制了战争的主动权。”太空作为“谁有能力谁占有”的高边疆，已经成为各航天大国竞相争夺的疆域。未来战争围绕制天权而进行的争夺反争夺、限制反限制、利用反利用、开发反开发、维护反维护的斗争会日趋激烈，夺取制天权作为战争制胜的先决条件将会成为大家的共识。太空对抗能力是控制太空的核心能力，是在太空战场化环境下能够真正全面利用太空、实现力量增强、力量应用的保证，是太空力量整体优势的基础。其作用是保证己方拥有利用太空能力，同时遏制对方失去这种能力，达到完全控制太空和夺取制天权的目的，对于夺取制信息权、制海权、制空权，乃至最终赢得战争胜利都具有重大的战略意义，制海、制空、制信息、制电磁权等，只有在一定制天权的掌握和拥有下，才能保证其真正实实在在的得到拥有。

科学技术是太空武器装备发展的决定性因素，控制太空装备技术的发展，将推动太空武器化进程，催生新的作战空间和作战样式。太空将成为继陆、海、空之后的第四个战场，使太空对抗和天对地打击成为新的作战模式。天基态势感知技术、新型地基态势感知技术的发展，将显著提升太空态势感知的精度和时效性，为太空对抗提供目标指示。动能反卫武器技术、高能激光反卫武器技术和太空电子战技术等太空进攻技术，以及太空攻击探测、防护和恢复等太空防御技术的发展，将使太空对抗成为可能。

14.2.3 太空作战域重要影响

冷战结束后，美军充分利用卫星所带来的各种优势，迅速赢得了几场局部战争的军事胜利。战争实践证明卫星是军力“倍增器”与“赋能器”，美军对制天权理论更加深信不疑，认为太空是取得军事胜利的“终极高地”。于是，冷战结束后，美军又开始研发与部署太空军备，引发其他国家的连锁回应，逐渐形成了新太空军备竞赛。

（1）太空优势地位不断形成

谋求非对称优势、捍卫全球领导地位，早已成为美国霸权的主要手段。2019 年 1 月 17 日，特朗普公布了《导弹防御评估报告》，这份报告的核心是将中国和俄罗斯作为主要战略竞争对手，主张强化美国在太空的防御能力以应对中俄推进开发的高超声速武器和新型巡航导弹，明确提出把太空当作与中俄竞争的新战争领域的方针。与八年前奥巴马时期公布的报告相比，特朗普将防御对象从朝鲜和伊朗扩展到了世界军事大国俄罗斯和中国。持续涌动的太空网络安全威胁一直令美国“如鲠在喉”。尤其，对于将太空能力视为所有军事能力的决定因素的美国，维护其太空领域网络安全，将是其所有行动的关键一环。如同在海陆空领域一样，太空军备一定要多样化，才能显示太空军力的强大，从而显示美国军事实力。美国希望将太空军力作为维持其军事霸权或延缓其军事霸权的终极工具或手段，不遗余力地推进太空武器化，而且也拒绝限制太空军备的任何倡议。

从将中国和俄罗斯调整为美国太空战争的防御对象到退出《中导条约》，从在空军中增设太空军司令部到成立太空军新军种，特朗普的意图昭然若揭。如果中美贸易战看到了美国的无耻与贪婪，将人类的战争引向地球以外的外太空则看到了美国的邪恶与凶残。特朗普在讲话中更是赤裸裸地说：“我们将把太空视为一个新战争领域，而美国太空军将一马当先。”诚然，特朗普要把战争引向干净的太空，要在太空与中国和俄罗斯进行一场空前规模的进攻与防御的军备竞赛。

（2）太空作战的阴霾不断聚拢

目前特朗普的鹰派立场和战争思维正在将美国拖进一个十分危险的境地，美国与中俄之间越来越剑拔弩张，充满随时爆发重大冲突的凶险。中国南海、中国台湾、乌克兰、伊朗、朝鲜半岛、纳卡等地区的战争风险度越来越高，由于当前俄罗斯的经济实力明显弱于美国，在美国将其逼到墙角无路可走时，俄罗斯这个战斗民族势必对美国发动一场核战争进行报复。美国不断黑化污化中国，对华的政策越来越极端偏见，发动战争挑衅的风险在增加，不惜一切代价以赢得选民的支持。因此，现在战争不是离我们越来越远，而是离我们越来越近，特别是在以特朗普的战争鹰派内阁动员下，美国正在形成一种将美国法西斯化的倾向，那种恃强凌弱、强取豪夺、弱肉强食的丛林法则和法西斯主义正成为世界霸主美国的信条，一场巨大的灾难正在向人类逼近。美国一直持续开展以太空为支点的作战准备活动，不断从太空收集对方情报，还派飞机抵近侦察，在与美摩擦和挑衅升级的情况下，爆发战争的可能性在加大。

（3）太空对抗色彩不断浓烈

1957 年 10 月 4 日，苏联发射了世界上第一颗人造地球卫星，标志着人类进入了太空时代。60 多年来，美太空安全战略经历多次调整，产生了“庇护所论”“生存论”“高地论”和“太空控制论”等太空安全学说。“高地论”在 20 世纪 80 年代占据美太空安全战略主导地位，鼓吹占据太空这个“终极高地”，发展天基导弹防御和天对地打击能力。“星球大战”计划是该学说的典型代表，具有强烈的军事对抗色彩。冷战结束后，“太空控制论”逐渐取代“高地论”，认为应当控制太空，以维护美国的绝对太空优势。

2020 年 6 月美国防部发布的《国防太空战略》纲要和《天权》条令都明确将“维持太空优势、确保太空行动自由”列为首要目标。可见，当前美军的太空安全理论仍以“太空控制论”为主导。不过，可以看出，美军正试图再次竖起“高地论”大旗。该报告声称，“高地的价值是最古老、最永恒的原则之一”。美军再次出现“高地论”这种“极端苗头”，很重要的原因是得到了技术支撑。当初美政府放弃“星球大战”计划，主要原因是技术难度太大、经费投入不菲。但 30 余年来，美军太空攻防武器系统有较大发展，使其有底气重新提及 1998 年美国空军航天司令部长期规划中的“天基全球打击”。

14.3 太空军事力量的地位作用

太空军事力量占据着信息化战场的制高点，对地球表面作战行动有着重大影响，是维护国家安全的战略力量、进行战略威慑的重要力量、争夺战争主动权的关键力量、形成体系作战能力的要素和纽带。

14.3.1 国家安全的战略力量

随着人类进入太空时代，国家利益范畴逐渐超越传统的陆地、领海和空中，不断向太空扩展和延伸。国家的安全边界也随之从有界的地理边疆延伸到无界的广袤太空，范围大大拓展。太空安全威胁已经成为国家安全面临的全新威胁。由于太空的发展对国家各领域的发展与变革都会产生全面的促进作用，因此太空安全的影响不仅仅局限在外层空间，而是渗透和辐射到了国家的政治安全、经济安全、信息安全、海洋安全、环境安全、金融安全、能源安全、产业安全、文化安全等几乎各个方面，成为国家安全各领域的支撑，对国家发展和利益拓展的影响日益重要。可以说，没有太空安全，其他安全都难以得到有效保证。太空安全作为国家安全的“高边疆”和“保护伞”，已经成为国家安全的重要组成部分。太空军事力量作为维护国家太空安全的主要力量，是新型的、至关重要的战略力量，是 21 世纪大国地位的标志性力量。历史上，海上军事力量、核力量都曾先后作为世界大国的标志性力量。海洋占据地球表面积的 70%，是人类交往的主要通道和生存的重要保障，当市场经济取代自然经济成为人类生产方式的主导形态后，海上军事力量就成为强国称霸一方的重要标志。核武器将人类的暴力推向了极致，对对手具有极大的威慑作用，因而成为 20 世纪大国地位的标志，至今仍受到不少国家的追捧。而在 21 世纪，没有太空军事力量或太空军事力量不强，不能有效地利用外层空间和保卫自己的太空利益，将不能成为真正意义上的世界大国。

14.3.2 战略威慑的重要力量

军事威慑自古有之，随着人们对军事威慑认识的不断深入和军事威慑实践的不断发展，方法和手段日益多样化的军事威慑已成为作战行动的重要组成部分，发挥着越来越重要的作用。威胁使用或有限使用太空军事力量，往往能对敌方产生重大的震慑效应，使其产生畏惧心理，被迫放弃作战企图或控制作战规模、强度和作战手段，从而为己方联合作战创造有利的环境和态势。太空威慑与核威慑、信息威慑和常规威慑相比，使用灵活，可信度高，具有全球性、快速性、高效性的特点。在太空高速航行的航天器，能对陆、海、空、天等空间领域的任何目标构成威胁，真正具备“全球到达、全球作战”的能力；太空军事力量不受任何政治、地理条件的限制，能够迅速到达全球任何冲突地区，对敌境内任何地区或目标实施攻击，迫敌就范；航天武器装备具有精度高、威力大等特点，不仅保证了太空攻击的高效性，而且最大限度地减少了附带损伤。因此，太空威慑日益成为一种重要的威慑方式，并在近期局部战争中初显端倪。

14.3.3　争夺制权的关键力量

世界近期几场战争的实践表明，夺取制天权已成为夺取制信息权、制空权和制海权的先决条件，成为夺取和保持战争主动权的关键，直接影响着战争的进程和结局。如果说，机械化战争的重心在制空权，那么信息化战争的重心则在制天权。无论是太空军事力量建设，还是太空作战，核心都是为了争夺制天权。没有对太空的控制，也就谈不上对陆地、海洋和空中的控制，制天权已成为制陆权、制海权和制空权之后敌对双方争夺的一个新焦点。信息化条件下遂行一体化联合作战，往往不是从地面、海上和空中开始，而是首先从太空开始、从争夺制天权开始。控制太空、夺取制天权，一直被美俄等军事大国列为未来战争中取得战争主动和夺取战场优势的重要战略目标。早在 20 世纪 60 年代，美国总统肯尼迪就认为，“谁控制了太空，谁就控制了战争的主动权”。美国强调，到 21 世纪，其对太空能力的依赖，将像 19 世纪和 20 世纪工业的生存与发展对电力和石油的依赖一样，太空将进一步成为美国国家安全和国家利益的重心。美国自 2001 年开始，差不多每两年举行一次太空作战模拟演习，其目的就是探索太空作战的特点和规律，验证制天权理论的可行性。太空军事力量作为太空作战的主体力量，通过夺取制天权，能够为获取制陆、制空、制海权创造极为有利的先决条件，进而取得战争的主动权。从这个意义上讲，太空军事力量就是夺取战争主动权的关键力量。

14.3.4　联合作战的支撑力量

信息化条件下联合作战，是陆、海、空、天、电磁、网络、认知等多维空间领域力量的一体化作战，太空军事力量具有搜集、处理、传递信息的独特优势和实施太空攻防作战的能力，已成为信息化条件下联合作战体系的重要组成部分，并对形成体系作战能力起到了“黏合剂”的纽带作用。换言之，建设太空军事力量，是健全联合作战力量体系的重要一环，是迅速提升信息化条件下联合作战能力，形成体系作战能力的有效途径。首先，太空信息系统是军队指挥信息系统赖以运行的基础。太空信息系统能够发挥信息中枢和纽带的功能，将侦察、监视、预警、通信、导航、定位、测绘等有机结合起来，构成一体化的综合信息网络系统，并将陆、海、空、天、电攻防力量连接成多维融合的作战体系，进行准确、快速、高效的指挥、控制与打击，进而使各参战力量通过网络联合为一个有机整体，相互联系、相互补充、相互支援，协调一致地取得联合作战胜利。正如美军《2020年航天构想》中所指出的，军用卫星系统能将传统军事力量的作战潜力最大限度地发挥出来，起到整合与倍增传统军事力量的作用。其次，陆、海、空等作战力量在太空作战力量的信息支援和保障下提高了作战距离和命中精度。利用天基信息系统的信息优势，能够为各类武器平台和装备提供精确的目标信息、导航定位和通信中继，从而明显改善了远程精确机动能力，增加了武器装备的部署方式，使陆、海、空军武器平台和装备的作战距离、命中精度、摧毁效果都得到了空前提高。同时，通过卫星的精确侦察和快速通信，有利于被动防护和主动防御，还有利于评估和反馈打击效果。再次，太空进攻作战力量快速航行的机动优势和航天武器装备远程打击的火力优势，也是实施远程精确打击的重要基础。

14.4 太空安全形势的基本判断

2019 年就在美国总统特朗普挥舞经济大棒四处杀伐、挑起中美贸易摩擦的同时，6 月 18 日，美国总统签署命令，要求美国防部适时组建“太空军”，并使之成为独立于空军的第六军种。特朗普甚至公开宣称：“太空就是一个作战领域，就像陆地、空中和海洋一样”；“美国仅仅进入太空是不够的，美国必须主导太空。”特朗普下令组建“太空军”，其背后有着深层次的国家军事战略考量，也可以说是他继升级网络司令部、恢复重建第二舰队之后，重塑打造美军“第三部曲”——其目的就是要以军事实力为先导，实现所谓的“让美国再次伟大”的目标。而组建太空部队的实质是要巩固美军领先优势，维护美国的全球霸权地位，掌握“制天权”。

2020 年 5 月 17 日上午 9 点 14 分，美空军和美太空军联合使用“宇宙神-5”火箭从卡纳维拉尔角空军基地发射了 X－37B 轨道试验飞行器，启动了其第六次飞行试验任务。此次是美太空军成立以来首次发射 X－37B，其发射任务编号“天军-7”。与前五次相比，X－37B 将执行更多的试验任务。X－37B 具备长期驻轨能力和机动变轨能力，可作为美国卫星链路的维护者或者某一节点的临时替代者，对遭受攻击的卫星进行维护或替换，以确保美国卫星系统及通信链路的安全和畅通。从长远看，美国空军或从以下四方面挖掘 X－37B 的军事潜力：一是作为侦察监视平台；二是作为太空武器发射与指挥控制平台；三是作为快速远距离运输机；四是作为反卫星平台或在轨服务平台。X－37B 飞行的任务是最高机密，更多真相还将陆续浮出水面。

以上事例只是 2019 年年底以来，美国在太空领域的几个有重大影响的动作，随着太空技术快速发展，太空已成为国际战略竞争新的制高点，太空军事强国加紧争夺太空优势，加速推进太空武器化进程，太空军事竞争呈现出“美国一超独霸，新兴多极崛起”的总体态势。

14.4.1　太空利益争夺日趋激烈

太空发展竞争的核心是太空利益之争，太空利益涵盖太空发展利益、太空资源利益、太空使用权益和太空安全利益等。太空系统已经成为支撑国家发展建设的重要基础设施，对繁荣国家经济、促进社会进步发挥着重大作用；太空蕴含着巨大的资源和能源，在未来国际竞争中将发挥越来越重要的作用；太空是世界各国长远发展与战略竞争的制高点，将具有与国家领土主权类似的作用和意义；太空军事体系是夺取和保持军事优势的最核心因素，太空已成为军事领域的战略制高点，在国家安全方面发挥着巨大效能。目前，世界各国纷纷争相进入太空，积极开发利用太空，少数军事大国为谋求太空绝对优势甚至是主导权，大力发展太空技术和太空军事力量，使太空利益争夺日趋激烈。

（1）太空发展竞争紧锣密鼓

太空技术和产业的发展将极大地带动信息技术、生物技术、新材料技术以及新能源技术等相关产业的发展与创新。据统计，全世界航天技术产业创造的利润，在 1996 年为 750 亿美元左右，2000 年达 1 250 亿美元左右，2017 年达 4 800 亿美元左右。世界范围内新一轮以“军地结合、军民结合、军商结合”为典型特征的太空力量竞赛序幕已经拉开，呈现出“紧锣密鼓”的太空发展竞争趋势。未来 10 年，全球卫星发射数量预计将超过 2 000 颗，SpaceX 和 OneWeb 等商业公司还分别提出了多达上千颗卫星的组网计划，空间轨道、位置、无线电频率等已成为战略性资源，争夺日趋激烈。空间安全形势日趋严峻。太空军事应用已成为现实，空间碎片数量大幅增加，国际空间站为躲避空间碎片撞击每年要变轨 10 多次。

（2）太空权益争夺成为焦点

美国试图主导构建新的国际太空秩序体系，谋求从“利用太空”向“控制太空”转变，把太空军事力量的使命定位为“控制太空、全球作战、作战力量集成和全球伙伴关系”。美国还与欧盟提出《太空行为准则》，将多边太空规则的制定提上国际议程。俄罗斯在颁布的新世纪军事总体战略的纲领性文件中，正式确立了以夺取制天权为核心的军事战略，将俄未来军事发展的目标锁定在“建立和保持太空优势”上。

（3）太空安全竞争复杂多元

太空已经成为军事领域制高点，太空系统不仅能通过侦察、通信、导航、定位、气象等方式对作战进行信息支援，对整个作战体系进行支撑，还可直接对敌方太空平台进行“软”杀伤和“硬”摧毁，甚至可以直接对敌地（海）面战略重心进行打击，对作战态势施加影响。太空战略格局作为国家战略格局中一个重要板块，将通过太空技术、太空力量、太空能力和太空效应等显著优势，影响并左右未来战略格局发展走向。世界各国纷纷加强太空军事能力建设，正在形成核、空天、网络“三元威慑格局”，这种新的战略威慑格局势必使得国际竞争日趋复杂化，使得太空竞争成为大国博弈的重要手段。

（4）太空资源争夺日趋激烈

太空蕴藏着丰富的资源，当前已被人类不同程度开发和利用的太空资源包括：太空太阳能资源、太空环境资源、太空轨道资源和太空信息资源等。太空拥有无与伦比的资源优势，科学家预测，若用航天飞机从月球上运回 20 t 液化氦-3，就足够向全世界提供可使用几百年的动力。太空还为人类提供了理想的科学实验场所，太空强粒子射线辐射、微重力环境、高真空环境等已成为人类生存和发展科学探索的理想环境。但太空资源并非无穷无尽，诸如轨道、频道等争夺激烈。

14.4.2 太空军事力量逐步转型

随着太空技术的发展和太空作战理论的牵引，太空军事力量建设和应用的重点正由“支援”型向“支援—对抗”型转变，由“战略”型向“战略—战术”型转变，太空竞争的方式也由“自由竞赛”向“垄断—竞争”发展。

(1) 太空军事力量结构由“支援”型向“支援—对抗”型发展

基于太空信息支援的体系作战能力是核心军事能力的集中体现，近几场局部战争更是检验了太空信息支援的巨大优势，世界各国纷纷加快完善太空信息支援体系建设，大幅提升体系作战效能。以美国为代表，其在轨工作军用卫星高达 230 余颗，约占全球总量的 57%，其侦察卫星分辨率高、覆盖范围广，可近实时感知战场态势。俄罗斯、欧盟、印度、日本等国家和地区也紧随发展，如俄罗斯的“格洛纳斯”、欧洲的“伽利略”定位系统发展都十分迅速。少数军事大国正在建设完备的太空信息支援体系，不断推进太空攻防系统的研发和部署，现已具备对航天器软、硬杀伤能力。美军研发试验了 X-37B 无人空天飞机和“猎鹰”高超声速飞行器。俄陆基高能反卫星激光武器也已基本达到实战应用水平，天基激光与定向能武器正在研制之中。其他各国也在积极研发太空对抗武器，增强太空攻防手段。

(2) 太空军事力量效能由“战略”型向“战略—战术”型转变

受核战争思想的影响和技术水平的制约，初期的军事航天系统只是一种战略型作战资源。随着信息技术的发展，航天系统的时效性不断增强，加之精确作战的战术应用需求牵引，太空军事力量在战术层面正获得越来越广泛的应用。首先，各类卫星战略运用与战术运用并重。目前，侦察卫星在进行战略侦察的同时，可同时提供作战信息，通过通信卫星系统近乎“实时”地传送给战术分队；导航卫星系统可对地面、海上、空中各类平台和武器进行精确导航定位，如俄空军击毙杜达耶夫和美海豹突击队击毙本·拉登的战例，都体现了太空侦察力量的战略、战术运用。其次，专门用于战术作战的通信、侦察、电子干扰等战术卫星开始应用和发展。如美军正在发展“战术卫星”(TacSat)，其质量为 45.4～386 kg，它具有与战术态势有关的适合特定任务的在轨运行能力，可接入美国五角大楼因特网。再次，随着太空攻防武器系统迅速发展，太空军事力量除了进行太空信息支援以外，还可以直接进行战略层面的行动，如太空封锁、太空军事威慑、太空进攻和太空防御等。

(3) 太空军事力量竞争由“自由竞赛”向“垄断—竞争”发展

特朗普上台以来，美国政府新的太空战略发生了一些重大变化，再次提出了“太空军事对抗”的单边主义论调和“先发制人”的进攻战略，其旨在确保美国太空优势、维护美国太空霸权地位的太空战略和根本目的暴露无遗。直白地说，美国新的太空战略其实是“转攻为守”，战略本质由“控制太空”微妙地转变为“领导太空”，内建能力、外建规则，谋求其在太空的领导权。谋求控制太空能力，仍然是美国确保太空安全的一贯做法和始终不变的战略企图。

14.4.3　太空实力对比极不平衡

一超多强、群雄并起局面的形成使太空战略环境复杂严峻。美国作为世界唯一超级大国，凭借雄厚太空军事基础，大力发展太空军事力量，从太空战略指导思想、作战理论到体制编制，从太空技术到武器装备，都远远领先于世界其他国家，成为头号太空军事强国。俄罗斯紧随其后，一直把太空作为军事力量建设的重点领域，率先成立了独立的航天兵，修订了太空军事理论，成为在太空最有实力制衡美国的军事大国。其他各国也瞄准太空军事制高点争相进入、奋力追赶，但基本实力与美、俄还有较大差距。

（1）美国一超独霸，始终占据太空战略制高点

在太空作战理论方面，美研究了最为成熟的太空作战理论体系，不断推进太空军事化、武器化发展步伐，谋求以太空瞰制全球。在体制编制上，美国拥有世界上最庞大的太空作战部队，严密成熟的组织机构，其太空军事力量依托空军为主进行一体化建设，其他各军种也拥有一定的太空力量，更加有利于太空信息支援作战。在太空武器装备上，在掌握太空信息支援系统绝对优势的情况下，极力打造“太空攻防系统”，使将“天袭”成为继核打击后又一带有战略性威慑打击力量。在作战演练上，美军凭借其强大的空天力量，多次带领盟友以太空信息支援下的空袭作战达成战争目的，巩固了西方主导的世界格局；同时加紧进行“施里弗”“太空旗”太空军事演习，把演习目标从以太空支援为主，逐步向太空攻防对抗转化，为太空作战理论发展提供有力支持。

（2）俄罗斯实力雄厚，在不断改革中大力发展太空力量

在作战理论研究方面，俄罗斯在继承苏联太空作战理论的基础上，开展了积极研究，早期研究出版了《航天器的作战应用》《第六代战争》等理论专著，近年来颁布了《俄罗斯军事学说》《航天活动法》等文件，对武装部队如何使用航天器和对抗敌方航天器基本理论和实际操作，进行了详细论述，其规划的太空战任务有 14 项之多，其中包括空天防御战、进攻战等。编制体制上，俄罗斯在世界上最早建立了独立航天兵，目前正积极推进航天兵军事改革（现改为空天防御兵），通过精简人员、优化结构提高战备训练水平。装备建设发展上，俄军已建成 15 个快速反低轨卫星发射系统，陆基高能反卫星激光武器也达到实战应用水平。

（3）其他国家和地区呈现出“新兴多极发展，分域重点跟进”的态势

欧盟积极参与美国主导的“太空行为准则”，将多边太空规则的制定提上国际议程。英、法、德等国大力改进和增强航天器反制技术，日、印等国也积极跟进，加快研发太空作战武器。印度在 1991 年开始实施“国家激光计划”，激光武器研制领域已取得重大突

破，预计2020年将拥有用于太空作战的激光武器；日本自20世纪80年代末开始秘密研发反卫武器，陆基激光武器已经取得巨大进展。从发展趋势上看，上述高新武器可能将于2021—2030年间投入实战部署。

14.5 太空作战对未来战争形态的影响

随着太空技术快速发展，太空已成为国际战略竞争新的制高点，太空军事强国加紧争夺太空优势，加速推进太空武器化进程，太空军事竞争呈现出“美国一超独霸，新兴多极崛起”的总体态势。这种态势必然对各国安全和发展利益带来严重影响。

14.5.1 可能改变战争目的

时间和空间是一切物质的存在形式，任何物质不能脱离时间和空间而独立运动，战争也是如此。任何时期的战争都具有时空范畴，并最大限度利用时空环境，拓展时空潜能。着眼当前和未来一段时间，太空领域的快速发展不仅正在造就新型作战力量，而且正在改变以往的战争时空概念。战争空间膨胀与缩紧并存、有形空间和无形空间实现统一、战争空间价值大幅稀释、作战时间效用成倍增值等。这些由太空带入或是推动的战争时空新特性，反映出太空作战中的时空关系已经改变，战争节奏随之空前提升。特别是作战起始标志及打击重心正在经历转移调整，为战争主动权的争夺也赋予了新的内涵。

传统意义上歼灭敌有生力量、攻城掠地的战争目的将被改变，战争的政治内涵和太空作战行动的连带效应得到了空前放大，迫敌屈服、控制战略资源成为战争的重要目的，战略威慑被赋予新的含义。在以太空战为基础的战争形态中，对指挥控制系统和太空信息系统的依赖极大，摧毁或使其失效，将有可能使战局产生根本的变化。战争将以信息攻击或针对敌太空信息系统、指挥控制系统的攻击开始，使用各种软硬杀伤与摧毁手段，力求一举打垮对方，或使敌人无法从突击所造成的最初震撼中恢复过来，从而丧失组织有效抵抗的机会和能力，以达到屈人之兵的目的。在这种情况下，战争目的未必要经过若干次战役的胜利才能达成，战役目标也不一定需要若干次战斗的积累，一场战争可能就是一次战役甚至一次战斗，持续时间不会太长，战争初期、中期和后期的界限不再像过去那样明显，有时甚至难以区分，战争开始可能是无声的，结束也可能是悄然的。尤其是支持指挥控制系统的太空信息系统的基础设施遭到破坏和被控制，无法再进行对抗，很可能成为战争结束的标志。这种追求目标的改变和打击重心的转移，将使整个作战理论发生巨变。

14.5.2 有利于“全域作战”

美军有关太空行动的概念源自早先空军和联合参谋部的相关文件，《天权》则将太空军事行动置于更加广阔的背景，作为国家太空战略的一部分。将太空域划分为三个维度——物理维度、网络维度和认知维度，并据此提出了“全谱军事太空力量”概念。

在物理维度，强调占据重要天际交通线路和关键轨道，前者包括航天中心发射轨道、航天器回收轨道等；后者指航天器用来支持用户、收集信息、保护其他资产或实施对敌打击的轨道。在网络维度，强调太空网络系统的脆弱性，因此要保护己方的网络链路和节点，同时也要储备太空域网络进攻力量。在认知维度，强调既要使己方保持强大的战场感知能力以确保决策优势，又要通过威慑等手段来影响对手的决策。此外，由于电磁频谱对上述三个维度影响重大，因此美太空军将利用电磁频谱进行攻防作战。

美军全谱太空作战思维的形成是一个渐进过程，从最开始侧重物理维度，到近年来强调网络维度，再到太空军新条令增添认知维度，其趋势是越来越重视将太空战纳入联合全域作战，突出强调太空作战的全球性、多域性、联合性与层次性，努力实现太空域与其他作战领域协同增效。

美军一方面声称要做遵守《外层太空条约》等国际法的“太空管理员”，另一方面却在太空军事化甚至是太空武器化的道路上越走越远。作为备受美太空军司令称道的条令，《天权》将本该和平利用的太空视为战场，从战略学说、力量运用、指挥模式到作战思维，均体现出浓厚的军事对抗色彩。其反复强调维护美军在太空领域的行动自由、强化联合部队的杀伤效能、为美国实现太空霸权提供支持等三大支柱职能，公开宣扬天基对地打击，计划向战术级指挥员“放权”，降低太空冲突门槛。这些都将对世界和平造成极大威胁，值得持续关注和高度警惕。

14.5.3　具备慑战并举运用

2018 年，美军参联会《太空作战》联合条令抛出了“太空联合作战区域”概念，强调太空主战场地位。2020 年 8 月发布的《天权》条令则瞄准太空战，要求太空军为白宫提供独立的军事选择。

该条令称，首先要注重运用威慑手段，如果威慑失败，则“采取行动击溃对手”。其实早在 1999 年，美国防部《太空政策》便首次系统阐述了“太空威慑”概念。美在太空领域的力量运用，与美军“慑战并举”力量运用模式一脉相承。在“慑”上，美军一方面不断完善威慑理论，另一方面不断丰富其威慑手段。《太空力量》提出将太空力量作为威慑手段，扩展了战略威慑范畴。在“战”上，美军不再满足于单项能力建设，而是将太空能力融入指挥控制、情报、火力、运动机动、防护、保障和信息等七项联合职能，最大化太空战略优势。

近年来，美军尤其重视开发多样化进攻性太空火力：一是软杀伤，如利用激光、电磁、粒子束等定向能武器和电子干扰、网络攻击手段，干扰压制或欺骗迷惑对手的信息获取、传输、指挥控制系统。二是硬摧毁，如利用空天飞机、高超声速飞行器、导弹等，直接击毁对手的卫星。三是在轨搞小动作，如利用“在轨服务”太空机器人抓捕对手卫星，或将小型寄生星、遥控炸弹安装到对手卫星上。通过多样化进攻性的太空火力，美军力求其太空战略优势最大化，以支援天空、地面、海上和网络空间的战略竞争。

《天权》条令强调，主动防御不仅包括对敌方的袭击进行反击，还包括在敌方袭击之前就要“先发制人”，摧毁或削弱敌方威胁的有效性，以夺取主动权。这就模糊了“主动防御”和“进攻作战”之间的界限。

14.5.4 改变未来战争形态

美俄等军事强国在加快太空武器装备研发列装步伐的同时，更加注重加速太空作战指导思想和理论，特别是融入太空作战的联合作战思想和理论的适配与革新。美军2018年太空作战条令从作战角度将上述五大领域拆分为十大太空作战能力，对重要性进行重新排序；并对应指挥与控制、情报、火力、移动与机动、防护、保障、信息七大联合职能，详细说明了十大太空能力可起到的具体作用。俄军在制定太空发展规划与战略的同时，也提出了“战略性空天战役”“空天一体化作战”等空天作战理论，并初步探索出多项以夺取制天权和制空权，为地面和海上军事行动创造有利条件为主要任务的空天作战战法。

太空作战思想和理论首先在明确军队未来一段时间所要面对的主要任务和基本样式基础上，把握好近几场局部战争逐渐显现出的“联合”“小规模”“多样化”以及“外科手术式”等信息化战争战略战术思想共性特征，进而确立“融合创新”“把握关节”“预防突袭”的作战总构想和原则，着力研究探索诸如“击节破网、瘫痪枢纽”“积极突防、破击体系”“釜底抽薪，摧毁平台”“全维造势，粉碎潜能”等太空防御作战的具体战法。尽管太空战场环境较之以往近乎得到无限延展，但鉴于太空作战远程精确制导技术、战争持续时间大幅缩短，以及战机稍纵即逝、态势瞬息万变的战场环境所带来的太空作战效益观转变，必然会引领太空军事理论从分散走向集中。以天基信息系统为例，实现连通后，诸军兵种作战潜力得到有效整合与倍增，其发挥的黏合与纽带作用将侦、控、打、评、保等系统融为一体，大大提高整体作战能力，引起军队组织形态变革，促进航天发射、航天测控、导弹预警、太空进攻、太空防御、太空信息利用等部队的产生和新型军事防御力量体系的建立，从而直接影响军事体制结构变革和转型发展。

第 15 章

军事区块链技术与未来战争形态

随着网络技术的不断成熟发展，数据作为网络信息表现形式和载体的重要性越发凸显，数据存储与处理能力也成为衡量国家或企业科技水平的关键指标之一。可以说，人类正在步入大数据时代，数据正在成为一项不可或缺的生产因素。数据处理过程中为解决问题而提出的一系列准确、完整、清晰的指令，称作算法。具体到军事领域，大量的军事数据信息也被视作一种举足轻重的战略资源。著名经济学家凯文·凯利（Kevin Kelly）在《新经济新规则》（*New Rules for the New Economy*）一书中指出，我们正在进入一个新型的经济世界，它的降临将引发整个人类社会结构的巨变，遵循新规则的人将会腾飞起来，而忽视它的人将会一无所获，他还特别强调，竞争优势属于那些理解并接受去中心化控制和自治式网络的人，区块链正是这样一种能够变革经济社会运行模式的颠覆性技术，其影响将覆盖人类社会活动的方方面面，军事也不能脱离其中①。近年来，区块链技术在金融、物联网等行业发展迅速，并在国防领域展现出潜在应用价值。区块链技术犹如“一座未探明储量的金矿”，引起了以美国为代表的世界主要军事强国的广泛关注，他们纷纷探索区块链技术在军事领域的应用，以期依靠军事科技创新在新一轮军事变革中占据有利位置。随着区块链技术的成熟化和标准化，各军事强国将基于网络安全防护、安全弹性通信方面的初步应用，深化探索区块链在关键信息基础设施构建、可靠供应链管理、分布式可靠控制等方面的前沿布局。一旦取得突破，将颠覆传统装备的运行效率，有效解决组网通信、数据保存和系统维护等难题，实现系统级能力的大幅提升。

15.1 区块链技术基本概念和原理

2008 年，一个笔名叫中本聪的人出版了目前流通甚广的白皮书，概述了比特币的概念及其生成的基本原理系统，即区块链技术。区块链可能是首个真正值得被称为颠覆性数据技术的技术。“区块链”不仅是对现有数据记录和记载技术的跨代进步，其重要性在于其具有消除现有网络设计关键弱点的能力：对网络信任管理的危害。区块链主要应用于金

① 凯文·凯利．新经济新规则［M］. 北京：电子工业出版社，2014.

融电子货币领域，经历了区块链 1.0 数字货币、区块链 2.0 智能合约应用和区块链 3.0 超越货币、经济和市场的应用三个发展阶段。其关键技术是利用计算机网络和密码学原理来编程和操作数据的创新型分布式基础架构与计算方式，是非对称加密（Asymmetric Encryption）、分布式组网、智能合约等多种技术的综合。被誉为“数字经济之父”的唐·泰普史考特曾预言称，影响未来几十年的“黑科技”已经到来，它不是社交媒体，不是机器人，甚至不是人工智能科技，而是比特币的底层技术——区块链。

关于区块链的定义，从狭义讲，浙江大学陈纯院士认为，区块链是一个分布式的数字账本，单点发起，全网广播，交叉审核共同记账。从广义上讲，工信部《中国区块链技术和应用发展白皮书》将其表述为分布式数据存储、点对点传输、共识机制、加密算法等计算机技术在互联网时代的新型应用模式[①]。简单讲，区块链是由区块加链组成的，区块记录经过完全验证的信息，链则记录着区块之间的先后顺序，代表了数据完整的历史。为通俗理解区块链的概念和原理，可将其概括为“一种模式、二个特征、三种架构、四大技术、五个优势和六个层次”[②]。

一种模式即区块链是一种全网记录数据的模式，对同一数据采取全网共同审核和记录的方式。二个特征即去中心化和去信任化。区块链基于端到端对等网络，不存在中心设备和集中管理机构，每个节点权限对等；区块链的机制，能够保证节点之间无需互相信任，就可以自动安全地验证和交换信息。三种架构即区块链按照全部授权、部分授权和指定授权区分为公共链、联盟链和私有链。四大技术即基于 P2P（Peer To Peer）对等网络的分布式存储技术、以哈希（Hash）算法和非对称加密为代表的加密技术、以工作量证明（Proof of Work，POW）和拜占庭容错（Practical Byzantine Fault Tolerance，PBFT）等方法为代表的共识机制（Consensus Mechanism）、由自动化脚本代码组成的可编程智能合约（Smart Contract）技术。进一步讲，区块链是利用分布式对等节点存储数据、利用密码学的方式保证数据传输和访问的安全、利用共识算法来验证和生成数据、利用智能合约来编程和操作数据。五个优势是从效果角度而不是方法上讲，区块链具有安全、抗毁、容错、优化、自动等优势[③]。区块链采取基于加密的区块链结构，确保信息不被篡改；采取全网记录的分布式存储方式，抗毁灾备能力强；运用共识算法，建立了容错机制；建立了竞争机制，确保决策最优；依托智能合约，保证自主运行。六个层次即应用层、合约层、激励层、共识层、网络层、数据层。其中，应用层包括了区块链的各种应用场景，合约层是自动化运行脚本、算法等合约的集合，激励层封装的是与应用背景相关的激励因素；共识层主要封装各类识别和验证算法；网络层主要包括了对等组网机制、数据传播与验证机制；数据层封装了基于加密算法、时间戳、校验等信息的链式区块数据结构和相关数据

① 中国区块链技术和产业发展论坛．中国区块链技术和应用发展白皮书［D］．北京：工业和信息化部信息化和软件服务业司，2016.

② 赵国宏．军事区块链研究［J］．指挥与控制学报，2019（4）：259－260.

③ 王飞跃，袁勇，王帅，等．军事区块链：从不对称的战争到对称的和平［J］．指挥与控制学报，2018，4（3）：175－182.

信息①。

15.1.1　区块链与传统分布式数据库

区块链技术与传统分布式数据库主要的区别，一是传统分布式数据库一般是将数据在分布式节点上分级分类存储，而区块链每个节点都会存储一份完整的数据；二是传统分布式数据库一般是有中心的，即通过中心节点向其他节点备份或同步数据，而区块链每个节点都是独立的、对等的，通过共识机制来保证存储数据的一致性；三是从数据结构上看，区块链具有特殊的数据库结构，即带有时间戳的顺序块链结构；四是从数据操作权限上看，传统的数据库一般具有增删改查四种基本操作的权限，而区块链为了防止篡改，一般去除了删和改两种操作，仅保留了增和查两种基本操作；五是区块链采取了非对称加密、哈希算法、数字证书与签名、零知识证明等密码学算法，确保其数据更加安全、可信和可靠。

15.1.2　区块链与人工智能等新技术

区块链与云计算、物联网、大数据、人工智能、量子计算等相关技术有密切的联系，区块链与这些技术密不可分，都是具备变革能力的颠覆性技术。简单讲，大数据、物联网改变的是生产资料；云计算、区块链革命的是生产关系；人工智能、量子计算变革的是生产力。进一步讲，云计算、物联网、大数据、人工智能、量子计算为区块链提供环境、算法、算力、数据、加密等基础设施支撑，而区块链为其提供自我治理的方法，用于打造可信的应用社区②。

15.1.3　区块链技术的独到创新之处

单纯从技术视角看，区块链似乎算不上一种新的颠覆性技术，它是将点对点传输、分布式存储、密码学、共识机制等成熟技术进行了融合集成，然而，其创造性的价值恰恰体现在结构创新和模式创新上，集中体现在以下三个方面③。

1）区块链创造了一种新的组织形式，即在无中心的条件下，各个节点能够在没有集中统一操控的情况下，通过共识机制实现了系统的自治，达成信息共享、认知统一、行动一致，实现了所谓的自治，而通过智能合约则可实现体系的自动运行。

2）区块链创造了一种新的决策机制，即分散式决策（Decentralized Decision）。通过网络中多个节点之间的动态博弈和合理的激励机制，实现了有限资源的合理配置、成员利益的一致化和集体效益的最大化，达成了所谓的帕累托最优（Pareto Optimality）和激励相容（Incentive Compatibility）。

3）区块链创造了一种新的计算范式，通过经济学的机制设计（Mechanism Design）理论和最新信息技术的有机融合，保证了在非信任环境下和信息不对称情况下复杂系统中

---

① 袁勇，王飞跃．区块链技术发展现状与展望［J］．自动化学报，2016，42（4）：481－494.

② 赵国宏．军事区块链研究［J］．指挥与控制学报，2019（4）：260.

③ 肖风．区块链不仅是技术，更是新的机制设计［N］．上海证券报，2019－10－28.

信息的可信可靠和体系的协调高效运作。这种技术架构具有很强的普适性，可以为金融、经济、军事甚至社会等领域带来革命性的变革。

15.2 军事区块链技术及现实应用实践

区块链技术的应用范围非常广泛，并不限于目前了解的清算结算、供应链、权属证明、众筹、物联网等应用场景，军事领域也非常适合引入区块链技术。该技术的军事价值主要体现在能够提供安全可信的信息传输、稳定可靠的网络架构、快速有效的反应机制、真实准确的数据存储，在军事领域的应用前景，即优化指挥通信体系、实时掌控部队实力、全程监管装备状态、有效增强网络安全。

15.2.1 军事区块链技术概念

所谓军事区块链，简而言之就是区块链模式在作战指挥、作战保障和军事管理等军事领域的应用。基于上述分析可以预见，军事区块链将颠覆战时敌我识别模式，为解决复杂战场环境下的信任危机提供新的模式，大幅提高军事系统容错能力，为记录、追溯、过滤恶意行为提供新的思路方法；将颠覆传统的层级树状指挥模式，开辟与以往截然不同的分布式作战新样式，便于参战节点随时掌握态势、随时了解任务、快速遂行行动；将颠覆传统的数据集中存储模式，重塑数据防护新机制，大幅提高军事数据的安全性；将颠覆战时作战编组模式，为联合作战各军种战术单元和作战平台快速组合和可靠运行提供了一种可行的接口和规则，可有效提高任务式指挥的效率；将颠覆协同作战组织模式，提供自适应集群作战新方法，为智能化无人蜂群系统作战管理提供安全可靠手段；将颠覆作战资源管理模式，实现全周期可信可靠管控，实现作战资源全程可视、可控、可用①。

区块链展现出来的特质和优势，契合了军事领域发展和运用的特殊需求②③。一是从应用背景看，区块链基于一种非信任的环境，而军事系统则置身于体系对抗造就的复杂战场环境；二是从结构上看，区块链采用无中心组网，去中心组织的方式，契合了军事系统扁平化指挥、抗毁重组等需求；三是从安全性要求来看，区块链防篡改、防丢失、信息完整准确、可追溯等特征，非常契合军事系统对信息可信、可靠、可用的高标准要求；四是从方式上看，区块链集体维护、信息共享的模式，契合了联合作战、集群作战协同感知、协同决策、协同交战的需求；五是从管理上看，区块链基于共识算法的竞争和验证机制，契合了军事系统自组织和自治化管理等需求；六是从运行上看，区块链基于智能合约的自动运行机制，契合了军事系统自动化、智能化的发展趋势，特别是打击时间敏感目标的要求；七是从信用上看，区块链实现了由个人信任向机器信任的转变，在减小军事管理过程

① 文森特·阿尔卡扎．可信赖的数据：区块链技术［J］．空天力量，2017，11（3）：64－71．

② 王飞跃，袁勇，王帅，等．军事区块链：从不对称的战争到对称的和平［J］．指挥与控制学报，2018，4（3）：175－182．

③ 袁艺，史慧敏，李志飞．区块链如何影响现代军事［N］．解放军报，2019－11－21．

中人为因素带来的不确定性、多样性和复杂性的同时，还契合了军事系统自主无人作战系统发展和运用的需求。因此，区块链在军事领域既具有迫切的必要性，又具有广阔的应用前景。

15.2.2　军事区块链技术应用实践

随着网络技术的不断成熟发展，数据作为网络信息表现形式和载体的重要性越发凸显，数据存储与处理能力也成为衡量国家或企业科技水平的关键指标之一。可以说，人类正在步入大数据时代，数据正在成为一项不可或缺的生产因素。数据处理过程中为解决问题而提出的一系列准确、完整、清晰的指令，称作算法。具体到军事领域，大量的军事数据信息也被视作一种举足轻重的战略资源。无论是坦克装甲车辆的主动防护系统与军用飞机的自主控制系统，还是“爱国者”防空导弹的防空反导系统，其成功研制都离不开算法的关键性赋能作用。

为此，美国国防部还提出了算法战的概念，并于 2017 年 4 月成立了算法战跨职能小组（Algorithmic Warfare Cross Functional Team），旨在将国防部的海量数据转化为可操作的情报资源，从而更好地支持军事决策。军事数据规模呈数量级的急剧增长，对海量数据的存储、处理与安全维护都提出了更高要求。如果说海量数据的存储与处理可以通过大数据和云计算实现，那数据安全维护则更依赖于区块链技术，这就为区块链技术的大规模军事化应用提供了契机。区块链技术的生命力来自于真实的应用场景，这一技术框架所具备的各种先进特征契合了解决国防和军队建设过程中各种“痛点”的迫切需求，将为深化国防和军队建设改革、推进军队信息化建设提供强大的技术支撑。

2016 年 4 月，美国国防部与北约盟国开始关注区块链技术在国防领域的潜在应用，目标是实现自动执行智能合约，安全存储敏感文件信息，减少国防合同执行失误和中断现象。美国国防部已经开始在军事领域广泛探索区块链技术的实际运用，其主要职责由 DARPA 承担。基于“信息完整性”的概念而使用区块链技术，能够保护从核武器到军用卫星等不同领域的高度敏感数据，并且提供有效情报来确认黑客是否在修改数据库或监督特定军事系统。

2017 年 6 月，美国海军采用区块链技术提高增材制造系统的安全性，记录组件从设计、原型制造、试验、生产到最终处理的全流程，方便用户查看任何特定数据，并在组件损坏或生命周期结束时发出警报。增材制造零部件的全部信息可以同步到产品全寿命周期的各个阶段，零部件的每笔交易也将记录在共享的分布式账簿中，授权方可以根据其信任级别进行交易查询与信息追溯。此种智能数字供应链将对传统国防工业生产供应链产生巨大影响，有效简化了供应链管理过程中烦琐的规章制度，节省了大量的人力成本，并且能通过技术手段对交易过程中可能面临的安全威胁进行评估防范，为美国国防部巩固在新一轮工业变革中的优势地位提供了重要支撑。

2018 年 4 月，美国穆格公司受国家制造科学中心资助，与新加坡科技集团共同开发了基于区块链的 VeriPart 分布式交易系统。该系统可对增材制造的部组件进行溯源和质量控制，提高售后服务效率和安全性，为国防部建立安全可追踪的智能数字供应链；通过VeriPart研发具有综合数字交易能力的增材制造技术，可优化国防领域的供应链管理。2017年5月，美国印第安纳州技术和制造公司受DARPA资助，利用区块链技术为军方开发“不可入侵的消息传递和交易平台”。该平台将信息创建和信息传输分离，确保发送和接收的数据无法破解，实现总部与地面部队、国防部与情报官员之间的安全通信。俄罗斯量子中心和科学院成功测试了首个量子区块链系统。该系统以量子密钥分发形式取代原有私钥结构，将量子密码的防窃听防截获特性应用于区块链网络，可大幅提升区块链网络的防御功能，将对现有信号截获、破译、侦收产生颠覆性影响。

在立法层面，《2018财年国防授权法案》第1646节要求国防部长及其他相关部门领导在法案通过180天之内提供关于区块链技术网络应用问题的简要说明。具体包括：描述基于区块链技术与其他分布式数据库技术的潜在攻击性或防御性网络应用；评估国外势力、极端组织与犯罪网络对此种技术的使用；评估联邦政府与关键性基础设施利用或计划利用此种技术的相关情况；评估关键性基础设施面临网络攻击时的脆弱性。

15.3 区块链技术对未来战争形态的影响

作为互联网时代的一种变革性、颠覆性技术框架，区块链将深刻改变人类生活的方方面面，军事领域同样不可避免。区块链技术的军事应用，不仅仅是围绕军事信息安全、情报工作绩效激励、武器装备全寿命管理、军用物流等方面展开，将给军队建设带来全局性、颠覆性影响，与作战指挥、部队管理等多方面都有密切的关系，必将引起作战力量的组织形式、管理方式、指挥控制等重要变化。

15.3.1 改变指挥信息系统的建设模式

信息技术的整个发展过程就是一部从集中到分散，又从分散到集中，循环往复的发展史，经历了集中式大型机时代、分散式个人电脑时代、集中式云计算时代，现在进入了以区块链为基础的可信互联网时代。历史不是简单的重复，而是一个螺旋式上升的发展过程。中心化架构有很多好处，如便于统一协调管理，能够保持较高的一致性等，但它也存在一些问题，即中心节点是整个系统的性能瓶颈和薄弱环节，容易成为攻击目标。在军事领域，对中心化的过分依赖，也使己方关键节点成了战争中的阿喀琉斯之踵，极易被作战对手一招致命。以美国海军为例，其“宙斯盾”作战系统将传感器、雷达和武器装备等进行系统整合，极大地提升了协同效能，为美国海军带来了压倒性的进攻优势。但随着作战对手武器装备的进步和打击手段的升级，中心化的“宙斯盾”指挥控制系统反而成了其致命的弱点，它一旦被攻击瘫痪，作战舰艇就会成为一堆废铜烂铁。因此，专家萨尔瓦多·巴博内斯指出，美国海军应利用区块链技术发展去中心化能力。需要强调的是，这种去中心化并不是分散化，而是保留协调能力、将处理能力去中心化。这样不仅保持了中心化的既有优势，还降低了其脆弱性，提高了军舰的生存能力。

未来战争的弱中心化甚至去中心化是建立在每个作战单元自主化、自治化和智能化基础之上的，是科学技术发展到一定阶段的产物。每一个作战单元都是一个智能的自治个体，能独立自主地完成一定的作战任务；作战单元之间以对等的工作模式存在，以网络化连接进行沟通协作，确保了作战系统通信联络的鲁棒性，使得情报数据信息传递更加便捷、高效，提高了作战系统的快速反应能力。

15.3.2 改变作战指挥效能及指挥模式

从作战指挥层面来讲，我军应着力发展区块链技术，提升作战指挥系统效能。基于区块链的联合决策机制，将参与决策的各军兵种、各层级、各要素作为网络的对等节点。采用统一的哈希算法和非对称加密等方法解决跨网络数字签名和证书一致性的难题，依托区块链的共识机制、智能合约等机制进行分解任务、消解冲突，高效形成最优化的方案计划，并有效解决层级化烟囱式联合筹划中出现的其他种种问题。另外，这种机制还十分便于各级参战部队快速掌握态势、及时了解任务、自动完成协同。

其一，区块链技术有助于提升作战数据收集、传输、处理的能力水平，为作战命令的传播提供更加安全、可靠、便捷的技术通道。其二，海量数据的易获得性，将推动经验决策模式向数据信息决策模式转变，使得对战场态势的感知更加及时、全面，强化作战指挥的效率追求，缩短决策—指挥—行动的周期，提升快速反应能力与决策指挥的科学化水平。其三，将加速推动军队指挥结构从“树状结构”向“网状结构”转化。区块链的去中心化特征决定了在战时或其他突发状态下，总部网络崩溃并不会导致网络整体瘫痪。总部网络只需直接将数据传输给从属网络中的任一节点，即可由此节点将相应信息更新于区块链数据账簿之中，进而确保上下级之间的指挥畅通。同理，上一指挥层级失效后，各下属层级可以通过区块链网络直接与更上级指挥部取得联络，及时执行新的作战任务，有效避免了机械化战争时期“打断一枝、瘫痪一片”的连锁性反应。其四，区块链技术的应用能够在现有条件下尽可能地优化资源配置，实现不同作战平台的系统融合，在更大程度上巩固己方的军事优势。有学者建议美国海军利用区块链实现协调能力的“去中心化”，目的是在保持武器装备中心化优势力量并达到毫秒级决策速度的同时，减小火力攻击系统的脆弱性。这一建议的实质就在于借鉴区块链技术的去中心化特征，实现指挥系统与火力攻击系统在算法与设置层面的分散化，扩大火力攻击覆盖面，强化系统安全防御的可靠性。

15.3.3 为推动军事智能化提供新支撑

区块链智能虽然难以称为颠覆性技术，但却可对社会和经济，特别是军事系统，带来巨大的冲击。区块链智能的成熟、普及和深入应用，必将使未来的军事系统成为虚实互动的平行智能军事，从而实现可编程的军事管理。这样就可以充分利用网络空间和虚拟世界，以虚驭实，使实际战争中的“吃一堑，长一智”变成在虚拟空间“吃一堑”，在现实世界“长一智”，而不是相反，这样必然大大提高未来军事管理的效益和效率。在变革军事管理基础和运营机制的同时，区块链智能也必将极大地冲击现有军事系统的基本模式和治理方式，必将引发面对和解决军事问题的“范式转移”。相信基于区块链和智联网的智能军事管理，将大大减少信用的成本，大大提高腐败的代价，同时大大增加管理的复杂性和智能化程度，引发军事管理行为及其对应的活动与业务的深刻变化①。

军队现代化必然是以信息化、智能化为前提，要建立世界一流军队，必须从思维理念、作战方式与管理方式等层面响应区块链框架带来的技术变革。因此，其深化发展将从整体上带动我军信息化、智能化发展水平，缩小目前各军种、各部门之间的信息技术差距。作为一种底层的技术框架，区块链本身并不存在明显的军地隔阂，无论是应用于民用领域还是军事领域，其基本的算法与设计思路是相同的，仅需要在部分环节或节点权限方面做出特别限制。现代战争对制信息权、制智能权的争夺，成为决定战争最终胜负的关键因素。在信息与知识获取方而，区块链智能的发展将促使不对称信息军事博弈转变为对称信息博弈，推动不对称信息战争转变为基于对称信息均衡的和平，进而促使不对称的竞争进化为对称的合作，不对称霸权转变为对称的公正，形成军事区块链应用的“人机结合、知行合一、虚实一体”新时代洪流。

15.3.4 对信息数据的安全性提供保障

武器系统和作战系统的效能发挥很大程度上依赖于可靠和可信的数据，而潜在安全风险的存在，意味着作战人员可能面临着数据真实性不明的情形，而区块链技术提供的截然不同于以往的数据管理技术，使得数据攻击产生的破坏力得以降低，作战人员手中数据的真实性也能因此得到保障。同时区块链能有效避免军事数据的泄露以及敌方对其进行的篡改，这种规避风险以及提升作战优势的优点，可能会改变战争领域的游戏规则。如何提供系统中或网络中数据真实性和完整性的验证服务，从而使用这种验证方法来跟踪偷窥或修改重要数据的行为，对于军事系统而言具有非凡的意义。区块链作为一个去中心化下高抗毁性并且不可更改的账簿，它能够永久记录网络或数据库的访问历史，这使得入侵者无法掩盖自己的偷窥行为，同时也能够提醒管理者是否有黑客入侵或数据库修改等危险。如果将数据看作一座城堡，保护数据安全的重点不在于在城堡外面修建高高的围墙，防止外来的入侵者，而在于了解是否有人渗透在城堡内部，他们又做了些什么。而也是这一点，对于所有的作战系统和武器系统，特别是指挥控制系统都是极其重要的。

从思维理念来讲，区块链技术更加强调军事数据信息的重要性。各国军队的算法技术与能力将成为未来战争制胜机理的重要考量因素，以及未来军队的制高点。这种能力作为一种根本性的技术支撑，直接关系着新型武器与指挥系统的研制、开发、运用，以及智能决策、指挥和协同的实现。正是基于此种现实考虑，美国国防部提出了算法战的概念，并强调将主要聚焦于实现战场空间感知、力量运用、防护、后勤保障等领域的智能化。因此要及时转变传统的制胜观念，强化对计算机算法的认知与理解，充分认清算法的军事价值，抓紧做好区块链技术在军事领域的推广使用工作。

---

① 王飞跃，袁勇，王帅，等．军事区块链：从不对称的战争到对称的和平［J］．指挥与控制学报，2018，4（3）：179－179．

第 16 章

赛博空间作战与未来战争形态

1982 年，一位美国作家威廉·吉布森一篇科幻小说中，发布了“新时代人类预言”：“工业世界的政府，你们这些肉体和钢铁的巨人，令人厌倦。我来自赛博空间，思维的新家园。以未来的名义，我要求属于过去的你们，不要干涉我们的自由。我们不欢迎你们，我们聚集的地方，你们不享有主权。”这是军事意义的概念所无法容纳的想象力。赛博空间（Cyberspace）一词是威廉·吉布森将控制论（Cybernetics）和空间（Space）两个词组合起来，意指网络虚拟世界。2006 年 12 月，在一场“网络风暴”演习之后，美国参联会发布《赛博空间行动国家军事战略》；2008 年 3 月，美国空军发布《美空军赛博空间战略司令部战略构想》，明确提出利用、控制和建立赛博空间，并以“全球远征赛博空间作战要实现美国空军的全球警戒、全球到达和全球力量构想，具备在蓝色、红色和灰色赛博系统之间以及全球赛博空间公域之间实施一体化防御和进攻作战从而主宰赛博空间的能力”。今天，赛博空间被看作支撑美国军事优势的基本领域。当我们还沉浸在已成历史的 1991 年海湾战争“信息化军事革命”的窠臼里流连忘返时，美国军界已经顺着科幻作家的网络思维穿越现在潜入未来。赛博空间作战一词炙手可热。进入“互联网＋”时代，世界以光速前行，国际政治、经济和军事的旧“页面”被连续刷新，一切都在快速升级、更新之中，变革、转型成为新常态，赛博空间战原有的物理性定义，也被变异中的“现实战争”大范围突破。从 1991 年“沙漠风暴”到 2010 年突尼斯的“网络风暴”，从军事意义上物理传感器的信息化战争，到政治意义上心理传导性网络化战争有 20 年，“战争”的外观和本质都发生了巨变，看似已经无法削足适履地被传统军事概念所包括①。

16.1 赛博空间概念及内涵

威廉·吉布森的不凡之处就在于，他将控制和空间两个词组合起来，即将信息和网络融合，并超越技术藩篱，发现一个崭新的世界。这是堪比 15 世纪地理大发现更重要的“空间大发现”。网络化是信息化的物质前提和技术基础，而信息则是网络空间的充填物。

① 戴旭．“互联网＋战争”：倾听未来战争的叩门声［J］. 国防大学学报，2016（1）：18.

即使在冷兵器时代，这种关系也是存在的：在国家行政机构的网络内，信使依靠马匹和驿站传递公文、信件，以后是邮局，电报出现后，信息传递自然溢出国界，以后发展到全球通信系统，直到计算机系统组成现代意义的网络，超越地球物理空间拓展出“电磁空间”。而由网络化和信息化媾和衍生出新媒体，民众被强力吸附在电磁空间之内，随即又开辟出心理空间。网络类似河道，信息类似流水；网络扩大为海洋、天空，信息则犹如雨雪、江河入海循环往复。因此，网络与信息应为一体化的概念组合，若撇开网络化单纯突出信息化一词，难免有视野狭窄和破性割裂之嫌[①]。

16.1.1 赛博空间的概念

赛博空间由于其丰富、深刻的内涵，在经济贸易领域、社交领域和军事领域日益扮演着至关重要的角色，人们广泛地提及赛博空间的定义，对其认识也日益深化。特别是在军事领域，赛博空间的定义经历了漫长而艰难的过程，该领域绝不仅仅局限于描述性定义，还必须强调赛博空间性能的发展以及利用。

赛博空间是对英文词汇“Cyberspace”的中文音译，也有文献中翻译为网络空间、网络电磁空间、计算机网电空间、网电空间等，各种中文翻译词汇关注的角度不同，不过赛博空间的解读从字面含义上最为直接。美军一直走在赛博空间研究领域前沿，但其对于赛博空间概念的理解也尚未达成最终一致，下面列举几种关于赛博空间的代表性定义、出处。

2003年美国布什政府在《保卫赛博空间的国家安全战略》中将赛博空间比喻为“国家中枢神经系统”，指出它是用光导纤维将成千上万的计算机、服务器、路由器、交换机互联在一起，并支持关键基础设施运行的空间。

2006年2月13日美国国防部发布的“联合出版物3-13信息行动”中将赛博空间定义为数字化信息在计算机网络通信中的假想环境。

2006年美国《赛博空间国家军事战略》对赛博空间的定义是：赛博空间是一个作战域，其特征是通过互联的、因特网上的信息系统和相关的基础设施，应用电子技术和电磁频谱产生、存储、修改、交换和利用数据。

2009年美国总统国家安全令指出：“赛博空间是一个相关联的信息技术基础设施的网络，包括因特网、电信网、计算机系统以及关键产业中的嵌入式处理器和控制器。通常在使用该术语时，也代表信息虚拟环境，以及人们之间的相互影响。”

2010年《美国陆军赛博空间作战概念能力规划2016—2028》中写道：“赛博空间是一个全球范围的域。由一些独立的信息技术基础设施网络构成，这些网络包括因特网、电信网、计算机系统，以及嵌入式处理器和控制器。”

2011年美国发布《赛博空间行动战略》，首次将赛博空间列为与陆、海、空、天并列的“行动领域”，意味着赛博空间已经成为继陆、海、空、天之后的第五维作战空间。

---

① 戴旭．“互联网+战争”：倾听未来战争的叩门声[J]. 国防大学学报，2016(1)：19.

从上述概念的发展历程可以看出，虽然对赛博空间的概念和内涵上还有不同认识，其定义表述方式有多种，但是剖析其内涵可以发现，赛博空间本质上属于环境、域、空间的范畴，既有真实存在的部分，也有虚拟存在的部分，即赛博空间由物理空间和虚拟空间两部分组成，并且日益成为与陆、海、空、天、电同样重要的作战领域。可见赛博空间已经远远超出了网络领域本身，是一个由信息网、武器平台和人参与的巨系统，其中连接各种信息技术基础设施的信息网络包括“因特网、电信网、传感器网和武器平台、计算机系统及嵌入式处理器和控制器”。这是一个有时域、空域、频域和能量域特征的虚拟领域，训练有素的人在这个虚拟环境中能发挥关键控制作用①。

16.1.2　赛博空间的内涵

赛博空间是一个全新、且处在一个不断发展变化之中的人造空间领域。赛博空间在时域、空域上同陆、海、空、天、电等域重叠，在物理上融于上述五大领域之中，赛博空间的活动影响其他领域的活动，其他领域的活动也影响着赛博空间的活动。在功能和运行上，又独立于这五大领域，作为第六维作战领域，赛博空间有其自身特征。

（1）赛博空间是基于信息技术的人造空间

赛博空间由“因特网、电信网、计算机系统，以及嵌入式处理器和控制器”等人类生产制造的信息设备所组成的信息网络，以及网络上的各种信息（数据）活动共同构成。一方面说赛博空间是虚拟的，这是对比于传统的陆、海、空、天作战空间而言，赛博空间是一个人造虚拟空间；另一方面说赛博空间是现实的，因为赛博空间节点在物理上融于上述四大领域之中，如其包含的网络设施、处理控制设施等都是依托于现实存在的一些物理设施的，它是信息技术和社会信息化程度发展到一定水平和阶段的产物，是一个物质与虚拟相结合、有形与无形相统一的客观存在的新质作战空间。

（2）赛博空间承载着数字化信息及信息活动

美国国防部副部长戈登·英格兰指出：“赛博空间的军事行动都是基于数字化的军事行动，旨在攻击、防御、利用与保持赛博空间及其内部数据。”从美军赛博演习情况看，“对抗的是 IT（信息技术）资产及其包含的数据”。赛博空间是人类进行“数据存储、修改和交换的域”，承载着数字化信息及信息行为。可以认为，数字化信息活动都是在赛博空间内进行。

（3）赛博空间涉及范围涵盖全球，延伸到太空

赛博空间同电磁频谱空间的规模一样可无限大，这使得赛博空间几乎可覆盖任何区域，凡是电磁波能到达的地方都是赛博空间范围。与美军全球军事战略相适应，美军把赛博空间看作“一个全球范围内的域”。赛博空间包括分散于全球的“相互依赖的信息技术基础设施网络”，既有全球信息栅格、战场信息网络等军用网络，又有互联网、电信网、电力网、新兴的物联网等民用网络，还包括嵌入式处理器和控制器。同时，赛博空间还延

① 柯宏发，唐跃平，李云涛，等．赛博空间作战蓝军力量建设概论［M］．北京：国防工业出版社，2016：1-3.

伸到人类所涉足的宇宙空间。

（4）赛博空间既独立于陆、海、空、天作战空间又嵌入其中

赛博空间通过遍布在陆、海、空、天的信息节点和网络使其互联互通，形成一个大的体系，把传统的、相对独立的人造信息系统和电磁环境作为一个内在联系的有机整体，且一体化程度在不断完善与提高。赛博空间作战不受时间、距离影响，可瞬间达成作战效果。赛博空间是不断变化的，要根据战情不断调整赛博进攻和赛博防御措施。

（5）赛博空间具有极大的包容性

赛博空间是一个跨越国家和行业，把整个世界连为一体的空间，涵盖了政治、经济、军事、文化等多个领域，包容着信息、航空、航天、海洋、电力、交通、医疗、能源、教育等多个行业。从宏观到微观，从实体到虚拟，从物理到认知，涉及人们生活的方方面面。赛博空间由物理层、逻辑层和社会层三层构成，由地理空间、物理网络、逻辑网络、自然人和赛博人五类组件组成。其中，电磁空间和信息网络空间是开放的，任何人都可进入赛博空间，成为赛博人员。

（6）赛博空间处于不断发展与变化之中

赛博空间作为一个新兴领域，美军对它的认识也在不断深化，由最初传统的网络空间到涵盖所有电磁频谱的物理域，再到全球域。美军各军种对赛博空间的认识也不尽一致。由于这些客观和主观的因素，对赛博空间的内涵的认识和理解也将是一个渐进的过程。同时，赛博空间是由信息技术、网络技术和通信技术发展而催生的新空间，它将随着新的颠覆性技术的发展而不断发展变化，并引发人类对新的空间领域、国防安全与战略、新的作战与行动等认识和理念发生重大变化①。

16.2 赛博空间作战的基本概念

赛博空间作战（简称赛博作战）是围绕赛博空间行动自由而展开的军事对抗。赛博作战包括赛博攻击、赛博防御和赛博利用。赛博空间作战的实质是赛博空间从一种支撑和保障载体，质变成为新的作战领域②。在赛博作战中，赛博信息的流通由赛博信息获取、传递、处理和利用四环节构成。其中，信息获取和传递主要依赖于电磁手段，信息的处理和利用则主要依赖于计算机网络。因此，赛博作战应通过对电子战和网络战等多种战法的综合运用，攻击和破坏赛博信息系统，电子战与网络战的有机结合，则成为赛博作战的基本作战形式。

16.2.1 赛博空间作战的起源

20 世纪 80 年代早期，ARPANET 发展为万维网，其是现代因特网的雏形，彼时网络作为一种在紧急情况下进行通信、隐蔽指挥控制的手段，人们关注的焦点在于其互操作性

---

① 孙义明，李巍．赛博空间——新的作战域［M］．北京：国防工业出版社，2014.

② 刘海峰，程启月．从赛博空间视角探析联合作战［J］．火力与指挥控制，2013（5）：2.

和可靠性，访问系统的人员相互认识，因此并未考虑系统的安全问题。然而，到 80 年代末期麻烦开始了，Robert Morris 发布了第一个蠕虫病毒（一种具有自我复制能力的恶意代码），随后，大量与新型通信手段相关的典型安全风险事件迅速蔓延。

20 世纪 90 年代中后期，计算机网络涉及并影响军事领域的关键事件发生了，《时代》杂志封面出现了“赛博空间作战”一词。1998 年伊拉克战争期间，新闻报道了名为“拂晓时分”的攻击五角大楼的事件，但是讽刺的是这个事件的始作俑者是来自美国加州的两名青年。在之后的“月色迷茫”事件中，美国国防部宣称发现了来自俄罗斯境内的计算机系统的入侵行为（虽然攻击源没有得到证实），但是俄罗斯对此予以否认（黑客经常通过其他非联盟国家的路由实施攻击）。至 21 世纪初期，发现了一系列网络攻击，其行动代号为“泰坦雨”。该行动代号在被媒体公开后改为“拜占庭冥王”，并且在维基解密网公布后再次更名。“高级持续性威胁”成为了国家资助的电子侦察/数字间谍系统的设计人员普遍考虑的问题。20 世纪末，美国国防部开展了一次对恶意代码感染美军机密网络的回击行动，这次行动被命名为“扬基鹿弹行动”，行动中美国军用闪存盘检测出被植入了能够导致闪存盘在军事网络或系统上被禁用的恶意代码。

除了针对美国军用网络的攻击外，在 21 世纪初还发生了一些国际事件。2007 年，被认为与俄罗斯政府有联系的黑客攻陷了爱沙尼亚的国会、银行、政府部门、报社和广播公司的网站。爱沙尼亚将此事提交北大西洋公约组织理事会，以寻求组织理事会专家帮助恢复系统；翌年，在格鲁吉亚和俄罗斯的军事冲突中，赛博攻击者控制了格鲁吉亚政府网站和商业网站，开创了通过网页实施数字信号干扰的新型作战形式；2010 年，“震网”病毒攻击并破坏了控制伊朗核设施的计算机系统。

还有一些与军事用途网络破坏类似的其他核心事件。2009 年，资料显示黑客从美国国防部服务器下载了价值数十亿美元的 F－35 型联合攻击战斗机设计数据，黑客攻击的目标是美国国防承包商和军队内部。2010 年，突然爆出“极光行动”的新闻，同时谷歌宣称其为众多受到 APT 攻击的商业公司中的一员，此次行动中黑客的目标是商业知识产权。2011 年又有两起令人担忧的网络攻击事件：一起是全球能源报告中提及的名为“夜龙行动”的一系列网络攻击；另一起是 RSA 攻击行动，黑客借这次事件中获取的信息可以得到许多组织在各自网络中经常使用的密码明文，黑客的最终目的是为了攻击美国的基础设施。一直以来，世界各地的网络对抗一直持续发生着。多数情况下，当黑客的攻击目标是军队、政府或者商业网站时，并不会造成什么危害，黑客只是为了搜寻他们能够访问的众多系统信息。新的防护技术发明的同时，新的攻击技术也应运而生，防护技术与攻击技术共同发展进步①。

16.2.2　赛博空间作战的概念

维基百科把赛博空间作战定义为：有政治目的的黑客行为，以便指导破坏和间谍活

① 史蒂夫·温特菲尔德. 赛博战基础——从理论和实践理解赛博战的基本原理［M］. 周秦，李嘉言，许邦彦，等，译. 北京：国防工业出版社，2016：5－6.

动。2010年，美国政府安全专家 Richard A. Clarke 在他的著作《赛博战争》中把赛博空间作战定义为：一个国家为了引起另一国家计算机或网络的毁坏或崩溃，对其进行的渗透行为。

美国国防部则认为赛博空间作战是与陆、海、空同等重要的军事行动，是与一个政府主导的战役联合在一起的，由国家领导授权的、针对赛博基础设施的赛博攻击。赛博空间作战可以理解为敌对各方为达成战争目的、在赛博空间这个领域内运用各种赛博技术和手段所进行的对抗行为。赛博空间作战利用先进的技术或手段，保护己方的赛博空间安全，扰乱或破坏敌方的赛博系统。赛博空间作战的主要任务就是在赛博空间，或者通过赛博空间达到军事目的和实现军事效果。

简单说来，赛博空间作战过程由三种基本元素组成，包括认知元素、信息元素和物理元素。例如，某赛博部队产生并表达了一种作战行动方案（认知元素），并将这种作战行动方案输入一个交流装置（物理元素），这种作战行动方案就变成了赛博空间表述的数据（信息元素），而且这种数据有可能通过电磁手段用数字来代表。然后，这种数据通过一种物理通信线路（如电话线、电缆、光纤线路、无线电、微波等）进行传播，并经由通信装备传给另一个部队（或物理单元）以达到预期认知的目的，或者也许传给一个物理装置来实施一种操作（如打开一个开关或读取一个文件等）。在军事上，赛博空间就是实施赛博空间作战过程所需要的所有元素的总和。可能赛博空间作战过程是永久性的，赛博空间自身的配置则是变化的，它随着基本过程的具体元素的改变而改变。

16.2.3 赛博空间作战的内涵

根据2008年美国空军赛博司令部发布的战略文件《美国空军赛博司令部战略构想》，赛博空间作战的内涵就是在利用赛博空间、控制赛博空间和建立赛博空间的基础上，实现跨越整个电磁频谱的“全球警戒、全球到达和全球作战”能力①。目前一般认为，赛博空间是由电磁频谱与能量、电子设备与系统、网络化基础设施三大基本要素组成的作战领域②。赛博空间作战就是通过在赛博空间遂行赛博支持、赛博防御和赛博进攻等行动，获取赛博空间优势的作战样式。

利用赛博空间主要指赛博空间作战力量将权衡己方的电磁频谱作战，并阻止敌方利用赛博空间，实现赛博空间作战能力与陆、海、空、天、电等作战域同步化和一体化。利用赛博空间包括赛博空间攻击和武力增强作战，赛博空间攻击有助于赛博作战力量获得确保作战行动自由的军事优势，武力增强有助于赛博作战力量实现跨领域作战以及指导赛博空间保障作战的军事优势。实现赛博空间的有效作战能力需要指挥控制系统与跨领域攻击作战保持同步，并降低己方对赛博空间的使用冲突。

控制赛博空间包括赛博空间防御性对抗作战和赛博空间进攻性对抗作战。赛博空间防御性对抗作战是指赛博作战力量将保护己方和关键利益免受敌方攻击。赛博空间进攻性对

① 柯宏发，唐跃平，李云涛，等．赛博空间作战蓝军力量建设概论［M］．北京：国防工业出版社，2016：10-11.

② 王源，张博．赛博武器的现状与发展［J］．中国电子科学研究院学报，2011，6（3）：221-226.

抗作战将拒绝、削弱、中断、摧毁或欺骗敌方，确保己方在赛博空间的行动自由，并同时阻止敌方获得相同的自由。

建立赛博空间包括全球远征赛博空间作战、网络与安全作战的指挥控制以及赛博空间民用保障作战。赛博空间内的有效作战需要具有全球远征赛博空间作战能力和网络作战安全，确保己方赛博作战力量的跨领域行动自由，并限制敌方获得相同的自由。

全球警戒是在整个电磁频谱内的感知能力和信号发送能力。全球到达要求具有连接和传输能力，利用广泛的通信网络在全球范围近乎光速移动数据。全球作战能力是威胁或打击任何电磁能量目标，并最终在所有领域内实现动能或非动能作战效果的能力。赛博空间是国家经济、关键设施和国家安全的重要基础，全球警戒、全球到达和全球作战能力将确保国家在必要的时候保护己方基础设施，指导军事作战，同时削弱或消除敌方军事力量。

16.3　美军赛博空间作战概述

美国目前在世界上的 4 000 个军事设施，运行着 1.5 万多个不同的计算机网络和 700 万套计算机和信息装备，系统庞大，安全漏洞和隐患较多。美国认为，赛博空间与航空和航天领域最大的不同点就是，它是美军唯一一个已经有势均力敌对手的领域，它的对手正在积极发展赛博空间的进攻能力，以进行非对称作战，美国赛博空间面临着现实和潜在的巨大威胁，需要美军加快推进赛博空间能力的发展，以便拥有赛博空间的绝对优势，保障赛博空间的安全。“每次武器装备的变化都必然导致组织和战术的变化，因此必须决定哪一种武器是占据绝对支配地位的（主战武器），围绕这种武器来使用其他的武器。”① 当前居于主导地位的科学技术莫过于信息技术，而基于这种技术形成的赛博空间作战环境将在今后一段时间主导美军战略、理论和作战方式。美军通过国家安全战略，从顶层进行规划设计赛博空间能力建设，对外表达战略意图，形成战略威慑，对内通过基础能力建设，不断增强赛博空间作战能力，拓展赛博空间攻防内涵，掌握赛博空间发展主动权，从而形成相对完备的赛博空间作战能力体系②。

16.3.1　赛博空间作战战略

随着技术发展水平的提高和国防信息基础设施的完善，美军对赛博空间认知也在不断进步，从最初的网络通信、指挥控制，逐步向网络体系与武器系统、单个装备的互联互通的网络中心战思想过渡。这种认知在实践上主要反应在全球信息栅格（GIG）计划的实施，在基础设施层面打造了独立且与其他作战空间融合渗透的一种新作战域——赛博空间③。

---

① 吕晶华．美国网络空间战思想研究［M］．北京：军事科学出版社，2014：1.

② 计宏亮，等．美军赛博空间作战战略、理论与技术能力体系研究［J］．中国电子科学研究院学报，2016（2）：144.

③ 计宏亮，赵楠．论美军国防信息基础设施的演变与推进［J］．飞航导弹，2016（1）：9－12.

美国国家赛博安全战略决策者根据其掌握的技术背景、认知和观念在赛博空间域进行投射，将赛博空间的理念融入美国国家安全战略体系。通过这些不同层面的战略文件，对赛博空间和赛博空间作战的基本概念、内涵、外延、战法等进行限定，形成了美国赛博空间安全的战略框架体系（见表 16 - 1）。这种战略框架一方面指导美军赛博空间作战攻防体系基础建设，另一方面也是美国国家战略意图的表达方式，旨在规划、建设美军的赛博空间威慑与防御力量，维护美国国家安全。

表 16 - 1 美国赛博空间作战战略和政策发展

层级	文件名	发布时间
国家安全战略	第 12958 号总统行政命令	1995 年
	第 63 号总统指令	1998 年
	国家安全战略报告	2000 年
	第 13231 号总统行政命令	2001 年
	确保赛博空间安全的国家战略	2003 年
	第 54 号总统指令	2008 年
	赛博空间可信认证国家战略	2011 年
	赛博空间国际战略	2011 年
	第 21 号总统指令	2012 年
国防战略	国家国防战略	2005 年
	国防部赛博空间行动战略	2011 年
	四年防务评估报告	2014 年
	国防部赛博空间作战战略	2015 年
军事战略和联合行动概念	赛博空间作战国家军事战略	2006 年
	赛博空间作战联合条令	2013 年
	美国空军赛博司令部战略构想	2008 年
	美国空军赛博空间的发展蓝图	2009 年
	美国海军赛博战司令部战略计划(2009—2013)	2009 年
	赛博空间作战概念能力计划(2016—2028)	2010 年

在美军赛博空间战略的发展历程中，有两个文件具有里程碑意义。第一份文件是 2006 年 12 月由美军参联会和国防部共同签发的《赛博空间作战国家军事战略》①。该文件是美军赛博空间力量建设和力量应用的纲领性文件。该文件确立了美军赛博空间的战略框架，提出保持赛博空间军事优势的战略目标，通过信息战、网络战、动能攻击、法律制裁、反情报、主题和信息管理等六种实现目标的方式方法，使用科技、合作、作战情报数据支持、态势感知、法律政策和人力资源等六类使能力量。第二份文件是 2013 年美军《赛博空间作战联合条令》，这是美国参联会发布的作战联合指导文件，从战术层面对如何使用赛博力量进行了约定，标志着美军在赛博空间已经真正进入了“常态化、实战化”阶段。

① 计宏亮，赵楠．论美军国防信息基础设施的演变与推进［J］．飞航导弹，2016（1）：9 - 12.

16.3.2 赛博空间作战发展

2006 年 12 月，美军《赛博空间作战国家军事战略》指出“该军事战略的目标是确保美军在赛博空间的军事战略优势”。美国国土安全部 2006、2008 和 2010 年分别组织了“赛博风暴Ⅰ”“赛博风暴Ⅱ”“赛博风暴Ⅲ”系列演习，前两场演习全面检验美国赛博空间安全和应急能力，后一场检验美国重要部门遭大规模赛博攻击时的协同应对能力。同时美军与盟友的联合行动也离不开国家赛博空间的支持，对此，美国在举行的赛博空间相关演习中，参与部门通常包括多个政府部门、作战部门、美军盟友和相关私人公司。

2009 年 1 月，美国防部《四年任务与使命评估报告》分析美军在赛博空间面临的主要挑战，提出国防部赛博空间构想，要求美军夺取赛博空间军事优势。同年 3 月 14～20 日，美军进行了“施里弗”-5 太空作战演习，首度尝试将赛博演习用于太空军事演习中，结果显示，在未来的作战环境中，太空与赛博密不可分，必须继续运行赛博能力，要了解太空与赛博的联系，积极开发有效作战方案及在赛博环境中使用的战术、技术和程序。2009 年 5 月 29 日，美国总统奥巴马发表了题为“保护美国赛博基础设施”的讲话；同日下午，白宫公布了《赛博空间政策评估：确保可信和具有恢复能力的信息与通信基础设施》文件。

2009 年 6 月 23 日，时任国防部长盖茨签署命令，成立赛博空间司令部，负责美军在赛博空间的军事行动。其后美国空军、陆军、海军及海军陆战队均推出一系列相关措施，这标志美国正凭借其技术优势，谋求并确保赛博空间的主宰地位。各军兵种也成立了相应的赛博空间作战部队，包括陆军赛博司令部、海军第 10 舰队、空军第 24 航空队和海岸警卫队赛博司令部，纷纷制定相应的赛博作战力量发展规划，形成了以赛博空间司令部为核心的赛博空间作战力量和指挥体系。在赛博司令部的统一协调部署下，美军赛博力量建设进入了飞速发展阶段。

2010 年 2 月，美军《四年防务评估报告》指出“赛博空间尽管是一个人造的领域，如今却如自然产生的陆、海、空、天领域一样，是国防部活动的一个重要领域”。美陆军发布《美国陆军赛博空间作战概念能力规划 2016—2028》，明确提出了赛博空间的基本构建。

2010 年 5 月 7～27 日，美军又进行了“施里弗”-6 太空作战演习，进一步研究太空和网络空间的“替代概念、能力和力量态势”，以及使用综合手段在太空和网络空间执行作战一体化程序。研究表明，赛博空间是电子战、指挥、控制、通信、监视与侦察的媒介。以卫星为主的太空网络是获取战略和战术情报的主要手段，2010 年 10 月 15 日，美军举行首次独立聚焦赛博空间的演习“赛博闪电演习（Cyber Lightning Exercise）”，测试美空军第 460 太空联队在竞争性赛博环境中的运行能力。

2011 年 1 月，美国战略和国际研究中心（CSIS）发布了美国赛博安全进展分析报告，报告认为：保护赛博空间安全已经成为美国国际安全的一个重要挑战，但美国并没有做好应对的准备。2011 年 5 月 16 日，白宫、国务院、司法部、商务部、国土安全局、国防部等六部门在白宫一同宣布了《赛博空间国际战略》。全文 25 页，跨越 18 个联邦政府部门，说明美国将在外交、军事、执法等方面与赛博空间结合。

2011 年 7 月 14 日，美国国防部副部长在美国国防大学发表了关于“国防部赛博空间作战战略”的演讲，并公布了美国首份《国防部赛博空间作战战略（DSOC）》。他表示，这份文件出台是保护美国免遭潜在破坏性网络攻击的一个里程碑。文件主要内容包括：国防部将把赛博空间作为一个战场，通过组织、训练和装备最大限度发挥赛博空间潜力；采用新的防御作战理念来保护国防部的网络和系统；与其他政府部门、机构及民营机构沟通协作，使该战略成为一个在所有政府机构中普遍适用的赛博安全战略；与美国盟友和国际合作伙伴紧密联系以强化共同赛博安全；通过杰出的赛博领域从业人员和快速技术创新促进国家整体创新能力。

最近两年，美国在赛博空间建设方面更加用力。“网络空间日光浴委员会”是美国国会在 2019 年建立的一个两党组织，旨在制定一项多管齐下的美国网络战略。2020 年 3 月，该委员会正式发布分层网络威慑战略，提出了三层威慑概念，主要包括塑造行为层、拒止获益层和施加成本层三个层面。塑造行为层将要求联合盟友和合作伙伴建立和实施基于共同利益和价值观的网络规则，以塑造网络空间行为；拒止获益层的实质是阻止敌对方获益，保护其关键基础设施的安全，迫使对手在消耗巨大资源与预期结果缩水间做出选择；施加成本层要求美国防部利用包括军事手段在内的所有政策工具来施加成本，特别是对抗低于武装冲突阈值的网络行动，以在源头扰乱或阻止敌对行动。

美国海军网络战发展小组于 2020 年 2 月启用了一个名为“网络制造厂”的研发进攻性赛博能力的武器开发中心，开展逆向工程、漏洞检测等软件开发工作。美国海军陆战队 2020 年 2 月宣布其新设立的网络辅助队在解决 IT 或网络问题方面起到了关键作用。网络辅助队通过招募民间网络或信息系统领域专家中的志愿者，辅助陆战队开展相关网络安全工作。此外，美国海军陆战队还在组建新的网络营和网络连，以减少负责网络作战的机构数量，改善海军陆战队对其网络的监管和指挥控制。美国陆军于 2020 年 7 月宣布建立战略行动部（DAMO－SO），该部门旨在为美国陆军更广泛的技术重点奠定基础：网络、人工智能、数据、企业信息技术、电子战、电磁频谱和网络空间。该部门的前身是美国陆军 G6/首席信息官（CIO）办公室。2020 年 9 月，美国空军正式对支撑美国赛博司令部的部队进行改组，并对任务重点进行调整，主要的改组内容有：成立第 67 赛博空间联队下设的第 867 赛博空间作战小组；部分情报、监视和侦察（ISR）联队改编或迁移至赛博联队，从而为美国赛博空间作战提供更统一的作战部署，提升美国空军信息战作战效能。

2021 年 5 月 3 日至 14 日，美军在“北方利刃 2021”联合演习中验证了将电磁战与网络战融合的“新赛博战”。这是自 2018 年 1 月美军发布《TP 525－8－6 赛博空间与电子战作战概念 2025—2040》以来，第一次将电磁作战与信息网络空间联合起来的实战演练，其标志着美军“新赛博战”正式进入实战领域。新赛博战相较传统赛博空间战的显著特征如下①：

一是融合网络电磁空间。根据美军 2021 年赛博战发展规化，美军最新对赛博战的定义是，利用电子和电磁频谱，通过信息通信技术构成的跨域异构网络，在全域全维下遂行泛网络空间作战。传统的赛博空间战主要是在互联网领域实施虚拟空间作战，信号网络层面的电子对抗则隶属于电子战范畴。“新赛博战”整合虚拟空间的网络攻防与物理空间的电子对抗，从信号载体与信息流体两方面，统筹指导发展电磁、网络部队建设。

二是发展分布式信号情报。美军新赛博战略制定的关键目标，是将军种网络打造为作战平台，通过发展分布式信号情报，进而在泛赛博空间开展进攻性行动。在现代战争的情报信息获取中，既需要物理层面的雷达探测、红外成像、频率监测，也需要逻辑层面的信息截获、传输加密、舆论法理攻防。分布式信号情报以美军新型作战概念“马赛克战”为牵引，依托分布式部署的空基预警平台、蜂群无人机、计算机终端等，进行全域全维空间的网络、电磁空间对抗，旨在扩大赛博态势感知能力，开启美军新赛博部队的全面建设。

三是引入人工智能指导作战行动。网络空间作为“新赛博战”的主战场之一，算法程序、软件开发是其发展的重点领域。根据美军应对未来智能化战争战略指导，低端层面的作战行动将全面交由人工智能系统，指挥员则更多关注与上层的指挥控制与任务规划。“新赛博战”将业务层面的安全防护、态势支持、信息服务等任务指派给人工智能系统，通过人与系统的分工合作，遂行网电空间的作战任务。“新赛博战”描述了美军将如何全面整合赛博空间、电子战和电磁频谱行动，利用人工智能来应对未来复杂作战环境的挑战。

16.3.3　赛博空间作战体系

美国拥有最先进的信息技术和雄厚的人才资源，社会和军队信息化程度非常高。一方面，随着美国信息技术的快速发展及其在社会和军队中的广泛应用，各种信息系统逐渐融合，趋向一体，促使美国对信息系统的认识产生质的飞跃，提出赛博空间的概念与相关理论，启动了赛博空间能力建设。另一方面，美国控制着全球互联网的绝大多数根服务器、主导着全球计算机关键芯片和软件系统，在网络管理、信息技术、信息资源等方面处于垄断地位，也使美国具有了发展赛博空间能力的优势和得天独厚的条件②。其攻防体系主要存在于两个维度，一是赛博空间基础设施的建设与防御，另一方面是赛博攻防技术与装备的发展。在软攻击方面，已经研制出 2 000 多种计算机病毒武器，如“逻辑炸弹”和“陷阱门”等。在硬杀伤方面，已经研制出电磁脉冲弹、次声波武器、动能拦截弹和高功率微波武器，对别国网络的物理载体进行攻击。美国已研制出“赛博飞行器”，它是一种能在网络空间自由“飞翔”的攻击型公用软件平台，可以挂载不同的“载荷”（病毒、蠕虫、木马等），完成赛博空间作战和赛博攻击任务。

---

① 吕斌．美军“新赛博战”有何独特之处［R］．微信公众号：光明军事，2021-6-18.

② 赵捷，赵宝献，王世忠．关于赛博空间与赛博空间作战问题的思考［J］．中国电子科学研究院学报，2011(3)：238.

（1）赛博空间基础设施的建设与防御

20 世纪 90 年代末期，美军根据其全球战略部署，启动了规模宏大的全球信息栅格（GIG）计划。经过 GIG 1.0 和 2.0 的阶段性建设，目前已经基本上完成了覆盖全球的“全球警戒、全球到达、全球力量”通信指挥网络体系，这种国防信息基础设施的形态是美军能够最早提出赛博空间概念、战略、理论和作战的物质基础。

随着大数据、云计算等新技术的发展，美军又在 2013 年开始了新一轮的国防信息系统现代化计划，对 GIG 进行重新设计，即联合信息环境（JIE）计划。通过该计划的实施，美军将进一步提高战术赛博与驻军赛博的性能和效能、增强赛博安全性、减少总体费用并保持融入未来新技术设备的灵活性。联合信息环境（JIE）计划对现有的信息技术基础设施、企业服务、安全架构进行升级改进、实现共享①。美军新一轮国防信息基础设施现代化的突出特点就是把赛博空间打造为一种“作战环境”，这种环境包含三项要素：人、应用程序和基础设施；蕴含三个层次：基础设施、直接环境和间接环境。其目标是实现赛博空间的全频谱优势、提高任务效能，形成安全可靠的赛博空间环境。

（2）赛博空间作战装备与技术体系

赛博空间作战主要是指在赛博空间环境中，利用各种支撑技术形成完备的赛博空间态势感知能力，对敌方攻击行为进行预防、探测，并综合利用电磁频谱力量实施多层次的攻击作战，对敌形成有效的威慑。一般可以将赛博空间攻防技术和装备分为三类：侦查预警（态势感知）类、攻击防御类和作战支援类②。

①赛博空间态势感知装备体系

赛博空间态势感知（Situation Awareness）是指通过多传感器多手段协同侦察的方式保持对整个赛博空间所有环境要素，进行获取、理解和评估，并预测其发展趋势③，对敌对行为形成即刻预警、瞬间定位、即时发现赛博空间目标，掌握赛博空间作战的主动权。美军目前典型的赛博态势感知装备包括“高级侦察员”系统、ADVISE（分析、传播、直观化、深入理解和语言强化）系统、NCCT（赛博中心协同定位）系统等，在监听、口令破解、赛博分析等技术上已取得较大进展，初步具备了对敌方通信内容、赛博协议、硬件地址、口令、身份鉴别过程、赛博漏洞等的感知能力。

②赛博空间攻击与防御装备体系

赛博装备是一个庞大的家族，可分为硬杀伤性、软杀伤性、非杀伤性以及兼具软硬杀伤能力的新概念赛博装备。其中，硬杀伤赛博装备对敌赛博信息系统和装备起直接的破坏和摧毁作用，如各种精确制导武器、反辐射武器、反辐射无人机等。软杀伤赛博装备不会直接杀伤、摧毁敌方的赛博信息系统和装备，其攻击对象是敌方赛博系统的信息目标，如敌之各种信源、信道和信宿等。其装备种类较多，包括形形色色的信息干扰装备、各种计

---

① 许宏亮，徐山峰，赵楠．美军联合信息环境计划［J］．指挥控制与仿真，2016（1）：131-136.

② 王源，张博．赛博武器的现状与发展［J］．中国电子科学研究院学报，2011（3）：221-225.

③ 张勇，丁建林．赛博空间态势感知技术研究［J］．信息网络安全，2012（3）：42-44.

算机病毒以及网络黑客等[①]。

随着赛博空间技术的成熟、赛博空间作战战略的转变，美军也将建设由重点进行防御转向发展攻防兼备的装备和技术，将进攻性遏制作为防御办法。赛博攻击主要是攻击敌方赛博空间基础设施，摧毁其指挥控制系统，从而在物理攻击发动之时，敌人已经溃散。典型的攻击装备包括赛博飞机（Cybercraft）、“舒特”（Suter）系统、数字大炮等，实施的方式主要包括窃听、欺骗、拒绝服务、数据驱动、隐藏等。特别值得一提的“舒特”系统，其攻击手段除了计算机网络以外，还对敌方的雷达天线、微波中继站等传感器进行攻击，控制敌方通信链路。在大力提升攻击能力的同时，美军也在进一步加固赛博空间的防御阵地，最典型的装备是美国国家安全局研发的“赛博盾牌”（Cyber Shield）系统，可以对美国的关键基础设施形成有效防护。另外还包括国土安全部研发的“爱因斯坦”系统，美国已成功研制了“爱因斯坦”1、2、3 三代系统。这些装备技术构成了美军的作战防御体系。

③赛博空间作战支援装备体系

作战支援主要指支持美军赛博空间作战力量生成的基础设施和条件保障，包括试验评估、后勤供给系统等。高效试验是创新产生的源泉，它为做好应对未来局势的规划、筹备未来防御项目创造机会。国家赛博靶场（NCR）是美军典型的赛博空间作战支援装备，它为美军赛博空间武器装备的研发提供了一个安全可靠的试验环境，可以对各种作战技术、方案和装备进行评估。该项目于 2008 年提出，2012 年完成第二阶段建设，初步具备了基础试验能力，并在 2013 年正式移交美国防部试验资源管理中心，标志着该系统进入了实质性部署阶段[②]。

16.4　赛博空间作战对未来战争形态的影响

从冷兵器到信息化战争，都可以归入军事帝国主义的时代范畴——因为这些战争的对阵双方主要是军队，并以军事征服为目的。以“网络”为关键词的军事革命，从战争理念、战争思维、战争目标及战争形态等整个战争体系，不仅与机械化时代的战争截然不同，即使与以海湾战争和阿富汗战争为代表，以电子技术、信息技术为关键词的军事意义上的信息化战争，也有内涵和外延上的巨大不同。

赛博空间从根本上属于信息技术领域，其核心作战思想是“强调摧毁敌人的指挥（系统），在发动攻击之前就将其摧毁，从而在攻击发动之时，敌人已经溃散”。简而言之，即通过打击敌人的作战指挥体系达到“不战而屈人之兵”的目标。因此，赛博空间作战本质上是对敌神经中枢的致瘫攻击。从作战指导思想上看，随着美军赛博空间基础设施的进一步完善和大规模国防信息系统现代化计划的实施，美军经历了由防御为主向“积极防御、

① 柯宏发，黄彦昌，罗剑．赛博蓝军作战力量建设研究［J］．军事通信学术，2015（4）：85.

② 计宏亮，等．美军赛博空间作战战略、理论与技术能力体系研究［J］．中国电子科学研究院学报，2016（2）：149.

主动进攻”作战理念发展的过程。

赛博空间作战概念之初正值克林顿政府大力倡导信息高速公路之时，当时美国赛博工作的重心是“关键基础设施保护”，作战概念是“保护设施、被动防御”。小布什政府的国防政策很大程度上以“反恐”为导向，因此其重点是“控制”信息流动、提升应对赛博空间威胁的能力，作战概念为“赛博反恐、攻防结合”。真正将赛博空间作为一个整体作战环境的是奥巴马政府，他在前两届政府的基础上，对赛博空间的认识和实践都更加成熟，已经从赛博空间作战概念向正式的实战迈进，成体系地发展赛博空间作战能力，特别是在《国防部赛博空间行动战略》（2011 年）中明确提出了“主动防御、赛博威慑”，制定了赛博空间作战力量发展路线图。“主动防御”实质也是一种进攻思想，就是授权美军在平时就可以入侵他国信息系统获得赛博军事优势。而赛博威慑强调的是报复能力，其重点是通过拒止而不是通过惩罚进行威慑①。

16.4.1 开辟虚拟空间的时空条件

网络时代来临前，世界各国被陆地、海洋等地理边界隔离着。网络实现了全球的“天堑变通途”，“跨域打击”不仅是互联网时代商业领域的新常态，更是军事领域的新常态。在蒸汽机开辟海洋、内燃机开辟空天之后，电子计算机及网络技术对电磁空间和心理空间的开辟，使人类公共物理空间和各国政治、经济、文化、军事等社会空间已事实上紧密结合在一起，世界形成真正的“联合体”。文明相互碰撞虽有共存共生的一面，但同时也伴随激烈的博弈、绞杀。无论是美俄在乌克兰的综合较量，西方的“颜色革命”以及 IS“伊斯兰国”对西方的反攻，都表明战争意识形态化和意识形态战争化趋势明显。曾担任过四届美国总统安全顾问的克拉克曾经说：“如果网电空间战士接管一个网络，他们能获取所有信息，或者发出指令，转移资金、泄漏石油、释放燃气、摧毁机场、让火车脱轨、使飞机坠毁、让军队进入埋伏区，或者让导弹发射到错误地点。”另一位网络战专家科奈克，描绘美国遭网电攻击场景的时候是这样的：“157 个大城市在 15 min 内陷入大面积停电；有毒气体云正向威灵顿和休斯敦飘去；多个城市的炼油厂在燃烧；纽约、奥克兰、华盛顿、洛杉矶的地铁相撞；四条主干铁路上的货运列车在重要枢纽和马歇尔地区脱轨；飞机在空中无序地飞行，发生多起撞机事件；向西北输送天然气的管道破裂，泄漏了几百万单位的气体；金融系统冻结，大量的数据丢失；气象、导航、通信卫星脱离轨道；美国军用通信中断。”② 多么令人可怕的场景，换做他国又能奈何？

16.4.2 开创平战一体的战争功能

赛博作战的主战样式和战略目标是“攻心为上”——虽然这是春秋战国时代就有的理想战争原则，但直到今天才成为有可靠技术保障的战略目标和战争样式。人类战争史的大

① 计宏亮，等．美军赛博空间作战战略、理论与技术能力体系研究［J］. 中国电子科学研究院学报，2016（2）：145－147.

② 戴旭．“互联网＋战争”：倾听未来战争的叩门声［J］. 国防大学学报，2016（1）：19－20.

部分篇章是铁血时代的图画，国家决胜在战场，杀伤的是有生力量，争夺的是有形财富；而当今网络时代，信息战、心理战、舆论战登堂入室，基本套路是外部长期渗透，内部瓦解，里应外合，暗战无声。由于新式“木马军团”作用凸显而传统“铁马军团”战略意义的相对易位，使网心战的外观体现为前期的“非金属战争”与后期的“金属战争”并重。网络作战概略地可分两个层次：一是“硬控制”。即利用芯片、组件设备，平时利用网络控制对方的战略设施，搜集对方情报，掌握对方数据（大数据时代）；战时则直接攻击对方国家的战略节点，实施网络瘫痪，短时间内摧毁对方抵抗意志；二是“软杀伤”。由网络硬件拓展出网站等政治功能，通过思想攻势，超越军事层面，直接对对方（国家或民族整体、个体）发起意识形态战略战，达到“不战而屈人之兵”的效果。利用网络商务，还可以对对方实施经济攻击——2011 年兰德公司出台《对华冲突》“相互确保经济摧毁可防中美开战”的报告，即属此类。平时、战时，一硬一软，前者威慑随时待命，后者攻击不分昼夜，平时与战时界限消失。借助网络平台和路径，软硬兼施双管齐下，在军事、政治、经济、社会等层级层次无缝衔接和自然融合[①]。

16.4.3　与其他隐形作战相互渗透

目前，各国对赛博空间及赛博作战的认识逐渐清晰，赛博作战部队建设快速发展，大量专用的赛博装备相继研发成功并投入使用。因此，赛博作战与电子战和网络战的界限日益模糊，三者相互作用并逐步渗透。例如，可将心理对抗装备看作是一种特殊的赛博装备，并运用于电子战、网络战之中。随着科技的不断进步，智能化语音模拟技术、虚拟现实技术、激光全息成像技术、电子邮件等也越来越多地应用于心理战。这种通过网络实施的心理攻击，能加速敌方心理防线和士气的瓦解，其直接性和隐蔽性更强。

信息作战是为夺取和保持战场信息优势或制信息权而展开的一系列作战行动，是战场上敌对双方为争夺信息的获取权、控制权和使用权，通过电子对抗等手段利用、破坏敌方和保护己方的信息和信息系统而展开的一系列作战行动，是信息战在军事领域的表现形式。信息作战的主要任务是：保护己方作战信息和信息系统的安全；破坏敌方的作战信息和信息系统，削弱其信息获取、处理、传递和使用能力。信息作战的军事行动主要有：电子战、网络战、心理战、军事欺骗、物理破坏、安全措施。从作战领域来看，信息作战包含赛博空间作战，赛博空间作战是信息作战的一部分；从军事行动来看，信息作战同赛博空间作战有交叉的部分，如电子战、网络战等。另外，信息作战中有赛博空间作战，赛博空间作战中也有信息作战，两者交织在一起，是不可分割的作战形式。从电子战角度来讲，信息作战和赛博空间作战都离不开电磁空间和网络空间，如战场雷达防空网、地域通信网、目标监视网、火力协同网、指挥控制网、计算机网络等。信息作战和赛博空间作战都涉及电子侦察、电子进攻、电子防御几个部分，在作战流程上有类似之处[②]。

---

① 戴旭．“互联网＋战争”：倾听未来战争的叩门声 [J]．国防大学学报，2016 (1)：19－20.

② 李楠，等．对信息作战中赛博空间作战的理解 [J]．航天电子对抗，2013 (1)：20－21.

网络战是建立在互联网上的信息战，进攻性网络战所采取的主要手段包括密码分析、身份假冒、网络扫描、网络探测、流量分析、信息篡改、信息复制、拒绝服务、病毒释放等，防御性网络战方面主要是网络安全措施的采取，如身份验证、多重加密、数字签名、病毒查杀等。虽然计算机网络战是信息战中的一个重要分支，但是计算机网络仅仅是众多军事信息网络中的一种。随着网络中心战的不断发展，战场网络的种类不断增多，作用不断增强，这些网络所构建的信息空间远远超出了计算机网络的范畴，在网络空间中同样存在着信息战行动。赛博空间拓展了网络化的电磁域空间，自然地，赛博空间作战也就包含了上述网络空间中的作战行动，即战场通信网络对抗、雷达网对抗、战场计算机网络对抗和指挥控制网对抗等，所以计算机网络空间仅仅是赛博空间的组成部分之一，同时赛博空间作战比计算机网络战具有更丰富的内涵①。

16.4.4 与人工智能结合相得益彰

近年，美国军队着手构建一个可以将所有武器平台和部队实时连接、实行全域联合指挥和控制的作战网络，即一个超级安全的作战互联网。该网络能利用人工智能等，对战局进行推演，挑选出最优方案对敌实施进攻，并且人工智能在决策指挥、作战方式和军事装备等方面也作用重大。随着人工智能与网络作战的迅猛发展，人工智能深入渗透到作战指挥各环节全过程。可以预见，以往完全由人来完成的指挥决策活动，在未来战争中将逐步转向由人机混合智能体借助网络的方式来完成。把人的一部分指挥决策交给人工智能在未来作战中是必要的也是可行的。战略战役决策和指挥控制方式的态势感知和仿真模拟等，对于提升指挥决策效能、克服人性的弱点具有重大的优势，将会改变传统的指挥决策模式。

以赛博空间技术为核心的科学技术的发展，将进一步催生网络战武器的发展，使网络战发展成为一种赛博作战，战争制胜机理将从实体空间的火力覆盖延伸到虚拟空间的代码操控，夺取赛博空间的控制优势将成战争制胜的关键因素。早在 2015 年，美国海军就斥巨资研发人工智能网络防御系统，而到了 2017 年，美军更进一步开始研发人工智能驱动的网络免疫系统。除此之外，人工智能网络攻击系统也在美国国防高级研究计划局研发计划之内。其能够根据所获取的网络架构、规模、设备类型等信息，进行深度学习以及网络流数据分析。每 24 小时就可以自主编写出一套适用于该网络环境的攻击程序，即使网络环境产生变化，它也能进行动态调整，使得依托病毒库和行为识别的防病毒系统毫无作用。

军事人工智能与赛博作战结合对全世界军队的普及只是时间问题，发达国家现在已经具备了大量生产和装备无人作战系统的能力。该系统不仅可在无人操作情况下自动攻击敌方目标，而且可大大缩短己方 OODA 循环周期，使己方能够先于敌方做出正确的判断和行动。并且，无人作战系统利用人工智能与赛博作战的方式可对敌方作战系统进行学习和

---

① 柯宏发，唐跃平，李云涛，等．赛博空间作战蓝军力量建设概论［M］．北京：国防工业出版社，2016：15－16.

分析，并根据敌方系统特点弥补己方漏洞，或根据敌方系统弱点实施针对性打击。无人作战系统依托赛博空间可 24 小时全天候不间断执行警戒、情报收集和军事打击等任务，有利于避免人为错误的发生。这些方式将会使未来战争形态产生革命性变化。武器系统利用赛博作战与人工智能等技术，可以从复杂环境下有效提取目标的航迹，还能进行多传感器的数据融合，综合处理多种传感器的数据。在得到的目标或数据不完整时，可通过计算和数据比对，得到合理的结果。这些因素使武器基本具备人类行为特性，出现仿真视觉、仿真听觉和仿真语言等，捕获目标本身发出的一切信息用于数据分析和判断。

第 17 章

“多域/全域作战”与未来战争形态

未来，太空和网络攻防技术可能成为军事竞争新的制高点，人工智能技术、纳米技术、生物技术、临近空间技术、高超声速技术不断取得突破，新概念武器向实战化方向发展。信息化武器装备因技术升级改造而大大提升了作战效能，改变了战争形态和作战方式，加快了局部战争的进程，致使现代战争的制胜机理发生了变化。体系作战是未来战争的基本形式，体系致胜将是未来战争致胜机理，无论是信息主导、精确打击、联合制胜还是“全域作战”，其基本形态都是构建体系，作战目标都是破击体系，体系作战形态是未来战争能量聚合与释放的主要形态。近年来，美军作战概念创新如雨后春笋般提出，相继出现了多域战（MDB）、多域作战（MDO）、全域作战（ADO）、联合全域作战（JADO）等多个作战概念。研究美军提出的这些作战概念的发展脉络可以看出：美军将立足所有作战领域，融合所有作战领域空间并整合所有作战领域的力量实施联合作战。这些作战概念在理论上并无新意，只不过是在太空、网络等新兴领域迅猛发展的时代背景下，数千年来稳固确立的“协同作战”军事原则（通过实现和加强作战领域的协同以取得战场优势）的体现。要实现联合全域作战，就要协调使用不同领域作战力量以发挥己方作战效能，提高各作战域的整合度，将太空战、网络战更为全面灵活地融入到陆、海、空战场。在未来，美军期望通过机器人、大数据、云计算、人工智能等颠覆性技术，以实现真正意义上的全域态势感知。正确使用和协同多个领域力量的原则是联合部队能够优化来自电磁频谱和信息环境等领域的能力，弥补作战环节的漏洞，产生优于各部分总和的整体效果，进而创造出单一领域行动无法实现的效应。

17.1 “多域作战”概念及核心要素

在战争形态演变与科技驱动的双重影响下，“联合”已成为军队提升战斗力的基本途径。未来作战是基于网络信息体系的联合作战，作战双方是体系与体系的对抗，作战理念强调基于网络信息体系的跨机构、跨域和跨境的多种力量联合。美国推出的“网络中心战”“空海一体战”“全球公域介入与机动联合”“全球一体化作战”等构想和概念，均体现了联合作战理念。美军联合作战理念经历过三次转变：一是“军种代理”体制下的军种

“整合”，如“空海一体战”；二是“司令中心”模式下的军种“融合”；三是“全球一体化作战”引领下的军种“耦合”。

海湾战争时期，美军的联合作战呈现出典型的协同式特征，主要依靠战区牵引、军种分头实施的方式进行。近年来的几场战争，美军的联合作战理念与实践继续深化，一体化联合作战成为主流。伊拉克战争期间，美军战区一级指挥结构进一步突破了军种藩篱，开始统筹规划组织所有参战力量的作战运用，取得了显著成效。2010 年以来，美军结合信息技术与大数据的飞速发展，提出了以“异型平台、不同要素”的跨域协作式交战（CEC）为主要发展趋势的未来“内聚式”联合作战模式，进一步发展了由战区顶端至任意作战力量终端的无缝衔接、自适应协作的联合作战理念，从作战能力层面完成了对所有作战部队任务功能的全面整合，最终达成了联合作战能力的数量级提升。

在当前的作战环境下，事实上已经没有明显的单一关键作战域，从军种联合的角度看，“多域作战”就是强调所有作战域的协同行动，也就是美军联合作战与时俱进的最新版本。在“多域作战”概念的牵引下，美军将打破传统的以军种为核心的作战边界，要求联合作战力量能够同步协调行动，综合运用各种作战能力实现全面的军种能力整合，利用稍纵即逝的战机进一步削弱对手在多个作战域的作战能力。例如，未来的防空能力可能来自潜艇，反舰巡航导弹可能来自地面陆军，陆军甚至可以发射岸基巡航导弹夺取制海权，诸如此类的各军种“跨界”作战，将是未来美军“多域作战”的作战新模式。

17.1.1 “多域作战”概念的形成

美军认为，所有的作战域都存在被争夺的情况，现实对手已经具备重要的综合防空和远程火力打击能力，同时具备综合情报、监视、侦察、信息战、电磁战、赛博能力，在任意领域、任意时间都保持绝对优势的情况将不复存在。“疆域”概念，或“多域作战”是美军继“空海一体战”后提出的作战新概念。如何发挥好联合作战体制下军种的作用，如何处理好联合任务与军种之间的关系，是当今世界各国军队始终在探索的问题，需要开发新型军种联合作战概念。“多域作战”概念旨在应对复杂性越来越高的战场以及对军种整合的需求，它不仅需要更好地集成军种作战，还要求各军种扩展其责任领域，对其非传统域产生影响。当前，美军各军种已经开始围绕“多域作战”或多域指挥与控制开展了新作战概念研究。

2012 年 1 月美军出台了《联合作战进入概念》，核心思想是在“五大”领域的一体化联合作战的“跨域协同”。要求各领域形成强大的合力和灵活的组合形式，以应对各种各样的威胁。此时，美军作战思想开始从战略战役层面向战役战术层面发展，它作为军事行动的顶层构想，引领具体作战构想。

“联合作战进入”概念是美军着眼未来作战环境而对其未来联合作战进行的前瞻性设计，是其在联合作战理论发展方面进行的新探索。“联合作战进入”概念丰富了美军联合作战的内涵，发布后，美国各军种为提升本军种在未来“联合作战进入”中的地位与作用，开始单独或联合其他军种制定或调整相应的作战概念。2016 年 10 月 19 日，参联会副主席美空军保罗·塞尔瓦将军签署了“介入并机动于全球公域的联合概念（JAM-GC）”，以支持联合作战2030顶层概念。

美陆军“多域作战”的形成经历了从思考到概念形成，再到形成文件落实的过程。2015年时任美国国防部副部长的沃克在陆军战争学院就21世纪的战争、军事解决方案和当前美军困境等问题发表重要演讲，激起了美陆军对未来战争的思考，其对“空地一体战2.0版本”的提法更是成为了逻辑起点，激发了美陆军对“多域作战”的概念探索。经过一年的沉淀积累后，2016年随着美军训练与条令司令部高层发声，以“多域作战”为主题的系列公开演讲使其被公开确立，正式走入人们的视野。

随后，2017年美陆军陆续发布一系列有关“多域作战”的文件，其中美陆军和海军陆战队联合发布的被称为概念0.5版本的白皮书《多域作战：21世纪的合成兵种》初步阐述了发展“多域作战”的背景、必要性和共同研讨的初略实施方案，形成了“多域作战”的概念雏形；同年10月份，美陆军发表被称为概念1.0版的《多域战斗：21世纪合成兵种的演变2015—2040》，明确了以“多域战斗”替代“空地一体战”，并成为陆军部队作战和建设的核心作战概念，同时也拓展了传统战场概念，重视“多域作战”领域对未来战争的影响。

2017年10月美国军火巨头洛克希德·马丁公司在其位于萨福克的创新中心举行了为期三天的“多域作战”概念的作战推演，旨在研究如何跨作战域提高美国空军、航天和网络领域的指挥控制和协同作战能力。

2018年美军训练与条令司令部又颁发概念1.5版本《美国陆军多域作战2028》，使其成为目前最为成熟的版本，对“多域作战”进行了进一步的细化和完善，明确了具体需求并对不同层级部队的相应作战能力进行了阐述。

2019年随着美国陆军颁布《陆军现代化战略》，“多域作战”成为指导美陆军建军备战的核心作战概念，将会较长时间成为美陆军的指导作战概念，影响美陆军的建设和改革。与此同时，美军其他军种对“多域作战”的研究也在进行。

“多域作战”概念包含了陆、海、空、天、电、网多维空间，其目的是对跨域火力进行同步并在所有领域机动，以实现物理上、时间上和地理位置上的优势。“多域作战”概念谋求“非对称”优势，追求跨域倍增效益，维持与对手的体系差。而传统作战概念则是“以域制域”，主要在同一作战域内通过维持与对手的军力差距，追求边际效益。本质上讲，“多域作战”概念是美军“联合作战进入”概念在各军兵种作战中的具体落实和运用，其在作战对手、作战领域、作战要素、作战手段、作战方式以及作战效果等方面具有一定的指向性和特殊性。

17.1.2 “多域作战”的实质内涵

虽然“多域作战”概念是美陆军构思的，但它本质上是一种联合作战概念，其将战斗扩展到了海洋、太空、赛博空间等其他领域。正如“多域作战”概念的主要推动者、时任美国陆军训练与条令司令部司令帕金斯上将所指出的，“多域作战是联合作战思想的演进，而不是一种革命性思维方式。”从这个意义上讲，“多域作战”概念尽管是美国陆军提出来的，但如果去掉美国陆军的“军种标签”，将“多域作战”说成“联合全域作战”似乎并没有什么不妥，反而显得更加透彻明了：坚持多军种深度联合作战，加强陆、海、空、天、电、网、认知等领域的跨域融合与多域协同。

17.1.2.1 “多域作战”概念的理论思维

从军事理论的角度看，“多域作战”概念之所以能够获得美国国防部和其他军种的支持，在于这一概念符合现代多军种联合作战的基本原则。从《多域战斗：21 世纪合成兵种的演变 2015—2040》《美国陆军多域作战 2028》等重要文件看，“多域作战”概念要求打破军种、作战域之间的界限，在陆、海、空、天、电、网、信息环境和认知维度各领域实现作战力量的全域机动和跨域协同，综合运用实体摧毁、网络电磁攻击及认知诱导、胁迫等手段，打时间差、空间差、认知差，一举击败强敌。简言之，就是要实现从“军种联合”向“跨域协同”、再向“多域融合”的深层次发展，确保美军联合部队在多个领域的机动和行动自由。可见，“多域作战”概念在维护美国陆军军种利益的同时，又体现出很强的包容性和先进性。

17.1.2.2 “多域作战”概念的重要实质

本质上讲，“多域作战”概念是美军“联合作战进入”概念在各军兵种作战中的具体落实和运用，在作战对手、作战领域、作战要素、作战手段、作战方式以及作战效果等方面具有一定的指向性和特殊性。“多域作战”的实质一方面是需要将不同军兵种和作战域的作战资源进行统筹协同，使其形成合力，形成“跨域协同”作战体系；另一方面是充分利用不同作战资源的优势，达到压制敌方的目的。比如，具备“多域作战”能力的未来陆军能向联合部队提供对空、对海、对天、电磁频谱和网络空间等跨域火力打击，能够拦截导弹、击沉军舰、压制卫星，乃至入侵或破坏敌方的指挥控制系统。其宗旨是与对手的综合防御能力形成对抗，避免领域隔离，保证军事行动自由。联合作战部队必须在既定的时间和地点，在多个作战域内，具备突破对手防御的能力；通过打开领域优势窗口，在对手的综合防御中进行机动；为了阻止对手造成多重困境，必须在战斗开始之前制定并整合多域解决方案和方法，在所有平台上，必须具备统一的作战视图。

17.1.3 “多域作战”的核心要素

按照“多域作战”这一概念，美军不仅要继续加强空、天、网三域跨域协同，还必然涉及陆、海、认知等域。那么，问题的关键是，美军有那么大能耐吗？它又靠什么推动这个概念走向实践呢？答案是：联合全域指挥控制系统（$JADC^2$）。众所周知，指挥控制系统（C^2）是世界军事步入信息时代的标志性产物，是指挥员全面掌握战场态势、快速而正确地做出作战决策的得力助手，同时也是联通与集成各作战要素、形成强大作战合力的重要手段。从 C^2 到 C^3、C^4 到 C^4I，再到 C^4ISR，其本质都是一样的，都是用信息技术优化、重塑作战流程，不断提高作战行动的效率。作为一支追求更高、更快、更迅猛的军事力量，美军早就深谙此道。反之，美军之所以能够做到更高、更快、更迅猛，在很大程度上也得益于其先进的信息化指挥控制体系。

17.1.3.1 前提是构建指挥控制体系

目前，美军正在计划通过建立一个分散多域跨军种的作战体系大幅推进现有装备和技术发展，拓展作战行动的范围威力和多域效能。“多域作战”的前提是建立以计算机为核心、基于网络的指挥控制信息系统，融指挥控制、情报侦察、预警探测、通信和电子对抗为一体，把各军兵种武器系统、作战平台、保障装备结合成有机的整体，达到优化军队结构和作战力量的目的，实现各种作战单元、作战要素的高度融合，实现战场感知能力、信息传递能力、快速机动能力、精确打击能力的综合集成，实现不同军（兵）种的作战系统一体化，功能要素一体化，信息系统与武器系统一体化，在统一的作战体系的基础上，所有作战力量、作战要素在“多域”进行能量释放。指挥控制体系是未来“多域作战”“全域作战”的整体框架，是“多域作战”“全域作战”的重要平台，没有指挥控制体系的完整统一控制协调，“多域作战”“全域作战”不可能实施。

17.1.3.2 核心是“跨域协同”思想

“跨域协同”代表着一种“基于领域而非基于军种”的思维方式，它强调“非对称作战”，即避免与敌在某一领域“针尖对麦芒”的硬碰硬。以己之长，击敌之短，通过不同领域的能力互补而非简单叠加，使各领域之间互补增效，从而建立优势，获取完成任务所需的行动自由。例如，使用F－35战斗机摧毁敌方反舰导弹，利用海军力量打击防空系统，运用电磁网络战武器瘫痪敌防空系统，使用舰对地导弹摧毁敌陆上指控中心，利用地面部队打击针对空军和海军的陆基威胁，利用网络行动打击太空系统等等。“跨域协同”既要充分了解敌方的能力装备技术等，还要充分了解己方各个作战域的作战资源，针对不同的作战任务进行作战筹划及作战行动控制。在未来“多域作战”的作战构想中，美军期望通过机器人、大数据、云计算、人工智能等颠覆性技术，以实现真正意义上的全域态势感知，在所有作战领域把握破坏敌人系统的稍纵即逝的“机会窗口”，尔后运用联合指挥控制技术，从不同的作战领域调用最有效的作战资源加以应对，达成跨域制衡的目的。

17.1.3.3 关键是形成体系作战能力

“多域作战”是现代战争作战体系全维化在制胜机理上的反映，作战方式由兵力对兵力、兵种对兵种、陆地对陆地、海上对海上、空中对空中、太空对太空、网络对网络等的对抗转变为作战体系与作战体系的全面、全维、全域对抗。“多域作战”是以指挥控制体系为纽带，把各种作战要素、作战单元和作战系统连接成一个结构完善的“大系统”，战争时空特性发生巨变，多域多维战场趋于一体，时间、空间要素陡然升值，战略战役战术行动高度统一，使战争撑开了一张巨大的“网”，利用全球快速打击系统、高超声速飞行器、新概念武器以及高效毁伤弹药等武器装备在多维展开军事行动，战争就是“打体系”“打整体”。“多域作战”不是零散的、混乱的，作战力量将按统一的意图和计划实施，依靠作战体系把所有作战行动整合为统一的战役行动，必要时还可能根据具体情况在时间和空间上加以修正。

17.1.3.4 目标是达到体系破击作战

海湾战争以来，信息对战场的贡献不断增长，从信息系统成为战斗力倍增器到网络成为战斗力决定器，作战方式发生颠覆性变革。非接触的远程精确打击、非线式的全纵深同时打击、非对称的一体化联合作战成为基本特征。战略突击方式从占地域为主转向打击目标为主，精打要害实现体系破击。大数据、机器学习的兴起，信息化的网络中心战迈向智能化的决策中心战。实质是从自动化迈向自主化，以算法形式嵌入信息传递、情况认知、指挥决策、组织计划、作战行动、战况评估等各个环节。机械化战争打歼灭战，注重兵力毁伤，由外而内突破，以自下而上的量的积累逐次瓦解作战体系，达成战争顶点；信息化战争、智能化战争打瘫痪战，注重结构毁伤，结构决定功能，体系破击快速达到战争顶点。于是，传统“大吃小”转向“远打近”“精打粗”“快吃慢”，再转向“自主系统打受控系统”“自组织打有组织”。① 战争作为高级社会活动，还存在政治经济形态演变链路，随着社会体系的不断开放而横向拓宽。冷战结束后，时代主潮流从战争与革命转入和平与发展，战争双方同处世界开放体系。管窥开放体系下的国家安全较封闭体系要脆弱得多，实行军事与经济社会双重打击，低风险，高效益，更有利于迫使对手妥协。

17.1.4 “多域作战”的重要影响

“多域作战”作为美陆军提出并开始不断实现的作战理论，其不仅仅将重构美陆军的联合作战能力基础，还将为实现美军诸军种进一步联合作战奠定基础。“多域作战”是一项具有联合特质的军种作战概念，是以美军之前提出的“空地一体战”“空海一体战”等作战理论为理论土壤，从美军近年“跨域协同”的作战思想中继承发展而来的。其重要影响在改变和推动美陆军进行军事改革的同时，也对美空军、海军等其他军种产生了深远影响，比如美海军陆战队在 2016 年发布《美国海军陆战队的作战概念》就对“多域作战”发表了独到的见解。此外，“多域作战”虽然只是战役级作战概念，但是其着眼点在于大国之间的竞争，符合目前美国国家战略重心转移需求。美空军参谋长大卫·戈德费因将军致力于多域指挥与控制，并以此作为在联合部队中实现“多域作战”的一种手段。美陆军认为，如今的作战是分层的或同步的，但尚未完全集成；太空/赛博部队的授权主要保留在战略或国家层面，而空中行动的授权则保留在战役层面；加强态势感知功能，提高对战场空间的跨域综合理解，构建弹性指控架构以实现各种效应和作战敏捷性的同步。

（1）打破美军“单域制权”思维模式

美军历来是“单域制权”的信仰者，在历史上，对“海权论”的推崇使美军建设了世界上最强大的海军，控制了世界上的主要航道和海域，奠定了美国世界霸主的地位，对“空权论”的信仰使美军发展出了超常的空军力量，发展出的“五环打击”理论等作战思想帮助美国在近几十年的战争中大放异彩。但是“单域制权”思维也带来了后遗症：美军内部军种间的矛盾不断加大，军种至上的利益藩篱牢不可破，深深束缚了军种间进行联合

---

① 林东．现代战争形态的结构及演变趋势［R］．微信公众号：中国指挥与控制学会，2021－8－8.

作战的能力。而“多域作战”虽然是美陆军提出的战役级作战概念，但是它却打破了美军历来已久的“单域制权”思维。“多域作战”继承了美军近年来“跨域协同”作战思想，强调从陆、海、空、天、网络和电磁六大作战域、信息环境和认知维度等领域密切协同，实现无缝融合，致力于实现由当前美军粗放式战役级军种联合向多兵种合作迈进。这样的作战概念打破了美军由来已久的“单域制权”思维模式，受到美军各军种高度重视和欢迎。

（2）改变美军组织模式

“多域作战”的概念打破了“单域制权”思维模式，能偶尔缓解美军军种间的矛盾，促使各军种不仅仅针对自身军种的情况，而要不断改变和发展自身的组织模式，增强美军联合作战能力基础。美陆军“多域作战”中心思想是渗透和瓦解敌方的“反介入/区域拒止”体系，并由此产生行动自由实现战略目标，达成在有利条件下重返竞争，更要重视前沿阵地更为广义的“多域作战”方案。对此，美陆军开始发展“多域作战”部队，将原本陆军由 4 000 人的作战部队改为 1 500 人的“多域作战”部队，拓展陆军部队的“多域作战”能力，实现小编制大能力，同时美陆军也在发展反导、电磁作战等能力，力争摆脱以往依赖其他军种支援的局面。而美空军更为重视“多域作战”概念中的在复杂作战中协调的问题，着重于指挥控制能力的提升，为此开发了“多域”指挥与控制系统（MDC^2）。与此对应，美海军更为重视网络和电磁上的建设，强调其在近海对敌的网络和电磁战能力，对己方前沿部队的支持能力。其他军种也相应有不同的改变。

（3）奠定美军“全域作战”作战概念基础

“多域作战”作为美陆军提出并开始不断实现的作战理论，其不仅仅将重构美陆军的联合作战能力基础，还将为实现美军诸军种进一步联合作战奠定基础。“多域作战”是一项具有联合特质的军种作战概念，是以美军之前提出的“空地一体战”“空海一体战”等作战理论为理论土壤，从美军近年“跨域协同”的作战思想中继承发展而来的。其在改变和推动美陆军进行军事改革的同时，也对美空军、海军等其他军种产生了深远影响，比如美海军陆战队在 2016 年发布《美国海军陆战队的作战概念》就对“多域作战”发表了独到的见解。此外，“多域作战”虽然只是战役级作战概念，但是其着眼大国竞争，符合目前美国国家战略重心转移需求。在“多域作战”的作战理论基础上，2020 年 2 月美参联会副主席、四星上将约翰·海顿提出了“全域作战”，并强调“全域作战”将代表“新的美式战争模式”，成为与中、俄等国进行全球竞争的作战概念。

17.2 “全域作战”的概念和特征

科学技术一旦与作战理论和作战力量编制体制的创新相结合，作战体系将呈现“范式转移”。现代战争是体系与体系的对抗、整体与整体的较量，是陆、海、空、天、电、网、认知等全域一体化的联合作战，是政治、经济、军事、外交、文化等各领域进行的整体斗争，表现出鲜明的全域整体战特征。

2015 年 3 月 13 日，美军时隔 8 年之后对其海上战略进行了首次修改，提出了 21 世纪海上力量合作战略，首次提出了“全域介入”的概念，即确保美军在陆、海、空、天、网络空间和电磁频谱空间中的行动自由，并在其实施指导方针中明确指出通过使用电子干扰、黑客攻击、高功率微波、激光武器等，在电磁域和信息域投放力量、创造作战优势，逐步减少对导弹的依赖，转而寻求传统火力打击与非传统打击相集成的综合打击优势。可见，美军旨在形成“导弹武器打击链＋电磁武器打击链＋信息武器打击链”的力量格局。

2019 年，根据美国国防部长埃斯珀指示，成立由参谋长联席会议和四大军种组成的联合委员会，旨在研发基于“全域作战”新的联合作战概念。美军参联会副主席约翰·海顿称，联合“全域作战”旨在描述未来由全部作战领域构成的作战空间实施联合作战所需的能力要求。

2020 年 4 月，美国国会研究服务处发布《国防能力：联合全域指挥与控制》报告，对“联合全域指挥与控制”概念相关的问题作了明确的阐述。约翰·海顿强调，在联合“全域作战”概念中网络空间和太空两个作战域较为特殊，应予以重点关注。

联合“全域作战”概念属于“联合作战”概念的范畴，2020 年 6 月，美国国会参议院军事委员会批准通过了总额达 7 405 亿美元的《2021 财年国防授权法案》。在法案中“保护美国全域军事优势”部分，首要事项是优先发展联合能力。其主要内容是提高部队的态势感知、决策和跨域指挥能力，制定“联合全域指挥控制”（$JADC^2$）能力需求，以领导和协调各军种建设。

2020 年 7 月 22 日，美参谋长联席会议主席马克·米利（Mark Milley）要求各军种分别开发未来联合“全域作战”（JADO）总体概念的某一特定部分，该概念设想跨陆、海、空、天和网络空间实现协作。在联合“全域作战”概念之下，有四个正在编写的功能概念，分别是指挥控制、火力打击、信息优势、对抗性后勤。空军负责联合全域指挥控制，海军正在考虑全球和联合火力打击，陆军在考虑后勤保障，以及在受到袭击时如何进行后勤保障。各军种已经互派联络官，组成多军种小组，研究新想法和思路。

2020 年 8 月，美国国会研究服务处（CRS）发布《联合全域指挥控制》报告，对 4 月发布的《国防能力：联合全域指挥与控制》报告内容进行了更新。该报告就联合全域指挥控制（$JADC^2$）的概念、背景、当前国防部及各军种的举措、$JADC^2$ 试验以及资金投入等几个方面进行了进一步阐述。

未来冲突将越来越呈现出跨域、多域和多职能的性质，它将突破多个作战司令部的地理边界、职能和领域。由于战争形势在不断变化，未来的作战方式方法、作战概念必然随之改变。联合“全域作战”通过给对手带来多重困境，进而获取持续优势。美国各军种为实现国防部联合“全域作战”的整体方针，不断做出尝试，希望得到最优解。

17.2.1　“全域作战”的概念

在十九大报告中，习主席向全军提出“提高基于网络信息体系的联合作战能力、全域作战能力，有效塑造态势、管控危机、遏制战争、打赢战争”的新要求①。对“全域作战”的作战空间，可以从作战域和功能域两个维度来划分。一是从作战域维度来说，“全域作战”包括从传统的“陆、海、空、天”这样的物理空间，拓展到“陆、海、空、天、电、网”这样的既有物理域、也包括信息域的更为广泛的空间；二是从功能域维度来说，不仅包括物理域和信息域，还要拓展到“物理域、信息域、认知域、社会域”②。

单纯从战争角度考虑，“全域作战”是指在时域、频域、空间域、能量域进行的军事行动。时域指平时与战时、全天时，频域是在水声、通信、雷达、光电等领域的对抗，空间域指陆、海、空、天现实空间和网络、电磁和认知等虚拟空间，能量域指战争体系的能量聚合与释放。狭义的“全域作战”与“多域作战”的内涵基本一致，是从军事范畴描述未来战争作战样式的基本理论，核心是“跨域协同”。

随着国家安全的内涵、外延不断延伸和拓展，逐步从国家主权安全拓展到国家利益纷争，从传统安全威胁拓展到非传统安全威胁，从陆、海、空、天四维空间拓展到包含网络、电磁和认知空间的七维空间，并从军事领域拓展到政治、经济、外交、文化等诸多领域。国家安全问题的综合性、复杂性、多变性进一步增强，军事战略仅仅围绕战争或军事斗争来筹划明显不够。

广义的“全域作战”是指以夺取和保持战略主动权为目的，综合运用政治、经济、军事、外交、文化等多种手段和各方资源，全领域与作战对手进行整体对抗的战争指导理论体系。“全域”是军事战略涵盖的范畴，就是着眼国家安全问题的新变化，站在国家战略全局上重新审视和确定军事战略，将其范畴拓展到战争的全部对抗空间、领域和力量体系构成。

广义“全域作战”的实质是战争的政治形态，是对未来国家安全斗争形式的诠释，强调充分发挥各方面力量优势，统筹国际、国内两个大局和政治、经济、军事、外交、文化等各种影响因素，共同用力、综合施策，通过“力量的高度融合、空间的有机整合、手段的相互配合”达到斗争目的的聚合增效，保持各个方向、各个战略领域对战略对手的主动态势，确保国家利益不受到军事威胁的损害。“全域作战”的“战”不是战斗、战役或战法，而是敌对双方围绕夺取和保持战略主动权，通过控制对方战略决策，牵制其战略部署和战略行动，主导战争的发生、发展和结局，最终实现维护国家安全和发展利益的目的，属于战略层次的对抗③。

美军作战概念从“多域作战”到“全域作战”转型和演进有三方面原因。其一，为了区别作战概念层次从军种到联合的调整变化。“多域作战”概念向美国陆军提出并大力推广，得到了全军积极回应，空军主导力推的“全域作战”概念就是结果之一，体现了跨域作战理念从军种走向了联合。其二，为了理清作战概念所涉及的“域”。“多域”到“全域”的转型，使得人们不再纠结新型作战概念包含了多少个作战域。其三，为了强调未来

① 《党的十九大报告辅导读本》编写组．党的十九大报告辅导读本［M］．北京：人民出版社，2017：62.

② 季明．全域作战能力评估相关问题研究［J］．军事运筹与系统工程，2018，32（1）：15－16.

③ 刘沈扬．对全域整体战的几点认识［J］．军事学术，2013（1）：19.

发展的用力方向。“天域、网域”以及“电磁频谱”得到了格外重视，美军将主要从这些作战领域入手，来抵消潜在对手的“反介入/区域拒止”能力。

“多域作战”和“全域作战”名称不一致，提出时间和发展背景各异，但是对作战领域的理解和界定是相同的，都认为“域”是指“作战环境中某一组织与实施作战行动的活动领域，包括陆域、海域、空域、天域和网域 5 个作战领域”。《多域战斗：21 世纪合成兵种的演变 2015—2040》对这 5 个作战领域进行了明确的界定，“全域作战”中强调的“天域”和“网域”，在“多域作战”中也是隶属于 5 大主要作战领域；“全域作战”提出的“电磁频谱”这一要素，在“多域作战”所界定的作战环境也已经包括进去。“全域作战”与“多域作战”的理论内核都是“跨域协同”，即要求各军种打破“单域制权”的传统思维和军种至上的局限性，推动联合作战向各种作战领域能力聚合发展。

“多域作战”概念将网络空间作战域能力发展和运用放到了重要位置，并在陆军训练和演习中对网络/电磁作战能力进行了大量的实验性部署与检验。而“全域作战”则更看重“网、天”领域的作用。相对于传统作战域“陆、海、空”，美军在“网、天”这 2 个新兴作战域的作战理论、装备发展与运用还没有完全成熟，也从未在该域遇到真正的军事威胁。这两大领域将会成为美军夺取战争主导权的影响因素，因而在“全域作战”作战概念中被特别关注。

17.2.2　“全域作战”的内涵

在“多域作战”的作战理论基础上，2020 年 2 月美参联会副主席、四星上将约翰·海顿提出了“全域作战”，并强调“全域作战”将代表“新的美式战争模式”，成为进行全球竞争的作战概念。如果说“多域作战”概念重视网络空间作战域能力发展和运用，那么“全域作战”则更加看重“网、天”领域的作用。美军于 2018 年开始组建太空军，2019 年成立太空军司令部，2020 年公布了军徽和军旗，如此快速的发展一定程度上就体现了“全域作战”作战概念的影响。“全域作战”又称“全域整体战”“全域战”，其本质内涵丰富深刻，不仅要打破各军种、各领域的界限，拓展各军种在陆、海、空、天、电、网等领域的能力，还要将这种作战能力向认知域和社会域拓展，实现在物理域、信息域、认知域、社会域各域不同层次力量的深度融合和行动的全面联合，进而实现不同域能力的互补增效、同域能力的叠加增值，以充分发挥战争体系的整体效应，达到提高“全域作战”能力的目标①。

“全域作战”本质是属于战争指导理论体系。“全域作战”是对军事战略的深化和具体化，它跳出单纯从战争角度考虑国家安全问题的局限，解决军事行为与国家安全层面的关联问题，实质是以全域形成的整体力量，以及灵活适度的军事行动，创造与控制战略态势，避免国家利益遭受军事威胁与损害。

“全域作战”核心是体系作战、整体制胜。强调运用国家各种力量、各方资源与敌实

---

① 季明．全域作战能力评估相关问题研究［J］．军事运筹与系统工程，2018，32（1）：15-16.

施全方位较量，以整体优势夺取战争胜利。方法是统筹兼顾、综合施策。既重视发挥军事手段能够一举定局的优势，也注重用文化渗透、经济制裁等非军事方式解决争端；既考虑军事、政治、外交斗争需要，也最大限度地维护经济社会发展战略机遇期，争取国家战略利益最大化。

"全域作战"目的是夺取和保持战略主动。战争是政治的继续，战争目的就是为了夺取或巩固战略主导权、话语权，占据有利战略态势，从而控制对方的政治意志、战略决策，迫使对方无法实施有效战略应对，对我做出妥协和让步。

对全域的"全"的理解，包括两个层面的含义。一是从作战域角度来说，指采取的作战行动覆盖陆、海、空、天、电、网、认知与社会域，在所有域中全面实施作战行动，确保在所有域中发挥作用，形成战争体系的全面优势；二是从所处单域角度来说，其作战行动覆盖某个域的全部，即在每一个单域中，所有行动也能够打破军种和力量的界线，形成在该域中的所有力量的全面融合和协同，形成在每一个单域的能力优势。

"全域作战"不仅强调多域协同，还强调同域协同和跨域协同。"全域作战"强调，在物理域、信息域、认知域、社会域等功能域实现不同层次力量的深度融合和行动的全面联合，进而实现不同域能力的互补增效、同域能力的叠加增值，以充分发挥战争体系的整体效应。同域协同指的是同一领域内集成运用各军兵种能力，使各军兵种力量之间实现无缝连接，从而获得该领域的最大优势。跨域协同指的是在不同领域互补性地而不是简单叠加性运用多种能力，使各领域之间互补增效，从而在多个领域建立优势，形成整体作战优势。

"全域作战"不存在突出某军种在联合作战中的地位问题，而是强调全军融合、全民融合。不仅要全面融合各军兵种全部力量，更要全面联合各种社会力量，拓展各军种、预备役的行动范围，走好融合创新的战略道路，整合民间力量。以军兵种为主，实现物理域的火力与机动；以融合创新为主，实现信息域的攻击与防护；以社会力量为主，实现社会域的战争潜力与战争动员；在"全域作战"指挥机构的全面指挥协同下，实现包括认知域在内的多种、多维能力的同步协调与联动，形成"全域作战"优势。

17.2.3 "全域作战"的特征

"全域作战"勾勒出了未来战争的基本形态，揭示了基于网络信息体系的联合作战的本质内涵，拓展了国防和军队建设的战争需求，具有特殊的时代背景和长远指导意义[①]。本书重点讨论狭义的"全域作战"内容，更多的是在"多域作战"层面上讨论科学技术与作战体系构建和体系作战的内容。"全域作战"具有鲜明的表现特征。

(1) 多种手段综合运用

武力威慑与政治斗争相互配合，硬实力与软实力较量同步进行，军事打击与军事存在、经济制裁、外交斡旋、文化渗透、政策干预共同作用。

---

① 刘沈扬．对全域整体战的几点认识 [J]. 军事学术，2013 (1)：20.

（2）斗争空间立体多维

国家发展利益争夺由陆、海、空、天等物理空间拓展到网络、电磁、认知等虚拟空间。国家安全内涵逐步扩展到经济贸易、民族信仰、价值观念、文化意识形态和信息领域，呈现出时空、地域、范畴的多样性和复杂性。

（3）攻防行动交织进行

攻防策略同步筹划和实施，攻防行动有机配合和适时转换，以攻夺势、以防保稳；利用进攻行动组织战略防御，健全防御布势，为战略进攻创造条件，攻中有防、防中有攻，确保战略态势稳定。

（4）融合创新平战一体

统一使用军政军民各种力量，集中利用军地资源，发挥体系对抗整体优势；注重平时战略预测、战略设计和战略运筹，加强力量预置和战略方向建设，做好随时应对危机和战争的准备。

（5）掌控战局确保打赢

坚持从战略全局上分析判断形势任务，科学组织战略筹划和决策，实时控制战局向“有利于我不利于敌”的方向发展，夺取和保持战争主导地位。

17.3 “多域/全域作战”体系构建

随着技术的发展，众多的武器系统、繁杂的作战要素、分散的作战单元，都可通过信息化网络技术的纽带联结成一个有机的整体，战争机器可在更大的范围联结、互动，传统意义上区分明显的战略、战区、战场、战士等不同层面的联系更加紧密，从而形成一种可使作战效能高度集中的作战体系。当前世界局势复杂多变，军事领域竞争也越来越激烈，要深刻认识到在当前全域作战大背景下，必须具备体系思维、系统思维，推动情报支援、侦察预警、指挥控制、精确打击、网电对抗、综合保障、舆论法理等领域全方位的深入融合，才能在未来高强度的信息化、体系化对抗中取得优势。

（1）“多域/全域作战”与体系作战

未来作战是体系和体系的对抗，平台作战、体系支撑是其显著特点。体系作战是指通过作战体系中的多种军事力量综合使用，各作战要素之间密切协同、各种武器平台优势互补，从而形成全方位的、具有“指数级”倍增效应的整体作战。该定义主要强调通过作战要素之间的协同配合，实现体系作战能力的倍增效应，表明体系作战能力不是作战要素能力的简单叠加，而是具有“1＋1＞2”的增值效应①。

“多域/全域作战”与体系作战的关系可以理解为：“多域/全域作战”是现代战争作战体系全维化在制胜机理上的反映，作战方式由兵力对兵力、兵种对兵种、陆地对陆地、海上对海上、空中对空中、太空对太空、网络对网络等的对抗转变为作战体系与作战体系的

① 姜志平，刘勇，姚轶，等．基于信息系统的体系作战能力生成模式研究［J］．国防科技，2012（5）：35.

全面、全维、全域对抗。“多域/全域作战”是以作战体系为纽带，把各种作战要素、作战单元和作战系统连接成一个结构完善的“大系统”，战争时空特性发生巨变，多域多维战场趋于一体，时间、空间要素陡然升值，战略战役战术行动高度统一，使战争撑开了一张巨大的“网”，利用全球快速打击系统、高超声速飞行器、新概念武器以及高效毁伤弹药等武器装备在多维展开军事行动，战争就是“打体系”“打整体”。“多域/全域作战”不是零散的、混乱的，作战力量将按统一的意图和计划实施，依靠作战体系把所有作战行动整合为统一的战役行动，必要时还可能根据具体情况在时间和空间上加以修正。

(2)“多域/全域作战”的前提是建立高效的作战体系

科索沃战争中，南联盟性能优良的米格-29 战斗机首次升空便被美 F-16 战斗机击落。本来在同等条件下，F-16 和米格-29 不相上下，但在卫星、预警机、电子战飞机等组成的系统支援下，世界一流的米格-29 却被击落。主要原因在于南联盟缺乏战场信息感知一体化系统，没有完整的防空预警体系，没有预警机的空中引导。换句话说，武器装备体系化趋势日益明显，未来战争的对抗已不是武器单元间的“点对点”对抗，而是“体系对体系”的较量。2008 年俄格冲突爆发，俄罗斯发现俄军作战能力堪忧，武器装备老旧、夜战能力低下、信息系统落后、精确打击能力缺乏、通信不畅、指挥失灵、后勤保障不足、训练水平低下、人力资源短缺等等。俄格冲突结束后，俄军总参谋长马卡罗夫在 2010 年召开的一次会议上清醒地指出，“今天哪怕拥有最现代化的坦克、最具威力的导弹、最快速的飞机，也是不够的……只有高效使用网络战法指挥所有地面、空中、海上、太空和信息武器的人，才能在战争中获胜”。

基于网络信息体系的联合作战是体系作战，网络信息体系是未来“多域/全域作战”的基本形态，是打赢信息化战争的基础支撑。体系作战能力只有在逐级系统能力聚合的基础上才能形成。这种能力的聚合并不是线性的叠加，而是各子系统能力的非线性聚合。现代战争，诸军兵种联合作战，不仅规模庞大，结构复杂，因素众多，而且参变量繁多，输入和输出的信息量巨大，更需要把各种力量拧成一个能发挥实效、运作自如的整体，在指挥信息系统加速链接的基础上，通过各功能单元之间的简单协同规则，实现多个系统的整体联动、相互作用、系统涌现。“步调一致才能取得胜利”，军队作战能力的发挥必须依靠协调一致的行动。作战行动的同步性就是指各作战单元在总体作战计划的指导下，产生协调一致的行动。达成同步的能力，就是作战体系达成协调一致行动的能力，单个作战单元的作战能力处于同一层次的情况下，“多域/全域作战”才能成为战争制胜的决定性因素。作战体系的主要目的是构建物理域、信息域和认识域相统一的未来作战信息环境，形成和保持战场信息优势。作战体系把各种作战力量、各种作战武器连接成一个全域的有机整体。在一体化的作战体系中，各作战力量运用各种手段在全域开展各种作战行动，“置敌人于多重困局”。

体系作战、“多域/全域作战”的前提是建立以计算机为核心、基于网络的指挥控制信息系统，融指挥控制、情报侦察、预警探测、通信和电子对抗为一体，把各军兵种武器系统、作战平台、保障装备结合成有机的整体，达到优化军队结构和作战力量，实现各种作战单元、作战要素的高度融合，实现战场感知能力、信息传递能力、快速机动能力、精确打击能力的综合集成，实现不同军兵种的作战系统一体化，作战系统各种功能的一体化，信息系统与武器系统的一体化。作战体系是未来“多域/全域作战”的整体框架，是“多域/全域作战”的重要平台，没有作战体系的完整统一控制协调，“多域/全域作战”不可能实施。作战体系是前提和基础，是体系作战全要素的集中展现，是作战要素在“全域”的能量释放。

以人工智能技术为基础制造的武器系统、机器人系统以及其他新物理原理武器的密集使用，将在战斗效能上达到与核武器等效的效果。因此，在未来战争中，交战双方将优先发展和使用打击和保障系统中的高精度、高技术部分，优先发展和使用远程预警和对敌毁伤兵器，优先发展和使用新式的、拥有高度发达功能特性的一体化作战体系。近年来，美国军队着手构建一个可以将所有武器平台和部队实时连接、施行全域联合指挥和控制的作战网络，即一个超级安全的作战互联网。该网络能利用人工智能等，对战局进行推演，挑选出最优方案对敌实施进攻，并且人工智能在决策指挥、作战方式和军事装备等方面也作用巨大。由于智能化武器装备的使用，信息化作战平台的引入，自动化指挥系统的形成，数字化战场体系的建设，“多域作战”“全域作战”能力正在形成，战场对抗不是不同战场空间各自为战、孤军作战，而是作战体系的对抗。

17.3.1 作战体系的概念及其特征

在人类社会不断产生分工的同时，战争领域内的分工也在不断细化：进攻与防御的分工、作战与后勤的分工、从单一兵种裂变为诸多军兵种……。这种分工到工业时代后期随着技术专业化趋势的膨胀而达到顶峰，一支高度机械化的军队的分工复杂到令人头晕目眩的地步，一个国家的军队到底分割为多少条条块块谁都说不清楚。于是，机械化战争中的协同问题就成为制约战斗力发挥的瓶颈，分工所产生的效率在很大程度上为不同部门之间的隔阂与摩擦所抵冲。战争的发展，迫切需要在高度分工的基础上实现系统集成，以促成作战效能的新飞跃。

信息技术、网络技术的出现虽不如核技术的出现一样具有轰动效应，但它强大的兼容性与亲和性恰恰为战争体系内的系统集成提供了可能。通过它的黏合，战争体系内许多看似风马牛不相及的技术被嫁接在一起，衍生出新功能；通过它的调和，战争体系内各种新旧技术、高低技术被匹配在一起，在战争舞台的大合唱中各尽其用。擅长融合的信息技术为系统集成提供了便捷的工具，而战争体系内信息网络结构的创建更是为系统集成开辟了通道。随着战争信息化进程的发展，指挥、控制、通信、情报、监视、侦察等部门率先突破军兵种之间的信息壁垒和体制障碍，初步形成互联、互通、互动的信息网络，将战场感知系统、指挥控制系统、火力打击系统、后勤保障系统等作战体系内的诸多子系统集成为一个有机的大系统。

战争体系内要素的系统集成带来一体化联合作战的发展。各种力量在作战行动中的相关性更趋密切，诸军兵种在战争中的传统分工正趋于模糊，力量的编组根据任务的性质与需求来确定，以求达成最佳的综合战斗效能。战争发展的现实表明：基于网络信息体系的联合作战在形式上已经由相对简单的空地一体发展到陆、海、空、天、电多维一体；在内涵上已经不再局限于各军兵种之间的简单协同，而是功能的取长补短与优化组合；不再停留在战略和战役层面，而是向下延伸到战术层面；不再只追求时间上的同步和空间上的同位，而是注重作战效果的融合。系统集成不是战争体系内各种力量的硬性相加，而是依靠信息网络的结构性融合产生整体大于部分之和的系统增值效应，从而可以在作战力量规模缩小的情况下，取得更大的作战效能。这一点已为伊拉克战争美军的联合作战行动所证实。事实一再证明，军事对抗的胜负不是取决于某一种或者某几种武器装备，而是取决于所有作战要素所决定的体系作战能力，由此作战体系的概念应运而生。

作战体系是指为了履行特定的使命任务，由条令条例、编制体制、程序、人员、设施、装备、物资以及信息系统等要素构成的，具有独立性、涌现性以及动态性等特性的联合体①。该定义强调除了传统的作战要素之外，信息系统作为一种新的作战要素被纳入到作战体系中，并且具有复杂系统的特性。作战体系从不同的角度可以进行不同的划分。从层次角度，可分为联盟作战体系、国家作战体系、战役作战体系以及战术作战体系等多个层次；从军兵种角度，可分为陆军作战体系、海军作战体系、空军作战体系、基于网络信息体系的联合作战等②。作战体系具有如下特征。

（1）复杂性

作战体系是一个复杂的巨系统③，其复杂性首先源于作战主体行为的复杂性。作战主体是由人指挥和操控的，对作战态势和敌方威胁具有激励响应自适应机制。

（2）涌现性

作战体系的复杂性源于作战主体之间的复杂交互作用。作战体系能力的形成，不仅有赖于单个作战主体，更取决于相关作战主体之间的融合与交互，从而产生整体作战功能的涌现性。比如，在电子信息系统融合下，各构成要素的主要功能彼此影响以至联合起来，实现了技能性协调耦合，它所产生的技能不再是单个要素功能累加之和，而是呈现出“1＋1＞2”的效果，作战能力成几何级数跃升。

（3）脆弱性

作战体系功能的涌现性也决定了体系遭受攻击的脆弱性。如果一些联络度很高的节点，如信息、指挥、控制等遭到破坏时，整个体系的内部结构将受到损伤，体系的作战能力也将呈非线性的急剧衰减，甚至瞬间湮灭。美军在阿富汗战争和伊拉克战争中实施的“斩首”行动，就是这一思想的集中体现。

（4）动态性

作战体系始终处于一个动态的演化进程之中，它是根据使命和作战任务而动态构建的。具有不同功能的武器系统，分别隶属于不同的建制单位；武器系统也是由已有、在

① 阳东升，等．信息时代作战体系的概念模型及其摘述［J］．军事运筹与系统，2009，23（1）：3-8.
② 姜志平，刘勇，姚轶，等．基于信息系统的体系作战能力生成模式研究［J］．国防科技，2012（5）：34.
③ 潘守勇．透视战争形态的主体性变迁［N］．解放军报，2010-04-15.

研、待研等处于不同阶段的众多系统构成，已有的武器中会有良好、故障、损坏等不同状况；使用武器的人也有熟练与不熟练、健康与不健康等不同状况；无论是作战人员还是武器装备，都必须在良好的后勤、技术保障条件下才能发挥作用。因此，作战体系能力生成是一个基于任务需求、多种力量综合作用、多类系统异步共存的协同演化过程。

17.3.2 未来作战体系的构建要求

作战体系结构是以作战单元为基本模块和节点的分形网络，具有逻辑空间的多极性、物理空间的多域性和结构功能的互补性。其系统体系结构能够完成和支持作战功能所需的作战要素、分派任务以及信息流程的描述；负责提供作战功能和支持作战功能的系统及其内部部件之间的连接关系。其技术体系结构，负责确立指导系统的部件和结构的配置、相互作用和相互依赖的规则，保证系统的一致性。

逻辑空间的多极性，是指作战体系将多个层极的武器系统连为一体。如多个地空导弹营可以组成地面防空火力网阵。而不同功能系统用网络连接起来能形成新的功能，如航空兵、地空导弹、雷达、电子对抗等可以编成区域防空网阵。通过对作战系统之间的网络连接，可以构建兵种作战体系，直至构建多军种联合作战体系，保证将正确的信息传送给正确人员，使作战人员在战场上能够更快理解并做出行动，同时遏制对手的行动自由。物理空间的多域性，体现在两个方面，一是各作战单元呈全域、分散、星状的不规则配置方式，并通过网络连接为一体，动态中聚集作战效能；另一方面，网络连接满足作战能力生成对物质、能量、信息等多维领域等要素的需求，提供对作战环境的统一认识，同时在所有的军种和参与者之间实现信息的纵横共享，管理从指挥中心到战术边缘之间的信息。结构功能的互补性，是指不同的要素和不同的系统可以分别实现相同的作战能力，承担相同的作战任务，即使某一要素或某个系统遭到破坏，体系的功能仍可以通过其他途径得到补充或修复，整体不会受根本性影响。

(1) 作战体系构建的着眼点是以信息为纽带

2020 年 4 月，美国国会研究服务处《国防能力：联合全域指挥与控制》报告要求以完成任务为目的，针对敌方薄弱环节，以互补的方式合理应用各域能力，以“能力集成”取代“能力叠加”，其显著标志是借助太空和网络空间融合的信息纽带作用，以前所未有的程度，实现陆、海、空、天、电、网等作战域的深度融合，达到从关注军种联合本身，到关注作战效果（作战域优势）的转移。

充分利用网络信息技术，从横向上对武器装备系统进行改造升级，使其具有更好的通用性、交互性和联动性，根据战场环境和特定的功能需求，实现无障碍的联通与组合。在网络信息技术的支持下，运用系统集成的方法和信息技术组织规则及运行机制，将各相关的子系统融合成为多种力量综合使用、各军兵种密切协同、多种武器系统优势互补、各作战要素紧密融合、各作战域同时行动的整体，实现组织结构的内在耦合和作战行动的实时联动。

（2）作战体系构建必须着眼无缝链接

作战体系各系统之间传递的主要是各种信息，信息流程的主导形式是减少信息流动“递阶”层次，在纵向流动的基础上，更注重信息横向流动的信息流程网络一体化，以确保信息有序、合理、快速流动，实现信息流动“横向一体、纵向贯通”的目标，既要关注作战平台的发展，更要关注指挥信息系统建设，尤其是指挥系统态势融合与辅助决策能力、情报系统与作战平台的有机链接能力。构建联合“全域作战”体系，必须摆脱机械化时代“重平台、轻信息，重硬件、轻软件”的思维模式，将作战体系内的诸系统无缝链接、有机融合。军种之间的壁垒，严重制约了联合行动的效果，大数据技术在几乎不打破现有军队体制编制的情况下，能够另辟蹊径通过数据的融合实现军种的联合。美国研发的大数据软件可以解决军队跨军种、跨部门协作的问题，通过在时间和空间上对所收集的数据进行规范和协调，可以为指挥员和部队呈现一幅统一的作战空间视图，有效提升作战体系跨机构协作能力。

（3）作战体系构建的关注点是具有“代偿性”和“冗余度”

构建作战体系必须以“结构链”规范“数据链”，“数据链”支撑“信息链”，便于形成信息快速流动的横宽纵短的扁平网状结构，以减少指挥层次。要着眼于作战体系具备较强的防御能力，防止体系的单元、要素被彻底损毁，信息流被阻塞中断。首先是组成系统的单元、要素在功能上要具有一定的重叠区，在数量上要具有一定的备份，使体系结构具有一定的替代、补偿功能；其次是作战体系的信息系统必须具有较高的“冗余度”，即当信息系统部分节点、传输通道受到干扰破坏时，能够自动查找出问题，并通过自动寻找备用传输路径来保持信息畅通，迅速修复故障，恢复功能。

以太空系统为例，面对未来战争中太空系统可能受到对手攻击的情况，美国高度重视增强天基信息系统的弹性，致力于发展“分散式太空系统体系结构”等太空防御装备，增强己方太空系统的安全性，同时也多次演练太空能力缺失情况下的联合作战。2013 年 8 月，美空军航天司令部发布名为《弹性与分散式空间系统体系结构》白皮书，正式将“分散式体系结构”作为空间防护的未来发展方向。其核心思想是将以往由单个大型卫星系统完成的任务分散到多个平台或多个系统共同完成，重点在于“分散”风险，进而提高太空系统的可恢复性、经济性与安全性。2015 年美空军选择“先进极高频系统”和“后继型气象系统”试点分散式空间系统体系结构，2018 年美国《国家太空战略》更加突出强调：加速向更具弹性的太空体系架构转型和发展，增强弹性、防御能力及受攻击后的重建能力。

同时，美军的军事战略思维也有根本性的变革，为了应对对方的精确制导武器对昂贵的作战平台的巨大威胁，提出与拥有精确制导武器的对手作战时，美军将分散其部队和能力，利用诱饵和欺骗手段迷惑对手的传感器，用大量的低成本装备对付敌方的防御系统。美国国防部的多个部门在此方面已经有了初步想法：陆军提出了“反介入”环境下的分散作战等概念；海军陆战队正在对沿海地区的分布式作战开展实验；海军研究生院正在研究无人机的蜂群作战；国防高级研究计划局开展的“巨系统集成技术与实验”项目，目的就是将战机的能力分散到相互合作、成本低廉的蜂群式无人机上。

17.3.3　基于“云计算”作战体系

“作战云”概念方案是美国空军首次提出来的，核心理念是海、空、天、网络的跨域协同，将每个作战平台整合至一个由“C^4ISR、打击、机动和保障”构成的综合体，使之成为该综合体中的一个节点，既是传感器，也是可以产生作战效果的武器，实现武器运用从平台为中心向互联的信息驱动模式转变，进而最大程度地发挥隐身飞机、精确打击武器、先进指挥与控制系统以及有人与无人系统集合的优势①。

随着战场环境信息化、数字化和网络化程度的加深，信息的“链式”运动成为信息化战争的基础，信息的“链式”运动使作战单元与作战单元、作战单元与信息平台之间出现强耦合关系，形成一个以物质、能量和信息为中介要素的新的整体，使军队战斗力系统产生“各作战单元作战效能之和”大于“各作战单元作战效能”的单项累加，使作战单元的作战效能大幅度上升，战斗力呈现非线性阶跃。要实现作战效能的大幅提升，需要转向着眼于整体“云计算”科学思维观，关注网络系统内各部分之间的相互关系；与之对应，在作战行动中，由于战场环境不确定性因素增加，作战力量非对称性特点突出，作战体系需要快速反应、灵活应对，适时把握战机，快速组合构成相应力量以达到最佳效果匹配。

“云计算”作战体系是指将所有分散的相关作战资源，针对一个（或多个）目标，迅速、灵活地实施攻击或防御的作战理论与方法体系。“云计算”作战既是一种理念，也是一种战法，它提供了一种基于作战目标的作战资源高效组织和实践运用的具体路径，是“全域作战”条件下作战体系建设的必然要求。“云计算”作战体系具有分布式和联通性特点，实际运作时以虚拟化形式存在于战场，各个作战平台相互关联实现资源数据交互共享，在战场上形成数据“流动”。“云计算”作战体系概念的具体运作是使特定功能的作战单元模块深入分布于战场缝隙，在统一作战使命的支配下通过单元间“自同步、自适应、自组织”行为，形成方向一致的流动整体，以有效行为途径实现其使命目标，分布在多维战场空间的作战单元模块以预期作战使命期望和目标为输入指引，实现基于战略框架下的自主协同与自主配合，从而达到快速有效的分散聚合和精准致命的火力打击。

实践表明，单纯系统集成、网络集成式的体系架构只是信息化作战体系发展的初级阶段，因为每个系统、每个网络实质仍是小而全的系统，背后是条块分割的组织机构，很难真正围绕作战融合成为有机的体系，从而无法实现无缝的协同和联合，必须升华为网络信息体系，因为网络主要解决“联”的问题，信息解决“用”的问题，体系才能解决“强”的问题。因此，遵循面向服务的理念，“云计算”作战体系结构应当包括：一个网络，即信息基础网络；两类服务，即运维服务和应用服务；三种应用，即指挥决策、部队行动、武器打击，体现分类指导、分层应用②。

---

① 蒋琪，申超，张东青．认知/动态与分布式作战对导弹武器装备发展影响研究［J］．战术导弹技术，2016（3）：1－6.

② 孙晓轲．美国地理空间情报的改革之路［J］．国际资料信息，2010，23（6）：7－11.

关于“云计算”的技术架构，学术界公认的是三层架构（服务方式），即软件即服务（Saas）、平台即服务（Paas）、设施即服务（Iaas）。随着大数据技术的广泛应用，出现了四层架构模式，即增加：数据即服务（Daas），核心是基于大数据技术，为用户提供数据应用服务。针对“云计算”军事应用的特点，有学者提出“作战云”的五层架构模式，即增加：组织即服务（Oaas），以便针对定制需求提供完整的信息服务解决方案。军队信息化建设实践表明，“条块分割、各自为政”的机械化的编制体制无法适应未来作战要求，没有服务化的组织保证，“作战云”以及所谓的联合作战仍将是无本之木，无源之水①。组织即服务（Oaas），关键词是集约化，即以组织的形式提供完整的信息服务。

一是信息服务体制。建立合理分类、分层整合的信息保障机构和信息服务中心，打破体制壁垒。第一是政令分离的指挥体制，实施军政、军令分离，打破利益圈子；第二是集约化的信息服务体制。以美国为例，美军的组织结构调整往往是通过战争实践“自觉”完成的②。

1972年以前，从第二次世界大战到越南战争，美军无论炮弹还是炸弹等武器装备主要依靠测绘体系实施服务保障，其主要保障机构是国防测绘局。从海湾战争起，精确制导武器在战争中成为主角，可见光和红外制导导弹极大地依赖影像数据支撑，国家图像判读中心作用日益重要，但是战争实践表明，影像信息不与定位数据结合同样不能发挥作用，于是，战后的1996年，美国整合地理信息与影像处理部门，成立了国家图像与测绘局。科索沃战争、阿富汗战争、伊拉克战争中，外科手术式打击、斩首行动、引导打击等新样式的纷纷出现，除地理与影像保障外，综合情报信息的作用同样必不可少，于是，2003年，美军又整合部分情报及保障要素成立了国家地理空间情报局，以便为精确制导武器作战提供统一完整的信息服务保障。另据报道，早在2014年，国家地理空间情报局就开始尝试将“云计算”引入地理空间情报领域。

二是信息服务机制。应建立科学的数据采集、处理、分发、共享机制及信息服务规则，以打破机制羁绊。由此可见，组织既是能力所系，更是责任的体现。美军将“作战云”进一步区分为战略云和战术云。战略云是指为美军在美国大陆与海外各基地、港口、场站、兵营等永久军事设施提供各类保密或非保密语音、视频、数据服务的通信网络。这些网络通常采用固定的光纤骨干网（带宽达100 Mbps），连接到中央管理的服务器/路由器集群设备，这些集群设备又接入全球信息栅格，由统一的网络集成中心和网络战与安全中心进行管控。战术云与战略云有很大区别，这从根本上决定了战术云在参与构建联合信息环境过程中的特殊性。本质上讲，美军的战术云是一种临时网络，不能依托永久的网络设施，而总是在严苛的战场环境下临时构设，在具体实施过程中，信息作战连在作战旅信息参谋的战术控制下行动，而作战旅信息参谋负责作战指挥服务器的操作与维护。

未来战争形态作战方式和手段呈现出明显的非线性，作战力量成为涌现性明显的复杂系统，模块化作战单元涌现形成的战斗力“量子化”现象客观反映出作战的复杂的系统特

① 赵国宏．作战云体系结构研究［J］．指挥与控制学报，2015，1（3）：293.

② 赵国宏．作战云体系结构研究［J］．指挥与控制学报，2015，1（3）：293.

性。由于网络的普遍链接，作战单元被“质点化”为网格上的节点，“弥漫”分布于整个战场，灵活机动、动态聚合，使作战效能大幅度上升，战斗力呈现非线性阶跃。在信息网络化战场的开放式、分布化环境中构建一种作战单元模块的“自组织、自同步、自适应”协同配合机制，只需要进行使命任务或者作战事件的输入，各作战单元模块便依据对任务事件的解析、物理域现实分析、资源配置调度以及规模效能优化分析，进行使作战单元模块快速集群运作，最终输出为聚集整合完备的作战体系。

17.4 未来可能的体系失能作战形态

所谓体系失能作战，就是在基于网络信息系统支撑下，在多维全网空间，运用高机动性精锐作战力量和有人/无人、有形/无形、软/硬复合作战手段，快速精确地攻击敌作战人员和作战体系的重心与薄弱环节，通过使敌作战人员和作战体系“点、面”上的功能丧失或降低，进而影响对方整个作战体系“体”上的作战效能，来达成作战目的[①]。体系失能作战是集目标中心战理论和体系破击战理论之大成，是在破敌作战体系战略思想的基础之上，特别强调对关键节点目标的快打、精打。随着全球化进程的不断深入，未来战争必定是战局可控、规模有限的战争，不论是基于网络信息体系的联合作战，还是未来可能的赛博空间作战、生物战、智能化战争，失能的思想都是未来作战的重要指导思想。

1995 年 5 月 29 日，美国海军军官麦克·马丁在其所写的海湾战争报告中首次提出“非致死性”战争的思想。随后美国国防部经过仔细周密的研究论证，正式在“非致死性”战争基础上提出体系失能作战战略，并写入其军事条令、教案，指出作战中尽量使用新技术，减少常规兵器和核武器所造成的毁伤，减少的值越大，则越成功。为了在未来实现体系失能作战目标，美国加速推进 X-37B、X-51A、HTV-2、HTV-3 等高超声速打击兵器及动能武器、定向能武器等新概念武器装备研发，力争加速实现无形快速机动的控脑、瘫网、制动、点穴失能。特别是在大数据、云计算、物联网、互联网+等新信息技术背景下，美国等军事强国更是将体系失能作战定位为未来战争的重要作战形式。

17.4.1 体系失能作战发生的必然

冷战后雅尔塔体系破裂，多极化的世界格局逐步形成，各种敌对势力之间军事相互制衡，使得难有大规模的战争爆发，取而代之的是恃强凌弱的碾压式地区军事冲突。20 世纪 90 年代以来，随着高技术武器装备的不断更新以及美军在海湾战争、科索沃战争、阿富汗战争、伊拉克战争的实践，美军不断提出一些新的作战思想，在非传统、非常规、非对称作战的背景下，体系失能作战思想逐渐萌发[②]。随着科技的不断进步，未来战争趋于体系化战争、智能化战争。智能化战争，以“人工智能脑体系、分布式云、认知网、协同群、虚实端”为代表的全新作战要素将重构战场生态系统，战争的制胜机理完全改变。智

① 唐保东．失能武器战［J］．国防，2001（6）：20.

② 姜斌，梁敏．基于未来战争形态的失能作战问题研究［J］．飞航导弹，2019（3）：19.

能化战争是认知中心战，核心是“算”，主导力量是智力，智力所占权重将超过火力、机动力和信息力。作战要素主要包括人工智能、云、网、群、端等，它们将决定战争的主动权。“战争云”不是孤立的，其与赛博空间、5G战场、无人蜂群、指挥信息系统、军事知识图谱等，共同勾勒出未来战争的轮廓。在未来战场中，各技术融合，智能作战成为一种趋势。“战争云”不仅布置在陆、海、天空间，尤其在赛博空间中发挥效能更大。而网络电磁空间与云密不可分，依托于战争云的智能作战可能成为未来的主流战争方式①。

（1）军事实践孕育了体系失能作战思想

在20世纪90年代美军的索马里军事行动中，一个偶然现象促使美军在应对各种敌我难辨、人员混杂的军事行动中对武器选择和战术应用进行了相应调整。行动中美军值勤的士兵用激光瞄准器对准几名武装分子，后者发现自己被照射瞄准后居然乖乖地举手投降；海湾战争开启信息化战争形态的雏形。战争爆发前，美军利用伊拉克为防空系统采购电脑的时机，派人将载有病毒的芯片秘密装入目标电脑，并在作战中将病毒激活，致使伊军的指挥、通信、预警和火控系统陷入瘫痪。美军还利用装备了碳纤维弹头的战斧巡航导弹攻击伊拉克的发电厂，瘫痪了其电力供应；2001年“9·11”事件发生后，美国入侵阿富汗，与海湾战争不同的是，塔利班没有大规模的正规军，且寓军于民，传统的进攻作战已经无法实现战争的目的，特种斩首作战应运而生。通过这些非战争军事行动和局部战争行动实践，美军总结发现使用一些非致命的武器装备，不直接杀伤人员和摧毁装备或直击重点要害可以更好地达成行动目的，并首次提出“非致命性”战争的思想，且在此基础上提出失能作战战略②。

（2）未来有限战争为体系失能作战营造了施展空间

随着人类社会步入信息化、全球化和多极化的发展阶段，一方面，和平与发展成了时代的主流，另一方面，非传统安全问题进一步凸显，不难预测未来战争将主要是有限战争。现代战争作战双方的作战对象不仅局限于双方军队，由于军事实力的不对称，参战双方的作战对象不但有正规部队，也有大量打扮成平民的武装人员以及具备随时可以武装起来的平民。对于这部分力量，如果不加甄别地一概击杀，势必造成滥杀无辜，激起更强烈的敌对情绪，遭到更猛烈的报复，影响作战效能的发挥，难以达成相应的军事和政治意图。而如果不予以覆盖式打击，则己方士兵的生命无法保障，战术战役任务难以完成。在这种情况下，利用非致命武器进行非致命驱散则既能达成相应的作战企图，又可以将伤亡降至最低②。

（3）高技术失能武器为体系失能作战提供了物质保证

失能性武器又称非致命武器或软杀伤武器，是为避免产生人员致命性伤亡、建筑设备损毁以及生态环境破坏，使作战体系丧失基本作战能力的一种新概念武器。失能武器按作用对象可分为人员失能性武器、装备失能性武器和设施失能性武器。将有生力量作为攻击对象的失能武器主要是通过对人的身体、生理、心理、思想进行干扰伤害，致人伤残、心

---

① 吴腾，丁鑫鑫，章子星．分布式云对智能化战争有何影响［R］．微信公众号：军鹰资讯，2020-11-11.

② 姜斌，梁敏．基于未来战争形态的失能作战问题研究［J］．飞航导弹，2019（3）：19.

理失调、丧失战斗意志，进而丧失基本作战能力，如破坏人的生理机能的化学战剂、致幻剂、致盲武器、次声波武器等。将武器装备作为攻击对象的失能武器主要是通过破坏敌武器装备使其战争工具失去作战效用。其作用对象可以是单台装备设备，可以是整个武器系统，也可以是装备和武器系统中关键部件环节。如电磁脉冲武器，通过空间辐射传播，可对电子、信息、电力、光电、微波等设施造成破坏，可烧毁电子设备半导体绝缘层或集成电路，造成设备失效或损坏。将设施作为攻击目标的失能武器主要以军事等核心目标以及电力、水源等基础设施作为打击对象，扼制其战争潜能。如天对地打击武器、精确制导武器，通过装配特种战斗部完成对特定目标的功能性毁伤，使其丧失军事、政治、经济价值以及基本作战潜力①。

17.4.2 体系失能作战的技术支撑

未来体系失能作战，是在基于网络信息体系和大数据、“云计算”技术支撑下，运用常规快速精确打击力量或新型作战力量，对敌作战体系的重心和薄弱环节实施精确突击，通过敌作战体系关键节点功能的丧失或降低，破坏敌整个作战体系效能，进而达成作战目的。其关键技术包括基于新技术的失能武器，以常规快速精确打击为主要武器平台，以敌作战体系关键节点为打击目标。

（1）高技术失能武器

从失能武器的杀伤机理来说，主要是利用物理效应、化学效应和人体效应来达到非致命攻击的杀伤效果。

（2）动能失能武器

通过发射出超高速运动的弹头、弹丸或金属棒，利用武器的巨大动能，通过直接碰撞的方式摧毁目标。不依靠爆炸能量去杀伤破坏目标，而是依靠自身巨大的动能，在与目标短暂而剧烈的碰撞中杀伤目标。在有机融合信息技术、高超声速飞行技术和精确制导技术的基础之上，实现快速突防、精准锁定和有效毁伤目标。

（3）定向能失能武器

利用激光束、粒子束、微波束、等离子束、声波束等多种方式，依托一定的武器平台，采取束的形式，将聚集的高能束在很小立体角内定向传播，并在瞬间释放高能摧毁远程目标。其可对目标的结构或材料、电子设备等关键系统以及人员实施硬杀伤，也可以通过调节束的能量，实现对目标的软杀伤。

（4）化学失能武器

通过发射化学失能剂、刺激剂、超级黏胶、材料脆化剂、超级腐蚀剂、超级润滑剂、黏性泡沫、快速制冷剂和动力系统熄火剂等“材料束”，使敌人员或装备丧失作战能力，并能将附带损伤降至最小。

---

① 姜斌，梁敏．基于未来战争形态的失能作战问题研究［J］．飞航导弹，2019（3）：20.

(5) 智能失能武器

将人工智能技术应用于失能武器系统，使武器系统能够自行完成侦察、搜索、瞄准、攻击目标和收集、处理、分析、综合情报等任务。

17.4.3 体系失能作战的作战样式

体系失能作战在实施中侧重于“斩首脑、瘫要害、断经脉、毁意志”，打击的都是具有“举足轻重作用、关乎全局利益”的核心要害目标，诸如指挥所、C^3I系统、高技术兵器基地、战役战术要点、电子战系统、后勤补给系统以及其他起支撑作用的目标，通过对这些目标进行“拔点式”的硬摧毁或致瘫使其丧失作战能力或作用，或限制其功能发挥，进而造成敌整个作战体系坍塌或进入失序状态，最终迫使其接受败局，在达成作战目的的同时，又确保了政治舆论上的理直气壮、作战效能的最优和作战规模的可控。

(1) 目标失能战

所谓目标可以是一片地域、一座建筑、一个设施、一支部队、一台装备、一种作战能力、某种行为（战争企图、作战决心等）。同时，目标形态既有单一目标、有形目标，又有体系目标、无形目标，涵盖物质域和认知域。通过对作战体系起决定性或关键性作用的节点目标的有效打击，使对手在一定时空内暂时丧失或永久丧失作战能力。

(2) 攻心失能战

攻心失能战是指通过失能武器的打击突然性，以及失能武器组合运用的迷惑性，达到致残致瘫的毁伤效果，给作战对手以强大的心理压力，摧垮敌人的意志，动摇敌人决心，使敌陷入恐慌无助之中，进而引发思维失控、行为失措，丧失作战能力。

(3) 制动失能战

一方面是指运用失能武器直接作用于战场敌暴露人群、机动装备和关键基础设施，以限制敌方人员行动、装备机动，乃至使其失去体能、机动能力的作战；另一方面，利用失能武器的联动效应、一体化运用迫使其瞻前顾后，动摇其作战决心的制定，迟滞其作战行动进程，进而为己方争取更多的作战时间。

(4) 瘫网失能战

瘫网失能战是指以赛博空间为主战场，运用失能武器对支撑敌作战体系运行的计算机、电磁网、电力网等实施攻击，中断敌能源供应、信息流转、指挥链路，进而使敌部分乃至整个作战体系瘫痪失能。

第 18 章

“马赛克战”与未来战争形态

思想认知和理论创新是美军建设发展的灵魂，是牵引军事技术发展、武器装备研制、军事力量建设的内生动力。近几十年来军事领域机器人、人工智能、纳米技术和无人系统等方面的重大创新，逐渐取代了现代战场上的常规战斗力量，减少了军事技术操作人员的数量，改变了军事作战的组织结构和理论。同时各个技术领域花费了太多的时间、金钱和精力去试图确保其武器系统比对手更先进。无论哪一种武器系统，都必须把重点放在杀伤力和取胜能力上。如何用高性价比的方式来压倒对手，以及提高多维防护能力、减少生命损失，已经成为美国军事理论家和国防研究人员的基本目标。美国国防高级研究计划局（DARPA）战略技术办公室于 2017 年提出“马赛克战”概念，设想通过快速灵活集成各种传感器、多域指控节点、有人/无人平台，获得新的不对称优势。2019 年 9 月，DARPA 资助米切尔航空航天研究所发布研究报告，提出了“马赛克战”的核心思想、组成和原则等。“马赛克战”主要针对对手“反介入/区域拒止”能力而研发，被 DARPA 视为引领美军未来 20 年国防科技发展的顶层兵力设计概念，将为美军作战力量构建、作战概念和技术研发、作战规划、作战指挥控制提供指导原则。核心要义是围绕体系战运用创新的作战概念，重塑美军未来兵力设计，应对潜在对手可能实施的体系战，延续美军的竞争优势。

18.1 “马赛克战”概念形成

作战概念是未来作战方式的可视化表达。长期以来，美军十分重视作战概念和作战理论的创新发展，将其作为联合作战体系建设的灵魂抓手。美军以国防战略为指引，提出、构建和持续演化联合作战概念体系。近年，美军先后提出网络中心战、“多域作战”、算法战和“马赛克战”等概念，并据此牵引装备体系发展与能力提升。美军提出“多域作战”“全域作战”等一系列新型作战概念，在作战理念上均与“马赛克战”有关联，其核心思想都是发展智能化和体系化作战能力。

18.1.1 “马赛克战”提出背景

2018 年，美军发布国防战略，报告指出与中俄开展长期的战略竞争将是国防部的首要任务，即要能够有效应对中俄以远程传感器和精确打击武器为基础发展的“反介入/区域拒止”能力。然而，美军现有的作战体系设计存在诸多问题：

1）作战体系高度依赖集中式指挥控制和数量有限的高端平台，关键要素抗毁能力差，作战结构脆弱。

2）美国国防预算有限，现有作战平台高度集成，面向任务的动态调整能力弱，难以有效应对不同规模的威胁，持续使用高端平台，作战成本高昂。

3）美军新型武器开发与采办周期长，与之对应的新兴技术迭代迅捷，存在装备尚未研制完毕就落伍的风险。

4）美军武器装备研发主要应用商用技术，商用技术迭代快，且容易扩散到全球，使得美军难以再现对中俄的非对称优势。

在此背景下，美国国防部迫切需要谋求作战概念创新，“马赛克战”登入历史舞台。其目标是构建可根据战场态势快速组合、分解和重组的异构作战体系，将杀伤链转变为杀伤网。

18.1.2 “马赛克战”概念实质

2017年8月，美国国防高级研究计划局（DARPA）战略技术办公室在举办的“与战略技术办公室同步日”活动期间，首次公布“马赛克战”概念。

自“马赛克战”提出以来，DARPA和美国米切尔航空航天研究所、战略预算与评估中心（CSBA）等深入开展了相关理论研究，推动理论发展。2018年8月，DARPA宣布将全力推进马赛克作战概念理论发展。2019年9月，美国米切尔航空航天研究所发布研究报告，详细分析了美军面临的国际军事挑战，以及“马赛克战”的作战概念、框架计划和技术布局是如何应对军事挑战的，指出“马赛克战”是一种面向未来的兵力运用理念，能够利用部队结构与作战概念的动态关系来实现对任何对手的进攻主动权，以及对各军事行动的高度适应性。2020年2月，CSBA发布研究报告指出，马赛克作战概念将对美军挖掘人工智能和自主系统技术发挥推动作用，“马赛克战”提出的人类指挥和机器控制理念，是实现决策中心战理论的有效途径。2021年4月28日，DARPA战略技术办公室启动“任务集成网络控制”（MINC）项目。MINC项目旨在通过按需配置网络子系统”，以及在异构网络资源间安全分发网络指控信息，来满足“马赛克战”的最终愿景：在强对抗高动态环境中形成敏捷自修复网络以构建跨域杀伤网。MINC项目是继“弹性组网分布式马赛克通信”“动目标识别”“军事战术手段”“普罗维登斯”及“相干振荡器”等项目后，DARPA启动的第六个马赛克战最终愿景类项目。MINC项目直接瞄准构建跨域杀伤网，是DARPA推动马赛克战发展的关键项目①。

“马赛克战”的基本原理是借鉴马赛克拼图的思路，从功能角度将各类传感器、指控系统、武器平台、兵力编队等各种作战要素视为“马赛克碎片”，通过动态弹性通信网络

① 佘晓琼．为构建跨域杀伤网，DARPA再启动一项马赛克战最终愿景类项目［R］．微信公众号：航天防务，2021-5-2.

将“碎片”链接形成一张物理和功能高度分散、灵活机动、动态协同组合的弹性作战效果网，利用人工指挥和机器控制，快速、灵活、自主地重组一支更加解耦合型的军事力量来创造己方的适应性，提升敌方的决策复杂度或不确定性。即便系统中部分组合被敌方干扰、摧毁或中和，仍能基于所能通信的资源快速做出响应，陆、海、空、天、电、网等领域将侧重于在一个更综合的框架内运作。

“马赛克战”的核心思想是借鉴马赛克拼图功能简单、可快速拼接等特点，将传统武器系统分解为具有“发现、锁定、瞄准、跟踪、交战和评估”等单一功能的作战要素（作战要素最小化，具体多小有待进一步评估确定）；依托先进的网络、数据链、自主和人工智能/机器学习等技术，战时可以自适应组合平时分散部署的各作战要素，并与现有高性能武器系统跨域协同，形成一种杀伤力、生存力和弹性兼具的新型作战体系。2020 年 2 月 11 日，美国战略与预算评估中心发布的《利用人工智能和自主系统来实施决策中心作战》研究报告认为，美军目前以一体化、多功能集成系统和组织形式为主的作战方法不适合与对手进行持久竞争，如航母打击群和陆战队远征部队等，这些系统成本高、数量少，不灵活；主张将这种高度集成化的部分系统分解为数量更多的、体积较小的、功能较少的作战单元，纳入更多无人系统、自主系统和人工智能元素，通过实施以“马赛克战”为特点的决策中心战来战胜对手，而不是像以往和现在这样，通过打消耗战来战胜敌人。由此，其目的昭然若揭、意图明显，由分散化弹性的体系作战对抗能力，消耗对手的持久制衡能力，实现“马赛克战”的真正目的。

综合来看，“马赛克战”不是作战概念，或者说，不仅仅是作战概念，而是一种主要针对“反介入/区域拒止”作战体系的兵力设计概念。“马赛克战”为体系化战争设计了一个全面的兵力设计模型，描述了马赛克式兵力的基本原则和组成，包括组织、条令、作战概念、武器系统、战术、技术、程序和特定战略下的兵力展现形式等。“马赛克战”旨在建立一支由高性能武器系统和大量分散作战要素为核心，可以灵活定制、跨域协同作战的混合兵力，能够加快美军作战指挥和行动控制速度，使美军在与对手的长期竞争中获胜。

18.1.3 “马赛克战”主要特点

“马赛克战”体现了去平台化、去中心化的思想，在体系构成、兵力生成、火力杀伤、指挥控制等环节均有显著变化，具备了一些鲜明特点。

（1）体系架构具有较强自适应性和弹性

“马赛克战”可根据军事行动类型和任务需求，可在战时近实时地重新排列组合数量众多、分散部署的作战要素，构建形成不同配置和不同表现形式的作战体系，为指挥官提供更有创造性、出奇的方式和手段，打乱对手的行动计划和行动部署，实现其战略目标。体系中的某个作战要素或要素组合被摧毁时，体系仍能自动快速反应、迅速组合，形成虽功能降级但仍能互相连接、有效运转，适应战场情景和需求的作战体系。同时，作战体系在完成任务后还可以解体，释放出作战要素，为下一次重构作战体系做好准备。一次作战活动中可根据任务的调整变化，作战要素可能有多次作战体系“解体、重构”过程。

(2) 兵力生成速度加快、成本降低

传统高性能武器装备是赢得现代战争的关键，但是规模有限。无论一架战机有多大能力，都不可能同时出现在两个或更多地点，而且战时核心装备一旦损失，就会面临全体系崩溃的可能。除高性能武器装备外，“马赛克战”也寻求采购大量结构简单、功能单一、可模块化组合的作战要素，一是可以有效降低研制风险，缩短研制周期，提高采办效率，加快兵力生成速度；二是可以减少系统集成和测试需求，以及可能的体积、重量、功率、成本、冷却等能力需求和作战人员投入，降低装备采购和兵力生成成本。

(3) 形成杀伤网实现跨域感知与打击

当前，美军在空中、地面、水面及水下等作战域拥有众多杀伤链。这些杀伤链通常是线性的，并只在单个作战域发挥作用。杀伤链条中任何一个环节出现故障、错误，都将导致链条的断裂，整个链条功能失效。“马赛克战”将这些杀伤链交叉重构，形成覆盖陆、海、空、天、网各作战域的杀伤网，使任意武器平台可获取任意传感器信息，实现跨域感知和跨域打击。杀伤网的节点高度分散，具有良好的韧性和较多的冗余节点，没有缺之不可的关键节点，对手很难对杀伤网进行致命性破坏。即使杀伤网中的部分节点被破坏，也不影响杀伤网发挥整体作战效能。

(4) 采用分布式指挥控制加快作战循环速度

“马赛克战”强调指挥体系向战术端放权，只考虑节点能力来编配作战杀伤网，弱化核心指挥节点和跨域指挥节点的作用，推动实现战术端跨军兵种联合作战体系。在保持网络连通性的前提下，只要能够形成闭合的“观察、判断、决策、行动”循环，就可以作为有效的杀伤链路。杀伤链路的构成只取决于作战任务的不同以及敌方作战能力的强弱，节点编配可以根据任务内容动态增减或者替换。“马赛克战”可以使美军摆脱对中心节点的依赖，增加判断和决策节点数量并尽量前移，以加快“观察、判断、决策、行动”循环速度。

18.2 “马赛克战”技术体系

DARPA 将发展“马赛克战”技术视为改变美军兵力设计的关键。“马赛克战”技术分为两大类：构建、规划和组成“马赛克战”兵力所需的技术，以及执行“马赛克战”所需的技术。关键技术包括自适应和弹性架构技术、按需配置网络技术、作战辅助规划技术、战场前沿智能通信技术、兵力分解/重组技术等。

“马赛克战”概念提出后，得到各军种的积极响应。目前，空军已经验证了一些“马赛克战”基础和组件技术：空军在加利福尼亚州贝尔空军基地部署其首个通用任务控制中心，并验证了跨武器系统动态重新规划和指挥 RQ-4“全球鹰”无人机的能力；空军还在研发先进作战管理系统，旨在融合当前和未来系统数据信息，向指挥官提供更好的战场态势感知能力。

DARPA 和各军种还在围绕“马赛克战”在体系架构、武器平台、网络通信、指控与管理、基础技术等五个方面布局大量前沿探索性项目。截至目前，据初步统计，DARPA 及美空军、海军开展的“马赛克战”相关技术项目达 33 项以上。在体系架构方面，主要关注杀伤链动态分配，实现体系架构弹性；在武器平台方面，重点突破低成本平台和协同交战技术，增强作战要素的自适应性；在网络通信方面，强调发展网络和数据管理工具，用于自动建立跨域近实时通信网络和管理信息流；在指控与管理方面，重点聚焦控制算法、决策辅助以及人机交互技术，形成分布式指挥控制能力；在基础技术方面，力求突破态势感知、智能目标识别技术等。

（1）多域协同、自由重构的分布式杀伤网

从战斗力生成模式看，马赛克式作战体系采用一种类似“供应商-客户”的菜单式按需服务作战模式。战场所有作战力量、作战单元、作战要素都不是以常规的物理形态存在，而是基于角色的马赛克构件，构成一个个潜在的服务供应商，组合成为一个“作战能力集市”，分布于陆、海、空、天、电、网全域杀伤网。每一个指挥控制节点则被视为客户，通过虚拟联络员与服务供应商交互，灵活组合作战通道网，按需选择最优杀伤通道。

（2）无中心化、动态自组织、随遇接入、即插即用的“云—端”体系配置

马赛克式作战体系采用“云—端”网络信息体系架构，各类马赛克构件随遇接入，即插即用，呈现无中心化、动态自组织联网，形成智能通用、面向服务的网络信息体系，从集中式、管道式资源集中转变为任务驱动、智能自主的资源集约，实现实时、高速、自主战场资源管控，即使部分马赛克构件功能降级或受损，整个体系仍可根据需要快速重构再响应，获取预期作战效果。

（3）灵活、菜单式、低成本的任务—能力匹配

传统作战追求体系庞大、资源集中、单平台设计复杂，导致体系臃肿，资源浪费，费用庞大。马赛克式作战体系对战场资源的追求转变为“不为我有，但为我用”，实现资源高度集约化和功能模块化；对战场资源的使用从“看米下锅”转变为“按需选材”，面向任务和目标，灵活实现最优、最低成本的任务—能力匹配。

鉴于体系作战的应用特性，马赛克式作战体系采用“云—端”架构，整个系统分为“供应商云端”（Supplier Cloud）、“功能客户端”（Function Client）两个部分。“供应商云端”分散部署于各类指挥所或指挥平台，负责对各类战场资源进行管控调度，完成作战指挥过程；“功能客户端”不再指某个独立存在的作战平台，而是指遂行作战任务的各种功能要素，各要素可能集中于某个单一平台，也可能广泛分散于地理空间，包括探测客户端、指挥客户端、射手客户端、武器客户端等，不断向“供应商云端”提供相应数据、资源和服务，并根据具体作战任务需求，向云端请求数据、资源和服务。

在实战过程中，为保证高价值节点的生存能力，通常在前方部署大量低成本预警装备，构建无人集群、多基地雷达或 MIMO 收发系统等多种探测链路组合，根据需求智能

切换链路，以自由柔性、按需时变的探测体系复杂度赢得战场感知优势。各节点数据不断上传并计算融合，形成态势信息分发给各级指挥官，指挥官根据威胁等级评估结果，选择对抗方式和攻击目标。

“供应商云端”根据射手供应商、武器供应商状态，计算最优拦截方案，完成射手/武器选择、目标分配、火控解算与射击诸元装定等，并由最佳射手遂行作战行动方案。“供应商云端”也可根据作战资源状态，完成异构协同作战任务分配。任务完成后，综合战场情况，进行作战效能评估并反馈指挥官，进行二次作战决策。

与传统作战系统相比，马赛克式作战体系的作战要素松耦合程度达到新高度，不再囿于各平台限制，而是对整个体系的作战功能要素进行动态优化组合，实现基于任意传感器的数据、任意射手平台的作战行动，形成自由重构、鲁棒赋能的分布式作战网。

为了支撑“马赛克战”制胜机理的实现，对新型装备体系关键能力提出了新需求，主要包括网络动态自适应能力、装备按任务聚合能力、分布式智能决策能力和战场资源精细化组织能力①。

（1）网络动态自适应能力

高对抗条件下网络快速构建与自适应调整能力。面向分布式兵力组织需求，采用去中心化的通信体系结构，能够动态快速构建网络，支持网络动态管理、装备自适应接入和网络韧性抗毁，可支撑装备间快速建立最优链接通信关系，实现马赛克式装备的快速拼接、能力生成和动态调整。

（2）装备按任务聚合能力

装备能够按照功能进行解耦与分布部署。战场上武器装备中各类能力、组件和服务能够与装备物理实体进行解耦，解除其固属关系，并进行虚拟化和对外提供服务，最终将装备分解成最小的、能够对外提供服务的实用功能单元。如将通用平台上的感知、决策和打击类资源分解，形成功能分散部署的分布式功能模块，各功能模块具有可接替性和可消耗性。

装备能够基于网络灵活构建与能力生成。依托动态自适应网络，分布式部署的海量作战功能单元，能够面向不同类型任务需要进行快速自动组合，快速构建出最优链接链路、数据服务链路及功能协同链路，灵活拼接与能力生成后形成作战装备—作战链路—作战杀伤网。

（3）分布式智能决策能力

人机融合的混合决策能力。作战人员和机器智能能够高效交互、相互信任和相互理解。将指挥员高阶的、宏观的对不确定环境认知的机制与机器的受限约束、确定边界下强大的搜索计算能力相结合，使机器能充分理解指挥员意图，快速搜索迭代形成最优方案。通过人机交互式、迭代式协同学习，逐步将指挥员概略决心转换成具体的作战计划，实现体系资源最迅捷和最优化调度。

① 左毅、郑少秋，等．破解马赛克战之系统发展思考［R］．微信公众号：中国指挥与控制学会，2021-1-22．

智能装备自主决策与协同能力。基于指挥员的作战任务要求，在高动态和强对抗作战场景下，智能装备能够自主认知战场环境，自主确定作战方案，自主实施作战方案；智能装备集群依托统一的自组织架构、平台和机制，构建异构多平台间信任能力，实现集群分布式协同感知、分布式智能决策和分布式火力打击，最终加速战场前沿的“侦察—判断—决策—行动”（OODA）环路运转效率。

（4）战场资源精细化组织能力

面向广域战场资源，基于去中心化通信网络架构，机器控制系统利用分布式战场资源管控技术，实现面向任务的战场资源的统一组织与精准运用，实现作战体系动态构设、作战资源敏捷调整及作战能力自主涌现，确保形成精准高效的体系作战能力。

18.3 “马赛克战”制胜机理

美军“马赛克战”概念重点突出了兵力运用的可组合性、可消耗性和去中心化思想，注重人工智能自主技术应用，增加敌方认知迷雾，加快决策过程速度，提升作战体系韧性，通过给敌方带来多重困境，使其无法实现目标[①]。

（1）增加战争迷雾，施加认知难度（感知）

战前广域分散部署作战力量，依托功能模块化和可靠连接，使分散部署的传感器、指挥控制节点和武器平台等能够随时组成作战体系。战前无需建立固定联系和集中部署，避免过早暴露作战企图。战时快速变换作战体系结构，增加组合变化的可能性和复杂度，增加战场的迷惑性和不确定性，使对手陷入难以判断己方作战意图和战场形势的境地。

（2）运用智能手段，实施决策对抗（决策）

提升决策快速性和有效性。人工智能和自主系统赋能决策过程，提高决策速度和效率，同时支持任务部队实施任务式指挥，进一步提升体系决策效率。给敌方决策强加复杂度。智能和自主技术运用加速作战节奏，实现作战自动化，高效控制分布式部队随战况动态快速应变，使敌方决策面临更大复杂度，从而降低对手决策的质量和速度。

（3）发挥时间威力，以速度碾压对手（行动）

快速生产模块化装备。采用成熟技术快速开发低成本装备，大大压缩装备研制生产周期，从以年或月为单位降低为以天甚至小时为单位。快速构建作战体系。利用马赛克部队的快速组合能力，结合人类指挥与机器控制，可以大幅减少作战体系构建时间，这种速度完全超出对手认知、决策和行动能力的极限，从而在时间维度形成全面碾压的效果。

（4）强化体系韧性，确保可靠生存（体系）

模块化设计提升体系韧性。装备模块化设计，提高作战节点间的互操作性、可组合性

---

① 左毅、郑少秋，等．破解马赛克战之系统发展思考［R］．微信公众号：中国指挥与控制学会，2021-1-22.

和易互换性；部署大量低成本自主装备，提升作战系统的可消耗性。快速重组/替换确保体系稳定。马赛克模块的可组合性可保证杀伤链的弹性；通过现存体系的柔性重组或损失节点补充替换，可迅速恢复杀伤链，确保作战体系能可靠生存。

（5）聚合杀伤威力，实施饱和打击（行动）

组合形成作战体系威力。马赛克式部队的兵力和平台功能可实现充分解耦，通过工具和程序实现快速可靠连接，能够根据作战任务需要组合出数量巨大的杀伤链，进而编织成密集杀伤网。集中攻击高价值目标。在较小时间窗口内，组合形成的作战任务能力可对敌方高价值目标实施饱和式打击，能够迅速达到破击敌方作战体系、降级作战能力的效果。

18.4 “马赛克战”对未来战争形态的影响

“马赛克战”在战术战法和技术能力上具有无可比拟的优势，随着技术论证、评估的深入和在研项目的落地，将逐渐对美军未来作战方式、作战体系和装备建设等产生深远影响。

（1）形成新的战略与装备优势，提升战略对抗成本

“马赛克战”概念意在破袭对手“反介入/区域拒止”体系，采用“釜底抽薪”之计分散关键节点，增加美军作战体系杀伤力、生存力和弹性，使对手必须转变、甚至革新新型作战理论予以应对，将大大增加对手战略对抗成本。“马赛克战”相关使能技术突破后，即使可能要付出较大的研发成本，但生产周期短、成本低，可促进美军装备体系快速迭代升级，还可以快速组合形成新的武器系统，弥补美军大型作战平台规模不足的短板。此外，“马赛克战”装备还能通过协同和组合动态生成当前大型武器系统不具备的新质作战能力，大大降低了新质战斗力生成的成本、周期和难度，使对手在与美国的长期战略竞争中处于成本上升、对抗周期拉长、作战要素难以跟进的不利地位。

（2）压缩战场反应时间，使对手陷入决策困境

“马赛克战”着眼于大国竞争需求，推动美军从“以信息为中心作战”向“以决策为中心作战”转变，从“掌控信息优势”向“掌控决策优势”转变。“马赛克战”将线性杀伤链转化为杀伤网，可能在任意时间和空间发起任意攻击，增加战场模糊性和不确定性，以此超出对方战场态势认知能力，使对手难以判断作战意图，难以掌握其作战体系结构和弱点，进而难以确定打击时机、打击重心和防御方向，使对手陷入“决策困境”。

（3）按需定制兵力规模和能力，大幅提升打击效能

“马赛克战”可根据作战任务需求定制武器系统结构、组成及规模，确定各类打击目标的优先级，合理调配作战资源，动态智能配置侦察、打击等不同作战单元，构建打击效率最高的作战体系，从而可以实现以尽可能少的资源，实现尽可能大的作战效果，大幅提升打击效能。此外，“马赛克战”通过融入大量低成本、模块化、功能单一的无人作战系

统，如通过有人控制大规模无人“蜂群”，进行突前侦察、打击、评估，大量消耗对手战斗资源，使对方防空系统难以有效应对。

随着太空力量的建设发展，在未来“马赛克战”中，利用天基力量进行太空作战或天基信息支援作战，可进一步提高 OODA 环速度，确保作战对抗优势，形成基于太空域的杀伤网，加大破袭难度，拉大对手对抗差距或压垮对手的持续制衡能力。

第 19 章

未来战争形态需要重点关注的问题

黑夜太长，对黎明的感觉才特别深刻；太平日子久了，反而对黎明的到来没有感觉。俄罗斯瓦列里·格拉西莫夫将军说："仅仅考虑今天的挑战是不够的，还必须预测未来。"美国的军事理论家们说，"将军们经常重复上一次战争"，这往往是军事思想停顿的反映。伊拉克战争中，美军最成功的一点便是克服了以往的惯性思维，"不重复上一次战争"。没有创新精神，就挑不起大梁；靠两条泥腿，永远走不出新路。战争是反复发生的，但每一场战争具有不可重复的特点，因此，各国普遍重视研究如何打赢下一场战争。李零先生著有一部《唯一的规则》，书中指出，战争其实只有一条规则，而这条"唯一的规则"，就是没有规则。战争手段之所以会日益多样、隐蔽而变化日益复杂，科技的高度发展无疑起了重要作用。从 20 世纪中期始，生物战、基因战、化学战、电子战、网络战、信息战、金融战、恐怖袭击战、海空天一体战等等，可谓花样百出，无奇不有，手段和形式极其隐蔽，发展和变化极为复杂，以至让人眼花缭乱、防不胜防。钱学森说："未来社会的竞争，归根结底是人的思维能力的竞争。"未来战争的诸多变化不仅仅是来源于新技术，而是现有技术广泛扩散与渗透，原有战争内涵被突破，传统军事思维、军事理念、战争概念正在被颠覆，"利剑总是败在思想手下""头脑可以移山"等名言，折射了思想的强大力量。未来军事思维、军事理论应该走在实践的前面，并且这个"未来"不仅包括最近的将来，而且还应包括更远的将来。

19.1　关于第六次科技革命的预测

科技革命具有一定的可预期性。一般而言，准确预测科技的未来是不可能的。但是，科学猜想和科技预测是一种常用方法，可以提供有价值的信息，如未来科技的方向、特点和前景等。既然过去五个世纪发生了五次科技革命，而且科技革命具有一定的规律性和演变趋势，如它的时间跨度在缩小、科技的交叉融合等。可以预期，21 世纪很有可能发生新的科技革命。从时间顺序上看，新的科技革命将是第六次科技革命和第七次科技革命①。

① 何传启．第六次科技革命的三维透视 [J]. 世界科技研究与发展，2012，34 (1)：2.

当今，“第四次科技浪潮”已经兴起，新一轮军事变革，一定会与这个趋势相关联[①]。

19.1.1 国外有关研究

1999 年美国白宫发表研究报告——《塑造 21 世纪的科技》，预测 21 世纪科技前沿十大领域分别是：宇宙和生命起源、思维和神经生物学、整合生物学、材料科学、地球系统、信息工程、生命工程、纳米工程、超级制造和超级运输。

2001 年美国科学基金会发表预测报告——《提升人类能力的会聚技术》，涉及四个领域，分别是纳米科技、生命科技、信息技术、认知科学。

2005 年美国学者写了一本名为《奇点迫近：当人类超越生物学限度》的书。认为未来计算机的智能将取代人脑，永远改变人类的命运。届时，人类和智能机械将无法区分，人类将会通过与机器结合而获得永生。

2009 年美国科学院发表研究报告——《21 世纪的新生物学：确保美国领导正在来临的生物学革命》。新生物学有两层含义：第一步是生物学内部的学科整合。第二步生物学与物理学、化学、计算机科学、工程科学、数学再整合。两次整合以后有两个目的：一个是解释生命本质，第二个为解决人类面临的健康、环境、能源、食物的挑战提供以生物学为基础的解决方案。

2010 年美国《科学》杂志提出影响 21 世纪人类发展的 125 个科学问题，分为八大领域：生命与健康、信息科技、地球与环境、能源与资源、制造与工程、物质科学、社会科学以及其他。

2012 年《华尔街日报》发表名为《科技变革即将引领新的经济繁荣》的文章，认为 1912 年新技术变革，包括电气化、电话、汽车等，改变了 20 世纪人类的生活。也有三个技术变革将改变 21 世纪人类的生活，包括大数据、智能制造和无线网络。

2012 年美国学者在《第三次工业革命》一书中认为，19 世纪发生了以蒸汽机为标志的第一次工业革命；20 世纪发生了以电气化为基础的第二次工业革命；现在，我们该进入到以绿色科技为主导的第三次工业革命。他认为的第三次工业革命其实是信息革命在制造业和能源领域的运用。

2020 年，美国媒体发文分析了 2020 年八大军事应用和使能技术，将掀起新的军事革命。包括：人工智能和量子计算、高超声速技术、自主无人系统、网络安全和网络战、定向能和激光武器系统、5G 无线通信、仿真训练和任务演习中的虚拟现实和增强现实，以及传感器开放系统体系架构。其中“仿真训练和任务演习中的虚拟现实和增强现实”“传感器开放系统体系架构”两项是在原有基础上新增的。

19.1.2 国内有关研究

2009 年中国科学院发表研究报告——《科技革命与中国的现代化》，认为当今世界正

---

① 李炳彦. 世界新军事变革大势与未来战争形态 [J]. 军事文摘，2016 (9)：48.

处于新科技革命的前夜，在六个方面正在孕育重大突破，可能会引发新的科技革命。这六个方面分别是能源与资源、信息、先进材料、农业、人口健康、基本科学等问题。

2011 年 9 月中国科学院白春礼院长在《新科技革命的拂晓》一文中认为，第六次科技革命的方向，很有可能得益于第五次科技革命（电子和信息革命）的推动，在物质科学、生命科学等学科及其交叉领域开辟新空间。

2013 年北京大学徐光宪院士在《第六次科技革命的内涵》中认为，科技革命包括四方面的内容，即大化学的科技革命、新生命科学和技术革命、大众智慧革命和新的信息及互联网革命、物理科学的革命。

2011 年 4 月，中科院中国现代化研究中心在《第六次科技革命的战略机遇》一书中认为，在过去的 500 年里，16、17 世纪发生了一次科技革命，18 世纪和 19 世纪各发生了一次科技革命，20 世纪发生了两次科技革命。目前，世界科技仍在加速发展。21 世纪有可能先后发生两次新科技革命，即第六次和第七次科技革命。

中国科学院中国现代化研究中心主任何传启说："21 世纪将可能发生三次科技革命，即信息革命（20 世纪信息革命的延续）、新生物学和再生革命、新物理学和时空革命，其中，新生物学和再生革命，上与信息革命有所交叉，下与新物理学和时空革命有所衔接①。他说："在 21 世纪末，人类将有'四种'生存形式（自然人、网络人、仿生人和再生人），将有'两个'家园（地球家园和太空家园），将生活在'两个'空间（物理空间和网络空间）；人类生活的四种形式、两个家园和两个空间的互动，将构成人类文明的新形态，将塑造一个新世界。届时，地球将成为人类文明的发源地，宇宙将成为人类高级文明的大舞台。新科技革命的赢家有可能成为新世界的主人，输家有可能成为他人的傀儡或附庸。"②

何传启还认为，面对第六次科技革命，军事领域面临三个挑战。首先，信息化战争的挑战：信息攻击和系统对抗能力，精导武器和全球定位，军用机器人和信息化战争的领军人物等。其次，神经控制战的挑战：神经攻击和神经对抗能力，网络战士和系统对抗能力，仿生战士和正面对抗能力，神经控制战的领军人物等。其三，太空控制战的挑战：太空攻击和太空对抗能力，神经攻击和神经对抗能力等。目前，第六次科技革命将带来新武器和新战争，包括神经武器、网络战士、仿生战士、神经控制战和制脑权的争夺。神经战的赢家将成为世界的主人③。

19.2 关于未来战争的思维与认知

马克思指出："思维永远不能从自身中，而只能从外部世界汲取和引出这些形式。"④战争是一个充满不确定性和偶然性的领域。战场客观环境的复杂性、敌对双方互争优势与

① 何传启．新科技革命的预测和解析［J］．中国科学，2017，62（8）：790．

② 何传启．新科技革命的预测和解析［J］．中国科学，2017，62（8）：794．

③ 何传启．科技革命与战争形态演变探纲［J］．战略研究，2015，（1）：86．

④ 马克思，恩格斯．马克思恩格斯全集（第 3 卷）［M］．中共中央马克思恩格斯列宁斯大林著作编译局，译．北京：人民出版社，1995：374．

主动的主观努力，以及各自内部因素相互运动而产生的摩擦，使战争成为人类最为扑朔迷离的社会活动。克劳塞维茨把战争的不确定性和偶然性称之为战争迷雾，认为只有靠军事天才的眼力与果断才能统率军队在黑暗而充满暗礁的战争海洋中航行。数千年来，囿于科技力量的限制，在很多情况下战争实际上是一种互不知底牌的博弈，双方不是较量谁比谁知晓得更多，而是较量谁比谁更少犯错误，谁犯的错误少谁就更可能赢得胜利，因此，只有“军事天才”才能指挥和赢得战争。

各个国家准备未来战争并不是齐头并进的，他们之间的时间差距可能长达几十年。对于某些最发达的、经济上富裕的国家来说，是不久的将来的事情，而对另一些国家来说，则是遥远或极其遥远的事情。那些落后的国家将面对与那些发达国家进行较量，对落后的国家来说，将成为极其严重的外部威胁。对未来战争的现实准备，对许多国家及其武装力量来说，将是极为严峻的考验。应该看到，不是简单地走向未来，而是必须创造未来，不是选择道路，而是铺设道路，因为军队建设进程不仅能改变军队自身，而且还能改变军队的命运。

军队在权衡如何分配稀缺的国防资源时，必须对未来数十年内哪些因素最为重要做出预测判断，是关注科学技术、编制体制、武器装备、军事理论、作战训练、人才培养、基础设施建设、战场准备、战斗精神培养、法治建设、国防意识教化、战略态势营造？还是其他领域？虽然上述这些都很重要，是战争准备的重中之重，但在未来的冲突、战争环境下，本书观点认为军事思维最为重要，攸关生死存亡。技术的不同用途会带来不同的结果：一个人驾驶一辆车，能更快地到达目的地；而满世界的车，将会呈现拥堵的高速路、变成停车场的城区、往来于城郊的工人，从而引发路怒症、雾霾天以及气候变化。如果一项技术同时为参战的多方所拥有，并想方设法用到极致，战场环境将大为不同。关键是想不想用、如何用才能解决最紧要的问题。从一定意义上说，未来战争就是体系总体思维战争，正是无形的思维认识判断推动着有形的军事变革。因此，在未来战争形态研究中，应当从认识历程中架构出军事思维理论范式，在军事思维方式上需要朝着体系的方向变革，“当技术革命的浪潮正在四周汹涌澎湃的时候……我们需要更新、更勇敢的头脑。”① 系统的、综合的、体系的思维方式在未来科技革命条件下显得日趋重要，军事思维日益从个体思维、小群体思维向社会化方向拓展，虽然人工智能系统等技术在一定程度上替代了对“人”在物质材料上的作用，而这种情形非但不是对“人”的彻底取代和否定，相反对人的脑力的要求反而越来越高。本书认为以下 12 种军事思维关系将影响未来战争形态，关于未来战争的考量都应当基于这 12 种思维（不限于这些思维，但至少包括），这是研究未来战争形态的基本前提。

19.2.1　认知与迷惑

阿尔温·托夫勒在《力量转移——临近 21 世纪时的知识、财富和暴力》中说，“世界

① 恩格斯．马克思恩格斯军事文集（第 2 卷）[M]．北京：战士出版社，1981：489.

已经离开了暴力与金钱控制的时代，而未来世界政治的魔方将控制在拥有信息的强人手里，他们会使用手中掌握的网络控制权、信息发布权，利用英语这种强大的文化语言优势，达到暴力和金钱无法征服的目的。也许信息化的常规战争都不是最致命、最紧迫的威胁，而使用笔、键盘和金币，每时每刻都在进行的信息思想战，却足以涣散整个民族的斗志，导致国家解体。”

未来各种作战空间交织在一起，各种信息鱼目混珠，信息流量（包括错误信息）飞速增加，信息传递速度急速加快，如何把信息转化为正确的认知就十分重要。战争中的胜负，就是看谁的认知系统（人工的和智能的）处理信息的速度快、谁能料敌在前、决策在先和先敌行动，并且能够准确判断信息的对与错。武器装备智能化的发展，显示出了人工认知系统在智能化方面的发展方式，以及认识和处理信息方面的愿景。但在武器装备智能化仍然很脆弱的情况下，虽然可以设计出能够在某些领域（如驾车、下棋、处理琐事）胜人一筹的机器，但人类的智能在解决诸多难题时的可靠性和适应性仍在机器之上。在可预见的未来，最好的认知系统有可能是人与机器结合、综合双方长处的混合体系。

毛泽东说过，“凡是要推翻一个政权，总要先造成舆论，总要先做意识形态方面的工作。革命的阶级是这样，反革命的阶级也是这样。”认知与迷惑永远是军事博弈对抗的重头戏。自古以来，欺骗一直都是军事行动的重要组成部分，未来仍将如此。各国军队都希望拥有削弱对手认知作战环境的能力，其手段包括使对手无法获取准确的信息、故意散布错误信息、让对手对获取的信息产生怀疑等。与认知有关的技术有：人工认知系统、人类认知能力的增强、人机合成等。与迷惑有关的技术包括：网络窃密与破坏；误导、欺骗和哄骗；降低人的能力；定制的生物武器。战略欺骗在第二次世界大战中曾被广泛运用，德军发动闪电战入侵苏联、日军偷袭珍珠港、盟军诺曼底登陆开辟第二战场都曾成功地实施过战略欺骗。“兵不厌诈”这条古老军事原则仍未过时，军事行动中永远会有“欺骗”的成分，未来网络化、智能化、生物化时代的“欺骗”将会大放异彩，从内容到方式将会发生根本性变化。

美国通过信息高速公路的建设，已大大地扩张了他们的生存空间，并先机占据了所谓的“第七维战场”。在这虚拟的新“领地”里，战场信息是不对称的。美国凭借自己在网络建设上的先期投入和领先技术以及由他们制定的游戏规则，可以随心所欲地去“访问”整个世界的虚拟空间，或者巧取豪夺，或者制造混乱，或者影响对手的意志，60 多年中，美国成功地在苏联和中东地区进行了新战略的实践。随着世界进入网络新媒体时代，美国有了更便利的技术手段和更明显的战略优势，将网络作为大国博弈对决的主战场，将思想舆论战作为战胜对手的主战样式水到渠成。美国惯用的手段是常常以提供人道主义支援为借口，利用在世界舆论中的话语主导权，利用网络信息手段大肆宣扬似是而非的所谓“新战争观”，或者制造假象、散布谣言、蛊惑人心，为发动侵略战争制造机会、编造理由。从科索沃战争和伊拉克战争来看，美国等西方霸权主义国家借用现代战争动因的复杂性，通过借助电视等大众传媒的“视觉轰炸”效果开展攻心战，混淆战争“正义性”与“非正义性”的界限，为企图掩盖其推行霸权主义和强权政治的真实战争目的提供了可乘之机。

近年来，为一些有敏感军事意图的武器试验寻找一个冠冕堂皇的理由是美国的惯用伎俩，在局部战争和装备试验中屡试不鲜。2007 年驻伊美军在伊拉克“死亡三角地带”使用“心理场干扰器”成功使反美武装瞬间“蒸发”，进行了心智控制的实战验证。2008 年 2 月，美军开展动能反卫试验，拦截导弹从夏威夷西部海域升空，并且在飞行了 3 min 后于距地面 200 多千米的高空击中了失控卫星。美国宣布反卫星试验前，搞了一系列舆论宣传活动，可谓煞费苦心，先是宣传有毒燃料，后来又说落点无法控制和预测，并声明可能会危害人类的身体健康甚至生命，转移人们关注的焦点，极力掩盖其真正的军事意图。其实，早在 1997 年，美国已经试验成功激光攻击卫星系统，由波音 747 改装的机载激光武器系统也具有向太空仰射和对地面或大气层目标的俯射、平射实战能力，但美国为什么不使用陆地或机载激光武器系统击落在轨卫星，而偏偏使用略为落后的导弹防御系统打卫星呢？其实质是检验美国导弹防御系统摧毁卫星的能力，是对海基导弹拦截卫星全系统的作战检验。

必须看到，未来高技术武器在物质力量与意识力量方面的实现，在很大程度上依赖于各种大众传媒，未来战争客观上要求人们制定相应的积极舆论战略。否则，高技术武器的物质力与思想力就难以实现，就难以适应新战争形态的要求，任何先进武器难免大打折扣。控制舆论权可以使一个丑恶的东西变得美丽，也可以使一个正常的东西被人视为邪恶。舆论造势是认知与迷惑的典型应用，利用媒体宣传工具混淆视听、标榜自己、争取支持、威慑对手、示好伙伴，为不可告人的目的寻找借口。对西方国家以民主和人权为旗号所进行的频繁军事行为需要更加理性的现实主义解读。

19.2.2　宏观与微观

宏观与微观是一对辩证的关系，而造成战场空间、作战样式宏观与微观的两极分化的直接动因是高技术武器装备在军事上的广泛运用。在人类战争史上，传统的陆、海、空、天、电、网等空间，都留下了人类生死搏弈的足迹，铸就了不同的战争“形状”和运动状态。未来战争呈多维化、全方位、多层面、整体化状态。这些战场空间，几乎包括了人类目前所能到达、开拓和创造的所有空间。既有物理空间，又有逻辑空间；既有实体空间，又有虚拟空间；既有大气层内空间，又有外层空间。战争形态是在各个不同宏观与微观世界，以各种宏观与微观不同作战方式复合、重迭甚至交叉展开和进行的。

（1）战争空间的宏观与微观

一方面高科技武器应用，使作战空间从近代的陆、海、空三维一体发展到陆、海、空、天、电、网、认知七维一体，使作战空间范围有了极大的拓展；另一方面，在战争相关空间日益宏观化的同时，战场空间也产生了“尺缩效应”。通过网络信息以近于光速传播，距离几乎不会对其时效性产生影响，可以在正确的时间，将正确的信息，以正确的形式传递至作战单元。武器装备性能由于信息含量的注入不断增强，各种武器系统的机动速度、精确打击能力有了质的飞跃，克服空间距离的能力空前提高。精确制导武器能以数倍于马赫的速度打击万里之遥的目标，军队能在数十小时内部署到位，定向能武器系统能以光速击毁战场上的目标。“远在天边”与“近在眼前”的空间差被急剧压缩，战场产生了“尺缩效应”，广阔战场的“大”尺度距离变成了“小”尺度距离，“地球村”甚至“宇宙村”也不再是夸张之词，空间距离再也不是进攻者的障碍，也不是防御者的屏障①。

（2）作战手段的宏观与微观

在进行传统意义上的宏观战争，如军事上的围堵、封锁、破坏、暗杀、入侵等的同时，人类正在积极展开心战、谍战、舆论战、经济战、政治战、外交战，而且还积极展开网络战、信息战、生物战、基因战、气象战等形式的战争，以使敌人疲于应付，顾此失彼，破绽百出，并最终导致失败甚至灭亡。发动战争的一方，还可以表面示以传统意义上的战争手段，背后致力于尚不为世人注意的新战争手段，明修栈道，暗度陈仓，示敌以有形，制敌于无形。从方式上来说可谓不择手段，无所不用其极，从残酷程度上来说可谓令人发指、无以复加，且往往空前而不绝后。就连萨达姆、卡扎菲那么高傲的一代枭雄在美国大兵面前无所遁形，何况手无寸铁的老百姓。

网络技术、电磁技术、现代生物技术等技术的出现，使人类在微观世界第一次拥有了与现实世界一样的利用空间，由此带来哲学思维的巨大震荡，并在最深刻的层次上，激励和颠覆着军事领域的概念和范畴，呈现出与时代裂变相类似的发散式特征。人类征服自然的全维趋势，尤其是现代生物科技对生物微观“结构—功能”的揭示，正将以往没有能力认知的生命微观领域推向开发利用的舞台，各类学科交叉融合、汇聚使军事对抗走向微观世界成为必然。

现代生物科技开辟了一个微观空间战场，这个战场中可以通过对作战人员微观结构的调控来影响其宏观上的作战能力，而“小战场”“微战场”的争夺决定着“大战场”的胜负。作战优势的竞争更多地是在“人的能力”干预间展开，立足于通过对人的微观“结构—功能”系统进行破坏或调控。战争不再是摧毁性的破坏而是操控式的打击，在有限杀伤和生命操控前提下实现战略意图。如美国借助神经科学技术开展“人类地理系统”研究，解决占领地民众不合作、敌对、武力反抗，甚至应对激烈的恐怖袭击问题，若干人类地理学小组曾被部署到阿富汗、伊拉克等战争前沿地区，助力美军维持地方治安与管理。在生命微观空间的争夺中，对以生命微观“功能—结构”为基础的作战空间施加现代生物科技攻防手段，确保实现预期功效的优势控制权——制生权成为战场争夺的制高点，生物能成为战场释放的主要能量，而生物控制战成为主要作战方式。

除了利用网络把人类带到一个隐性、虚拟、微观空间之外，人类还在不断追求一种低破坏、低杀伤、相对“软化”的战争手段。如美国的“主动拒止武器”用 95 GHz 毫米波穿透皮肤 0.4 mm，产生无法忍受的热效应，使对方不得不立即逃离。现代生物科技本身将参与战争中的人作为制胜主体，不再以军队成员的整体结构研究毁伤效能，而是从人的微观结构与功能层面，考虑攻击与防御作用，有针对性地攻击特定生物性状。军事打击手段从“一个人”为最小攻击单位进入“半个人”或一个人的“几分之几”，例如，只对目

① 张岩，卢红兵，殷强．论信息化条件下战场空间的嬗变［J］．装甲兵工程学院学报，2005，19（4）：7.

标的学习记忆、计算能力、精细动作造成干预，从而丧失战斗能力，但又不危及生命。

现代生物科技作战将减少对人的滥杀行为和生活能力的永久性损伤以及物质资料的损毁，也有能力使致伤人员恢复健康，不造成绝对杀伤，而是相对致伤和可逆性致伤。比如，美国计划投入 410 万美元研究战场幻觉武器，通过电磁波等手段操控对方的感官，从而拖延、迷惑或阻止对手；俄罗斯在莫斯科剧院人质事件中使用芬太尼（Fentany）攻击恐怖分子，同时通过服用逆转药物和预防药物保护士兵。这样，战争就不再以暴力最大化为目标，转变为控制最大化。战争不再追求杀伤多少敌人、破坏多少物资，转而追求控制多少敌人而不被对方控制，或者彼此达到控制的相对平衡和动态稳定。现代生物科技虽未改变战争的暴力特性，但却可降低战争的暴力烈度，顺应人类对战争破坏作用的反思以及人类文明进步的需要。

19.2.3　有形与无形

在未来战争形态下，首先形成了无形与有形相结合的新战场，作战不仅要面对现实的物理战场，而且要面对用数字系统构成的虚拟战场。两种不同战场空间相互作用，相互制约。现实空间的布势和力量结构是衍生虚拟空间的物质基础，没有现实空间就难以产生虚拟空间。虽然构成虚拟空间的各种要素由现实空间所催生，但当它以信息的形式由“抽象空间”渗透到“具体空间”时，就会改变现实空间中的力量结构，整合战场空间的作战威力，控制现实空间的物质流向，影响作战行动的发展。反过来，虚拟空间对现实空间的作用结果又改变着虚拟空间的内容，使虚拟空间产生新的质变。虚拟空间没有严格意义的界限，无法用一个清晰的边疆来界定，或者说只有“软边界”，电磁、网络、认知领域都是其存在的领域，陆地、海上、空中乃至太空，都是其制约的范围。虚拟空间与现实空间交融在一起，使作战行动在有形空间与无形空间交错展开①。

（1）战场空间的有形与无形

有形和无形的战争空间互为表里，相辅相成。传统机械化战争，通常是通过摧毁对方的战争力量，达成征服对方意志之目的，通过“有形”，或者说力量“有形”显示，征服“无形”。在层出不穷的新技术、新理论的推动下，战争形态正在悄无声息地向“无人”“无声”“无形”的“三无战争”演变。未来战争不仅仅具有陆、海、空、天的有形战场，而且还具有无形的信息对抗战场。有形战场和无形战场并不是相互独立的，随着战争进程的不断深入，无形的电子信息对抗充斥于有形的战场空间，太空战场成为未来战争的第四维有形战场。先进的技术除了能够将战争双方的军事力量在非对抗的情况下精确显示之外，还能够作为一种战略手段，直接作用于对方的“意志”，由“无形”征服“无形”的比重增大，始于无形，处于无声，终于无人。

（2）武器装备、对抗体系和作战手段的有形与无形

所谓“无形”包含两个方面：一是武器装备的隐形化。自第二次世界大战初期萌芽以

① 张岩，卢红兵，殷强．论信息化条件下战场空间的嬗变［J］．装甲兵工程学院学报，2005，19（4）：7-8.

来，隐形技术目前已取得突破性进展，因其能有效降低被探测发现的概率，增强战场生存能力和突防隐蔽性，未来应用将向更多领域蔓延，发挥越来越大的作用。二是对抗体系不再苛求固定的形式。传统战争中，各作战力量之间缺乏可靠的信息沟通手段，为形成合力，通常需要以规则的“队形”来换取一定的通联能力。而在信息系统支撑下，体系作战能力的形成不再局限于“神聚必形聚”的战场布势要求，对抗体系的构建在空间上将拥有更大的自由度。

随着新概念技术在军事领域的逐步运用，武器装备的毁伤机理正在发生重大改变。各种电磁脉冲、激光武器、纳米武器、计算机病毒与心理战装备等新概念武器将使以往轰轰烈烈的军事行动变得悄无声息，无声的对抗将成为敌对双方角力的新形式。伊拉克战争中，美国曾先后在伊北部“死亡三角地带”、巴格达的萨德尔城战斗中使用了一种通过克隆人类情感，以电磁波形式释放出去，通过操纵敌人的心理和情绪，以影响其行动的“脑控武器”。仅在萨德尔城之战，这种武器就使230余名“圣城革命旅”武装人员集体弃械逃亡。论破坏，一盎司硅可以与一吨铀相抗衡；论损失，可能不伤一兵一卒；论政治影响，绝不会像常规或核武器杀人那样受到舆论的严厉遣责，可谓一箭数雕。

为实现作战人员低伤亡率的目标，世界各国都在致力于开发、研制能够模仿人体功能，并替代人员执行高危作战任务的无人武器平台。在作战思想和军事技术的共同作用下，机器对人体力量的放大和功能拓展渐渐得以实现，无人武器平台在战争中的运用日益增多。未来战争中，传统战场上作为战争主体的自然人将被替换为技术物化的“人”，冲锋陷阵等一线和危险任务将越来越多地由无人武器平台去完成，人更多地退到前沿战场之后，通过遥控这些机器或武器来完成作战任务。当然，战争仍将是无比残酷的，只是形式有所改变而已。

19.2.4 无人与有人

无人装备是指无人驾驶的、完全按遥控操作或者按预编程序自主运作的、携带进攻性或防御性武器遂行作战任务的一类武器平台。主要包括无人机（UAV）、无人地面车（UGV）、水下无人潜航器（UUV）、水面无人艇（USV）等。随着新军事变革的迅猛发展，战争无人化成为重要的发展趋势之一。各种无人作战平台在局部战争中开始崭露头角，显示出巨大的发展潜力和光明的应用前景，日益受到各国的重视，发展势头十分强劲。无人装备在多次现代战争中已有很多成功案例，无人装备在未来战争中将会显示出更加巨大的发展潜力。

2020年9月，亚美尼亚和阿瑟拜疆两国之间爆发的“纳卡”冲突，无人机大规模投入应用并取得惊人战果，让各国再一次对制信息权的重要性有了更深刻的认识。无人机察打一体，实时监控战场状态，定点打击地面突击主力，对亚美尼亚的前沿装甲突击力量构成重大威胁，并被迫主动撤回。同时，阿军利用无人机侦察亚军集结区域，引导远程火力对火炮阵地和集结地点实施精确打击，取得辉煌战果。无人机在本次冲突中，实现了“致盲—斩首—断链”的体系化应用，尤其是为阿军获取了单向战场透明的绝对有利条件，这是阿军取得本次战争胜利的根本原因。

2018 年 8 月 30 日，美国防部发布《2017—2042 财年无人系统综合路线图》，作为美国第五版《无人系统综合线路图》，反映出美军无人装备发展正进入高效提升整个谱系能力、全面推进概念技术融合、逐步推动装备更新拓展的“三管齐下”的新时期。据美国无人作战系统发展路线图，可以看到军用无人机、军用无人地面车辆、军用水下潜航器等装备在一体化打击、多兵种协同作战、无人运输等方向仍有较大的发展潜力。

其中，基于人工智能技术的无人机将使作战环境更加激烈，作战手段越来越多样化。无人机在当前本就是热门，官方、民间都趋之若鹜，各种无人机平台如雨后春笋般涌现，有关将无人机用于战争的理论也是研究重点，这其中“蜂群”最为著名。研究认为，随着 3D 打印技术的不断发展，轻量化、小型化无人机的成本将更为低廉，各方势力都可大量生产，再结合人工智能等技术，使得数十甚至成百上千架规模的无人机集群作战成为现实可能。目前有学者认为存在一种趋势，即无人机战争会成为未来战争的重要组成部分，也暗示着战争形态的新转变，从当前数量少、成本高的网络式作战，转变成未来数量多、成本低，能够相互协调、互为一体的蜂群式作战。

“蜂群战术”由美军在 20 世纪 90 年代末提出。2000 年，美国国防部发布第一版《无人机发展路线图》，至 2003 年伊拉克战争及之后，为了应对高度复杂和对抗性社会环境，美军投入战场的无人作战平台或系统达近万个。随着人工智能及相关技术的实质性进步，为满足战场对无人作战系统不断增长的需求，美军智能化无人系统的发展和应用都驶入了“快车道”。现代军事意义上的“蜂群战术”，是以人工智能、大数据和网络技术为基础，以较大型陆上、海上和空中作战平台为搭载和发射平台，以智能无人机、无人车辆、无人舰船、无人潜艇等无人作战系统为武器，具有自主态势感知、情报融合、目标分配、指挥控制、自适应协同和智能决策等能力，依据作战任务和战场态势的变化，对战场无人作战系统进行自主动态编成，以整体作战能力应对复杂、强对抗、高不确定性战场环境的一种作战方式。在作战中，无人机集群具有更强的稳定性，不会因单一或部分个体故障或被毁而影响整个战局。同时，一支无人机集群编队可以由不同功能的无人机组成，使之兼具侦察监视、电子干扰、打击与评估等多重能力，战场适用性很强。另外大量廉价的无人机系统还可以用于消耗对方的高价值攻击武器，使敌方不得不花费数十倍甚至上百倍的成本来进行防御。

但也应该看到，矛与盾本来就是互生的，无人机的大规模应用也让反无人机技术跟着“水涨船高”。无人作战系统“蜂群战术”所展示的现实能力和巨大潜力，决定了在这一领域的争夺势必激烈。“以子之矛攻子之盾，何如?”有无人作战系统“蜂群战术”，就会有反无人作战系统“蜂群战术”。反无人作战系统“蜂群战术”的主要途径包括发现、控制、摧毁等。由于无人作战系统大多小巧，所以主要是使用雷达、光电、红外或声学传感器来探测和发现目标。利用无人作战系统采用无线通信和控制的特点，通过分析判别和技术破译等手段，干扰或接管对方对无人作战系统“蜂群”的控制，使其不能达到预定目标，甚至为我所用。对无人作战系统“蜂群”的摧毁，既包括摧毁无人机、无人战车、机器人、无人舰艇等本身，也包括摧毁其发射平台，即所谓“蜂窝”。

对于保持高度戒备状态且拥有相应反制手段的军队，无人机作战效果可能大为不同。以俄军为例，2019 年 9 月 27 日俄国防部发布的数据显示，两年内俄军摧毁了近 120 架被恐怖分子用于袭击俄驻叙利亚赫梅米姆空军基地的无人机。在反无人机作战中，比较知名的一次发生在 2018 年 1 月 6 日。当天凌晨，驻叙利亚境内的俄军防空系统发现 13 个小型空中目标接近俄军事设施，其中 10 架飞近赫梅米姆空军基地，另外 3 架飞近塔尔图斯港补给站，结果此次袭击以失败告终。俄军无线电技术部队成功控制了 6 架无人机，将其中 3 架降落在基地外的地面，另外 3 架在降落期间坠毁，其余 7 架全部被铠甲 S 型防空导弹系统击落。

2019 年 3 月，美海军部宣布将快速开发新的反无人机电子战手段，以应对不断增加的无人机威胁。同年 10 月，美空军测试了高功率微波和激光两种反无人机定向能武器。12 月，美国防部指定美陆军作为执行代理对国防部所有反无人机项目进行审查，并对已部署的战场反无人机系统进行测试评估。美海军于 2021 年在 DDG－88“普雷贝尔”号导弹驱逐舰上部署“光学致眩拦截器海军系统”和“高能激光与综合光学致眩与监视”两种反无人作战“蜂群战术”系统。美海军声称在波斯湾的舰队经常受到伊朗无人机的侦察、监视和无人作战系统“蜂群战术”的干扰和威胁，因此部署了由美海军陆战队研发的“海军陆战队防空综合系统”。2019 年 7 月，美海军陆战队 LHD－4“拳击手”号两栖攻击舰使用这一系统成功压制了来袭的伊朗无人机“蜂群”。

在纳卡冲突中，无人作战系统“蜂群战术”对抗尤为激烈。据来自各方面互为佐证的消息，开战首日即 2020 年 9 月 27 日，阿塞拜疆运用无人机“蜂群”携带毁伤载荷攻击对手地面部队，24 小时内摧毁亚美尼亚方面坦克 130 辆、火箭发射系统 50 个、武装车辆 64 部、防空导弹系统 25 个，还有 S－300 导弹和大批火箭炮、榴弹炮和装甲车等。亚美尼亚则运用反无人作战系统手段展开强力反击，击毁阿塞拜疆方面 72 架无人机。9 月底日本发布的 2019 年版《防卫白皮书》明确表示，由于周边国家推进使用无人机、人工智能等尖端技术，可能会成为改变未来战斗态势的游戏改变者，日本将推进研究可以拦截大量无人机的高功率雷达系统。

从大势上讲，“非对称”作战样式今后确实会有更顽强的生命力，但以小博大终究只是权宜之计，是弱势方无奈的选择，“高精尖”领域的对称博弈仍然会是未来军事竞争，尤其是大国之间军事竞争的主流，但在国境线或重点要害部位戍兵百万而保留非常庞大的军队集团将会成为历史。未来战争是体系和体系的对抗，体系是以庞大复杂的技术系统为支撑的。无论作战体系的自动化智能化的程度有多高，也无论无人化武器用于战争的有多少，都改变不了人是战争的主体。一方面，人要适应体系对抗这种战争运行机制，学会在体系之内运用体系的能力作战。另一方面，体系同样给人的主动性、创造性留出了空间，人的智慧能使体系的功能发挥得更好。没有具有创新精神和创新能力的高素质军事人才，体系再先进，也难以发挥应有的先进作战体系作用。体系越先进，越需要具有创新精神和创新能力的高素质军事人才来掌握和使用。

19.2.5 平时与战时

随着互联网和太空技术的普及，传统的领土、领海、领空的国防概念早已被全面突破，由心理战演化而来的信息思想战已登堂入室。战争再也不仅仅是常备军之间的攻防，安全概念已超越军事，成为国家、民族生存和发展的常态问题。网络的功能可以集中一群专家的智慧，一种病毒和“黑客”的入侵，可能把整个作战网络体系搞乱，所起的作用甚至比核弹还要大。信息的误导可能使部队行动陷入困境。信息流的混乱和信息的讹误，都将削弱武器和信息系统的效果。

信息网络战是不受时间和地域限制的战争，在战时和平时可以随时随地展开。美军的网络战、赛博空间作战是信息条件下以计算机及其网络为基本工具、以网络攻击与防护为基本手段的一种全新的特殊作战模式，而且主要是针对指挥领域的作战；是在有限的作战指挥空间（指挥所、司令部或办公室）内，以进攻性与防御性行为夺取和达成信息优势，从而影响、破坏敌方的信息站、信息系统以及计算机网站的作战模式。基本战法包括：计算机网络攻击与防御、输送与防止计算机病毒和“黑客”的攻防行为等。网络战是在看不见的战场上的较量，具有平时和战时一体化的特点，不仅战时是配合战场作战的重要作战手段，在平时也可能独立实施并可随时发动攻击。未来的太空战需要地面指挥所、测控站、卫星地面站、发射场等系统和天上的航天器系统相互配合，天地一体、一体联动，才能完成作战任务；太空态势感知、航天侦察、卫星通信、发射测控等力量在平时也在遂行作战任务，为作战部队日常训练、情报积累、常规发射测控任务等提供保障，服务于国民经济建设和抢险救灾等危机处置，其任务类型、指挥控制、参与系统和人员等与战时并无分别，具备典型的平战一体特征。

信息技术的扩散，加速推动了网络空间泛在化和经济活动全球化，形成了国际利益关系中的两个难以逆转的趋势：一是主要国家之间的联系深化，互利程度和互相依赖程度增强；二是数据、信息、知识、情报形态的资产分布，不再以国界为分割线，建立在信息技术基础上的软硬件产品的供应链跨越多个国家，重要网络服务的提供者和受众跨越多个国家。这两个趋势延续时间越久、覆盖国家越多，国家间发动大规模“热战”的成本越高，而运用赛博手段实现国家意志、保障经济利益、改变博弈地位、影响竞争态势的“凉战”效费比更高、副作用更小。战争形态向既非完全的传统战争，也非完全的网络战，而是长期持续的、悄无声息的混合战争方向演化。科学技术不会淘汰游击战术、恐怖主义或大规模杀伤性武器，武力打击基于“地理空间视图”，网络基于“网络空间视图”，未来战争将在这两种视图的基础上，形成一个完整、可感知的统一综合视图。在这个视图上，全球地理空间和网络空间是具有紧密逻辑联系和精确映射关系的统一战场，动能打击和网络攻击都是指挥员的可选手段，具体融合取决于作战任务与战场态势。

美国意识到自己在网络领域的全面战略优势，远比其在核武器和信息化常规军事方面的优势更加突出，很早就从理论上开始将这种优势转为军事能量。早在 2001 年，美国国防部委托兰德公司撰写的战略报告提出：“在世界各地扩张网络连接，特别是要连接到那些不喜欢美国思想观念的国家；把在世界范围推行信息自由传播作为美国的权力；创建一个‘特种媒体部队’。”2003 年美国成立全球传播办公室，并首度在伊拉克战争中进行战略心理战。2006 年美军“特种媒体部队”成立。据英国广播公司报道，这支特殊部队每天 24 小时鏖战互联网，与美国军方认定的“负面”舆论进行作战，“力争纠正错误信息”，使美军对抗“不准确”新闻、引导利己报道的能力大大增强。2007 年，美国学术界提出社会网络中心战概念，从理论上将信息技术支持下的战术打击重心从消灭战场敌军，转为战略性压制或瓦解敌方军民意志，信息思想战隐然成形。2010 年美国成立网络司令部，并与美国国家安全局合作，通过“棱镜计划”接入全球作战体系，企图将全世界“一网打尽”。

凭借这种新技术形态、新社会形态和新军事形态赋予的信息霸权，美国事实上已经建立起信息帝国。这种空前巨大的软实力，整合并加固了美国在世界政治、经济、军事、外交领域里的硬实力，美国在世界范围内展开一场以信息舆论战为核心的文化渗透。通过电脑、手机等信息化的快捷投送方式，把所谓的自由、民主等传统文化武器，投射到美国当前主要战略对手的国民心理上。以“夺取人心、搞乱对方社会、彻底完成颠覆”为根本目的。

第二次世界大战之后，美国连续实施了以苏联、中东为重心的战略转移，而每一次转移都伴随着新军事革命的发生。美国以中国为重心进行战略东移也不例外，包含着信息思想战的新战争形态。美国悄无声息地利用中国部分网站境外上市的机会，以经济“合法”手段对中国本土网站予以资本控制，继而取得人员任用和内容筛选的控制权，从而形成和中国传统宣传体系相对抗的网络宣传体系。从军事角度看，这就是“深入敌后”建立起的“秘密军团”。通过“秘密军团”对中国历经多年、花费巨资建立起来的庞大书籍、报刊、电视、电台体系，造成水漫金山式的包围、倾轧，传统文化宣传体系被边缘化。按照美国全球传播办公室“断章取义、移花接木、无中生有、舆论绑架、恫吓政府、借刀杀人”等经典战术，以虚假的民意绑架政府，达到其攻心“攻城”的目的。利用网站这种公共言论平台可以隐姓埋名的乱象，以推特、脸谱等网站放大来自中东的社会话题，连续制造了突尼斯、利比亚、埃及事件。前些年国内一些别有用心的人，躲在数以亿计公共舆论平台里面，同时不分昼夜地丑化领袖人物，攻击党和政府，损害人民解放军形象，大量编造所谓的“党史”“国史”“文革史”，以“历史虚无主义”的触角，试图像黑板擦一样快速抹去中国人民用流血牺牲换来的发展成果，借助新时代网络技术，就这样“攻城略地”如入无人之境。

而令人奇怪的是，在美国无论是传统媒体还是网络新媒体，都在法制的轨道下，并接受美国全球传播办公室代表政府进行的战略指导。所以，美国互联网产业虽然发达，不仅未影响其国内稳定，反而成为其推行文化帝国主义的主要工具。中国没有输出文化霸权的需要，但出于国内稳定和抵御外部文化入侵的现实需要，也不应该继续放任国内舆论领域对立现象的存在，任其发展必将造成全社会的思想分裂，进而影响中国社会稳定。近几年，国家因势利导，发挥网络媒体监督权力、遏制腐败、沟通民意的作用，起到了凝聚民心、稳定社会的正面作用。同时对敌对势力利用新媒体浑水摸鱼的做法，进行积极防御和严厉打击，对撂荒日久、荆棘遍地、毒虫丛生的某些网站进行了清理，对敌对势力隐蔽盘踞的据点进行扫除，对极少数反动分子依法予以整治，取得了良好的效果。从国家安全的角度看，大型网站与传统的铁路民航、导航定位等国家基础设施一样，已经成为对国家安全有重大意义的战略资源，必须牢牢控制在党和国家的手里，决不能允许网络舆论主权沦陷的情况出现。

19.2.6　外在与内在

不同的战争形态有不同的主导制胜要素。相对意义上说，冷兵器战争是兵力的较量，热兵器战争是火力的较量，机械化战争是机动力的较量，信息化战争是信息力和认知的较量。当然历史上的战争形态，也离不开谋略、信息、知识的较量。在知识、科技和经济大爆发时代的未来战争中，知识这种制胜要素，已经超过了兵力、火力和机动力，上升为主导要素。一般情况下，知识这种无形的要素是不能独立构成战斗力的，它必须要和有形的要素结合在一起，才具有打击力和杀伤力。当知识特别是创新知识渗透和应用于其他战斗力要素之中，就可以极大地放大物质、能量的杀伤力，缩短军事行动的时间，减少兵力、火力和机动力的消耗。

人才是战争制胜的关键因素，是军事资源中最宝贵、最具有决定意义的资源。未来战争知识和技术高度密集，要求军人必须具备现代科学技术知识。在未来战场上，知识将成为战斗力的主导因素，敌我双方的较量将更加突出地表现为高素质军事人才的较量。知识是人的内在，认知是人的外在。只有不断强化人的知识内在，才能形成对高科技认知的外在，并将之有效转化为认知优势和决策优势，才能更多地掌握战争的主动权。当前和今后一个时期，科学技术对军事领域的影响，深刻性和广泛性是历史上任何时期都无法比拟的，对高科技知识的掌握和形成认知成为战斗力的灵魂，确立知识的较量这一制胜新观念，是未来战争认知变革的关键。

军事哲学是关于战争观、军事观和根本的军事方法论的理论体系，人与战争的关系是军事哲学的重点内容。传统军事哲学思想认为，战争的军事优势是建立在对人的杀伤（防护）的有效性基础上的，战争的胜负也是取决于对人的“消灭”或丧失其有效抵抗能力，战争的实质是为了歼灭、削弱目标的有生力量。历史上在研究人与战争关系时都是在基于“人以外”的，即从人的外在行为及其在社会环境中的相互关系来认识人的作用，即使也对作战人员的思维、性格特征加以分析，也仅仅是建立在经验判断、推测归纳的基础之上，不能从思维、性格变化的内在微观机制角度探索到“人之内”。

克劳塞维茨“战争是暴力最大限度地使用”的论断，曾被视为揭示战争本质的经典论断，成为战争指导法则的宝典。站在历史唯物主义的角度，在当时科学技术水平的限制下，克劳塞维茨的“暴力”观点无疑是有道理、有意义、有价值的，迄今，人们的这一观点也未曾改变。但经历两次世界大战后，人们发现暴力最大化是对人性的漠视和人类文明成果的摧残。虽然信息技术使战争具备了有限使用暴力的特点，但信息技术也是游离于

"人之外"的，只有从战争的发起者、组织者、参与者的核心——人着手，才可能真正解决战争暴力最大化的弊端。现代生物科技的运用和生命超微空间的出现，使这一愿望成为可能。生命超微空间研究的主体是人，一旦人的某种微观结构与生理、心理功能的关系被诠释，就可以从人的微观结构与功能层面，考虑攻击与防御作用，不造成绝对杀伤，而是相对致伤和可逆性致伤。

科学技术的发展使传统的战场观念被打破，战争不再是传统意义战场上的拼杀，战争之前是政治、经济、文化、科技等全领域的综合较量，战争之中是体系与体系之间的系统角斗，战争之后是为准备下一次战争而开始的综合实力比拼的另一次循环。随着现代生物科技的发展，未来战场向"全息化"发展，战场空间包括陆、海、空、天、电、网和认知空间外，出现了生命超微空间战场。这个战场掌握了战争的核心——人的重要生物信息，使得显微镜下人的生物信息成为敌我双方争夺的对象。这个战场不再简单地从军队人员的外在结构研究毁伤效能，而是立足于人体微观结构与功能调控的定向关系，着眼于人体整体功能的选择性变化，考虑攻击与防御作用，如只削弱人的精确操作功能。简而言之，传统武器装备的损伤是从人体表面进入，是"由外至内"，是肢体损伤，是不可逆的；而生命超微空间损伤是从人体内部入手，是"由内至外"，是功能损伤，是可恢复的。一种是漫无目的的打击，一种是预先设计好的控制。

现代生物科技本身就是揭示人类认知和智能的微观活动机制的，一旦技能掌握、精确操作等这些与作战能力密切相关的生理功能的发生、发展与变化细节被阐明后，勇敢坚强或胆怯惧怕等这些和战争胜负攸关的心理因素的基因根源、产生条件和控制手段等被熟知后，这样人在战争中的作用就突破以往的认知和局限，从"人之外"到"人之内"，如美国加利福尼亚州立大学洛杉矶分校的研究人员发现一种"读脑术"——使用过去的历史来判断未来的认知模式和思维过程。未来，不仅要将"人"放在战争环境的大背景中加以认识，而且要精密到"人"作战能力的形成和变化，人在战争过程中的思想、行为上的微观的、内在的变化规律，为认识人在战争中的作用开辟了另一个广阔的思维空间。

19.2.7 显性与隐性

战争自问世以来，就一直朝着对人类杀伤作用越来越强，对目标破坏作用越来越大的轨迹发展，尤其是核武器的使用，使这种杀伤破坏作用达到顶峰。随着科学技术的发展，取代硬摧毁的将是政治、经济、外交、文化、科技等领域中持久而反复的软杀伤较量。发动战争的一方将会首先给敌方以软杀伤，以造成其社会动荡、政局不稳、经济衰败、人心涣散、凝聚力瓦解，直至最后分崩离析、彻底垮台，必要时再辅之以短促而致命的武力打击。

第二次世界大战结束70多年来，世界发生过代理人、大国对小国的战争，但从未发生过有核大国间的军事决战。为什么从第一次世界大战到第二次世界大战只有短短的十几年，而第二次世界大战后至今70多年仍没有爆发想象中的第三次世界大战？这是由于机械化工业带来的巨大力量，特别是核武器的发明和使用，已具有毁灭双方和人类的威力，这种现实震慑性使西方长盛不衰的社会达尔文主义和军事帝国主义骤然失效。美国战略学者在第二次世界大战期间就提出世界正由军事帝国主义，向经济帝国主义和文化帝国主义形态过渡。20 世纪中叶的朝鲜战争，中国以十分落后的装备战胜美国领导下的“联合国军”；越南战争中，美国现代化正规军无法战胜游击队的事实，更印证了在意识形态尖锐对立和核武器威慑背景下，常规军事力量在大国显性对决中作用的暂时失灵。美国转而集中力量实施以“和平演变”为表征的隐性战争——文化战略，以军事手段“明修栈道”，以政治、经济、文化等手段“暗度陈仓”。

苏联解体后，时任美国中央情报局局长罗伯特·盖茨飞到莫斯科，骄傲地在红场散步，并宣称：“我们知道，无论施加经济压力还是进行军备竞赛，甚至用武力也拿不下来。只能通过内部爆炸来毁灭它。”曾为布热津斯基工作、当过美国驻苏联大使馆副武官、美国国家安全局局长的威廉·奥多姆，以军人和学者的双重身份写道：苏联军队不是被入侵的敌军消灭的，他甚至没有为维护自身生存而孤注一掷；他也未曾向别国发动战争，以团结国内民众支持摇摇欲坠的政权；他手中握有世界上数量最多的核武器，却从没有威胁过要使用它……最终“被抛进历史的垃圾堆”。

在美国战略思维调整，全面推行新征服理念期间，西方从机械化到电子化，再向信息化、网络化持续跃进，实现国家技术和新工业形态转换，同时也带动世界科学技术、经济和政治、军事领域发生巨变，使得这一时期的世界战争形态涌现出具有复合特征的“多形态”化：既有传统的军事型战争，也有嬗变中的文化型、经济型战争，还掺杂了原始的非国家组织的恐怖主义战争。随着新技术的到来，在同一个时空中同时并存多类型战争，这是各参战方所拥有的物质实力和政治主张决定的。这种现实使得现代战争的规划者无法依照单一的制式化战争思路，组建任务和职能单一的军事体系。美国以文化战略——隐性战略为主，以经济和军事战略为辅，成功肢解了以苏联为首的华约阵营，接着以冷战中积蓄的新军事势能发起海湾战争，掀起以精确制导武器为特征的信息化军事革命，又以内部瓦解、外部干涉的新模式发起科索沃战争。进入 21 世纪，美国文化和军事的两只“隐性与显性”战争之手交替挥舞，把世界搅得天昏地暗。

2009 年，美国成立网络司令部，网军把国家军事力量和民间技术力量全部整合为一个力量整体的同时，还将战略功能从军事领域溢出到社会领域，从本土覆盖到世界。2009 年 11 月，美国网络安全公司发布报告《近在眼前：走进网络大战的时代》认为，大国正积蓄力量，以利用网络控制战争。报告称“全球已经进入网络冷战的时代”。话音刚落，2010 年突尼斯发生“茉莉花革命”，军队还没有从茫然无措中回过神来，政权已改换门庭。美国媒体说，“它立即创造了历史——突尼斯成为阿拉伯世界首个通过公民暴动推翻其领导人的国家，或者更确切地说是网民，这得益于突尼斯先进的现代通信基础建设、互联网的普及和手机移动网络的数字化”。美国战略家认为突尼斯事件“是一个网络攻击性行为上升至多形态战争层级的例子”。2013 年年底爆发的乌克兰危机，依靠“木马军团”“第五纵队”这类“战争暗物质”，美、欧在肢解苏联和颠覆中东、中亚部分国家政权经验的基础上，美国已经对文化、经济帝国主义主导下，使用“战争暗物质”和“军事明力量”的新战略模式充满自信。它不仅敢于直接从俄罗斯腋下拆骨取肉，还敢于深入虎穴，在俄罗斯境内连续制造“颜色革命”。而俄罗斯虎口夺食般的反击，则标志着经历20年改革，新俄军已经从战略思维和战争学说等顶层设计上，跟上了世界军事的新潮流，从而跻身新列强之列。北约防务界认为：俄罗斯2008年攻击格鲁吉亚、2014年吞并克里米亚和向乌克兰渗透，完整地体现了普京在2020年军队现代化计划中包含的新原则：“俄罗斯将影响力置于操作计划的核心。”这种战争新形式不能用传统意义上的军事运动来定义。“俄罗斯的现代战争视野建立在战斗主要空间存在于头脑之中，因此新时代战争由信息和心理行动所主导的思路之上。”其目标在于“将重火军事部署缩减到必要的最小限度”。而俄罗斯则将美国发动的“颜色革命”和军事干涉相结合的“多形态战争”称为“混合战争”①。

19.2.8 硬性与软性

人类社会的发展与人类个体的发展有着极为相似的方面。孩提时代解决矛盾的手段是拳头，成年时代以后解决矛盾的方式就不再或很少用直接的暴力对抗了。人类历史的发展也同样地遵循着这一规律，现在，发达国家的现代化程度已经达到一定的高度，它们用以解决矛盾的方法也已改变，即由硬性战争转化成软性战争。短时期内才获得独立的国家，社会文明发展水平较低，仍在以硬性战争解决相互间存在的矛盾。随着统一民族国家的形成、发展和完善，它们也势必走向新的成熟，战争手段也更加柔性。关于未来战争的主要手段，传统的硬件摧毁和人员杀伤仍是各国的主要关注点。同时，通过心理战、经济战、贸易战、基因战、文化战对敌人进行软性打击，削弱对方军事力量的运作能力，也受到各国的广泛关注。

科学技术的发展及其在军事领域的广泛应用，使实现战争政治目的的手段进一步多样化，更加有效，更加容易达到预期的目的，更加丰富多彩。因此，非武力、非军事，甚至是非杀伤、不流血的方式同样甚至更可能有利于实现战争目的，改变了人类一向把武装斗争当作解决冲突的终极手段的定论。比如，在海湾战争、科索沃战争中，使用精确制导武器，直接命中军事目标，不仅作战效能大大提升，而且可以做到不伤及或者少伤及军事目标周围的建筑物，降低了战争的附带损伤。又比如，西方军事强国正在研制所谓“人道主义”武器，可以毁物而不伤人。现在又出现了许多新概念武器和机器人武器。这些武器可以使战斗员失能而不至于丧命，战争人员伤亡可以大为减少。再比如，现代战争中的“网络战”，主要目的是掌握战争制信息权，削弱甚至剥夺对手的信息能力，这是一种非流血性质的“软杀伤”作战方式。在未来战争中，网络攻防对掌握战争主动权意义重大，越来越凸显它的战略位置。网络攻击通常在“硬杀伤”方式摧毁敌方通信设施的前提下，采取电脑病毒植入、黑客入侵、电磁干扰、电子束波等手段，破坏敌方的信息指挥网络，使其指挥系统瘫痪丧失作战能力。随着信息战、网络战重要地位的凸显，“软杀伤”也必将成为未来战争重要的作战方式。这种方式不会造成人员伤亡，从而降低了战争的暴力性强

① 戴旭．“互联网＋战争”：倾听未来战争的叩门声［J］．国防大学学报，2016（1）：18－19．

度。未来还可能在各个领域使用“慈化”的手段进行作战。

心理战。这其实是一种非常古老的战争方式，并且一直在被自觉或不自觉地运用在历史上各个时期的战争中。我国古代史书和兵家经典如《左传》《孙子兵法》《六韬》等都有记载或阐述。苗枫林先生在《中国古代心战》一书中，对我国历史上的心战从经验到理论进行了系统的研究和总结。但是需要指出的是，中外历史上的心理战，都不过是传统战争的一种辅助手段，并没有上升为战略层面。只有到了 20 世纪后半期，心理战才被美国为代表的西方国家运用到了极致，而苏联的解体、东欧剧变以及中东国家发生的所谓“颜色革命”，就是最好的证明。

经济战/贸易战。高技术战争对一些国家造成巨大损失，容易想到海湾战争中的伊拉克和科索沃战争中的南联盟，但是在亚洲金融风暴中，泰国和印度尼西亚遭受“金融游击者”索罗斯的沉重打击，绝不比伊拉克和南联盟遭受的军事打击轻多少。金融战争无时无刻不在进行着，20 世纪末发生在香港的金融战争，是一个非常典型的案例。据柯原、方杰《现在金融战争形态研究——基于香港金融保卫战的案例分析》一文介绍，作者通过对这一案例的解剖，全面分析了金融战争与传统战争及一般金融投资的区别、现代金融战争的形态、现代金融战争的具体样式，并提出了建立《金融战争学》学科体系的建议。近年来，美国始终在迫使人民币升值，人民币的不断升值，使得我国购买的美国国债不断贬值，这无疑是一场地地道道的经济掠夺。

基因战争。所谓基因战争，就是运用基因武器所发动和进行的战争。而所谓基因武器，则是运用基因工程技术，按设计者的需要，通过基因重组，把一些特殊的致病基因移植到微生物体内，制造出新一代生物战剂。20 世纪 70 年代，分子化学学科有了突破性进展，以基因重组技术为代表的遗传工程（又称基因工程）技术应运而生。

文化战。早在第二次世界大战期间，一位叫摩根索的美国学者就提出，所谓的普世价值在国际政治领域从来就不存在，那只是强国用来美化自身、控制对手的策略。摩根索认为，很多国家标榜自己代表普世价值，这其实是一种披着普世价值外衣的新民族主义。这种普世化的民族主义更具攻击性和欺骗性，是未来国际社会中的重大隐患。尽管当下的世界主要依靠军事力量进行争霸，但国际政治格局变化的大势正在由军事帝国主义、经济帝国主义过渡为文化帝国主义，而文化帝国主义是最隐蔽、最持久也是最有效的帝国主义形式。

文化战争历史久远，是伴随着殖民、侵略而来，也是西方国家惯用伎俩，无处不在。尤其是随着媒体的发展变得更为剧烈。美国学者是最早提出“文明冲突”理论的，认为不同文化和意识形态间冲突将主导未来战争的发展趋势。美国将文化战争的“艺术”和“程式”运用到了无以复加的程度，手段更加多样隐蔽，变化更加复杂而难以确定，颠覆既有规则，超越所有限制，不分前方后方。全世界已经清醒地认识到，美国的文化归根结底是强盗文化，西方的民主归根结底是“大鳄”民主。

未来，要看到硬杀伤可能不再是战争的唯一手段，也可能不是主要手段，而是软硬手段结合。但是战争暴力的现实物质性并没有改变，战争依然是用暴力来对抗暴力，必然会带来实实在在的毁损和流血，要看到战争的残酷性和破坏性。绝对不能陷入“慈化”“软杀伤”的喧嚣之中，也绝对不能忽视“硬杀伤”能力的提高，决不能放弃或忽视发展火力、突击力、机动力和防护力，必须做到“软杀伤”“硬杀伤”同步进行，多种手段“软硬兼施”综合运用。

19.2.9 无限与有限

如果说广袤的宇宙空间是人类的“第四领土”的话，那么数字化网络构成的虚拟空间就是人类的“第五领土”。相对于人类在地球上的领土、领海和领空的版图意识，宇宙空间、网络空间具有开放性、广延性、无限性和不确定性，可以把它们看作是人类的“虚拟领土”。“虚拟领土”有人类取之不尽、用之不竭的资源，为人类的生存和发展提供了无限的空间，为人类的活动提供了无限的可能性。它是未来战争赖以进行的新战场，是人们争夺的新的“军事制高点”。谁控制了更多的“虚拟领土”，谁就会拥有更多的主动权。

对于战争而言无限是指绝对性，即是克劳塞维茨所说的“无限制地使用暴力”。传统战争中，交战双方倾其全部国力、尽可能使用当时一切最尖端的武器和最先进的手段，战争强度大、消耗大、损失大，短时期几乎无法平复战争创伤，战争所追求的最终目的是扩大领地、王朝兼并、权力争夺、占有土地人口和资源，彻底歼灭对方国家、集团的基本军事力量，剥夺对方的抵抗能力，占领对方的全部领土，控制对方的经济命脉，支配敌国的主权。交战双方无所不用其极，杀人盈野、灭国毁城、赤地千里。

在20世纪的前五十年里，“生存空间”对经济发展有决定意义，帝国主义国家主要靠瓜分殖民地进行掠夺战争，为本国工业夺取资源和廉价劳动力，为资本和商品输出开辟道路。战争成为刺激资本主义发展的重要杠杆，也是垄断资本家牟取“暴利”的一种特殊形式的商业行为。战争掠夺的收入值越高，风险越小，规模就越大。因此，垄断资产阶级集团不惜以整个国家、整个民族的物质力量和精神力量作为资本来策动世界大战。但也要看到战争的巨大破坏力和高消耗，已成为医治大战狂癫症的特效镇静剂，迫使霸权主义的首领们不由自主地去寻求避免世界性大战的策略。

可以判断，未来战争应当是有限的，有限性体现在战争目的、投入力量和使用手段是有限度的。从近几场局部战争中我们可以清楚地看到，之前那种“互相确保摧毁”和“相互确保安全”的对等作战思想，已经被以强大实力震慑压迫对方的优势作战思想所代替，小规模局部战争和地区冲突已成为当今世界战争的主要演绎形式，有限的战争规模界定了战争杀伤范围和战争烈度。

战争目的是有限的。战争或者是为了改善本国周边的战略环境而以“代理人战争”的方式扶植和稳定傀儡政权；或者是为了“报复”“教训”对方，损害其在国际舞台上的形象，迫使其改变政治立场；或者是为了占领部分有争议的领土，取得一定的经济利益，以稳固国内的统治，等等。战争投入是有限性的。国家不必全部进入战争状态，也不必实行综合国力的总动员，而只使用与有限的战争目的相适应的军事和经济力量，求得迅速解决争端，力争防止事态扩大。

战争手段是有限的。双方也许只使用高技术新式武器，运用常规或特殊的作战方法，就能有效控制战争的规模和强度。首战可能就是决战，这种追求目的改变和打击重心的转移，可能使战争形态发生变化。应用高新技术或颠覆性技术开展小规模的战争风险小，并可以达到一定的战略目的和政治目的，势必将成为政治家、军事家的最佳选择，从而使暴力的使用由无限走向有限，由集中走向分散，由世界大战走向局部战争。战争制权是有限性的。历史上曾经出现过制陆权、制海权、制空权理论，现在提出了制天权、制信息权理论。所有的制权都是有限的，空间越大，制权的难度越大。英国海军蒂尔将军认为不存在绝对制海权，制海权仅仅是相对概念，就时间而言，制海权始终是程度的问题，就地理空间而言，制海权始终是相对的。所以，唯一有价值的制海权在于特定时间对特定海洋空间的控制和运用，而这种控制和运用的范围即为军舰战斗力所覆盖的区域。蒂尔引用第一次世界大战时英国海军上将培根的话“制海权仅限于战列舰所及之处”。未来，制天权也是如此，深不可测的太空大到不可想象，制天权也只能是“仅限于航天器所及之处”，这一点美国已经承认，“美国自由独立使用太空的时代已经结束，美国需要采取措施以限制太空战的规模，在某种程度上，这是一种有效的美国‘有限太空战’战略。”

19.2.10　威慑与实战

战略威慑已成为凭借现实的军事优势，通过策划使用军事打击力量，来达到“不战而屈人之兵”的战略手段。把威慑当作国家战略或外交政策的一种手段的思想，古而有之。但是，只有在出现了核武器这一“不需拿出使用即可起到作用”的报复手段后，才产生了完整意义上的战略威慑。如何利用军事手段、特别是核力量，以使对手相信有可能运用军事力量但实际上避免运用，与此同时又实现了既定的政治目标，这是威慑的核心问题。第二次世界大战以来，世界上没有发生现实的核战争，单纯从技术角度看，核武器的发展必然导致核战争形态的诞生，但是核战争的巨大毁灭性与战争作为政治工具的本质属性存在根本的矛盾冲突。但是，并不能彻底否定将来爆发核战争的可能性，只要世界上存在着庞大的核武库，存在着以首先使用核武器为基础的核威慑政策，就存在着“可能的核战争”。纵观第二次大战后历史，正是这种可能的核战争，成了现实政治的继续，而它的一个重要产物，就是核威慑政策。

克劳塞维茨说过，“可能的战斗只要具有效果就可以看作实际的战斗。”在战后的局部战争中，战斗仍然是实现战争目的的最有效手段，所不同的是“可能的战斗”，即威慑的地位大大提高。核战争与政治的关系同样如此，“可能的核战争”也许只是一种期货交易而非现金交易，“总是有人天真地认为，可以用核武器吓唬别人，其实这就如同将拔掉保险的手榴弹放在自己口袋里一样。”但在核武器得到全面禁止和彻底销毁之前，它就始终存在着兑现的现实可能性。普京在竞选时说：“当前在核国家之间爆发全球战争的可能性并不高，因为那将意味着文明的毁灭。但只要我们祖辈艰难创建的战略核力量的‘火药’保持干燥，就没有人敢于发动一场针对我们的大规模侵略。”

斯里普琴科在《第六代战争》中写道：“可以确信，世界各国在军事领域不可避免地分为两类：一类是在战争代次上居于领先地位的国家。另一类是依旧停滞在第四代和第五代战争水平上的国家。可以预料，在裁减和销毁核武器的过程中，将遇到来自在战争准备上落后一代的核国家的巨大政治阻力，而非核国家却在力求成为核国家。”“做好第六代战争准备的国家所具备的对世界任何距离上的敌人实施长时间、密集、高精度、战略突击的能力，将会降低前沿部署的意义和军事力量长期存在的必要性。但与此同时，又会出现其他新的问题：不仅必须对陆地、海洋、空中边界进行保护和防御，而且还要对太空边界进行保护和防御。识别和界定核武器和常规武器及其运载工具将更加困难，这势必增加合法使用核武器的风险。”

正是由于在传统军事领域内的技术和实力与以美国为主导的西方国家差距较大，发展中国家特别重视新兴军事领域的发展，强调以新兴军事技术制约美国的传统军事优势，或者以新兴军事技术和手段对美、英的传统军事实力构成非对称的威慑，因此对太空战、网络战、信息战、基因战、智能化等应当给予重点关注。当我们正在追求双方共赢的时候，美国人在做单赢的事情，国际法、经济合作是真实存在的，但都靠不住。国际法的问题在于没有真正的世界政府，也没有真正的世界警察和世界军队，所以，国际法的裁决无法落实，最终沦为强者的游戏。至于经济合作，第二次世界大战前的英德、日美，经济合作和相互依赖程度非常深，但丝毫不妨碍二者刺刀见红，拼个你死我活。对此，必须要有一个清醒的认识，切不可把威慑的作用绝对化和理想化。一个能够在不久的将来进行新一代战争的国家，更不会使用以有生力量为基础的军队集团及核武器来解决自己的所有问题，其主要方法只能是使用大量高精度武器、新物理原理武器进行对抗。

美国武装力量建设是由其全球政治和全球战略内容的特点及其巨大的财政能力所决定的，美国在其边界上没有潜在的敌人。因此，很显然美国的武装力量分布到全球范围，也就是分布到世界各个角落。世界上多数国家在自己的武装力量建设方面，学习、研究美国的经验做法，但根本不可能照搬美国的经验，否则，将会被抛入耗尽精力且毫无希望的军备竞赛之中。新形势下，国际战略形势和战争形态深刻变化，我国国家安全问题范围和领域不断扩大，军队担负的职能任务不断拓展，军事力量运用日益常态化，运用方式越来越多样化，这就要求必须丰富和完善积极防御战略思想的内涵，创新和发展军事战略指导。积极防御的军事战略无疑包含威慑的重要内容，即在必要时运用力量显示各种军事威慑手段，与政治、外交斗争相配合，“不战而屈人之兵”，遏制战争的爆发。基辛格曾提出，全面战争的最好的战略形势，决定于进攻能力和防御能力适当的“混合”。进攻和防御是战争永恒的主题，无论战争形态和作战样式怎样发展，进攻和防御总是密不可分的。积极防御军事战略的立足点从来都是准备战争和打赢战争，把军事斗争准备的基点，放在打赢现代科技条件下的战争上。从最坏的可能性去争取好的结果，以敢战、能战来达到“不战而屈人之兵”，按照威慑与实战并举的思路，立足于打而实现防，这是威慑思想的基石。

对于常规力量来说，不可能完全代替核力量的威慑作用，因为它尚不能产生出与核力量相同的恐惧效果，即便是以信息技术为核心的高技术兵器群，其常规威慑的作用迄今为止也是有限的。这一事实表明，在非核条件下的现代战争中，军事手段的威慑作用主要来自于“实战”，即军事力量实际较量的结果。未来战争面对发达国家信息化智能化军队，可能有两种选择，一种选择是自己也全力发展高新军事技术，以巧胜巧，打一场棋逢对手的消耗战，结果可能两败俱伤。另一种选择是打一场“非对称”战争，坚持信息主导，精打要害，以能击不能，以奇制胜，以奇胜巧，体系制胜，以整体上低于对手的武器装备，运用先进的军事思想、革新的战略战术，遏制、削弱、回避信息化程度高的军队所拥有的优势。

19.2.11　民心与士气

随着互联网在物质世界的开疆拓土，越来越多的物都实现了联网（如物联网），网络的互联互通，有助于汇聚众智、解决难题、交锋观点，加速了创新步伐，增强了人类交流的动力。但人们在实现远程获取和信息分享的同时，也更容易遭遇黑客攻击和破坏。社交媒体的大众交流功能，使个人可以无视权威、分享故事、传播谣言，交流交往权力关系的根本性变化，动摇了个人与传统权威部门的关系。

社交媒体、互联网、网络博客以及无处不在的智能手机，使通信不再只是少数人的权利，也使得声音传播的方式多种多样、信息交换容量和速度都大为增加。因此，影响人群的方式也发生了很大变化。在互联网之前的时代，大众通信只是掌握在少数机构（政府和重要的媒体组织）手中，即使那些民主国家，报纸和电视台的数量也屈指可数。信息技术的发展，多对多通信的实现，改变了媒体的生存环境。只要拥有 QQ、微信、博客或其他类型的社交媒体平台，任何人都可能有来自全国甚至全球的“粉丝”。政府和非政府组织都在利用这些工具为自己服务，极端分子也在利用网站发布暴力视频（或为了宣传，或为了教唆）。

信息化和全球化的快速发展趋势使各国均认识到未来战争中的行为体绝不会仅仅局限于传统的军队和士兵。各类集团、组织、个人等非国家行为体甚至普通大众都将有能力直接或间接地参与并影响战争进程。冲突各方，包括国家和非国家行为体，将寻求利用新老媒体加强自己的宣传。国家掌握有更多的资源，而社交媒体不断扩散的网络效应，相对增加了非国家行为体的力量，与 20 年前相比，它们的宣传手段已今非昔比。这意味着，即使是国家之间的冲突，向不同群体（敌方、己方和第三方）直接发声，将成为影响战争合法性、战争结果和战争决心的关键因素。

历史反复告诉我们，决定战争胜负的根本因素是人，是人心的向背，而不是战争形态本身；物质的力量最终只能由物质的力量来摧毁，即使拥有政治优势的一方，最终获胜也必须把这种优势物化为物质的力量才有取胜的可能。以解放战争为例，“小米加步枪”的共产党最终战胜“武装到牙齿”的国民党，是在具有政治优势的基础上实现的。再以阿富汗战争、伊拉克战争为例，不能否认，美军及其盟国之所以苦战若干年并付出巨大代价，根本原因是人心问题，起码有相当一部分民众不支持甚至反对战争，这就使得抵抗者包括塔利班、“基地”组织在没有先进武器、没有充足经费支持的情况下，使用传统的游击战，甚至爆炸、绑架、骚扰等手段就能够进行持续的抵抗，利用可以使用的各种信息传播技术破坏对手的形象、制造有利于自己的声势。

民心与士气对国家决策有很大的牵制作用和影响力，“得民心者得天下”古今通用。各国军队都想通过多种方式动摇对方的士气，或者通过宣传广播，或者通过直接进攻，就像第二次世界大战时期交战双方所做的那样。赢得战争的关键不在交战而在争取民心。网络化、信息化的发展增强了个人的潜在力量，而个人通过组建松散而灵活的网络型组织，使用非对称性的打击手段，将有力地影响整体战争进程。拥有军事实力优势的一方如果在民心上不占优势，战争往往是持久的。在游击战和反叛乱行动中，赢得民众的支持也是战争双方争夺的直接目标，即使是应对非国家间的冲突，获得国内支持也不可或缺。从这个角度来看，毛泽东关于“人民战争”的理论和思想，正被各国的战略学者重新认识和重新解读。

19.2.12 和平与发展

社会形态的不断进步给人类带来的是幸福和享受，而战争形态的不断升级，却只能给人类带来灾难和痛苦。即便世界大战不爆发，全人类的上空也时刻笼罩着战争的阴影和恐怖。随着人类社会的发展，战争形态的演变是不以人们意志为转移的，和平的人们只能承认和面对这个令人十分不快的现实。第二次世界大战的结束，并没有给人类带来真正的和平，冷战使世界在两极军备竞赛中改变了面貌。作为冷战的结果，形成了“相互确保摧毁”的核僵局。

由于核技术在为人类解决动力问题的同时，也向人类提出了核武器所带来的全球性问题。于是，正如亨利·基辛格在《核武器与对外政策》一书中写的：“武器的威力愈大，就愈不愿使用它”“除了和平，别无出路”。在这种核僵局框架下，军事领域出现两个基本走向：一是对核技术的追求，无核国家希望进入有核世界，建立核威慑，成为核俱乐部的一员；有核国家则希望找到对核能量的控制途径，使核武器小型化、战术化，将威慑转化为实战能力。二是对非核武器精确控制技术的追求，希望找到可用的战争新手段，作为核技术的延伸和补充来解决终端和局部冲突。这种追求的结果，导致了核技术和精确控制技术在时空上的重叠，产生了新的战争形态：核威慑下的高技术局部战争。如今，人类不仅掌握了对动力的精确控制，而且掌握了对战争样式和过程的精确控制，战争可以像外科手术那样精确无误。毫无疑问，与50年前对核武器的困惑不同，对能量的控制愈精确，人们就愈愿意使用它。苏联解体后，世界战略格局发生了根本性改变，“两极世界”不复存在，使美国失去了制约。在利益冲突面前，美国更愿意付诸直接或间接的战争方式解决问题。因为在当今世界里，美国作为唯一的超级大国，正是其推行霸权主义的“难得机遇”。美国不愿意看到多极化进程，试图用单边主义布局天下，将其战略利益最大化。世界战略格局的失衡和人类对精确控制技术的掌握，大大降低了核威慑条件下高技术局部战争的门槛，使战争频率大幅度提升。

自第二次世界大战后就一直引领危险潮流的美国，终于把世界带到了一个连他自己也不认识的时代面前。美国在失去了公开的、唯一的敌人的同时，使自己成了潜在的、不确定的敌人的敌人。美国感到有些困惑了，因为他不知道他的敌人是谁，不知道他的敌人在哪里，更不知道他的敌人何时用何种方式来攻击美国。因而希望用国家级战略防御技术体系，把自己遮蔽起来，以摆脱来自茫茫黑暗处敌人的威胁。“9·11”事件发生后，美国意识到除了传统的蓄意攻击、意外、错误和非授权发射等威胁外，美国正在受到恐怖主义袭击和非对称战争的挑战。美国断定，由于某些“无赖国家”正在发展核生化大规模杀伤性武器，以及弹道导弹与巡航导弹技术的继续扩散，给美国领土、美国的海外部队以及美国的盟友带来了巨大威胁。美国建立导弹防御系统的目的是确保其在全球范围的行动自由而无后顾之忧，既要保证美国的绝对安全，又能使美国“足以威胁任何敌人”，以巩固和强化其唯一的超级大国地位，这是美国推行全球霸权战略的必然要求。

在冷战时期，和平是有条件的，它是建立在超级大国核威慑下的战略平衡，而这种战略平衡一旦失衡，和平就将不复存在。实际上，由于地球资源的有限，特别是人们对战争及其全球性问题的恐惧，和平与发展不仅是有条件的，而且有时是矛盾的。要发展就需要有资源，在经济全球化背景下，资源在国际安全中扮演着越来越重要的角色，对有形或无形资源的争夺日趋激烈，“资源战争”已成为强势国家夺取战略利益的重要手段。凡是战略资源丰富的地区，都是冲突的热点地区。波斯湾、里海盆地、东亚（包括中国南海和中国的西部地区）构成的战略资源三角地带，是冲突和战争的高风险地区。而弱势国家特别是广大发展中国家，出于对发展的渴望和对战争的恐惧，往往以牺牲自己的发展为代价来换取和平，以期发展，结果却是越发展，与发达国家之间的鸿沟越大，对国际社会特别是发达国家的依赖性就越大，这是全球化时代的“发展悖论”。

按照历史的经验，全球经济格局的变化随后必将迟早引发全球政治格局的重新洗牌，区别只是在于这种调整是以战争还是以和平的形式进行。从大趋势上看，和平与发展仍然是时代主题。但是，在美国人的逻辑里，它的生存空间是全世界，他们把全世界当作自己的私有财产。任何一个美利坚之外的国家想拓展自己的生存空间，就是动了美国人的“奶酪”。因为他们的思维模式里，全世界的奶酪都是美国的。美国是当今世界和平与发展的最大障碍，只要美国谋求世界霸权的目标不会变，世界就不可能存在真正意义上的和平与发展。从里根政府的“星球大战”计划（SDI）到克林顿的战区导弹防御系统（TMD），再到小布什的国家导弹防御系统（NMD），有一条主线贯彻始终，那就是美国历届政府都在苦苦寻求如何打造世界帝国，只是有时表述上有所不同，变化的只是实现战略的策略，手段更加稳妥、现实和富有技巧。在由美国为首的强权国家制定游戏规则的当今世界里，和平与发展相互背离是不可避免的。霸权国家日益衰落的经济实力与仍然强大的政治军事实力并存，新兴国家充满活力的经济实力与仍然稚嫩的政治军事实力并存。21世纪全球争霸出现新手段：经济战争，货币战争，地缘战争，软实力，巧实力。

从历史上讲，美国历史就是一部扩张史。美国独立时只有13个州，全部领土只有密西西比河以东的230万平方千米。到19世纪中叶，北美洲的整个西北区便都已并入美国版图。美国领土比开国时扩大了四倍多，其中有三分之一得之于战争，形成了一个东西濒两洋，南北无强邻，资源丰富、得天独厚的世界大国。如今，美国追求的不是疆土的扩张，而是“利益”的最大化，且将其建立在控制与打压他人的基础之上，美军关注的不是战争更“人道”，更不是地区的和平与稳定，而是为了在新的国际形势下更加随心所欲地使用武力，插手地方事务，谋取一己私利。纵观美军在全球的战略布势，有重点地掌控了16条海上通道，在43个国家和地区派驻了军事使团，21个国家有军事基地，拥有3 000多处遍布全球的军事设施，还正在不遗余力地控制太空，抢占最后一块“高地”。当今世界，美国仍然驾驭着它的传统战车横冲直撞，满心想的是控制中东这个世界战略的制高点，把战略重心继续东移，以实现称霸全球的帝国梦，在宽阔的太平洋上来回游荡，极力想在亚洲寻找一个合适的代理人，促成一场背后有美国支持的代理人战争。

列宁曾说过，和平孕育战争，和平时期有利于各国经济、科技、文化的发展，同时也为战争作了准备。历史上不少深刻的军事革命都发生在和平时期。蒸汽动力的铁甲舰的出现是海军革命史上的重要内容，但那时并没有大规模海战。美国前国防部长切尼讲，美国的军队和装备经过数十年的准备，才在1991年的“沙漠风暴”中大显身手。十几年和几十年的准备用于一朝就是和平孕育战争，也孕育着军事革命。总体来看，和平不会太久，“祥林嫂式的和平是不存在的”，要紧紧扭住短暂和平的战略机遇期准备战争，战争准备的越充分，战争发生的可能性就越小，对此必须保持清醒头脑，不能抱有任何幻想。要更加注重运用军事力量和军事手段营造有利的战略态势，最大限度地预防危机，积极化解和控制危机，慑止战略对手的冒险行为，遏制武装冲突和战争爆发，把“预防危机、遏制战争、打赢战争”统一起来，从整体上把握备战和止战、威慑和实战、战争行动与和平时期军事力量运用的时、度、效。

19.3 关于未来战争形态重点问题

习主席深刻指出：“以信息化为核心，以军事战略、军事技术、作战思想、作战力量、组织体制和军事管理创新为基本内容，以重塑军事体系为主要目标，正在推动新军事革命深入发展，其速度之快、范围之广、程度之深、影响之大，为第二次世界大战结束以来所罕见。”[①] 新一轮科技革命、产业革命、军事革命交织推进，正重构全球创新版图、重塑全球经济结构、变革全球军事力量，科技领域呈现出多点、群发性突破的生动景象，导致新一代颠覆性技术集中涌现，必将对未来战争形态产生变革性影响。

战争不是一般的物质运动，而是人类从事的一种特殊的实践活动，即以人类为主体，有人的主观能动性参与其中，由人类从事的一种特殊的、对抗性的实践活动。这种特殊的实践活动涉及人类社会中的政治、经济、外交、军事、民族、文化、地缘、人的心理等等许多领域，是一种非常复杂的、有许多物质因素和精神因素参与其中的，多质态、多规律、多变量的社会运动。因此，用一种什么样的方法去研究战争，是任何一个军事思想家首先遇到的，不得不加以解决的重要问题[②]。

---

① 习主席国防和军队建设重要论述读本［M］. 北京：解放军出版社，2016：11.

② 吴琼．统帅的艺术：战略［M］. 北京：清华大学出版社，2014：11.

关于未来战争研究，研究什么内容、从哪里入手、“用一种什么样的方法去研究战争”都是棘手的问题。战争形态的另一场范式转移就要来临了吗？什么时候来临？或是已经悄然发生？这些问题谁也不能给出肯定的回答，还没有一部战争理论能够准确描述未来战场战争。在一个技术和理念都快速转型、变换着的时代，这虽是正常的，但对于军队来说却是十分危险的。斯里普琴科在《第六代战争》中写道：“根据对未来前景的长期预测，在2015—2020 年之前，对主权国家来说，有可能出现更为严重的危险和威胁。可能出现实力相当的国家在军事上的相互对峙，这种对峙会立即扩大军事行动规模。”但到目前为止好像还没有出现这种情况。就连国际上著名的军事“泰斗”式的权威都有看不清楚的事情，何况名不见经传的区区本书作者。貌似看见了，但又看不清；貌似看清了，但又看不透。但有一点是清楚的，若想在未来 30～50 年能够以新的方式进行新一代战争，那么现在就应该着手进行准备。

还是前面已经叙述过的观点，科学技术在前，战争形态在后，未来战争的轮廓也并非混沌不清，从科学技术中窥见未来战争形态的一斑并非无迹可寻。从历史长河看，未来数十年颠覆性技术引发的颠覆性变化的发生将是确定无疑的，战争形态也将从后信息化战争向智能化程度更高、博弈性更强、功能更加强大、作战效果更佳的新型战争形态发展。可以大胆预见，当各类颠覆性技术有重大突破时，一定会随之产生新型武器装备，从根本上改变作战样式和战争理论。本书对未来战争的总体形势判断如下：

战争的动因可能有三个，一是霸权主义。霸权国家仍然扮演着国际警察角色，干涉别国内政的战争可能增多。二是民族宗教纠纷。古老的民族宗教对立死灰复燃并凸显出来，而且难以调和，民族复杂及宗教多元的国家和地区，如中东、巴尔干半岛、南亚仍将是战争多发地区。三是领土主权争端。有的国家尚未统一，有些国家间领土主权有争议，尚未解决，潜伏着战争危险。四是意识形态和社会制度的对立。这将是引起国际政治矛盾的重要因素，国家之间的差异、对立和渗透，特别是经济利益冲突、资源分配不公是引发动乱和战争的诱因[①]。

战争以新材料、新能源、生物科技、人工智能、认知技术、量子计算、5G 通信、物联网等科技群为基础；以定向能、高超声速、网络攻击、生物武器、无人化、智能化等新型主战武器装备为标志；以有人与无人、有形与无形为主体的、多元的、动态的、集群的作战力量，所有军事行动将在完善的作战体系支撑之下开展全面的作战行动；战争的活动空间是“全域”多维的（时域、频域、空间域、能量域），既在现实空间（陆、海、空、天），更在虚拟空间（电磁、赛博、认知），并在现实与虚拟之间进行交互，置敌于多重困局；战争的目的并不全是消灭对方，而是让对方屈服，接受己方的条件；战争效果并不是追求完胜或全胜，而是追求有限的目的；战争的结果并不是攻城略地而是利益最大化。

---

① 张世平．世界重大军事事件战略透析 [M]．北京：军事科学出版社，2011：339－354.

19.3.1 关于科学技术问题

习主席指出："当今世界，新一轮科学技术革命蓄势待发，一些重大颠覆性技术创新正在创造新产业新业态，信息技术、生物技术、制造技术、新材料技术、新能源技术广泛渗透到几乎所有领域，带动了以绿色、智能、泛在为特征的群体性重大技术变革，大数据、云计算、移动互联网等新一代信息技术同机器人和智能制造技术相互融合步伐加快，技术更新和成果转化更加快捷。"① 据专家预测，21 世纪上半叶可能发生以新生物学和再生革命为标志的第四次技术革命，满足人类健康长寿的需要；21 世纪下半叶，可能发生以新物理学和时空革命为标志的第五次技术革命，满足人类遨游宇宙的需要（涉及新能源和新运输）②。两次技术革命将进一步促进武器装备的发展，使战争形态由后信息化战争转入新型赛博空间作战、生物战、人工智能战、太空控制战等新阶段。

未来颠覆性技术仍然是国防和军事发展中最活跃、最具革命性的因素。颠覆性技术的突破，使得"技术决定战术"必将进一步发展成为"技术决定战略"，科学技术对战争的影响达到传统战争不可想象的高度，科学技术的重要性从"技术决定战术"转变为"没有技术就不能打仗"的时代。颠覆性技术发展，将影响国防安全战略和国家军事学说走向，影响新型作战力量的建设，以及战略威慑能力和实战能力的提升。因而科学技术领域仍然是世界强国军事博弈的战略制高点。

颠覆性技术将使战争制胜机理发生深刻变革。未来战争不再是作战力量与规模的叠加，而是军事角逐在陆、海、空、天、电磁等维度同时进行，高超声速武器、定向能武器、人工智能武器、网电攻击武器、空天作战武器等新型作战力量将从制胜原理上颠覆人们对战争的认知，并带来作战样式的变革，形成新的战略威慑能力。颠覆性技术将是核威慑背景下新的战略平衡点。核武器虽然仍是维系世界和平、大国博弈的利器，但新型作战力量将发展成为制衡对手的非对称手段。因此重点突破颠覆性军事技术，发展新型作战力量，破击未来作战的关键节点，将会形成新的博弈战略平衡能力。颠覆性技术将促使军事理论不断创新发展。颠覆性技术军事应用，必将带来作战样式的更新，从而需对战略指导、军事思想和作战理论进行有效调整，使之能与新质武器装备相匹配，发挥武器系统最大作战效能。同时，颠覆性技术将对军队组织形态、结构规模、力量编成等带来一系列影响。

19.3.2 关于战争概念问题

在未来战场上，武力对抗仍不可或缺，但它不是唯一的手段和样式，战争不是以流血而是以控制为目的；作战行动以对方的信息系统和认识系统为目标，而不是以敌人有生力量为主要目标；战争手段由大规模的"血"与"火"拼杀转为以"软杀伤"为主的高层次

---

① 习近平．为建设世界科技强国而奋斗——在全国科技创新大会、两院院士大会、中国科协第九次全国代表大会上的讲话 [N]. 解放军报，2016-06-01 (1).

② 何传启．科技革命与国际战争的演变 [J]. 世界科技研究与发展，2014 (4)：79.

"斗智"，心理战、舆论战等可以借助高科技手段达到不战而胜的效果，使未来出现不流血的战争成为可能。面对无边战场上展开的广义战争，仅凭军队和武器，已经无法实现国家的综合安全，这就凸显了武装斗争和非武装斗争相融合的广义战争观。将不存在战争与非战争的严格区别，自然空间是战场，军事、政治、经济、文化、心理等社会空间也是战场。这种战争可以是军事的，也可以是非军事的；是暴力的，也可以是非暴力的；可以是军人之间的对抗，也可以是平民或专家为主体的新型力量的对抗，将逐步消解平与战、军与民、（国）内与（国）外之间的界限，不断创新作战时空、作战目标、作战样式，逐步拓展战争的外延，最终彻底改写战争的内涵，将给"战争"这个古老的词赋予新的含义。

但是，辩证法也告诉人们，任何事物都有其质的规定，事物本身的发展变化都有一定的量和度，如果发生了质变，事物就脱离原有的性质。战争是用以解决阶级和阶级、民族和民族、国家和国家、政治集团和政治集团之间，在一定发展阶段上的矛盾的一种最高斗争形式。"政治是不流血的战争，战争是流血的政治"是对战争本质的科学认识，也是战争与其他事物的本质区别。即使在战场上或战场外，我们也看到了小集团或个人依靠某些特殊方式对敌方采取攻击破坏行动，但只能是战争活动中的一部分，尽管可能对战局产生一定的作用，最终决定战争胜负的主要力量仍然是军队。未来战争是建立在机械化、信息化、智能化战争基础之上的一种新的战争形态，其基本特征是利用信息技术、生物科技、人工智能技术实现对机动和火力精确化、实时化、智能化的控制，是以新的技术为主导，并将软杀伤与硬杀伤相结合的军事行为，是流血的暴力手段与不流血的其他手段相统一的行为，综合运用流血与不流血的手段实现战争目的，是未来战争鲜明的特色。

19.3.3　关于战争时空问题

人类发展史，其实也是一部军事空间拓展史。从可见的陆地、海洋、天空、太空到电磁空间、网络空间，凡是人类目光和思维所到之处，都将转化为军事空间，为军事力量的建设和运用助力。随着科学技术的发展，未来战争将从有限时空范围内的三维战场拓展至全时空范围内的多维战场。

就时间而言，时间价值不断上升，秒杀行动充斥整个战场，精确快速创造战场主动。由于使用了不经动员就能遂行任务的机动力量和快速反应力量，战斗行动准备时间大大缩短；由于对实时和近实时的敌我情报收集、处理和使用的速度变快，战斗行动的速决性提高；以"侦察—突击"与"侦察—打击"综合系统形式出现的毁伤手段和自动化侦察武器控制系统的一体化，加之高超声速导弹和无人装备的使用，使在有限的数分钟内、在任何距离上，有选择地准确摧毁最重要目标及设施成为可能，战斗行动的转瞬即逝性增强。就空间而言，直接交战的空间缩小，而相关的空间增大，或者说，战役战斗的空间缩小，而战略空间增大。未来战争将在陆、海、空、天、电、网和认知域全面打响，并向深地、深海、深空、深网、深脑领域延伸，呈现无人、无形、无声、无边的特点，具有极深、极远、极微、极智的发展趋势[①]。在战争空间的感知上，除了人们感官所接触到的“有形”空间之外，还存在一个超出人们感官接触之外的“无形”空间，这种空间与自然界的其他物质相比，是一种与“电波”“频谱”等联系在一起的“无形”之物。这种“无形”之物，造成战争中“无形”因素增多，构成了现代战争的“无形”空间。军队将被迫在“扩大了的战场”上、在不与敌直接接触、没有明显前后方的情况下作战。双方将力求在进入直接接触之前消灭对方。在条件完全相同的情况下进行对抗，胜利将属于具有全方位侦察能力、拥有多种功能毁伤兵器和指挥手段优势、能在瞬息万变的情况下定决心的一方。国防大学战略教研部教授韩旭东指出：“传统战争战场逼近极限，作战空间突破地球三维空间的约束已成大势，在向外层空间、虚拟空间甚至在向‘融空间’作战的方向发展。”[②] 有形空间中叠加了无形空间，网络空间、电磁空间和认知领域制约着有形空间。

在这个“全域”的“融空间”里，各个空间的价值并不是等量出现的，在关键空间聚集力量，打击敌人的关键部位，就能实现作战利益的最大化。因此，敌对双方都极力寻找关键的作战空间，通过对敌方关键空间的目标进行打击，造成其作战系统的全面“崩塌”，这导致作战空间具有了无序突变的特征。敌对双方都希望能在对自己最有利的作战空间对敌方进行打击，为此双方都千方百计地寻找和营造自己理想的作战空间，这样就使交战的重心忽而在前沿，忽而在纵深，忽而在空中，忽而在地面，忽而在现实空间，忽而在虚拟空间；对抗可能在一个空间发起，也可能在数个空间同时展开；交战的区域可能突然出现并且瞬间变化，或忽隐忽现，或时大时小，使战场空间呈现无序突变状态[③]。

19.3.4 关于战争功能问题

克劳塞维茨认为，战争的对象即“消灭敌国军队，占领敌国领土和摧毁敌国抵抗意志。”从肉体上“消灭敌人”，这是 20 世纪前战争追求的直接目的。军事上的任务是必须摧毁一切与之对抗的军事力量，战争也具有了“为打赢而战、用战争消灭战争”的功能。然而，人类以两次世界大战的惨重代价无情宣告了这种无节制地追求政治目的的“绝对”战争的终结。

海湾战争后，美国退役上校艾伦·坎彭在《首次信息战》一书提出“信息战就是在平时、危机或战时打击对方的社会、政治、经济、工业或军事电子信息系统所采取的秘密或公开的、有控制的、破坏性或毁灭性的行动。其目的是取得信息优势来影响双方的行为，阻止或避免冲突，或以对双方都投入最小的财力、物力、人员伤亡的代价，迅速彻底地赢得战争。”[④]

未来战争不再是攻城掠地、消灭敌人的唯一手段，战争也可以是为了和平而战、为震慑而战，以战止战出现了可能。如战争行为主体为了和平发动的战争，达到了以战止战的

① 刘玮琦．作战设计——制胜未来之道［J］．国防科技，2018（5）：57.
② 韩旭东．颠覆性技术创新与未来战争新形态［J］．国防参考，2016（6）：58－59.
③ 张岩，卢红兵，殷强．论信息化条件下战场空间的嬗变［J］．装甲兵工程学院学报，2005，19（4）：7.
④ 孙洪义．当代军事理论新编［M］．北京：军事科学出版社，2006：336－337.

目的，小规模的战争可能会达成打击的效果，在很大程度上制止战争的继续和扩大，一些战争可能会起到震慑的功能，起到威慑对方的作用，使对方不敢冒然发动战争。随着信息化、无人化、智能化程度深化，基于网络信息体系的联合作战体系成为对抗的基础，战争的目的是夺取信息领域的战略主动权，破坏指挥系统、基础设施和关键的经济目标。同时，通过密集的信息——心理打击，破坏、瘫痪敌方的战场认识系统和信息系统，达到控制战场之目的，降低受害国领导人和居民的抵抗意志，以此为达成战争的政治目的创造条件。

19.3.5　关于战争迷雾问题

迷雾者，即虚无缥缈、变幻莫测是也；即表面是假象，背后隐藏着真实故事。克劳塞维茨在《战争论》中对战争不确定性的描述为："战争是充满不确定性的领域，战争中行动的依据并不明确，多数情况下行动依据好像隐藏在迷雾里。"[①] 这是战争"迷雾"说的最早来源，这里的"迷雾"是不确定性的代名词。2000 年，已退役四年的美国海军四星上将威廉·欧文斯出版了《拨开战争的迷雾》一书，他认为军事革命挑战了"迷雾"这一战争法则，以及与"迷雾"相关的战略战术、作战理念和信条，进而挑战了我们应该如何组织军事的传统思维。欧文斯代表了信息时代技术乐观派的观点，他们相信技术会消除战争"迷雾"或不确定性。显然，从今天来看，他们过于乐观了。

巧设战争迷雾与驱散战争迷雾是战争对抗永恒的主旋律。未来科学技术在社会领域的扩散速度将会持续高于军事领域，传统的"军队—社会"关系结构生变，新的对抗样式将率先出现在社会领域而非军事领域，融合创新将从边缘走向核心、从局部走向整体。冲突参与者范围扩大，各类国家行为体、次国家行为体、团体、个人都能够对战争进程施加重要影响；战争手段多样化，基于新兴军事技术的信息战、太空战、网络战、"三无"战、生物战等新型作战模式将逐渐主导未来战场；战争中人的因素日益重要，具有创新能力和应对复杂战场环境能力的高素质个人将决定军队的最终实力；战争界限日益模糊，军人与平民、起点与终点、前线与后方、和平与冲突之间的传统界限将被打破，即"战争是多主体和多因素主导的复杂实践，既有民众的非理性和激情，又有政治家的理性，还有将领的自由决断。"[②] 战争的多主体、多要素、多手段影响着战争的性质，也使战争的不确定性更加凸出。

真实的战争充满了复杂性和认知的局限性，克劳塞维茨的战争"迷雾"说在今天仍然适用。在今天的人工智能与战争的讨论中，人们将人工智能称为颠覆性技术。但是，要理解技术与战争形态的演化，需要走出这种本质化的技术论述，讨论实践中的技术。危险、劳累、情报不足和摩擦是现实战争中造成"迷雾"的四因素，其具体形态会依据外部条件的变化而变化。驱散"迷雾"是技术演化的动力，而技术不断丰富了人们的认知，也同时推动了"迷雾"的演化。面对新的环境条件，只有充分发挥作战力量小型化、无人化、自

---

① 卡尔·冯·克劳塞维茨．战争论［M］．中国人民解放军军事科学院，译．北京：解放军出版社，2005：51.

② 卡尔·冯·克劳塞维茨．战争论［M］．中国人民解放军军事科学院，译．北京：解放军出版社，2005：29.

主化和智能化等优势，通过科学设计，采取推演预设作战需求并灵活使用，才能在未来战争中造设出新的战争迷雾。未来很长一段时间内，人机关系仍然是学术界讨论的焦点和需要攻克的难题。要解决这个问题，仅靠技术是不够的，还需要人文社会科学研究者的参与。正是在这个意义上，技术不会驱散“迷雾”，“迷雾”也不会消失，反而变成层层“迷雾”。

把握战争“迷雾”的演变规律，理解技术与“迷雾”的互动，会让人们对正在发生的变革持理性和审慎的态度，从而追寻和创造更好的未来①。物联网、大数据及人工智能等技术具有很强的通用性和开放性，极易借助民用通道在世界范围内扩散，并被融合运用于军事领域。未来智能化作战中，对抗双方可能会在不同技术领域各具优势，再企图通过绝对的技术优势实现战场上的完全非对称难度极大。面对新的环境条件，只有充分发挥智能化作战力量小型化、无人化、自主化等优势，通过科学设计，采取广域隐形预置、依作战需求适时激活的力量使用方式，以“奇”打破对抗平衡获取优势。这将为智能化战争谋兵用力开创新的途径，成为未来智能化力量使用的主要方式。

19.3.6 关于作战体系问题

传统战争作战空间的变化主要表现为现实空间的延伸和拓展，都是在有形空间之内变化的，而“融空间”的出现，是未来战争形态变化不同于传统战争形态变化的一个根本性标志。所谓“融空间”，是指战争从现实地球三维空间延伸到外层空间、虚拟空间，以及大气空间与外层空间形成一体构成的一体化空间。虚拟空间与现实空间相互交融，人们开始能够在现实空间与虚拟空间之间进行交互式军事活动。对于传统战争而言，这是不可想象的。这是在根本性、革命性技术推动下的发展。在现实空间内各种力量元素博弈即将接近极限的情况下，虚拟空间的军事博弈将成为重点，成为主要的博弈空间。战争进入了“融空间”博弈时代②。在“融空间”里，作战行动相关任务将更加精准，战争过程甚至有可能与预演完全相同的形式进行演进。与传统精确制导武器相比，打击行动的效果将更加多样，并可根据作战任务对打击效果进行控制。采用身份识别、语音识别、手势识别、行为识别、脑电识别及响应等方式，实现高效的人机交互；通过机器情感表达及作战决策过程可视化，建立人与机器之间的互信交流机制，实现有/无人系统的高效互补、快速联动。

2018年五角大楼表述：“‘云’是全球基础设施的一个基本组成部分，它将使官兵拥有数据，对保持我国军队的技术优势至关重要。”分布式云在智能战争中可表现为“战争云”。“战争云”与其他云计算系统类似，它将把数据和计算机处理器存放在远离实际使用地点的远程数据中心，其主要由云计算和云存储两个部分构成。云计算就是指分布式计算，通过一个远程服务器网络驻留在互联网上，存储机密军事数据和处理数据，通过网络为军队提供不同的智能应用；云存储，就是建立一个庞大的云计算系统把战争数据存储在

① 刘树才．技术变革与战争“迷雾”演化［J］．国际展望，2018（4）：96－97．

② 韩旭东．颠覆性技术创新与未来战争新形态［J］．国防参考，2016（6）：58．

云端，所有作战人员都可以实时共享共用机密信息，云计算为决策者提供精准计算能力，实现基于人工智能的战争筹划、战场设计①。“战争云”由“云作战”发展而来。“云作战”是指通过快速、安全、实时的网络链接，在飞机、军舰、卫星、导弹等武器平台与人员之间分享数据，实现陆地、海上、空中、太空、电子等各领域的信息共享，发挥各种作战平台、各项作战要素、各类作战资源的自主优势和聚能优势，形成融信息共享、态势感知与平台性能为一体的云端作战能力。“战争云”存储和处理包括武器系统、作战、情报以及核武器在内的大量机密数据，旨在使所有军事部门在一个由人工智能推动的云计算系统中，高速共享信息、智能灵敏反应，使美军能够运用具有智能化特征的大型云端网络系统，快速完成战争规划、提升作战能力。

针对未来战争的装备自主化、资源云池化、态势综合化、决策智能化、行动精准化、人机一体化、能力体系化、力量融合化等特点，打造重构性、自愈性、持久性的作战体系至关重要，将探测、干扰、打击、攻击等力量，以及生产、制造、维修、保障等能力分层整合，构建动态的资源云池，并根据作战任务及对抗动态过程变化，对资源云进行访问，进行关联要素自适应重构。围绕未来战争的可能样式，以及不确定性环境和对抗手段，依托陆、海、空、天、电、网、认知等作战域，构建多类有/无人平台，形成多层次配系、多途径可选的体系化能力，将多类颠覆式力量整合形成体系，形成集群自组织攻防、多任务一体化等能力，将多类作战力量，以及支撑作战的配套保障条件等进行深度融合，提升多目标对抗、主被动干扰对抗、物理域/虚拟域一体化对抗等能力，从而形成“多域作战”“全域作战”体系对抗作战能力。

19.3.7　关于组织形态问题

根据未来战争的构想进行军事准备，在建立军事力量时很有可能不再根据军事行动范围（陆地、空中、太空、海洋），按照几个军种的原则去建设，要更加突出“规模精干、结构一体、联合多域、灵活自主”等特点。

军队规模精干化。在经济全球化、政治多极化的趋势下，各主要国家纷纷调整军事战略，将提高质量、减少数量、建设精干高效的常备军，作为基本的建军方针，总体保持军队规模适度够用。智能技术将极大改变战争的物质基础和作战力量构成，军队综合作战能力将产生质的飞跃。美军新一代驱逐舰采用高智能“全舰计算环境”，编制员额比上一代驱逐舰减少约 60%。随着基于人工智能及其衍生技术的无人化武器装备发展，战争的物质基础和作战力量面貌将发生极大改变。无人装甲部队、无人舰队、无人机部队等无人作战力量即将登上历史舞台，成为未来战场主宰。可以预见，一名操作手即可控制数个、数十个、甚至成百上千个无人作战单元，去执行原来由一支部队、机群或舰队完成的任务，一线作战人员规模将大幅下降，而后方围绕如何发展、如何运用、如何保障智能装备的人员将急剧增加。同时，智能技术的进化将使武器装备从被动使用向主动学习、深度学习发

① 吴腾，丁鑫鑫，章子星．分布式云对智能化战争有何影响 [R]．微信公众号：军鹰资讯，2020-11-11.

展，自主规划、自动更新、自由行动甚至自我修复成为常态，各级各类作战指挥、建设管理、综合保障等人员需求明显减少，进一步削弱了军队总体规模，部分传统规模化部队面临“集体失业”。战斗人员与武器编配比例出现历史性逆转，战斗人员比例大幅下降，而智能化无人系统的比例大幅上升。军队整体面貌将向智力密集型、人机融合型转变，武器装备体系由“火力＋信息”向“火力＋智能”方向演进。

力量结构一体化。机械化战争时代，军队组织形态的显著特征是军种分立、自我发展，战场在陆、海、空三域展开，军种界限分明；信息化战争时代，武器装备性能极大提升，各军种打破原有界限，逐渐向其他战场延伸拓展，结束了三军分别垄断陆战、海战和空战的格局，军种特性弱化，要求作战力量体系空前联合化；未来战争时代，制胜机理由信息控制的力量精确释放演进到由智能控制的认知战、意志战、蜂群战、狼群战等，“三无”作战将成为战争主要模式，人与陆海空装备组合将让位于人与智能机器组合，军队结构由按“陆、海、空”领域编成向按作战主体划分的“无人＋有人”一体化力量模式发展。作战样式的根本改变和武器装备的“全域作战”能力，对传统作战力量编成结构带来颠覆性影响，动摇了军种存在的根基，军种更加一体化，终将实现“合而为一”。同时，战场边界日益模糊，战争外扩效益明显，军民一体化程度加深，越来越多“不穿军装的战士”执行军事任务，对传统军队构成带来深刻影响，军队编成结构向着跨界、跨域、跨代混合编组模式快速发展。

指挥体制灵活化。未来战争时代，这种体制架构将成为战斗力生成的巨大障碍，将面临深刻调整。在作战指挥领域，智能化战争要求缩短“决策—反应”周期。当前，美军基于各种新型动力技术、网络跨域控制技术，按照“多域作战”构想调整改革作战指挥体制，升级改造作战条令，建立“多域作战”指挥工作模式，明确赋予各级指挥员灵活选择作战力量的指挥权，确保作战指挥跨域贯通、作战信息跨域共享、作战兵器跨域穿行、作战功能跨域互补，从而构建起全域分布式作战指挥体系，推动实现多域优势能力聚合、综合集成释能的目的。

未来战争具有“人机融合，以快制慢”特点，战场态势更加复杂，全维全域“硬杀伤”“软对抗”交织迭代，多类型多渠道战场信息交汇形成海量数据，对指挥体制的建构及运行提出了严峻挑战和更高要求。在指挥体制编设上，指挥链向“战略指挥机构—职能指挥机构—智能作战力量”三级演进；指挥机构人员更加精干，参谋席位将被“云端大脑”“数字参谋”替代。指挥人员将主要依托智能化指挥系统进行信息分析、实施通信控制、处理各类情报，借助图形图像处理、智能识别、决策“寻优”算法，以及深度神经网络等智能决策技术提高指挥决策质量，实现最短“决策—反应”周期。在指挥体制运行模式上，更加注重遵循人机交互模式，拓展机器独立自主指挥决策的应用和开发。推进指挥控制智能化，利用人工智能手段获取有用、有序、及时、准确的战场信息数据，大大压缩作战构想、任务分配、目标打击、毁伤评估等作战周期，确保指挥官更加理性地思考战场上出现的意外情况，处置战场态势，使其实现“人在回路外”的作战循环特点。在指挥体制权限配置上，要求指挥官主动放“权”，让机器代替人类进行一部分指挥决策职能，将部分决策职能通过植入程序嵌入机器，交由机器进行自主决策，保留重大事项的人类最终决策权。

作战编组自主化。未来战争，作战编组的外部特征是模块化、“即插即用”，部队编成与作战编组差别较大。作战任务、作战对象、作战空间、作战样式混合多变，作战效能由人与机器的融合程度所决定，要求作战编组更加灵活、富于弹性、具备自主适应能力。无人部队的产生，为实现作战编组的自主适应提供了前提条件。2015 年，法军进行了“神经元”无人机演示验证，实现了自主编队飞行，数架“神经元”可同时接受 1 架“阵风”战斗机的指挥控制，解决了编队控制、信息融合、机间数据通信以及战术决策等技术。不难推测，未来无人部队可拥有成百上千个无人作战单元，不同的作战单元可具备“侦、控、打、评”等多种功能，还可具备陆、海、空、天、网、电等多维作战能力，将这些作战单元进行差异化“机机编组”“人机编组”，就能执行不同领域任务。同时，通过预设规则，这些作战单元还可根据任务变化临机自主编组，从而实现作战单元自主适应、弹性编组，产生传统部队所不具备的多样化作战能力。

19.3.8　关于武器装备问题

计算能力的快速发展使智能机器不断增多，出现了功能更为强大、自主性更高的弹药和无人系统。先进的算法有助于处理海量数据，包括基因排序、大数据处理、人工智能、生物合成。新的计算方法，如量子计算、神经网络等，都有可能加速未来主战武器装备的发展。从目前来看，未来在战争中发挥主角作用的颠覆性技术物化了武器：一是无人武器装备，如无人空天飞机、无人舰艇、地面机器人等，将成为战场上的主角；二是精确化武器装备，如导弹、激光武器、电磁动能武器等向着“指哪打哪”的方向发展；三是智能化武器装备，如程序炸弹、智能巡航导弹等发挥着越来越重要的作用；四是小型化武器，如无人机带激光武器、微型机器人、微型无人机等或将发挥战略效能。这些武器都将是在未来战争中发挥主导性作用的武器。

(1) 新型无人化、智能化、精确化、小型化武器

作战机器人成为典型代表。作战机器人是指用于无人作战的高度智能作战单元，包含机器人战士、机器人战车、定向特种机器人（TSR）等类型。相比于传统战士，机器人战士具备免人员伤亡、作战功能更加丰富、作战决策更加迅速的优点。机器人战车是指火炮、坦克、导弹发射装置等智能火力单元，具有免人员伤亡、响应时间短、火力智能分配等优点。美国 FCS 计划中的 ARV4 型无人驾驶突击车是机器人战车的典型代表。定向特种机器人是指用于特定任务和目的功能单一的机器人，例如侦察机器人、布雷机器人、排雷机器人、诱饵机器人、拆弹机器人、三防机器人等。

2013 年 3 月，美国发布新版《机器人技术路线图：从互联网到机器人》，计划使美军无人作战装备的比例增加至武器总数的 30%，未来 1/3 的地面作战行动将由军用机器人承担。早在 2014 年美国陆军航空研讨会上，陆军上将科恩称，考虑将一个旅的编制由现在的 4 000 人减少到 3 000 人，然后加入机器人和无人机来弥补火力上的缺失。到 21 世纪中

叶，美国军队的士兵很可能会和机器人战友并肩作战。2014 年 2 月 15 日，俄罗斯联邦政府总理梅德韦杰夫签署命令，宣布成立机器人技术科研实验中心，预计到 2025 年，军用机器人在俄军装备结构中的比例将达到 30%。2015 年 5 月 14 日，“天王星”-9 多功能无人战车在俄南部军区新罗西斯克的拉耶夫斯基合成靶场进行了测试，成功完成了打击任务。2016 年 6 月，在莫斯科郊区的克拉斯诺阿尔缅斯克（红军城），对俄罗斯国防工业综合体企业研发的地面侦察机器人技术综合系统进行了比较试验。美国在军用机器人方面也有相应的研究计划。

定向能武器（DEW）是指例如激光、高功率炮、电磁轨道炮等通过大能量集中倾泻的方式来达到毁伤效应的武器。定向能武器具有精度高、操作简单、反应时间短的优点，是一种会引发新作战样式的下一代武器。

过去几年，美国国防部已经在定向能武器的发展上取得显著进步。2014 年美国海军成功对“庞塞”号上集成的激光武器进行了部署试验，并考虑在阿利·伯克级驱逐舰上部署一部激光武器；美国陆军已投资用于对抗火箭、大炮、追击炮、无人机、直升飞机的战术激光武器；美国空军正开展在 AC-130 上集成激光武器的研究，另外其“反电子高功率微波先进导弹项目”设计用于干扰、欺骗或破坏敌方电子系统，已完成初步试验，正进行下一步实验。这些项目一定程度上反映了定向能武器的最新发展，表明定向能武器正从实验室走向战场。定向能武器很可能成为“战场游戏规则”的改变者。

智能导弹是传统导弹智能化水平的拓展，是具备较高“思考”能力的杀伤武器，是将人工智能技术应用于军方指挥、作战体系、结构、导航、制导与控制、战斗部等多个导弹武器系统的分系统上，使导弹从探测、跟踪、寻的、突防到最后摧毁目标的整个作战过程实现局部自主性或完全自主性，具有一定智能程度的导弹。美国空军支持开展的“主动气动弹性机翼（AAW）”技术的飞行试验研究，已经由装备了 AAW 的 F/-18A 试验机完成了首次飞行；DARPA、NASA 和美国空军等开展“智能翼（Smart Wing）”研究，展示了形状记忆合金等智能材料的应用潜力；与此同时，欧洲也启动了由多个单位合作的 3AS（Active Aeroelastic Aircraft Structures）计划，将变体飞机的研制列入了研究日程。

（2）非传统的大规模杀伤性武器出现

随着社会的信息化发展，具有大规模杀伤性效果的武器已经不仅仅局限于“核生化”这种传统武器，这种传统大规模杀伤性越来越多被突破，如用于军事目的的非核电磁脉冲弹、太空武器、以“能量包”为形式的程序炸弹等。由于这些非传统大规模杀伤性武器拥有巨大的杀伤效果，人们还是不能轻易将其运用于实战。其发挥战略威慑的作用可能比传统大规模杀伤武器更突出。在新战争环境下，军事技术博弈将会空前激烈，对抗各方将会以技术高低决定主导地位而不是将技术运用于实战之后才确定胜败。技术决定胜败将表现得更加淋漓尽致。新的战争形态在大规模杀伤性武器的制约之下，将保持不断的丰富和发展，但不会在短时期内再出现更新的战争形态①。

---

① 韩旭东．颠覆性技术创新与未来战争新形态［J］．国防参考，2016（6）：59.

(3) 主导性武器将以“群”的方式出现

未来战争用的武器将不再局限于一两件主导性武器，而是一个主导性武器“群”。这主要是因为新战争形态是在现实空间与虚拟空间形成的“融空间”里进行的博弈，是在多种空间环境下作战。有的主导性武器是在现实空间里博弈，有的主导性武器是在虚拟空间里博弈，有的主导性武器是在现实与虚拟两个空间里交互博弈。由于作战是在“融空间”里进行，这就导致战争中主导性武器不可能是一两件，而是一个群体在发挥作用。

19.3.9　关于人与战场问题

人工智能是人类认识世界和改造世界的技术资源，是发现和认识客观规律的先进工具，还不具有社会历史性和主观能动性，因此不能模拟人的社会属性。人工智能不具备形成意识的丰富联想和概括性的语言能力，更没有为达到某种目的的意志和情感，所以并没有基于物质世界形成自己的“意识”，即以人类智慧为蓝本的人工智能还无法意识到自己的存在。人工智能发展的最佳模式应是人机结合，以最大限度地发挥人的智能和机器智能的各自优势。人工智能的本意并非制造出智能机器来取代人类，正如机器延伸了人的体力，人工智能可以延伸人的智力，减轻人的脑力劳动。不管未来战争如何发展，人仍然是战争胜负的决定性因素。人是武器装备的生产者、决定者和使用者，智能化程度再高的武器装备，也不可能取代人类的支配地位，未来战争中人仍是战斗力各要素中的核心要素。人工智能对人类控制功能的取代毋庸置疑将会重塑人类的社会形态，但是在认知性任务的指挥和控制中，特别在军事领域，人绝不能被机器所替代。

“交互化战争”必将是颠覆性技术环境下的一种战争新形态。一个新概念的出现也将意味着一个新的研究方向乃至新学科的诞生。“交互化战争”这一新概念，应该是自海湾战争以来对信息化战争研究和思考的一种沉淀，也是高新技术在海湾战争中发挥重要作用以来，对信息化战争认识的一种深化，同时也是对信息化战争的一种定位。颠覆性技术环境下未来战争新形态的主要特征已经充分说明，新的战争形态已成不可阻挡之势。“交互化战争”是战争发展的必然趋势，将是人类未来必须面对的战争。以“交互化”为脉络对新形态战争进行深入研究，是把握战争发展潮流之需，也是赢得未来战争之基。

未来战争，不管是人与人之间，还是武器与武器之间，抑或人与武器之间的博弈都渐成超视距博弈。同时，战争博弈又增加了新内容，即在虚拟空间内进行博弈，或在现实空间与虚拟空间形成的“融空间”内进行博弈。在这种情况下，对抗双方的博弈不仅博弈空间在变化，同时博弈的主体也在发生变化，即出现了非人化战斗员的博弈。这些非人化战斗员可以是武器，也可以是程序。或者说，非人化战斗员在“融空间”内的博弈中将会成为作战的主角。非人化战斗员发挥实战作用最早可以追溯到海湾战争时期。实践证明，类似病毒等将在战场发挥重要作用。由此开始，非人化战斗员不断在作战或战争中发挥作用。随着“交互化战争”日渐成为新形态战争的主要战争样式，非人化战斗员在战争中发挥的作用也将越来越重要。乃至发展成为主角。同时，非人化战斗员群体也将越来越大，非传统武器也将日益增多。

随着技术的发展，虚拟与现实之间开始互动。前方与后方界线模糊，平时与战时、战场上与战场外也变得模糊。2011 年 5 月 2 日，美军特种部队远程奔袭巴基斯坦境内击毙本·拉登时，特种部队队员与国家战略指挥部之间展开了即时性的直接交流，最高统帅可以了解士兵的真实作战场面，士兵可以根据指挥部的指令调整有关作战动作。这是一种隔空式的互动，“交互式作战”出现了。这种“交互性”，是未来战争最典型、最显著、最基本的特征，同时也是贯穿战争始终的脉络。

19.3.10 关于作战样式问题

在从古至今的传统战争中，人们战前设计作战时总是要确定选取一种主导性作战样式，这种作战样式贯穿作战乃至战争始终。最具代表性的就是北约空袭南联盟期间，空袭作为主导性的作战样式贯穿于整个战争始终。但在未来战争形态下，战争将同时在多个空间、多个领域展开，并且作战空间和领域还会不断转换。这也决定了作战样式的多样性。基于这种认识，在未来战争形态下，贯穿于战争始终的不会只有一种作战样式，而是多种作战样式不断转换。在“融空间”内进行作战，作战样式的多样性必将成为常态，这将成为作战样式的基本特点。这也充分表明，在未来的“交互化战争”中，交战各方的博弈将更加激烈，将展现出人类历史上最为复杂的博弈场景。

在全自主的智能无人系统还不够成熟或种类不够完备的早期，依靠人的参与，将有助于降低无人系统的复杂度或对其作战性能的要求。因此，有/无人协同作战将会是中近期的一种典型的作战样式。但有/无人协同作战决不会仅是无人化战争的前奏。实际上，随着智能无人系统的发展，有/无人协同作战将会伴随战争不断演进。一方面，人的参与能够与无人系统进行极大的互补，无人系统也可以对人的决策进行辅助。人的直觉、创新灵感、作战指挥艺术和主动创造性，在较长的时期内机器不可能超越。另一方面，对于更大规模的体系化对抗，或在无人化战争实施的中后期，也势必要求有人装备的及时介入，为战争制胜注入新的力量。

无人化战争主要依托大量智能化无人化装备，遂行各类传统/非传统军事任务，或实施体系化自组织协同作战，将会成为未来战争的一种典型作战样式。尽管无人化战争在较长时期不会从根本上改变人作为战役级以上指挥决策的主体地位，但在无人化战争中，对抗双方或一方位于战场实施战术行动的主体将主要依靠各种智能无人装备。因此，无人化战争将更加关注任务的自适应能力。

19.3.11 关于战争设计问题

未来战争属于技术密集型战争，组织结构和作战行动都极其复杂，因此世界各国军队都格外强调最大限度地利用模拟技术、虚拟仿真技术和战前的作战实验，对作战新思想、作战计划、作战行动和作战能力等的科学合理性进行模拟检验和辅助决策。可以说，这是为未来战争开创了在实验室设计战争，在试验场验证战争，最后在战场上打赢战争的作战准备与实施新模式。

设计作为人类有目的的创造性活动，从人类蒙昧时期制造工具的自发行为到手工业时期的工匠行为，从文艺复兴以后的美术家兼设计师行为到工业革命以后的专业设计师行为，直至信息革命以来的“人＋计算机”行为，其实现手段和理念不断发展，呈现设计主体多元化、设计手段多样化智能化、设计产品多维化的发展趋势，以群体智慧集成和人工智能使能为标志的设计革命初现端倪，为人们预见未来、设计未来提供了前所未有的理念和方法。在探索科学预见未来、拨开战争迷雾的时代，军事革命开始与设计革命联姻，结出战争设计这一创新之果。“一流军队设计战争，战争是打出来的，也是设计出来的”。作战设计是主动探求未来战争是什么样、未来作战怎么打、如何打赢的方法论①。

从军事大数据中发现有价值的战争机理，并基于这些机理制定决策，进而实现对战争的精确设计，是借助大数据、“云计算”和人工智能研究未来战争的根本。其核心是建立以各军兵种、战场环境间数据共享为基础的自主式决策支持系统。这种以数据为中心的战略重心转移，体现了设计未来战争的前瞻眼光。

早在第一次海湾战争中，美军战前利用改进的民间兵棋，对战争进程、结果及伤亡人数进行了推演，推演结果与战争的实际结果基本一致。而在伊拉克战争前，美军利用计算机兵棋系统进行演习，推演打击伊拉克作战预案。随后美军现实中进攻伊拉克并取得胜利的行动，也和兵棋推演的结果几乎完全一致。至此，作战模拟已经从人工模式转变为计算机模式。依托大数据平台，战前的模拟推演，从武器使用、战争打法到指挥手段，都可以清晰地显现，并作为战时决策的依据。一旦发现作战计划有问题，也可以及时调整，以确保实战伤亡最小并取得胜利。

19.3.12　关于制胜机理问题

人工智能等颠覆性技术对国防和军队的影响巨大且深远，已经被视为推进军事革命新的发力点，特别是裹杂在大数据、作战云、无人平台技术等高新技术群之中，对军事领域的全面颠覆性已经引起高度关注。最近几场带有典型无人化、智能化特征的现代战争预示着，未来战场在科学技术作用下将愈发呈现无人化、智能化、小型化、无形化、多维化和全域化特征，随之对传统的战争制胜机理造成极大颠覆，精确释能、智慧释能、非对称释能成为典型制胜机理②。一切战略战役战术，都可以看作是为创造决定性优势而进行的设计。即时聚优，强调抓住稍纵即逝的关键性战机窗口，依托智能泛在的网络信息体系，把多域作战效能在最短时间集中到关键域、关键点，对敌形成即时局部优势，以局部优势博求整体制衡。即时聚优是对集中优势兵力思想的继承发展，是对灵活机动自主作战思想的实践运用，是具有智能化特征的信息化局部战争制胜的基本途径③。

（1）关键是识别捕捉创造优势窗口

即时，意为立即、即刻，强调不是随时、全时，而是基于某一关键时刻或时节，即通

---

① 刘玮琦．作战设计——制胜未来之道［J］．国防科技，2018（5）：57.

② 黄永刚，张全礼．人工智能颠覆战争制胜机理［R］．微信公众号：光明军事，2020－1－26.

③ 贺润生，程双平．即时聚优：现代战争制胜之钥［R］．微信公众号：中国指挥与控制学会，2021－2－12.

常所说的战机。在千变万化、错综复杂的战场上，战机始终是稀缺品。特别是在发现即摧毁的秒杀战争时代，如何识别、捕捉和创造战机，成为即时聚优的基本前提。

研敌体系，寻找天然窗口。再强的敌人也有弱点。作战体系由多个作战系统构成，庞大而复杂，不可能每个系统都尽善尽美，其中任何一个软肋对于对手来说都隐藏着天然的机会。应深入研究敌作战体系构成、运行规律及关键节点，结合对敌作战思想、编制装备和实战情况的跟踪研究，分析查找其固有短板弱项，为寻找优势窗口提供依据。例如，敌对网络信息体系依赖程度较高、兵力集结准备周期较长、战略基地点多面广防护脆弱、跨域机动部队作战能力下降等，都可能是天然的窗口。

造敌困境，捕捉动态窗口。为敌制造多重困境，使敌决策、行动出现混乱、迟滞甚至失误，往往能创造意想不到的战机，为即时聚优提供条件。主动陷敌于困境，既要依靠先进装备技术支撑，更要依靠灵活的战略战术。应充分运用谋略艺术，实施多域行动，欺骗迷惑敌人，使敌信息不明、真伪难辨，产生决策困境；用灵活的佯动、试探，诱敌早动、盲动，在敌仓促应对中发现其弱点，捕捉一切动态时机。

击敌之短，创造错位窗口。贯彻灵活机动、非对称作战原则，积极运用异质对抗、错位对抗行动，以己之长击敌之短，让敌瞬时失明、失灵、失能，造成感知、反应和行动错位，是战时主动创造优势窗口的重要手段。例如，使用远程精确火力对敌重要目标实施饱和式攻击，主动出招实施外线作战，把敌拉到我优势领域实施“降维打击”等，多种手段可创造性地加以运用。

（2）核心是多域动态自主聚能聚势

基于网络信息体系的联合作战，作战领域极大拓展、作战力量整体融合、作战行动多域联合，赋予集中优势以新的内涵和时代特征。即时聚优，核心是由以往单一领域兵力、火力集中，向全领域兵力、火力、信息力、认知力聚合转变，本质上是实现物理能、信息能、认知能的跨域融合聚集，最终形成局部的、瞬时的决定性优势。

多域联动聚。一域之优不代表全域之优，整体优势也不是多个领域优势的简单叠加。不同作战领域制胜机理虽有不同，但相互间普遍存有关联性、耦合性，具有彼此赋能增效功能。例如，信息域的同步压制，可大大提高物理域各种打击平台作战效能；而物理域的硬摧毁又可彻底解决信息域干扰致盲问题。即时聚优，应通过多域的联动策应，将兵力、火力等实体力量的跨空间域机动集中，与电磁、网络、认知等无形力量的跨虚拟域能量集聚同步运用，使各领域力量跨域联手，实现多种优势在关键时刻叠加聚合，产生整体优势溢出效应，以形成多域对一域、全局对局部的压倒性优势。

依网动态聚。由于作战过程的复杂性，集中优势的时机、空间、目标都具有极大的不确定性，依靠既有兵力布势，或简单机械地把各种作战单元、作战要素聚集到一处，势必难以达成目的。即时聚优，应依托泛在互联、全域覆盖、无缝链接的网络信息体系，利用网络的渗透赋能作用，在动态条件下实现各领域力量、单元、要素的全域融合、全域协同，将不同领域、不同空间、不同方向的多种优势，以及寓于各领域的作战效能，根据作战需要临机、精准地聚合。

自主快速聚。即时聚优核心要求是快速聚优，快速聚优的根本解决方案是自主聚优。在大数据、移动互联网、人工智能技术的支撑下，不同领域作战力量、要素通过智能传感与网络体系，自主感知态势、分析研判情况、评估聚优时机；通过智能决策和任务规划系统，自主跨域集中、动态规划行动、确定聚优目标；通过智能调控和协同系统，自主发起攻击、协同完成动作、评估聚优效果。基于目标的自主聚优，极大简化、缩短了战场信息链路和打击链路，为实现即时聚优提供了条件。

（3）目标是精准释能用优击要制敌

聚优的目的在于用优，即时聚优是自主联动的“快速蓄电”，精准用优则是重击要害的“高压放电”。通过重构多域融合的杀伤链路，瞄准敌体系关节、核心枢纽，精准释能、精确打击，毁瘫体系、快速制敌，是即时聚优的最终目标指向。

精构用优杀伤链路。在 OODA 作战循环中，从传感器到打击平台的杀伤链路起着关键作用，决定着释能用优的速度和精度。应改变以往不同领域感知、决策、打击、保障等链路相对分离、独立运行的模式，通过智能化网络信息体系，将单域、线条式的杀伤链，融合构建成多域、交错式的杀伤网。确保不论哪个域感知，都能有最近或最优域的力量快速响应、快速打击；即使某一域出现失能，也能有其他域的力量或行动及时补充，确保用优杀伤连续性。

精选用优打击目标。即时优势是相对优势，是“错位”优势，同时也是“时敏”优势，必须针对各域优势的特点、功能，精选敌作战体系关键节点等核心目标精准用优，才能达成一击制敌之目的。应着眼以强击弱、以优击要、以能击不能，以常规武器饱和式攻击、颠覆性武器非对称攻击，打敌网信节点瘫网断链、打敌前沿基地失能断供、打敌纵深部署破阵断援、打敌天基平台致盲失聪等，最大程度发挥作战效益。

精控用优击敌行动。依托基于“云－网－端”架构的指挥网链，精确控制用优行动，确保即时聚集的优势能量精准释放，将即时优势转化成多域行动优势。要使用模块化编组的精锐力量，实施分布式部署，在行动中依据用优需求，动态调整编成编组，实现用优力量精确匹配；依据任务，瞄准目标，即时选取最适合、最有效、最快速的一域或几域作战力量，自主规划任务与行动，实现多域优势的精确分配、靶向用力；实时评估行动效果，即时调整用优目标、力量、行动，实现自主响应、灵敏反馈，提高行动效益。

综上所述，未来战争是发展于信息化、智能化战争基础之上的，未来战争的制胜不仅取决于对广义电磁频谱的夺控，还与所拥有的数据资源总量、认知模型精准度，以及战术行动主体的智能化程度等密切相关。此外，围绕对信息获取、传输、存储、处理各环节，实施干扰、欺骗、渗透、破坏，甚至反向利用的网电对抗，使对方除了无法获取己方关键信息外，还无法得到有关它自己的关键信息，使敌人的“战争迷雾”变成一堵无知的墙。

19.4　应对未来战争形态基本方略

战略就其本来意义而言，就是指导战争全局的方略，军事战略科学准确，就是最大的胜算，军事战略失误，必然导致方向性、全局性失误。当今世界，新军事革命正在加速推进，我国安全环境、军事斗争形势，我军使命任务、现代战争形态，我军组织形态和目标任务发生新的变化。中国走进世界舞台中心，也是走进世界擂台中心。敌对势力对我们拼命遏制，风摧之，誉毁之，棒杀之，剑阻之，无所不用其极，飞矢就在眼前，白刃接于肘腋。在网络化、智能化战争的新军事时代，我们必须要有能力牵住时代的"牛鼻子"。正如前美国参谋长联席会议主席约翰·沙利卡什维利所说："如果我们正确地抓住机会，就能确信我们仍是卓越的军事大国。如果我们误了这条大船，那么全部赌注都将输光。"

19.4.1 突出积极防御的军事战略

战略是认知的反应，同时也是政治意图的表达。曾记否，萨达姆曾和里根、老布什的部下推杯换盏，相谈甚欢。当年里根政府允许美军向萨达姆提供和分享高清卫星照片情报、老布什政府还通过一家智利公司向伊拉克提供大量集束炸弹，为伊拉克获得制造生化武器的前体生化物质提供方便。可一转眼，美国就义正言辞地说萨达姆是恐怖分子然后将其活活打死并踏上一万只脚。曾记否，美国口口声声说本·拉登是恐怖分子，满世界宣传和本·拉登不共戴天，恨不得把他形容成撒旦在世。可本·拉登一死，回头美军就在航母上为本·拉登举行国葬，在美国将士庄严的军礼和注视下，覆盖美国国旗的本·拉登棺椁被送入大海，尘归尘，土归土。曾记否，一代枭雄卡扎菲也曾经和英国首相布莱尔、法国总统萨科齐、美国国务卿赖斯、德国总理施罗德谈笑风生。结果一转眼，马上就成了墙倒众人推、破鼓万人捶，英法德美一哄而散，卡大校落了个人仰马翻、死无全尸的凄凉下场。

军事战略要服务国家政略，维护国家的重要战略机遇期，维护国家主权和领土完整，维护我国的大国地位。应该根据国家现实的经济能力，确定建立和发展军事组织的基本原则及军事建设的主要方向和内容，要在政治、军事组织、经济和社会之间构建新的相互关系，制定短期（10 年）、中期（20 年）和长期（30 年）的军事战略，明确应该研制何种武器装备，建设何种武装力量，准备采用何种方法进行未来战争准备。我国始终奉行积极防御军事战略方针，积极防御根本在防御，要义在积极，这是由我国社会主义性质和国家根本利益决定的。新形势下，国际战略形势和战争形态深刻变化，国家安全问题范围和领域不断扩大，军队担负的职能任务不断拓展，运用方式越来越多样化，这就要求我们必须丰富和完善积极防御战略思想的内涵，在经济、社会和军事等领域全面实施积极防御战略。

在核武、全球化和高技术突飞猛进的时代，武力的作用大大降低，经济发展和技术进步方面的斗争更加突出，斗争的形式多种多样，包括开展军事活动、提供物资及武器装备、进行信息战和经济战（以经济制裁为形式），借助人为制造的政治、社会和经济动荡迫使敌方政权解体或更替。比较典型的有贸易战、经济战、资源战、金融战、科技战等，而且都无法避免，必须直接面对。这些方面的博弈往往不是零和，有很大的可能性和不可预料性，这个过程中作为强者的选项很简单，就是一味打压，但对我们来说斗争艺术要求很高，对这种欺人太甚、忍无可忍的架势需要太多“四两拨千斤”的智慧，需要卓越伟大的领导人凝聚人心的梦想愿景、高超的战略智慧、纵横捭阖的外交布局、坚决灵活的执行力以及全方位的人才，防止输在情绪上，若过高估计自己的实力，从而急于挑战霸主，将会掉入“修昔底德陷阱”①。

要坚持军事服从政治、政略主导战略，从政治高度审视战争问题，从国家利益全局出发筹划并指导现实和未来军事行动，从新时代强军目标的高度准确理解军队历史使命的新内涵，牢牢把握新形势下战略筹划与军事指导从维护生存利益向维护发展利益拓展、从打赢现代战争向完成多样化军事任务拓展、从维护领土领海领空安全向维护海洋太空网络空间安全拓展、从守疆卫土向维护国家利益拓展的新变化，适应国家核心利益发展和安全需求的变化，军事斗争准备要在新的利益空间上探索和发展，在多向联动上纵横和捭阖，在应对强敌干预上筹划和部署，在打赢局部战争上谋势和布局，全面提升决战决胜能力。

19.4.2　突出初战决胜的军事方针

军事转型都是一个漫长的过程，没有现成的经验可供借鉴。必须根据战争威胁的变化、军事战略的调整以及作战能力的要求，适时改变转型策略、建设方向与节奏。要把握好军事战略对作战能力的需求，确定正确的转型方向和系统建设速度，杜绝概念炒作，甚至照抄照搬。

未来战争时代，随着各类信息化、智能化、精确化、无人化武器装备的不断涌现，以及信息技术、网络技术、智能技术、工程技术的革命性突破，通过军事理论创新精确设计战争，通过作战实验精确推演战争，通过实战检验高效赢得战争，已经成为现实可能，军事理论的先导作用日益凸显。这种注重战前设计推演战争、战中跟踪修正战争、战后瞄准构想下一场战争的军事理论创新模式，成为未来战争军事创新区别于机械化战争军事创新的重要标志。以信息化、智能化为基本特征的现代战争，发起突然，进程短暂，“一战定胜负、首战定输赢”成为普遍现象。

未来战争突发性强，“防守必须每次成功，进攻需要一次成功”，可见初战即具有决定性意义。进攻的一方不再专注于消灭对方的有生力量，而主要是通过重点打击对方的侦察预警系统、指挥控制和防空作战系统，瘫痪对方的整个作战体系，以决定性的速度和压倒性的行动节奏，摧毁对方的战争潜力和国家意志来达成战略目的。坚持“初战决胜，保证不打则已，打则必胜”的决战方略，初战的决战性改变了传统战争一仗接一仗拼消耗、一年接一年拼时间的“消耗”战争模式，使“慎重初战”具有了更为深刻的意义。不得不“毕其功于一役”。决定性初战使得战争准备对战争胜负具有决定性的意义和作用，不允许初战的重大失误，也难有吸取教训、改正错误、以利再战的机会。全力做好初战准备，要

---

① 修昔底德陷阱是指在发展的过程中，“新型大国”和“守成大国”之间爆发战争冲突的可能会增大。

求系统筹划、精心论证，充分发挥利用己方的优势，找准敌方的劣势，达成先发制人的目的。

19.4.3 突出融合创新的基本模式

党的十九大报告提出："中国特色社会主义进入新时代，意味着近代以来久经磨难的中华民族迎来了从站起来、富起来到强起来的伟大飞跃，迎来了实现中华民族伟大复兴的光明前景"。毛泽东时代，立足站起来，作出了"早打、大打、打核战争"的战略部署，把大量精力和资源投入到发展尖端科技上，正是因为我们准备打仗，才能够避免战争，为后来的改革开放赢得和平的大环境。邓小平时代，立足富起来，作出了"和平和发展是当代世界的主题"的论断，把工作重心放到了经济建设上来，综合国力空前增强、人民生活水平不断提高，为中国特色社会主义进入新时代积累了物质基础。进入社会主义新时代，立足强起来，习主席发出了"富国和强军相统一""构建一体化的国家战略体系和能力"的号召。深度融合发展，是站起来、富起来之后，实现"强起来"的第三次飞跃，是通往中华民族伟大复兴的必由之路，更是跨越"修昔底德陷阱""中等收入陷阱"[①]"塔西佗陷阱"[②]这三大陷阱的最大动力。跨越这"三大陷阱"，既要克服有限资源的矛盾，又要统筹物质力量和精神力量，既要实现军事优势、经济优势的良性循环，又要传承军民团结、一往无前的奋斗精神[③]。

融合创新发展体现在国防工业与经济体系的融合发展。国防工业和经济体系是与战争潜力密切相关的战略要素，也是国家战略部署力量的重要组成部分，应将平时建设和布局与军事战略发展统筹考虑，合理规划经济发展和大型基础设施建设布局，建设形成军民一体、高度融合的国防科技工业体系，大力推进资源优化重组和产业结构升级，全面提高核、航空、航天、船舶、电子、兵器、能源、原材料等战略性产业的整体素质和能力储备。融合创新发展是未来战争日益社会化、体系化、融合化的必然趋势，是经济建设和国防建设协调发展的必然要求，是兴国之举与强军之策，是富国和强军相统一最首要、最关键的战略任务。首先，在国家层面建立统一领导、军地协调、需求对接、资源共享机制。其次，通过顶层统合、体制融合、产业整合、技术结合、力量聚合，加快形成全要素、多领域、高效益的融合创新深度发展格局。第三，强化体制改革创新，打破军民二元分离结构，创建新的组织管理体系、工作运行体系和政策制度体系。同时，改革国防动员体制机制，完善民兵预备役体制，全面增强打赢未来局部战争的国防潜力。

融合创新还体现在机械化、信息化、智能化融合发展上来。机械化、信息化、智能化融合发展，是各展其长、互为作用、相互促进的过程，是聚合装备优势、信息优势、智能优势的过程。其作用方式集中体现在：强化智能化的引领作用，聚焦加快军事智能化发

① 中等收入陷阱指的是一国的人均 GDP 到了"中等收入"阶段，即 3 000 到 1 万美元之间的时候，如果不能成功地实现经济发展方式的转型，那么就无法迈过这个坎，无法跨入高收入国家行列。

② 塔西佗陷阱是指公权力失去了公信力，无论发表什么言论，做什么事情，社会都告给以负面评价。

③ 薛惠锋．走好军民融合的星际征程 把强国梦写在更高更远的太空［J］．中国航天，2017（12）：6.

展，坚持以智能化牵引机械化、信息化跨越式发展，把智能化作为武器装备和信息网络建设发展的核心指向，加大研发无人化、自主化武器装备的力度，提升信息网络的智能应用、智能管控、智能运行水平，发挥以智驭能、以智聚优、以智取胜的最大效应；强化信息化的主导作用，扭住信息网络体系这个抓手，加快指挥信息系统、信息作战系统建设，运用信息技术优势升级改造现有武器装备，开发精确、智能、融通、高效的信息化武器装备，最大限度发挥信息网络对作战体系和效能的黏合力、整合力；强化机械化的基础作用，坚持把武器装备机械化作为智能化、信息化发展的物质基础和载体，加强武器装备体系建设，在填补体系空白、补齐短板弱项上下功夫，大幅提升武器装备的信息技术、智能技术应用水平，增强装备建设发展的科学性、针对性、前沿性。

19.4.4　突出武器装备智能化走向

战争与武器是人类社会的一对双胞胎，它们相互依存、相互促进，每一场战争形态的演变，都与武器装备形态变化密不可分，随着智能化时代的来临，武器“智能化”将进一步演变为智能“武器化”，人工智能的投入必将给未来战争带来许多新的特点。一个渴望对未来战争的准备不落后的国家，必须研制出国产化的高新武器装备。只有这样，才能与优势之敌相抗衡。以科学技术为基础，以发展智能化主战武器装备为重点，以提高作战效能为目标，创新军事思想，改革编制体制，研练战法，建好网络化、信息化、智能化作战体系是应对未来战争的应有之义。

智能化武器装备，是未来军队实现智能化的关键因素。放眼世界军事史，武器装备在战争中始终扮演重要的角色。美军在近几场局部战争中能够以较小人员伤亡的代价取得胜利，武器装备上的非对称优势功不可没。无论是硬件还是软件，只要实现了智能化的蜕变，就可能产生翻天覆地的变化。古人讲“双拳难敌四手”，这种基于量变的规律在信息化战争中依然有效。智能化装备将改变游戏规则，不仅仅是因为有量的积累，还会产生质的变化。加快推进武器装备智能化，必须重视智能化软件系统的研发。软件系统是智能化装备的核心部件，是人工智能最集中的部分，语音识别、图像识别、深度学习等将是影响智能化装备的核心技术，必须将这些核心技术掌握透彻，运用到位。同时，由于技术的快速发展，智能化装备在战场上的应用不会是单向的，“快准狠”的智能化杀伤，将会给后装保障提出更高要求，对智能化装备的能源供给和维护保养都提出了新的挑战。美军的智能化装备几乎覆盖各军兵种，从战场环境感知、军用机器人、智能武器、军事辅助决策到军事训练，人工智能已经渗透到军事领域的方方面面，并率先进行实战化应用。到 2008 年年末，美军使用的机器人已达到 1.2 万台，用人工智能武装的无人系统（机器人）已经在战场上承担起各种类型的艰巨任务。

未来大量的人工智能物化装备将成为战场上的中坚力量，如何创新人工智能装备作战运用，是军事指挥员无法回避的重大现实问题。要积极适应军事智能化演变过程，不断演示验证人工智能新理念、新技术、新装备的军事应用，确定什么样的新技术能用、管用、好用，针对问题提出解决方案；要瞄准人工智能发展方向，重点围绕智能感知、智能决策、智能指挥、智能打击、智能评估、智能保障，提升无人作战能力、人机协同编组作战能力、网络自主作战能力、认知电子战能力，持续推进人工智能装备作战效能提升；要聚焦智能化装备制胜机理研究，强化体系思维、体系意识，坚持向体系要效能、向体系要能力；还要找准人工智能装备的软肋，尽早开展智能化领域的体系对抗研究，找准破解智能化装备的突破口。

19.4.5 突出“三化”融合式训练

从时代内涵上看，人和武器的内涵随着时代的变化而变化。随着时代的发展，两者的关系虽然实质上没有发生变化，但表现形式发生变化。在农耕社会的冷兵器战争时代，对人的因素的要求是：强壮、勇敢、谋略和战术等；在工业社会的机械化战争时代，除了上述要求外，增加了对人的技术素质的要求；未来战争时代，对人的要求则更高，对人的科技素质尤其是科学素养有更严、更高的要求，得人才者兴天下，未来战争的战果如何，在很大程度上取决于人的因素，不仅需要技术人员，更加需要大量高科技人才作为支撑。

无论技术变得如何复杂，有效指挥和控制的真正中心仍然是指挥员。而且，无论在技术上如何发展，战争形态演变的重大缺口总是存在的。敌方作战人员可能做出不可预料的偶然行动。经验丰富的指挥官在面对不确定性时，往往敢于冒适当的风险，进行及时的判断，这是现代战场上的常见现象，而且这种现象在未来战场上将会继续延续。在积极利用人工智能、信息化建设的同时，更要加强军事训练工作，最大程度地提升军队人员心智模式和灵感智力，注重素质能力建设。在高科技盛行的时代，在人才培养领先的军队，更能赢得未来的战争。对科学技术的过度关注，容易犯技术主义者的乌托邦思想错误。新时代军人“有灵魂、有本事、有血性，有品德”的要求是对军人品质的总结。美军打败萨达姆后帮助新政府成立新伊拉克军，但是按照美式编制、装备全部美式装备的两个师三万名伊拉克正规军，遇到800名只拿着轻武器的IS武装人员，竟丢下坦克、装甲车、大炮落荒而逃，什么联合作战，什么精确制导，全在魂飞魄散中烟消云散。

演训不瞄准战场，思维永远越不过山岗，看不清山那边的敌人。就军事实战化训练而言，就是预先设计战争，就是在战争开打之前，将理论、打法在部队官兵头脑和实际操作中做到稔熟。只有如此，在真正的战场上才能做到从容不迫。要围绕体系化联合作战，以战场海量大数据为依托，利用现实增强等技术，形成多维度的战场综合态势，并可结合先进建模仿真手段，对态势演化和作战预案进行推演，在对物理域、社会域、知识域、认知域的解析及建模基础上，利用人工智能等技术，快速生成辅助决策信息，并可根据作战人员意图进行快速优化，实现决策的快速性和精准性。

从近几年的战争形势来看，尤其是亚阿战争可以看出，未来的大国之间的战争，必然是机械化、信息化、智能化融合的战争。哪个国家的军队“三化”融合的好，用的灵活，哪支军队就有可能获得压倒性优势。因此，国防和军队现代化建设必须把握“三化”逐次递进、有序依存、相互渗透、交替前进，以及信息化、智能化是对机械化赋能增效等特点，力争将军队建设从原来的分阶段、分层次、分系统发展导致的“你是你，我是我”的形态分割，融合成为“你中有我，我中有你”的浑然天成，由此产生叠加效应、聚合效应和倍增效应。因此，必须及早建立针对机械化、信息化、智能化融合的战略战役组训模式，从作战思维层次上将“三化”融合提升到战略高度；在作战运用方面积极探索实践“三化”融合战略战役布局方法，创新训练模式，快速提升指战员的战略筹划、战役指挥与作战管理能力。

19.4.6　突出新型作战力量重要性

世界军事史，就是一部新型作战力量不断涌现并深刻影响军事发展进程的历史。尽管各个历史时期新型作战力量出现时机、表现形式、数量规模不尽相同，但对战争形态演变和军事力量建设所产生的作用，却是其他力量无法替代的。未来战争信息化、多空间化成为现代战争的主要特征，新型作战力量作为部队建设发展的新生力量，已逐渐成为战争制胜的关键因素，具有纵横全维度、大范围、高立体、大联合的作战空间，并在物理域、信息域、认知域等多域联合作战中发挥作用，既能影响到传统的有形空间，又能在电磁、心理等无形空间发挥作用。需要特别关注的是，美国大力发展地球物理武器作战力量，除传统的人工降雨、增雪、造雾、消雾等外，美军还积极发展人工制造酸雨、掌控台风、诱发闪电、地震等。2007 年，五角大楼进行过一次演习，形成了《让气候成为一种力量倍增器》的研究报告，指出“在今后 20～30 年内，将使美军拥有改变气候的能力。”人工降雨使对方洪水泛滥，制造干旱使对方淡水匮乏，制造飓风或狂风暴雨使对方城市变成废墟，利用激光制造闪电击落敌机或迫其无法起飞，利用微波干扰敌通信和作战指挥，利用电离层人为制造地震。

按照 2011 年版《中国人民解放军军语》中的定义，新型作战力量是指以新需求为牵引，以新技术为支撑，以新能力为标志的作战力量。新型作战力量主要是以科学技术的发展为牵引，以维护国家主权领土安全为任务，以能够适应现代高技术、复杂环境下的作战要求为目标的作战力量，是提升军队整体作战能力、引领军事发展的战略重点。新型作战力量反映了军事斗争的新需求，代表着军事科技和作战方式的新发展，是提升部队作战能力、引领部队建设的重要力量，影响和决定着军队新质作战能力的生成。在新的历史起点上，为有效履行军队使命，以战略预警、军事航天、防空反导、信息攻防、战略投送、远海防卫等为主体的新型作战力量蓬勃发展，数量规模与质量效能不断攀升，为提升体系作战能力奠定了坚实的物质基础。

新型作战力量是军队整体水平的集中体现和重要标志，具有技术含量高、破坏机理新、作战功能强等特征，在战争中能够起到“杀手锏”和“聚合器”的作用。军事技术的独特性和先进性，决定了新型作战力量具有“杀手锏”性质，常常会打破战场上的力量均衡，决定战争胜负或战争进程，拥有新型作战力量的一方往往掌控着战争的主导权。“结构决定功能，规模决定效能”是系统工程和系统论的基本认识。新型作战力量的核心物质支撑是先进武器装备，而研发什么水平的先进武器、建设什么类型的新型作战力量，归根结底是由国家的科技实力决定的。科技实力强，发展新型作战力量的底气就足；掌握了核心技术，就可以独立自主地发展新型作战力量而不受制于人。换言之，只有依靠自己的科技实力来发展新型作战力量，才更加可靠，也能走得更远。当今世界军事强国的新型作战力量，无不是建立在本国科技实力基础上的。当前，我国是世界上少数自主掌握载人航天、深海勘探、生物工程、卫星导航定位、核能开发利用等先进技术的国家之一，先进制造技术、装备研发、新材料技术等发展迅速，为加强新型作战力量建设提供了良好的科技条件。必须紧紧依靠国家科技实力，把握发展趋势，选择发展重点，统筹协调推进，牢牢掌握战略主动，推动新型作战力量建设快速发展。

参考文献

[1] 张聚恩．认识科技的六个基本视角［R］．微信公众号：战略前沿技术，2021-1-14.

[2] 陈新文，贺少华．科技发展与战争形态演进透视［M］．长沙：中南大学出版社，2016：4.

[3] 科学猜想：第六次科技革命来了［N］．中国青年报，2011-8-15.

[4] 何传启．第六次科技革命的战略机遇［M］．北京：科学出版社，2012：5-6.

[5] 何传启．第六次科技革命的三维透视［J］．世界科技研究与发展，2012，34（1）：2.

[6] 何传启．科技革命与战争形态演变探纲［J］．战略研究，2015（1）：83-86.

[7] 何传启．新科技革命的预测和解析［J］．中国科学，2017，62（8）：790-794.

[8] 何传启．科技革命与国际战争的演变［J］．世界科技研究与发展，2014（4）：79.

[9] 冯昭奎．科技革命发生了几次［J］．世界经济与政治，2017（2）：6-7.

[10] 中国人民解放军总装备部军事训练教材编辑工作委员会．军事技术概论［M］．北京：国防工业出版社，2006：1.

[11] 朱光亚．工程技术发展与新军事革命［J］．中国图像图形学报，1997，2（1）：55-57.

[12] T. N. 杜普伊．武器和战争的演变［M］．严瑞池，李志兴，译．北京：军事科学出版社，1985：2-348.

[13] 马克思，恩格斯．马克思恩格斯文集（第1卷）［M］．中共中央马克思恩格斯列宁斯大林著作编译局，译．北京：人民出版社，2009：540.

[14] 易正红．电磁空间——新世纪的关键作战域［J］．信息对抗技术，2017（4）：4.

[15] 默・艾・加列耶夫．假如明天战争来临［M］．军事科学院外国军事研究部，译．北京：军事科学出版社，2001：12.

[16] 张世平．世界重大军事事件战略透析［M］．北京：军事科学出版社，2011：350-360.

[17] 张世平．对战争形态、属性、决定因素及时空条件的再认识［J］．军事学术，2013（1）：12-14.

[18] 蔡世川．“人是战争胜负的决定性因素”新解［J］．国防，2001（9）：37.

[19] 叶征．信息化战场仅仅人与武器结合是不够的［N］．中国青年报，2007-5-17.

[20] 吴忠望，卢昱．基于信息系统的战斗力整体涌现［J］．军事运筹与系统工程，2013，27（2）：76-80.

[21] 谭东风，等．武器装备系统概论［M］．北京：科学出版社，2015：21-22.

[22] 孙晓文．围绕强军目标加强武器装备发展战略指导［J］．国防，2016（1）：45.

[23] 陈鸿猷．论战争的空间形态［J］．军事学术，2003（5）：3-5.

[24] 保罗・肯尼迪．大国的兴衰［M］．陈景彪，等，译．北京：国际文化出版社，2006：186.

[25] 全军军事术语管理委员会．中国人民解放军军语［M］．北京：军事科学出版社，2011：28.

［26］ 姚有志．战争战略论［M］．北京：解放军出版社，2005：175.
［27］ 王普丰．论战争形态的转变［J］．中国军事科学，2003，6（5）：79－86.
［28］ 于杰．战争形态演变发展的哲学思考［J］．未来与发展，1988（2）：3.
［29］ 覃相貌．信息技术的发展引发战争形态的变革［J］．数字国防，2009（2）：28－29.
［30］ 沈雪石，刘书雷．新一代颠覆性技术变革未来战争形态［J］．军事文摘，2019（2）：54－56.
［31］ 李志刚．积极推进我军组织形态现代化［J］．军队政工理论研究，2016（1）：28－29.
［32］ 刘继贤．为《生物科技引领下一轮军事革命》丛书出版作序［J］．国防参考，2016（2）：96－97.
［33］ 蒂姆·斯维斯，赵通．对未来战争形态的跨语境研究［J］．国际资料信息，2012（1）：8－14.
［34］ 戚嵩．马克思社会形态理论研究［M］．武汉：华中师范大学出版社，2013：2－18.
［35］ 钱伯海．科技生产力与劳动价值论［J］．经济学家，1998（2）：19－24.
［36］ 马克思，恩格斯．马克思恩格斯全集（第23卷）［M］．中共中央马克思恩格斯列宁斯大林著作编译局，译．北京：人民出版社，1972：203－344.
［37］ 刁生虎．庄子物化论及其影响［J］．番禺职业技术学院学报，2003（2）：17.
［38］ 吴琼．统帅的艺术：战略［M］．北京：清华大学出版社，2014：37.
［39］ 蒲济生，侯秋月．卢卡奇物化理论综述［J］．中国西部科技，2007（8）：57.
［40］ 宋凯旋．技术与物化［J］．理论与现代化，2019（3）：56－65.
［41］ 马克思，恩格斯．马克思恩格斯全集（第46卷上）［M］．中共中央马克思恩格斯列宁斯大林著作编译局，译．北京：人民出版社，1979：176.
［42］ 马克思，恩格斯．马克思恩格斯全集（第4卷）［M］．中共中央马克思恩格斯列宁斯大林著作编译局，译．北京：人民出版社，2001：428－429.
［43］ 马克思，恩格斯．马克思恩格斯全集（第23卷上）［M］．中共中央马克思恩格斯列宁斯大林著作编译局，译．北京：人民出版社，1972：483－484.
［44］ 恩格斯．马克思恩格斯军事文集（第1卷）［M］．北京：战士出版社，1981：225－226.
［45］ 章士嵘．认知科学导论［M］．北京：人民出版社，1992：3－11.
［46］ 全军军事术语管理委员会．中国人民解放军军语［M］．北京：军事科学出版社，2011：5－8.
［47］ 侯军．论认知域［J］．南京政治学院学报，2006，22（2）：28－32.
［48］ 罗语嫣，李璜，王瑞发，等．认知域的公域特性及其关键技术［J］．国防科技，2018，39（4）：58.
［49］ 李炳彦．世界新军事变革大势与未来战争形态［J］．军事文摘，2016（9）：46－48.
［50］ 大卫·阿尔伯特．网络中心行动的基本原理及其度量［M］．兰科研究中心，译．北京：国防工业出版社，2007：13.
［51］ 爱德华·史密斯．复杂性、联网和基于效果的作战方法［M］．王志成，译．北京：国防工业出版社，2010：68－69.
［52］ 司光亚，胡晓峰，王艳正．新型作战空间建模仿真实践与体会［J］．军事运筹与系统工程，2014（4）：7.
［53］ 罗语嫣，李璜，王瑞发，等．认知域的公域特性及其关键技术［J］．国防科技，2018，39（4）：59.
［54］ 任连生．基于信息系统的体系作战能力概论［M］．北京：军事科学出版社，2009：38.

[55] 罗小明，朱延雷，何榕．装备指挥控制系统效能试验内容设计 [J]. 指挥控制与仿真，2015，37 (3)：94-100.

[56] 许端阳、徐峰．典型国际（地区）使能技术，发展战略的共性特征分析及对我国的启示 [J]. 科技管理研究，2011 (14)：19-23.

[57] 孙彦红．欧盟关键使能技术发展战略及其启示 [J]. 德国研究，2014 (3)：71-72.

[58] 蒋盘林．网络使能武器与武器数据链发展综述 [J]. 通信电子战，2010 (11)：11-16.

[59] 孔海东，张培，刘兵．价值共创行为分析框架构建 [J]. 技术经济，2019，38 (6)：100.

[60] 曾鸣．智能商业 [M]. 北京：中信出版集团，2018：22-28.

[61] 王琼，何新华，郭齐胜，等．武器装备体系作战能力聚合的类元胞机模型研究 [J]. 系统仿真学报，2014，26 (11)：2564-2565.

[62] 高东广．新兴领域高新技术助推战争形态新变化 [J]. 军民两用技术与产品，2018 (8)：18.

[63] 姜志平，刘勇，姚轶，等．基于信息系统的体系作战能力生成模式研究 [J]. 国防科技，2012 (5)：35-37.

[64] 陆军，杨云祥．战争形态演进及信息系统发展趋势 [J]. 中国电子科学研究院学报，2016 (4)：333-587.

[65] 习近平国防和军队建设重要论述选编 [M]. 北京：解放军出版社，2016：90.

[66] 习主席国防和军队建设重要论述读本 [M]. 北京：解放军出版社．2016：87.

[67] 列宁．列宁全集（第 9 卷）[M]. 中共中央马克思恩格斯列宁斯大林著作编译局，译. 北京：人民出版社，1987：270.

[68] 毛泽东军事文集（第 2 卷）[M]. 北京：军事科学出版社、中央文献出版社，1993：467.

[69] 任泽平，梁珣．新战略：大国兴衰的世纪性规律与战略思考 [R]. 微信公众号：战略前沿技术，2021-2-5.

[70] 郜付见．当代中国意识形态建设研究 [M]. 北京：中共中央党校出版社，2012：40-47.

[71] 张天．试论社会形态与战争形态的辩证关系 [J]. 中国领导科学，2016（增刊）：183.

[72] 马克思，恩格斯．马克思恩格斯全集（第 3 卷）[M]. 中共中央马克思恩格斯列宁斯大林著作编译局，译. 北京：人民出版社，1972：206.

[73] 黄毓森．从多维视域透视军事智能化 [R]. 微信公众号：中国指挥与控制学会，2021-4-15.

[74] 杨宽．战国史 [M]. 上海：上海人民出版社，1981：33-85.

[75] 杨宽．中国古代冶铁炼钢技术发展简史 [M]. 上海：上海人民出版社，1960.

[76] 何堂坤．百炼钢及其工艺 [M]. 科技史文集（第 13 辑）. 上海：上海科技出版社，1985.

[77] 刘心健，等．山东苍山发现东汉永初纪年铁刀 [J]. 文物，1974：12.

[78] 潘吉星．李约瑟文集 [M]. 沈阳：辽宁科技出版社，1986.

[79] 军事科学院世界军事研究部．世界军事革命史（上卷）[M]. 北京：军事科学出版社，2012：20-27.

[80] 军事科学院世界军事研究部．世界军事革命史（下卷）[M]. 北京：军事科学出版社，2012：1383-1419.

[81] 黄朴民．名战史话 [M]. 北京：社会科学文献出版社，2012：15.

[82] 刘戟峰．武器与战争 [M]. 长沙：国防科技大学出版社，1992：140.

［83］ 威廉·H. 麦尼尔．竞逐富强：公元 1 000 年以来的技术、军事与社会 ［M］. 倪大昕，杨润殷，译. 上海：上海辞书出版社，2013：104 - 207.

［84］ 李德·哈特．战略论——间接路线 ［M］. 钮先钟，译．上海：上海人民出版社，2010：128，278 - 324.

［85］ 郑寅达．德国史 ［M］. 北京：人民出版社，2014：175 - 178.

［86］ 柯春桥．世界军事简史 ［M］. 北京：解放军出版社，2015：107.

［87］ 吴广权，马骏．外国战争史和军事学术史 ［M］. 北京：国防大学出版社，1992：146.

［88］ 李志军．16 世纪以来西方国家军队组织形态演变史简图 ［M］. 北京：军事科学出版社，2014：76 - 80.

［89］ 查克·威尔斯．武器的历史 ［M］. 吴浩，译．哈尔滨：黑龙江科学技术出版社，2007：136 - 209.

［90］ 杰克·雷恩．第一次世界大战的重大战役 ［M］ 寿进文，译. 上海：上海译文出版社，1980：202.

［91］ 王鸿生．科学技术史 ［M］. 北京：中国人民大学出版社，2011：359 - 392.

［92］ 吴春秋．论大战略和世界战争史 ［M］. 北京：解放军出版社，2002：3.

［93］ 金玉国．世界战术史 ［M］. 北京：解放军出版社，2012：386.

［94］ 马克斯布特．战争改变历史：1 500 年以来的军事技术、战争及历史进程 ［M］. 石祥，译．上海：上海科学技术文献出版社，2011：278 - 303.

［95］ 军事科学院科研指导部．高科技：现状与趋势 ［M］. 北京：军事科学出版社，1993：80.

［96］ 张效祥，张夷人．现代科技与战争 ［M］. 北京：清华大学出版社，2005：21 - 22.

［97］ 平志伟．中西方战术比较研究 ［M］. 北京：国防大学出版社，2001：120 - 129.

［98］ 阿彻·琼斯．西方战争艺术 ［M］. 刘克俭，刘卫国，等，译．北京：中国青年出版社，2001.

［99］ 张传良．混合战争的先行者：俄罗斯武装力量总参谋长格拉西莫夫将军 ［R］. 微信公众号：军事文摘，2021 - 5 - 8.

［100］ 习近平．围绕实现强军目标推进军队院校改革创新为实现中国梦强军梦提供人才和智力支持 ［N］. 解放军报，2016 - 03 - 24 (1).

［101］ 刘江桂，韩卫锋．关于建设世界一流军队的若干思考 ［J］. 中国军事科学，2016，9 (4)：24.

［102］ 刘铭．国外激光武器技术的发展 ［J］. 舰船电子工程，2011，31 (4)：18 - 23.

［103］ 孙静芬，袁建华，赵滟，蒲洪波．颠覆性航天技术的内涵、分类和显示方法浅析 ［J］. 国际太空，2016 (7)：35.

［104］ 李玉兰．传承红色基因向世界一流理大学迈进 ［N］. 光明日报，2017 - 08 - 30 (5).

［105］ 包为民，王凤伟，西隆，等．改变游戏规则、颠覆传统认知、推动变革发展 ［J］. 智库理论与实践，2017，2 (6)：31.

［106］ 程绍驰．太空 3D 打印技术的发展 ［J］. 国防，2017 (2)：73.

［107］ 张晓荣，郭继卫，杨学森，等．现代生物科技未来军事应用对军事安全的影响 ［J］. 军事医学，2011，35 (10)：725 - 727.

［108］ 郭继卫．战争生物观与制生权预见 ［M］. 北京：解放军出版社，2009：284.

［109］ 张晓莹，郭继卫，杨学森，等．现代生物科技未来军事应用对军事安全的影响 ［J］. 军事医学，2011，35 (10)：727.

［110］ 曾子林．美军推进人工智能军事应用的举措、挑战及启示 ［R］. 微信公众号：军鹰资讯，2020 -

11-12.
[111] 陶九阳，吴琳，胡晓峰. AlphaGO技术原理分析及人工智能军事应用展望 [J]. 指挥与控制学报，2016 (2)：116-119.
[112] 黄永刚. 人工智能如何重构军队组织形态 [R]. 微信公众号：光明军事，2021-1-8.
[113] 吴敏文. 无人化作战是智能化战争的基本形式 [R]. 微信公众号：军事文摘，2021-3-16.
[114] 王兆耀. 军事航天技术及其发展 [J]. 航天器工程，2008 (1)：12-13.
[115] 凯文·凯利. 新经济新规则 [M]. 北京：电子工业出版社，2014.
[116] 中国区块链技术和产业发展论坛. 中国区块链技术和应用发展白皮书 [D]. 北京：工业和信息化部信息化和软件服务业司，2016.
[117] 赵国宏. 军事区块链研究 [J]. 指挥与控制学报，2019 (4)：259-260.
[118] 王飞跃，袁勇，王帅，等. 军事区块链：从不对称的战争到对称的和平 [J]. 指挥与控制学报，2018，4 (3)：175-182.
[119] 袁勇，王飞跃. 区块链技术发展现状与展望 [J]. 自动化学报，2016，42 (4)：481-494.
[120] 肖风. 区块链不仅是技术，更是新的机制设计 [N]. 上海证券报，2019-10-28.
[121] 文森特·阿尔卡扎. 可信赖的数据：区块链技术 [J]. 空天力量，2017，11 (3)：64-71.
[122] 王飞跃，袁勇，王帅，等. 军事区块链：从不对称的战争到对称的和平 [J]. 指挥与控制学报，2018，4 (3)：175-182.
[123] 袁艺，史慧敏，李志飞. 区块链如何影响现代军事 [N]. 解放军报，2019-11-21.
[124] 戴旭. "互联网+战争"：倾听未来战争的叩门声 [J]. 国防大学学报，2016 (1)：18-20.
[125] 柯宏发，唐跃平，李云涛，等. 赛博空间作战蓝军力量建设概论 [M]. 北京：国防工业出版社，2016：1-11.
[126] 孙义明，李巍. 赛博空间——新的作战域 [M]. 北京：国防工业出版社，2014.
[127] 刘海峰，程启月. 从赛博空间视角探析联合作战 [J]. 火力与指挥控制，2013 (5)：2.
[128] 史蒂夫·温特菲尔德. 赛博战基础——从理论和实践理解赛博战的基本原理 [M]. 周秦，李嘉言，许邦彦，等，译. 北京：国防工业出版社，2016：5-6.
[129] 王源，张博. 赛博武器的现状与发展 [J]. 中国电子科学研究院学报，2011，6 (3)：221-226.
[130] 吕晶华. 美国网络空间战思想研究 [M]. 北京：军事科学出版社，2014：1.
[131] 计宏亮，等. 美军赛博空间作战战略、理论与技术能力体系研究 [J]. 中国电子科学研究院学报，2016 (2)：144-149.
[132] 计宏亮，赵楠. 论美军国防信息基础设施的演变与推进 [J]. 飞航导弹，2016 (1)：9-12.
[133] 许宏亮，徐山峰，赵楠. 美军联合信息环境计划 [J]. 指挥控制与仿真，2016 (1)：131-136.
[134] 吕斌. 美军"新赛博战"有何独特之处 [R]. 微信公众号：光明军事，2021-6-18.
[135] 赵捷，赵宝献，王世忠. 关于赛博空间与赛博空间作战问题的思考 [J]. 中国电子科学研究院学报，2011 (3)：238.
[136] 张勇，丁建林. 赛博空间态势感知技术研究 [J]. 信息网络安全，2012 (3)：42-44.
[137] 李楠，等. 对信息作战中赛博空间作战的理解 [J]. 航天电子对抗，2013 (1)：20-21.
[138] 林东. 现代战争形态的结构及演变趋势 [R]. 微信公众号：中国指挥与控制学会，2021-8-8.
[139]《党的十九大报告辅导读本》编写组. 党的十九大报告辅导读本 [M]. 北京：人民出版社，

2017：62.

[140] 季明．全域作战能力评估相关问题研究［J］．军事运筹与系统工程，2018，32（1）：15－20.

[141] 刘沈扬．对全域整体战的几点认识［J］．军事学术，2013（1）：19.

[142] 阳东升，等．信息时代作战体系的概念模型及其摘述［J］．军事运筹与系统，2009，23（1）：3－8.

[143] 潘守勇．透视战争形态的主体性变迁［N］．解放军报，2010－04－15.

[144] 蒋琪，申超，张东青．认知/动态与分布式作战对导弹武器装备发展影响研究［J］．战术导弹技术，2016（3）：1－6.

[145] 赵国宏．作战云体系结构研究［J］．指挥与控制学报．2015，1（3）：293.

[146] 孙晓轲．美国地理空间情报的改革之路［J］．国际资料信息，2010，23（6）：7－11.

[147] 知远．美国家地理情报局描绘地理情报蓝图融入云计算［EB/OL］．2014－04－17.

[148] 唐保东．失能武器战［J］．国防，2001（6）：20.

[149] 姜斌，梁敏．基于未来战争形态的失能作战问题研究［J］．飞航导弹，2019（3）：19－20.

[150] 吴腾，丁鑫鑫，章子星．分布式云对智能化战争有何影响［R］．微信公众号：军鹰资讯，2020－11－11.

[151] 佘晓琼．为构建跨域杀伤网，DARPA 再启动一项马赛克战最终愿景类项目［R］．微信公众号：航天防务，2021－5－2.

[152] 左毅、郑少秋，等．破解马赛克战之系统发展思考［R］．微信公众号：中国指挥与控制学会，2021－1－22.

[153] 张岩，卢红兵，殷强．论信息化条件下战场空间的嬗变［J］．装甲兵工程学院学报，2005，19（4）：7－8.

[154] 习主席国防和军队建设重要论述读本［M］．北京：解放军出版社，2016：11.

[155] 习近平．为建设世界科技强国而奋斗——在全国科技创新大会、两院院士大会、中国科协第九次全国代表大会上的讲话［N］．解放军报，2016－06－01（1）.

[156] 刘玮琦．作战设计——制胜未来之道［J］．国防科技，2018（5）：57.

[157] 韩旭东．颠覆性技术创新与未来战争新形态［J］．国防参考，2016（6）：58－59.

[158] 孙洪义．当代军事理论新编［M］．北京：军事科学出版社，2006：336－337.

[159] 卡尔·冯·克劳塞维茨．战争论［M］．中国人民解放军军事科学院，译．北京：解放军出版社，2005：29－51.

[160] 刘树才．技术变革与战争“迷雾”演化［J］．国际展望，2018（4）：96－97.

[161] 吴腾，丁鑫鑫，章子星．分布式云对智能化战争有何影响［R］．微信公众号：军鹰资讯，2020－11－11.

[162] 贺润生，程双平．即时聚优：现代战争制胜之钥［R］．微信公众号：中国指挥与控制学会，2021－2－12.

[163] 薛惠锋．走好军民融合的星际征程　把强国梦写在更高更远的太空［J］．中国航天，2017（12）：6.